세계사 편력

Glimpses of World History

1

by

Jawaharlal Nehru

◆

Being further letters to his daughter,

written in prison,

and containing a rambling

account of history for young people

GLIMPSES OF WORLD HISTORY
Copyright ⓒ Sonia Gandhi, 2004
All rights reserved

Korean Translation Copyright ⓒ 2004 by Ilbit Publishing Co.
Korean edition is published by arrangement with Jawaharlal Nehru Memorial Fund
through Imprima Korea Agency

이 책의 한국어판 저작권은 Imprima Korea Agency를 통한
Jawaharlal Nehru Memorial Fund와의 독점 계약으로
도서출판 일빛에 있습니다. 신저작권법에 의해 한국 내에서
보호를 받는 저작물이므로 무단 전재와 무단 복제를 금합니다.

아버지가 딸에게 들려 주는 세계사 이야기

세계사 편력

1

J. 네루 지음
곽복희 · 남궁원 옮김

세계사 편력 1
원 제 *Glimpses of World History*, 1967. Asia Publishing House

펴낸곳 도서출판 일빛
펴낸이 이성우
지은이 네루
옮긴이 곽복희·남궁원

등록일 1990년 4월 6일
등록번호 제10-1424호

초판 1쇄 발행일 2004년 6월 5일
초판 3쇄 발행일 2005년 7월 10일

주소 121-837 서울시 마포구 서교동 339-4 가나빌딩 2층
전화 02) 3142-1703~5 팩스 02) 3142-1706
E-mail ilbit@unitel.co.kr

값 18,000원
ISBN 89-5645-047-1 (04900)
    89-5645-046-3 (전3권)

◆ 잘못된 책은 바꾸어 드립니다.

지은이 서문

　나는 이 편지들이 언제 어디서 출판될지, 아니 출판될지조차 알지 못한다. 오늘날 인도는 기묘한 나라여서 앞날을 예측하기도 어려운 탓이다. 그렇지만 내 앞의 상황이 아직 급박하지 않아 시간적 여유가 있기에 지금 이 글을 쓰고 있다.
　역사에 관한 이 편지들에 대해서는 변명과 설명이 필요하다. 이 책을 다 읽는 수고를 감당할 독자들은 아마 그 변명과 설명을 책 가운데서 찾아 낼 수 있을 것이다. 나는 독자들에게 특히 마지막 편지를 참조하라고 말하고 싶다. 이처럼 혼란한 세상에서는 어쩌면 끝에서 시작하는 것도 좋은 방법일 것이다.
　이 서한집은 딸의 성장과 함께 쓰여졌다. 애초에 서한집에 대한 계획도 없었거니와 이렇게 많은 분량이 될 줄은 꿈에도 생각지 못했다. 약 6년 전 딸이 열 살이 되었을 때 나는 딸에게 태초의 세계에 대한 짧고 간단한 설명을 담은 몇 통의 편지를 써서 보냈다. 그 초기의 편지들은 곧 책으로 출판되어 호평을 받았다. 딸에게 편지를 계속 쓰고 싶었지만 정치 활동을 하느라 너무 바빠서 쓸 수가 없었다. 그런데 마침 감옥에 가게 되면서 감옥에서의 시간을 편지 쓰는 데 활용하게 되었다.
　감옥 생활에도 이렇듯 이로운 점은 있다. 하지만 불편한 점도 있다. 수인이 마음대로 이용할 수 있는 도서관도 없으며 자유롭게 읽을 수 있는 책도 없다. 이러한 조건에서 무엇에 대해 쓴다는 것, 더군다나 역사에 대해 쓴다는 것은 무모하기 짝이 없는 시도다. 몇 권은 책이 차입되긴 했지만 계속 갖고 있을 수는 없었다. 책들은 감옥 안으로 들어왔다가 이내

나가 버린다. 그러나 12년 전, 수많은 우리 동포들과 마찬가지로 내가 처음 감옥들을 드나들기 시작하면서, 나는 독서를 하면서 노트를 해 두는 습관을 갖게 되었다. 그래서 이 글을 쓰기 시작할 즈음 여러 권으로 늘어난 내 노트들이 이 글을 쓰는 데 많은 도움이 되었다. 물론 다른 책들의 도움도 매우 컸다. 특히 웰즈(W. G. Wells)의 『세계사 개설(Outline of History)』의 도움이 컸다. 그러나 좋은 참고 서적이 없어 꽤 아쉬웠다. 그렇기 때문에 서술이 가끔 비약하거나 특정 시대를 건너뛰기도 했다.

이 편지들은 사적인 성격을 띠고 있는 만큼 글 속에는 오직 딸에게만 할 수 있는 허물없는 말투들이 있다. 나는 이것들을 어떻게 해야 할지 모르겠다. 어지간히 애쓰지 않고는 이런 문투를 다 빼내기가 쉽지 않기 때문이다. 그래서 나는 그 부분들을 손보지 않고 그냥 두기로 했다.

육체의 부자유는 자기 성찰을 가능하게 하고 시시각각 변하는 여러 감정들을 이끌어 낸다. 이 자주 바뀌는 감정들이 편지들에 너무 뚜렷이 드러나 역사가의 객관적인 태도를 잃지나 않았을까 걱정스럽다. 나는 역사가로 자처할 생각은 없다. 이 글에는 청소년을 위한 초보적인 해설과 성인들의 사고에 대한 단편적인 논의가 뒤섞여 있다. 숱한 중복도 있다. 이 편지들 속에 담긴 오류를 들자면 참으로 끝이 없다. 편지들의 내용은 가느다란 한 오라기의 실로 묶어 놓은 세계사에 대한 피상적인 스케치에 지나지 않는다. 다양하지 못한 참고서에서 사실과 사상들을 빌려 오느라 많은 잘못이 끼어들었을 것이다. 될 수 있으면 유능한 역사가에게 이 책을 감수받고 싶었지만, 감옥에서 나와 있던 짧은 기간에는 그렇게 배려할 만한 시간이 없었다.

    이 편지들을 쓰면서 가끔 내 견해를 다소 거칠게 나타내기도 했다. 지금도 여전히 그런 의견을 갖고는 있지만, 이 편지들을 쓰는 동안에도 역사를 보는 관점은 조금씩 바뀌어 갔다. 만약 지금 그것들을 다시 써야 한다면 다른 식으로 쓰거나, 아니면 어떤 부분들을 강조할 것이다. 하지만 나는 전에 쓴 것들을 찢어 버리고 새로 시작할 여유가 없다.

자와할랄 네루

옮긴이의 글

역사는 옛날에 일어났던 일들에 대한 단순한 지식이 아니다. 자신의 삶에 대해서 진지하게 생각하고 어떻게 살아갈 것인가를 고민하는 사람들에게 소중한 거울이 되는 것이 바로 역사인 것이다. E. H. 카는 이에 대해 '역사란 과거와 현재의 끊임없는 대화' 라고 명쾌하게 정의했다. 균형 잡힌 올바른 세계관을 갖추기 위해서는 국지적인 역사에 한정되지 않은 세계사 전반에 대한 지식과 안목을 길러야 된다. 세계가 한 가족처럼 급속히 가까워지는 지구촌 시대에는 '문화충돌' 의 위험도 곳곳에 도사리고 있으며 이미 많은 곳에서 심각할 정도로 나타나고 있다. 자기가 속해 있는 공동체나 문화권에서만 용인되는 가치관이나 세계관만으로는 지구촌 시대에 세계시민으로 살아남을 수 없다.

누구나 자신이 처한 조건과 환경에 따라서 세계사를 바라보는 시각이 달라지게 마련이다. 그런데 우리 주변에 퍼져 있는 숱한 세계사 교재들은 정확히 우리 자신의 처지를 반영하기에는 조금씩 모자랐던 것이 사실이다. 특히 과거 일제 식민지의 경험을 포함하여 100여 년에 걸쳐 비뚤어진 민족사를 끌어안고 있고, 오늘의 잘못된 현실을 하나하나 고쳐 나가야 하는 우리들에게는 더욱 그렇다. 우리가 일본 식민지 통치가 유익했다는 일본 극우 정치가의 발언을 망언이라고 규탄하면서도, 정작 인도에 대해서는 영국의 시각에서, 베트남에 대해서는 프랑스의 시각에서 바라보도록 가해자의 관점을 강요하고 있는 절름발이 세계사를 과연 얼마나 바로잡았고 역사를 보는 올바른 눈을 길렀을까?

자와할랄 네루가 쓴 『Glimpses of World History』는 바로 이런

점에서 그 누구도 따를 수 없는 뛰어난 가치를 지닌 저작이다. 흔히들 '역사의 평가에 맡긴다'는 말로 현실에 대한 가치 판단을 미루고 정작 시일이 지나면 외면해 버리는 세태 속에서, 과연 무엇이 옳았는가 하는 진실의 눈으로 세계사를 명쾌하게 들려주는 네루의 저작이 우리에게 주는 충격과 교훈은 실로 소중한 것이었다. 원본 완역본으로 이 책이 나온 이후 독자들이 보여준 관심은 바로 서구 편향적 시각에서 주체적이고 객관적인 세계관을 갖고자 하는 시대 흐름의 반영이었다.

비교 역사학이나 미시사, 국지사 분야에서는 새로운 시각으로 접근한 연구 성과들이 조금씩 나타나고 있다. 그러나 세계사 전체를 객관적인 시각에서 폭넓게 조망하는 세계사 통사 분야의 역작은 쉽게 눈에 띄지 않는다. 역시 네루의 이 저작을 뛰어넘는 '세계사의 고전'은 아직 나타나지 않고 있다는 게 우리의 생각이다.

10년 전 최초의 영문 완역본이라는 자부심으로 출간됐던 이 책에 대한 독자들의 격려와 애정은 대단한 것이었다. 이번에 독자들의 지속적인 관심과 일빛 편집부의 노고에 힘입어 세계사의 고전에 걸맞는 장정으로 독자들을 다시 찾아뵙게 되어 기쁘며 이 책과 함께 한 모든 분들께 감사 드린다.

2004년 5월
옮긴이 곽복희 · 남궁원

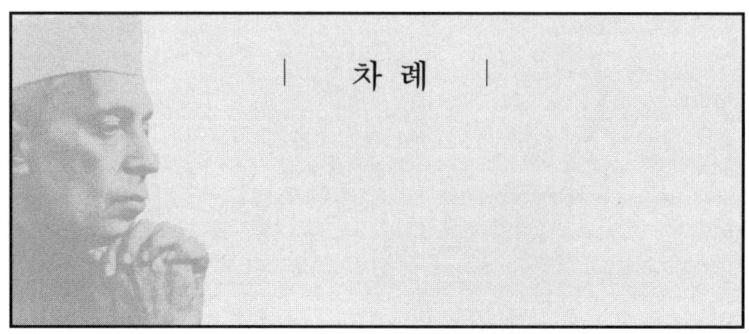

차 례

지은이 서문 · 5
옮긴이의 글 · 8
일러두기 · 16

나이니 중앙 형무소에서

열세 번째 생일을 맞는 인디라 프리야다르시니에게 · 17
1 새해 선물 · 23
2 역사의 교훈 · 27
3 인퀼라브 진다밧드 · 30
4 아시아와 유럽 · 33
5 고대 문명과 우리의 유산 · 36
6 그리스 · 40
7 그리스의 도시 국가들 · 44
8 서아시아의 제국들 · 47
9 오랜 전통의 굴레 · 52

세 계 사 편 력 1

10 고대 인도의 촌락 공동체 · 57
11 중국의 1000년 · 62
12 과거의 부름 · 66
13 부는 어디로 가는가? · 70
14 기원전 6세기, 그리고 종교 · 74
15 페르시아와 그리스 · 81
16 그리스의 영광 · 88
17 유명한 정복자, 그러나 교만했던 청년 · 92
18 찬드라굽타 마우리아와 『아르타샤스트라』 · 97

아라비아 해의 크라코비아호 선상에서

19 석달! · 102
20 아라비아 해에서 · 105

바레일리 형무소에서

21 명절과 꿈의 회로 · 107
22 생존을 위한 인간의 투쟁 · 110
23 개괄 · 114
24 신들이 사랑한 아소카 · 117

세 계 사 편 력 1

25 아소카 시대의 세계 · 123
26 진나라와 한나라 · 127
27 로마 대 카르타고 · 132
28 로마 공화국이 제국이 되다 · 137
29 남인도의 북인도 지배 · 143
30 쿠샨 제국의 변경 · 148
31 예수와 기독교 · 152
32 로마 제국 · 158
33 로마 제국의 분열과 멸망 · 164
34 세계 국가라는 관념 · 169
35 파르티아와 사산 왕조 · 174
36 남인도가 식민지를 개척하다 · 177
37 굽타 왕조와 힌두 제국주의 · 183
38 훈족이 인도에 오다 · 188
39 인도의 해외 시장 장악 · 190
40 국가와 문명의 흥망 성쇠 · 192
41 당나라, 중국의 번영 · 198
42 코리아와 일본 · 204
43 하르샤 바르다나와 현장 · 211
44 남인도가 많은 왕과 전사 그리고 한 사람의 위인을 낳다 · 219
45 중세의 인도 · 225
46 빛나는 앙코르와 스리 비자야 · 230

세 계 사 편 력 1

47 로마의 몰락 · 236
48 이슬람교의 등장 · 243
49 스페인에서 몽고까지를 아랍인들이 점령하다 · 249
50 바그다드와 하룬 알 라쉬드 · 256
51 북인도의 하르샤에서 마흐무드까지 · 262
52 유럽 국가들의 형성 · 269
53 봉건 제도 · 275
54 중국이 유목민을 서쪽으로 쫓아 내다 · 281
55 쇼군이 지배하는 일본 · 287

데라 둔 지방 형무소에서

56 인간에 대한 탐구 · 290
57 기원후 첫 1000년의 종말 · 295
58 다시 보는 아시아와 유럽 · 303
59 아메리카의 마야 문명 · 309
60 다시 모헨조다로의 유적에 대해서 · 314
61 코르도바와 그라나다 · 317
62 십자군 · 325
63 십자군 시대의 유럽 · 332
64 유럽 도시들의 성장 · 341

세 계 사 편 력 1

65 아프간인의 인도 침입 · 348
66 델리의 노예왕들 · 356
67 칭기즈 칸이 아시아와 유럽을 뒤흔들다 · 362
68 몽고인들이 세계를 지배하다 · 370
69 위대한 여행가 마르코 폴로 · 376
70 로마 교회가 호전적이 되다 · 383
71 권위주의에 대항한 투쟁 · 389
72 중세의 몰락 · 392
73 새 항로의 발견 · 400
74 몽고 제국의 해체 · 408
75 인도가 어려운 문제 하나를 해결하기 시작하다 · 415
76 남인도의 여러 왕국들 · 424
77 비자야나가르 · 430
78 말레이시아의 제국들 · 434
79 유럽이 동아시아를 점령하기 시작하다 · 441
80 중국의 태평성대 · 446
81 일본이 쇄국 정책으로 나오다 · 453
82 동란기의 유럽 · 459
83 르네상스 · 465
84 프로테스탄트의 반란과 농민 전쟁 · 471
85 16, 17세기 유럽의 전제 정치 · 478
86 네덜란드가 자유를 위해 싸우다 · 485

세 계 사 편 력 1

87 영국이 왕의 목을 자르다 · 494
88 무굴 제국의 창립자 바베르 · 504
89 악바르 대제 · 511
90 인도에서 무굴 제국의 쇠잔과 멸망 · 523
91 시크족과 마라타족 · 531
92 영국이 인도를 제패하다 · 537
93 중국을 지배한 위대한 만주족 통치자 · 546
94 중국 황제가 영국 왕에게 편지를 보내다 · 552

찾아보기 · 558

일러두기

1. 이 책의 번역 대본은 Asia Publishing House의 『Glimpses of World History』(1967)를 사용하고, Oxford University Press에서 발간된 1990년 1월 판을 참조했다.

2. 한글 표기는 문교부 고시(1988.1.) 「한글 맞춤법」과 「표준어 규정」을 따랐다. 인명·지명을 포함한 외래어 표기는 원어 발음에 따르는 것을 원칙으로 했으며, 인도와 중동의 인명·지명은 정병조의 『인도사』, 김정위의 『중동사』를 참조했다. 그러나 우리에게 너무 굳어져 원어의 발음이 전혀 낯선 경우에는 통용되는 표기법에 따랐다.
예: 유클리드(원래 표기음은 에우클레이테스다).
그 밖의 고유 명사(책명, 역사 용어)는 한국식 한자음으로 표기했다.

3. 옮긴이 주는 본문 하단에 1, 2, 3…… 으로 표시했으며, * 표시가 있는 주는 지은이의 원주다.

4. 이 책에 들어 있는 지도는 원본에 있는 J.F. Horrabin이 그린 것을 원고로 해서 다시 그렸다.

생일 축하 편지 · 1930년 10월 26일*

열세 번째 생일을 맞는
인디라 프리야다르시니에게

    해마다 생일이 돌아오면 너는 으레 선물이나 축복을 받기 마련이었지. 축복이라면 지금 당장이라도 얼마든지 해 줄 수 있단다. 하지만 나이니 형무소(Naini Prison)에서 내가 무슨 선물을 해 줄 수 있겠느냐. 나의 선물은 눈에 보이거나 손으로 만질 수 있는 것이 아니란다. 착한 요정이 네게 줄 수 있는 그런 공기나 정신이나 영혼으로 된 어떤 것, 형무소의 높은 담도 가로막을 수 없는 그런 것을 줄 수밖에 없겠구나.
    내가 무슨 설교를 하거나 점잖은 얼굴로 훈계하는 따위를 매우 싫어한다는 것은 마음씨 착한 너도 잘 알겠지. 때때로 그런 기분이 들면 나는 언제나 옛날에 읽은 어느 '매우 현명한 사람'의 이야기를 생각한다. 아마 너도 그 이야기가 나오는 책을 읽은 적이 있을 것이다. 1300년 전 중국의 한 위대한 나그네가 슬기와 지식을 찾아 머나먼 길을 찾아온 적

---

* 인디라의 생일은 그레고리우스력에 따르면 11월 19일이지만, 삼바트식(Samvat era : 벵골주를 제외한 북인도에서 일반적으로 쓰이는, 기원전 57년의 춘분부터 계산하는 역법)으로는 10월 26일이 된다.

이 있었다. 그는 현장(玄奘)¹⁾이라는 사람인데, 온갖 위험과 싸우고 장애를 극복해 가며 북쪽의 사막을 횡단하고 험준한 산을 넘어 찾아왔지. 지식에 대한 그의 동경이 그만큼 컸던 거야. 그 뒤 그는 오랫동안 인도에, 특히 날란다(Nalanda) 대학에 머물면서 학문을 닦고 사람들을 가르치기도 했다. 이 대학은 지금의 파트나(Patna), 그러니까 당시에는 파탈리푸트라(Pataliputra)라고 부르던 도시 가까이에 있었다. 현장은 나중에 매우 훌륭한 학자가 되어 '법사(法師)' — 불교의 율법 박사 학위를 받았단다. 그는 온 인도를 여행하면서 그 옛날 이 커다란 나라에 살고 있던 사람들을 관찰하고 연구했다. 나중에 그는 여행기를 썼는데 지금 내 머리에 떠오르는 이야기도 바로 이 책에 쓰여 있단다. 그 책에는 멀리 인도 남부, 지금의 비하르(Bihar)주의 바갈푸르(Bhagalpur)에 가까운 카르나수바르나(Karnasuvarna)를 찾아온 어느 남자의 이야기가 적혀 있단다. 이 사나이는 허리에 구리띠를 두르고 머리에는 햇불을 이고 다녔다는구나. 이런 괴상한 차림새에다 손에는 지팡이를 짚고 짐짓 아무렇지도 않은 듯 의젓한 발걸음으로 돌아다녔단다. 누가 그런 옷차림을 한 까닭을 물으니 그 남자는 이렇게 대답했다는구나. 나의 지혜는 너무나 커서 자칫하면 배가 미어질 우려가 있으므로 구리띠를 둘렀고, 또 내 주위에 있는 자들이 모두 바보여서 미궁에 빠져 있으니 그것이 불쌍해서 머리 위에 햇불을 피워 밝혀 주고 있노라고 말이야.

하지만 나는 지혜가 너무 많아서 배가 미어질 우려는 없을 것 같다. 그러니 구리띠를 하거나 갑옷을 입을 필요는 없겠지. 어쨌든 나는

---

1) 현장(600~664년)은 중국 당나라 초기의 승려로, 젊어서(629) 고국을 떠나 불교 원전을 찾으러 중앙 아시아의 대사막과 험한 산악 지대를 넘어 인도로 갔다. 그리하여 마가다(Magadha) 왕국의 날란다와 그 밖의 인도 각지를 돌면서 수업을 쌓은 다음, 645년에 다시 천산남로(天山南路)의 험로를 거쳐 중국에 돌아가 모두 17년에 걸친 대여행을 끝냈다. 여행 후에 후배인 변기(辯機)의 도움을 받아 쓴 여행기가 『대당서역기(大唐西域記)』다. 그리고 현장은 당나라 황제 태종의 보호를 받아 많은 승려와 학생들을 지도하고, 그가 가져온 몇백 권의 불전을 번역하는 사업에 전념해 중국의 불교에 새로운 시대를 열었다.

18

내가 가질 수 있는 지혜가 뱃속에 있지 않기를 바라지만, 지혜가 어디에 머물러 있든 거기에는 아직도 더 많은 지혜를 넣어 둘 자리가 있어 그런 자리가 모자랄 일은 없을 것이다. 혹 내가 그렇게 한정된 지혜밖에 가질 수 없다면 어찌 내가 현자인 척하며 남에게 훈계를 늘어놓을 수 있겠느냐? 따라서 나는 무엇이 옳고 그른가를 분별하는 가장 좋은 방법은 설교가 아니라 대화하고 토론하는 것이라고 언제나 생각한다. 서로 토론하는 가운데 때로 사소한 실마리나마 붙잡게 되고 진리는 풀려 나가는 것이다. 나는 너하고 이야기하는 것을 아주 좋아했지. 그리하여 우리는 여러 문제들에 대해 토론했다. 그러나 세상은 넓다. 우리가 사는 세계를 초월한 곳에는 또 다른 불가사의하고 신비로 가득 찬 많은 세계가 있다. 그렇다면 너나 나는 현장이 말한 그 어리석고 교만한 남자처럼 공연한 걱정을 하거나, 이제 배울 것은 다 배워 대현인이 되었다는 생각은 감히 하지 않을 것이다. 아마도 우리가 그다지 현명하지 못하다는 것도 다행스러운 일이 아니냐? 만일 대현인이라는 자가 이 세상에 있다 해도, 그는 더 이상 배울 것이 없음을 오히려 따분해 하지 않겠느냐. 그는 발견하는 보람이나 새로운 것을 배우는 즐거움을 더 이상 맛볼 수 없겠지 ― 그 맛을 알고자 하는 우리 모두에게는 그것이야말로 가장 큰 삶의 보람일 텐데.

따라서 나는 설교를 하지 않을 작정이다. 그렇다면 무엇을 해야 좋을까? 편지는 말을 대신할 수 없다. 아무래도 그것은 일방적이지. 그러니까 혹 내가 어쩌다 훈계 냄새가 나는 이야기를 해도 먹기 싫은 약을 받아 쥔 것처럼 생각하지 말고, 우리가 서로 마주앉아 이야기할 때처럼 너의 사고에 필요한 재료를 제공한 것으로 여기려무나.

우리는 역사책을 통해서 여러 민족의 생활 중에서도 특히 위대한 시대에 일어난 일들을 읽는다. 또 위대한 남자나 여자, 그리고 위대한 업적들에 대해 읽는다. 그 때 우리는 마치 자기가 그 시대의 사람인 듯, 옛 영웅이나 여걸처럼 용감한 공적을 세운다는 공상에 사로잡히기 마련이다. 네가 처음 잔 다르크(Jeanne d'Arc) 이야기를 읽고 얼마나 매혹되었는

열세 번째 생일을 맞는 인디라 프리야다르시니에게

가를, 그리고 그녀처럼 활약하고자 하는 너의 간절한 소망을 채 억누르지 못하던 것을 너는 기억하고 있을까? 보통 사람들은 언제나 영웅일 수는 없다. 그들은 날마다 빵과 버터, 자식들 뒷바라지, 또는 먹고 살아갈 걱정 등 여러 가지 문제에 사로잡혀 있기 때문이다. 그러나 일단 때가 무르익어 사람들이 커다란 목표를 세우고 거기에 확신을 갖게 되면 아무리 단순하고 평범한 사람이라도 영웅이 되며, 역사는 비로소 움직이기 시작해 커다란 전환기가 찾아온다. 그리고 그들 속에서 위대한 지도자가 나타나 모든 인민에게 활기를 불어넣어 큰 일을 이루도록 이끄는 것이다.

네가 태어난 해(1917)는 가난하고 학대받는 사람들을 뜨겁게 사랑하며 동정하는 한 위대한 지도자가 그 나라의 인민을 지도해 고귀하고 영원히 잊혀지지 않을 역사의 한 장을 쓰도록 이끈 기억할 만한 해였다. 네가 태어난 그 달에 레닌은 러시아와 시베리아 전체를 뒤바꾼 혁명을 시작했다. 그리고 오늘 인도에서 또한 고통받는 모든 이들을 가슴 깊이 사랑하며 그들을 돕고자 열망하는 또 한 사람의 위대한 지도자에게 고무되어 인도 인민은 다시 자유를 향해, 그리고 굶주리고 가난하고 학대받는 사람들이 멍에에서 벗어나기 위해 크나큰 노력과 고매한 희생을 치르고 있다. 바푸지(Bapuji)[2]는 지금 감옥에 갇혀 있다. 그러나 그의 외침은 마법과 같이 남녀 노소를 막론하고 수억 인도 국민들의 가슴 속에 스며들어, 심지어 천진한 어린아이들까지 그들의 작은 껍질을 벗어 던지고 인도의 자유를 위해 투쟁하는 전사의 대열에 가담하려 하고 있다. 바로 지금 인도 사람들은 역사를 창조하고 있다. 그리고 너와 나는 다행히도 그 사건을 바로 눈앞에 보면서 이 위대한 드라마 속에서 조금이나마 우리 자신의 역할을 해낼 수 있는 것이다.

이 위대한 역사의 물결 속에서 우리는 어떤 태도를 취해야 할까? 또

---

[2] 마하트마 간디(Mahatma Gandhi)를 말한다. 저자 네루의 『자서전(Toward Freedom)』에 따르면 '바푸'는 구자라트어로 '아버지'라는 뜻이고, 구자라트 사람들이 경애심을 담아 바푸지라고 처음 부른 것이 전 인도로 널리 퍼졌다. '지(ji)'는 우리말의 '님'에 해당한다.

이를 위해 우리는 어떤 역할을 해야 할까? 나에게 어떤 운명이 돌아올지, 어떤 임무가 우리 어깨 위에 떨어질지 말할 수 없다. 그러나 무슨 일이 있어도 우리는 우리 운동의 대의를 저버리거나 우리 인민에게 명예롭지 못한 행동을 하는 것은 용납될 수 없다는 것을 명심해 두어야 할 것이다. 우리가 인도의 투사가 되고자 한다면 우리는 인도의 명예를 깊이 간직해야 한다. 그리고 이 명예야말로 신성한 임무다. 우리는 흔히 무엇을 할까 망설일 때가 있다. 무엇이 옳고 그른가를 헤아리기란 결코 쉬운 일이 아니다. 그래서 나는 너에게 약간의 시험을 권하겠다. 네가 어떻게 하면 좋을지 헤매게 될 때는 언제나 이것으로 시험해 보기 바란다. 아마 도움이 될 것이다. 무슨 일을 하든지 숨기거나 숨기려 하지 말 것, 무엇을 숨기려 하면 언제나 불안해하지 않을 수 없다. 불안해하는 것은 좋지 않은 일이거니와, 너에게 어울리지 않는 일이다. 용감하거라. 그러면 다른 일들은 자연히 길이 열리게 마련이다. 그리하여 만일 네가 용감하다면 두려울 것도 없을 것이요, 부끄러울 일도 결코 없을 것이다. 너도 잘 알겠지만 바푸지의 영도를 받고 있는 우리의 위대한 해방 운동에는 아무런 비밀도 감출 것도 없는 것이다. 우리는 행동이나 말에서 조금도 주저하지 않는다. 우리는 태양과 빛의 한가운데에서 일하고 있는 것이다. 이와 마찬가지로 우리는 일상 생활 속에서도 태양을 친구로 삼자. 그리하여 빛 속에서 일하며 무엇이든지 감추거나 남몰래 하지 말도록 하자. 물론 우리는 사생활을 가질 것이고 또 가져야 한다. 그러나 그것은 비밀과는 전혀 다른 것이다. 그리고 만약 네가 그것을 실행한다면, 보아라, 너는 어떤 일이 일어나도 침착해서 조금도 당황하지 않는 빛의 딸로 자랄 것이다.

    나는 상당히 긴 편지를 썼다. 그래도 아직 너에게 하고 싶은 말을 다하지 못했구나. 그 말들을 한 통의 편지에 다 쓸 수는 없겠지.

    우리 나라에서 현재 진행되고 있는 자유를 향한 투쟁을 눈앞에서 직접 볼 수 있는 너는 행복하다고 나는 말했다. 그리고 네가 행복한 또 한 가지 이유가 있다. 너는 매우 건강하고 훌륭한 인도의 어느 여성을

열세 번째 생일을 맞는 인디라 프리야다르시니에게

어머니[3]로 갖고 있기 때문이다. 망설일 때나 어려운 일이 생길 때 너는 이 사람보다 더 좋은 벗을 가질 수 없을 것이다.

안녕, 작은 아가, 그리고 네가 인도를 위해 용감한 전사가 되기를 바란다.

나의 모든 사랑과 축복을 너에게 보낸다.

나이니 중앙 형무소에서

---

3) 카말라(Kamala) 부인을 말한다. 1916년 델리에서 저자와 결혼, 1930년 이래 남편과 함께 인도 해방 운동에 헌신했다. 그녀는 당시 체포될 때 의견을 요구하는 한 신문 기자에게 "나는 매우 행복합니다. 그리고 남편 뒤를 잇는 것이 자랑스럽습니다. 나는 사람들이 깃발을 높이 휘날리며 계속 투쟁하기를 바랍니다"라고 말했다. 그러나 선천적으로 건강이 나빴던 그녀는 1936년 2월 스위스 로잔의 사나토리움에서, 알모라(Almora) 형무소에서 달려온 저자와 딸 인디라가 지켜보는 가운데 숨을 거두었다.

1. *1931년 새해 첫날에*

새해 선물

2년 전 네가 무수리(Mussoorie)에 있을 때 내가 알라하바드(Allahabad)에서 보낸 편지들[4]을 기억하고 있느냐? 너는 그 편지가 재미있었다고 했지. 그러나 이제 그런 편지는 그만두고, 차라리 우리가 지금 살고 있는 세계에 대해서 뭔가 얘기하는 편이 더 낫지 않을까 하는 생각이 들었다. 하지만 나는 그것을 망설였다. 옛날 세계, 그리고 그 세계에서 활약하던 훌륭한 남녀들에 대해 생각한다는 것은 매우 흥미로운 일이다. 역사를 읽는 것은 즐거운 일이다. 하지만 그보다 더 매력적이고 흥미로운 일은 역사를 만드는 데 참여하는 것이다. 그리고 너도 알고 있듯이, 역사는 바로 지금 우리 나라에서 만들어지고 있다. 인도의 과거는 기나긴 것이다. 그 시초는 태고의 어둠 속으로 그림자를 길게 드리우고 있다. 그 중에는 수치스럽고 비참하게 느껴지는 불행한 시대도 있었다. 그러나 대체로 우리 나라의 역사는 다른 국가나 민족에게 자랑해도 좋을 만한 것이며, 후손인 우리가 기쁨을 느낄 만한 찬란한 것이었다. 그런데 오늘날 우리는 좀처럼 지난날을 뒤돌아볼 만한 여유가 없구나. 우리 마음을 가득 채우고 있는 것은 미래이며, 우리가 이제부터 창조하려는 것도 미래다. 그리고 우리는 현재를 위해 모든 시간과 정력을 다하고 있다.

나이니 형무소에 있는 나는 읽고 싶은 것을 읽고, 쓰고 싶은 것을 쓸 수 있다. 그러나 내 마음은 언제나 외부에서 진행되는 위대한 투쟁을 향해 활짝 열리곤 한다. 나는 남들이 무엇을 하고 있는지, 또 만일 내가 그들과 함께 있다면 무엇을 할지를 생각한다. 나는 과거를 생각하기에는

---

[4] 이 편지들은 『세계 이야기(Story of the World)』라는 제목으로 출판되었다.

현재와 미래의 일로 마음이 가득 차 있다. 그러나 요즈음 나의 이런 마음이 잘못된 것이라고 생각하게 되었다. 바깥일에 동참할 수 없는 지금, 바깥일에 이리저리 생각한들 무슨 소용이 있겠느냐?

　너에게만 하는 말이지만, 내가 이 편지 쓰기를 망설인 이유는 따로 있단다. 과연 내가 너를 가르칠 만한 지식을 갖고 있는지 의심스러워진 것이다! 너는 나날이 자라고 있고 지금은 이렇게 똑똑하고 훌륭한 어른이 되어 가고 있으니, 내가 일찍이 학교나 대학에서, 그리고 그 뒤에 배운 것만으로는 너에게 흡족하지 못할 것이 분명하다. 아무래도 부족할 것 같구나. 오히려 이제 곧 네가 선생이 되어 나에게 여러 가지 새로운 지식을 가르쳐 주게 될지도 모르지. 네 생일날 보낸 편지에 쓴 것처럼, 나는 너무 많은 지식에 배가 미어지지 않도록 구리띠로 배를 두르고 다녔다는 '대현인'은 아니다.

　네가 무수리에 있을 때만 해도 원시 시대에 대해 써 보내는 것은 매우 손쉬운 일이었다. 그 시대에 대한 우리의 지식이 막연하고 불확실한 탓이다. 그런데 우리가 이 태고의 세계를 벗어나고 보면 역사는 서서히 흐르기 시작해 인간은 세계 여러 곳에서 그 신비한 경력의 실마리를 펼치기 시작한다. 그리하여 때로는 현명하지만 광적으로 치닫기 일쑤인 인간의 하찮은 이력을 추적한다는 것은 쉽지 않다. 물론 책을 참고한다면 그럭저럭 쓸 수 있을지는 모른다. 하지만 이 곳 나이니 형무소에는 도서관 시설이 없다. 그러니 내가 원하는 대로 조리 있게 세계사를 설명할 수 있을지 염려되는구나. 그런데 나는 소년 소녀들이 보통 한 나라의 역사만 공부하고, 그나마 몇몇 사건이나 날짜 따위나 암기하는 것을 보면 참 쓸모 없는 일을 하고 있다는 생각이 든다. 역사란 서로 연관된 전체이므로, 만일 네가 다른 나라에서 일어난 일들을 알지 못하면 어느 나라의 역사도 이해하지 못할 것이다. 나는 네가 한두 나라에 국한되는 답답한 역사를 배우지 말고 전세계의 역사를 연구하라고 권하고 싶다. 여러 민족들은 우리가 상상하는 것처럼 그렇게 크게 다르지 않다는 것을 언제나 명심해야 한다. 지도는 여러 나라들을 울긋불긋하게 구분해 놓고 있다. 물론 여러 민족들은 서로 다른 점이 있다. 그러나 비슷한 점도 많다. 우리는 이 사실을 잊지 말고 지도의 색깔 구분이나 국경에 연연하지 않도록 주의할 일이다.

내가 원하는 역사를 써 보내려고 하지만 생각처럼 되지 않는구나. 그런 역사를 알고 싶을 때는 다른 책을 보는 것이 좋겠다. 다만 나는 때를 보아 옛날 일을, 그리고 세계 무대에서 큰 역할을 한 사람들에 대해 이야기하려고 한다.

이 편지들이 네게 재미있을지, 또는 네 호기심을 깨우게 될지 모르겠다. 실로 나는 네가 언제 이것을 받을지, 또는 도대체 읽게나 되는지조차 알 도리가 없구나. 서로 가까이 있어야 할 텐데 이토록 멀리 떨어져 있다니, 이 얼마나 안타까운 일이냐. 네가 무수리에 있을 때 우리는 몇백 마일이나 떨어져 있었지. 하지만 나는 아무 때나 너에게 편지를 쓸 수 있었다. 그리고 네가 못 견디게 보고 싶으면 너에게 달려갈 수도 있었다. 그런데 지금 우리는 서로 줌나(Jumna) 강을 사이에 두고 떨어져 있구나. 엎드리면 코 닿을 곳이지만, 나이니 형무소의 높은 담은 너를 만날 수 없게 가로막고 있다. 두 주에 한 번 편지를 쓰면 또한 두 주에 한 번 답장을 받을 수 있을 따름이다. 그리고 두 주에 한 번 20분간의 면회가 허용된다. 하긴 이런 제약도 꼭 나쁜 것은 아니다. 우리는 무엇이든 쉽게 얻을 수 있을 때에는 좀처럼 그 가치를 알지 못하는 법이다. 그러므로 나는 형무소에 있는 기간이 인간 수업에서 좀처럼 얻기 어려운 하나의 소중한 경험이라 생각하게 되었다. 다행히 우리 나라에는 이러한 교육을 받고 있는 사람의 수가 무려 몇만에 이르고 있단다!

이 편지들을 보고 네가 마음에 들어할지 자신이 없다. 그러나 나는 하나의 낙으로 편지를 쓰기로 작정했단다. 편지를 쓰고 있으면 네가 바로 곁에 있어서 서로 이야기를 나누는 것만 같기 때문이나. 나는 늘 너를 생각한다. 특히 오늘은 한시도 네 생각에서 벗어날 수가 없구나. 오늘은 설날이다. 이른 아침 침대에 누워 별을 보고 있자니 과거의 위대한 세월이 그에 따르는 온갖 희망·고통·기쁨과 함께, 또한 그 때 일어난 위대하고 눈부신 업적들과 함께 잇따라 머릿속에 떠오른다. 그리고 나는 그 마법의 숨결로 우리 늙은 인도를 힘차게 소생시키고 지금은 예라바다(Yeravada) 형무소의 한 방에 앉아 있을 바푸지를 생각하고, 또 다두(Dadu)[5]와 그 밖의 사람들을 생각했다. 그 중에도 특히 나는 네 어머니와 너를 생각했다. 아침이 되고 나서야 네 어머니가 체포되어 형무소에 수감되었다는 소식을 들었다. 그것은 나에게 즐거운 새해 선물이었다. 물론 이런 사태는 벌써부터 예상하던 일이다. 그러므로 나는 네 어머니가 진실로 행복해 하며 또한 만족하고 있으리라 믿는다.

그러나 너는 혼자 남았으니 오죽 쓸쓸하겠느냐? 두 주에 한 번 어머니를 만날 수 있고 두 주에 한 번 나를 만날 수 있지만, 너는 어머니와 나 사이에서 전령이 되어 주겠지. 하지만 나는 혼자서 펜과 종이를 앞에 놓고 너를 생각할 것이다. 그러면 너는 어느새 살며시 내 곁에 다가와 우리는 많은 일들을 이야기하겠지. 그리고 우리는 함께 옛일을 회상하고, 미래를 과거보다 더 위대하게 만들 방법을 궁리할 것이다. 이제 설날을 맞이해 우리 약속하자. 이 해가 지나고 마침내 다 가기까지 우리의 찬란한 미래의 꿈을 한층 현재로 끌어당겨서 인도의 과거에 영광된 역사의 한 페이지를 덧붙이자고 말이다.

---

5) 인디라의 할아버지인 판디트 모티랄 네루(Pandit Motiral Nehru)를 말한다. 네루가는 옛날 카슈미르 브라만 출신의 명문인데, 모티랄은 아그라(Agra)에서 태어나 알라하바드 대학에서 법률을 공부하다가 중퇴한 뒤 그 곳에서 저명한 변호사로 자리잡았다. 그래서 저자 네루는 부유한 중산 계급의 자식으로 태어나 의지가 굳고 실행력이 강한 아버지의 사랑을 받으며 자랐다. 처음에 모티랄은 자기 직업에 몰두해 정치 문제에 그다지 관심을 갖지 않았으나, 제1차 세계 대전 이후 고조된 민족 운동에 투신해 간디와도 친교를 맺었다. 한때는 모든 공직을 거부할 것을 제창하는 간디의 막연한 정신적 대중 운동 방침에 반대해 의회 투쟁에 집중하려는 이른바 '스와라지스트(swarajist : 자치주의자)'의 지도자로서 합법주의와 점진주의 경향을 대표했으나, 1931년 저항 운동이 시작된 뒤부터는 간디, 저자 등과 함께 영국 정부의 격심한 탄압에 대항해 병든 몸을 무릅쓰고 투쟁했다. 1930년 4월 저자가 투옥된 뒤 국민회의파 의장 대리라는 중책과 1930년 6월부터 9월에 걸친 모티랄 자신의 투옥이 그의 죽음을 앞당겼다. 저자의 『자서전』을 읽어 보면, 저자는 공적인 생활에서 간디나 아버지와 반드시 견해를 같이 하지는 않았지만 이 두 사람으로부터 가장 깊은 인격적인 영향을 받았음을 알 수 있다.

2

1931년 1월 5일

역사의 교훈

　오늘은 너에게 무엇을 쓸까? 어디서부터 시작할까? 지난 일을 생각하기만 하면 수없이 많은 광경들이 내 마음 속으로 잇따라 스쳐 가는구나. 어떤 광경은 다른 것보다 조금 더 오래 내 마음에 머문다. 그것들은 내가 좋아하는 장면들이고, 나는 거기에 생각이 잠겨 어느새 현재 일어나고 있는 일들과 비교하고 나아가서는 나의 길잡이가 될 만한 교훈을 찾아 내려고 한다. 그러나 인간의 마음이란 그 얼마나 어지러운 잡동사니 덩어리란 말이냐. 마치 순서도 배열도 생각하지 않고 작품을 늘어놓은 화랑처럼, 연결되지 않는 상념과 뒤죽박죽이 된 장면으로 시끌벅적하다. 그러나 아마도 이것은 모두 우리들 탓은 아니다. 대부분의 사람들은 마음 속 상념들을 좀더 반듯하게 정리할 수 있을 거야. 하지만 때때로 사건 자체가 어떤 방식에도 맞지 않을 만큼 낯설고 어렵게 생각될 때가 있다.

　언젠가 나는 너에게 역사의 연구는 이 세상이 얼마나 유유히, 그러나 확실히 진보해 왔는지, 최초의 단순한 동물이 어떻게 더욱 복잡하고 진화된 동물로 변모했는지, 그리고 어떻게 만물의 영장인 인간이라는 동물이 나타나 지능의 힘으로 다른 동물들을 거꾸러뜨리고 승리하게 되었는지를 가르쳐 줄 것이라고 쓴 적이 있다. 인간이 야만 상태에서 문명 상태로 발전했다는 것이 역사의 주제라고 한다. 그리고 몇 통의 편지 속에서 나는 협력 또는 협업이라는 개념이 어떻게 발달해 왔는지, 그리고 우리의 이상은 여러 사람의 행복을 위해 힘을 합쳐서 일하는 것이어야 한다는 점을 설명하려고 했다. 그러나 때로는 광범위한 역사를 바라다보면 이 이상이 크게 진보했다든지, 또는 우리가 정말로 문명인이 되거나 발전했다고 믿기 어렵다. 오늘날에도 곳곳에서 협동 정신이 결핍되어 있는 것을 볼 수 있고, 자기 이익만을 생각해서 다른 나라를 공격하거나 압박하는 나라와 민족이 있으며, 또 남을 착취하는 사람도 있다. 몇백만 년 동안 진보하고서도 우리가 여전히 이렇게 뒤떨어지고 불완전하다면, 앞으로 우리가 지각 있고 분별 있는 인간으로서 행동하는 것을 배워 익히려면 얼마나 오랜 세월이 필요할까? 우리는 때때로 역사에서 우리 시대보다 훨씬 뛰어나고 교양도 깊으며 문명에서도 뛰어났던 시대에 대해 읽을 때가 있다. 그렇다면 역사란 도대체 발전하고 있는 것인지 퇴보하고 있는 것인지를 의심하지 않을 수 없다. 우리 나라는 물론 모든 점에서 지금보다 뛰어난 찬란한 과거를 갖고 있다.

많은 나라들, 즉 인도 · 이집트 · 중국 · 그리스, 그리고 그 밖의 여러 나라들에서 또한 과거에 훌륭한 시대가 있었다. 그러나 이 나라들은 거의 쇠퇴해 몰락하고 말았다. 하지만 이 사실도 우리의 용기를 꺾지는 않는다. 세계는 큰 무대란다. 그러므로 어떤 나라가 일정 시기 동안 흥하고 망한 것도 크게 보자면 대수롭지 않은 일이다.

오늘날 많은 사람들은 우리의 위대한 문명과 과학의 기적을 자랑하기 쉽다. 참으로 과학은 기적을 이루었다. 그러므로 위대한 과학자들은 크게 존경을 받아 마땅하다. 그러나 스스로 자부하는 자가 위대한 예는 매우 드물다. 아직도 여러 가지 면에서 인간은 다른 동물에 비해 그다지 큰 진보를 이루지 못하고 있다는 점을 잊어서는 안 된다. 어떤 면에서는 몇몇 동물들이 지금도 인간보다 더 나을는지 모르겠다. 나의 이 말이 어리석은 말로 들릴지도 모른다. 잘 모르는 사람은 웃을지도 모른다. 하지만 너는 마테를링크(Maurice Maeterlinck)[6]가 쓴 벌과 흰개미, 개미의 생활에 대한 이야기를 읽고선 틀림없이 이 곤충의 사회 조직에 놀랐을 것

---

6) 벨기에의 시인, 극작가, 비평가. 1911년 노벨 문학상을 받았다. 프랑스 상징파의 영향을 받아 시를 쓰다가 나중에 극작가로 변신해 신비감 넘치는 상징극으로 명성을 떨쳤다. 『꿀벌 및 흰개미의 생활』은 자연과 생명의 신비를 시적 감동으로 써 나간 과학적 관찰기다.

이다. 누구나 곤충이라면 저급한 생물로 깔보기 마련이다. 하지만 이 조그만 생물이 인간보다 더 잘 협력하고 공동의 행복을 위해 희생적으로 행동하고 있지 않느냐? 나는 일찍이 자신의 동료들을 위한 흰개미의 희생적인 행동을 읽은 뒤로 언제나 그것이 내 마음 한구석에 남아 있다. 만일 상호 협동과 사회의 행복을 위한 희생적인 행위가 문명의 척도를 보여 주는 것이라면, 우리는 흰개미나 개미가 이러한 면에서 인간보다 훨씬 뛰어나다고 인정해야 할 것이다.

    옛날 우리 인도의 산스크리트어로 쓰인 책 가운데 다음과 같은 글이 실려 있다. "가족을 위해서는 개인을, 공동체를 위해서는 가족을, 나라를 위해서는 공동체를, 그리고 영(Soul)을 위해서는 전세계를 희생하라." 여기서 영이 무엇을 뜻하는지 오늘날 아무도 모르며, 또는 말로 분명히 표현하지 못한다. 때로는 여러 가지로 해석되고 있다. 그러나 이 산스크리트어 문장이 전하는 교훈은 또한 더욱 큰 행복을 위한 협력과 희생이다. 우리 인도 사람들은 이 진정한 위대함으로 가는 가장 훌륭한 길을 오랫동안 잊고 있었다. 그래서 우리는 쇠퇴한 것이다. 그러나 우리는 다시 그것을 찾은 듯, 나라 전체가 생기를 되찾고 있다. 남녀 노소를 막론하고 어떤 수고나 괴로움도 아랑곳 않고 웃으며 인도를 위한 큰길로 나아가는 모습을 보는 것은 참으로 멋진 일이다! 그렇다, 그들은 환히 웃으며 행복을 느끼고 있다. 대의를 위해 봉사하는 기쁨을 그들이 몸소 체험하고 있기 때문이겠지. 그리하여 이 행복한 사람들은 자신을 희생하는 즐거움도 알 수 있는 것이다. 오늘날 우리는 인도를 해방하기 위해 힘쓰고 있다. 이것은 위대한 과업이다. 하지만 인간의 도리를 발전시킨다는 것은 훨씬 더 위대한 일이다. 그리고 우리의 투쟁이 궁핍과 참상에 마침표를 찍기 위한 인류의 위대한 투쟁의 일부라고 느끼기 때문에, 우리 또한 세계의 진보에 이바지하기 위해 나소의 힘을 기울이고 있다며 서로 기쁨을 나눌 수 있는 것이다.

역사의 교훈

그런데 너는 아난드 바완(Anand Bhawan)[7]에, 네 어머니는 말라카(Malacca) 형무소에, 그리고 나는 여기 나이니 형무소에 있다. 우리들은 가끔 견딜 수 없을 만큼 서로를 그리워한다. 그렇지 않으냐? 그러나 우리 세 사람이 다시 한자리에서 만나게 될 날을 생각하자! 나는 그 날을 기다리겠다. 그리고 그 희망이 내 마음 속에 빛을 밝혀 주고 힘을 북돋워 주리라.

3

1931년 1월 7일

인퀼라브 진다밧드*

프리야다르시니(Priyadarshini)** — 보고 싶은, 그러나 볼 수 없기에 더욱 보고 싶은 너! 오늘 너에게 편지를 쓰려고 여기 앉으니 희미한 외침이 멀리서 울리는 천둥 소리처럼 내 귀에 들려 오는구나. 처음에 나는 무슨 소리인지 알아들을 수 없었다. 그러나 그 소리는 왠지 친밀한 소리로 마치 마음 속에 울려 퍼지는 것만 같았단다. 점점 가까이 다가오는지 그 소리는 갈수록 크게 들려 와, 지금은 무슨 소리인지 분명히 알아들을 수 있게 되었다. '인퀼라브 진다밧드!' '인퀼라브 진다밧드!' 이 형무소는 마치 혼이 깃든 것처럼 메아리치고, 우리의 가슴은 그 소리에 기쁨으로 울렁거린다. 나는 그들이 누구인지, 누가 감옥 밖에 이렇게 가까운 곳에서 우리의 구호를 외치고 있는지 모른다. 그들이 도시에서 온 남자인지

---

7) '행복의 집' 이라는 뜻. 알라하바드 시내에 있는 저자의 집.
  * 인퀼라브 진다밧드(Inqilab Zindabad). '혁명 만세' 라는 뜻.
  ** 인디라의 애칭으로, '보고 싶은 사람' 이라는 뜻이다.

여자인지, 아니면 시골 농민인지 알 수 없다. 또 오늘 무슨 일이 있어 그렇게 외치는지도 알지 못한다. 그러나 그들이 누구이든 우리를 격려하고 있는 것이다. 우리는 그들의 외침에 대해 마음 속으로 뜨거운 인사를 담아 대답해 주었다.

　왜 우리는 '인퀼라브 진다밧드'를 외치는가? 왜 우리는 혁명과 변화를 원하는가? 오늘날 인도는 두말 할 것도 없이 커다란 변화를 필요로 한다. 그러나 비록 우리가 원하는 커다란 변화가 찾아와 인도가 독립하더라도 우리는 팔짱을 끼고 쉴 수는 없다. 무릇 이 세상에 모든 생물 가운데 변화하지 않는 것은 없다. 삼라만상은 나날이, 시시각각으로 변하고 있다. 오직 죽은 자만이 성장을 멈추고 정지할 수 있는 것이다. 맑은 샘물을 가두어 두면 그 샘물은 곧 흐려질 것이다. 인간 생활, 그리고 민족의 생활도 이와 마찬가지다. 원하건 원치 않건 우리는 나이를 먹게 마련이다. 아기는 귀여운 소녀가 되고 귀여운 소녀는 의젓한 처녀가 되며, 이윽고는 어머니가 되고 할머니가 된다. 우리는 이러한 변화를 견뎌야 한다. 그런데 많은 사람들은 세계가 변화하는 것을 막으려고 한다. 그들은 마음의 문을 닫고 자물쇠를 채우고 마음 속에 새로운 관념이 파고드는 것을 허용하지 않는다. 그들에게는 생각한다는 것처럼 두려운 것도 없다. 그 결과가 어떻겠느냐? 세계는 그들에 아랑곳하지 않고 움직이게 마련이다. 그리하여 그들이 변화하는 환경에 순응하지 않는 탓에 때때로 커다란 폭발이 일어난다. 지금부터 140년 전의 프랑스 혁명이나 13년 전의 러시아 혁명과 같은 대혁명이 터진다. 우리 나라에서도 이와 마찬가지로 우리는 혁명의 한가운데에 있다. 우리는 물론 독립을 요구한다. 그러나 우리는 또한 그 이상의 것도 요구한다. 우리는 모든 더러운 시궁창을 깨끗이 치우고 곳곳에 맑은 물이 흐르게 되기를 원한다. 우리는 먼지를 쓸어 내고 우리 나라에서 궁핍과 참상을 몰아내 버려야 한다. 또 우리는 힘이 닿는 한, 사리를 생각해 보려고 하지도 않고 눈앞에 있는 커다란 과업에 협력하기를 거절하는 사람들의 마음 속에 자리잡은 거미줄을 치워 버려야 한다. 이것은 커다란 작업이다. 이 일을 마치려면 오랜 시간이 걸릴지도 모른다. 그러나 우리는 작은 힘이나마 바치도록 하자 — 인퀼라브 진다밧드!

우리는 지금 혁명의 문턱에 서 있다. 장차 어떻게 될지 아무도 예측할 수 없다. 그러나 지금도 이미 우리는 커다란 성과를 거두고 있다. 인도의 여성들을 보려무나. 얼마나 자랑스럽게 투쟁의 선두에 서서 행진하고 있느냐. 부드럽게, 그러나 용감하게 불굴의 투지를 불태우며 그녀들은 대열에 앞장서 걷고 있지 않느냐. 그리고 우리의 용감하고 아름다운 여성들을 가두어 이 나라에 큰 불행을 초래했던 파르다(Pardah)[8]의 자취를 지금 어디에서 그 그림자라도 찾아볼 수 있느냐. 그것은 빠르게 자취를 감추고 있으며, 지금은 우리가 과거의 유물을 보존해 두는 박물관의 진열장이야말로 그것에 어울리는 가장 좋은 장소라고 해야 하지 않겠느냐.

그리고 또 어린이들 — 소년과 소녀들 — 바나르 세나(Vanar Senas)와 발(Bal), 그리고 발리카 사바(Balika Sabhas : 모두 소년 소녀들의 단체 이름)를 보려무나. 그들의 수많은 부모들은 옛날에 사람 대접도 받지 못하던 천민이거나 노예였을 것이다. 그러나 우리 시대의 소년 소녀들이 노예 상태나 비겁을 감내하리라고 누가 감히 생각할 수 있겠느냐.

이처럼 변화의 수레바퀴는 돌아가고 있다. 아래 있던 것은 위로 돌아가고, 위에 있던 것은 아래로 돌기 마련이다. 우리 나라에서도 그것이 돌고 있는 것이다. 그러니 이제 우리는 아무도 감히 멈출 수 없도록 그 수레바퀴를 더욱 힘껏 밀어야 한다.

인퀼라브 진다밧드!

---

8) 페르시아어로서 본래 '커튼'을 뜻하지만, 일반적으로 여성을 규방에 격리시켜 사회 활동을 못하게 하는 관습을 말한다. 이것은 인도 고유의 풍습이 아니고 모슬렘의 침입과 함께 서방에서 들어온 것이다. 남성 본위의 가부장 제도 전통이 짙게 남아 있던 인도 사회는 이를 쉽게 받아들였으며, 여유 있는 상류 사회에 침투한 탓에 이 제도 자체가 오히려 여성의 사회적 지위를 상징하는 것처럼 되었다. 저자는 『인도의 발견(Discovery of India)』에서 이 풍습을 인도가 쇠퇴하게 된 최대의 원인 가운데 하나로 꼽고 있는데, 최근의 모든 사회적 요인은 그것이 존속할 수 없게 하고 있다.

4 *1931년 1월 8일*

아시아와 유럽

먼젓번 편지에서 나는 만물은 끊임없이 변화한다고 썼다. 역사란 변화를 기록한 것일 뿐이다. 그리고 만약 과거에 변화가 조금밖에 없었다면 역사 또한 조금밖에 쓸 수 없을 테지. 우리는 대개 학교나 대학에서 역사를 그리 깊이 배우지는 않는다. 다른 사람은 어떤지 몰라도 나는 학교에서 배운 것이 아주 보잘것없었다. 그것도 인도 역사와 영국 역사를 조금, 아주 조금 배웠을 뿐이지. 더구나 우리가 배운 인도의 역사라는 것도 우리 나라를 비하하는 사람들이 쓴 매우 잘못되고 왜곡된 것이란다. 나는 다른 나라의 역사에 대해서는 어렴풋한 지식밖에 갖고 있지 못했다. 내가 제대로 역사를 읽게 된 것은 대학을 나온 뒤였지. 다행히 형무소에 갇힌 덕분에 나는 모자란 지식을 보충할 기회를 얻게 된 것이다.

전에 네게 쓴 편지에서 인도의 고대 문명이나 드라비다인(Dravidian)에 대해, 그리고 아리아인(Aryan)[9]의 등장에 대해 써 보낸 적이 있었지. 나는 아리아인 이전 시대에 대해서는 별로 아는 것이 없어서 많이 이야기해 줄 수 없었다. 그런데 최근 몇 년 전에 고대 문명의 유적이 인도에서 발견되었다면 너도 사뭇 흥미가 끌리겠지? 그 유적은 인도 서북부의 모헨조다로(Mohenjo-daro)라는 지방 근처에서 발견되었단다.

---

9) 현재 인도 민족의 근간을 이루는 아리아인은 인종면에서 유럽인과 같은 계통에 속하며, 기원전 20세기에서 15세기에 걸쳐 서북 국경 방면을 통해 인도로 이주해 왔다고 한다. 드라비다인은 현재 남인도에 분포하며 인도 총 인구의 5분의 1을 차지하는데, 키가 크고 피부 빛이 흰 아리아인과 달리 머리털과 피부가 검고 키가 작으며 코가 낮다. 드라비다인은 아리아인보다 먼저 인도 북부에 살고 있던 인종인데, 아리아인의 침입으로 남쪽으로 이주하게 되었다고 한다. 문화면에서도 아리안적인 요소가 더 우수하지만, 이들 사이에 혼교가 많이 이루어져 이른바 '인도 문화'의 주요한 요소가 되었다.

적어도 5000년 전쯤으로 추정되는 유적이 발굴되었을 뿐만 아니라 고대 이집트의 미라와 비슷한 미라까지 발견되었다. 생각해 보려무나. 이것들은 무려 5000년 전, 아리아인이 이주해 오기 전의 일이 아니냐. 그 무렵이면 유럽 같은 데는 아직 황무지에 지나지 않았을 것이다.

오늘날 유럽이 부강해지고 세력을 얻자 그들은 자기들이 세계에서 가장 문화와 문명이 발달한 인종이라고 생각하고 있다. 그들은 아시아와 아시아 백성을 업신여기고, 나아가 아시아에서 빼앗아 갈 수 있는 것은 모조리 빼앗아 가고 있다. 어쩌면 시대가 이렇게 변해 버렸을까! 유럽과 아시아를 좀더 자세히 살펴보자. 지도를 펴고 커다란 아시아 대륙에서 조그만 유럽이 튀어나온 것을 보려무나. 그것은 마치 아시아에서 조금 튀어나온 것처럼 보이지 않니? 역사를 읽어 보면 장구한 세월 동안 아시아가 훨씬 우세했다는 것을 알 수 있을 것이다. 아시아 사람들은 커다란 파도가 밀어닥치듯 몇 번이나 유럽을 정복했다. 그들은 유럽을 휩쓸고 다녔으며 유럽에 문화의 빛을 전파했다. 아리아인, 스키타이인(Scythians), 훈족(Huns), 아랍인, 몽고인, 투르크인(Turks) ― 그들은 저마다 아시아에 진출해 아시아와 유럽 전역으로 퍼져 나갔다. 아시아는 이 민족들을 마치 메뚜기 떼를 낳듯이 잇따라 키워 냈다. 사실 유럽은 오랫동안 아시아의 식민지와 같은 존재였다. 그리고 현대 유럽의 많은 민족은 아시아에서 침입한 자들의 후손인 것이다.

아시아는 지도 전체에 걸쳐 크고 육중한 거인처럼 네 활개를 펴고 드러누워 있지만 유럽은 왜소하다. 그러나 물론 아시아가 크기 때문에 위대하다거나 유럽이 보잘것없다는 말은 아니다. 크기란 사람이나 국가의 위대함을 재는 데에서 가장 뒤떨어지는 기준이란다. 유럽이 대륙 가운데서는 제일 작아도 위대하다는 것은 누구나 알고 있다. 또 우리는 유럽의 많은 나라들이 역사에서 찬란한 시기를 경과했다는 것도 알고 있다. 이 나라들은 발명이나 발견을 통해 인간의 문명을 헤아릴 수 없을 만큼 발전시켰으며, 몇백만에 이르는 남녀의 생활을 안락하게 해 준 위대한 과학자들을 낳았다. 또한 이 나라들은 위대한 작가·사상가·미술가·음악가, 그리고 활동적인 인물들을 배출했다. 그러므로 유럽의 위대성을 부인하는 것은 어리석은 일이다.

그러나 아시아의 위대성을 인정하지 않는 것도 이에 못지않게 어리석은 일이다. 우리는 자칫 유럽이 발산하는 광채에 눈이 멀어 과거를 잊기가 쉽다. 그 어느 누구보다도, 그리고 그 무엇보다도 크게 세계를 움직인 위대한 사상적 지도자, 즉 여러 주요 종교의 창시자들을 낳은 곳이 바로 아시아라는 사실을 명심해야 할 것이다.

현존하는 큰 종교 가운데 가장 오래된 힌두교는 말할 것도 없이 인도에서 창시되었다. 힌두교의 자매 종교이자 지금 중국·일본·버마(현재의 미얀마)·티베트, 그리고 실론에서 성행하고 있는 불교 또한 마찬가지다. 유태교나 기독교도 그 기원을 따져 보면 아시아 서쪽에 위치한 팔레스타인에서 비롯되었으니 또한 아시아의 종교다. 조로아스터교(Zoroastrianism), 즉 배화교(拜火敎)는 페르시아에서 시작되었고, 너도 알다시피 이슬람교의 예언자 마호메트(Mahomet)는 아라비아의 메카(Mecca)에서 태어났다. 크리슈나(Krishna)[10]·석가모니·마호메트, 그리고 중국의 대철학자인 공자·노자를 비롯해 아시아에서 태어난 대사상가들의 이름을 들자면 책 몇 페이지가 금방 메워질 것이다. 아시아의 위대한 활동적인 인물들의 이름도 결코 이보다 적지 않다. 또한 나는 다른 많은 방면에서 우리의 이 늙은 대륙이 지난날 얼마나 위대하고 활기에 넘치고 있었는지를 네게 보여 줄 수 있다.

어쩌면 이렇게 시대가 변했단 말이냐! 그러나 시대는 우리 눈앞에서도 끊임없이 변화하고 있다. 역사는 때로 급박함과 폭발을 고하면서

---

10) 크리슈나는 원래 『마하바라타(Mahabharata)』 속에서 판두족(Pandavas)의 5왕자군(五王者軍)의 참모로서 구르족(Ghur)을 괴멸시키는 영웅으로 활약하지만, 후세에는 힌두교의 성현 가운데 한 사람으로 숭배받았다. 여기에 성현의 한 사람으로서 그 이름이 나온 것은 『마하바라타』의 일부로 편입된 저명한 철학적 대화편 『바가바드 기타(Bhagavad Gita : 힌두교의 3대 경전)』에 크리슈나가 위대한 설교자로 표현되어 있기 때문일 것이다. 『바가바드 기타』는 고원한 형이상학과 적극적인 실천 철학을 갖고 있는 힌두교의 성전으로, 사람들(예를 들면 간디)에게 깊은 영향을 주었다.

도 대체로 몇 세기에 걸쳐 서서히 변해 가는 것이다. 그런데 오늘날 아시아에서는 그 변화가 어지러울 정도다. 이 늙은 대륙은 기나긴 잠에서 깨어나 소생하고 있다. 세계의 눈길은 아시아로 쏠리고 있다. 아시아가 위대한 역할을 떠맡을 때가 도래하고 있음이 이제 누구의 눈에도 분명하기 때문이다.

5 1931년 1월 9일

고대 문명과 우리의 유산

나는 어제 일 주일에 두 번씩 바깥 소식을 전해 주는 힌두어 신문 『바라트(Bharat : 인도)』에서 네 어머니가 말라카 형무소에서 부당한 대우를 받았다는 기사를 읽었다. 그리고 그녀가 곧 러크나우(Lucknow) 형무소로 이감되리라는 것도 알았다. 나는 약간 놀라기도 하고 걱정도 했다. 아마도 『바라트』에 실린 소문이 근거 없는 말일지도 모르지. 그러나 추측에 지나지 않는다 해도 그다지 유쾌한 일은 아니구나. 싫은 일이나 괴로운 일을 참고 견디는 것은 그리 대단한 일은 아니다. 그것은 누구나 겪고 있는 일이며, 그런 고통조차 없다면 우리는 온실에서 자란 화초처럼 나약해지고 말겠지. 그러나 나와 친한 사람이 고통을 겪는 것을 생각하면 마음이 편치 못하기 마련이지. 특히 우리가 속수무책일 때에는 더욱 그렇다. 그리하여 『바라트』를 보고 나서 네 어머니를 몹시 걱정하고 있단다. 네 어머니는 심지가 굳고 어미 사자처럼 강직하지 않으냐. 하지만 몸은 그리 건강하지 못하니 더 쇠약해지지나 않았으면 좋으련만. 아무리 마음이 강하다 해도 건강을 해친다면 무슨 일을 하겠느냐. 우리가 무슨 일이든 마음껏 하려면 첫째로 몸이 건강하고 힘이 있으며 사지가 멀쩡해야 한다.

어떻게 생각하면 네 어머니가 러크나우 형무소에 수감되는 것이 오히려 잘된 일인지도 모른다. 네 어머니는 그 곳에서 한결 즐겁고 행복하게 느낄 거야. 러크나우 형무소에는 몇 사람의 동지가 수감되어 있을 테니까. 아마 말라카 형무소에서는 외로울 거야. 그리고 네 어머니가 여기서 그리 멀지 않은 곳에 있다는 것도 즐거운 일이다. 이 형무소에서 불과 4~5마일밖에 더 되느냐. 하지만 이것도 어리석은 생각이겠지. 거리가 5마일이든 150마일이든, 두 형무소를 높은 담이 둘러싸고 있으니 어차피 매한가지가 아니겠느냐.

오늘 다두께서 전보다 건강하신 모습으로 알라하바드에 돌아오셨다는 소식을 듣고 나는 매우 반가웠다. 또 할아버지가 말라카 형무소로 네 어머니를 면회하러 가셨다는 이야기를 들으니 참으로 기쁘더구나. 아마 운이 좋으면 내일은 할아버지와 너를 만나 볼 수 있을 것 같구나. 내일은 내 면회일이니까 말이다. 형무소에서는 물라콰트 카 딘(mulaqat ka din : 면회일)이 큰 경삿날이란다. 나는 두 달 가까이나 다두를 만나 뵙지 못했다. 꼭 할아버지를 만나 건강한 모습을 내 눈으로 확인하고 싶구나. 그리고 너도 만날 수 있겠지. 지난 두 주일이 얼마나 길던지! 너는 틀림없이 너 자신과 어머니 소식을 전해 주겠지.

이런! 너에게 옛날 역사를 써 보낼 생각이었는데 허튼 소리만 잔뜩 써 놓았구나. 잠시 현재의 일은 잊기로 하고, 3000년 전의 고대 세계로 눈길을 돌려 보자꾸나.

이집트(Egypt)와 크레타 섬의 크노소스(Knossos)에 대해서는 예전의 편지에서 조금 언급했지. 그리고 고대 문명은 이 두 나라와, 지금은 이리그 또는 메소포타미아라고 부르는 지방, 중국, 인도, 그리고 그리스에서 비롯되었다고 했다. 그리스는 아마 이 중에서는 조금 늦게 발달했을 것이다. 그러므로 인도의 문명을 연대로 보자면, 자매 관계에 있는 이집트, 중국, 그리고 이라크의 문명과 어깨를 겨누고 있다. 고대 그리스조

고대 문명과 우리의 유산

차 이 문명들에 비하면 동생뻘에 해당된다. 이 고대 문명들은 지금 어떻게 되었는가? 크노소스는 지금은 찾아볼 길이 없다. 벌써 3000년 전에 이미 자취를 감추고 말았다. 그리스 문명을 건설한 사람들이 나중에 그것을 파괴했기 때문이다. 이집트의 오랜 문명은 몇천 년 동안이나 찬란한 꽃을 피웠지만 지금은 거대한 피라미드나 스핑크스, 신전 같은 유적밖에 남지 않았다. 물론 이집트라는 나라는 지금도 있고 옛날과 마찬가지로 나일 강은 유유히 흐르며, 다른 나라들처럼 남녀 노소가 살고 있다. 하지만 현재의 주민과 옛 문명 사이에는 아무런 관련도 없다.

　이라크와 페르시아 — 얼마나 많은 제국들이 번성했다가 잇따라 연기처럼 사라졌는가! 그 중 가장 연대가 오랜 것만 꼽아도 바빌로니아(Babylonia), 아시리아(Assyria), 그리고 칼데아(Chaldea) 등이 있다. 그 밖에도 바빌론(Babylon)과 니네베(Nineveh) 등의 커다란 도시들이 있었다. 구약 성서는 이 곳 주민들에 대한 기록으로 가득 차 있다. 뒷날 또한 이 고대 문명을 꽃피운 땅에 다른 제국들이 흥하고 망했다. 『아라비안 나이트』에 나오는 마법의 도시 바그다드(Baghdad)도 여기에 있었다. 제국의 흥망은 무상해서 아무리 권세 있는 제왕도 세계의 무대에서 아주 잠시만 자신들의 모습을 뽐낼 수 있을 뿐이다. 그러나 문명만은 계속 남아 있다. 그런데 오늘날 이라크와 페르시아의 고대 문명은 고대 이집트 문명과 마찬가지로 완전히 사라졌다.

　고대 그리스는 분명히 위대했다. 사람들은 지금도 놀라운 눈길로 영광으로 가득 찬 역사를 읽는다. 우리는 그 대리석 조각을 우러러보고 감동을 받으며, 지금도 전해져 내려오는 고대 문학의 단편들을 읽어 보면 탄복하지 않을 수 없다. 현대 유럽이 어떤 의미에서 고대 그리스의 자손이라 일컬어지는 것도 충분히 근거가 있는 말이다. 유럽이 그리스 사상과 문화에서 받은 영향은 그토록 깊은 것이다. 그러나 일찍이 그렇게 빛나던 그리스의 영광은 지금 어디 있는가? 그 고대 문명은 자취를 감춘 지 이미 오래 되었으며, 다른 문명이 그 자리를 대신했다. 그리하여 지금 그리스는 유럽의 동남부에 자리잡은 작은 나라에 불과하다.

이집트, 크노소스, 이라크 그리고 그리스 — 이 나라들은 모두 멸망하고 말았다. 그 오랜 문명, 그리고 바빌론과 니네베도 더 이상 존재하지 않는다. 그러면 이들 고대 문명과 어깨를 나란히 했던 다른 두 문명, 즉 중국과 인도 문명은 어떻게 되었는가? 다른 곳과 마찬가지로 이 곳에서 또한 많은 제국들이 잇따라 흥하고 망했다. 대규모의 침략과 파괴, 약탈이 계속되어 왔다. 몇백 년 동안 왕조들이 이 지역을 지배하고는 다시 새로운 왕조들로 바뀌었다. 다른 곳에서처럼 중국과 인도에서도 이러한 흥망 성쇠가 되풀이되었다. 하지만 중국과 인도를 빼고는 어디서도 문화가 진정으로 지속된 곳은 없었다. 많은 변란과 전쟁과 침략이 있었는데도 이 두 나라에서는 고대 문명이 후대까지 면면히 계속 전해져 내려왔다. 두 나라 모두 고대에 비하면 한결같이 전락해, 고대의 문명이 오랜 세월을 두고 쌓인 두터운 먼지나 오물 속에 묻혀 버린 것은 분명하다. 하지만 그것들은 어쨌든 지금도 존속되고 있으며, 고대 인도 문명은 오늘날에도 여전히 인도인들의 삶의 기초를 이루고 있다.

이제 세계에는 새로운 상황들이 조성되었다. 기선과 철도와 큰 공장이 세계의 모습을 바꾸어 놓았다. 이제껏 변모해 왔듯이 앞으로 인도의 모습도 바뀔 수 있을 것이며, 그리고 분명히 바뀔 것이다. 그러나 역사의 여명기와 함께 비롯되어 오늘 우리에게 이어지는 장구한 인도의 문화와 문명을 생각하면 흥미로우며 아주 경이롭다. 어떤 의미에서 우리 인도 사람들은 이 몇천 년 세월의 상속자인 것이다. 어쩌면 우리는 서북쪽의 험한 산길을 넘어, 뒷날 그들 자신이 스스로 브라마바르타(Brahmavarta)・아리아바르타(Aryavarta)・바라타바르샤(Bharatavarsha), 그리고 힌두스탄(Hindustan)이라고 부른 따뜻한 평원으로 내려온 고대인들과 직접 연결되어 있다. 그들이 눈앞에 펼쳐진 낯선 평원을 향해 터벅터벅 산길을 내려오는 모습이 지금도 눈앞에 선하지 않느냐? 용감한 그들은 모험심으로 가슴을 설레며 두려움도 모른 채 오직 전진을 거듭했다. 그들은 비록 죽음을 당해도 개의치 않고 기꺼이 죽어 갔다. 그러나 그들은 생명을 사랑했고, 두려움을 모르고 좌

고대 문명과 우리의 유산

절과 재앙에 굽히지 않는 것이 곧 생명을 즐길 수 있는 유일한 길임을 알고 있었다. 좌절과 재앙은 두려움을 모르는 자를 피해 가는 법이다. 우리의 먼 조상들이 행진에 행진을 거듭해 문득 망망한 대해를 향해 흐르는 갠지스 강가에 도달했을 때의 모습을 상상해 보아라. 그 얼마나 환희에 넘치는 광경이었겠니? 그들이 갠지스 강가에 무릎을 꿇고, 풍요롭고 음악적인 그들의 언어로 갠지스 강을 찬양했으리라는 사실은 하나도 놀랄 만한 일은 아니지 않겠니?

우리가 이 오랜 세대의 상속자라는 사실은 참으로 놀라운 일이다. 그러나 너무 교만해지지는 말자. 우리가 그 오랜 세대의 상속자라면 곧 그 좋은 점과 나쁜 점을 다 함께 물려받았기 때문이다. 오늘날 우리가 물려받은 인도의 재산 속에는 나쁜 것들도 대단히 많이 섞여 있다. 현재 세계 속에서 우리의 지위를 실추시키고 고귀한 우리 나라를 가난에 시달리게 하며 남들의 노리개로 만든 많은 요소가 그 안에 깃들어 있다. 그러나 우리는 이것을 그대로 내버려 두지 않겠다고 다짐하지 않았느냐?

6 1931년 1월 10일

그리스

오늘 아무도 면회하러 온 사람이 없어 물라콰트 카 딘(면회일)은 오히려 우울한 날이 되어 버렸다. 정말 서운하구나. 더욱 슬픈 것은 면회가 연기된 이유를 알았기 때문이란다. 다두께서 편찮으시다는 소식을 들었다. 그 이상은 알 수가 없었다. 그래, 오늘 면회 올 사람이 없다는 것을 알

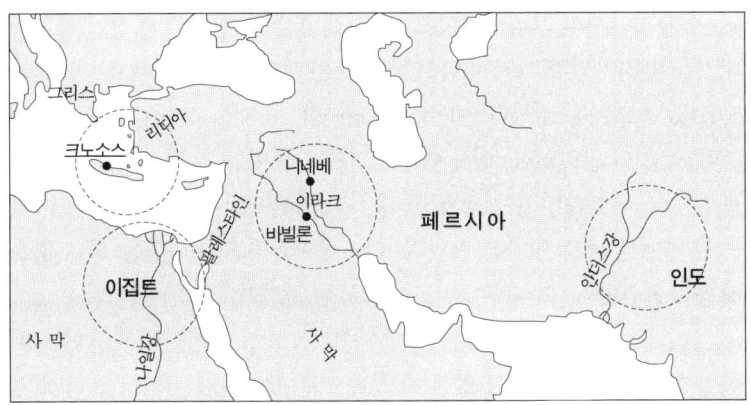

서아시아와 동남 유럽의 여러 문명

고 나는 차르카(charkha : 물레)[11] 앞에 앉아 실을 조금 뽑았다. 차르카로 실을 뽑고 니와르(niwar)를 짜면 신기하게도 마음이 차분해지더구나. 그러니, 근심거리가 생기면 실을 뽑거라!

　요전번 편지에서 우리는 유럽과 아시아를 비교해 보았지. 이번에는 우리가 알고 있는 옛 유럽을 간단히 살펴보자. 오랫동안 유럽은 지중해를 둘러싼 여러 나라들을 가리켜 왔다. 당시의 유럽 북방의 나라들에 대해서는 아무런 기록도 남아 있지 않다. 독일·영국·프랑스는 지중해 연안의 여러 민족들이 볼 때는 야만스러운 미개 부족의 소굴에 지나지 않았다. 사실 또 유럽 문명의 시초는 동부 지중해 연안에 국한되어 있었던 것 같다. 너도 알다시피 이집트 — 물론 유럽이 아니라 아프리카에 있는 나라지만 — 와 크노소스가 발전을 시작한 최초의 국가였다. 그 뒤 아리안족이 아시아에서 서쪽으로 확산되어 그리스와 그 근방의 나라들을 침입했다. 우리가 고대 그리스인으로 알고 찬양하는 사람들도 다름 아

---

11) 1919년 사티아그라하(Satyagraha : 진리의 힘, 영혼의 힘이란 뜻으로, 악과 부정한 것에 대한 비폭력 운동) 운동을 시작한 뒤 간디는 차르카를 이용한 근로를 제창하며 언제나 차르카를 갖고 다니며 스스로 천을 짰다. 그 뒤 영국 정부의 집권 아래서는 이 차르카를 갖고 다니는 것조차 탄압을 받았다. 차르카는 간디주의 민족 운동의 상징이 되었다.

그리스

닌 이 아리안계의 그리스인이다. 처음에 그들은 아마 그 이전에 인도로 내려온 아리아인과 그다지 다르지 않았을 것이다. 그러나 어느 새 변화가 있었던 것이 분명하다. 이 아리안 종족의 두 계통은 세월이 흘러감에 따라 점점 더 달라졌다. 인도 아리아인은 그들이 오기 전에 있었던 인도문명 — 드라비다인의 문명과 우리가 모헨조다로의 유적에서 볼 수 있는 문명에서 많은 영향을 받았다. 아리아인과 드라비다인은 서로 많은 것을 주고받았다. 그리하여 인도의 공통된 문화가 생겨난 것이다.

이와 마찬가지로 그리스 아리아인도 그들이 그리스에 도달했을 때 이미 그 곳에서 번영하고 있던 크노소스 문명에서 깊은 영향을 받지 않을 수 없었다. 그러나 그들은 크노소스 문명의 영향을 받았으면서도 동시에 크노소스 문명과 그 주위의 문명들을 파괴하고 그 폐허 위에 자신들의 문명을 세웠다. 그 먼 옛날에는 인도 아리아인이나 그리스 아리아인은 모두 난폭하고 용감한 전사였다는 것을 잊지 말아야 한다. 용감한 그들은 자신들보다 온순하고 개화된 여러 민족을 파괴해서 흡수해 버린 것이다.

그리하여 크노소스는 기원전 약 1000년에 멸망하고, 새로운 그리스인이 그리스와 주변 일대의 여러 섬에 정착하게 되었다. 그들은 배로 소아시아 서해안과 남부 이탈리아와 시칠리아 섬, 그리고 남부 프랑스까지 진출했다. 프랑스의 마르세유는 그들이 세운 도시다. 하지만 거기에는 이들보다 훨씬 이전에 페니키아인이 정착했다. 페니키아인이 무역을 위해 멀리까지 항해했던 소아시아의 위대한 항해 민족이었다는 사실은 너도 잘 알고 있으리라 생각한다. 그들은 아직 야만족이 살고 있던 영국에까지 진출했는데, 그 무렵 지브롤터(Gibraltar) 해협을 통과하는 뱃길은 상당히 위험했음에 틀림없다.

그리스 본토에서는 유명한 여러 도시들이 발달했다. 아테네, 스파르타, 테베(Thebes)와 코린트(Corinth) 등이 그것이다. 옛날의 그리스인 — 또는 헬레네인(Hellenes)이라고 불렀다 — 은 두 편의 유명한 서사시『일리아드(Iliad)』와『오디세이(Odyssey)』속에서 예찬되고 있다. 이 두 서사시에 대해서는 너도 조금은 알고 있을 테지. 이를테면 우리 나라의 서사시 『라마야나』나 『마하바라타』[12]와 같은 것이다. 그것들은 장님이었던 호메로스(Homeros)가 쓴 것으로 알려져 있다. 『일리어드』에는 파리스가 아름다운 헬렌을 자기 나라인 트로이(Troy)로 데리고 도망가고, 그리스의 왕과 장수들이 그녀를 빼앗아 오기 위해 트로이 성을 포위한 이야기들이 적혀 있다. 『오디세이』는 오디세우스(Odysseus), 다른 이름으로는 율리시즈(Ulysses)가 트로이 성 포위 전쟁에서 돌아와 방랑하던 이야기다. 이 트로이라는 작은 도시는 소아시아의 해변에서 그다지 떨어지지 않은 곳에 있었다. 그 도시는 이제 존재하지 않고, 오랜 세월 속에 지금은 흔적조차 찾아볼 수 없다. 하지만 천재 시인은 그것을 불멸의 도시로 만들어 놓았던 것이다.

　헬레네인 또는 그리스인이 너무도 빨리 짧은, 그러나 화려한 성년기에 이르는 동안, 나중에 그들을 정복하고 그 자리를 대신할 또 다른 세력이 조용히 탄생했다는 것을 안다면 무척 흥미로울 것이다. 로마가 일어난 것은 바로 이 때였다고 한다. 몇백 년이 지나도록 로마는 세계 무대에서 별다른 역할을 하지 못했다. 하지만 이후로 몇 세기에 걸쳐 유럽 세계에서 우뚝 솟아 '세계의 여왕'이니 '영원한 도시'니 하고 일컬어지게 될 위대한 도시의 탄생이니 만큼 주목할 만한 가치가 있다. 로마의 건설에 대해서는 색다른 전설이 있다. 로마의 창건자 레무스(Remus)와 로물루스(Romulus)가 이리의 젖을 먹고 자랐다는 이야기는 너도 아마 알고 있겠지.

---

[12] 『라마야나』와 『마하바라타』 : 고대 인도의 대표적인 서사시. 그리스 민족이 낳은 호메로스의 『일리아드』와 『오디세이』에 비견된다. 『라마야나』는 '시인의 선구자'라고 일컬어지는 발미키(Valmiky)의 작품으로 전해지는데 코살라(Kosala)국의 왕자 라마(Rama)에 관한 영웅전설을, 『마하바라타』는 바라타족의 두 가문 — 구르의 100왕자와 판두의 5왕자 사이에 벌어진 족벌 전쟁을 주제로 삼고 있다. 이 주제 외에도 무수한 설화와 삽화가 곁들여져 있어 고대 인도 사회의 백과 사전과도 같다. 둘 다 기원전 4세기부터 여러 세기에 걸쳐 노래되면서 전해져 오다가 많은 개정과 보충을 거쳐 현재의 형태로 다듬어진 것으로 여겨진다. 이러한 서사시는 후대의 문예 작품에 무한한 소재를 제공했을 뿐 아니라 민중의 사랑을 받으며 곳곳에서 읊어지던 것으로, 오늘날 인도인의 마음 속에 살아 있는 귀중한 문화 전통을 알 수 있는 중요한 자료다.

그리스

로마가 창건될 무렵, 또는 그보다 조금 전에 고대 세계에 또 하나의 대도시가 건설되었으니, 아프리카 북해안의 카르타고(Carthago)가 그것이다. 카르타고는 페니키아인이 세운 도시였다. 이 도시는 마침내 커다란 해상 세력이 되어 로마와 격렬하게 대항하며 전쟁을 거듭했다. 로마는 마지막 전쟁에서 승리해서 카르타고를 송두리째 파괴해 버렸다.

이 시대의 이야기를 끝내기 전에 잠깐 팔레스타인을 살펴보기로 하자. 팔레스타인은 물론 유럽이 아니고, 또 역사에서 중요하지도 않다. 그러나 구약 성서에 고대사가 실려 있어서 많은 사람들이 흥미를 갖고 있다. 성서에 쓰여 있는 고대사는 이 작은 나라에 살고 있던 작은 유태인 부족과 그 이웃에 있었던 큰 나라들 — 바빌로니아와 아시리아와 이집트 사이에서 벌어진 충돌에 관한 이야기다. 만일 이 이야기가 유태교와 기독교의 일부를 이루지 않았다면 아마 아는 사람도 별로 없었을 것이다.

크노소스가 파괴될 무렵, 팔레스타인의 일부였던 이스라엘의 왕은 사울(Saul)이었다. 그 뒤 다윗이 왕이 되고, 슬기롭기로 유명한 솔로몬이 그의 뒤를 이었다. 너도 그들에 관한 이야기를 어디서 듣거나 읽었을 터이니 이 세 사람의 이름만 적어 두겠다.

7 *1931년 1월 11일*

그리스의 도시 국가들

요전 편지에서 나는 그리스인, 즉 헬레네인에 대해 조금 적었다. 그래서 이번에는 약간 색다른 각도에서 그들을 바라보고, 그들의 생활을 대충 살펴보려고 한다. 물론 한 번도 보지 못한 사람들에 대해 구체적으로 윤곽을 그려 내기란 대단히 어려운 일이다. 우리는 현재의 생활 방식에 길들여져 있으므로 전혀 다른 세계를 상상하기란 쉬운 일이 아니다. 우리는 그들의 책이나 건축, 그 밖의 유물에서 그들이 어떻게 살았는지를 추측할 수 있을 뿐이다.

그리스에 대한 재미있는 사실이 하나 있다. 그리스인들은 커다란 왕국이나 제국을 좋아하지 않았다. 그들은 작은 도시 국가를 좋아했다. 말하자면 각 도시가 하나의 독립된 국가였다. 그 도시는 작은 공화국이며, 중심에 도시가 있고 그 주변에 농지가 있어서 식량을 공급했다. 너도 잘 알겠지만 공화국에는 왕이 없단다. 이 그리스의 도시 국가들은 왕이 없이 부유한 시민들이 다스렸다. 보통 사람들은 정치에 대해 발언권이 전혀 또는 거의 없었다. 참정권이 없는 많은 노예가 있었고, 여자들에게 또한 아무런 권리가 없었다. 그랬기 때문에 극히 일부만이 시민 자격을 갖고 공적인 문제에 투표할 수 있었다. 그들을 전부 한 곳에 모을 수 있었기 때문에, 시민들이 투표하는 것은 어려운 일이 아니었다. 이것은 하나의 정부 아래 있는 큰 국가가 아니라 작은 도시 국가였기 때문에 가능했던 것이다. 인도에서, 아니면 벵골이나 아그라(Agra) 같은 한 주에서라도 유권자 전부를 한 곳에 모은다면 어떻게 되겠느냐? 그것은 아예 불가능한 이야기다. 이러한 어려움은 뒤에 다른 나라들에서 문제가 되었고, 그리하여 나온 대안이 이름하여 '대의(代議) 정치'였다. 이것은 한 나라의 모든 유권자가 한자리에 모여 문제를 결정하는 대신 유권자들이 대표를 선출하면 이 대표들이 모여 나랏일을 토의하고 법률을 마련하는 제도다. 일반 유권자들은 이런 방식으로 나라의 정치에 간접적으로 참여하게 된 것이다.

그러나 이런 문제는 그리스와는 아무 상관이 없었다. 그리스는 도시 국가보다 더 큰 나라를 갖지 않음으로써 그 어려움에서 벗어날 수 있었다. 전에 말한 것처럼 그리스인은 그리스 전역을 비롯해 남부 이탈리아, 시칠리아, 그리고 그 밖의 지중해 연안으로 진출하기는 했지만 그들

그리스의 도시 국가들

은 이 지역들을 지배하는 하나의 제국이나 정부를 세우려고 하지 않았다. 그들은 가는 곳마다 각각 별개의 도시 국가를 세웠던 것이다.

인도에도 옛날 그리스 도시 국가처럼 작은 공화국이나 작은 왕국이 있기는 했다. 그러나 오래 지속되지는 못했다. 그 작은 나라들은 곧 몇몇 대국에 흡수되었다. 그래도 우리 촌락 판차야트(Panchayat)[13]는 오랫동안 큰 권력을 갖고 있었다. 아마도 고대 아리아인은 가는 곳마다 작은 도시 국가를 세우는 경향이 있었던 모양이다. 그러나 지리 조건이나 고대 문명과의 접촉으로 차츰 그들이 사는 많은 나라들에서 이러한 구상을 포기하게 되었다. 특히 페르시아에서는 거대한 나라와 제국이 성장했다. 인도에서도 더욱 큰 왕국들이 등장하는 경향이 있었다. 그러나 그리스에서는 역사에서 이름 높은 한 정복자가 세계를 정복하려고 처음으로 시도하기 전까지는 도시 국가가 오래도록 계속 존재했다. 이 정복자가 바로 알렉산더 대왕인데, 이 사람에 대해서는 나중에 이야기하기로 하자.

이렇듯 그리스인들은 이 작은 도시 국가들을 통합해 왕국이든 공화국이든 커다란 국가를 만들려고 하지 않았다. 그들은 저마다 독립해 있었을 뿐만 아니라 거의 쉴 새 없이 서로 싸웠다. 그들 사이에는 격렬한 경쟁이 있었고, 때로는 그 때문에 전쟁을 벌이기도 했다.

한편 이 도시 국가들을 서로 결합시키는 공통되는 점도 많았다. 그들은 공통된 언어와 문화, 그리고 같은 종교를 갖고 있었다. 그들의 종교는 여러 신과 여신을 믿는 것이며, 그들에게는 마치 옛날의 힌두 신화처럼 풍부하고 아름다운 신화가 있었다. 그들은 미를 숭배했다. 지금도 그들이 대리석이나 돌에 새긴 조각이 더러 남아 있는데 그것들은 아름답고 훌륭한 작품들이다. 그들은 건강하고 아름다운 육체를 중요시했으

---

13) 고대 인도에서 촌락 자치를 운영하는 장로 회의로서 원칙적으로 선거로 구성된다. 이러한 자치 제도가 이루어지던 촌락 사회는 인도의 뿌리깊은 민족 전통의 근원이 되었지만 거듭되는 정복 때문에 결국 무너졌다. 독립된 인도 공화국에서도 최하부의 행정 기구인 촌락 회의를 이 명칭으로 부르고 있다.

며, 이를 위해 놀이나 경기를 벌이기도 했다. 그리스에서는 이 경기들이 대개 올림피아에서 수시로 열려, 그리스의 온 민족은 이 때만 되면 그리로 모여들었다. 너는 지금도 올림픽 경기가 열린다는 말을 들어 보았을 것이다. 그 명칭은 고대 그리스의 올림피아 경기에서 따온 것으로서, 여러 나라끼리 경쟁하는 선수권 대회의 이름으로 삼은 것이다.

이처럼 그리스의 도시 국가는 흩어져 살다가 운동 경기를 할 때는 함께 모이는가 하면 자주 서로 싸우고 있었던 것이다. 그러나 일단 외부에서 위험이 닥쳐올 때에는 곧 하나로 단결해 막아 냈다. 페르시아가 침입했을 때가 그랬다. 이것에 대해서는 나중에 이야기하기로 하자.

8 *1931년 1월 13일*

서아시아의 제국들

어제는 모두와 만날 수 있어서 기뻤다. 하지만 다두를 보고는 깜짝 놀랐다. 할아버지는 매우 힘이 없고 아픈 것처럼 보였다. 모쪼록 전처럼 건강하고 기운을 내시도록 네가 잘 보살펴 드려라. 어제는 너하고 이야기할 짬이 없었지. 면회 시간이 너무 짧으니 이야기를 제대로 할 수가 없구나. 나는 지금 너와 얼굴을 맞대고 있는 셈치고 이 편지에서 어제 다하지 못한 말을 하려고 한다. 그러나 이것은 별로 도움이 되지 못할 것 같구나. '셈치다'는 것은 한정 없이 계속할 수는 없으니 말이다. 그러나 때로는 '셈치다'는 것도 좋은 일이다.

이야기를 오랜 옛날로 돌려 보자. 한동안 우리는 고대 그리스인에 대해 이야기해 왔지. 그 무렵 다른 나라들의 상태는 어떠했을까? 그러나 이제 유럽의 다른 나라들에 대해서는 그다지 관심을 가질 필요가 없겠다. 우리는, 아니 적어도 나는 그런 나라들에 대해 그다지 흥미 있는 이야기를 알지 못하니까 말이다. 북부 유럽의 기후는 상당히 변화하고 있었던 모양이어서 그 때문에 새로운 환경이 조성되고 있었던 듯하다. 아마 너도 알고 있겠지만 오랜 옛날에 북유럽과 북아시아 지방은 모두 매우 추웠다. '빙하 시대' 라고 이르는 이 무렵에는 거대한 빙하가 중부 유럽까지 내려와 있었다. 따라서 거기에는 인간이 살 수 없었고, 혹 살고 있었다 해도 그것은 인간이라기보다는 동물에 가까운 것이었다. 너는 당시에 빙하가 있었다고 지금 어떻게 단정할 수 있을까 하고 이상하게 생각할지도 모르겠구나. 물론 그 시대에 책이나 글을 쓰는 사람이 있었을 리 없으니 어느 책을 보아도 그런 기록이 남아 있을 리 없지. 하지만 너는 '자연' 이라는 책이 있다는 것을 잊어서는 안 된다. 자연은 자신의 역사를 바위나 돌에 새겨 둘 줄 알고 있단다. 그리하여 읽으려고만 한다면 누구나 그것을 읽을 수 있다. 그것은 자연이 스스로 쓴 일종의 자서전이다. 그래서 빙하도 자신이 존재했던 흔적을 매우 특수한 방법으로 남겼다. 누구든 그 방법을 아는 사람은 그 흔적을 그냥 지나치지 않을 것이다. 그리고 네가 이런 흔적을 연구하고 싶다면 히말라야 산맥이나 알프스 산맥, 또는 그 밖에 현재 남아 있는 빙하에 가 보는 것이 좋을 게다. 너는 알프스 산맥의 몽블랑을 에워싼 빙하를 직접 본 적이 있지만, 아마 그 때는 아무도 이 특별한 흔적에 대해 너에게 가르쳐 주지 않았을 것이다. 카슈미르 지방이나 히말라야 산맥의 여러 곳에는 멋진 빙하가 많이 있단다. 우리에게 제일 가까이 있는 것은 핀다리(Pindari) 빙하로, 알모라(Almora)에서 1주일 정도 가면 볼 수 있다. 나는 너보다 훨씬 어렸을 때 한 번 가 본 적이 있단다. 나는 그 때의 광경을 생생하게 기억하고 있지.

 이야기가 그만 옆길로 새서 과거 역사에서 빙하와 핀다리로 화제가 바뀌었구나. 이것은 모두가 '셈치다' 는 장난이겠지. 나는 될 수 있는 대로 네가 바로 앞에 있는 셈치고 말하고 싶다. 그리고 정말 내가 너하고 마주 앉아 대화를 하고 있다면 틀림없이 빙하든 뭐든 견학하러 나갔을 테지.

내가 빙하 시대를 이야기하게 되면서 빙하 이야기가 시작되었다. 우리는 빙하가 중부 유럽이나 영국에까지 뻗어 있었다고 말할 수 있다. 그 곳에서 빙하만이 갖고 있는 독특한 흔적을 볼 수 있으니까. 그 흔적은 오랜 암석 위에 남아 있다. 그러므로 그 무렵 중부 유럽이나 북부 유럽은 대단히 추웠으리라 짐작된다. 그리고 오랜 세월이 흐르면서 그 일대는 점점 따뜻해지고, 빙하도 꼬리를 감추었겠지. 지구의 역사를 연구하는 지질학자들은 이 추위에 이어서 지금의 유럽보다 훨씬 따뜻한 시기가 도래했다는 것을 밝혀 주었다. 이렇게 따뜻한 기온 덕분에 유럽에는 밀림이 무성하게 되었다.

아리아인들 또한 오랜 방랑 끝에 중부 유럽에 이르렀다. 그들은 이 시대에 주목할 만한 일을 한 것처럼 보이지 않으므로, 우리는 잠시 그들을 무시해도 좋겠지. 그리스나 지중해 연안의 문명 민족들은 아마도 이 중부 유럽인이나 북부 유럽인들을 야만인으로 여겼을 것이다. 그러나 이 '야만인' 들은 산림과 마을에서 건강하고 호전적으로 생활하면서, 자기들도 모르는 사이에 장차 남쪽의 개화된 주민들의 정부를 공격해 정복할 날을 준비하고 있었던 것이다. 그러나 이것은 훨씬 뒤의 일이므로 벌써부터 생각할 필요는 없겠지.

우리가 북부 유럽에 대해 아는 것이 별로 없다고 한다면, 다른 대륙이나 지역에 대해서는 아는 것이 아예 없다고 해야 할 것이다. 아메리카는 콜럼버스가 발견했다고 하는데, 오늘날 알려진 바에 따르면 콜럼버스가 아메리카에 가기 전에 이미 문명인이 살고 있었다는 것이다. 아무튼 우리는 지금 이야기하는 고대의 아메리카에 대해서는 아무것도 모르고 있다. 또한 이집트나 지중해 연안은 물론 예외시만, 아프리카에 대해서도 전혀 알 길이 없다. 아마 이집트는 당시 그 위대한 고대 문명이 쇠퇴하는 중이었을 것이다. 하지만 그렇다 해도 그 시대로서는 매우 발달된 나라였다.

서아시아의 제국들

그럼 이제 아시아에서는 무슨 일이 벌어졌는지 보자꾸나. 너도 알다시피 아시아에는 고대 문명의 3대 중심지 — 메소포타미아, 인도, 그리고 중국이 있었다.

메소포타미아 · 페르시아 · 소아시아에서는 이렇게 아득한 옛날부터 수많은 제국이 잇따라 흥하고 망했다. 아시리아 제국, 메디아(Media) 제국, 바빌로니아 제국, 그리고 나중에 페르시아 제국 등, 이 제국들이 서로 싸우고 때로는 잠시 평화롭게 지내기도 하고, 서로 멸망시키는 과정에 대해 상세히 파고들 필요는 없겠지. 너는 곧 이 제국들과 그리스의 도시 국가 사이에 큰 차이가 있다는 것을 알 수 있을 것이다. 아주 오랜 옛날부터 이 나라들에는 대국 또는 제국을 이룩하려는 열정이 있었다. 아마도 그것은 그 이전 문명의 영향에 따른 것으로 생각되지만, 이 밖에 다른 원인들이 더 있었을지도 모른다.

네 흥미를 끌 만한 어떤 사람이 있단다. '크로이소스(Croesus)' 라는 이름은 너도 들어 보았겠지? '굉장히 돈이 많은(as rich as Croesus)' 이라는 말은 잘 알려진 영어 표현이다. 크로이소스가 얼마나 부귀 영화를 마음껏 누리고, 또 얼마나 욕을 당했는지 읽어 본 적이 있는지 모르겠다. 크로이소스는 현재 소아시아가 있는, 아시아의 서쪽 해안의 리디아(Lydia)라는 나라의 왕이었다. 바다를 끼고 있었으므로 아마 무역이 꽤 성했을 것이다. 크로이소스와 같은 시대에 키로스(Kyros)가 다스리는 페르시아 제국이 일어나 강대해졌다. 키로스는 크로이소스와 전쟁을 일으켜 그를 무찔렀다. 이 싸움에서 패배와 실의 속에서도 자존심이 강한 크로이소스가 지혜와 풍모를 결코 잃지 않았다는 것을 그리스의 역사가 헤로도투스(Herodotus)[14]는 전하고 있다.

---

14) 그리스의 역사가. '역사의 아버지' 라고 일컬어진다. 소아시아의 할리카르나소스(Halikarnassos)에서 태어나 사모스(Samos) 섬으로 옮겨갔다가 페리클레스(Perikles) 시대에는 아테네에서도 살았다. 널리 이집트 · 페르시아 · 메소포타미아 등지를 여행하며 각지에서 수집한 이야기를 엮어 『역사(Historie)』를 저술했다. 책에 인용되고 있는 「그리스 · 페르시아 전쟁기」가 그것이다.

키로스는 동쪽으로는 거의 인도까지 닿는 커다란 제국을 세웠다. 그러나 그 후계자의 한 사람인 다리우스(Darius)가 통치할 때는 영토가 훨씬 더 넓었다. 이집트와 중앙 아시아의 일부, 그리고 인도의 인더스 강에 가까운 일부 지역까지 포함되어 있었다. 그리하여 인도의 이 지방에서는 다리우스에게 많은 사금을 공물로 보냈다고 한다. 그 시절에는 인더스 강 근처에서 사금이 나왔던 모양이다. 지금은 금이라고는 전혀 찾아볼 수도 없고, 사실상 대부분이 불모의 황무지다. 이것은 기후가 심하게 변했다는 것을 말해 주는 것이다.

역사를 읽거나 과거의 모습을 생각하며 현재의 상태와 비교할 때 가장 흥미 있는 것 가운데 하나는 중앙 아시아에서 일어난 변화일 것이다. 이 곳은 멀리 떨어진 대륙들에까지 진출한 무수한 남녀의 무리와 부족을 배출한 곳이다. 그리고 옛날에는 캘커타(Calcuta)나 봄베이(Bombay)보다 훨씬 더 컸고, 오늘날의 거대한 유럽의 수도들에 견줄 만큼 부유하고 인구도 많은 크고 번화한 도시들이 있었던 고장이다. 정원과 녹지가 곳곳에 있었고, 덥지도 춥지도 않은 온화한 기후였다. 꼭 그랬다. 그런데 이제 몇백 년이 흐르는 사이에 이 지역은 거칠고 황량한 곳으로, 거의 사막으로 변해 버렸다. 옛날 대도시 가운데서 어떤 것은 지금도 살아 남아 있지만 — 사마르칸트(Samarkand)나 보카라(Bokhara) 같은, 그 이름들은 뜬구름처럼 덧없는 과거의 기억을 일깨운다 — 그것들은 이미 과거 모습의 유령에 지나지 않는다.

그런데 나는 또 너무 앞질러 이야기하고 말았구나. 우리가 이야기하던 고대에는 아직 사마르칸트도 보카라도 없었다. 그것들은 모두 그 뒤에 생긴 도시들이다. 미래는 아직 베일에 싸여 있었고, 중앙 아시아의 번성과 몰락 또한 먼 뒷날의 이야기란다.

서아시아의 제국들

9 *1931년 1월 14일*

오랜 전통의 굴레

나는 색다른 버릇들이 생겼다. 그 중 하나는 아침 일찍, 새벽이 밝기도 전에 일어나는 것이란다. 이 버릇은 지난 여름부터 새벽이 밝아 오면서 하나 둘씩 스러지는 별들을 보는 것을 좋아하다 보니 생긴 것이다. 새벽이 오기 전 온 누리를 비추던 달빛 속에 서서히 날이 밝는 장면을 본 적이 있느냐? 나는 곧잘 이 달빛과 새벽의 다툼을 지켜보곤 한다. 그 다툼에서는 언제나 새벽이 이기게 마련이다. 그런데 잠시 동안은 달빛인지 아침 여명인지 알 수 없는 이상한 한때가 있더구나. 그러다가 거의 갑작스레 틀림없는 아침이 되고, 창백한 달은 패배하고는 다툼에서 물러나는 것이다.

평소 습관대로 오늘도 하늘에 아직 별들이 빛날 때 자리에서 일어났다. 마치 새벽이 오기 직전의 공기 속에 깃든 신비한 무언가를 통해 아침이 오는 것만 같다. 책을 읽고 있노라니 멀리서 들려 오는 말소리와 덜컹거리는 소리들이 점점 커지면서 이른 아침의 고요를 깨어 버리는구나. 그제서야 오늘이 마흐 멜라(Magh Mela : 힌두력의 마흐 달의 축제)의 첫 번째 축제일인 산크란티(Sankranti) 날이라는 것이 생각났다. 몇천 명의 순례자들이 떼지어, 갠지스 강과 줌나 강이 만나고, 보이지 않는 사라스바티(Sarasvati)[15] 강도 합류한다는 산감(Sangam)[16]에서 아침 목욕

---

[15] 고대 인도 신화에 나오는 강의 여신으로, 옛 문헌에는 성스러운 강 사라스바티가 자주 언급되어 있다. 그러나 그것이 사실상 현재의 어느 강인지는 명확하지 않다. 눈에 보이지 않는 사라스바티 강이 지하를 지나 트리베니에서 갠지스 강, 줌나 강과 만난다는 것은 아마 그 전설적인 설명 가운데 하나일 것이다. 또한 사라스바티는 학문과 예술의 보호신으로도 알려져 있다.

을 하기 위해 걸어가는 것이다. 그들은 걸어가면서 노래를 부르고 이따금 '어머니 강가(Ganga)' — '강가 마이 키 자이(Ganga Mai ki Jai)'를 소리 높여 외치고 있었다. 그 소리는 나이니 형무소의 담을 넘어 내 귀에까지 들려 왔다. 나는 그들이 외치는 소리를 들으며 그 많은 군중들을 강으로 불러 내 잠시나마 빈곤과 궁핍을 잊게 하는 신앙의 위력에 대해 생각해 보았다. 그리고 해마다, 몇백 몇천 년을 두고 어떻게 이 순례자들이 트리베니(Triveni)를 향해 행진했을까를 생각했다. 사람들은 태어나서 죽고, 정부나 제국이 잠시 이들을 지배하다가 과거 속으로 사라져 간다. 하지만 오랜 전통은 계속되어 사람들은 어느 시대에나 그 앞에 머리를 조아렸다. 전통은 좋은 면을 많이 갖고 있다. 그러나 때로는 그것이 끔찍한 굴레가 되어 우리가 앞으로 나아가는 것을 방해한다. 1300년 전에 쓰인 이들 멜라(melas)의 주석을 읽으며 머나먼 과거와 우리들을 연결하는 끊어지지 않는 고리들을 생각하면 현기증이 난다 — 더군다나 멜라는 그 때도 이미 오랜 전통이었던 것이다. 그러나 이 고리가 바로 우리가 움직이려고 하면 우리를 붙잡고 이 전통의 노예로 만들어 버리는 것이다. 우리는 과거와 연결된 많은 고리들을 지켜야만 한다. 하지만 그것이 우리의 전진을 방해할 때에는, 또한 이 전통의 감옥을 부수어 버려야만 한다.

　　최근 써 보낸 세 통의 편지에서 우리는 3000년에서 2500년 전 사이에 있었던 세계의 모습을 대략적으로 재현해 보려고 했다. 나는 날짜에 대해서는 말하지 않았다. 나는 그런 것을 좋아하지 않고, 네가 그런 것으로 골치 썩이는 것도 원치 않는다. 또 이런 옛날 일들의 정확한 날짜를 안다는 것도 어려운 일이다. 나중에는 역사적 사실을 순서대로 기억해 두기 위해 정확한 날짜를 파악할 필요가 있을지도 모른다. 하지만 지금은 고대 세계의 모습을 대충 생각해 내면 되는 것이다.

---

16) 알라하바드의 갠지스 강과 줌나 강이 합류하는 지점이 산감인데, 힌두교의 성지로 되어 있다(트리베니도 같은 지점). 해마다 겨울철, 특히 12년마다 돌아오는 '쿰브'의 해에 지내는 대제전에는 전 인도에서 신자들이 몰려와 이 곳에서 목욕을 하며 죄를 씻는다.

우리는 이제 그리스와 지중해 · 이집트 · 소아시아와 페르시아를 대강 훑어보았다. 그러면 다시 한 번 우리 나라로 돌아와 보자. 그런데 고대 인도를 연구하는 데는 한 가지 커다란 어려움이 있다. 이 나라의 고대 아리아인, 즉 '인도 아리아인들'은 역사를 쓰는 데 별로 뜻이 없었기 때문이다. 우리는 이전 편지들에서 그들이 여러 가지 면에서 얼마나 위대했는지를 보아 왔다. 그들이 쓴 책들 『베다(Veda : 지식이라는 뜻)』, 『우파니샤드(Upanishads)』[17], 『라마야나』, 『마하바라타』 등은 모두 뛰어난 사람들이 아니면 쓸 수 없는 것들이다. 이 책들과 그 밖의 글들은 옛날 역사를 연구하는 데 많은 도움이 된다. 그러한 것들은 우리 선조의 풍습과 습관, 사상, 생활 양식을 우리에게 전해 준다. 하지만 그것들은 정확한 역사의 기록은 아니다. 이보다 훨씬 뒷날의 일이지만 산스크리트어로 쓰인 유일한 실제 역사는 카슈미르의 역사다. 그것은 칼하나(Kalhana)[18]가 지은 『라자타랑기니(Rajatarangini)』, 즉 카슈미르 왕들의 연대기다. 내가 지금 이렇게 편지를 쓰고 있는 동안에도 란지트 푸파(Ranjit Pupha)[19]가 이 카슈미르의 위대한 역사책을 번역하는 중이라는 사실을 알게 된다면 너도 틀림없이 흥미를 느낄 테지. 그는 벌써 반 이상이나 번역을 했단다. 이것은 부피가 매우 큰 책이다. 모두 번역되어 출판

---

17) 『베다』는 기원전 20세기 전부터 기원전 5세기쯤까지 수록된 인도 아리아인의 가장 오래된 문헌. 현재 가장 오래된 『리그베다(Rigveda)』를 비롯해 네 종류의 『베다』가 남아 있는데, 모두 제단에 신들을 불러서 칭송하는 데 사용된 성가와 그 해설, 또는 제식 방법을 비롯해 종교 · 신학적인 내용이 담겨 있다. 『우파니샤드』는 각 『베다』의 일부로 곁들여진 철학적 해설서의 총칭이다. 모두 '신의 말씀'으로서 신비하게 다루어져 브라만 계급에게 독점되었던 것인데, 뒷날의 서사시에 비해 개방성과 민중성은 없지만 풍부하고 다채로운 신화 등을 통해 당시 활기찬 아리아인 사회에 관해 많은 자료를 제공해 준다.

『우파니샤드』는 정통 브라만 종교가 바야흐로 명상과 사색을 통해 철학 체계를 갖는 단계에 이르렀음을 보여 주는 것으로, 개인의 사색서에서 볼 수 있는 긴밀한 통일성은 볼 수 없지만, 특유의 범아일체(梵我一體) 관념을 비롯해 후대 인도 철학의 모든 경향의 싹이 여기에 담겨 있다.

18) 12세기 중반의 인도 역사가. 그의 저서 『라자타랑기니』는 전설의 시대부터 서기 1027년까지의 카슈미르의 역사를 다루었다.

19) 저자의 처남 란지트 S. 판디트(Ranjit S. Pandit)를 말한다. 당시 저자와 함께 옥중에 있었다.

되면 우리는 열심히 읽게 되겠지. 유감스럽게 우리가 원서를 이해할 만큼 산스크리트어를 잘 알지 못하니 말이다. 우리가 그 책을 읽는 것은 그저 좋은 책이어서가 아니라 과거에 대해, 특히 너도 잘 알다시피 우리의 옛 고향인 카슈미르에 대해 상세하게 기록하고 있기 때문이다.

아리아인이 인도에 들어왔을 때 인도에는 이미 문명이 자리잡고 있었다. 북서 지방의 모헨조다로의 유적으로 미루어 볼 때 아리아인이 오기 훨씬 전부터 위대한 문명이 있었다는 것은 분명한 사실이다. 그러나 지금도 여기에 대해서는 상세하게 알려져 있지 않다. 아마도 몇 년 안에 이 고대 유적을 전문적으로 연구하는 고고학자들이 그 유적들을 전부 발굴하고 나면 더 많은 사실들이 밝혀질 것이다.

하지만 설령 그렇지 않다 해도, 드라비다인이 그 무렵 남부 인도에 (그리고 아마도 북부 인도에도) 훌륭한 문명을 갖고 있었다는 것은 틀림없는 사실이다. 아리아인의 산스크리트어와는 계보가 다른 그들의 언어는 매우 오래된 것이며 세련된 문학을 낳았다. 타밀어(Tamil), 텔루구어(Telugu), 카나라어(Kanarese), 말라얄람어(Malayalam)가 그것이다. 이 모든 언어들은 지금도 남부 인도에서 사용되고 있다. 알다시피 국민회의(The Indian National Congress)[20]는 영국의 방식과는 달리 언어를 기준으로 인도를 구분하고 있다.[21] 이렇게 되면 말이 같고 풍습도 비슷한

---

[20] 국민회의는 네루를 최고 영수로 하여, 그를 독립 인도 공화국의 정부 수반으로 앉혀 놓고 그 주요 지반이 되었던 정당이다. 처음에는 주로 서구화된 지식층으로 구성되었는데, 성장하고 있는 민족 자본가 계급의 이익을 대표하며, 영국 정부와 협조해 인도의 '개량'을 꾀하려고 하는 단체에 지나지 않았다. 그러나 20세기에 들어서면서 정세가 발전함에 따라 고조되는 민족주의의 중심 세력이 되었으며, 제1차 세계 대전 후에는 간디의 지도 아래 영국 지배에서 벗어나기를 원하는 광범한 여러 사회층의 민족 연합 전선으로서 민족 해방 운동을 지도했다.

[21] 영국이 지배하면서 만든 인위적인 지방 구획을 개정해 언어 분포에 따라 새로 구획하는 것은 국민회의파가 오래 전부터 주장한 바였다. 이 주장이 구체적으로 국가 계획안 가운데 하나로 채택된 것은 1932년 알라하바드에서 국민회의파 주최로 헌법 제정 위원회가 열리고, 인도 각계의 의견을 모아 인도인이 희망하는 헌법을 토의하고 작성할 때였다. 이 때 작성된 것이 국민회의파의 헌법 초안이라는 것인데, 다분히 언어에 따라 지방을 구획하자는 주장이 채택되어 있었다. 그러나 이 헌법 초안은 너무 이상에 치우쳤다 하여 1950년에 제정된 인도 신헌법에서는 별로 채택되지 않았다.

주민들로 한 주를 구성하게 되니 훨씬 편리하다. 국민회의파의 지방 구획에 따르면 남부 인도는 텔루구어를 사용하는 북마드라스의 안드라데샤 또는 안드라주, 타밀어를 사용하는 타밀 나드 또는 타밀주, 카나라어를 사용하는 봄베이 남쪽의 카르나타카주, 말라얄람어를 사용하는 케랄라주 ― 지금의 말라바르에 해당한다 ― 로 구분된다. 장차 인도의 지방 구획에는 그 지역의 언어가 크게 작용하리라는 것은 의심할 여지가 없다.

    여기서 인도의 언어에 대해 좀더 말해 두는 것이 좋겠다. 유럽이나 그 밖의 나라에 사는 사람들은 인도에 몇백 가지의 언어가 있는 줄로 알고 있다. 이것은 참으로 어처구니없는 일이며, 그렇게 말하는 사람은 스스로의 무지를 폭로하는 것일 뿐이다. 인도처럼 큰 나라에는 많은 방언, 즉 언어의 지방 사투리가 있다. 그리고 독특한 언어를 사용하는 고산족들(hill tribes)이 나라 곳곳에 흩어져 있는 것도 사실이다. 그러나 인도를 전체적으로 보자면 이것은 별 문제가 되지 않는다. 오직 통계 조사라는 관점에서만 중요할 뿐이다. 예전에 보낸 편지에서도 말했던 것 같은데, 인도어는 사실 두 계통, 즉 위에서 말한 드라비다계와 인도 아리안계로 구분된다. 주요한 인도 아리안어는 산스크리트어였으며, 인도의 모든 인도 아리안어는 산스크리트어의 자손이다. 힌디어, 벵골어, 구자라티어, 마라티어가 모두 그렇다. 또 몇 가지 다른 변형도 있다. 아샘에는 아샘어가 있으며, 오리사 또는 우트칼에서는 우리야어(Uriya)를 사용하고 있다. 우르두어(Urdu)는 힌디어가 변해서 된 것이다. 그래서 힌두스탄어라는 말은 힌디어를 뜻하기도 하고, 우르두어를 뜻하기도 한다. 따라서 인도의 주요한 언어는 꼭 열 가지가 된다. 힌두스탄어·벵골어·구자라티어·마라티어·타밀어·텔루구어·카나라어·말라얄람어·우리야어, 그리고 아샘어다. 그 가운데 우리가 쓰는 힌두스탄어는 북부 인도 전체 ― 펀자브, 연합주, 비하르, 중앙주, 라지푸타나, 델리 및 중부 인도에서 사용하고 있다. 이 지역은 약 1억 5000만의 주민들이 살고 있는 광대한 지역이다. 그러므로 다소의 사투리는 있더라도 1억 5000만이 힌두스탄어를 사용하고 있고, 그리고 너도 알다시피 힌두스탄어는 인도

대부분의 지방에서 이해되는 말이다. 그것은 거의 인도의 공통어가 되었다. 물론 그렇다고 해서 위에서 말한 다른 중요한 언어들이 모두 없어져야 한다는 것은 아니다. 그것들은 반드시 지방어로서 남게 될 것이다. 그것들은 훌륭한 문학을 가지고 있을 뿐만 아니라, 그 누구도 이미 잘 발달된 언어를 인민들로부터 빼앗을 수는 없기 때문이다. 한 나라의 국민이 성장하고 그 아이들이 학습하는 것은 반드시 그들 자신의 언어를 통해 이루어져야만 한다. 인도의 오늘날은 모든 것이 뒤죽박죽인 시대다. 우리들조차 대개 서로 영어를 쓰고 있다. 내가 너에게 이렇게 영어로 편지를 쓰는 것도 생각하면 우스운 노릇이다. 그런데도 나는 여전히 그렇게 하고 있구나! 나는 곧 우리가 이러한 습관을 버리기를 바란다.

10   *1931년 1월 15일*

고대 인도의 촌락 공동체

어떻게 하면 과거의 역사를 살펴보는 우리의 작업이 조금이라도 진척을 보일 수 있을까? 나는 곧잘 줄거리를 떠나 사잇길로 접어들고 있구나. 요전 편지에서도 본론으로 접어들자마자 인도의 언어 이야기로 탈선하고 말았지.

이제 고대 인도로 이야기를 되돌려 보자. 널리 알려진 것처럼 오늘날의 아프가니스탄은 그 무렵, 그리고 훨씬 뒷날까지도 인도의 한 부문이었다. 인도의 서북부는 간다라(Gandhara)라고 불렸다. 북방 일대에 걸쳐서 인더스 강이나 갠지스 강가의 평야에는 아리아인의 큰 촌락들이 흩어져 있었다. 이 아리아인들은 아마 건축 기술에도 뛰어난 솜씨를 갖고 있었던 것 같다. 그들은 그 무렵에 벌써 큰 도시들이 있었던 페르시아나 메소포타미아의 아리아인 촌락에서 이주해 온 것이 분명하기 때문이다. 아리아인 촌락들 사이에는 많은 숲이 있었고, 특히 북부 인도와 남부 사이에는 거대한 삼림이 있었다. 수많은 아리아인들이 단번에 이 삼림을 넘어 남부 인도에 정착했다고는 생각되지 않는다. 많은 사람들이 개인적으로 이 곳을 탐험하거나 장사를 하면서 아리아인의 문화나 풍습을 남부 지방에 퍼뜨렸을 것이다. 오래된 전설에 따르면 제일 먼저 남부 지방에 간 아리아인은 아리안의 종교와 문화를 데칸(Deccan)에 전한 리쉬 아가스티야(Rishi Agastya)[22]라는 선인(仙人)이었다고 한다.

인도와 외국들간의 무역은 이미 매우 자주 이루어지고 있었다. 외국 상인들은 남부의 후추·금·진주를 찾아 바다를 건너왔다. 아마 쌀도 수출했을 것이다. 말라바르의 티크 목재가 고대 바빌로니아의 궁전에서 발견되기도 했다.

점차로 아리아인들 사이에서는 촌락 제도가 발달했다. 이 제도는 드라비다인의 오래된 촌락과 아리아인의 새로운 창의성이 혼합된 것이었다. 이들 촌락은 거의 독립해 있었으며, 선출된 판차야트가 다스리고 있었다. 많은 촌락이나 작은 도읍들은 선거로 뽑히거나 세습된 라자(raja), 즉 족장 아래 통합되기도 했다. 가끔 몇 개의 촌락 집단들이 서로 이익이 되는 도로, 숙박 시설, 관개를 위한 운하, 그 밖의 공동 시설을 만들기 위해 협력하기도 했다. 라자는 부족의 우두머리이기는 했지만, 그렇다고 무엇이든 자기 마음대로 할 수는 없었다. 그 또한 아리아인의 법률과 풍습을 따라야 했으며, 백성들로부터 폐위되기도 하고 심지어는 처벌받을 수도 있었다. 내가 전에 보낸 편지에서 말한 것처럼 "짐은 곧 국가다(L'état c'est moi)" 하는 따위는 있을 수도 없었다. 이렇게 아리아인의 촌락에는 일종의 민주주의가 있었다 — 말하자면 아리아인 주민들

---

22) 후기 『베다』의 작자 가운데 한 사람이라고 하며, 『마하바라타』와 『라마야나』 속에서도 활약하는 리쉬(聖仙). 또 남방 타밀어 문학의 시조로 알려져 있다.

은 어느 정도 정부를 통제할 수 있었던 것이다.

　이들 인도 아리아인을 그리스 아리아인과 비교해 보거라. 둘 사이에는 다른 점도 많지만 또 공통된 점도 많다. 두 곳 모두 일종의 민주주의가 존재했다. 다만 이 민주주의 제도는 정도의 차이는 있지만 오직 아리아인 자신들에게만 제한되었다는 점을 잊어서는 안 되겠지. 노예나 하층 계급에 속한 사람에게는 아무런 민주주의도 자유도 없었다. 그 무렵에는 현재의 카스트 제도에서 볼 수 있는 수많은 차별은 없었다. 당시 인도의 아리아인 사이에는 네 가지 사회적 구분, 즉 네 개의 카스트가 있었다. 학자와 승려와 성직자로 구성되는 브라만, 정치에 종사하는 크샤트리아, 상점 주인이나 또는 상업에 종사하는 사람들로 구성되는 바이샤, 그리고 노동자와 직공으로 구성되는 수드라가 그것이다. 이처럼 이 구별은 직업에 따른 것이었다. 어쩌면 카스트 제도가 자리잡은 것은 피정복 민족과 차별을 두고 싶어하는 아리아인의 욕망 때문이었는지도 모른다. 그들은 매우 오만하고 자만심이 강해 다른 종족들을 천시하고 어울리기를 싫어했다. 카스트에 해당하는 산스크리트어는 바르나(varna), 즉 색깔을 뜻하는 말이다. 이 사실은 또한 새로 정착한 아리아인이 인도 원주민에 비해 피부색이 상당히 희었다는 것을 짐작케 해 준다.

　따라서 우리는 아리아인들이 일하는 계급을 천시해 민주 정치에 참여하는 것을 허용하지 않았지만, 한편 자신들 사이에서는 상당한 자유를 누리고 있었다는 점을 명심해야 할 것이다. 그들은 왕이나 통치자의 부정을 용납하지 않았다. 부정이 있을 때는 자리에서 물러나야 했다. 왕은 주로 크샤트리아 계급에서 나왔지만, 전쟁이 나거나 어려운 상황에서는 능력만 있다면 심지어 수드라나 그 밖의 하층 계급에서 왕위에 오르는 일도 있었다. 뒷날 아리아인은 퇴보해 카스트 제도는 엄격해졌다. 너무나 많은 신분 차별이 나라를 약하게 만들고 마침내 나라를 망치고 말았다. 또한 그들은 예전의 자유에 대해 이해하는 것을 잊어버렸다. 옛날에는 아리아인이 노예가 되는 일은 절대로 없었으며, 아리아인의 이름을 더럽히느니 차라리 죽음을 선택했던 것이다.

고대 인도의 촌락 공동체

아리아인의 촌락이나 도읍은 아무렇게나 생긴 것이 아니라 일정한 계획 아래 건설되었다. 그리고 아마 너도 흥미를 느끼리라 생각하는데, 기하학이 이 설계에서 큰 역할을 했다. 사실 기하학의 도형은 그 당시부터 베다의 '푸자(pujas : 힌두교의 공양 의식)'에도 이용되었고, 지금도 많은 힌두교 신자의 가정에서는 여러 가지 푸자에 이러한 도형이 사용되고 있단다. 오늘날에도 기하학은 집이나 도시를 짓는 데 밀접한 관련을 맺고 있지. 고대 아리아인의 촌락은 처음에는 일종의 요새와 같은 것이었다. 그 무렵에는 언제 적이 습격할지 알 수 없었기 때문이다. 적의 공격을 받을 염려가 없을 때에도 설계만은 여전히 같은 형태로 이루어졌다. 그 설계는 보통 직사각형으로 되어 있으며, 사면에 벽을 쌓아 올리고 네 개의 대문과 네 개의 쪽문을 냈다. 성벽 안쪽에는 독특한 규칙에 따라 거리가 배열되고 집들이 세워졌다. 마을 중앙에는 장로들이 모여 회의를 하는 판차야트 가르(Panchayat ghar : 공회당)가 있었다. 그러나 작은 마을에서는 판차야트 가르 대신 큰 나무를 한 그루 심어 놓는 것이 보통이었다. 여기서 해마다 마을의 모든 자유민이 모여 판차야트를 선출했다.

식자층에 속하는 사람들은 대개 검소하게 살거나 조용히 공부하고 일하기 위해 마을 가까운 숲에 틀어박혀 있었다. 그들 주위로 학생들이 모여들고, 점점 이 교사와 학생들의 새로운 마을들이 늘어났다. 이 마을들은 하나의 대학이라고 보아도 좋을 것이다. 이 마을에는 훌륭한 건물들은 많지 않았지만, 지식을 찾는 사람들이 멀리서부터 이 배움의 장소로 모여들었다.

너도 잘 알다시피 아난드 바완 맞은편에는 바라드와지(Bharadwaj)[23] 아슈람(Ashram : 수도원)이 있다. 바라드와지가 그 옛날 라마야나(Ramayana) 시대의 위대한 학자였다는 것도 아마 알고 있겠지?

---

23) 서사시 『라마야나』와 『마하바라타』에 등장하는 리쉬. 『라마야나』를 보면 주인공인 라마찬드라 왕자와 그의 왕자비 시타(Sita)가 프라야그(Prayag : 현재의 알라하바드)에 있는 수도원에 찾아오는 것으로 되어 있다.

라마찬드라(Ramachandra)가 망명 시절에 그를 찾아간 적도 있다고 한다. 몇천 명의 학생들이 그와 함께 생활하고 있었다고 기록되어 있다. 즉 바라드와지를 중심으로 하여 어엿한 대학이 있었던 것이 분명하다. 당시 수도원은 갠지스 강 제방 위에 있었다. 지금은 갠지스 강이 수도원에서 1마일이나 떨어져 있지만, 이것은 충분히 있을 수 있는 일이다. 우리 집 정원 가운데 어떤 곳의 흙은 모래와 같다. 아마도 당시 갠지스 강 바닥의 일부였겠지.

이 고대는 인도 아리아인의 위대한 시대였다. 불행하게도 우리에게는 이 시대를 말해 주는 역사책이 없고, 역사책이 아닌 다른 책에서 지금 말한 사실을 겨우 알 수 있을 뿐이다. 그 당시 왕국이나 공화국 중에는 남부 비하르의 마가다, 북부 비하르의 비데하, 베나레스에 해당하는 카시, 아요디야(지금의 피자바드)가 서울이었던 코살라, 그리고 갠지스 강과 줌나 강 사이의 판찰라가 있었다. 이 판찰라에는 마투라와 카니야쿠브자라는 두 개의 커다란 도시가 있었다. 이 두 도시는 뒷날의 역사에서도 유명하며 지금도 남아 있다. 카니야쿠브자는 이름이 바뀌었는데, 콘포르 부근의 카나우즈가 그 곳이다. 우자인도 그 당시 이미 존재했다. 그 곳은 지금은 괄리오르주에 있는 조그만 마을이다.

파탈리푸트라, 즉 파트나 근처에는 바이살리(Vaisali)라는 도시가 있었는데, 이것은 고대 인도 역사에서 유명한 리치비족(Lichivi clan)[24]이라는 부족의 서울이었다. 이 나라는 공화국으로서, 선거로 뽑힌 나야카(Nayaka)라는 의장이 주재하는 명문가 회의가 통치했다.

세월이 흘러 큰 마을과 도시가 생겨났다. 그리하여 상업도 번창하고 장인들이 예술과 공예를 발달시켰다. 도시는 상업의 큰 중심지가 되고, 학식 있는 브라만이 학생들과 함께 살고 있던 숲속의 아슈람 또한 커다란 대학 도시로 성상했다. 이 학문의 숭심지에서는 당시 존재하던 모든 학문을

---

24) 기원전 6~7세기에 바이살리에서 번영했다. 뒷날 마가다국에 정복되었지만 그 뒤에도 지방 호족으로서 지위를 유지한 것으로 보이며, 찬드라굽타 1세도 이 씨족과 혼인해서 이들의 지지를 얻어 냈다. 여러 근거로 볼 때 비(非)아리아인 계통에 속하는 가문이라고 한다.

가르쳤다. 브라만은 군사학까지도 가르쳤다. 『마하바라타』에 나오는 판다바족(Pandavas)의 위대한 교사인 브라만 드로나차르야(Dronacharya)[25]가 여러 과목 가운데 병법도 가르쳤다는 것을 기억할 테지?

11 1931년 1월 16일

중국의 1000년

바깥 세상에서 뉴스가 들어왔다 — 안타깝고 슬픈 소식이다. 그러나 그 소식은 우리 가슴을 긍지와 보람으로 채우기도 하는구나. 나는 숄라푸르(Sholapur) 사람들의 최후를 알게 되었다. 이 슬픈 소식이 알려졌을 때 전국에서 어떠한 사건이 발생했는지에 대해서도 간단한 설명을 들었다. 우리의 젊은이들이 목숨을 바치고, 수많은 인도 국민이 잔인한 라티(lathi : 기마 경찰대가 끝에 쇠고리를 씌운 경찰봉으로 진압하는 것)를 당하고 있는데 여기 가만히 앉아 있어야 하다니. 하지만 그것은 우리를 위한 좋은 훈련이다. 우리 모두는 각자 자기 자신을 철저히 시험해 볼 기회를 맞게 될 것이다. 한편 그것은 우리 인민들이 어떤 고난도 두려워하지 않고 앞으로 나아가며, 적의 무기가 날뛰고 탄압이 심해질수록 더욱 강해지고 항쟁의 결의를 굳히리라는 것을 모두에게 알려 줄 것이다.

당장의 뉴스가 우리 마음을 빼앗고 있을 때 다른 일을 생각하기란 어려운 일이다. 하지만 애간장만 태운다고 무슨 도움이 되겠니. 게다가

---

25) 『마하바라타』의 영웅 판두족 5왕자의 교사이며, 나중에 5왕자의 적인 구르족의 장수로 활약한다. acharya는 '위대한 교사'라는 뜻이 담긴 칭호.

우리가 무언가를 확실히 하고자 한다면, 우리는 반드시 마음을 다스려야 하는 법이다. 그러니 과거로 돌아가서 잠시 지금의 문제들에서 벗어나 보자.

이번에는 고대 역사에서 인도의 자매 문명인 중국을 살펴보자. 중국이나 일본·코리아·인도지나·타이·버마 등 동아시아 지방은 아리아인과는 아무 관련이 없다. 여기 살고 있는 주민은 모두 몽골 인종이다.

5000년 전, 또는 그보다 훨씬 전에 중국은 서쪽에 사는 부족의 침략을 받았다. 침입한 자들은 또한 중앙 아시아에서 온 부족인데 문화 수준도 상당히 높았다. 그들은 농사를 지을 줄도 알고 많은 가축도 기르고 있었다. 훌륭한 집들도 갖고 있었고 사회 조직도 꽤 발달해 있었다. 그들은 '누런 강'이라고 부르던 황하 근처에 정착해 나라를 세웠다. 몇백 년에 걸쳐 온 중국으로 퍼져 나가면서 기술과 예술을 발달시켰다. 중국인은 대부분 농민들이며, 이들의 우두머리는 내가 옛날에 보낸 편지에서 말했던 식의 족장들이었다. 그로부터 600~700년 후, 그러니까 지금부터 4000년 전에, 요(堯)라는 인물이 나타나 황제가 되었다. 하지만 명색은 황제였지만 이집트나 메소포타미아를 다스린 그런 위엄 있는 황제라기보다는 일개 족장에 가까웠다. 중국인들은 여전히 농민이었고, 중앙 정부라고 할 만한 것은 없었다.

나는 전에 족장은 보통 선거로 뽑히지만 나중에는 세습하게 되었다는 이야기를 한 적이 있다. 중국에서도 마찬가지였다. 요는 자식에게 자리를 물려주지 않고 제일 유능하다고 생각되는 사람을 지명했다. 하지만 제위는 곧 세습되었고, 하(夏) 왕조는 400년 이상 중국을 지배했다고 한다. 하의 마지막 임금은 대단히 잔인한 사람이어서, 그를 쫓아 내는 혁명이 일어났다. 그 뒤 싱(商), 또는 은(殷)이라고도 하는 또 다른 왕조가 패권을 잡고 약 650년 동안 지배했다.

이렇게 쓰고 보니 1000년이 넘는 중국 역사를 겨우 두세 문장의 짧은 문단으로 처리해 버렸구나. 대단하지? 1000년이라는 긴 역사는 어떻

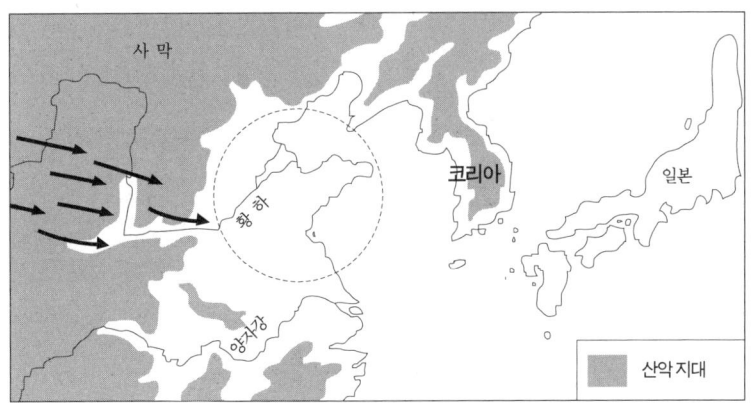
중국 문명의 기원

게 손써 볼 도리가 없구나. 그러나 내가 짧게 이야기했다고 해서 1000년 내지 1100년이라는 세월이 줄어들 리는 없겠지. 우리는 보통 하루, 한 달, 일 년을 단위로 하여 생각하지. 그러니 너는 100년조차 분명히 이해하기는 어려울 거야. 네가 살아온 13년이라는 세월만 하더라도 얼마나 긴 시간이더냐. 그리고 한 해가 더할수록 너는 쑥쑥 커 간다. 그렇다면 1000년의 역사라는 개념을 어떻게 가늠해야 옳을까? 그것은 긴 세월이다. 한 세대가 가면 또 한 세대가 오고, 마을은 대도시가 되고 또 폐허가 되면 다시 새로운 도시가 생겨난다. 지난 1000년의 역사를 생각해 보면 아마 너도 이 긴 시간에 대한 어떤 감이 잡힐 것이다. 이 1000년 동안 세상에는 얼마나 놀라운 변화가 많았더냐!

오랜 문화적 전통과 함께 각각 500년에서 심지어 800년씩, 또는 그 이상 이어진 중국 왕조들의 역사야말로 놀랄 만한 것이 아니겠느냐.

내가 단숨에 처리해 버린 1100년 동안 중국이 밟아 온 완만한 진보와 발전을 생각해 보아라. 족장 제도는 서서히 무너지고 중앙 정부가 발달했다. 잘 조직된 국가가 등장했다. 이 까마득한 옛날부터 중국인은 글자를 알고 있었다. 너도 아는 것처럼 중국의 문자는 우리 문자나 영어 또는 프랑스어 글자와 매우 다르다. 알파벳과 같은 것이 없고 상징이나 그림이 쓰였다.

상 왕조는 640년 후에 혁명으로 쓰러지고 주(周) 왕조가 권력을 잡았다. 주나라는 상나라보다도 더 오랫동안 정권을 잡아 867년 동안 존속했다. 체제를 갖춘 국가가 중국에 출현한 것은 이 주나라가 처음이다. 또한 중국의 위대한 철학자인 공자와 노자가 살았던 것도 이 시대였다. 이들에 대해서는 나중에 이야기하기로 하자.

상 왕조가 쫓겨날 때, 그 고관 가운데 한 사람인 기자(箕子)라는 사람은 주나라를 섬기기보다는 차라리 망명을 택했다. 그는 부하 5000명을 거느리고 중국을 떠나 코리아로 갔다. 그는 이 나라를 '고요한 아침의 나라'라는 뜻의 조선(朝鮮)이라는 이름으로 불렀다고 한다. 조선은 중국의 동쪽에 있는 나라이므로, 기자는 해가 뜨는 방향을 향해 부하들을 거느리고 이동한 셈이다. 아마도 그는 동쪽 끝에 도착했다고 생각하고 이 이름을 붙였던 듯하다. 기자와 함께 기원전 1100년에 조선의 역사는 시작되었다. 기자는 그의 새로운 나라에 중국의 예술과 기술, 집짓기, 농사, 그리고 비단짜기를 퍼뜨렸다. 더 많은 중국인 이주자들이 기자를 따라왔다. 기자의 후손들은 900년 이상 조선을 다스렸다.[26]

물론 조선은 동쪽 끝에 있는 나라가 아니다. 우리가 알다시피 조선의 동쪽에는 일본이 있다. 그러나 우리는 기자가 조선으로 이동했을 당시 일본에서 어떤 일들이 일어났는지 전혀 아는 바가 없다. 일본의 역사는 중국이나 코리아 또는 조선의 역사처럼 오래지 않다. 일본인의 말에 따르면 그들의 첫 황제는 진무(神武) 천황이라고 하며, 기원전 600년이나 700년 무렵에 즉위했다고 한다. 그들은 그가 태양의 여신의 자손이라고 생각한단다. 왜냐하면 일본에서는 태양을 일종의 여신으로 생각했거든. 지금의 일본 천황도 진무 천황의 직계 자손이라고 하는데, 그래서 또한 많은 일본인들은 그를 태양의 후손이라고 믿고 있다.

---

26) 물론 저자 네루는 우리 나라의 옛 역사에 대해서 일반적으로 중국을 통해 세계에 알려진 내용 이상은 알지 못했다. 굳이 여기서 우리의 옛 역사를 바로잡는 것은 불필요할 것이다.

중국의 1000년

우리 나라에서도 이와 마찬가지로 라지푸트족(Rajputs)[27]들이 스스로를 해와 달에서 왔다고 믿는다는 것은 너도 알고 있을 테지. 그들의 주요한 두 가문은 태양의 종족인 수리야반시(Suryavanshi)와 달의 종족인 찬드라반시(Chandravanshi)라고 한다. 우다이푸르(Udaipur)의 마하라나(Maharana)가 수리야반시의 우두머리이며, 그 가계는 훨씬 더 먼 옛날로 거슬러 올라간다. 라지푸트족은 대단히 특출한 종족으로, 그들의 무용담은 이루 헤아릴 수 없을 정도로 많다.

12 1931년 1월 17일

과거의 부름

지금까지 우리는 대략 약 2500년 전까지의 고대 세계가 어떠했을지를 간략히 살펴보았다. 우리의 개괄은 매우 짧고도 한정된 것이었다. 우리는 오직 상당히 진보된 나라들이거나 어느 정도 분명한 역사를 갖고 있는 나라들만을 살펴보았다. 이집트에 대해서는 피라미드나 스핑크스 및 그 밖에 지금은 볼 수 없는 많은 것들을 창조한 위대한 문명에 관해 이야기했다. 이 거대한 문명은 한때 번성했지만, 우리가 살펴본 고대에 이미 벌써 전성기를 지나 몰락의 길로 접어들고 있었다. 크노소스도

---

[27] 라지푸타나와 그 밖의 서북 인도 일대에 분포하는 종족으로 일종의 카스트를 구성하고 있었다. 고대 크샤트리아의 후예라고 자칭하는데, 봉건적 습성이 강하고 가문의 혈통을 중시하며, 주로 정치와 군사에 종사하고 다른 직업에 종사하는 것을 천시한다. 영국의 지배 아래서는 대부분 지주나 세포이(Sepoy : 인도인으로 구성된 군대)가 되었다. 명문인 마하라나(영국령 시대의 토후)들은 힌두교의 전통에 따라 일계(日系)와 월계(月系)로 나뉘어 있다.

이미 종말을 고하려고 했다. 우리는 중국이 커다란 제국으로 통일되어 문자나 비단, 그 밖의 많은 것들을 발전시켜 온 유구한 세월을 따라가 보았다. 또한 우리는 조선과 일본도 잠깐 훑어보았다. 그리고 인도에서는 지금 인더스 강 계곡의 모헨조다로 유적에 나타나 있는 고대 문명과, 드라비다 문명과 외국과의 무역, 그리고 끝으로 아리아인에 대해 살짝 훔쳐보았다. 그 무렵에 아리아인이 쓴 유명한 저서 『베다』와 『우파니샤드』, 그리고 서사시 『라마야나』, 『마하바라타』 등에 대해서도 언급했다. 그리고 이 아리아인들이 북부 인도 전체에, 그리고 남쪽에까지 퍼져 나가 드라비다인과 접촉하면서 아리안계를 중심으로 드라비다계 문명을 그 속에 혼합한 새로운 문명을 이룩한 과정을 뒤쫓아가 보고, 특히 그들의 촌락 공동체가 민주적인 기초 위에 성장해 어떻게 마을과 도시로 발전했으며, 삼림 속의 아슈람이 어떻게 대학으로 발전되었는가를 살펴보았다.

메소포타미아와 페르시아에 대해서는 흥망을 거듭하는 제국의 역사를 간단히 언급했을 뿐이다. 뒤에 이들 가운데 하나인 다리우스의 제국은 인도의 인더스 강변까지 세력을 뻗쳤다. 팔레스타인에서 우리는 수도 얼마 되지 않고 세계의 한구석에 살고 있는데도 지대한 관심을 끌고 있는 헤브루인(Hebrews)들을 잠시 살펴보았다. 그들의 왕 다윗과 솔로몬은 성경에 기록된 덕분에 그들보다 훨씬 위대한 제왕들은 잊혀졌어도 여전히 사람들의 기억에 남아 있다. 그리고 우리는 그리스에서 크노소스 문명의 옛 유적 위에 성장한 새로운 아리안 문명을 찾아볼 수 있었다. 도시 국가가 발달하고 지중해의 변경 지방에는 그리스의 식민지가 여기저기 생겨났다. 나중에 강대하게 될 로마나 그 숙적인 카르타고는 이제 막 역사의 지평선 위에 모습을 나타내기 시작했다.

이상이 우리가 겨우 훑어본 것에 지나지 않는 내용들이다. 그 밖에 우리가 언급하지 않은 나라들 — 북부 유럽이나 동남 아시아의 여러 나라들에 대해서도 조금은 이야기했을 수도 있겠지. 이런 아득한 옛날부터 이미 남부 인도의 뱃사람들은 벵골 만을 넘어 말레이 반도나 그 남쪽에 있는 섬에까지 진출했다. 하지만 우리는 이제 어디선가 이 이야기를 매듭지어야겠구나. 그렇지 않으면 언제까지고 앞으로 나아갈 수 없을 테니까 말이다.

지금까지 이야기해 온 나라들이 고대 세계를 구성하고 있었지만, 이 시대에는 서로 멀리 떨어진 나라들끼리는 별로 왕래가 없었다는 점에 주의해야 한다. 모험심 강한 선원들이 바다를 건너고, 무역이나 그 밖의 목적으로 육상으로 머나먼 여행을 감행한 사람들도 있었겠지. 하지만 그것은 위험이 너무 커서 분명 극히 드문 일이었을 것이다. 지리에 대한 지식도 빈약했으니까. 그들은 지구가 평평한 줄로만 알았고, 둥글다고는 생각지 않았다. 그래서 가까운 나라를 제외하고는 다른 나라들에 대해 아는 사람이 전혀 없었던 것이다. 그리스인들은 중국이나 인도에 대해서 사실상 전혀 몰랐으며, 중국인이나 인도인들도 지중해의 여러 나라에 대해 거의 아는 바가 없었다.

만일 고대 세계의 지도를 구할 수 있으면 한번 보거라. 옛날 사람들이 세계에 대해 쓴 글이나 지도에는 재미있는 것들이 있단다. 그 지도에는 어떤 나라들은 엉뚱하게 그려져 있을 게다. 오늘날 제작된 고대 세계의 지도가 훨씬 더 쓸모 있을 것이다. 고대의 역사를 읽을 때에는 가끔 그것을 참고하면 좋을 것이다. 지도란 매우 유익한 것이다. 지도가 없으면 우리는 역사에 대한 구체적인 감을 얻을 수 없다. 그러므로 역사를 공부하려면 될 수 있는 대로 많은 지도와 그림을 마련할 필요가 있다. 예컨대 옛 건물, 폐허, 그 밖에 오늘날까지 전해지는 유물의 그림 말이다. 이러한 그림은 무미 건조한 역사의 골격에 살을 붙이고, 우리를 위해 과거를 되살려 준다. 만일 우리가 역사에서 무엇을 배우고자 한다면, 마치 눈 앞에서 사건들이 벌어지는 것처럼 볼 수 있게끔 마음 속에 생생한 상념으로 잇따라 펼쳐져야만 한다. 역사는 세계를 무대로 과거의 위대했던 인물들이 배우로 등장해 우리를 사로잡는 한 편의 매혹적인 연극 ─ 희극이기도 하고, 비극일 때가 더 많은 ─ 이어야 한다.

지도나 그림은 우리가 이 역사의 야외극에 눈을 뜨도록 이끌어 준다. 이런 것은 모든 소년 소녀들이 쉽게 접할 수 있게 되어야 하겠지. 그러나 그림보다 더 좋은 것은 역시 옛날 역사의 폐허나 유적들을 직접 찾아가 보는 것이다. 물론 그것들은 세계 곳곳에 흩어져 있으므로 전부 구경할 수는 없겠지. 그러나 눈만 크게 뜨고 있으면 언제든 우리 주변에서 쉽게 과거의 유적들을 찾아 낼 수 있단다. 그리고 비교적 작은 유적이나 유물이라면 큰 박물관에 진열되어 있다. 인도에도 수많은 역사적인 유적들이 있다. 하지만 아주 고대의 유물은 별로 없단다. 모헨조다로와 하라파(Harappa)[28]가 현재로서는 유일한 것이라고 볼 수 있다. 아득한 옛날에 세운 건축물들은 대개 무더운 기후 때문에 재가 되어 버렸을 것이다. 그러나 아직도 땅 속에 파묻힌 채 발굴되기를 기다리고 있는 유물이 훨씬 많을 것이다. 우리가 그것들을 발굴하고 옛 유물이나 기록을 찾아 낸다면 우리 나라의 과거 역사는 점차 우리 눈앞에 펼쳐질 것이고, 우리는 이 돌이나 기와, 또는 회반죽이 말해 주는 역사를 통해서 아득한 옛날에 우리의 조상들이 무엇을 하고 있었는가를 알아 낼 수 있을 것이다.

　　너는 델리에 간 적이 있지. 그래서 델리시 주변에 있는 폐허나 낡은 건축물들을 보았을 것이다. 앞으로 다시 볼 일이 있으면 옛날 일들을 떠올려 보려무나. 그 유적들은 너를 과거 세계로 인도해 그 어느 책보다 역사를 잘 전해 줄 것이다. 델리나 그 근처에서는 『마하바라타』 시대부터 사람들이 살았으며, 그들은 이 도시를 여러 가지 이름으로 불렀다. 인드라프라스타, 하스티나푸르, 투글라콰바드, 샤자하나바드를 비롯해 모두 기억할 수 없을 만큼 많은 이름이 있었다. 전해 오는 이야기에 따르면 일곱 군데에 일곱 개의 델리시가 있었으며, 줌나 강의 흐름이 일정하지 않아서 이리저리로 이동했다는 것이다. 그리고 지금 여덟 번째 도시 — 라이시나(Raisina), 즉 뉴델리가 지금 이 나라 지배자들의 지시로 건설되고 있단다. 델리에서는 많은 제국들이 잇따라 흥망을 거듭하고

---

28) 모헨조다로의 동북쪽 약 650km 지점에서 발굴된 도시의 유적으로 같은 시대, 같은 문화 계통에 속한다.

몰락해 갔다.

가장 오래된 도시인 베나레스, 즉 옛날의 카시를 찾아가 그 속삭임에 귀를 기울여 보려무나. 자신의 아득한 옛날 — 숱한 제국의 몰락과, 새로운 복음을 가져온 불타와, 오랜 세월 동안 평화와 위안을 찾아 모여든 수많은 사람들에 대해서 네게 이야기해 주지 않니? 늙고 낡고 쇠퇴하고 지저분하고 악취가 나지만, 또한 활기차고 오랜 연륜으로 가득 차 있는 곳이 베나레스다. 그 얼굴에서 인도의 과거를 볼 수 있고, 강물의 속삭임 속에서 멀리 사라진 세월의 목소리를 들을 수 있는 카시는 신비한 매력으로 가득 찬 곳이다.

아니면 좀더 가까운 곳으로는 우리의 알라하바드, 즉 옛 프라야그(Prayag)의 아소카(Asoka) 기념비를 보러 가는 것도 좋겠지. 아소카 왕의 명령에 따라 그 기념비에 새겨진 비문을 보면서 너는 2000년의 세월을 뛰어넘어 그의 목소리를 들을 수 있을 게다.

13 *1931년 1월 18일*

부는 어디로 가는가?

무수리에서 보낸 편지에서 나는 인간이 발달함에 따라 인민들 사이에 여러 계급이 생긴 유래를 말한 적이 있었지. 원시인들은 살기가 매우 어려워 음식물을 찾아다니는 것이 고작이었다. 그들은 날마다 사냥을 나가고 나무 열매를 따고, 먹을 것을 찾아 여기저기 헤매고 다녔다. 점차로 부족들이 생겼는데, 이들은 함께 생활하고 함께 사냥하는 거대한 가족들이었다. 혼자 살기보다는 여럿이 함께 사는 것이 안전했기 때문이다. 그러자 커다란 변화 — 농업이 시작되어 엄청난 변화를 일으켰다. 사람들은 하루 종일 사냥하기보다는 농사짓는 방법으로 땅에다 음식물을 키우는 것이 훨씬 편하다는 것을 깨달았다. 그리고 땅을 갈아 씨를 뿌리고 추수하는 것은 곧 땅 위에 정착한다는 것을 뜻했다. 그들은 이제 예전처럼 떠돌아다니는 대신에 농지 가까이에 머물러야 했다. 이리하여 마을과 도시가 생겨났다.

농업은 또 다른 변화도 가져왔다. 땅에서는 당장 필요한 양 이상의 식량이 생산되었다. 이 초과량 또는 잉여분은 저장되었다. 생활은 예전의 수렵 생활 시대에 비해 약간 복잡해지고, 서로 다른 계급의 사람들이 농지나 그 밖의 곳에서 실제로 노동을 하거나, 몇몇 사람들은 관리와 조직을 맡았다. 관리나 조직을 하는 사람들의 힘이 점점 커져서 족장이, 지배자가, 왕이 되고 귀족이 되었다. 또한 그들은 그 힘을 이용해 생산된 많은 잉여 식량을 차지했다. 따라서 들에서 일하는 사람들이 겨우 먹고 살아가는 동안 그들은 부자가 되어 갔다. 나중에는 관리와 조직자들은 너무 게으르고 무능해져서 심지어 조직하는 일까지도 하지 않았다. 그들은 하는 일 없이 놀면서 오직 노동자들이 생산한 식량을 챙기는 데에만 관심을 기울였다. 그리고는 자신들은 아무 일도 하지 않아도 이런 식으로 남의 노동으로 먹고 살 수 있는 권리를 가졌다고 생각하게 되었다.

이제 농업이 인간의 생활을 크게 바꾸었다는 것을 너도 잘 이해하리라 본다. 농업은 식량을 마련하는 방법을 개량하고 더욱 쉽게 만들어 사회의 기초를 근본적으로 바꾸어 버렸다. 농업은 사람들에게 여가를 주었고, 여러 가지 계급을 낳았다. 식량을 얻기 위해 누구나 꼭 일할 필요는 없어졌고, 일부 사람들은 다른 일에 종사할 수 있게 되었다. 여러 가지 직업이 발전하고 새로운 전문 분야가 생겨났다. 하지만 권력은 주로 조직자 계급의 손에 있었다.

그 뒤의 역사를 보더라도 식량이나 그 밖의 필수품의 새로운 생산 방법으로 얼마나 큰 변화가 일어나는지 알 수 있다. 인간은 식량만큼이나 다른 많은 것들을 필요로 하게 되었다. 따라서 생산 방법의 어떤 커다

부는 어디로 가는가?

란 변화는 동시에 커다란 사회 변화를 가져오게 마련이다. 그 좋은 보기를 하나 들까? 증기가 공장이나 철도나 배의 동력으로 사용되었을 때, 생산이나 분배 방식은 크게 변화했다. 증기 기관을 쓰는 공장은 수공업자나 직인이 손이나 간단한 도구로 만드는 것보다 훨씬 더 빨리 물건을 만들 수 있었다. 큰 기계는 정말 엄청난 도구였다. 또 철도와 기선은 식량이나 공장의 생산물을 먼 곳으로 신속히 운반해 주었다. 이것이 세계에 어떤 변화를 주었는지는 쉽게 짐작할 수 있겠지.

식량과 물자를 생산하는 더 새롭고 빠른 방법이 역사 속에서 수시로 발견되었다. 물론 너는, 생산에 더 좋은 방법이 이용되면 더 많은 양이 생산될 테고, 세계는 그만큼 풍요로워지고 누구나 예전보다 풍족해질 거라고 생각하겠지? 그 생각은 어떤 면에서는 옳고, 또 어떤 면에서는 틀렸다. 진보된 생산 방법은 분명 세계를 더욱 풍요롭게 만들어 주었다. 그런데 세계의 어떤 부분을 풍요롭게 해 주었을까? 우리 나라에 아직도 극심한 가난과 빈곤이 남아 있다는 것은 너무도 분명하다. 하지만 영국처럼 부유한 나라에도 극빈층이 있다. 이것은 대체 어찌된 영문일까? 부는 어디로 가는가? 점점 더 많은 물자가 생산되는데도 가난한 사람들은 여전히 가난하게 남아 있다는 것은 이상한 일이다. 몇몇 나라에서는 그들의 생활도 어느 정도 나아지기는 했지만, 새로 생산되는 부에 비하면 그것은 참으로 보잘것없는 것이다. 그러나 우리는 이 부의 대부분을 누가 차지하는지 쉽게 알 수 있다. 그것은 대부분 관리자나 조직자로 있으면서 모든 좋은 것은 죄다 차지하려고 하는 사람들에게로 간다. 그리고 더욱 이상한 것은, 아무 일도 안 하려고 하면서도 남들이 일한 몫의 대부분을 차지하는 사람들의 사회 속에서도 계급이 생겨났다는 것이다! 더구나 ─ 믿기지 않는 이야기지만 ─ 이러한 계급은 존경을 받으며, 그리하여 일부 어리석은 자들은 살기 위해 일하는 것을 수치로 여기기까지 한다! 그것이 우리가 사는 세상의 뒤죽박죽인 상황이다. 들이나 공장에서 세상의 모든 식량과 부를 생산하면서도 농민과 노동자들이 가난하게 산다니 놀랍지 않으냐? 우리는 조국의 자유를 말하지만, 그 자유가 이 거꾸로 된 상태에 마침표를 찍고 일하는 사람들에게 수고의 열매를 나누어 주는 것이 아니라면 무슨 가치가 있겠느냐? 정치에 대해, 정부 형태에 대해, 경제에 대해, 그리고 국민의 부는 어떻게 분배되어야 하는가에 대해 크고 두꺼운 책들이 쓰이고, 유식한 학자들이 이런 주제들을 강의하고 있다. 그러나 사람들이 주장하고 논쟁하는 동안에도 일하는 사람들은 고통을 당하고 있다. 지금부터 200년 전에 프랑스의 유명한 계몽 철학자 볼테르(Voltaire)는 정치가 부류에 대해 말하기를, "그들은 자신들의 훌륭한 정치를 통해 땅을 일구어 타인에게 생활 수단을 제공하는 사람들을 굶겨 죽이는 기술을 찾아 냈다"고 했다.

그래도 고대인들은 발전했고, 점차 야생의 자연을 잠식해 들어갔다. 그들은 숲을 베어 내 집을 짓고 땅을 경작했다. 인간은 어느 정도 자연을 정복했다고 한다. 사람들은 자연의 정복에 대해 이야기한다. 이것은 막연한 이야기이며, 적절한 말이 아니다. 그보다는 인간이 자연을 이해하기 시작하고, 이해가 깊어짐에 따라 자연과 협력해 자기 목적에 맞게끔 이용할 수 있게 되었다고 하는 편이 훨씬 좋겠다. 옛날 사람들은 자연이나 자연 현상에 두려움을 품었다. 그들은 자연을 이해하려 하는 대신에 숭배하려고 했고, 자연이 마치 달래고 부추겨야 할 맹수이거나 한 듯이 제물을 바치며 평안을 빌었다. 따라서 그들은 천둥과 번개, 전염병을 두려워했고, 오로지 제물을 바침으로써 이것들을 막을 수 있다고 생각했다. 대부분의 평범한 사람들은 일식이나 월식을 무서운 재앙으로 여겼다. 그것이 아주 자연스런 현상이라고 이해하려 하는 대신에, 필요 없이 흥분해 해와 달을 지키려고 단식이나 목욕까지 했던 것이다! 해나 달은 충분히 스스로를 돌볼 능력이 있어 우리가 굳이 그런 걱정을 할 필요가 없는데도 말이다.

우리는 문명과 문화의 성장에 대해 이야기했다. 그리고 사람들이 마을이나 고을에 정착해 살게 되면서 문명이 시작된 것을 살펴보았다. 더 많은 양의 식량을 얻게 됨에 따라 더 많은 여가도 생겼고, 따라서 그들은 사냥이나 먹을 것 외의 문제도 생각할 수 있게 되었다. 생각이 발달함에 따라 일반적으로 예술과 공예, 문화가 발달했고, 인구의 증가에 따라 사람들 사이의 관계는 더욱 긴밀해졌다. 그들은 끊임없이 서로 만나 볼일을 보았다. 사람들이 같이 살아야만 하는 이상, 그들은 서로를 존중해야만 한다. 그들은 자신의 동료나 이웃에 폐가 될 수 있는 일은 절대로 피해야 한다. 그렇지 않으면 사회 생활이 이루어질 수 없기 때문이다. 가족을 보기로 들어 보자. 사회의 작은 단위인 가족은 그 성원들이 서로에 대한 배려만 갖고 있다면 행복하게 살 수 있다. 가족 사이에는 보통 서로를 묶어 주는 애정이 존재하므로 이는 그다지 어려울 것이 없다. 그런데도 우리는 때때로 배려를 잊어버림으로써 결국 그다지 문화적이지도, 문명적이지도 못하다는 것을 실지로 보여 주게 될 때가 있다. 가족보다 더 큰 집단일 경우에도 — 이웃, 시민, 국민, 또는 다른 나라의 국민일 경우에도 그 관계는 똑같다. 그러므로 인구의 증가는 그만큼 더욱 사회적인 생활과 절제, 남들에 대한 배려로 귀결된다. 문화나 문명은 쉽게 정의할 수 없는 것이고, 나는 그것을 정의하려고 하지도 않겠다. 그러나 문화라는 것 속에는 분명 자신에 대한 절제와 남들에 대한 배려가 있다. 만일 누구든 이러한 자제심과 남들에 대한 배려가 없다면, 당연히 그 사람은 교양 없는 사람이라고 할 수 있겠지.

14 *1931년 1월 20일*

기원전 6세기, 그리고 종교

역사의 먼 길을 계속 걸어 보자. 우리는 이제 2500년 전이라는 큰 이정표에 도달했다. 달리 말하자면 기원전 600년 무렵이 되겠지. 그러나 이것이 정확한 연도라고 생각해선 안 된다. 나는 대략적인 시기를 말했을 뿐이다. 이 무렵 중국과 인도에서 페르시아, 그리고 그리스에 걸쳐서 수많은 위인, 사상가, 종교의 창시자들이 나타났다. 그들이 정확히 같은 시대에 살았던 것은 아니다. 하지만 서로 비슷한 시대에 나타나 기원전 6세기를 매우 흥미로운 시대로 만들었다. 현실에 만족하지 않고 더 나은 것을 원하는 사상의 물결이 전세계를 휩쓸었던 것이 분명하다. 종교의 위대한 창시자들은 언제나 무언가 더 나은 것을 원하고 대중을 변화시켜 그들을 개선시키고 참상을 덜어 주려고 했으니까. 그들은 한결같이 현실의 악을 고발하는 데 두려움이 없던 혁명가들이었다. 낡은 전통이 잘못된 길로 빠지거나 앞날의 성장을 가로막는 곳에서 그들은 두려움 없이 이를 공격하고 제거했다. 그리고 무엇보다도 그들은 세대를 거듭해 헤아릴 수 없이 많은 사람들에게 이상과 영감을 준 숭고한 삶의 모범을 보여 주었다.

기원전 6세기 인도에는 불타(Buddha)와 마하비라(Mahavira)가 있었고, 중국에는 공자와 노자, 페르시아에는 자라투스트라, 즉 조로아스터(Zoroaster)*, 그리고 그리스의 사모스 섬에는 피타고라스(Pythagoras)가 있었다. 혹시 종교와는 상관없이라도 너도 이들의 이름을 들어 보았을 것이다. 평범한 학생들은 피타고라스 하면 기하학의 정리를 증명해서 그것을 공부하느라 자신들을 고생시키는 중뿔난 사람이라고 생각하겠지! 피타고라스의 정리란 유클리드(Euclid)나 그 밖의 어떤 기하학에든 나오는 직각 삼각형의 각 변의 제곱에 관한 것이다. 그러나 기하학에서의 발견과는 별도로 피타고라스는 위대한 사상가였다고 한다. 그에 대해서는 별로 알려진 바가 없고, 어떤 사람들은 그가 실존했던 인물인지조차 의심하는 형편이다.

페르시아의 조로아스터는 소도아스터교의 시조라고 한다. 그러나 과연 그를 창시자로 보는 것이 옳은지에 대해서는 단언할 수 없구나. 아

---

* 자라투스트라는 기원전 8세기 사람이었다.

마도 그는 페르시아의 오래된 사상과 종교에 새로운 방향과 형식을 주었다고 하는 편이 옳을 것이다. 이 종교는 이미 오래 전에 페르시아에서는 거의 완전히 자취를 감추어 버리고, 옛날 페르시아에서 인도로 온 파르시인(Parsi)들이 들여와 지금까지도 지속되고 있다.

이 무렵 중국에서는 두 사람의 위인, 즉 공자와 노자가 있었다. 공자는 정확하게는 '공부자(孔夫子)'라고 한다. 이 두 사람은 흔히 말하는 의미의 종교 창시자는 아니었다. 그들은 인간이란 무엇을 해야 하며, 또 무엇을 해서는 안 되는가 하는 윤리와 사회적 행위의 체계를 세운 것이다. 그러나 그들이 세상을 떠난 뒤 그들을 기념하기 위해 많은 사당(祠堂)이 세워지고, 또 그들의 저작은 마치 힌두교의 『베다』나 기독교의 『성경』과 마찬가지로 중국인에게 존중받았다. 그리고 공자의 가르침으로 중국인은 세계에서 제일 예의가 바르고 점잖으며 세련된 민족이 되었다.

인도에는 마하비라와 불타가 있었다. 마하비라는 지금도 존속되고 있는 자이나교를 창시했다. 그의 본명은 바르다르마나(Vardharmana)이며, 마하비라(위대한 영웅이라는 뜻)는 그의 위대함을 찬양하는 칭호다. 자이나 교도는 주로 서부 인도와 카티아와드(Kathiawad)에 살고 있으며, 오늘날 가끔 힌두교에 포함되는 경우도 있다. 카티아와드와 라지푸타나의 아부(Abu) 산에는 그들의 아름다운 사원이 있다. 그들은 아힘사(ahimsa : 비폭력)의 열렬한 신봉자여서 모든 생물에 대한 살생을 엄격하게 배격하고 있다. 그런 면에서 재미있는 것은 피타고라스 또한 엄격한 채식주의자였으며, 모든 제자와 교도들에게도 이를 지키도록 했단다.

이제는 고타마(Gautama), 즉 불타에 대해 이야기할 차례로구나. 새삼 말할 것도 없이 그는 크샤트리아로, 왕실 가문의 왕자였으며 이름은 싯다르타(Siddhartha)였다. 그의 어머니는 마야(Maya) 왕비였는데, 옛 기록에는 마야가 "보름달처럼 뭇 사람들에게 칭송을 받았고 대지와 같이 의지가 굳고 냉철하며, 연꽃처럼 마음이 순결한 위대한 여성이었다"고 적혀 있다. 그의 부모는 아들을 안락하고 풍족하게 키우면서 세상의 고뇌나 비참한 모습은 결코 보지 못하게 하려 했다. 하지만 그것은 불가능한 일이었고, 전해져 내려오는 이야기에 따르면 그는 가난과 병고와 죽음을 목격하고는 큰 충격을 받았다. 그 이후로 그는 자기를 에워싼 궁전의 호화스러운 생활 속에서 편안히 살아갈 수 없게 되었다. 그가 사랑하는 젊고 아름다운 아내마저도 그의 마음을 인간의 고뇌에서 빼앗을 수는 없었다. 마침내 그의 마음 속에는 사상이 싹텄고, 이러한 고통에서 중생을 구원할 수단을 찾고자 하는 충동이 더 이상 억제할 수 없을 만큼 뜨겁게 타올랐다. 그리하여 어느 날 그는 야음을 틈타 궁전과 사랑하는 사람들을 떠나서, 자신을 괴롭히는 의문을 풀기 위해 홀로 넓은 세상으로 방랑을 계속했다. 이 해답을 찾는 것은 길고도 고된 길이었다. 오랜 세월이 지난 끝에, 마침내 가야(Gaya)의 피팔(peepal) 나무 밑에 앉아서 그는 도를 깨달았다고 한다. 그리하여 그는 불타(佛陀), 즉 '도를 깨달은 사람'이 되었다. 그리고 그가 그늘에 앉아 있던 나무는 그 때부터 보리수(菩提樹), 즉 '깨달음의 나무'라고 부르게 되었다. 그는 옛 카시 부근, 당시에는 이시파타나(Isipatana : 신선이 내려오는 곳이라는 뜻)라고 부르던 사르나트(Sarnath)의 녹야원(鹿野苑)에서 포교를 시작했다. 그는 '올바른 삶의 길'을 제시했다. 그는 신 앞에 온갖 제물을 바치는 것을 배격하고, 그 대신 우리 마음 속의 분노와 미움과 질투와 망상을 버려야 한다고 가르쳤다.

    불타가 태어났을 무렵 인도에서는 주로 옛 베다의 종교를 신봉했는데, 그 종교는 이미 본래의 면모를 거의 잃을 만큼 타락해 있었다. 브라만의 승려들은 모든 의식과 푸자(공양), 미신에 사로잡혀 있었다. 푸자가 많을수록 승려들은 더 부자가 될 수 있기 때문이다. 카스트 제도는 한층 엄격해지고, 대중은 점, 굿, 마술, 사이비 치료 따위에 정신이 팔려 있었다. 승려들은 이러한 수난을 통해 사람들을 휘어잡고 지배자인 크샤트리아 세력에 도전했다. 이리하여 크샤트리아와 브라만은 서로 다투었다. 이 때 불타가 나타나 대중의 사랑을 받는 위대한 개혁자로서 이들 승려의 압제와 낡은 베다의 종교에 파고든 온갖 죄악을 공격했다. 그는 사

기원전 6세기, 그리고 종교

람들에게 푸자 같은 것은 권장하지 않았고, 바른 생활과 선의 실천을 강조했다. 그는 자신의 가르침을 따르는 남녀 수도인을 불교 상가[Sangha : 불교 승려의 공동체 집단, 즉 사중(四衆) — 비구(比丘), 비구니(比丘尼), 우바새(優婆塞), 우바이(優婆夷)를 말한다로 조직했다.

종교로서의 불교는 얼마 동안은 그다지 확산되지 못했다. 그 뒤 불교가 전파된 과정과 또 그것이 인도에서 어떻게 독자적인 종교로서는 거의 자취를 감추었는지에 대해서는 나중에 이야기하기로 하자. 어쨌든 불교는 실론에서 중국에 걸쳐 먼 나라들에서는 크게 융성했지만 탄생지인 인도는 다시 브라만교, 즉 힌두교에 흡수되고 말았다. 그러나 불교가 브라만교에 끼친 영향은 크며, 적어도 미신과 예식을 일부 몰아 냈다.

오늘날 불교는 세계에서도 가장 신도가 많은 종교다. 이처럼 신도가 많은 종교로서는 이외에도 기독교・이슬람교・힌두교가 있다. 그 밖에 유태교・시크교(Sikhism)[29]・파르시교 등이 있다. 종교와 그 창시자들은 세계 역사에 커다란 역할을 했으므로 역사를 살펴볼 때 결코 무시할 수 없다. 그러나 나는 이에 대해 쓰면서 당혹감을 느끼고 있다. 대종교의 창시자들이 세계가 낳은 가장 위대하고 숭고한 인물들 가운데 속한다는 것은 의심할 여지가 없다. 하지만 그들의 제자나 신도들은 가끔 위대하다거나 선하다는 말과는 너무도 인연이 먼 사람들이 많았다. 때때로 우리는 역사에서 우리를 고양시켜 더 낫고 고결해지도록 인도해야 할 종교가 사람들을 마치 짐승처럼 행동하게 만든 것을 볼 수 있다. 종교는 그들에게 깨달음을 주는 대신 암흑 속에 가둬 놓으려 했다. 그들의 마음을 열어 주기는커녕 오히려 편협하게 만들고 타인에게 관대하지 못한 경우도 드물지 않았다. 종교의 이름으로 수많은 위대하고 훌륭한 일들이 이루어졌다. 같은 종교의 이름으로 몇백 몇천만의 사람들이 살해되

---

29) 펀자브 지방 출신인 구루 나나크(Guru Nanak)가 시조. 본래 우상을 배척하고 보편 유일한 신에게 귀의할 것을 역설하는 신비주의 경향이 있는 종교였지만, 나중에 이슬람교의 영향을 많이 받았다. 현재 주로 펀자브 지방에 600만 이상의 신도가 있으며 18세기 중엽에는 불법 단체로 몰리기도 했으나 곧 세력을 회복했다.

고, 저지를 수 있는 모든 죄악이 저질러졌다.

그렇다면 우리는 종교를 어떻게 대해야 할까? 어떤 사람에게 종교는 내세를 의미한다. 천국이건 극락이건 그 명칭이야 어쨌든 간에, 그들은 천국에 가기를 원해 신앙을 갖거나 또는 어떤 행위를 한다. 나는 이런 사람들을 보면 사탕이나 잘레비(jalebi : 인도의 과자 이름)가 탐나서 행동하는 아이들을 생각하게 된다. 만일 어떤 아이가 하루 종일 사탕이나 잘레비만 생각하고 있다면 가정 교육이 잘된 아이라고는 할 수 없겠지. 그렇지 않으냐? 더구나 사내애든 여자애든 사탕이나 그 밖의 무엇이 탐나서 어떤 행동을 한다는 것은 결코 칭찬할 일이 못된다. 그렇다면 같은 식으로 생각하고 행동하는 어른들에 대해서는 어떻게 말해야 할까? 결국 사탕과 천국에 대한 생각 사이에는 본질면에서 다를 것이 없다. 우리는 많든 적든 이기적이게 마련이다. 하지만 우리는 우리의 아이들을 될 수 있으면 이기적이지 않게 기르려고 한단다. 우리가 삶의 목표로 삼고 있는 이상 그 자체는 절대로 이기적인 것이어서는 안 될 것이다.

우리는 누구나 성공을 바라며, 자기 행위의 결과를 보게 되기를 원한다. 이것은 자연스러운 일이다. 그렇다면 우리는 도대체 무엇을 목표로 삼아야 할까? 오직 자신에게만 관심을 가질 것인가, 아니면 더욱 큰 선 — 사회와 국가와 인류의 행복에 관심을 가질 것인가? 결국은 후자 속에 우리 자신도 포함되는 것이란다. 며칠 전 편지에서 나는 산스크리트어로 쓰인 시를 보낸 일이 있지. 이 시는 개인은 가족을 위해, 가족은 마을을 위해, 마을은 국가를 위해 희생해야 한다고 말하고 있다. 이제 산스크리트어 시를 또 하나 번역해서 보내 주마. 이것은 『바가바타(Bhagavata)』[30]에 실려 있는 것이다. 그 시는 대체로 다음과 같다. "우리는 여덟 가지 덕을 두루 갖춘 지락(至樂)도 원치 않으며, 윤회의 고해에서 해탈하는 것도 원치 않노라. 살아서 고뇌하는 모든 이의 괴로움을 내

---

30) 근대 힌두교의 성전인 18푸라나(purana : 서사시) 가운데 한 책. 13세기쯤 문법학자 보파데바가 편찬했다고 한다. 푸라나 중에서도 인도인의 감정과 세계관에 가장 광범하고 직접적인 영향을 주고 있다고 한다.

기원전 6세기, 그리고 종교

가 감당하고 그들 속에 섞여 그 괴로움을 물리치리라."

어떤 종교가는 이렇게 얘기하고, 다른 종교가는 저렇게 얘기한다. 그리고 그들은 가끔 서로 상대방을 바보나 악당이라고 생각한다. 어느 쪽이 옳단 말인가? 실제로 드러내거나 입증할 수 없는 이야기이니 만큼 판단을 내리기는 어려운 일이다. 그러나 어느 쪽이든 이러한 주장에 대해 그토록 확신하는 듯이 단언하며 자기 주장을 위해서는 상대방의 머리통이 깨져져도 좋다는 듯이 행동한다는 것은 지나친 태도라고 생각한다. 우리는 대개 속이 좁고 그다지 영리하지도 못하다. 그 누가 모든 진리를 깨쳤다고 자부하며 자기 생각을 남에게 강요할 자격이 있을까? 우리 편이 옳을 수도 있겠지. 그러나 다른 사람의 주장 또한 옳을지도 모른다. 만일 우리가 나무에 핀 꽃을 본다면 그것을 나무라고 말하지 않을 것이다. 또 어떤 사람은 잎사귀를 보고 또 다른 사람은 줄기를 보았다면, 각각 나무의 한 부분만을 보았을 따름이지. 그런데도 서로 그 나무가 꽃뿐이다, 잎사귀뿐이다, 줄기뿐이다 하며 입씨름을 한다면 이보다 더 어리석은 일이 어디 있겠느냐!

나는 내세에는 별로 관심이 없다. 내 마음은 오로지 이 세상에서 해야 할 일에 대한 생각으로 가득 차 있고, 이 세상에서 가야 할 길이 명백하다면 나는 만족한다. 이 세상에서 해야 할 일이 분명한 이상, 나는 다른 세상 일을 걱정하지 않는다.

너도 어른이 되면 종교적인 사람들, 종교에 적대적인 사람들, 또는 그 어느 쪽에도 무관심한 사람 등 모든 부류의 사람들을 만나게 될 것이다. 큰 재력이나 권력을 쥐고 있는 커다란 교회나 종교 단체가 있다. 그것들은 좋은 목적에 쓰일 때도 있고, 때로는 나쁜 목적에 쓰일 때도 있다. 너는 대단히 훌륭하고 고결한 종교인을 만나기도 하겠지만, 반면에 종교라는 허울을 두르고 남을 착취하고 기만하는 불량배나 사기꾼을 만나기도 할 것이다. 그럴 때 너는 상황을 잘 생각하고 스스로 판단을 내려야 한다. 누구든 남에게 많은 것을 배울 수 있지만, 그러나 진정으로 가치 있는 것은 자신이 직접 찾아 내고 경험한 것이란다. 누구에게든 스스로가 답해야만 할 문제가 있게 마련이니까.

결정에 너무 조급하지는 말거라. 뭔가 크고 중요한 일을 결정할 수 있기 위해, 너는 먼저 그 일을 감당할 만큼 스스로를 단련하고 교육해야 할 것이다. 스스로 생각하고 스스로 판단을 내리는 것은 좋은 일이다. 하지만 그보다 먼저 스스로 판단을 내릴 만한 능력을 갖고 있어야 한다. 네가 무엇을 결정할 때 갓 태어난 아기와 의논하는 일은 물론 없을 테지. 세상에는 비록 나이는 많이 들어도 생각은 갓난아기와 별로 다를 게 없는 사람도 많단다.

오늘 편지는 여느 때보다 훨씬 길어졌구나. 네가 지루하지나 않았는지 모르겠다. 그러나 나는 이 문제를 잠시 언급하고 싶었단다. 네가 지금 당장 이해하지 못하더라도 전혀 상관없다. 너는 곧 모든 것을 잘 이해하게 될 테니까 말이다.

15 *1931년 1월 21일*

페르시아와 그리스

오늘 네 편지를 받았다. 어머니와 네가 잘 있다니 무엇보다 다행이구나. 그리고 다두께서 열이 내리고 번거로운 일에서 헤어나 하루 빨리 건강이 회복되었으면 좋겠구나. 할아버지는 평생 힘들게 일만 하셨는데도 여전히 평화스럽게 편히 쉬실 수기 없구나.

서재에서 책을 많이 꺼내 읽었구나. 그리고 좀더 좋은 책을 가르쳐 달라고 했는데, 네가 무슨 책을 읽었는지는 쓰여 있지 않더구나. 책을 읽는 것은 분명 좋은 습관이지만, 나는 너무 빨리 많은 책을 읽는 사람을 보면 걱정이 되더구나. 그 사람은 정말로 책을 읽은 것일까? 수박 겉 핥기로 책을 읽고 하루만 지나면 벌써 잊어버리지나 않을까? 읽을 만한 책이라면 상당한 주의와 노력을 기울여야 가치가 있을 것이다. 그와 반대로 전혀 읽을 필요가 없는 책들도 넘칠 만큼 많으니 좋은 책을 골라 읽는 것은 결코 쉬운 일이 아니다. 너는 우리 서재에서 책을 골랐으니 당연히 좋은 책이 아니겠냐고 하겠지. 그래, 그렇지 않다면 무엇 때문에 그러한 책들을 서재에 두었겠느냐? 아무렴, 읽으려무나. 그리고 나는 이 나이니 형무소에서 할 수 있는 한은 도와 주마. 가끔 나는 네 몸과 마음이 성장해 가는 속도를 생각해 보곤 한단다. 너와 함께 있다면 얼마나 좋을까! 지금 쓰고 있는 이 편지가 너에게 닿을 때쯤이면 너는 이 편지를 읽기에는 너무 자랐을 수도 있겠지. 그렇다면 찬드(Chand)*가 이것을 읽을 만큼 자랐을 테니, 어쨌든 누군가는 이 편지를 읽어 줄 사람이 있는 셈이로구나.

　　그러면 옛 그리스와 페르시아로 돌아가 잠깐 이 두 나라 사이에 일어난 전쟁을 살펴보자. 저번 편지에서 우리는 그리스인들이 다리우스라고 부르던 통치자가 다스리는 페르시아의 대제국과 그리스의 도시 국가에 대해 이야기했다. 이 다리우스의 제국은 면적뿐만 아니라 그 조직을 보더라도 거대했다. 면적은 소아시아에서 인더스 강에 미치고, 이집트나 소아시아에 건설된 그리스의 여러 도시도 이에 속해 있었다. 이 광대한 제국을 관통하는 훌륭한 도로가 건설되고, 제국의 우편이 규칙적으로 왕래했다. 다리우스는 몇 가지 이유에서 그리스의 도시 국가들을 정복하려고 했다. 그리고 이 전쟁 동안에 역사에 널리 알려진 몇 번의 격전이 벌어졌다.

　　현재 남아 있는 이 격전에 대한 기록은 그 직후의 시대를 살았던 그리스의 역사가 헤로도투스가 쓴 것이다. 그는 물론 그리스 편을 들기는 했지만, 그의 기록은 매우 흥미로운 것이므로 이 편지에서도 그의 책에

---

* 인디라의 사촌 동생 찬드랄레카 판디트(Chandralekha Pandit).

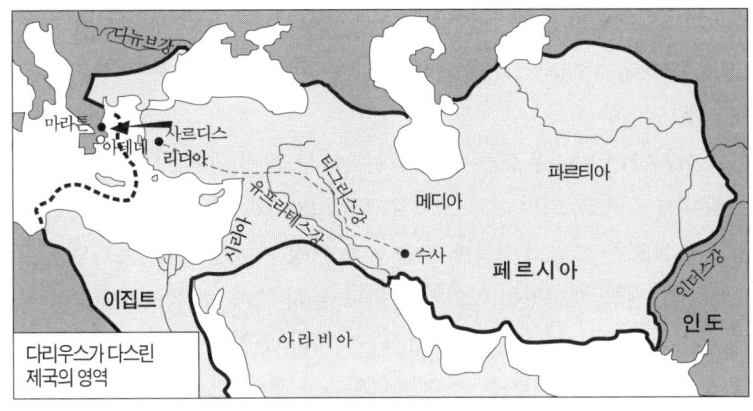

그리스와 페르시아

서 몇 군데 인용하려고 한다.

　그리스에 대한 페르시아의 첫 공격은 진군하는 동안 질병과 식량 부족으로 고생이 막심해 실패로 돌아갔다. 페르시아군은 그리스에 도착하지도 못하고 그만 후퇴하고 말았다. 그 뒤 기원전 490년에 두 번째 공격이 시작되었다. 페르시아군은 이번에는 육로를 피하고 뱃길로 아테네 근처의 마라톤(Marathon)이라는 곳에 상륙했다. 그 무렵 페르시아 제국의 명성은 천하에 떨치고 있었으므로 아테네 시민들은 크게 경악했다. 낭패한 아테네인은 옛날부터 다퉈 온 스파르타와 화해하고 이 공통의 적을 격퇴하는 데 원조를 청하려고 했다. 그러나 스파르타인이 전선에 닿기도 전에, 아테네인은 페르시아군에게 승리를 거두었다. 이것이 기원전 490년에 일어난 그 유명한 마라톤 전투였다.

　이 조그마한 그리스의 도시 국가가 거대한 제국의 군대를 물리쳤다니 놀랍게 생각되겠지. 하지만 이는 겉보기처럼 그렇게 이상한 일이 아니다. 그리스인은 자신들의 집 근처에서 집을 지키기 위해 싸웠지만, 페르시아군은 고향을 멀리 떠나 싸운 것이다. 게다가 페르시아의 군대는 제국 전체에서 긁어모은 오합지졸이었다. 그들은 금전적인 대가를 받기 위해 싸웠지, 그리스 정복에는 크게 관심이 없었다. 이와 반대로 아테네는 자유를 위해 싸웠다. 그들은 자유를 빼앗기느니 차라리 죽음을 선택했다. 이유야 어찌되었든 죽기를 각오한 사람들이 패배하는 경우는 극히 드문 일이다.

이리하여 다리우스는 마라톤 전투에서 패배했다. 나중에 그가 페르시아에서 죽고, 그의 아들 크세르크세스(Xerxes)가 뒤를 이었다. 크세르크세스 또한 그리스 정복에 뜻을 품고 원정 준비를 했다. 여기서 헤로도투스가 전한 재미있는 이야기를 하나 들려 주마. 크세르크세스의 작은아버지 아르타바누스(Artabanus)라는 자가 있었는데, 그는 페르시아군이 그리스에 쳐들어가는 것은 위험하다고 생각하고 조카인 크세르크세스가 그리스와 싸우는 것을 막으려 했다. 헤로도투스는 크세르크세스가 작은아버지의 말에 다음과 같이 대답했다고 전하고 있다.

그대의 말에도 일리는 있소. 그러나 그렇게 무슨 일에나 위험을 느끼고 덮어놓고 겁을 집어먹어서는 안 되오. 그대처럼 무슨 일이든 일일이 저울질을 하다가는 아무것도 못하게 되오. 하루 종일 불길한 예감에 가슴을 두근거리면서 불행을 피하는 것보다는, 운명을 하늘에 맡기고 불행의 절반을 떠메고 나서는 편이 훨씬 나을 거요. 승산이 확실치 않다는 이유로 모든 계획을 거부한다면 결국 그대 또한 그대가 거부한 사람들 못지 않게 비참해질 것이오. 저울은 이미 균형을 잡고 있소. 그것이 어느 쪽으로 기울지를 누가 정확히 예언할 수 있겠소? 사람은 그럴 능력이 없소. 하지만 성공은 결단을 내리는 자의 것이지, 무슨 일이든지 망설이고 저울질해 보는 자에게는 돌아오지 않는 법이오. 보다시피 페르시아가 쟁취한 힘은 강대하오. 만일 역대의 황제들이 그대와 같이 생각했다고 해 보시오. 또는 그대와 같은 신하들만 있었다고 해 보시오. 이 왕국은 결코 오늘의 번영을 이루지 못했을 것이오. 그들이 오늘날의 우리를 만든 것은 무엇보다도 위험을 두려워하지 않았기 때문이오. 큰 공은 큰 위험을 통해서 이루어지는 법이오.

이 말은 다른 어떤 설명보다도 이 페르시아 왕의 사람됨을 이해하는 데 도움이 될 것 같아 길게 인용해 보았다. 그러나 마침내 아르타바누스의 충고가 옳았다는 것이 입증되어, 페르시아군은 그리스에게 패배하고 말았다. 크세르크세스는 실패했지만, 이 말은 여전히 하나의 진리로서 우리 모두에게 어떤 교훈을 주고 있다. 오늘날 우리들은 위대한 과업을 이루려고 하지만, 목적을 달성하려면 커다란 위험을 무릅써야만 한다는 것을 명심하자.

왕 중의 왕 크세르크세스는 대군을 거느리고 소아시아를 가로질러 당시 헬레스폰트라고 부르던 다르다넬스 해협을 건너 유럽에 들어갔다. 도중에 크세르크세스는 옛날 그리스의 영웅들이 헬렌을 되찾기 위해 싸웠던 트로이의 폐허에도 잠시 들렀다고 한다. 헬레스폰트에는 군대를 건너게 하기 위해 커다란 다리가 놓여졌다. 크세르크세스는 언덕 위에 마련된 대리석 옥좌에 앉아 다리를 건너는 페르시아 군대를 사열했다. 헤로도투스는 이 광경을 다음과 같이 서술했다.

그리고 헬레스폰트 해협이 한없이 펼쳐진 군선으로 메워지고 양쪽 기슭과 아비도스(Abydos) 평원이 병사들로 가득 찬 진영을 보면서, 크세르크세스는 자신이 행복한 사람이라고 선언하고는 울기 시작했다. 그래서 작은아버지 아르타바누스 — 그는 애초에 크세르크세스에게 그리스 원정에 반대하는 자기 의견을 당당히 밝혔던 사람이었는데, 크세르크세스가 우는 것을 보고 이렇게 물었다. "오, 왕이시여! 방금 폐하는 스스로 천하의 행운아라고 말씀히 셨는데, 그 말이 채 끝나기도 전에 어인 눈물이시오니까?" 그러자 황제가 말하기를, "그렇소. 내가 이 군대를 다 열병하고 나니 문득 영고성쇠가 무상하고 인간 세상이 가련하다는 것이 아프게 느껴졌소. 100년이 지나면 이 많은 사람들 중에 살아남을 자가 몇이나 되겠소" 하고 말했다.

이리하여 대군은 육지로 진군하고 수많은 해군이 바다에서 호응했다. 그러나 바다는 그리스의 편을 들어 많은 배가 폭풍우를 만나 침몰해 버렸다. 그리스인은 이 대군의 침입에 놀라 동족간의 갈등을 청산하고 일치 단결해 침략자에 항거했다. 그들은 페르시아군에 밀리면서도 테르모필레(Thermopylae)라는 곳에서 적의 진격을 저지하려고 했다. 그 곳은 한편은 산이고 한편은 바다로 에워싸여 매우 좁은 통로를 이루고 있었으므로 적은 병력으로도 능히 대군을 막을 수 있었기 때문이다. 300명의 스파르타인을 거느린 레오니다스(Leonidas)는 이 통로를 사수했다. 이 용감한 사람들은 마라톤 전쟁 뒤 10년 만에 다시 찾아온 이 운명의 날에 조국을 위해 참으로 훌륭하게 싸웠다. 그리스군이 철수하는 동안 이들은 페르시아군을 철저히 가로막았다. 비좁은 통로에서 용사들은 잇따라 죽어 갔지만 뒤에서 기다리던 다른 용사가 나서서 페르시아군은 한 걸음도 진군할 수 없었다. 그리하여 레오니다스와 300명의 용사들이 드디어 페르시아군의 통과를 허용했을 때에는 한 사람도 남지 않고 모조리 전사한 뒤였다. 이것은 기원전 480년, 그러니까 지금부터 2400년 전 일이지만 아직도 우리는 이 불굴의 용기를 상기하면 온몸이 긴장되지 않을 수 없다. 지금도 테르모필레를 찾는 사람들은 비석에 아로새겨진 레오니다스와 그 병사들의 격문에 저도 모르게 눈시울을 붉힐 것이다.

길가는 사람은 스파르타에 가서 말하라.
우리는 조국의 명을 받들고 여기서 잠드노라.

죽음마저도 정복한 위대한 용기는 얼마나 훌륭한가! 레오니다스와 테르모필레의 생명은 언제까지고 살아남아 멀리 인도에서도 우리는 그들을 상기하며 긴장을 느낀다. 그렇다면 우리 나라의 유구한 역사를 통해 선조들, 힌두스탄의 용감한 남녀들이 나라를 위해 두려움 없이 침착하게 죽음을 맞이하고, 또 압제에 굴복하느니 차라리 깨끗하게 죽음을 택한 수많은 사실을 우리는 어떻게 말하며 어떻게 느끼고 있는가? 치토르(Chittor)[31]의 놀라운 무용담, 즉 라지푸트족들의 놀라운 용감성을 생각해 보려무나. 또한 오늘날 인도의 자유를 위해 죽음도 불사한, 우리처럼 뜨거운 피로 끓어 넘치던 동지들을 생각해 보려무나.

테르모필레는 잠시 동안 페르시아군을 저지했다. 그러나 오래 버틸 수는 없었다. 그리스인은 적에게 압도되어 후퇴하고 몇몇 그리스의 도시는 이에 항복하기도 했다. 그러나 자존심 강한 아테네인들은 항복하기보다는 그들이 사랑하는 도시를 파괴하는 길을 택했다. 그리고 모든 시민은 대개 배를 타고 탈출했다. 페르시아인은 텅 빈 도시에 입성해 모든 것을 불태워 버렸다. 그러나 아테네는 완전히 패배한 것이 아니었다. 살라미스(Salamis) 부근에서 큰 격전이 벌어졌다. 페르시아의 배는 격파되었고, 이 패배에 기가 꺾인 크세르크세스는 덧없이 페르시아로 물러갔다.

그 뒤 페르시아는 한동안 여전히 대제국이었지만 마라톤과 살라미스 전투를 고비로 몰락으로 향하기 시작했다. 이 멸망하는 과정은 나중에 살펴보도록 하자. 그 무렵에 살았던 사람들의 눈으로 보면 이 거대한 제국의 토대가 흔들렸다는 것은 분명 놀라운 일이었으리라. 헤로도투스는 이 점을 고찰하고 한 가지 교훈을 끌어 냈다. 그는 다음과 같이 말했다. "민족의 역사에는 세 단계가 있다. 처음에 성공하고, 그러면 곧 거드름을 피우고 다른 민족을 압제하게 되며, 그리고는 마침내 몰락한다."

---

31) 서북부 라지푸타나주의 요충지. 16세기 중반에 무굴 황제 악바르(Akbar)의 정복에 대해 라지푸트족은 치토르에서 4개월의 포위전에 견디어 완강한 저항을 보여 준 뒤 굴복했다.

16 1931년 1월 23일

그리스의 영광

헬레네인, 즉 그리스인이 페르시아를 무찌른 것은 두 가지 결과를 낳았다. 즉 페르시아 제국은 점차 쇠퇴해 약해지고 그리스인은 역사의 황금 시대에 접어들었다. 이 기간은 한 나라의 생명 전체로 보자면 아주 짧은 것이었다. 그것은 고작 200년도 유지되지 못했다. 그것도 페르시아나 그 밖의 다른 제국들처럼 강대한 제국의 위대함은 아니었다. 뒷날 알렉산더(Alexander) 대왕이 짧은 기간에 광대한 지역을 정복해 세계를 깜짝 놀라게 한 적은 있지만 지금은 그에 대한 이야기를 하지 않기로 하자. 내가 지금 여기서 말하고자 하는 그리스의 전성기는 페르시아 전쟁에서 알렉산더의 전쟁에 이르기까지, 즉 테르모필레와 살라미스 전투 이후 약 150년 사이에 일어난 일이다. 페르시아의 위협은 그리스를 단결시켰다. 그러나 그 위협이 사라지자 그리스인들은 다시 갈라져 서로 싸웠다. 그 중에서도 아테네와 스파르타의 두 도시 국가는 불구대천의 원수 사이가 되었다. 그러나 그들의 싸움은 아무래도 좋다. 그것은 그다지 중요한 일은 아니다. 우리가 그들을 생각하는 이유는 다른 의미에서 당시의 그리스가 위대했기 때문이다.

이 당시 그리스의 책·조각·유적은 얼마 남아 있지 않다. 그러나 얼마 되지 않는 이 유품들은 그리스인들의 다방면에 걸친 위대성을 나타내 우리를 놀라게 하고 감탄으로 가슴을 가득 차게 하는 데 부족하지 않다. 그들의 감정이 얼마나 풍부했으며, 또 이 조각이나 건축을 만들어 낸 손은 얼마나 섬세하고 날랬을까! 페이디아스(Pheidias)는 당시의 유명한 조각가였지만 그만큼 명성이 있는 다른 예술가들도 많이 있었다. 그들의 희곡 — 비극과 희극 작품들은 오늘날까지도 그 방면에서 가장 뛰어난 작품들에 속한다. 소포클레스·아이스킬로스·에우리피데스·아리스토파네스·핀다로스·메난데로스·사포 등 지금 이렇게 너에게 이름만 열거하지만, 네가 커서 그들의 작품을 읽으면 그 무렵 그리스 황금시대의 영광을 일부나마 실감하게 될 것이다.

　이 시대의 그리스 역사는 우리가 어느 나라의 역사든 역사를 어떻게 읽어야 하는가에 대한 일종의 경고가 된다. 당시 그리스에서 일어난 사소한 전쟁 같은 데에만 주의를 기울여서는 그들을 참으로 알았다고 할 수 없다. 그들을 이해하려면 그들의 사상 속으로 들어가 그들이 느끼고 행동한 것을 맛보아야만 한다. 정말 중요한 것은 이러한 내면의 역사이며, 바로 이것이 현대 유럽을 여러 가지 점에서 고대 그리스 문화의 자손으로 만들었던 것이다.

　여러 민족의 생활 속에서 이렇게 영광으로 가득 찬 한때가 찾아왔다가 사라지곤 하는 것은 신기한 일이며 주목할 만한 일이다. 시대의 빛은 한동안 모든 것을 비추고 남녀를 불문하고 그 시대 사람들에게 여러 가지 아름다운 것을 창조하는 능력을 준다. 그 사람들은 마치 영감을 받은 것처럼 보인다. 이 영광으로 가득 찬 시대 속에서 가장 오랜 것은 우리가 아는 한은 『베다』와 『우파니샤드』, 그리고 그 밖의 책들을 낳은 시대다. 그러나 유감스럽게도 우리는 이 시대에 대해 아무런 기록도 갖고 있지 않다. 우수한 많은 작품들이 그대로 자취를 감추어 버렸거나 아직도 땅 밑에서 발굴되기를 기다리고 있는 것이 틀림없다. 그러나 이 무렵 인도인이 정신과 사상에서 얼마나 놀라운 거인이었는지를 보여 주는 증거는 얼마든지 보여 줄 수 있다. 그 뒤로 인도 역사에도 번영기는 가끔 찾아왔다. 아마 우리들도 유구한 역사를 산책하는 동안 그것을 볼 수 있게 되겠지.

　이 시대에 특히 아테네는 유명했다. 그 시노사 가운데 대성지가가 한 명 있었는데, 그의 이름은 페리클레스라고 한다. 그는 30년 동안 아테네에서 정치 권력을 장악했다. 아테네가 고귀한 도시가 되고 아름다운 건축물과 위대한 예술가와 사상으로 충만된 것은 이 시대의 일이었다.

지금도 그 시대는 '페리클레스의 아테네' 라고 일컬어지며, 또 우리는 '페리클레스 시대' 에 대해 자주 이야기한다.

그 무렵 아테네에 살고 있던 역사가 헤로도투스는 아테네의 성장을 고찰하고, 무엇이든지 도덕적인 관점에서 관찰하는 그의 성향대로 한 가지 교훈을 이끌어 냈다. 그는 그의 『역사』에서 다음과 같이 썼다.

아테네의 세력은 강대해졌다. 여기에 자유를 존중해야 할 이유에 대한 — 그 증거는 다른 데서도 얼마든지 찾아볼 수 있지만, 분명한 증거가 있다. 그들은 전제 정치가 아테네를 지배하고 있을 때에는 어느 이웃 나라와의 전쟁에서도 우세를 점할 수 없었다. 그러나 압제자가 추방되자마자 그들은 곧 이웃 나라를 능가하게 되었다. 이 사실은 예속당한 상태에서는 자기의 능력을 발휘하지 못하고 오직 상전을 위해 일한 것에 불과하지만, 일단 그들이 자유롭게 되자 개개인은 바로 자신의 이익을 위해서 최선을 다했다는 증거다.

나는 이 시대의 위대한 사람들 이름을 몇 명 언급했다. 하지만 아직 그 시대나 모든 시대를 통해 가장 위대한 인물들 중의 하나로 간주되는 사람을 말하지 않았다. 그의 이름은 바로 소크라테스(Socrates)다. 그는 오직 진리만을 탐구한 철학자였다. 그가 지향한 가장 가치 있는 유일한 것은 참된 지식이었다. 그는 이런 어려운 문제를 놓고 친구나 친지들과 가끔 토론했다. 토론 속에서 진리가 드러날 거라고 생각했기 때문이다. 그에게도 많은 제자가 있었는데 그 중에서 가장 뛰어난 이는 플라톤이었다. 그는 지금까지 남아 있는 많은 책을 썼다. 우리가 그의 스승 소크라테스에 대해 여러 가지를 알 수 있는 것도 이 책들 덕분이란다.[32] 그러

---

32) 소크라테스에 관한 내용이 나오는 플라톤의 저서로는 『소크라테스의 변명』, 『크리톤』, 『향연』, 『프로타고라스』, 『파이돈』 등이 있다.

나 대개 정부라는 것은 사물의 본질을 분명히 밝히려고 하는 사람들을 못마땅하게 생각하기 마련이다. 정부는 진리 탐구를 싫어한다. 아테네의 정부 — 이것은 페리클레스 시대보다 더 나중의 일이지만 — 는 소크라테스의 방법을 달가워하지 않아 그를 재판에 회부해 사형을 선고했다. 그들은 소크라테스에게 만일 사람들과 토론하기를 중지하고 전향할 것을 약속한다면 석방하겠다고 했다. 그러나 그는 이를 거절하고 스스로 의무로 여기는 것을 저버리느니보다는 차라리 독배를 선택해 죽는 길을 택했다. 그는 죽음에 임해 '아테네 사람들', 즉 자기를 고발한 자들과 재판관에게 다음과 같이 호소했다.

> 만일 진리 탐구를 포기하는 조건으로 나를 석방하겠다고 제의한다면 나는 말하겠소. 아테네 사람들이여, 당신들의 친절에 감사하오. 그러나 나는 당신들보다 나에게 이 일을 부여한 신을 따를 것이오. 그리하여 나에게 목숨이 붙어 있는 한 철학이라는 천직을 버리지 않을 것이오. 나는 만나는 사람마다 "당신은 예지와 진리와 영혼에 대한 수업을 게을리하며 오직 명예만을 추구하는 것을 부끄럽게 생각하지 않는가?"라고 묻기를 그치지 않을 것이오. 나는 죽음이 무엇인지 모르오. 어쩌면 죽음이란 좋은 것일지도 모르겠소. 그러나 나는 사람들이 그 임무를 포기하는 것이 옳지 않다는 것을 알고 있소. 그러므로 나는 내가 나쁘다고 생각하는 것보다는 어쩌면 좋을지도 모르는 편을 택하겠소.

소크라테스는 언제나 진리와 지식의 대의에 봉사했지만 죽음을 통해 가장 훌륭한 봉사를 했다.

오늘날 우리는 많은 문세, 예컨내 사회주의니 자본수의니 그 밖의 여러 가지 문제에 대해 쓴 책을 읽기도 하고 듣기도 한다. 세계에는 많은 불행과 부정이 있으며 많은 사람들은 여기에 깊이 분노하면서 변화를 원하고 있다. 플라톤도 정치 문제에 대해 생각하고 이에 관한 저서(『국가론』)를 내놓기도 했다. 이처럼 그 당시부터 만인의 행복을 위해 국가나 사회를 어떻게 꾸려 나가야 할 것인가를 생각했던 것이다.

플라톤이 늙었을 무렵 또 한 사람의 유명한 그리스인이 나타났다. 그의 이름은 아리스토텔레스다. 그는 알렉산더 대왕의 가정 교사였으며, 알렉산더 대왕은 그가 학문을 쌓는 데 크게 도움을 주었다. 아리스토텔레스는 소크라테스나 플라톤처럼 인간의 문제에는 그다지 관심을 갖지 않았고, 자연계를 관찰하거나 자연의 법칙을 이해하는 데 흥미를 갖고 있었다. 이것은 자연 철학 — 오늘날 흔히 과학이라고 부르는 것이었다. 그는 초기 과학자 가운데 한 사람이었다.

우리는 이제부터 아리스토텔레스의 제자인 위대한 알렉산더와, 짧지만 대단한 업적을 이룬 그의 생애에 대해 이야기해야겠구나. 그러나 그것은 내일로 미루고 오늘은 이만 쓰기로 하자.

오늘은 바산타 판차미(Vasanta Panchami) — 입춘이다. 너무나 짧은 겨울은 금세 지나가고 살을 에는 싸늘한 대기는 이제 느낄 수 없다. 이제 곧 작은 새들도 날아와 아침부터 밤까지 내 귓가에서 지저귈 테지. 그리고 오늘은 지금부터 꼭 15년 전 델리에서 네 어머니와 내가 결혼한 날이란다.

17 *1931년 1월 24일*

유명한 정복자, 그러나 교만했던 청년

요전번 편지와 그 바로 전에 보낸 편지에서 나는 알렉산더 대왕에 대해 이야기했다. 나는 그가 그리스인이라고 말했던 것 같은데, 이것은 정확한 말이 아니다. 알렉산더는 사실 마케도니아(Macedonia), 즉 그리스 바로 북쪽에 있는 나라에서 태어났기 때문이다. 마케도니아인은 여러 가지 면에서 그리스인과 비슷하므로 서로 사촌 사이라고 해도 좋을 것이다. 알렉산더의 아버지 필립포스(Philippos)는 마케도니아의 왕이었다. 그는 유능한 왕이어서 그의 작은 왕국을 강대하게 만들고 아주 효율적인 군대를 양성했다. 알렉산더는 이른바 '대왕'이라는 이름으로 역사에 널리 이름을 전하고 있다. 하지만 그의 업적은 대부분 부왕 필립포스가 일찍이 치밀하게 국사를 운영했기 때문에 가능했다. 그러므로 알렉산더가 정말로 위대한 인물이었는지는 의심스럽다. 그는 내가 영웅으로 간주하는 사람이 아닌 것은 확실하다. 다만 그는 짧은 생애 동안 자기 이름을 두 대륙에서 잊을 수 없게 만드는 데 성공했다. 역사상 그는 최초의 세계 정복자라고 한다. 먼 중앙 아시아의 구석에서도 그는 여전히 '시칸다르(Sikandar)'라는 이름으로 기억되고 있다. 그리고 그가 실제로 무슨 일을 했든 그의 이름은 역사에서 불가사의한 마력을 갖게 되었다. 몇십 개의 도시가 그의 이름을 본떠서 명명되고, 그 가운데 여러 도시는 지금도 남아 있다. 그 중에서 가장 큰 도시는 이집트의 알렉산드리아다.

그가 왕위에 오른 때의 나이는 스무 살에 지나지 않았다. 그는 뭔가 커다란 일을 이루겠다는 야심을 불태우며, 부왕이 자기에게 물려준 훌륭한 군대를 이끌고 숙적인 페르시아를 향해 진격하려고 했다. 그리스인들은 필립포스나 알렉산더를 좋아하지 않았지만 그 강대한 세력을 두려워하고 있었다. 그래서 이 두 사람을 잇따라 페르시아 침략을 지휘하는 그리스군의 총사령관으로 인정했다. 그리스인들은 이렇게 신흥 세력에 굴복했다. 그리스의 한 도시 테베(Thebes)가 알렉산더에 반항하자 그는 매우 잔인하게 이 도시를 파괴했다. 그는 이 유명한 도시를 파괴하고 건축물을 쓰러뜨렸으며, 수많은 시민을 학살하고 또 몇만에 이르는 사람들을 노예로 삼았다. 그는 이런 야만적인 행위로 그리스인들을 두려움에 떨게 했다. 우리는 그가 살아 생전 저지른 이러한 많은 야만적 행위들에 대해 감탄은커녕 반감과 증오를 느낄 따름이다.

유명한 정복자, 그러나 교만했던 청년

알렉산더 대왕의 제국

당시 페르시아 국왕의 지배를 받고 있던 이집트는 일찍이 크세르크세스의 후계자 다리우스 3세를 무찌른 알렉산더의 말발굽 아래 무력하게 굴복한 적이 있다. 나중에 알렉산더는 다시 페르시아에 침입해 두 번째로 다리우스를 깨뜨렸다. '왕 중의 왕'이라던 다리우스의 궁전은 알렉산더의 말을 빌리면 '크세르크세스가 아테네를 불사른 것에 대한 보복으로' 파괴되어 버렸다.

지금부터 1000년 전에 피르다우시(Firdausi)[33]라는 시인이 페르시아어로 쓴 책이 있다. 이 책은 역대 페르시아의 국왕에 대한 기록으로 『샤나메(Shah-Name : 王書)』라는 책이다. 이 책은 알렉산더와 다리우스의 싸움을 전해 주고 있다. 그 책에 따르면 싸움에 패배한 다리우스는 인도에 원조를 청했다고 한다. 그는 '한 마리의 낙타를 바람처럼 달리게 해' 서북 인도의 왕 푸르(Fur) — 일명 포루스(Porus)에게 보냈다. 그러나 포루스는 이에 응할 처지가 아니었다. 왜냐하면 포루스부터가 곧 알렉산더의 침입을 받게 될 형편이었기 때문이다. 이 『샤나메』 속에는 페르

---

[33] 이란의 서사 시인. 이란의 건국부터 사산 왕조의 몰락까지의 이란의 역사를 신화·전설을 바탕으로 하여 장대한 서사시로 쓴 『샤나메』 이외에도 수많은 작품을 남겼다. 그는 사디(Sa'di)와 함께 이란의 민족 시인으로서 세계적으로 높이 평가되고 있다.

시아의 국왕이나 귀족들이 인도산 검을 사용했다는 말이 가끔 나와 흥미를 끈다. 이 말은 곧 인도가 알렉산더 시대부터 외국인에게 애용될 만한 검이나 질 좋은 강철을 제조하고 있었다는 사실을 입증하는 것이다.

알렉산더는 페르시아에서 더욱 진군해 지금의 헤라트(Herat)와 카불(Kabul), 그리고 사마르칸트가 있는 나라를 지나 인더스 강 상류에 이르렀다. 그는 여기에서 비로소 인도 영주의 저항에 부딪혔다. 그리스 역사가는 그 영주를 그리스식으로 포루스라고 기록했다. 그의 본명은 필시 이와 비슷할 테지만 알려져 있지 않다. 포루스가 매우 용감히 대항했으므로 알렉산더는 좀처럼 그를 격파할 수 없었다고 한다. 포루스는 키가 무척 컸고 무용도 걸출했다고 한다. 알렉산더는 포루스의 뛰어난 무용에 감탄해 그를 깨뜨린 뒤에도 그에게 왕국을 맡겨 통치하게 했다. 다만 그 때부터는 국왕 포루스가 아니라 그리스인 사트랍(satrap), 즉 총독이 되었다.

알렉산더는 인도 서북부의 카이버(Khyber) 고개를 넘고, 라발핀디(Rawalpindi)에서 조금 북쪽에 위치한 탁실라(Taxila)를 거쳐 인도에 침입했다. 이 고대 도시의 유적은 지금도 찾아볼 수 있다. 알렉산더는 포루스를 격파하고 갠지스 강을 향해 진격하려고 했던 모양이지만, 이를 중지하고 인더스 강 계곡을 따라 철수했다. 만일 알렉산더가 힌두스탄의 중심부로 진격했다면 어떻게 되었을까를 생각해 보는 것은 흥미로운 일이다. 그는 과연 계속해서 승리를 거둘 수 있었을까? 아니면 인도군이 그를 무찔러 버렸을까? 포루스와 같은 변두리의 국왕도 알렉산더를 괴롭힌 것을 보면 중부 인도의 큰 나라들이 알렉산더의 진격을 능히 막았으리라는 것을 쉽게 생각할 수 있겠지. 그러나 알렉산더가 원했든 원치 않았든 그의 부하들이 알렉산더의 결심을 강요했다. 그들은 오랜 행군에 몹시 지쳐 있었다. 아마도 그들은 인도 병사들의 선투력에 놀라 패배의 위험을 감수하고 싶지 않았을 것이다. 이유야 어찌 되었든 부하들은 철수를 주장했고 알렉산더도 따르지 않을 수 없었다. 그들의 귀로는 매우 참담해 군량과 식수가 모자라 고통이 막심했다. 그리고 곧 기원전

유명한 정복자, 그러나 교만했던 청년

323년 알렉산더는 바빌로니아에서 세상을 떠났다. 그는 페르시아 원정을 시작한 뒤로 끝내 고국 마케도니아를 보지 못하고 죽고 말았다.

알렉산더는 이렇게 나이 서른세 살에 죽고 말았다. 이 '위대한' 인물은 그 짧은 생애에 무엇을 이룩했을까? 그는 몇몇 싸움에서 눈부신 승리를 거두었다. 그는 의심할 여지 없이 위대한 장군이기는 했다. 그러나 그는 허영과 자만심의 인간이었고 가끔 아주 잔인하고 난폭했다. 그는 자신을 거의 신이라고 간주했다. 일시적인 격분과 변덕의 순간에 가장 훌륭한 친구들을 죽였으며, 또 몇 개의 큰 도시를 그 주민들과 함께 파괴해 버렸다. 알렉산더는 그의 제국에 이렇다 할 만한 업적 — 심지어 제대로 된 도로조차 전혀 남기지 않았다. 그는 그저 허공을 흐르는 별똥별처럼 나타났다가 사라졌으며 한 줌의 기억 말고는 아무것도 남긴 것이 없었다. 그가 죽은 뒤 그의 일족은 서로 살해를 일삼아 그 크나큰 나라는 사분오열되고 말았다. 그를 흔히 '세계의 정복자'라고 한다. 그는 한때 정복할 땅이 더 이상 남아 있지 않다고 한탄하며 그 자리에 주저앉아 흐느껴 울었다고 한다. 그러나 인도는 서북부의 작은 지역을 제외하고는 그에게 정복되지 않았으며, 그 당시부터 이미 대국이었던 중국은 말할 것도 없다. 알렉산더는 중국을 구경도 해 보지 못했다.

알렉산더가 죽자 제국은 그의 장군들에 의해 분할되었다. 이집트는 강력한 정부와 왕조를 세운 프톨레마이오스(Ptolemaios)가 차지했다. 알렉산드리아를 수도로 삼은 이 정부 밑에서 이집트는 강대한 국가가 되었고, 알렉산드리아는 과학·철학·예술로 유명한 대도시가 되었다.

페르시아, 메소포타미아, 그리고 소아시아의 일부는 또 셀레우코스(Seleucos) 장군이 다스리게 되었으며, 알렉산더가 정복한 인도의 서북지방 일부도 그의 손에 들어갔다. 그러나 그는 인도를 계속 거느릴 수 없었다. 알렉산더가 죽은 뒤 그리스의 수비대가 쫓겨났기 때문이다.

알렉산더가 인도에 나타난 것은 기원전 327년의 일이었다. 그의 침략은 일종의 기습과 같은 것이어서 인도는 거의 영향을 받지 않았다. 어떤 사람들은 알렉산더의 침략이 인도와 그리스 사이에 내왕의 길을 터

놓았다고 한다. 그러나 사실은 알렉산더 시대 이전부터 동서를 연결하는 대로가 있었으며, 인도는 페르시아는 물론이고 그리스와도 계속 왕래하고 있었다. 물론 알렉산더의 침략으로 접촉이 크게 촉진되어 인도와 그리스의 양대 문화는 더욱 긴밀하게 융합되었던 것이 틀림없다.

알렉산더의 침략과 그의 죽음은 인도에 거대한 마우리아(Maurya) 제국이 건설되는 결과를 낳았다. 이 마우리아 제국은 인도 역사에서도 위대한 시대로 꼽히므로 우리는 잠시 그 시대로 발길을 옮겨야 할 것이다.

18 *1931년 1월 25일*

찬드라굽타 마우리아와 『아르타샤스트라』

나는 어느 편지에선가 마가다 왕국에 대해 잠시 이야기했지. 지금의 비하르주에 있었던 옛 왕국 말이다. 이 왕국의 수도는 파탈리푸트라, 즉 지금의 파트나였단다. 지금 우리가 살펴보려는 시대를 전후해 난다 가문(Nanda family), 또는 난다 왕조에 속하는 왕들이 대대로 마가다를 다스리고 있었다. 알렉산더가 인도의 서북 지방에 침입할 때에도 난다 왕조에 속하는 왕이 파탈리푸트라에 있었다. 이 왕족에 속하는 것으로 짐작되는 찬드라굽타(Chandragupta)라는 청년이 있었다. 그는 대단히 총명하고 활동적이며 야심이 큰 사람이었던 모양인데, 난다 왕은 그가 지나치게 똑똑하다고 생각했는지, 또는 그의 어떤 행실에 화가 났는지는 모르겠지만 아무튼 그를 국외로 추방했다. 찬드라굽타는 북부 지방인 탁실라로 가서 아마도 알렉산더나 다른 그리스 이야기에 마음이 끌렸던 것 같다. 그 때 비슈누굽타(Vishnugupta), 또는 차나키야

(Chanakya)라는 유능한 브라만이 그를 수행하고 있었는데, 이 두 사람은 무슨 일이든 운명에 맡긴 채 일찌감치 물러서고 마는 무기력한 사람들이 아니었다. 두 사람은 큰 야망을 가슴에 품고, 앞으로 나아가 자기 길을 개척하려고 했다. 아마도 찬드라굽타는 알렉산더의 명성을 듣고 마음이 끌려, 그를 본보기로 삼아 배우려고 했을 것이다. 차나키야는 그의 둘도 없는 친구로, 이러한 야망을 품고 있는 찬드라굽타의 둘도 없는 상담자였다. 두 사람은 탁실라에서 주변 정세를 면밀하게 살피며 때가 오기를 기다렸다.

마침내 좋은 기회가 찾아왔다. 탁실라에 알렉산더가 죽었다는 소식이 전해지자마자 찬드라굽타는 행동을 개시할 때가 왔다고 결단을 내렸다. 그는 주위 사람들을 재촉해 원조를 얻어 내 알렉산더가 남겨 두고 간 그리스 수비대를 공격해 쫓아 버렸다. 이렇게 탁실라를 점령한 그와 그의 일파는 남쪽으로 진격해 파탈리푸트라로 쳐들어가 난다 왕을 거꾸러뜨렸다. 이 때가 기원전 321년으로, 알렉산더가 죽은 지 2년 후의 일이었다. 이 날로 마우리아 왕조의 치세가 시작되었다. 그런데 찬드라굽타가 왜 마우리아로 일컬어지게 되었는지는 분명하지 않다. 어떤 사람은 그의 어머니가 '무라(Mura)'라는 이름을 갖고 있었기 때문이라고 하며, 또 어떤 사람은 외할아버지가 국왕의 공작새를 기르는 사람이었는데, 공작새는 산스크리트어로 '마유라(Mayura)' 이기 때문이라고 한다. 국호의 기원이야 어찌되었든 그는 몇백 년 후에 위대한 군주로서 인도를 통치한 또 한 사람의 유명한 찬드라굽타와 구별해 찬드라굽타 마우리아라는 이름으로 알려져 있다.

『마하바라타』나 그 밖의 옛날 책이나 전설은 바라타(Bharata)를 통치한 유명한 왕들 — 차크라바르티 라자(chakravarti raja)들에 대해 전해 주고 있다. 그러나 우리는 당시의 상황을 정확히 알지 못하므로 그 무렵에 바라타 또는 바라타바르샤(Bharatavarsha)가 어디서부터 어디까지 차지하고 있었는지를 분명히 말할 수 없다. 전해져 내려오는 전설은 흔히 옛 군주들의 권세를 과장해서 말하기도 한단다. 어쨌든 우리가 인도 역사에서 찾아볼 수 있는 가장 큰 제국을 건설한 사람은 찬드라굽타 마우리아가 처음이다. 앞으로도 이야기하겠지만 그것은 대단히 선진적이고 강력한 정부였다. 그런데 이러한 정부나 국가가 갑자기 나타날 리는 없겠지. 필경 오랜 세월에 걸쳐서 다양한 과정 — 작은 왕국의 통치라든지 정치 형태의 발전과 같은 과정이 있었던 것이 틀림없는 듯하다.

찬드라굽타가 치세하던 시절 소아시아에서 인도에 이르는 지역을 계승한 알렉산더 휘하의 장군 셀레우코스가 군대를 이끌고 인더스 강을 건너 인도에 침입한 적이 있었다. 하지만 그는 곧 자신의 경거망동을 후회하게 되었다. 찬드라굽타의 매서운 반격을 만나 왔던 길을 되돌아가야 했기 때문이다. 그리하여 그는 인도에서 아무것도 얻지 못했을 뿐만 아니라 오히려 간다라, 즉 카불에서 헤라트에 걸쳐 아프가니스탄의 상당히 넓은 땅을 찬드라굽타에게 떼어 주어야 했다. 또한 찬드라굽타는 셀레우코스의 딸을 아내로 맞이했다. 이리하여 그의 제국은 북부 인도 일대에서 아프가니스탄의 일부를 병합하고, 카불에서 벵골, 아라비아 해에서 벵골 만까지 커졌다. 파탈리푸트라가 대제국의 수도가 되었고, 오직 남부 인도만이 그의 지배에서 제외되었다.

셀레우코스는 찬드라굽타의 궁전에 메가스테네스(Megasthenes)라는 사신을 파견했다. 이 사신은 그 무렵의 상황에 대해 흥미 있는 보고를 남겼다. 그리고 이보다 더 흥미 있는 책으로, 카우틸랴(Kautilya)가 찬드라굽타의 정부에 대해 상세히 기록한 『아르타샤스트라(Arthashastra)』가 있다. 카우틸랴는 전에 말한 차나키야, 즉 비슈누굽타 바로 그 사람이며, 『아르타샤스트라』란 '부의 과학(science of wealth)'이라는 뜻이다.

이 책은 너무도 다양한 문제를 논하고 있어서 나도 자세히 말해 줄 수가 없구나. 예를 들면 국왕의 의무, 장관, 고문, 원로원, 정부의 각 부처, 더 나아가 무역, 지방 자치 정부, 법률, 재판소, 사회 풍습, 부인의 권리, 노인, 극빈자의 보호, 결혼과 이혼, 납세, 육해군, 전쟁과 강화, 외교, 농업, 방직업, 장인(匠人), 여권, 그리고 형무소까지 기재되어 있다. 얼마든지 더 들 수도 있지만 나는 이 편지를 카우틸랴가 쓴 이 책의 목차로

찬드라굽타 마우리아와 『아르타샤스트라』

채우고 싶지는 않구나.

『아르타샤스트라』에 따르면, 국왕은 대관식에서 백성들로부터 왕의 권위를 부여받는 동시에 백성에 대한 봉사를 서약해야 했다. 그는 "만일 내가 국민들을 박해한다면 나는 기꺼이 천국과 생명과 자손을 박탈당할 것이다"라고 선서해야 했다. 또한 국왕의 일정한 직무도 규정되어 있었다. 국사는 왕의 쾌락에 좌우되어서는 안 되므로 그는 언제나 긴급한 공무를 처리할 마음의 준비가 되어 있어야 했다. "만일 국왕이 활동적이면 따라서 그의 신민들도 활동적일 것이다. 그의 행복은 신민의 행복에 달려 있으며 신민의 부유함 속에 있다. 그는 쾌락을 추구하는 것을 악으로 생각하며 신민이 즐거워할 만한 일을 선으로 간주해야 한다." 오늘날 우리 세계에서는 국왕이 점차 사라지고 있다. 아직도 남아 있는 곳은 얼마 되지 않으며 그나마 오래지 않아 종적을 감추게 될 것이다. 그러나 고대의 인도에서 군주는 백성에 대해 봉사해야 한다는 관념이 있었다는 점은 매우 흥미로운 일이다. 국왕의 신권이나 절대 권력 같은 것은 존재하지 않았다. 그리하여 국왕이 악정을 펴면 백성들은 그를 폐위시키고 다른 사람으로 바꿀 권리를 갖고 있었다. 그러나 이것은 하나의 이상이요 이론상의 이야기며, 실제로는 그 이상을 충분히 실천에 옮기지 못하고, 어리석은 처사로 백성들에게 불행을 가져다준 국왕도 적지 않았다.

또한 『아르타샤스트라』는 "아리아인은 결코 노예가 될 수 없다"는 원칙을 강조했다. 따라서 이 나라에는 외국에서 데려왔거나 본래부터 살고 있던 자를 노예로 부리는 제도가 있었던 것이 틀림없다. 그러나 아리아인은 노예로 전락하지 않도록 보호했다.

마우리아 제국의 수도는 파탈리푸트라였다. 그것은 인더스 강을 9마일에 걸쳐 바라보고 있던 화려한 도시였다. 64개의 큰 성문과 몇백 개의 작은 문이 있었다. 집은 주로 목조이며 화재의 염려가 있었기 때문에 세심한 방화 시설이 마련되어 있었다. 즉 주요 거리마다 물을 가득 채운 수많은 물통을 마련해 두고, 집집마다 화재가 일어날 때 즉시 사용할 수 있는 물통, 사다리, 갈고리, 그 밖에 필요한 도구를 마련해 두어야 했다.

카우틸랴가 서술하고 있는 도시의 규칙 가운데에는 너의 흥미를 끌 만한 것이 하나 있다. 거리에 쓰레기를 버린 자는 누구나 벌금을 물도록 되어 있었단다. 그리고 거리에 흙탕물이 고이도록 내버려 두어도 벌금을 물어야 했다. 이런 규칙이 제대로 지켜졌다면 파탈리푸트라나 그 밖의 도시는 매우 깨끗하고 청결하고 위생적이었을 것이 틀림없다. 나는 이러한 규칙이 우리 도시 행정에도 채택되기를 바란다.

파탈리푸트라에는 시정을 처리하기 위해 자치 행정 의회가 있었는데, 이것은 시민이 선출하는 30명의 평의원으로 구성되며, 이 30명의 평의원은 5명의 임원으로 구성되는 6개의 위원회로 나누어졌다. 이 위원회는 시의 공업, 공예, 여행자나 순례자의 취급, 과세를 위한 사망 및 출생 신고의 접수, 물산 따위를 취급했다. 의회는 위생·재정·급수·공원 및 공공 건축물 등을 관할했다.

판차야트는 사법 정의와 항소 법정을 관리했다. 재해 구제를 위한 특별한 조치가 취해지고 국가가 보유하는 식량의 절반은 반드시 이 재해에 대비해 비축했다.

지금부터 2200년 전에 찬드라굽타와 차나키야가 세운 마우리아 제국은 대체로 이러했다. 내가 지금 이야기한 것은 카우틸랴와 메가스테네스가 쓴 역사의 기록에서 발췌한 것으로, 이것만으로도 당시 북부 인도의 상태를 대충 알 수 있을 것이다. 이 나라는 수도를 비롯해 지방의 대도시, 그리고 곳곳에 있는 고을과 촌락에 이르기까지 활기로 충만되어 있었던 것이 틀림없다. 큰 도로가 각 지방을 연결하고 있었다. 주요한 라자파트라(Rajapattra : 王道)는 파탈리푸트라를 지나 서북부 국경에까지 닿았다. 수많은 운하가 있어서, 이를 관리하기 위해 특별히 관개를 담당하는 부서가 설치되었다. 항만·부두·나리, 그리고 성시 항로에 이용되는 수많은 선박을 관리하기 위해 수운국을 두었다. 그리하여 뱃길로 버마와 중국까지 왕래했다.

찬드라굽타는 이 제국을 24년 동안 통치하다가 기원전 296년에 세

찬드라굽타 마우리아와 『아르타샤스트라』

상을 떠났다. 우리는 다음 편지에서 이 마우리아 제국에 대한 이야기를 계속해 보자.

19 *1931년 4월 21일*

석달!

    오랫동안 편지를 쓰지 못했구나. 비탄과 고통과 근심의 석 달이 지나갔다. 지난 석 달 동안 인도도 변했고 무엇보다도 우리 가족에게 큰 변화가 있었다. 인도는 잠시 시민 불복종 운동(Civil Disobedience)을 중지했지만 우리가 당면한 문제를 해결하기란 쉬운 일이 아니다. 더구나 우리는 진심으로 사랑하던 어른을 잃었다. 우리는 그로부터 용기와 격려를 얻고 그의 따뜻한 품 속에서 자랐으며 우리 모두의 어머니 인도에서 해야 할 일을 배워 오지 않았느냐.

    나는 나이니 형무소에서 맞이한 그 날을 잊을 수 없다. 1월 26일이었지. 나는 여느 때처럼 그 날도 너에게 역사에 대한 이야기를 쓰려고 앉아 있었다. 그 전날 편지에서 찬드라굽타와 그가 세운 마우리아 왕조에 대해 조금 이야기했지. 그리고 찬드라굽타 다음에 나타난 인물들과 인도 하늘에 샛별처럼 반짝이며 영원히 우리 기억에서 사라지지 않는, 신처럼 존경받고 있는 아소카 대왕에 대해 이야기하겠다고 약속했지. 아소카 대왕을 생각하다가 어느 새 내 마음이 방황해 오늘의 인도로 돌아와, 내가 펜을 들고 너에게 편지를 쓰고 있던 1월 26일이라는 날짜에 문득 정신이 팔려 있었다. 그 날은 우리에게 중요한 날이었다. 우리는 1년 전에 그 날을 푸라나 스와라지(Purana Swaraj : 완전한 독립)의 날[34]로

정하고 인도의 방방곡곡에서 이를 축하하는 동시에 독립을 굳게 다짐했기 때문이다. 그 뒤 투쟁과 고난과 승리 속에서 1년이 지나고 인도는 다시 이 위대한 날을 축하하려고 했던 것이다. 나는 나이니 형무소 6호사에 앉아 그 날 전국에서 일어난 집회, 행진, 충돌, 체포에 대해 생각하고 있었다. 내 명상이 문득 중단되었을 때, 나는 이것들을 생각하고 긍지와 기쁨, 그리고 고통으로 인해 가슴이 벅차 있던 참이었다. 바로 그 때 밖에서 다두 할아버지가 위독하다는 편지가 날아들었다. 그리하여 나는 그를 만나러 가기 위해 갑자기 석방된 것이다.[35] 너무 수심에 찬 나머지 그 때까지 잠겨 있던 생각도 산산이 부서지고 말았다. 나는 막 쓰기 시작한 편지를 덮어 놓고 나이니 형무소를 나와 아난드 바완으로 향했다.

다두 할아버지는 나와 열흘을 함께 계시다가 세상을 떠나셨다. 그 열흘 동안 나는 밤낮 가리지 않고 뜬눈으로 지새우며 그의 고통, 통증, 죽음의 천사와 벌이는 거룩한 싸움을 지켜보았다. 그는 살아 생전 수많은 투쟁을 했으며, 그리하여 많은 승리를 거두었다. 그는 평소에 굴복할 줄을 몰랐으며, 죽음을 눈앞에 두고도 여전히 굴복하려 하지 않았다. 나는 내가 그토록 아끼는 사람을 도울 수 없다는 안타까움 속에서 그를 바라보면서, 오래 전에 읽었던 에드거 앨런 포(Edgar Allan Poe)의 소설의 한 구절을 떠올렸다. "인간은 자신의 연약한 의지가 쇠잔할 때를 제외하고는 결코 영력(靈力)들이나 죽음에 완전히 항복하지 않는다."

그가 세상을 떠난 것은 2월 6일 새벽이었다. 우리는 그가 생전에 사랑해 마지않던 국기로 그의 몸을 싸고 러크나우에서 아난드 바완으로

---

34) 1년 전인 1930년 1월, 저자가 사회를 맡았던 라호르(Lahore) 대회는 '완전한 독립'이라는 획기적인 결의를 채택하는 동시에 1월 26일을 그 기념일로 결정했다. 현재는 인도의 헌법 제정일로 되어 있다.

35) 저자는 아버지가 위독해지자 임시 석방되었는데, 바로 그 날에 영국 정부는 제1차 원탁 회의 종료 후 새로 교섭에 들어가기 위해 투옥중인 국민회의과 간부를 대부분 석방했기 때문에 저자는 불과 몇 시간의 '은전'을 맛보았다.

석달!

운구했다. 몇 시간 후 그는 한 줌의 재가 되었고 갠지스 강은 이 소중한 재를 바다로 실어 날랐다.[36]

몇백만을 헤아리는 사람들이 그의 죽음을 슬퍼했다. 그러나 그와 피를 나눈 우리의 슬픔은 어찌 말로 다 형언할 수 있겠느냐. 또한 우리와 마찬가지로 그의 자식이며 그토록 애정이 담긴 손길을 받았던 아난드 바완의 새로운 저택은 마치 혼백이 달아난 것처럼 허전해 쓸쓸함이 가슴을 저몄다. 그리고 우리는 그 집을 지은 주인을 추모하며 주위 분위기를 흐트러뜨리지 않도록 가만히 발길을 옮겨 베란다 주위를 거닐었다.

우리 가슴은 슬픔으로 흐려지고 한 걸음 한 걸음 옮길 때마다 그는 이미 이 세상에 없다는 것을 새삼 생각하곤 했다. 그리하여 세월이 흘러도 슬픔은 좀처럼 가시지 않고, 그의 모습이 보이지 않을 때에는 언제나 끝없는 추모에 빠진다. 그러나 그는 우리가 슬픔에 굴복하는 것을 원치 않을 것이다. 마치 그가 고난에 부딪혔을 때처럼 이를 두려워하지 말고 맞서서 극복하기를 바랄 것이다. 그는 당신이 미처 이루지 못한 과업을 우리가 계승해 이루어 주기를 바랄 것이다. 과업이 우리를 요구하고 인도의 자유로 향하는 길이 우리의 헌신을 필요로 하고 있는 이 때 어찌 슬픔으로 지새울 수 있겠느냐. 그 목적을 위해 그는 죽었지 않느냐. 그리고 그 목적을 위해 우리는 살아서 노력하고 필요하다면 목숨도 던질 것이다. 우리는 그의 자손이며 그의 정열과 불굴의 의지, 그리고 결단성을 조금씩이나마 나눠 가지고 있는 것이다.

내가 이 편지를 쓰고 있는 이 곳 바로 앞에는 새파란 아라비아 해가 끝없이 펼쳐져 있고 반대편으로는 저 멀리 인도의 해안이 건너다 보이며 점차 멀어져 간다. 나는 이 광활한 공간을 생각하고, 전에 너에게 편지를 쓰던 나이니 형무소의 비좁은 옥사를 견주어 본다. 멀리 바다와 하

---

36) 힌두교에서는 사람이 죽으면, 끝없이 윤회하고 전생(轉生)하는 영(atman)이 잠시 거처하던 육체를 화장해 그 재를 갠지스 강에 뿌리는 관습이 있다.

늘이 맞닿는 곳에 수평선이 뚜렷이 선을 긋고 있는 것이 보인다. 형무소에 수감되어 있는 수인(囚人)에게 지평선이란 그를 에워싼 벽돌담 꼭대기뿐이다. 전에 거기 있었지만 지금은 바깥 세상의 자유로운 공기를 마시고 있는 자들도 많다. 그러나 많은 동지들은 여전히 지평선도 볼 수 없는 감옥에 갇혀 있다. 뿐만 아니라 인도 자체가 아직 포로인 것이다. 그러나 인도의 자유는 언젠가는 오고야 만다. 인도가 자유를 찾지 못한다면 우리에게 자유가 있다 한들 무슨 가치가 있겠느냐?

크라코비아(Cracovia) 호 선상에서[37]

20   *1931년 4월 22일*

아라비아 해에서

우리가 이 배 크라코비아 호로 봄베이에서 콜롬보를 향해 항해하고 있다니 참 묘한 인연이구나. 나는 4년쯤 전에 베니스에서 이 배를 기다리던 일을 잘 기억하고 있다. 다두가 이 배를 타고 있었단다. 그 때 나는 너를 스위스 벡스(Bex)의 너희 학교에 맡긴 채 그를 만나러 왔었지. 그로부터 몇 개월 후 다두가 유럽에서 타고 돌아온 것도 이 배였고, 나는 봄

---

37) 아버지 모티랄 네루가 사망한 직후 간디와 총독 어윈(Irwin)이 맺은 '델리 협정'은 슬픔이 채 가시지 않은 저자의 마음에 더욱 큰 충격을 주었다. 이러한 환경 속에서 저자는 다소 건강이 나빠졌다. 1931년 3월, 델리 협정을 확인한 국민회의파 카라치 대회를 끝낸 다음, 저자는 의사의 권고에 따라 카말라 부인과 인디라를 동반하고 실론 섬에서 단기간 요양을 취했다. 이 때 그는 기선 크라코비아 호에서 14개월 동안의 휴식 기간, 즉 가출옥 기간의 전후를 연결하는 이 두 통의 짤막한 편지를 썼다.

베이에서 그를 맞이했다. 그와 함께 배를 타고 온 몇 사람이 지금 여기에 있어서 다두를 잘 기억하고 있단다.

 나는 어제 변화가 많았던 지난 석 달 동안의 일을 이야기했다. 지난 몇 주 전에 일어난 한 사건을 기억해 두기를 바란다. 인도는 앞으로 오래도록 그 일을 잊지 않을 것이다! 아직 한 달도 지나지 않았지만 콘포르시에서 인도의 용감한 투사 가네슈지 샨카르 비드야르티(Ganeshji Shankar Vidyarthi)가 사망했다. 그것도 남을 구하려고 했기 때문에 살해된 것이다. 가네슈지는 내 친구이며 내가 자랑스러워하던 고결하고 사심 없는 동지였다. 지난 달 콘포르에서 난동이 일어나 인도인끼리 서로 죽이고 있을 때 가네슈지는 즉시 거기로 달려가 어느 동포와도 다투지 않고 그들의 생명을 구하려고 했다. 그는 몇백 명의 생명을 구했으나 자기 자신은 구하지 못했고, 또 구하려고도 하지 않았다. 오히려 그가 구하려고 한 그들에게서 죽임을 당한 것이다. 콘포르와 우리 지방은 빛나는 별을 잃었고, 또 우리의 많은 동지들은 친근하고 현명한 친구를 잃었다. 그러나 전혀 두려워하지 않고 태연하게 군중과 맞서서, 위험과 죽음의 한가운데서도 오직 그들을 걱정하며 그들을 구하려고 애쓰던 그의 죽음은 얼마나 빛나는 것이냐!

 덧없던 석 달! 유구한 시간의 대해에서는 한 방울의 물과 같고, 한 나라의 생명에 비하면 한 순간과 같은 시간이다! 3주쯤 전에 나는 모헨조다로의 유적을 보러 신드(Sind)의 인더스 계곡으로 갔다. 나는 땅 속에서 자태를 드러낸 대도시를 보았다. 튼튼한 벽돌집들, 폭넓은 대로(大路), 이런 것들이 모두 5000년 전에 만들어졌다는구나. 또 이 고대 도시에서 발굴된 아름다운 보석과 도자기도 보았다. 남녀가 밝은 옷차림으로 크고 작은 길을 오가고, 어린이들은 저마다 뛰놀며, 시장에는 상품으로 흘러 넘쳐 사람들은 그 물건들을 사고 팔고, 절의 종소리가 울려 퍼지던 옛날 모습이 바로 눈앞에 보이는 것만 같았다.

 이 5000년 동안 인도는 생명을 이어 오면서 온갖 변화를 겪었다. 나는 가끔 생각한다. 유구하지만 또한 그토록 젊고 아름다운 우리의 어머니 인도는 자식들의 성급함과 사소한 다툼, 일시적인 기쁨과 슬픔을 보고 미소를 짓고 있지 않을까 하고 말이다.

크라코비아 호 선상에서

21   *1932년 3월 26일*

명절과 꿈의 여로

나이니 형무소에서 너에게 과거의 역사를 들려주던 때로부터 14개월이 흘렀구나. 그 석 달 뒤에 아라비아 해에서 이 서한집에 짧은 두 통의 편지를 더 보태었지. 그 때 우리는 크라코비아 호를 타고 랑카(Lanka)*로 향하는 중이었다. 내가 펜을 들고 있는 동안 눈앞에는 바다가 멋지게 펼쳐지고 있었지. 옛일을 그리워하는 내 눈은 가만히 바다를 바라보았다. 하지만 정말로 만족스러운 기분은 느끼지 못했다. 그리고 곧 랑카에 닿았지. 거기에서 우리는 잠시 휴식을 즐기며 마음 속에 쌓여 있던 모든 근심을 애써 잊으려고 했다. 우리는 비할 데 없이 아름다운 섬을, 화창한 풍광과 풍요로운 자연에 둘러싸여 여기저기 돌아다녔다. 칸디(Kandi), 누와라 엘리야(Nuwara Eliya), 그리고 아누라다푸라(Anuradhapura)를 비롯해 우리가 둘러본 고대의 화려한 유적은 지금 돌이켜보아도 큰 즐거움이란다. 그러나 나는 그 중에서도 넘치는 생명을 감춘 시원한 열대의 정글 속에서 무수한 생명의 눈과 함께 너를 바라보

---

* 실론의 옛 이름.

던 일을 잊을 수 없다. 늘씬하게 솟아올라 보기에도 기품이 넘치고 믿음직스런 빈랑나무. 열매를 다 헤아릴 수 없는 야자나무. 섬의 에메랄드 빛깔이 만나는 바다와 하늘의 파란색과 어우러진 종려나무들이 죽 늘어선 바닷가. 반짝이면서 암초에 부딪치는 물결, 또 종려 잎을 울리며 불어오는 바람.

그 때 너는 열대 지방을 처음 보았고 나 또한 그랬다. 하기야 훨씬 전에 잠시 머문 적은 있었지만 그 때의 기억은 다 사라져 버렸기 때문에 너와 함께 갔던 그 때가 처음이라고 해도 좋겠지. 나는 평소 열대 지방에는 별로 마음이 끌리지 않았다. 더위를 좋아하지 않거든. 내 마음을 사로잡는 것은 언제나 바다와 산, 특히 높은 산의 눈과 빙하였다. 그렇지만 실론에 잠시 머문 것만으로도 열대의 매력을 알 것 같더구나. 그래서 조금 낯선 느낌이기는 했지만 다시 한 번 열대에 친근감을 느끼기를 바라면서 돌아왔단다.

실론 섬에서 보낸 약 한 달의 휴식은 금방 지나고, 우리는 좁은 해협을 건너 인도의 남단에 상륙했다. 네가 카니야 쿠마리를 찾아갔던 것을 기억하고 있을지 모르겠다. 그 곳에 살고 있는 처녀신이 망을 보고 있다는 전설이 있는 곳인데, 우리말을 흉내내 이상하게 바꾸기를 잘하는 서양인들은 그 곳을 코모린 곶(Comorin Cape)이라고 부르고 있다. 우리는 글자 그대로 어머니 인도의 발치에 앉았다. 그리고 아라비아 해의 물이 벵골 만의 물과 합류하는 것을 보면서 잠시 두 바다가 인도에 축복을 보내고 있는 것처럼 느꼈다. 이상할 만큼 조용했다. 그리고 나는 몇천 마일 저편에 만년설이 히말라야의 정상을 뒤덮은 채 또한 정적에 싸여 있는 인도의 또 다른 극을 생각했다. 그러나 이 양극 사이에서는 싸움이 벌어지고 비참과 빈곤이 지배하고 있다!

우리는 갑을 떠나 북쪽으로 갔다.

트라방코르(Travancore)와 코친(Cochin)을 거쳐 말라바르의 후미를 건넜다. 배는 달빛을 받으면서 나무가 울창한 양쪽 해안 사이를 조용히 미끄러져 갔다. 그 아름다움! 마치 꿈속에 있는 것 같았다. 그리고 우리는 마이소르(Mysore)와 하이데라바드(Hyderabad)와 봄베이를 거쳐 알라하바드로 돌아왔다. 그것이 지금으로부터 9개월 전인 지난 해 6월이었다.

그러나 요즘 인도의 모든 길은 궁극적으로 어느 한 지점으로 뚫려 있다. 꿈의 여행이건 현실의 여행이건 마침내 닿는 곳은 형무소다! 나는 지금 또다시 낯익은 담 속으로 돌아와 생각에 잠기거나 너에게 편지를 쓸 수 있는 시간을 주체하지 못할 만큼 갖게 되었다. 이 편지를 네가 과연 받게 되는지 어떨지 모르지만 말이다. 다시 투쟁은 시작되고 우리 인민은 남녀 노소 할 것 없이 자유를 위한 싸움터로 나가 이 나라를 빈궁에서 해방하기 위해 전진한다. 그러나 자유란 쉽사리 잡을 수 없는 여신이다. 그녀는 예나 지금이나 숭배자의 희생을 요구한다.

이 곳에 들어온 지 오늘로 꼭 석 달이 된다. 내가 여섯 번째로 채포[38]된 것이 꼭 석 달 전의 이 날 — 12월 26일이었다. 내가 너에게 보내는

---

[38] 1930년 11월, 영국 정부는 바야흐로 인도에서 일고 있는 시민 불복종 운동의 열풍을 무시하고, 국민회의파를 비롯한 모든 혁명 세력을 제외하고 대표들을 지명해 런던에서 '사이먼 보고서'에 입각한 원탁 회의를 개최하고 헌법 개정을 심의했다. 이듬해 1월, 정부는 타협을 통해 국민회의파를 심의에 참가시킬 생각으로 간디를 비롯한 간부들을 석방했다(저자가 석방되자마자 곧 아버지 모티랄이 사망했다. 그리고 출옥은 이 편지의 중단을 의미했다). 간디는 총독 어원과 회견하고, 저항 운동을 진압하기 위해 잇따라 내려진 총독령의 철폐, 비폭력 정치범의 석방 등을 조건으로 저항 운동의 중지와 제2차 원탁 회의에 참가할 것을 수락했다. 이것은 뜨겁게 불타오른 민족 해방 운동에 찬물을 끼얹은 전혀 예기치 않은 결과를 가져왔다. 저자의 실망은 이루 헤아릴 수 없었으나, 그래도 간디의 지도력을 신뢰하고 국민회의파에 충성을 버리지 않고서 새로운 사태에 대처하려 했다. 1931년 9월, 간디는 런던에서 열린 제2차 원탁 회의에 참석했지만, 영국측 대표와 영국 정부가 지명한 인도인 대표로 채워진 회의는 헌법 초안에 대한 세부적인 논의로 시간을 허비할 뿐 근본적인 점에서는 간디를 통해 대표되는 인도의 요구를 완전히 무시했다. 한편 인민의 생활 조건은 악화 일로를 치달아 설령 정치면에서 휴전을 약속했다 해도 경제 투쟁은 도저히 억제할 수 없었다. 그리고 이처럼 무서운 빈곤의 밑바닥에 영국의 제국주의 지배가 도사리고 있다는 것은 아무리 소박한 농민의 눈에도 이미 명백해졌기 때문에 경제 투쟁들은 자연히 정치 투쟁으로 발전했다. 전국 방방곡곡에서 인민의 봉기가 일어나고 테러 사건이 잇따랐다. 간디가 아무 소득도 없이 영국에서 귀로에 오를 즈음, 국민회의파는 대중의 의사를 대표하려면 또다시 정부와 정면 충돌을 피할 수 없는 급박한 정세에 몰려 있었다. 저자는 주로 연합주에서 소작료

이 편지를 다시 쓰기 시작하는 데에는 오랜 시일이 걸렸다. 너도 알겠지만 현실의 일로 마음을 꽉 채우고 있을 때 먼 과거의 일을 생각하기란 꽤 어려운 일이다. 감옥에 있을 동안 바깥 일에 대한 걱정을 하지 않기로 결심한다는 것은 나로서는 다소 시간이 걸리는 일이다. 나는 이제부터 규칙적으로 써 나가겠다. 다만 이제 나는 다른 감옥에 있단다. 환경의 변화는 내가 좋아하지 않거니와 생활에 방해가 되기도 한다. 나의 지평선은 그 전보다 더 높아졌다. 나의 눈길을 막는 감옥의 벽은 적어도 그 높이에서 아마 중국의 만리장성에 비할 수 있을 것 같구나. 그것은 25피트는 될 것 같고, 아침마다 태양이 담을 넘어 우리가 있는 곳에 닿으려면 한 시간 반이나 더 걸린다.

우리의 지평선은 당분간은 제한되어 있어도 좋다. 하지만 그 시퍼렇던 바다와 산과 사막, 그리고 우리 — 너와 네 어머니와 내가 함께한 열 달 전의 그 꿈 같은 여행(지금 생각해 보면 꿈인지 생시인지 알 수 없지만)을 떠올리는 것은 즐거운 일이구나!

와 현금을 지불할 수 없는 농민의 절대적인 빈궁을 눈앞에 보면서 괴로운 투쟁을 계속했다. 새로운 총독 윌링턴의 부임으로 재정비되어 강화된 정부는 또다시 탄압을 개시해 저자는 1931년 12월, 알라하바드에 가택 연금을 당하고 모든 공식 활동의 자유를 빼앗겼다. 12월 26일, 저자는 간디의 귀국을 맞이하고 당면 문제를 의논하기 위해 봄베이로 가던 도중 체포되었다. 인도로 돌아온 간디는 곧 총독에게 회견을 요청했지만 이 요청이 거부당하자 전 인도는 또다시 커다란 투쟁의 소용돌이 속으로 휘말려 들어갔다. 1932년 저항 운동이 재개된 뒤 4개월 동안 무려 6만 명 이상이 체포·구금되었다. 이러한 동란 속에서 저자의 생활에는 갑자기 '감옥의 정적'이 찾아왔고, 체포된 지 3개월째인 이 날부터 다시 인디라에게 편지를 쓰기 시작했다.

22 *1932년 3월 28일*

생존을 위한 인간의 투쟁

　여기서 다시 한 번 세계 역사를 더듬어 가며 과거의 세계를 대략 살펴보자. 그것은 얽히고 설켜 쉽사리 풀리지 않는 그물과 같아서 전체를 한눈에 바라본다는 것은 쉬운 일이 아니다. 우리는 자칫하면 그 가운데서 어떤 한 부분에만 정신이 팔려 필요 이상으로 중요시하기도 한다. 흔히 자기 나라의 역사라면 무엇이든 다른 나라의 역사보다 훨씬 훌륭하기 때문에 깊이 연구할 가치가 있다고 생각한다. 나는 전에도 이 점에 대해 너에게 주의를 환기시켰지만 다시 한 번 강조해 둔다. 그것은 누구나 빠지기 쉬운 함정이기 때문이다. 내가 이 역사 편지를 쓰기 시작한 것도 사실은 그런 잘못을 막고자 하기 위해서였지만 이렇게 말하는 나도 때때로 그런 과오를 범했다고 느낄 때도 있었다. 내가 받은 교육이 잘못되어 거꾸로 된 지식을 주입받았다면 난 어찌해야 옳을까? 나는 형무소 생활을 하면서 그 점을 고치려고 노력해 보았고 조금은 성과가 있었다고 생각한다. 그러나 내가 소년 시절부터 청년 시절에 걸쳐서 숭배한 인물이나 목격한 사건들은 내 마음의 화랑에서 지울 수가 없구나. 이러한 장면들은 나의 빈약한 지식으로 제한된 역사에 대한 조망에 분명 영향을 주고 있을 것이다. 그러므로 내가 쓰는 이야기에 잘못된 점이 있을지도 모른다. 그리하여 보잘것없는 이야기가 너무 많거나 또는 중요한 사실을 빠뜨릴 때도 있겠지. 그러나 이 편지들은 역사책을 대신하려는 것이 아니며, 만일 우리가 몇백 마일의 거리와 견고한 담으로 널리 떨어져 있지 않았던들 — 적어도 나는 그렇게 생각하는 것이 즐겁기는 하다만 너와 주고받았을 대화에 지나지 않는 것이겠지.

　나는 역사책의 페이지들을 가득 채우고 있는 많은 유명한 사람들에 대해 쓰지 않을 수 없다. 그들 자신이 흥미를 끄는 경우도 많고, 또 그들이 살던 시대를 이해하는 데 도움이 되기 때문이다. 그러나 위인이나 국왕이나 황제들의 자취를 모았다고 해서 바로 역사가 되는 것은 아니다. 만일 그렇다면 국왕이나 황제들이 역사의 무대에서 사라지고 있는 지금은 역사도 문을 닫아야 하겠지. 그러나 남녀를 불문하고 참으로 위대한 인물은 옥좌나 왕관이나 보석이나 칭호로 위세를 부리지 않는다. 직함 말고는 아무것도 가진 것이 없고, 텅 빈 알맹이를 숨기기 위해 요란한 복장으로 위엄을 부리는 것이 왕이나 귀족 같은 족속들이다. 불행하게도 우리는 자칫 그 겉치레에 마음의 눈이 팔려 오류를 범하기 쉽다.

왕관을 썼다고 모든 사람이 임금이 되는 것은 아니다.

참된 역사는 여기저기 흩어진 몇몇 개인을 다룰 것이 아니라 하나의 나라를 형성하고 일터에서 생활 필수품이나 귀중품을 생산하며 서로 다양하게 관계를 맺고 있는 인민들을 다루어야 할 것이다. 그러한 인간의 역사야말로 참으로 관심을 가질 만하다. 또한 그러한 역사는 유구한 세월을 통해 분투를 계속해 온 인류의 투쟁사가 될 것이다. 자연에 대한 투쟁, 맹수와 사이의 투쟁, 그리고 그 중에서도 가장 곤란한 마지막 투쟁은 자기의 이익을 위해 타인을 예속시키고 착취하려는 일부 동족에 대한 투쟁이었다. 그것은 인간의 생존을 위해 벌이는 싸움의 이야기다. 그리고 살아남기 위해서는 어떤 일정한 것, 예컨대 음식물과 집 그리고 추운 곳에서는 옷 따위가 필요했기 때문에 이 필수품들을 장악한 사람들이 인간의 주인공이 되었다. 군주나 추장은 생활에 꼭 필요한 물건을 소유하거나 관리함으로써 권위를 유지할 수 있었다. 이러한 관리가 그들에게 권력을 주고 굶주린 사람들을 예속시킬 수 있었기 때문이다. 우리가 얼마 안 되는 사람들이 많은 대중을 착취하는 기묘한 광경을 목격하게 된 것은 그러한 과정이 있었기 때문이다. 전혀 일하지 않고 돈을 버는 사람들이 일부 있는 반면, 아무리 일을 많이 해도 돌아오는 몫은 얼마 되지 않는 사람들이 대다수를 이루고 있다.

 사냥만으로 생활하던 원시인이 점차 가족을 이루게 되자 가족이 모두 협력해 일을 하기도 하고 또 다른 가족과 협력하게 되었다. 많은 가족이 협력하자 마을이 생기고 여러 마을의 노동자, 상인, 수공업자가 모여 길드를 조직했다. 이리하여 어느덧 사회 단위가 형성되어 갔다. 처음에는 개개의 원시인에 지나지 않았고 사회다운 사회가 없었지만 가족, 촌락, 그리고 촌락의 연합체라는 식으로 점점 큰 집단이 형성되었다. 그럼 어째서 사회 단위가 생기게 되었을까? 확대와 협력이 불가피했던 것은 생존을 위한 투쟁 때문이었다. 공동의 적을 막거나 공격할 때 서로 협력한다는 것은 분명히 뿔뿔이 흩어져 개별적으로 행동하는 것보다는 효과적이다. 그리고 일을 할 때는 이 협력이 더욱 도움이 된다. 힘을 합해 일을 함으로써 그들은 혼자서 할 때보다 훨씬 더 많은 식량과 그 밖의 필수품을 생산할 수 있었다. 협동 작업은 자기 혼자서 사냥을 하던 원시인의 상태에서 더욱 큰 집단으로 경제 단위가 확대되었다는 것을 의미한다. 실제로 사회와 사회 단위가 확대된 것도 생존을 위한 투쟁으로 경제 단위의 확대가 촉진되었기 때문이다. 오랜 역사에서 끊임없이 거듭되어 온 투쟁이나 궁핍 속에서도, 그리고 때로는 잿더미 속에서도 이 확대 현상을 볼 수 있다. 그러나 이러한 확대가 필연적으로 세계를 크게 발전시켜 전보다 살기 좋은 곳으로 만들었으리라고 생각해서는 안 된다. 하기야 전보다는 좋아졌을지도 모른다. 그러나 아직 완전하다고 보기에는 너무나 거리가 멀고, 여전히 도처에 비참한 상황들이 지배하고 있다.

 이러한 경제·사회적 단위가 확대됨에 따라 생활은 점점 복잡해져 간다. 상업이나 무역이 증대된다. 선물로 물건을 주던 것이 물물 교환으로 바뀌고, 화폐가 등장해 모든 거래에 커다란 변화를 일으킨다. 금화나 은화로 지불하게 되자 거래는 훨씬 편해지며 상업이 급속도로 발달한다. 이윽고 실물 화폐를 사용하지 않아도 좋게 된다. 사람들은 상징물을 사용한다. 이를테면 지불을 약속하는 종이 한 장으로 충분히 일을 마칠 수 있다. 이리하여 지폐나 수표가 통용되기 시작한다. 이는 곧 신용으로

생존을 위한 인간의 투쟁

거래한다는 것을 의미한다. 이러한 신용 제도는 상업이나 무역을 훨씬 더 발전시킨다. 오늘날 지폐나 수표가 많이 사용되고 있다는 것은 너도 잘 알고 있겠지. 영리한 사람들은 금이나 은 덩어리를 가방 속에 넣어 가지고 다니지 않는다.

이렇게 살펴보면, 역사가 분명치 않은 머나먼 과거에서 차차 뚜렷이 자기 모습을 드러내게 되면서 인간의 생산은 점점 증대하고 거래 방법도 다양하게 분화되어 왔다는 것을 알 수 있다. 사람들은 서로 물자를 교환함으로써 거래 액수를 늘려 왔다. 특히 지난 몇백 년 동안 증기 기관이 발명된 뒤 잇따라 더욱 새롭고 훌륭한 교통 기관이 발달되었다. 생산고가 오르면 그만큼 세계가 부유해지며 적어도 어떤 사람들은 더욱 많은 여가를 얻을 수 있게 된다. 그리하여 문명이라고 일컬어지는 것이 발달된다.

그런데 이 모든 일이 일어나고 사람들은 개화되고 진보된 시대를 찬양하며 위대한 현대 문명의 기적을 자랑하고 있지만 가난한 자는 여전히 가난하고 비참하다. 강대한 민족들은 서로 전쟁을 일삼아 몇백만의 인명을 살상한다. 큰 나라들은 우리 나라가 외국인에 지배되기를 원하고 있다. 만일 우리가 자기 가정에서도 자유를 누릴 수 없다면 문명의 혜택이 우리에게 무슨 소용이 있겠느냐? 그러나 이제 우리는 궐기해 행진하고 있다.

우리가 각자 위대한 모험에 참여해 인도뿐만 아니라 전세계가 요동치며 변화하는 이 시대에 태어났다는 것은 그 얼마나 행복한 일이냐! 너는 행복한 소녀다. 러시아에 새로운 시대를 연 대혁명이 일어난 그 해에 태어난 너는 지금 우리 나라에 혁명이 진행되는 것을 지켜보고 있다. 그리고 너도 곧 그 속으로 뛰어들겠지. 세계 곳곳에서 분쟁이 일어나고 변화가 이루어지고 있다. 극동에서는 일본이 중국의 목을 죄고 있다. 유럽에서는, 아니 전세계에서는 낡은 체계가 흔들리고 파멸로 치닫고 있다. 여러 나라에서는 군비 축소를 논하고는 있지만 사실은 서로 시기심을 품고 노려보며 이를 갈고 있다. 오랫동안 세계를 지배해 온 자본주의의 황혼이 다가오고 있다. 그리고 그것이 당연히 사라질 때 그와 함께 온갖 악도 사라질 것이다.

23 *1932년 3월 29일*

개괄

오랜 세월을 통과한 우리의 역사 여행은 어디까지 진행되었던가? 우리는 이미 옛날의 이집트, 인도, 중국 및 크노소스에 관해 조금 이야기했다. 우리는 저 피라미드를 낳은 훌륭한 고대 이집트 문명이 서서히 쇠퇴해 생명력을 잃고 공허한 그림자로, 영혼이 빠져나간 형체와 표식뿐인 껍데기로 떨어져 가는 과정을 보았다. 우리는 또 크노소스가 그리스 본토에서 온 자매 종족에게 파괴된 것도 보았다. 중국과 인도에서는, 지금은 확실히 알 수도 없는 막막한 태곳적부터 자신들의 풍족한 문명을 자각하고 있었으며, 더구나 그들의 위대했던 과거가 불멸의 연쇄를 통해 몇천 년 전부터 이어지고 있다는 사실에 감동했다. 메소포타미아에서는 제국이 잇따라 일어나 잠시 영화를 누리다가는 마침내 다른 모든 제국처럼 몰락했다는 것을 훑어보았다.

우리는 또 기원전 5~6세기쯤에 여러 나라에 나타난 많은 위대한 사상가들에 대해서도 언급했다. 인도의 불타와 마하비라, 중국의 공자와 노자, 페르시아의 조로아스터, 그리스의 피타고라스 등이 있지. 그리고 우리는 불타가 인도에서 승려 계급과 베다 종교의 기존 형식을 공격했다는 것을 지적했다. 대중이 모든 종류의 미신과 푸자를 강요당하고 또 현혹되고 있음을 간파했기 때문이다. 그는 카스트 제도를 공격하고 평등을 부르짖었다.

또한 우리는 아시아와 유럽이 만나는 서쪽으로 돌아가 페르시아와 그리스의 흥망을 더듬어 보았다. 페르시아에 대제국이 발흥하고 '왕 중의 왕'이 된 다리우스가 인도의 신드 지방까지 세력을 넓힌 것, 그리고 이 제국이 그리스를 삼키려고 했으나 이 조그만 나라는 놀랍게도 페르시아를 격퇴해 영토와 인민을 잘 지켰던 것, 그리스의 역사에서 짧기는 하지만 눈부신 시대가 시작되고, 천재와 위인들이 잇따라 나타나 최고의 문학과 예술을 창조했던 것들도 이야기했다.

그리스의 황금 시대는 오래 계속되지는 않았다. 마케도니아의 알렉산더는 정복 활동으로 그리스의 이름을 널리 떨쳤으나, 그의 출현과 함께 그리스 문화는 차차 쇠퇴했다. 알렉산더는 페르시아 제국을 쓰러뜨리고 정복자로서 인도 국경을 돌파했다. 그는 의심할 여지 없이 위대한 장군이기는 했으나, 전설이 그의 이름을 둘러싸고 수많은 허구를 만들어 내 알렉산더는 참모습 이상으로 떠받들리게 되었다. 소크라테스·플라톤·페이디아스·소포클레스 등에 대해 조금이라도 아는 사람들은 두루 독서를 한 사람들뿐이지만, 알렉산더의 이름을 못 들어 보았다는 사람이 있을까?

알렉산더가 이룩한 사업은 비교적 보잘것없었다. 페르시아 제국은 이미 늙어 동요하고 있어서 도저히 오래 지탱될 것 같지 않았다. 인도에서는 알렉산더의 침략은 일종의 습격에 지나지 않아 별로 의미가 없었다. 알렉산더가 좀더 오래 살았더라면 다소 실질적인 업적을 남겼을 것이라고 생각된다. 그러나 그는 젊은 나이에 죽고 그의 제국은 이내 분열되고 말았다. 그의 제국은 오래 지탱되지 못했지만 그의 이름만은 영원히 살아남아 있다.

알렉산더의 동방 진군이 가져온 하나의 큰 효과는 동방과 서방이 접촉하는 길들이 새로 열렸다는 점이다. 많은 그리스인이 동방으로 찾아와 낡은 도시에 새로운 식민지를 만들어 정착했다. 알렉산더 이전에도 이미 동서의 교통과 통상은 존재하고 있었다. 그러나 알렉산더 이후에 더욱 두드러지게 증대되었다.

알렉산더의 침략에 따른 또 하나의 결과는, 만일 그것이 사실이라면, 그리스인에게는 매우 불행한 것이었다. 그의 병사들이 메소포타미아의 늪지에서 그리스로 말라리아 모기를 옮겨 왔는데, 그 때문에 말라리아가 걷잡을 수 없이 퍼져 그리스 종족의 힘을 약화시켰다는 점이다. 이것은 그리스의 몰락에 관한 하나의 설명이지만 어디까지나 하나의 설이어서 어느 정도까지 진실인지는 아무도 모른다.

알렉산더의 제국은 짧게 끝났다. 그러나 그 뒤 비교적 작은 제국들이 여기저기에서 일어났다. 프톨레마이오스의 이집트 제국과 셀레우코스의 서아시아 제국도 그 중의 하나다. 프톨레마이오스와 셀레우코스는 모두 알렉산더 휘하의 장군이었다. 셀레우코스는 인도 침략에 나섰지만 인도의 힘찬 반격에 겁을 먹고 그만두었다. 마우리아 왕조의 찬드라굽타가 북부에서 중부 인도에 걸쳐 강대한 국가를 건설했다. 찬드라굽타와 브라만 출신의 저명한 재상 차나키야, 그리고 그가 저술한 책 —『아르타샤스트라』에 관해서는 이미 먼젓번 편지에서 조금 말한 적이 있다. 다행히 그 책은 2200년 전의 인도의 상황을 알려 준다.

우리는 이것으로 지금까지의 역사 여행을 뒤돌아보았다. 다음 편지에서는 마우리아 제국과 아소카 왕에 대해 이야기하기로 하자. 이것은 14개월 전인 1931년 1월 25일에 나이니 형무소에서 약속한 일이었다. 나는 지금도 그 약속을 잊지 않고 있다.

신들이 사랑한 아소카

24 *1932년 3월 30일*

신들이 사랑한 아소카

나는 왕이나 귀족 무리를 너무 깎아내리는 버릇이 있나 보다. 나는 좀처럼 이런 자들에게 탄복하거나 존경심을 느낀 적이 없다. 그러나 우리는 지금 국왕이고 황제였는데도 위대하고 찬양할 만한 한 인물을 만나려고 한다. 그는 다름 아닌 아소카 대왕이다. 웰즈(H.G. Wells)[39] — 그의 소설은 너도 몇 권 읽었을 테지 — 는 『세계사 개설(Outline of History)』에서 그를 평가하며 다음과 같이 썼다.

역사의 행간을 폐하·전하·각하 등의 칭호로 메우는 군주들 속에서도 아소카 왕의 이름은 찬란해 홀로 빛을 내고 있다. 볼가 강에서 멀리 일본에 이르기까지 오늘날에도 찬양해 마지 않는 샛별이다. 중국, 티베트, 그리고 그의 가르침을 잊은 지 오래인 인도에서도 그의 위대한 업적은 뭇 사람들의 입에 오르내리고 있다. 지금도 콘스탄티누스(Constantinus)나 샤를마뉴(Charlemagne)의 이름을 들어 본 사람들보다 훨씬 더 많은 사람들이 아직도 그의 기억을 가슴 깊이 간직하고 있다.

이것은 높은 찬사가 분명하다. 하지만 옳은 말이다. 더구나 인도인으로서 이 시대를 상기하는 것은 각별히 즐거운 일이다.

찬드라굽타는 기원전 300년에 세상을 떠났다. 그의 뒤를 이은 것은

---

39) 영국의 소설가, 저널리스트. 『세계사 개설』(1920)은 전세계에서 수많은 독자를 갖고 있고 이 책을 쓸 때 저자도 이것을 참조했다고 서문에서 밝히고 있다.

그의 아들 빈두사라(Bindusara)인데, 그는 25년 동안은 조용히 제국을 다스렸던 듯하다. 그는 그리스 세계와 접촉을 유지했고, 이집트의 프톨레마이오스나 셀레우코스의 아들 안티오쿠스(Antiochus)는 인도에 사신을 파견했다. 외국과 통상도 이루어져 이집트 사람들은 인도에서 생산한 물감으로 옷감을 염색했다고 한다. 또 미라를 인도의 옷감으로 감았다는 것이다. 그리고 비하르에서 발견된 유적을 보면 이미 마우리아 시대 이전에 유리가 제조되었던 것으로 보인다.

한때 찬드라굽타의 궁전에 파견된 그리스의 사신 메가스테네스(Megasthenes)[40]가 인도인의 복장과 용모의 아름다움에 호감을 느꼈노라고 썼다는 것을 안다면 너도 흥미를 느끼겠지. 더욱 재미있는 것은 키를 높이려고 구두를 신었다는구나. 그렇게 보면 하이힐도 아마 근대의 발명품은 아닌가 보다.

아소카는 기원전 268년에 빈두사라에서 북부 및 중부 인도의 전부, 중앙 아시아에 이르는 대제국을 계승했다. 그리하여 나머지 동남부 및 남부까지 차지하려고 제위에 오른 지 9년이 되는 해에 칼링가(Kalinga) 정복에 나섰다. 칼링가는 인도 동해안의 마하나디 강, 고다바리 강 및 키스트나 강으로 둘러싸인 곳에 있었다. 칼링가의 백성들은 아소카의 군대에 맞서 용감하게 싸웠지만, 피비린내 나는 살육전 끝에 굴복했다. 이 전쟁과 학살은 아소카의 마음을 움직여 그는 전쟁과 이에 따르는 모든 행위를 혐오하기에 이르렀다. 그 뒤 그에게 전쟁이란 있을 수 없는 것이 되었다. 남부의 한 모서리를 제외한 전 인도가 그의 지배 아래 있었으므로 이 곳을 공략해 정복을 완성하는 것은 손쉬운 일이었다. 하지만 그는 단념했다. 웰즈에 따르면 그는 승리를 거둔 뒤에 전쟁을 포기한 역사상 유일한 군주였다.

다행히 아소카가 무엇을 생각하고 무엇을 했는가를 우리에게 전해

---

[40] 셀레우코스 왕의 사신으로서 기원전 300년을 전후해 파탈리푸트라에 주재했다. 귀국 후에 저술한 견문기 『인도지(Ta Indika)』는 오늘날에는 그 단편만 남아 있다.

주는 그의 말, 즉 칙서들이 오늘날까지 많이 남아 있다. 우리는 돌이나 금속에 새긴 수많은 글에서 그가 백성과 자손에게 준 가르침을 알 수 있다. 너도 알다시피 알라하바드에도 아소카의 기념비가 있는데, 이와 비슷한 기념비가 인도의 어느 주에나 많이 남아 있다. 그것을 보면 아소카는 전쟁과 정복에 따르는 학살에 대한 두려움과 뉘우침을 말하고 있다. 그는 "참되고 유일한 정복이란 자아의 극복이며, 다르마(Dharma : 의무·진리·법·덕을 뜻함)로 인간의 마음을 정복하는 것이다"라고 말했다. 나는 여기서 다시 그의 말 가운데 몇 가지를 더 소개하겠다. 그 말들은 우리의 마음을 이끌 뿐만 아니라 아소카를 한층 친밀하게 느끼게 해 줄 것이다.

폐하께서 대관식을 올리신 지 8년이 지나서 칼링가는 폐하 앞에 정복되었다. 포로로 납치된 자가 15만, 살해된 자가 10만, 그리고 전사한 자는 이보다 몇 배에 이르렀다.

칼링가가 병합되자 폐하께서는 곧 법의 열렬한 보호, 법에 대한 사랑, 법(다르마)의 포교를 시작하게 하셨다. 그런데 폐하께서는 칼링가 정복에 대해 회한을 느끼시게 되었다. 이는 한 나라의 정복이 학살과 죽음과 포로와 납치를 수반하기 때문이다. 이러한 비인도적인 행위는 폐하가 깊이 애통해 하시고 통탄을 금치 못하시는 일이었다.

이 글은 계속해서, 아소카는 이제 설령 칼링가에서 살해되고 납치된 자의 100분의 1, 1000분의 1에 해당하는 살해나 납치도 용납하지 않겠다고 말했다고 전한다.

뿐만 아니라 그 누가 폐하를 해치려 하더라도 폐하는 이를 최대한 관대하게 처리하셨다. 폐하는 이 땅의 숲속에 거주하는 토착민에 이르기까지 자비를 베풀어 주시고 오로지 저들의 언행이

바르지 못함을 염려하셨다. 그렇지 못하면 폐하의 마음은 이내 회한에 사로잡히셨다. 폐하는 모든 중생이 안정과 자제와 마음의 평화와 기쁨을 얻기를 원하셨다.

계속해서 아소카는 참된 정복은 의무나 신앙의 법으로 사람의 마음을 정복하는 것이라고 역설하고, 그가 이미 자기 제국뿐만 아니라 다른 먼 나라에서도 이러한 참된 승리를 얻었음을 역설했다.

이러한 칙서에 거듭 언급된 법이란 결국 불타의 법이었다. 아소카는 열렬한 불교도가 되어 세상에 널리 다르마를 전하는 데 온 힘을 다했다. 그러나 이를 위해 어떤 권력이나 강제 수단도 동원하지는 않았다. 그가 원하는 개종이란 인간의 마음을 얻는 것이어야 했다. 참으로 종교인 치고 아소카만큼 관대한 인물도 드물 것이다. 종교가들이 전도를 위해 강권, 공포 수단, 사기 행위까지도 마다 않던 예는 드물지 않다. 역사를 보면 종교 박해와 종교 전쟁은 얼마든지 찾아볼 수 있으며, 아마 그 어떤 명분보다도 종교나 신의 명분 아래서 가장 많은 피를 흘렸을 것이다. 인도의 위대한 아들이요 강대한 제국의 원수가 열렬한 신앙을 갖고 사람들을 개종시키는 데 오로지 정신적인 수단에만 의지했다는 것을 기억해 두자. 이상하게도 누구나 종교나 신앙에 관한 일이라면 목에 총칼을 꽂아도 좋다는 미련한 생각에 빠진다.

칙서에 신의 총아 – '데바남프리야(devanampriya)' 라고 일컬어진 아소카는 멀리 서아시아나 유럽, 아프리카의 여러 나라에 사신을 보냈다. 실론에는, 너도 알고 있으리라고 생각하지만 그의 아우 마헨드라(Mahendra)와 누이동생 상가미트라(Sanghamitra)를 파견했는데, 그들은 가야에서 성수인 보리수의 가지를 갖고 갔다고 한다. 너는 아누라다푸라(Anuradhapura : 실론의 옛 도시)의 사원에서 우리가 보았던 보리수를 기억하고 있느냐? 바로 그 나무가 이들이 갖고 간 성수의 나뭇가지에서 자라난 것이라는 설명을 듣지 않았느냐.

불교는 빠르게 인도에 퍼졌다. 그리고 아소카가 생각하는 다르마

신들이 사랑한 아소카

란 공허한 기도나 공양이나 의식이 아니라 올바른 행실과 사회의 향상을 위해 힘쓰는 일이었으므로 온 나라에 공원·병원·우물·도로가 많이 건설되었다. 부인들의 교육을 위해 특별한 학교가 마련되었으며 네 개의 대학 도시 — 저 북쪽의 페샤와르 부근의 타크샤실라(Takshashila), 즉 탁실라, 지금은 영어로 무트라라고 이상하게 일컬어지고 있는 마투라(Mathura), 중부 인도의 우자인(Ujjain), 비하르주의 파트나 부근의 나란다에는 국내뿐만 아니라 멀리 중국부터 중앙 아시아에 걸쳐서 유학생들이 모여들었다. 그 학생들은 불타가 가르친 지식을 배워 가지고 고향으로 돌아갔다. 그리고 비하라(Vihara : 精舍)라고 일컬어지는 수도원도 나라 곳곳에 세워졌다. 파탈리푸트라, 즉 파트나 주변에는 주 전체가 비하라라고 일컬어지게 될 정도로 많은 수도원이 있었다. 지금은 그것을 비하르(Bihar)라고 부르고 있다. 그러나 흔히 있을 수 있는 일이지만 이 수도원들은 얼마 뒤 교의와 사상의 참된 정신을 잃고 정해진 행사와 예배를 집행하는 장소에 지나지 않게 되었다.

생명을 애호하는 아소카의 정신은 동물에까지 미치게 되었다. 동물 병원이 세워지고, 동물을 제물로 바치는 것은 금지되었다. 이 두 가지 점에서는 아소카는 현대를 뛰어넘는 점이 있었다고 할 수 있다. 유감스럽게도 오늘날 동물을 제물로 바치는 일은 아직도 성행하고 있으며, 종교를 위한 행사로 간주되고 있다. 또한 동물을 위한 시설도 거의 볼 수 없다.

아소카가 본보기를 보여 주고 불교가 널리 퍼지자 채식주의가 성행했다. 그 때까지만 해도 인도에서는 브라만이나 크샤트리아도 보통 육식을 하고 술도 마셨지만 이 때부터 음주와 육식을 하는 자가 크게 줄었다.

이와 같이 아소카는 평화로운 방법으로 공익을 위해 힘쓰면서 38년 동안 나라를 다스렸다. 그는 한시도 정치를 게을리한 적이 없다. "짐이 언제 어느 곳에 있더라도, 식사중이거나 후궁에 있거나 침실에 있거나 사실(私室)에 있거나 수레 위에 있거나 또는 정원을 거닐 때라도 대신들은 가리지 말고 언제나 백성에 대한 정무를 보고하라"고 했다. 만약 어떤 긴급한 사태가 발생했을 때에는 '어떤 곳에서도' 즉시 보고해야 했다. 아소카 왕의 말을 빌리면 그것은 '사회의 안녕을 위해 소임을 수행' 해야 했기 때문이다.

아소카는 기원전 226년에 세상을 떠났다. 그는 죽기 얼마 전에 출가했다.

마우리아 시대의 유적 가운데 지금까지 남아 있는 것은 얼마 되지 않는다. 하지만 잠시 모헨조다로 폐허를 제외한다면, 그 유적들은 인도에서 발견된 아리안 문명의 유적으로는 사실상 가장 오래된 것이다. 베나레스 근처의 사르나트(Sarnath)에 가면 머리에 사자를 인 아름다운 아소카 기념비를 볼 수 있다.

아소카 시대의 수도였던 파탈리푸트라에 관한 유적은 하나도 남아 있지 않다. 지금부터 1500년 전, 즉 아소카 시대로부터 600년 후에 중국의 여행자 법현(法顯)[41]이 여기를 방문한 적이 있는데, 그 무렵 이 도시는 매우 번성했으나 아소카의 궁전은 벌써 폐허로 변해 있었다고 한다. 그런데 그 폐허도 인간의 손으로 이루어졌다고는 볼 수 없을 정도로 훌륭했다고, 법현은 그의 여행기에 썼다.

커다란 암석을 쌓아서 세운 궁전은 지금 찾아볼 길이 없다. 하지만 아소카의 이름은 전 아시아 대륙에 살아 있으며, 그의 칙서는 오늘날도 우리가 이해할 수 있고 음미할 수 있는 말로 우리에게 호소한다. 우리는 거기서 많은 것을 배운다. 오늘 편지는 너무 길어 네가 지루했을지도 모르겠구나. 그럼, 끝으로 아소카의 칙서에서 한 구절을 인용하며 이 편지

---

41) 중국 동진(東晉) 시대의 불승. 현장보다 2세기 가량 앞서 중앙 아시아에서 인도로 들어가 불적(佛跡)을 순방하고, 다시 실론으로 건너갔다가 바닷길로 광주(廣州)를 향해 출발해 고국을 떠난 지 15년 만에 산동성 청도(靑島) 부근에 도착했다. 법현의 여행 목적은 주로 율장(律藏) — 출가자의 수양에 관한 준칙을 모은 경전집에 속하는 원전을 구하는 데 있었다. 그는 파미르 고원을 넘은 중국 최초의 중으로서, 귀국 후 『마가승지율(摩訶僧祇律)』을 비롯한 많은 불서를 번역했다. 여기에 인용된 글의 출처는 그의 여행기 『불국기(佛國記)』다.

를 마치기로 하자.

모든 종파는 어떤 이유로든 존중받을 만하다. 인간은 이렇게 행동함으로써 자기가 속한 종파의 영예를 높이고, 또한 다른 종파에 공헌한다.

25 *1932년 3월 31일*

아소카 시대의 세계

아소카가 먼 나라에 대사나 사절을 파견했고, 이들 나라들과 인도 사이에는 언제나 왕래와 통상이 있었다는 사실을 우리는 보았다. 물론 이 무렵의 접촉이나 통상은 오늘날과 같은 것이 아니었다는 점을 알아두어야 한다. 지금은 기차·기선·비행기 같은 것이 있어서 사람이나 재물을 쉽게 운반할 수 있다. 하지만 그 아득한 옛날에는 여행이란 위험하기도 하려니와 상당히 오래 걸렸다. 따라서 그것은 모험심이 많고 고난에 견딜 수 있는 사람만이 엄두를 낼 수 있는 것이었다. 따라서 현대 무역과는 도저히 비교할 수 없다.

아소카가 '먼 나라들'이라고 언급한 나라들은 어떤 나라였을까? 아소카 시대의 세계는 어떠했을까? 이집트와 지중해 연안을 제외하면 우리는 아프리카에 대해서 아무것도 모른다. 유럽의 북부·중부·동부, 그리고 아시아의 북부나 중부에 대해서도 조금밖에 알려져 있지 않다. 물론 아메리카에 대해서도 아무것도 모른다. 그러나 아메리카 대륙에는 이미 고도로 발달된 문명이 있었다고 생각하는 사람이 적지 않다. 뒷날

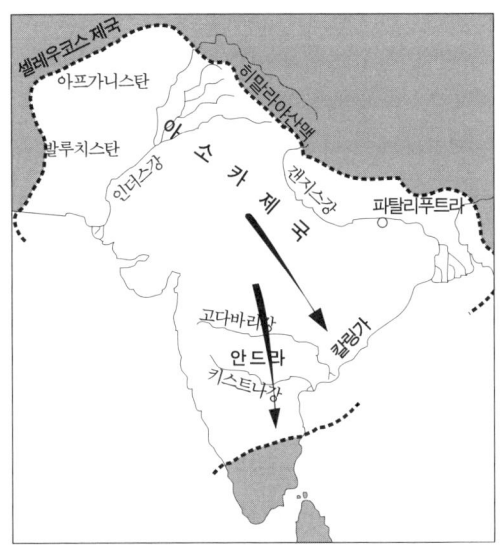

아소카(268~226 B.C.)

콜럼버스가 아메리카 대륙을 '발견' 했다고 하지만 그 때 벌써 남미의 페루나 그 주변에 수준 높은 문명이 있었다는 것을 우리는 알고 있다. 그러므로 기원전 3세기, 인도의 아소카 시대에도 아메리카에 문명인이 살고 체계 잡힌 사회를 이루고 있었다는 것은 있을 수 있는 일이다. 다만 확실한 증거가 없으니 이것저것 추측해 보아도 소용이 없구나. 다만 우리는 자칫 여태까지 읽거나 들은 적이 있는 지역에서만 문명인이 살고 있었던 것처럼 생각하기 쉬우므로, 이 점을 말해 두는 것이다. 유럽 사람들은 오랫동안 고대 역사라면 으레 그리스와 로마, 그리고 유태인의 역사를 말하는 것으로 생각해 왔다. 이 낡은 사고 방식에 따르면 당시 그 밖의 세계는 말할 것도 없이 황야에 지나지 않았다. 나중에 그들 가운데서 역사가나 고고학자들이 중국과 인도와 그 밖의 나라들에 대해 이야기하게 되면서부터 비로소 그들이 갖고 있던 역사 지식이 불충분했다는 것을 알게 되었다. 이와 마찬가지로 이 세상에서 일어나는 일에 대해 주관적

아소카 시대의 세계

인 척도로 재는 일이 없도록 조심해야 한다.

그러나 지금 우리가 살펴보고 있는 아소카 시대, 즉 기원전 3세기의 고대 문명 세계는 주로 유럽, 아프리카의 지중해 연안에 있는 여러 나라들, 서아시아, 중국, 그리고 인도로 이루어져 있었다고 보아도 좋을 것이다. 중국은 아마 서방의 여러 나라 또는 서아시아와 직접적인 왕래가 드물었으리라고 생각된다. 그러므로 서방에서는 대체로 중국이라면 마법의 나라처럼 생각했다. 인도는 마치 서방 제국과 중국을 연결하는 고리 역할을 했을 것이다.

이미 살펴본 바와 같이 알렉산더가 죽은 뒤 그가 세운 제국은 그의 부하 장군들에 의해 분할되었다. 즉 (1) 셀레우코스가 다스리는 서아시아·페르시아 및 메소포타미아, (2) 프톨레마이오스가 다스리는 이집트, (3) 안티고노스(Antigonos)의 지배하에 들어간 마케도니아, 이 가운데 앞의 두 나라는 오래 지속되었다. 너도 알다시피 셀레우코스가 다스리는 영역은 인도까지 맞닿았으며, 인도의 일부를 삼키려고 호시탐탐 노리고 있었다. 그러나 찬드라굽타는 이에 완강히 대항해 격퇴시켰을 뿐만 아니라 지금의 아프가니스탄에 해당하는 지역을 합병했던 것이다.

마케도니아의 운명은 더 불우하게 되어 북방으로부터 골인(Gauls)을 비롯한 여러 종족들의 침입에 시달렸다. 그리하여 결국 골인의 공격을 막아 내며 독립을 유지한 곳은 마케도니아의 극히 작은 부분에 지나지 않았다. 그 곳은 지금 터키가 위치한 소아시아의 페르가몬(Pergamon)이었다. 그것은 조그만 그리스인의 도시에 지나지 않았지만 100년 이상이나 그리스 문화와 예술의 고향이 되었고, 웅장하고 아름다운 건축물, 특히 훌륭한 도서관이나 박물관이 건립되었다. 페르가몬은 이리하여 규모는 작았지만 바다 저편에 있는 알렉산드리아와 맞설 만한 도시로 떠올랐다.

알렉산드리아는 이집트의 프톨레마이오스 왕조의 수도로서 고대 세계에 널리 이름을 떨친 큰 도시가 되었다. 아테네의 영광은 두드러지게 쇠퇴하고 서서히 알렉산드리아가 그리스 문화의 중심지가 되었다. 대규모 도서관이나 박물관에는 먼 나라에서 많은 학생들이 모여들어 철학·수학·종교, 그 밖의 고대 세계가 당면한 여러 가지 문제들을 연구했다. 너를 비롯해서 학교에 다니는 아이라면 누구나 알고 있는 유클리드는 아소카와 같은 시대에 생존했던 알렉산드리아의 시민이었다.

프톨레마이오스 왕조는 너도 알다시피 그리스에서 나왔다. 그러나 그들은 이집트의 풍속과 관습을 많이 받아들였고, 이집트 고대의 신들 가운데 어떤 신을 숭배하기도 했다. 제우스·아폴론 등 마치 『마하바라타』에 베다의 신들이 등장하는 것처럼, 호메로스의 서사시에 자주 등장하는 고대 그리스의 신들은 무대에서 사라지거나 이름을 바꾸어 새 옷을 갈아입고 나타나야 했다. 이집트의 신들과 여신들 ― 이시스(Isis), 오시리스(Osiris), 그리고 호루스(Horus) 사이에서도 혼교(混交)나 합체(合體)가 일어나 새로운 신들이 숭배의 대상으로 대중 앞에 나타났다. 그들은 푸자(공양 의식)의 대상이 될 만한 것을 갖고 있다면 어느 신에 예배하든 관계없었다. 어쨌든 새로운 신들 가운데 세상에 가장 널리 알려진 것은 세라피스(Serapis)라는 신이었다.

알렉산드리아는 또한 상업의 중심지여서, 다른 문명 세계에서 상인들이 모여들었다. 이 곳에는 인도 상인의 거류지도 있었으며, 알렉산드리아의 상인들이 남부 인도의 말라바르 해안에 거류지를 갖고 있었다는 것은 진작 알려진 사실이다.

지중해를 건너 이집트에서 그리 멀지 않은 곳에는 로마가 그 때 이미 크게 성장하고 있었는데, 로마는 뒷날 훨씬 강대해질 운명에 있었다. 이 로마 건너편 아프리카 해안에는 로마의 강적 카르타고(Carthago)가 버티고 있었다. 우리는 고대 세계에 관한 모종의 개념을 종합하기에 앞서서 그들 사이의 관계에 대해 잠깐 생각해 보아야 할 것이다.

동방에서는 중국이 서방의 로마 못지 않게 강대해지고 있었다. 우리가 아소카 시대의 참모습을 파악하고자 한다면 이 방면 또한 고찰해야만 할 것이다.

26 1932년 4월 3일

진나라와 한나라

고대 중국에 대해서는 나이니 형무소에서 보낸 편지에서 황하 유역에 주민들이 정착했다는 것, 초기의 왕조인 하(夏), 상(商) 또는 은(殷), 주(周) 나라에 대해 조금 언급했다. 그 동안 중국에서는 점차 국가가 발생해 오랜 세월을 두고 중앙 정부가 형성되어 가고 있었다. 그리고 명목상으로는 주나라의 지배하에 있었지만 점차로 통일 과정이 멈추고 해체가 이루어지던 오랜 시기가 계속되었다. 지방의 작은 영주들은 사실상 독립해 서로 세력 다툼을 벌였다. 이처럼 불행한 사태가 몇백 년 동안 계속된 ― 중국에서는 무슨 일이든 몇백 년에서 1000년은 걸리나 보다 ― 결과 이 지방 군주의 한 사람인 진공(秦公)이 노쇠한 주나라를 추방하는 데 성공했다. 그의 후손들을 진 왕조라고 하는데, '지나(China)'라는 이름이 이 진에서 나왔다는 것은 기억해 두어도 좋을 것이다.

이렇게 진 일족은 기원전 225년부터 중국에서 치세를 시작했다. 아소카의 치세가 시작된 것은 이보다 36년 전이므로, 우리는 이제 중국에서 아소카의 동시대인을 이야기하는 것이다. 진의 황제 가운데 초기의 세 사람은 매우 짧은 시기 동안 군림했을 뿐이다. 그리고 기원전 246년에 네 번째 황제가 나타났는데 이 사람은 주목할 만한 인물이었다. 그의 이름은 정(政)이었지만 나중에 스스로 시황제(始皇帝)라 칭했다. 그는 흔히 시황제로 알려져 있다. 그것은 '첫 번째 황제'라는 뜻이다. 그는 자신과 자기의 시대에 대해 자부심이 강했으며, 과거 역사를 숭배하는 사람이 아니었다. 그는 백성에게 지난날을 망각하도록 강요하고, 역사는 최초의 위대한 황제인 자기로부터 시작된다는 것을 믿으라고 강요할 정도였다. 이미 2000년 전부터 중국에는 훌륭한 황제들이 얼마든지 있었다는 사실도 무시한 채 백성들의 기억까지도 씻어 내려고 했다. 옛 황제들뿐만 아니라 과거의 모든 저명한 사람들까지도 모조리 잊어버리라고 했다. 그리하여 과거를 전해 주는 책, 특히 역사나 유교의 고전을 모조리 불태워 버리라는 명령을 내렸다. 여기서 제외된 것은 겨우 의학과 그 밖의 과학 서적들뿐이었다.

그는 포고문에서 다음과 같이 말했다.

> 과거에 비추어 오늘을 경시하는 자는 마땅히 구족(九族)을 멸하겠다.

그는 이 포고를 그대로 실행했다. 가장 아끼는 책을 감추었던 몇백 명의 학자가 생매장을 당했다. 이 '첫 번째 황제'는 이토록 마음이 따뜻하고 성격이 부드러운 인물이었던가 보다! 나는 인도에서 과거가 찬양되는 말을 들을 때마다 시황제를 생각하고 잠시 동정을 금하지 못하곤 한다. 우리 나라 사람들은 과거를 되돌아보고 찬사를 아끼지 않으며, 거기서 어떤 영감을 얻으려고 애쓴다. 과거가 우리를 격려하고 위대한 행위를 하도록 이끌어 준다면 우리는 반드시 그 도움을 받아야 할 것이다. 그러나 나는 개인이건 민족이건 그저 과거만을 돌아본다는 것은 그다지 건전한 태도가 아니라고 생각한다. 누군가 말한 것처럼 만일 인간이 뒤로 걷거나 뒤만을 보도록 되어 있다면 인간의 눈은 머리 뒤쪽에 붙어 있어야 마땅할 것이다. 우리는 열심히 과거를 연구해 거기에 찬양할 만한 점이 있으면 물론 찬양해야겠지만, 우리 눈은 어디까지나 앞을 바라보아야 하며 우리의 걸음은 언제나 앞을 향해 나아가야 한다.

진시황이 옛날 책을 불살라 버리고 그것을 읽는 사람들을 생매장한 것은 물론 야만적인 행위었다. 그 때문에 그의 과업은 그가 **죽**으면서 **중**단되고 뒤에 남은 것은 아무것도 없었다. 그는 자기가 첫 번째 황제이며 제2, 제3의 황제가 시간과 함께 영원히 계속되리라 기대했지만 중국의 모든 왕조 가운데 진나라의 수명이 가장 짧았다. 다른 왕조들은 전에도

진나라와 한나라

말한 것처럼 몇백 년씩 지속되었다. 진나라 전에 존재했던 어느 나라는 867년간이나 지속되었다. 그런데 진이 일어나 승리를 거두어 강대한 제국을 지배하기 시작한 뒤 쇠퇴하고 망할 때까지는 고작 50년밖에 걸리지 않았다. 시황제는 강력한 황제들로 대를 잇는 위대한 계열의 선두에 서고자 했지만, 그가 죽은 지 불과 3년도 못 가서 그의 왕조는 막을 내렸다. 그러자 곧 모든 책과 공자의 경전은 다시 햇빛을 보게 되고 전과 같은 권위를 되찾게 되었다.

진시황은 지배자로서는 중국의 역사 이래 가장 강력한 인물 가운데 하나였다. 그는 수많은 지방 영주들이 저마다 내미는 요구를 제압하고, 봉건적인 체제를 무너뜨려서 강력한 중앙 정부를 세웠다. 그는 중국 전체와 안남(安南)까지 통일했다. '만리장성'을 쌓은 사람도 그였다. 이것은 경비가 막대하게 드는 사업이었지만 중국인들은 국가의 방위를 위해 방대한 군대를 유지하느니 이 대규모 성벽에 자금을 투입하는 것이 차라리 낫겠다고 생각했다. 그러나 만리장성은 대대적인 침략을 감당할 수 없었으며, 그저 소소한 외적의 습격을 막는 데 효과적이었을 따름이다. 어쨌든 이 만리장성은 중국인이 평화의 애호자이며, 그토록 국력이 강력했는데도 군사적으로 나라의 위엄을 떨치려고 하지 않았다는 것을 보여 주고 있다.

진시황이 죽고 나자 이 왕조를 계승할 만한 자가 좀처럼 나타나지 않았다. 그러나 이 시대 이후로는 중국은 대체로 통일을 유지했다.

다음에 등장한 것은 한(漢) 왕조였다. 이 왕조는 400년 이상이나 번성했다. 초기에는 여황제가 즉위하기도 했는데, 여섯 번째 황제는 무제(武帝)라 하여 중국에서도 가장 유명하고 실력 있는 황제로 손꼽히며 50년 이상이나 제위에 앉아 있었다. 그는 줄곧 북부 지방을 위협하고 있던 흉노를 무찔렀다. 동쪽으로는 코리아에서 서쪽으로는 카스피 해에 이르기까지 그는 무적이었고, 중앙 아시아의 여러 부족은 모두 무제를 섬기게 되었다. 지도를 보면 기원전 1, 2세기에 그의 영향이 얼마나 컸으며, 또 중국의 세력이 얼마나 강대했는지를 알 수 있다. 우리는 이 시대에 로마가 무척 크고 강했다는 이야기를 자주 듣기 때문에 자칫 로마가 전세계를 지배하고 있었던 것처럼 생각하기 쉽다. 당시 로마는 '세계의 여왕'이라고 일컬어질 정도로 큰 나라였으며 국력도 날로 커 가고 있었지만, 중국은 이보다 훨씬 더 방대하고 강력한 제국이었다.

아마도 무제의 시대에는 중국과 로마 사이에 교류가 확립되어 있었던 모양이다. 양국간의 무역은, 현재 페르시아와 메소포타미아라고 일컬어지는 지역에 살던 파르티아인(Parthians)이 중개했다. 나중에 로마와 파르티아 사이에 전쟁이 일어나 이 중개 무역이 중단되자 로마는 해로를 통한 무역을 찾아 나섰고, 실제로 로마의 배들이 중국에 드나들었다. 다만 이것은 서기 2세기의 일이며, 지금 우리가 이야기하는 시대는 기원전이란다.

불교는 한나라 시대에 중국에 전해졌다. 중국인은 기원전부터 불교에 대한 이야기를 듣고 있었지만, 포교가 시작된 것은 한나라의 어느 황제가 머리 뒤에 후광이 빛나는 남자를 꿈에서 본 뒤부터라고 한다. 그 황제는 이 꿈이 서쪽에서 나타났다면서 그 방향으로 사신을 파견했고, 이 사신이 불상과 불경을 갖고 돌아왔다는 것이다. 불교와 함께 인도의 예술이 중국에 전달되고, 나아가 코리아를 거쳐 일본에 전해졌다.

한 왕조 시대에는 기억할 만한 두 가지 중대한 사건이 있었다. 하나는 목판 인쇄가 발명된 것이다. 이 인쇄술은 1000년 이상이나 이용되었는데 유럽보다 500년을 앞선 것이다.

또 하나 기억할 만한 것은 과거 시험 제도였다. 어린 소년 소녀는 시험이라면 질색하고 나도 그들을 동정한다. 그러나 중국의 이 관리 시험 제도는 매우 주목할 만한 일이다. 다른 나라에서는 최근까지도 관리는 주로 정실로부터 임명되거나 특별한 계급에 속하는 자만이 임명되었던 것이다. 그러나 중국에서는 시험에만 급제하면 누구나 관리가 될 수 있었다. 물론 유교 경전 시험에 급제한 사람이라고 해서 모두 유능한 관리가 되는 것은 아니므로 이상적인 제도라고는 할 수 없었다. 하지만 정실이나 계급에 따른 관리 임용에 비하면 대단한 진보가 분명하다. 중국에서는 이 제도가 2000년 동안이나 존속되었으며, 이것이 폐지된 것은 극히 최근이었다.

진나라와 한나라

27　1932년 4월 5일

로마 대 카르타고

동쪽 끝을 보았으니 이제는 서쪽으로 눈을 돌려 로마가 성장한 자취를 더듬어 보자. 로마는 기원전 8세기에 건국되었다고 한다. 아리아인의 자손임이 틀림없는 초기 로마는 티베르(Tiber) 강 근처에 있는 일곱 개의 언덕 위에 마을을 세웠는데, 이 마을들이 서서히 성장해 하나의 도시가 되었다. 그리고 이 도시는 날로 발전해 마침내 이탈리아에 그 세력을 뻗치고 시칠리아 섬 건너편에 있는 메시나(Messina)에 다다랐다.

전에 이야기한 그리스의 도시 국가를 기억하고 있겠지? 그리스인들은 곳곳에 도시 국가를 세우려고 했으므로 지중해 연안에는 수많은 그리스인의 식민 도시 국가들이 들어서게 되었다. 그러나 앞으로 이야기하려는 로마는 이와는 매우 다르다. 아마도 처음에는 로마도 그리스인의 도시 국가와 별반 다르지 않았으리라 생각되지만 얼마 안 가서 부근의 부족을 정복하며 세력을 넓혀 갔다. 이렇게 확대된 로마의 영토는 이탈리아의 대부분을 차지하게 되었다. 이처럼 넓은 지역을 도시 국가라고 할 수는 없겠지. 그 지역들은 로마의 지령에 따라 통치되었는데, 로마 자체는 대단히 특수한 통치 제도를 갖고 있었다. 로마에는 황제도 국왕도 없었지만 그렇다고 오늘날과 같은 의미의 공화국도 아니었다. 그래도 굳이 말한다면 로마는 방대한 토지를 소유하고 있는 소수의 귀족에 의해 지배되었으므로 또한 일종의 공화국이었다. 정치는 원로원(Senate)에서 맡고 있었는데 이 원로원은 선거로 뽑힌 두 사람의 집정관(Consul)이 지명하는 것이다. 원로원 의원이 될 수 있는 자는 오랫동안 귀족으로만 제한되었다.

로마는 두 계급으로 나뉘어 있었다. 한 계급은 많은 토지를 갖고 있는 파트리키(Patrici), 즉 부유한 귀족이고, 또 한 계급은 플레브스(Plebs), 즉 일반 시민이었다. 로마국 또는 로마 공화국의 역사는 몇백 년 동안 이 두 계급간의 투쟁사였다. 귀족들은 모든 권력을 거머쥐고 있었고 권력이 있는 곳에는 재물이 따르기 마련이었다. 평민들은 패배자로서 권력도 재물도 없었다. 그들은 권력을 얻기 위해 투쟁을 계속한 결과 서서히 작은 성과를 올리기도 했다. 이 오랜 투쟁 속에서 평민들이 정부에 대한 일종의 비협력 운동을 벌여 성공을 거둔 것은 흥미로운 일이다. 그들은 떼지어 로마를 떠나 새로운 도시를 만들어 정착했다. 이것은 평민들이 없으면 살아갈 수 없는 계급에게 큰 타격이었다. 그러자 귀족들은 조금 양보해 평민들에게 작은 권리를 주었다. 그리하여 평민들도 고위 관료나 원로원 의원이 될 수 있게 되었다.

귀족과 평민의 투쟁만 이야기하고 있으면 우리는 자칫 다른 계급을 잊기 십상이다. 로마에는 이 두 계급 외에도 방대한 숫자에 이르는 노예(slave)가 있었다. 그들은 아무런 권리도 없었다. 그들은 시민(citizen)이 아니었기 때문이다. 그들은 선거권도 없었으며, 소나 개처럼 주인의 사유 재산이었다. 그들은 이리저리 팔려 다니고 함부로 처벌당하기도 했다. 어떤 특수한 조건에서는 해방될 때도 있었다. 그들은 해방되면 자유민(freedmen)이라고 일컬어지는 특별 계급에 속하게 된다. 서양 고대 세계에는 언제나 많은 노예가 필요했다. 이 필요를 충족시키기 위해 큰 노예 시장이 설치되고, 남녀는 물론이고 아이들까지도 포로로 잡아오려고 원정대가 파견되었고, 포로들을 노예로 팔아 치웠다. 이집트도 마찬가지지만 고대 그리스나 로마의 영화는 바로 이 광범위한 노예 제도를 토대로 하여 이루어졌던 것이다.

이러한 제도가 인도에도 있었을까? 일단은 없었다고 해도 좋다. 중국에도 없었나. 그렇다고 해서 고대 인도나 중국에 노예가 없었다는 말은 아니다. 그러나 중국과 인도에 있었던 것은 가내 노예들이라고 할 수 있다. 소수의 가내 일꾼이 노예로 간주되고 있었을 뿐이다. 인도나 중국에는 노동 노예, 즉 토지나 기타 장소에서 일하던 대규모 노예 집단은 없

로마 대 카르타고

었다고 생각된다. 그리하여 두 나라는 가장 비열한 이 제도를 체험하지 않고 지냈다.

이렇게 로마가 성장하고 있는 동안 귀족들은 이윤을 차지해 부유하게 되고 날로 번영의 길을 달렸다. 반면 평민들은 여전히 가난해 귀족들에게 눌려 살았다. 그리고 귀족과 평민은 다 함께 노예를 억압하고 있었다.

한편 로마가 성장하는 동안 정치는 어떻게 이루어지고 있었을까? 앞에서 나는 원로원이 정치를 맡았다고 말했다. 그리고 원로원은 선거로 뽑힌 두 명의 집정관이 지명했다. 그럼 집정관은 누가 선출했을까? 그것은 유권자인 시민이었다. 처음에 로마가 일개 도시 국가에 불과할 때에는 시민들은 모두 로마 시내나 그 부근에 살고 있었으므로 한 장소에 모여 투표하는 것도 그다지 어려운 일이 아니었다. 그러나 로마가 점점 커지면서 로마에서 멀리 떨어져 사는 시민들이 많아지자 투표하기가 어렵게 되었다. 오늘날과 같은 '대의 정치'는 당시에는 아직 발달하지 못했고, 적어도 실시할 만큼 발달하지도 못했다. 오늘날 잘 알려져 있듯이 각 지방이나 선거구가 각각 대표자를 선출해 국회에 보내면 이 작은 모임이 전국민을 대표하게 되어 있다. 물론 이런 아이디어를 당시의 로마인들은 미처 생각하지 못했다. 그래서 멀리 떨어져 사는 유권자들이 대부분 투표할 수 없는데도 로마에서는 여전히 직접 투표 방식을 그만두지 않았다. 신문이나 팜플렛, 그 밖의 인쇄물이 간행되는 것도 아니고 또 문자를 아는 사람도 극히 드물었다. 따라서 로마에서 멀리 떨어져 사는 사람들에게 부여된 투표권은 사실 아무짝에도 쓸모가 없었다. 비록 선거권을 갖고 있다 해도 머나먼 거리가 그 권리를 무가치하게 만들었던 것이다.

그러니 선거나 그 밖의 중요한 결정에 실제로 참여하는 것은 로마 시내에 살고 있는 유권자들뿐이었다. 그들은 야외에 울타리를 쳐 놓은 곳에서 투표했다. 이 유권자 중에는 평민들도 많이 포함되어 있었다. 높은 지위나 권력을 원하는 부유한 귀족들은 가난한 평민의 표를 얻기 위해 뇌물을 썼다. 그리하여 로마의 선거는 오늘날의 선거에서도 가끔 볼 수 있는 매수 공작이나 속임수를 통해 좌우되게 되었다.

로마가 이탈리아에서 성장하고 있는 동안 카르타고는 북아프리카에서 세력을 확대하고 있었다. 카르타고인은 페니키아인의 전통을 이어받아 전통적으로 상업과 항해에 능했다. 이 나라 또한 공화국이기는 했지만, 부유 계급만의 공화국이라는 색채가 로마보다도 더 강하고, 거대한 노예 인구를 거느린 도시 공화국이었다.

전에는 로마와 카르타고의 중간 지점인 남이탈리아와 메시나에 그리스의 식민지들이 있었지만, 이 두 나라가 힘을 합해 그리스인을 쫓아낸 뒤 카르타고는 시칠리아 섬을 차지하고 로마는 장화처럼 생긴 이탈리아의 맨 끝까지 진출했다. 그러나 로마와 카르타고의 우호 관계는 오래 계속되지 않았다. 이윽고 두 나라 사이에서는 충돌이 일어나 정세는 날로 험악해질 뿐이었다. 비좁은 바다를 사이에 두고 맞선 두 강대국을 다 포용할 만큼 지중해는 넓지 못했다. 게다가 두 나라는 모두 큰 야심을 품고 있었다. 로마는 바야흐로 한창 발전하는 도중이어서 청년의 객기가 흘러 넘쳤다. 한편 카르타고는 자수성가한 로마를 얕보며 줄곧 제해권을 장악하고 있었다. 이 두 나라는 가끔 휴전 기간도 있었지만 100년 이상이나 싸움을 계속했다. 위정자들은 대중을 피폐시키면서 야수처럼 싸웠다. 세 번의 큰 전쟁이 벌어졌는데 이를 포에니 전쟁(이 명칭은 로마인들이 카르타고인을 포에니, 즉 페니키아인이라고 부른 데서 유래한다)이라고 한다.

제1차 포에니 전쟁은 기원전 264년부터 241년까지 계속되어 로마가 승리했다. 그 뒤 22년 뒤에 제2차 포에니 전쟁이 시작되었는데, 카르타고는 역사에서 유명한 한 장군을 내보냈다. 그의 이름은 '한니발(Hannibal)'이었다. 그는 15년 동안이나 로마를 피곱혔으며 로마의 백성들을 벌벌 떨게 했다. 그는 기원전 216년 칸나에(Cannae)에서 큰 전투를 벌인 끝에 로마군을 크게 무찌르고 대학살을 저질렀다. 로마인이 뱃길을 장악한 탓에 한니발은 본국과 연락이 되지 않아 거의 원조도 받지 못

로마 대 카르타고

하고 혼자 힘으로 싸워 나갔다. 그러나 로마인들은 패전과 이에 따른 재난이 있었는데도 굴하지 않았으며, 언제나 한니발의 위협을 받아도 굴하지 않고 그들의 불구대천의 적에 맞서 항쟁을 계속했다. 한니발을 상대로 큰 싸움을 벌이는 것을 두려워한 그들은 큰 전투를 피하되, 오로지 적의 연락망을 끊어서 적을 괴롭히는 작전으로 나아갔다. 로마의 장군이며 특히 이러한 소극적 작전에 능했던 사람이 파비우스(Fabius)였다. 그는 10년 이상이나 큰 싸움을 피해 왔다. 여기에서 그를 소개하는 것은 그가 기억할 만큼 큰 인물이어서가 아니라 영어의 '페이비언(Fabian)'이란 말의 기원이기 때문이다. 만사를 무리하게 급히 해결하려고 하지 않는 '페이비언 전술'이라는 말이 있다. 그는 전투나 위험한 국면을 피하면서 완만한 충돌을 통해 목적을 달성하려고 했다. 영국에는 사회주의를 신봉하되 돌발적인 변화를 배격하는 페이비언 협회[42]가 있다.

한니발은 이탈리아를 대부분 불모의 황야로 만들었다. 그러나 로마인들은 완강한 저항 끝에 최후의 승리를 거두었다. 기원전 202년 한니발은 자마(Zama) 전투에서 크게 패하고 말았다. 그는 로마인의 무서운 증오에 쫓겨 도망 다니다가 결국 독을 마시고 자살했다.

그로부터 반 세기 동안 로마와 카르타고 사이에는 평화가 계속되었다. 카르타고는 이미 쇠퇴해 버려서 로마에 도전할 기력을 잃고 있었다. 그런데도 로마는 카르타고를 용서하지 않고 제3차 포에니 전쟁을 강행했다. 이 전쟁은 카르타고에 대한 철저한 파괴와 대학살로 끝났다. 이리하여 일찍이 '지중해의 여왕'으로 이름을 떨친 카르타고는 가련하게도 쟁기가 땅을 가는 벌판으로 변하고 말았다.

---

42) 1884년 영국에서 사회주의 경향을 띤 이상주의적인 지식인이 결성한 계몽 단체다. 일정한 교조는 없지만 대체로 영국의 발달된 의회 정치에 기대하며 입법 수단을 통해 사회주의 국가를 실현할 수 있다고 믿는 관점에 서서 조사와 선전에 중점을 두는 한편, 사회의 모든 활동 부문에 '침투'하는 데 주력해 이른바 영국적인 사회주의의 원천이 되었다. 스스로 정치 활동은 하지 않지만 당연히 영국 노동당과 밀접한 관계를 가지고 있다.

28   *1932년 4월 9일*

로마 공화국이 제국이 되다

카르타고가 최후로 패배하고 파괴된 뒤 로마는 우세를 확립하고 그 세력은 지중해에서 어깨를 겨룰 나라가 없게 되었다. 이미 그리스의 여러 도시 국가를 정복한 로마는 카르타고에 속해 있던 여러 영토도 병합했다. 그리고 제2차 포에니 전쟁이 끝난 뒤에는 스페인도 로마가 차지했다. 그러나 아직 로마는 지중해 연안을 지배할 뿐 북부와 중부 유럽에는 미치지 못하고 있었다.

로마의 승리와 정복은 나라의 부와 사치를 불러왔다. 정복된 나라에서 돈과 노예가 쏟아져 들어왔다. 그러나 그것은 누구의 소유가 되었겠니? 앞서 말한 것처럼 로마의 최고 통치 기관은 원로원이며 이는 귀족 출신으로 구성되어 있었다. 이 부유한 집단이 로마 공화국을 좌우해, 로마의 세력과 영토가 확대됨에 따라 이들의 부도 늘어 갔다. 그 결과 부자는 더욱 부유해지고 가난한 자는 여전히 가난했다. 아니, 실제로는 더 가난해졌다. 노예의 수는 증가하고 사치와 빈곤이 함께했다. 이러니 분쟁이 일어나는 것은 당연한 일이었다. 인간의 인내는 놀랄 만큼 강하지만 그 인내에도 한계가 있으며 일단 한계에 이르면 폭발하기 마련이다.

부유층은 각종 놀이와 서커스를 비롯한 흥행물로 빈민의 눈을 속이려고 했다. 공연장에서는 검투사들이 열광하는 관객 앞에서 서로 칼질을 해 목숨을 주고받았다. 이렇게 죽어 간 노예나 전쟁 포로가 상당히 많았지만 이것은 한낱 스포츠쯤으로 간주되었다.

그러나 로마의 혼란은 날로 심해지기만 했다. 폭동, 학살, 투표권의 매수, 부정 행위가 잇달았다. 가난하고 짓밟힌 노예까지도 스파르타

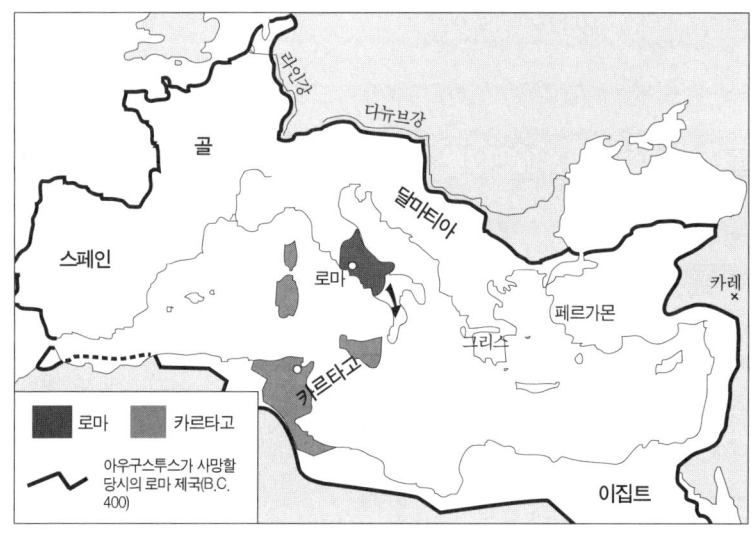

로마 제국의 형성

쿠스(Spartacus)라는 검투사의 지휘 아래 반란을 일으켰다. 그러나 그들은 무참하게 진압되어 로마의 아피아 거리에서는 6000명이나 되는 반도들이 십자가에 매달려 죽어 갔다고 한다.

한편 장사치나 군인들이 점점 득세해 원로원을 능가하게 되었다. 군인들이 서로 권력 다툼을 벌인 결과 내란이 일어나고 황폐가 뒤따랐다. 기원전 53년 동방의 파르티아(Parthia : 메소포타미아)에서는 로마의 군대가 크게 패하고, 파르티아인은 그들을 침범해 온 로마군을 카레(Carrhae) 전투에서 격파했다.

로마의 많은 장군들 가운데 두 사람이 특히 뛰어났다. 폼페이우스(Pompeius)와 율리우스 카이사르(Julius Caesar)인데, 카이사르는 너도 알다시피 프랑스 — 당시에는 골이라 불렀다 — 와 영국을 평정했고, 폼페이우스는 동방에 원정해 큰 성과를 올렸다. 그러나 이 두 사람은 크게 대립하고 있었다. 둘 모두 야심가이며 적을 용서하지 않았다. 둘 모두 원로원에 대해 입으로는 호의를 보였지만 사실상 원로원은 있으나마나 한 존재였다. 카이사르는 폼페이우스를 거꾸러뜨리고 로마 세계의 우두머리가 되었다. 그러나 로마는 공화국이었으므로 카이사르도 노골적으로 독재할 수는 없었다. 그러자 그를 왕, 또는 황제로 옹립하려는 움직임이 일어났다. 그는 내심 구미가 당겼지만 옛날부터 내려오는 공화국의 전통을 생각해서 주저했다. 실제로 이 전통은 그에게도 벅찰 정도로 큰 힘을 갖고 있었다. 그는 포룸(Forum : 공공 광장) 입구에서 브루투스(Brutus) 일파에게 피살되었다. 이 장면을 묘사한 셰익스피어의 희곡 『율리우스 카이사르』는 아마 너도 읽어 보았겠지.

 카이사르는 기원전 44년에 피살되었다. 그러나 그를 피살해도 공화국을 구할 수는 없었다. 그의 양자이자 조카인 옥타비아누스(Octavianus)와 그의 친구인 안토니우스(Antonius)는 그의 처참한 죽음에 대해 복수를 했다. 그러자 왕정을 세우려는 운동이 되살아나 옥타비아누스가 국가의 원수인 프린켑스(Princeps : 제1의 시민, 로마 원로원의 대표자라는 뜻), 즉 제일인자(chief) 자리에 오름으로써 공화국은 종말을 고했다. 원로원은 존속하고 있었지만 이미 아무런 실권도 없었다.

 옥타비아누스가 국가의 원수 자리에 올랐을 때 그는 '아우구스투스 카이사르(Augustus Caesar)'라는 칭호를 받았으며, 그 뒤 후계자들은 모두 '카이사르'라고 일컬어지게 되었다. 이리하여 '카이사르'라는 말은 황제를 의미하게 되었다. 독일의 카이저(Kaiser)나 러시아의 차르(Czar)라는 말도 카이사르에서 나온 것이란다. '카이저'라는 말은 힌두스탄어에도 오래도록 전해졌다. '카이사르 이 룸(Kaisar-i-Rum)'이니 '카이사르 이 힌드(Kaisar-i-Hind)'가 그것이다. 영국의 조지(George)왕은 지금도 '카이사르 이 힌드'라는 칭호를 갖고 있다. 독일의 카이저는 죽고 오스드리아와 투르크의 카이서, 러시아의 자르도 지금은 없다. 그런데 로마를 위해 영국을 정복한 율리우스 카이사르의 이름과 칭호를 하필 영국의 왕만 본뜨고 있다니 흥미롭구나.

 이렇게 율리우스 카이사르의 이름은 제왕의 위엄을 나타내는 말이

로마 공화국이 제국이 되다

되었다. 만일 폼페이우스가 그리스의 파르살로스(Pharsalos)[43] 접전에서 카이사르를 이겼다면 어떻게 되었을까? 아마 폼페이우스가 황제가 되어 폼페이우스라는 말이 곧 황제를 뜻하게 되었을지도 모르지. 그리하여 '독일 폼페이우스(German Pompeius : 빌헬름 2세)' 또는 '폼페이우스 이 힌드(Pompeius-i-Hind)'라는 칭호가 생겼을지도 모른다!

로마가 변모하고 있을 동안, 즉 공화국이 왕국으로 될 때 그 미모로 역사에 길이 이름을 떨친 한 여성이 이집트에 살고 있었다. 그녀가 바로 클레오파트라(Cleopatra)다. 그녀는 그다지 평판은 좋지 않았지만 미모로 역사를 바꾸었다는 극소수의 여성 가운데 하나다. 카이사르가 이집트에 원정했을 때 그녀는 아직 어린 소녀에 지나지 않았다. 나중에 그녀는 안토니우스와 사이가 좋아졌지만 그에게 그다지 헌신적이지는 않았다. 그녀는 한창 대해전이 벌어지는 가운데 그를 배반하고 배를 타고 도망쳐 버렸다. 옛날 유명한 프랑스의 문인 파스칼(Pascal)은 "클레오파트라의 코가 조금만 낮았더라도 세계의 모습은 훨씬 달라졌을 것이다"라고 쓴 적이 있다. 물론 이 말은 약간 과장된 말이기는 하다. 세계는 클레오파트라의 코 때문에 그렇게 크게 변하지는 않겠지. 하지만 카이사르가 이집트를 원정한 이래 스스로 왕 또는 황제, 즉 일종의 신권 군주(God-ruler)라는 생각을 품게 되었으리라는 것은 미루어 짐작할 수 있겠다. 이집트는 공화국이 아니라 군주제였기에 군주는 최고 지위에 있을 뿐만 아니라 거의 신과 같은 존재로 여겨지고 있었기 때문이다. 이것은 먼 옛날부터 이집트에 전해 내려온 관념이며, 알렉산더가 죽은 뒤 이집트를 지배한 그리스인 프톨레마이오스도 이집트의 풍습이나 사고 방식을 거의 그대로 받아들였던 것이다. 클레오파트라는 프톨

---

43) 카이사르와 폼페이우스가 결전을 벌인 곳으로 그리스 북쪽에 인접한 테살리아 마을이다. 이른바 '루비콘 강을 건너' 로마를 점령한 카이사르는 약 2만 2000명의 군사를 거느리고 거의 배나 되는 폼페이우스군과 파르살로스에서 결전을 벌여 크게 이겼다. 폼페이우스는 배를 타고 레스보스 섬을 거쳐 이집트로 도망했으나, 후환을 두려워한 이집트의 왕 프톨레마이오스 14세에 의해 암살되었다.

레마이오스 핏줄에 속하며, 따라서 그리스인이라기보다 마케도니아계의 여왕이었다.

클레오파트라가 영향을 미쳤는지는 알 수 없지만, 신권 군주라는 이집트적인 관념은 로마에 전해졌다. 공화국이 번영을 누리고 있던 카이사르의 생전에도 그의 동상이 세워져 뭇 사람들의 참배를 받고 있었다. 이것이 나중에 어떻게 로마 황제들의 일상적인 행사가 되었는지 알아보자.

우리의 이야기는 이제 로마 역사의 일대 전환기, 즉 공화국의 종말에 이르렀다. 옥타비아누스는 기원전 27년에 아우구스투스 카이사르라는 칭호와 더불어 황제에 올랐다. 로마와 황제들에 대해서는 좀더 이야기해야겠지만, 잠시 공화국 말기의 로마 식민지로 눈길을 돌려 보자.

로마는 이탈리아는 물론이고 서쪽으로는 스페인과 골(프랑스)을 지배했으며, 동쪽으로는 그리스와 소아시아 — 그리스인의 도시 페르가몬이 있던 곳을 장악하고 있었다. 북아프리카의 이집트는 동맹국이자 로마의 보호국이었던 듯하다. 카르타고나 지중해 연안의 일부도 로마의 지배를 받았다. 따라서 로마의 북부 국경은 라인 강을 따라 그어졌으므로 독일, 러시아 및 북부와 중부 유럽의 인민들은 모두 로마 세계의 세력권 밖에 있었다. 메소포타미아 동쪽에 사는 주민들도 마찬가지였다.

그 무렵 로마는 위대했다. 그러나 다른 나라의 역사에 어두운 많은 유럽 사람들이 마치 로마가 전세계를 지배한 것처럼 생각했지만 이는 사실과 매우 거리가 멀다. 이 시대에 중국의 한나라는 아시아를 가로질러 카스피 해에 이르는 넓은 지역을 통치했거나 적어도 지배자로 인정받았다는 사실을 상기해야 한다. 로마가 참패를 맛본 메소포타미아의 카레 전투만 보더라도 파르티아인은 아마도 몽고인의 원조를 받은 듯하다. 그러나 로마의 역사, 특히 로마 공화국의 역사는 유럽인에게 내난히 친숙하다. 그들이 고대 로마를 현대 유럽의 여러 나라의 선조로 생각하기 때문인데, 이는 어느 정도 근거가 있는 이야기다. 영국 학생들이 반드시 그리스와 로마의 역사를 상세히 공부하도록 되어 있는 것도 그 때

로마 공화국이 제국이 되다

문이다. 나는 카이사르의 『갈리아 원정기(De Bello Gallico)』를 라틴어로 강독하던 일을 지금도 잘 기억하고 있다. 카이사르는 비단 군인일 뿐만 아니라 동시에 유창한 문필가이며, 그의 『갈리아 원정기』는 지금도 유럽의 몇천 학교에서 학습되고 있다.

바로 얼마 전에 우리는 아소카 왕 시대에 대해 요약하기 시작했는데 그것이 채 끝나기도 전에 중국과 유럽으로 껑충 뛰어넘고 말았구나. 우리도 벌써 서력 기원의 입구까지 와 있단다. 그러나 옛 인도에 관한 우리의 지식을 현대에 연결하기 위해 한번 더 인도로 돌아가야 한다. 아소카가 죽은 뒤 큰 변동이 일어나, 남과 북에 새로운 제국이 세워졌기 때문이다.

나는 네가 세계의 역사를 하나의 연속된 전체로 파악할 수 있도록 이야기하려고 애써 왔다. 그러나 이렇게 아득한 옛날에는 먼 나라들 사이의 교류가 지극히 제한되어 있었다는 것을 알아야 한다. 여러 가지 면에서 진보된 로마도 지리나 지도에 대해서는 전혀 아는 것이 없었으며, 이를 공부하려 하지도 않았다. 로마의 장군이나 원로원의 현자들은 스스로를 세계의 주인이라고 생각했지만, 지리에 대해서는 오늘날의 초등학교 학생이 그들보다 훨씬 더 잘 알고 있을 것이다. 또한 그들이 세계의 주인이라고 자랑하고 있었던 것처럼 먼 아시아 대륙에 있는 중국의 지배자들 또한 세계의 주인이라고 자부하고 있었다.

29 *1932년 4월 10일*

남인도의 북인도 지배

꽤 오랫동안 동방의 중국과 서방의 로마를 여행했으니 이제 인도로 돌아가자.

마우리아 제국은 아소카가 사망한 뒤 오래 존속하지 못하고 불과 몇 해 뒤에 시들어 버렸다. 북부의 여러 주는 쇠퇴하고 남쪽에 새로운 세력 — 안드라(Andhra) 세력이 고개를 쳐들었다. 아소카의 자손은 50년 가까이나 쓰러져 가는 제국을 계속 지배했으나, 푸샤미트라(Pushamitra)라는 브라만 출신의 총사령관에 의해 폐위되었다. 이 사람은 스스로 왕이 되었는데 그 무렵에 브라만교가 부활되었다고 한다. 불교 승려들은 박해받기는 했지만 인도의 역사가 말해 주듯이 브라만교가 불교를 억압한 수법은 그렇게 노골적인 것은 아니었다. 혹독하게 박해한 사건은 전혀 없었다. 압박은 다소 있었다 해도 아마 종교적인 것이기보다는 정치적인 것이었을 것이다. 불교 승단은 강력한 조직이었으므로 많은 정치 지배자가 두려움을 느꼈다. 그래서 지배자들은 불교의 힘을 약화시키려고 했다. 브라만교는 결국 불교를 그 출생지인 이 나라에서 거의 완전히 쫓아 내는 데 성공했으나 그 동안 불교를 어느 정도 동화·흡수했고, 또 불교를 위해 자기 내부에 동거할 수 있는 자리를 마련해 주는 데 소홀하지 않았다.

그러므로 새로운 브라만교[44]는 단순히 옛날 상태로 복귀한 것도 아

---

[44] 아리아인이 침입한 뒤 인도 사회를 지배한 종교는 '베다'의 교의를 중심으로 하는 브라만교였는데, 불교가 일시적으로 진출한 뒤 본문에서 설명되고 있듯이 다시 서사시, 프라나(古譚), 다르마 샤스트라(법전) 따위의 요소를 결합하고 이론적인 정련을 더해 눈부시게 부흥했다. 이 새로운 브라만교가 더욱 다양하게 발전을 이루고 또한 이슬람교, 기독교적인 요소

니고 또 이전부터 있어 왔던 불교의 모든 것을 부인하는 것도 아니었다. 고대 브라만교의 지도자들은 매우 현명하게 불교를 대했다. 오래 전부터 그들의 정책은 동화와 흡수였다. 아리아인들이 처음 인도에 이주해 왔을 때 드라비다인의 문화와 풍습을 많이 흡수한 이후 어떤 문제에서나 의식적이건 무의식적이건 줄곧 이와 같은 방법을 취해 왔다. 불타에 대해서도 마찬가지여서 불타를 아바타르(Avatar), 즉 힌두 신전에 모시는 많은 신 가운데 하나로 떠받들었다. 불타는 여전히 숭배의 대상으로서 대중의 예배를 받고 있었으나, 불타 특유의 복음은 고스란히 도외시되었다. 한편 브라만교는 조금 변화하기는 했지만 지반을 착실하게 굳혀 갔다. 사실 불교가 브라만교로 동화되는 과정은 오랜 기간에 걸쳐 이루어졌으므로 지금 거론하는 것은 성급한 일이다. 불교는 아소카가 죽은 뒤에도 몇백 년이나 인도에 남아 있었다.

 우리는 마가다에서 대를 이은 왕과 왕조에 대해 신경쓸 필요는 없다. 아소카가 사망한 지 200년 후에는 이미 마가다는 인도의 주요한 나라가 아니었다. 그래도 여전히 불교 문화의 중심지이기는 했다.

 그 동안 남북 양쪽에 중요한 사건이 일어나고 있었다. 북쪽에서는 박트리아인(Baktrians), 사카인(Sakas), 스키타이인(Scythians), 투르크인(Turkis), 쿠샨인(Kushans)이니 하는 중앙 아시아의 여러 민족의 침략이 자주 있었다. 언젠가 나는 중앙 아시아가 여러 민족의 최초의 발상지이며, 이 민족들이 거듭 출현해 아시아 전역에서 유럽까지 번져 갔다는 점을 이야기한 적이 있었다. 기원전의 200년 동안에 인도에서는 이와 같은 침략이 몇 번 있었다. 그러나 이러한 침략은 정복이나 약탈을 위한 침략이 아니라 정착지를 찾기 위한 침입이었다는 점을 주의해야 한다. 이 중앙 아시아의 여러 부족들은 대개 유목민인데, 그들의 숫자가 늘어남

까지 흡수해 상호 모순되는 요소를 포함하면서도 일종의 유기적인 통일체를 이룬 것이 오늘날 말하는 힌두교다. 따라서 브라만교 내지 힌두교를 논할 때 흔히 다른 것으로 보이기도 하지만 근본적으로는 동일하다. 그리고 다른 종교처럼 단일한 시조, 근본 성전, 교의, 교단 조직을 갖지 않는다는 점도 유의해야 한다.

에 따라 그들을 먹여 살릴 토지가 부족하게 되었다. 그래서 그들은 새로운 토지를 찾아 고향을 떠나 이동해야만 했다. 이렇게 대이동을 할 수밖에 없었던 것은 배후의 압박 때문이었다. 어느 한 부족이나 씨족이 다른 부족이나 씨족을 쫓아 내면, 쫓겨난 쪽은 또 다른 나라를 침입하지 않을 수 없었다. 그래서 침략자로서 인도에 온 씨족은 흔히 자기 목축지에서 쫓겨난 자들이었다. 중국에서도 예컨대 실력이 막강했던 한 왕조 시대에는 흔히 그런 유목 씨족을 쫓아 내 새로운 토지를 찾아 나서도록 강요했던 것이다.

중앙 아시아의 유목 민족은 인도를 결코 적지(敵地)로 보지 않았다는 점도 기억해 두어야 한다. 그들은 '만족(蠻族)'이라 일컬어졌으며, 그 무렵 인도에 비해 문명화가 뒤져 있었다는 것은 확실했다. 그러나 그들은 대개 불교도여서 다르마(불법)를 낳은 인도에 경의를 표하고 있었다.

푸샤미트라 시대에도 서북에서 박트리아(Baktria)의 독실한 불교 신자인 메난드로스(Menandros)의 침략이 있었다. 박트리아는 인도 국경 가까이에 있었다. 그 곳은 본래 셀레우코스 제국의 일부였으나 나중에 독립했다. 메난드로스의 침입은 격퇴되었지만 그는 카불과 신드를 지킬 수 있었다.

그 뒤 사카인의 침입이 있었는데, 그들은 크게 무리를 지어 왔고 인도의 서부에서 북부에 걸쳐 널리 흩어졌다. 사카인은 투르크 유목 종족으로서 대부족이었다. 그들은 다른 대부족인 쿠샨인 때문에 유목지에서 쫓겨나 인도로 왔던 것이다. 그들은 박트리아와 파르티아를 넘어 차차 북부 인도로, 더 자세히 말하면 펀자브·라지푸타나 및 카티아와드를 비롯한 여러 주에 자리잡았다. 그들은 인도의 문화를 흡수하면서 유목민 풍습을 버렸다.

인도 여러 지방에서 박트리아인과 투르크인 지배자들이 인도 아리안 사회를 그다지 차별하지 않았다는 것이 흥미롭다. 불교도였던 이 지배자들은 예전의 민주적인 촌락 공동체 구상에 기초한 불교 사원 조직에 따랐다. 이리하여 인도는 이 지배자 밑에서도 여전히, 대체로 중앙 권력에 속한 자치 촌락 공동체 또는 공화국의 집합이었다. 이 시대를 통해 타크샤실라와 마투라는 역시 불교학의 대중심지로서, 멀리 중국이나 서아시아에서도 학생들이 모여들었다.

다만 서북방의 잦은 침략과 마우리아 국가 조직의 완만한 해체는 하나의 결과를 남겼다. 즉 남인도의 국가가 고대 인도 아리안 국가 체제의 더욱 실질적인 대표자가 되었다는 사실이다. 그리하여 인도 아리아인의 중심지는 남쪽으로 이동하게 되었다. 아마 많은 유능한 인물들이 침략 때문에 북쪽에서 남쪽으로 이주했을 가능성도 있다. 머지않아 너는 그 1000년 후에 이슬람 교도가 인도에 침입했을 때에도 이와 같은 과정이 되풀이된다는 사실을 알게 될 것이다. 현대에 이르기까지 남인도는 외국의 침략과 접촉에서 영향받은 흔적이 북부보다 훨씬 적다. 북쪽에 사는 많은 사람들은 복합 문화, 즉 힌두와 이슬람교의 혼합물에다 서구를 뒤섞은 문화 속에서 자라 온 것이다. 우리의 언어 — 힌디어, 우르두어 또는 힌두스탄어 — 또한 일종의 복합 언어다. 그런데 남부는 네가 직접 본 것처럼 지금도 정통 힌두 문화가 압도적이다. 몇백 년 동안 남부는 고대 아리아인의 전통을 지키고 보존하는 데 힘썼으며, 이 때문에 오늘날에 이르기까지 놀랄 만큼 배타적이며 옹색한 사회를 만들어 냈다. 성을 쌓기 좋아하는 것은 위험한 노릇이다. 물론 성벽은 외부의 재해를 막고 불의의 침입자를 막아 주기도 한다. 그러나 그것은 우리를 수인(囚人)으로 만들고 노예로 만들어 버린다. 우리는 이른바 순수함과 무구함을 자유를 대가로 지불하고 지키게 된다. 성벽 가운데서도 특히 무서운 것은, 낡은 전통을 그저 오래된 것이라는 이유로 버리기를 주저하거나 새로운 사상을 그저 생소하다는 이유로 받아들이기를 거부하는 우리 마음 속에 둘러쳐진 성벽이다.

그러나 남부 인도는 1000년 이상에 걸쳐 종교뿐만 아니라 예술과 정치에서도 인도 아리안의 전통을 보존해 낸 면에서 참된 공헌을 했다. 만일 우리가 인도 예술의 모범을 보고자 한다면 반드시 남부 인도로 가

보아야 한다. 정치에 관해서는 우리는 그리스인 메가스테네스를 통해 남부의 대중 집회가 국왕의 권력을 억제했음을 알고 있다.

마가다 왕국이 몰락하자 학자뿐만 아니라 예술가·건축가·공예가·직공에 이르기까지 모두 남쪽으로 이주해 갔다. 남부 인도와 유럽 사이의 통상은 주목할 만하다. 진주·상아·황금·쌀·후추·공작과 원숭이 등이 바빌론, 이집트, 그리스, 나중에는 로마에까지 보내졌다. 말라바르 해안의 티크 목재는 훨씬 전부터 칼데아와 바빌로니아에 수출되고 있었다. 그리고 이 상품을 운송한 것은 전부 또는 대다수가 드라비다인이 운전하는 인도 선박이었다. 이로써 남부 인도가 고대 세계에서 얼마나 우월한 위치를 차지하고 있었는지를 짐작할 수 있다. 남부에서는 로마 화폐가 많이 발굴되었고 또 이미 말한 것처럼 말라바르 해안에는 알렉산드리아의 식민지가 있었으며, 알렉산드리아에는 인도인의 거류지가 있었다.

아소카가 사망한 뒤 얼마 되지 않아 남쪽의 안드라국이 독립했다. 안드라 왕국의 위치는 아마 너도 알고 있겠지만 인도 동해안에 있는 마드라스(Madras)의 북쪽, 즉 우리 '국민회의파'가 구분한 하나의 주에 해당한다. 텔루구어는 안드라 지방의 언어다. 안드라의 세력은 아소카가 사망한 뒤 급속히 팽창해서 데칸(Deccan)을 횡단해 바다와 바다를 잇기에 이르렀다.

남쪽에서는 대규모 식민지 건설 작업이 기도되었는데 이에 관해서는 나중에 말하자.

나는 지금까지 인도에 침입해서 북부에 정착한 사카인과 스키타이인 등을 말했는데, 그들은 인도의 일부가 되었고, 북부 인도인은 아리아인에서 나온 사람들인 동시에 그들과 연결되어 있기도 하다. 그 중에서도 용감하고 용모가 뛰어난 라지푸드인들과 강건한 카티아와드 사람들은 그들의 자손이다.

30 *1932년 4월 11일*

쿠샨 제국의 변경

요전 편지에는 사카인과 투르크인이 몇 차례에 걸쳐 인도를 침입한 것을 이야기했다. 그리고 남방에서 강대한 안드라 왕국이 일어나 벵골 만에서 아라비아 해까지 진출했다는 이야기도 했다. 사카인은 쿠샨인에게 쫓겨난 것이었다. 얼마 뒤에 이 쿠샨인이 무대의 전면에 나섰다. 기원전 1세기에 이들은 인도의 국경 지방에 나라를 세웠는데 곧 커다란 제국으로 발전했다. 이 쿠샨 제국은 남쪽으로는 베나레스에서 빈디아 산맥에 이르고, 북쪽으로는 카슈가르·야르칸드·호탄을 두루 거치며, 서쪽으로는 페르시아 및 파르티아와 경계를 접하는 것이었다. 따라서 연합주, 펀자브 및 카슈미르를 포함하는 북인도 전부와 중앙 아시아의 상당 부분이 쿠샨 군주에게 지배되고 있었던 셈이다. 이 제국은 300년 가까이 존속했다. 이는 남인도에서 안드라 왕국이 번성하던 시기와 꼭 일치한다. 처음에 쿠샨의 수도는 카불이었다고 하는데, 나중에 페샤와르, 즉 그 당시의 푸르샤푸라로 옮겨 그 뒤 줄곧 거기에 있었다.

이 쿠샨 제국은 여러 가지 면에서 흥미를 끈다. 이 나라는 불교 제국으로서, 그 군주들 가운데 특히 유명한 카니슈카(Kanishka)가 있었는데 그는 열렬한 다르마 신자였다. 수도 페샤와르 근처에는 오랫동안 불교 문화 중심지였던 타크샤실라가 있었다. 쿠샨인은 전에도 말한 것처럼 몽고인이거나 또는 그 동맹자였다. 쿠샨의 수도와 몽고 사이에는 왕래가 잦아서 불교와 불교 문화가 자연히 중국이나 몽고에 전파되었다. 마찬가지로 서아시아도 불교와 긴밀한 관계를 맺은 것이 분명하다. 서아시아는 알렉산더 시대 이래로 그리스인의 지배하에 있었으며, 많은 그리스인이 이들의 문화를 배워 갔다. 그리하여 이 '그리스 아시

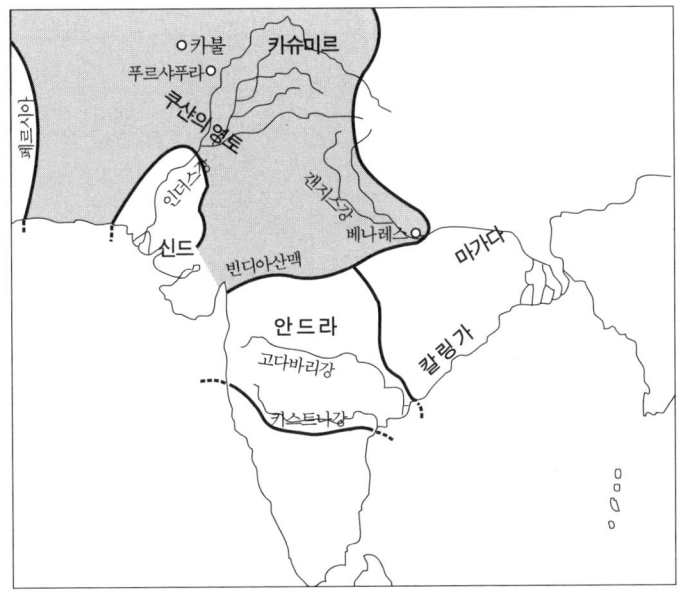

쿠샨 제국 시대의 인도

아(Greak Asiatic)' 문화가 '인도 불교(Indian Buddist)' 문화와 융합하게 되었다.

그리하여 중국과 서아시아는 인도의 영향을 받았다. 인도 또한 그들의 영향을 받았다. 쿠샨 제국은 서방의 그리스 - 로마 세계와 동방의 중국 세계와 남방의 인도 세계의 중간 지점, 말하자면 아시아의 등판에 해당되는 곳에 거인처럼 걸쳐 있었다.

쉽게 추측할 수 있겠지만, 이 중간이라는 위치는 인도와 로마의 긴밀한 접촉을 촉진했다. 쿠샨 시대는 카이사르가 살고 있던 로마 공화국의 말기와 로마 제국의 초기 200년에 이르는 기간에 해당한다. 구산 황제는 아우구스투스 카이사르에게 대규모 사절단을 보냈다고 한다. 무역은 바다와 육지에서 모두 성했다. 인도에서 로마로 보낸 상품 가운데는 향수·향료·명주·비단·모슬린(muslins)·금사(金絲)·보석 등이 있었다. 당시 로마의 문필가였던 플리니우스(Plinius)[45]는 로마에서 인도로 돈이 흘러들어가는 것을 한탄해 "로마는 이 사치로 말미암아 해마다 1억 세스타스(sesterce : 로마의 화폐)의 손실을 본다"고 말했다. 이것은 대략 1500만 루피, 즉 약 100만 파운드에 해당될 것이다.

이 무렵 불교의 수도원과 승단 집회에서는 승려들간에 큰 논쟁이 벌어지고 있었다. 새로운 사상, 또는 새로운 옷을 걸친 낡은 사상이 남방이나 서방에서 자주 밀려들어와 불교 사상의 단일성이 흔들리기 시작했다. 그리하여 불교는 결국 두 파, 즉 대승(大乘)과 소승(小乘)으로 갈라지게 되었다. 새로운 해석이나 관념에 따라 인생관과 종교관이 달라지자 예술과 건축에서도 그 사상의 표현 방식이 달라졌다. 이러한 변화가 왜 일어나게 되었는지는 설명하기 어렵지만, 아마도 불교를 이렇게 일탈하게 한 경향이 있던 두 가지 영향, 즉 브라만과 그리스 문명의 영향이 있었던 것이 틀림없다.

전에도 여러 번 말한 것처럼 불교는 카스트 제도와 승려의 타락, 그리고 형식주의에 대한 반역이었다. 가우타마(Gautama : 석가모니)는 우상 숭배를 인정하지 않았다. 그는 또한 신으로서 배례를 받는 것도 원치 않았다. 그는 '깨달은 자', 즉 불타였다. 이러한 사상에 따라 불타는 상(像)으로 표현되지 않았으며, 당시의 건축물은 우상을 완전히 배제했던 것이다. 그러나 브라만들은 힌두교와 불교 사이에 가로놓인 골을 메우려고 언제나 힌두교적인 관념이나 상징들을 불교 사상에 주입하려고 했다. 그리고 그리스와 로마에서 온 장인들도 신들의 상을 만드는 습관을 갖고 있었다. 이리하여 어느 틈엔가 불교 사원에도 우상이 등장하게 되었다. 불교가 전하는 바에 따르면 처음에 그것들은 불타가 아니고 불타의 전신(前身)인 보살들의 상이었다고 한다. 그러다가 결국은 불타 자신이 하나의 상으로 만들어져 예배를 받게 되었다.

---

45) 로마의 고관. 트라야누스(Trajanus) 황제 시대의 크고 작은 공사의 기사를 엮은 『서간집』이 남아 있다.

대승 불교는 이러한 변화를 환영했다. 이들의 사고는 비교적 브라만들의 생각과 흡사했다. 한편 쿠샨의 황제들은 대승 불교를 받아들여 이를 장려했지만 소승 불교나 그 밖의 종교는 용납하지 않았다.

대승 불교와 소승 불교 간의 상대적 장점들을 놓고 학자들간에 벌어진 논쟁을 읽어 보면 매우 재미있다. 이를 위해 승단의 대집회가 자주 열렸다. 카니슈카 황제는 카슈미르에서 승단 총회를 개최했다. 이 문제에 대한 논쟁은 몇백 년을 두고 계속되었다. 인도에서는 결국 양편이 모두 힌두교에 흡수되었지만, 그 때까지만 해도 대승 불교는 북부 인도에서, 소승 불교는 남부 인도에서 각각 우세했다. 오늘날 전자는 중국과 코리아와 일본 그리고 티베트에, 후자는 실론과 버마에 존속되고 있다.

인민의 예술은 그들의 마음을 그대로 보여 주는 거울이다. 그러므로 원시 불교의 소박한 사상이 섬세한 상징주의에 그 자리를 양보하게 되자 인도의 예술도 섬세하고 화려하게 되어 갔다. 특히 서북부의 '간다라'에서 대승 불교의 조각은 온갖 기교를 부린 장식이나 조각상으로 가득 차 있다. 소승 불교의 건축까지도 이 새로운 형식에 무심할 수는 없었다. 그리하여 초기의 단순하고 간결한 양식은 점차 사라지고 풍부한 조각 양식과 상징주의가 채택되게 되었다.

이 시대의 기념물은 아직도 더러 남아 있다. 그 중에서 가장 재미있는 것은 아잔타(Ajanta) 동굴의 아름다운 벽화[46]다.

이제 쿠샨 제국과 작별하자. 다만 한 가지 명심해야 할 것은 쿠샨인들 또한 사카인이나 투르크인들과 마찬가지로 정복자로서 인도에 발을 들여 놓거나 또한 정복자로서 인도를 다스리지는 않았다는 점이다. 종교라는 끈이 이렇듯 그들과 인도 및 인도인을 묶어 준 것이다. 뿐만 아니

---

46) 동굴은 봄베이 동북쪽 약 450km 지점 강변의 산허리에 있다. 크고 작은 29개의 굴이 있으나 벽화가 떨어져 나간 굴실(窟室)도 많다. 기원전 1세기에서 서기 7세기쯤까지 제작된 것으로 추정되며, 화풍의 변천을 볼 수 있다. 그림의 소재는 대부분 불타의 생애 및 본생담(本生譚:불타의 전생 이야기)이다. 고대 회화로서 최고의 기교와 예술적인 수준을 보여 주는 것으로 평가되며, 찬란한 굽타 왕조 시대의 생활과 문화를 짐작하게 해 준다.

라 그들은 인도 아리아인의 정치 원칙을 채용했다. 그리고 그들은 대담하게 아리아인의 제도에 적응했기 때문에 300년 동안 북부 인도를 다스릴 수 있었던 것이다.

31 *1932년 4월 12일*

예수와 기독교

　　우리는 서북 인도의 쿠샨 제국과 중국의 한나라를 돌아보다가 역사의 중요한 이정표를 그냥 지나치고 말았구나. 우리는 다시 그 곳으로 돌아가야겠다. 지금까지 해 온 이야기로 기원전 시대는 끝났고 이제부터는 기원후의 시대 ─ A.D. 또는 A.C.의 시대로 접어든다. 이 시대는 그 기호가 의미하는 것처럼 '그리스도로부터', 즉 그리스도가 태어났다는 해부터 시작된다. 사실 예수는 이보다 4년 전에 태어났지만 이는 중요한 문제가 아니다. 연호를 A.D. ─ Anno Domini(주님의 해)로 셈하는 것이 일반적인 관습으로 이것을 따라도 별반 나쁠 것은 없겠지만, 우리는 여태까지 B.C. ─ Before Christ라는 기호를 사용해 왔으니 A.C. ─ After Christ라고 하는 것이 더욱 과학적이라고 생각한다. 그래서 나는 그렇게 할 것을 제안한다.

　　그리스도에 대한 이야기는 신약 성서(Bible)에 기록되어 있으므로 너도 얼마간 알고 있겠지. 복음서(Gospels)에는 그리스도의 소년 시대에 대해서는 거의 아무것도 쓰여 있지 않다. 그는 나사렛에서 태어나 갈릴리에서 설교를 하고, 나이 서른이 지나서 예루살렘에 왔다. 이윽고 그는 로마의 총독 빌라도의 재판을 받고 십자가에 못 박혔다. 그가 설교를 시작하기 전에는 어디서 무엇을 했는지 알 도리가 없다. 중앙 아시아 일대와 카슈미르·라다카·티베트에서는 지금도 예수가 그 근처를 여행한 것으로 굳게 믿고 있다. 그가 인도를 방문했다고 생각하는 사람도 있다. 어쨌든 확실한 것은 단언할 수 없지만, 예수의 생애를 연구한 가장 권위 있는 전문가들은 예수가 인도나 중앙 아시아에 간 적이 있다고 생각하지는 않는다. 하지만 그런 일이 전혀 있을 수 없다고 말할 근거도 없다. 이 시대에 인도의 대학, 특히 서부의 타크샤실라 대학에는 먼 나라들에서 열성적인 학생이 모여들고 있었다. 그러므로 예수도 지식을 찾아 그리로 가지 않았다고 단정할 수는 없다. 여러 가지 점에서 예수의 가르침은 석가모니의 그것과 비슷한 점이 많은데, 예수가 불교에 정통하고 있었다는 일도 충분히 있을 법한 일이다. 하기야 불교가 외국에도 널리 알려져 있었으므로 예수는 인도에 오지 않고서도 어렵지 않게 불교를 알 수도 있었을 것이다.

　　종교는 어느 여학생도 다 알고 있는 것처럼 격렬한 대립과 투쟁의 씨앗이었다. 그러나 세계적인 종교의 기원을 서로 비교해 보면 재미있다. 각 종교의 모습이나 교리는 서로 매우 비슷한데도 어째서 사람들은 하찮은 문제에 연연하며 싸우는 어리석은 짓을 저지르는지 알 수가 없구나. 그런데 최초의 교의에 여러 가지가 덧붙여지고 왜곡되어 나중에는 본래의 뜻을 파악할 수 없게 되었다. 게다가 소견이 좁고 도량이 작은 자들이 성직자의 지위를 차지했다. 종교는 가끔 정치나 제국주의의 시녀로 추락했다. 대중의 이익보다는 오히려 그들을 착취하기 위해 미신을 조장한 것은 옛날 로마의 정책이었다. 백성들이 미신을 숭상하면 할수록 그만큼 억압하기 쉬웠기 때문이다. 로마의 귀족들은 고상한 철학을 즐겨 떠들기는 했지만, 그들에게 이로운 것이 곧 대중에게 이로운 것도 아니었고, 종교란 그저 그들의 안전을 지키는 데 필요한 것이었다. 뒷날 『군주론』이라는 책을 써서 유명해진 이탈리아의 마키아벨리(Machiavelli)는 "종교는 통치에 필요할 뿐만 아니라 특히 사악하다고 생각되는 종교를 지지하는 것은 통치자의 의무"라고 서술하고 있다. 최근에도 제국주의가 종교의 옷을 입고 나타난 예는 얼마든지 있다. '종교는 대중의 아편' 이라고 칼 마르크스가 지적한 것도 그다지 놀라운 일이 못된다.

예수는 유태인이었다. 그리고 유태인은 예로부터 유달리 끈기 있는 민족이다. 다윗과 솔로몬이 영화를 누린 짧은 한때가 지난 뒤 그들은 불행한 시대에 접어들었다. 사실 그들이 누린 영화도 그리 대단한 것은 아니었다. 다만 유태인들은 과거를 공상 속에서 미화하며 황금 시대로 채색했고, 유태인이 다시 강대해질 약속된 날이 오리라고 믿게 되었다. 그들은 로마 제국을 비롯해 여러 지역에 흩어져 살았지만 언제나 단결했으며, 머지않아 한 사람의 구세주가 나타나 영광스러운 시대로 이끌어 주리라는 굳은 신앙을 가지고 있었다. 그들이 의지할 조국도 피난처도 없이 모진 박해와 학대를 참아 가며 때로는 목숨까지 잃어 가면서 2000년이 넘도록 계속 단결해 왔다는 것은 역사상 불가사의 가운데 하나다.

구세주를 손꼽아 기다리던 유태인들은 예수에게 희망을 걸었다. 그러나 그들은 곧 실망하고 말았다. 예수는 당시의 환경이나 사회 질서에 어긋나는 귀에 거슬리는 말을 쏟아 냈다. 특히 그는 종교를 일정한 의식이나 행사의 문제로 왜곡하는 부자나 위선자들을 반대했다. 그리하여 부귀와 영화를 약속하기보다는 어떤 희미하고 신비스러운 천국을 위해서는 그들이 현재 지니고 있는 재물까지도 버려야 한다고 요구했다. 그는 우화나 설화의 형식을 빌려 이야기했지만 타고난 반역자였으며, 현실 상황에 만족하지 않고 이를 뜯어고치기 위해 나타난 것이 분명했다. 그러나 이는 유태인들이 바라는 것이 아니었다. 그러므로 그들은 대부분 그에게 반대해 그를 당시 그 곳을 지배하고 있던 로마 당국에 넘겼던 것이다.

로마인들은 종교에 관한 한 편협하지는 않았다. 로마 제국은 모든 종교를 인정했으며 누가 여러 신들 가운데 어느 한 신을 욕하거나 저주했다고 해서 처벌하는 일은 없었다. 황제 티베리우스(Tiberius)는 "신들이 모욕을 당했다면 그 처리는 신들 자신에게 맡기도록 하라"고 말했다. 그러므로 로마의 총독 빌라도도 예수를 종교적인 면에서 탓하지는 않았다. 예수는 정치적인 반역자로 간주되었으며, 또한 유태인이 볼 때는 사회적인 반역자였던 것이다. 이리하여 예수는 재판을 받고 죄인이 되어 골고다 언덕에서 십자가에 못 박혔다. 이렇게 고통스러울 때 그가 가장 아끼던 제자들조차 그를 버리고 떠나 버렸다. 제자들의 이러한 배신 때문에 예수의 고통은 이루 말할 수 없이 심했다. 그리하여 죽어 가는 그의 입에서 다음과 같이 묘한 감동을 주는 말이 터져 나왔다. "나의 하느님, 나의 하느님, 어찌하여 나를 버리셨나이까?"

예수는 한창 젊었다. 그가 세상을 떠났을 때에도 겨우 서른 안팎이었다. 우리는 아름다운 말로 쓰인 복음서에서 그의 죽음에 얽힌 비극적인 이야기를 읽고 감동을 받는다. 기독교가 발전함에 따라 몇백만의 사람들이 그의 가르침은 좀처럼 따르지 않았지만 그의 이름만은 우러렀다. 그러나 그가 십자가에 못 박혔을 때 팔레스타인 이외의 고장에서는 그를 아는 사람이 별로 없었다는 사실을 잊어서는 안 된다. 로마 사람들은 예수를 전혀 몰랐으며, 그에게 사형을 내린 빌라도까지도 이 사건을 대수롭게 여기지 않았을 것이다.

예수가 사랑하던 제자들도 위협을 느끼자 스승을 외면했다. 그러나 나중에 예수를 만나 본 적도 없는 바울(Paul)이 스스로 기독교의 교의라고 생각한 바를 널리 전도하기 시작했다. 바울이 전도한 기독교는 예수의 가르침과는 매우 다르다는 것이 여러 사람들의 의견이다. 바울은 박식하고 유능한 사람이었지만 예수와 같은 반항아는 아니었다. 어쨌든 바울은 성공을 거두어 기독교는 점점 널리 퍼져 갔다. 당초에 로마 사람들은 기독교를 그다지 주목하지 않았다. 그들은 기독교도들을 유태인의 일파라고 생각하고 있었다. 그러나 기독교도들은 사뭇 전투적이었다. 그들은 다른 모든 종교를 적대시하고 황제의 초상에 절하기를 한사코 거부했다. 로마인들은 이러한 모습, 그들이 느낀 대로 말하자면 그 편협함을 이해할 수 없었다. 그래서 로마인들은 기독교도들을 호전적이고 교양이 없으며 인류의 진보에 반대하는 삐뚤어진 작자들의 집단이라고 생각했다. 종교로서는 그들을 관대하게 대할 수도 있었지만 황제의 초상에 절하기를 거부한다면 정치적인 범죄자이며 사형에 처해야 마땅했다. 기독교도들은 또한 검투사 노예들의 혈투를 즐기는 것을 몹시 비난했다. 이리하여 기독교도에 대한 박해가 시작되었다. 그들의 재산은 몰수되고 그들의 몸은 사자들의 먹이가 되고 말았다. 너는 기독교의 순교자들에 대한 이야기를 읽어 보았을 것이며 영화에서도 보았을 것이다. 어떤 인간이 커다란 목적을 위해 죽음을 각오하고 나면 아무도 그의 뜻 또는 그가 대표하는 목적을 꺾을 수는 없는 것이다. 그리하여 기독교도에 대한 로마 제국의 탄압은 완전히 실패로 돌아갔다. 무려 4세기에 이르는 항쟁 끝에 승리는 결국 기독교도에게 돌아갔다. 한 로마 황제는 스스로 기독교도가 되어 기독교는 제국의 국교가 되었다. 이 사람이 바로 콘스탄티노플을 건설한 콘스탄티누스다. 이 사람에 대해서는 나중에 다시 이야기하자.

    기독교가 발전하는 동안 예수의 신격에 대해 많은 논쟁이 일어났다. 불타 석가모니가 스스로 신격을 주장하지 않았는데도 뒷날 신으로서, 또 아바타르(Avatar)[47]로서 숭배받게 된 것이 생각난다. 석가모니와 마찬가지로 예수도 자신의 신격을 주장하지 않았다. 물론 신의 아들인 동시에 인간의 아들이라고 거듭 고백했는데, 이 말은 꼭 신격이나 초인격을 주장한 것이라고 볼 수는 없다. 한데 인간이란 위대한 인물을 신성시하며 가르침에 따르기는 싫어하는 반면 그 신에게 제사를 올리는 것은 좋아하기 마련이다. 이로부터 600년 후에 예언자 마호메트가 또 다른 종교를 세웠지만, 이러한 선례에 정나미가 떨어졌는지 그는 자기는 인간이며 신은 아니라고 거듭 분명히 말했다.

---

47) 비슈누(Vishnu : 보호의 신)의 화신. 비슈누는 우주의 유지신으로서 창조신 브라만, 파괴신 시바(Siva)와 함께 브라만교(힌두교)의 여러 신 가운데 가장 세력이 있는 신이다. 이 신을 최고신으로 예배하는 종파를 비슈누파라고 하며, 흔히 뛰어난 성자나 영웅, 예컨대 『라마야나』의 주인공인 라마(Rama), 『마하바라타』의 영웅 크리슈나 등은 그 화신이라고 한다.

어쨌든 기독교도들은 예수의 가르침을 이해하지도 따르려고도 하지 않고서 그저 예수의 신격과 삼위 일체설(the Trinity)[48]을 놓고 논란과 분쟁으로 세월을 보냈다. 그들은 서로 이단자라고 욕설을 퍼부으며 박해를 가하고 목을 잘랐으며, 심지어 중모음 하나를 놓고 교파들 사이에 큰 논쟁이 벌어지기도 했다. 어떤 종파에서는 Homo-ousion이라는 말을 기도문에 넣어야 한다고 주장하는 데 반해, 다른 종파에서는 Homoi-ousion이라 해야 한다고 역설했다. 그리하여 이 차이점이 예수의 신격에 관계되어 있었다. 이 중모음을 에워싸고 격렬한 전쟁이 일어나 수많은 사람들이 도살되었다.

이 내분은 교회가 세력을 확립할 무렵부터 시작되었다. 그리하여 극히 최근까지 서양에서는 여러 종파들 사이에 이런 싸움이 계속되었다. 기독교가 유럽에 전도되기 훨씬 전, 그러니까 아직 로마에서도 이단으로 금지된 종교였을 때 인도에 기독교가 전해졌다면 너는 깜짝 놀라겠지. 그러나 예수가 죽은 뒤 100년 후에 기독교의 전도단이 바다를 건너 남부 인도에 온 적이 있었다. 그들은 정중한 대접을 받았고 또한 그들의 새로운 신앙을 전도하는 것도 허용받았다. 이리하여 그들은 많은 사람을 기독교로 귀의시켰으며, 그 후예들은 이런저런 운명을 겪으면서 오늘날에도 그 곳에 살고 있다. 이들 가운데 대부분은 오늘날 유럽에는 존재하지 않는 종파에 속하며, 그 중 어떤 것은 현재 소아시아에 본거지를 두고 있다.

기독교는 오늘날 유럽의 여러 국민들이 믿는 유력한 종교이므로 정치면에서도 우월한 지위를 차지하고 있다. 어쨌든 비폭력, 살생 금지,

---

[48] 기독교에서 아버지인 신과 아들인 예수 그리스도와 성령은 세 개의 페르소나(persona : 신격 개성)로서 일체라고 하는 정통 가톨릭 신학의 근본적 교의. 이 교의에 대해서는 오랫동안 논쟁이 있었다. 아타나시우스파가 그리스도와 신을 동일시해 삼위 일체설을 주장한 데 대해, 아리우스파는 그리스도는 신과 인간의 중간적인 존재라 하여 삼위 일체설을 부정했으나, 결국 325년의 니케아 종교 회의에서 아타나시우스파가 정통으로 인정되었다. 381년 콘스탄티노플 종교 회의에서 삼위 일체의 교의가 확립된 뒤 정통 가톨릭 신학의 근본적인 교의가 되었다.

사회 질서의 개혁을 주장했던 반항아 예수와 그의 신자임을 소리 높여 내세우면서 제국주의와 전쟁, 배금 사상으로 치닫는 자들을 비교해 보면 기이하다. 산상 수훈(the Sermon on the Mount)과 현대 유럽 및 미국의 기독교 사이에는 얼마나 큰 차이가 있니! 오늘날 신자로 자처하는 수많은 유럽인들보다 간디가 훨씬 그리스도의 가르침을 잘 따르고 있다고 많은 사람들이 생각하는데, 이는 전혀 놀랄 일도 못 된다.

32   *1932년 4월 23일*

로마 제국

　오랫동안 편지를 보내지 못했구나. 알라하바드 소식에 마음이 쓰여 편지를 쓸 수 없었다. 무엇보다도 돌 암마(Dol Amma)[49]에 대한 생각으로 나는 매우 불안하고 초조했다. 나는 최근 형무소 생활치고는 비교적 기분 좋은 나날을 보내고 있지만, 할머니가 연약한 몸으로 라티(경찰의 습격)를 받았다는 소식을 듣고 나니 잠시도 가만히 앉아 있을 수가 없고 초조하기만 하구나. 그러나 이야기가 너무 엉뚱하게 벗어나 우리가 하던 이야기가 중단되어서는 안 되겠지.
　이야기를 로마 — 옛날 산스크리트어 책에는 '로마카(Romaka)'라고 되어 있단다 — 로 돌려 보자. 로마 공화국이 종말을 고하고 로마 제국이 출현한 것은 너도 이제 잘 알고 있겠지. 율리우스 카이사르의 양자

---

49) 저자의 어머니 스와르프 네루의 일상적 이름. 1930년쯤 이후로는 민족 해방 운동의 동지이기도 하며 영국 정부에 체포되기도 했다. 1938년에 세상을 떴다.

인 옥타비아누스는 군주가 되어 '아우구스투스 카이사르'라고 일컬어졌다. 그는 스스로 왕이라고 하지는 않았다. 한편으로는 이 칭호가 흡족하지 않아서일 것이고, 다른 한편으로는 공화국을 명색으로나마 남겨두고 싶었기 때문이다. 그래서 그는 '임페라토르(Imperator)', 즉 총지휘관이라 했다. 이 '임페라토르'라는 말은 그리하여 최고 칭호가 되었고, 영어의 엠페러(emperor : 황제)라는 말도 여기서 비롯되었다는 것은 너도 잘 알고 있겠지. 그리하여 초기 로마 제국은 온 세계 군주들의 부러움을 사게 되었고, 오랫동안 최고 지배자들이 사용해 온 말 — 엠페러와 카이사르, 또는 카이저와 차르를 낳았다. 처음에는 이를테면 세계의 통령(統領 : boss)이라는 의미에서 한 시대에는 한 사람의 황제밖에 있을 수 없다고 생각했다. 그리하여 로마는 '세계의 여왕(Mistress of the World)'이라고 일컬어지고, 서양 사람들은 전세계가 로마의 지배하에 있는 것으로 생각했다. 이것은 물론 터무니없는 생각으로 역사와 지리에 대한 무지를 드러내는 데 지나지 않았다. 로마는 주로 지중해에 자리잡은 제국으로, 동쪽으로는 메소포타미아를 넘어 본 적이 없었다. 어떤 시대에는 중국이나 인도에 훨씬 더 강대하고 문화 수준이 높은 나라들이 있었다. 하지만 서방 세계에 관한 한 로마는 유일무이한 제국이고, 따라서 고대인에게는 일종의 '세계 제국'을 의미하는 것이며, 비할 나위 없는 위엄을 갖고 있었다.

로마를 생각할 때 가장 불가사의한 점은 로마를 배후에서 지탱하던 관념, 즉 세계 지배, 세계의 종주국이라는 관념이다. 로마가 망한 뒤에도 이 관념만은 살아남아서 로마를 지키고 힘이 되어 주었다. 더구나 이 관념은 로마와 관계가 완전히 끊어진 뒤에도 여전히 존속되고 있었다. 즉 로마 제국 자체는 벌써 오래 전에 자취를 감추고 한낱 그림자가 되고 난 뒤에도 이 관념만은 유지되고 있었던 것이다.

나는 로마나 그 후계자들을 이야기하면서 약간의 어려움을 느낀다. 이야깃거리를 긁어모았다가 다시 골라 내는 일은 결코 쉽지 않다. 어쩌면 내 마음은 전에 읽은 낡은 책에서 주워 모은 잡다한 장면들로 뒤

범벅이 되어 있는 것만 같구나. 대개 감옥에서 읽은 책들이다. 사실 로마 역사에 관한 어떤 유명한 책들은, 만일 내가 형무소에 들어오지 않았다면 아마 읽을 기회가 없었을 것이다. 그 책은 다른 일에 열중하고 있을 때는 전혀 엄두도 내지 못할 만큼 방대하기 때문이다.

그 책의 제목은 『로마 제국 흥망사(The Decline and Fall of the Roman Empire)』인데, 기번(Edward Gibbon)[50]이라는 영국 사람이 썼다. 이 책은 약 150년 전에 스위스의 레만(Leman) 호숫가에서 쓴 것으로, 지금도 내 마음을 끄는 책이다. 다소 과장된 표현이지만 흐르는 물과 같은 선율을 갖고 있는 그의 문장을 나는 다른 어느 소설보다 열중해서 읽었다. 10년 전 러크나우 감옥에서 말이다. 나는 한 달 이상이나 그의 글이 펼쳐 내는 과거 모습에 이끌려들어, 기번을 친한 벗으로 삼아 세월을 보냈단다. 그런데 나는 이 책을 다 읽기도 전에 갑자기 벗에게 걸어챈 듯한 기분이 들었단다. 매력도 색이 바래서 나는 고대 로마나 콘스탄티노플에 빠져 읽다 남은 몇백 페이지를 끝까지 읽을 만한 기력과 시간을 내기가 힘들어졌다.

그런데 이는 10년 전 일이므로 물론 나는 그 때 읽은 것들을 거의 다 잊어버렸다. 그러나 아직도 나에게 만족을 주거나 혼란을 일으키게 하는 대목이 머릿속에 남아 있다. 나는 너에게까지 이런 혼란을 주고 싶지는 않다.

그런 이야기는 접어 두고, 우선 여러 시대에 걸친 로마 제국, 또는 제국들을 잠깐 살펴보기로 하자. 좀더 상세한 이야기는 나중에 다시 쓰기로 하고 말이다.

로마 제국은 기원 전야인 아우구스투스 카이사르로부터 비롯된다. 한동안 황제들은 원로원에 경의를 표했지만 그것도 잠깐이었고, 이윽고 공화국은 완전히 자취를 감추고 황제만이 전능하게 되었다. 그는 완전

---

50) 영국의 저명한 역사가. 주요 저서는 『로마 제국 흥망사』이며, 계몽적 합리주의의 견지에서 로마 제국의 트라야누스 황제 시대에서 동로마 제국의 몰락 및 유럽의 역사를 다루었다.

한 전제 군주가 되었으며 거의 신에 가까운 존재가 되었다. 황제가 살고 있는 동안에는 반신(半神)으로 숭배를 받고, 죽은 뒤에는 글자 그대로 신이 되었다. 당시의 문필가들은 초기의 황제, 특히 아우구스투스에 대해 온갖 미덕을 찬양했다. 그들은 아우구스투스의 시대를 온 누리에 덕이 가득 차 선인은 보답받고 악인은 처벌받던 황금 시대, 즉 '아우구스투스 시대'라고 불렀다. 이는 물론 통치자를 찬양함으로써 이득을 보게 마련인 전제 국가의 관습이다. 우리가 학교에서 공부한 유명한 라틴 문학가들 ― 빌지리우스(Vilgilius), 오비디우스(Ovidius), 호라티우스(Horatius)[51]는 거의 이 시대 사람들이었다. 공화국의 말기에 끊임없이 내란과 분규가 일어난 뒤에 상업과 어느 정도의 문화가 번영할 수 있는 평화로운 시기가 잠시 유지되었던 것은 참으로 다행이었다.

그런데 여기서 말하는 문명이란 과연 무엇을 가리키는 것일까? 그것은 다름 아닌 부자들의 문명이며, 정취 있고 강건했던 고대 그리스의 부유층과는 달리 향락만 일삼는 구린내 나고 칠칠치 못한 작자들의 문명이었다. 전세계에서 식량과 사치품들이 쏟아져 들어오고 엄청난 흥행이 과시되었다. 그런데 이러한 족속들은 오늘날에도 있다! 어마어마한 행사가 벌어지고 굉장한 흥행이 벌어지고 호화로운 행렬이 뒤따르며, 서커스에서는 승부를 다투고 검투사들은 잇따라 죽어 갔다. 그러나 이러한 호화판의 그늘에는 대중의 궁핍이 있었다. 주로 서민들에게는 무거운 세금이 떨어지고 힘든 노동은 수많은 노예들에게 맡겨졌다. 로마의 권세가들은 그들의 의료·사색·철학에 이르기까지 모든 것을 그리스인 노예에게 맡겼던 것이다! 그들 스스로 주인 행세를 하는 세계를 탐구하고자 하는 노력이나 교육 같은 것은 손톱만큼도 없었다.

황제는 대를 이어 옥좌에 올랐지만 어떤 자는 사납고 어떤 자는 포악했다. 점차 군부가 득세해서 황제의 폐립까지 좌우하게 되었다. 그리하여 군부에 앞다투어 아첨하는 것이 유행하게 되고 군부에 뇌물을 쓰

---

51) 모두 로마 제국의 대표적인 시인. 후세에 이르기까지 라틴어 문학의 모범이 되었다.

기 위해 일반 서민이나 정복된 여러 나라에서 재물을 쥐어짜 냈다. 나아가 노예 무역은 국고의 중요한 재원이 되었으며, 동방에서는 로마 군대가 정규적이고 조직적인 노예 사냥을 벌였다. 노예 상인들은 군부와 결탁해 현지에서 즉시 노예를 사들였다. 옛날 그리스인의 성지였던 델로스(Delos) 섬은 큰 노예 시장이 되었고, 거래되는 숫자는 하루에 1만 명이 넘을 때도 있었다! 로마의 콜로세움(Colosseum)에서는 각회마다 1200명이나 되는 노예들을 검투사로 내보내 뭇 사람들에게 구경거리로 제공했다. 그들은 황제와 신하들의 심심풀이 대상이 되어 헛되이 목숨을 버려야만 했다.

제국 시대의 로마 문명이란 결국 이런 것이었다. 그러나 기번은 다음과 같이 쓰고 있다. "누가 만일 세계 역사에서 인류가 가장 행복을 누리고 마음껏 영화를 누린 시대를 들라고 한다면 즉시 도미티아누스(Domitianus)의 죽음에서 콤모두스(Commodus)의 즉위에 이르는 시기를 지적하는 데 주저하지 않을 것이다." 기번이 말한 시기는 서기 96년부터 180년에 이르는 84년 동안에 해당한다. 기번은 설사 자기가 아무리 박식하더라도 많은 사람들이 동의하기를 주저할 것이 분명한 말을 하고 있는 것이 아닐까? 그는 인류라는 말을 사용했지만 그것은 주로 지중해 세계를 가리키는 것이었다. 그의 지식은 인도나 중국 또는 고대 이집트에는 거의, 또는 전혀 미치지 못했다.

그러나 내가 로마를 너무 신랄하게 깎아내린 점도 있겠지. 로마에 어느 정도 평화가 유지된 것은 반가운 일임에 틀림없다. 변두리 지방에서는 가끔 전쟁이 있었지만, 적어도 초기에는 팍스 로마나(Pax Romana : 로마의 평화)가 있었기 때문이다. 어느 정도 안정된 곳에는 통상이 열렸다. 로마의 시민권은 로마 세계 전체로 확대되었다. 그러나 주의해야 할 점은 가련한 노예들은 이와 아무 관계도 없었다는 사실이다. 또한 황제만이 나랏일을 좌우할 뿐 시민들은 소소한 권리밖에 없었다는 사실도 잊어서는 안 된다. 정치에 관해 이러니 저러니 말하는 것은 내용 여하를 불문하고 황제에 대한 죄로 간주되었다! 상층 계급에게는 어쨌거나 어느 정도 안정된 정부와 단일한 법이 있었다. 이것은 예전에 훨씬 더 고약한 전제 정치 아래서 고통을 받았던 많은 사람들에게는 매우 커다란 무기였음이 틀림없다.

　　로마 사람들은 점차 군대에 들어가 싸우기에는 너무나 게을러졌다. 이 말이 부당하다면, 적어도 전투 능력을 상실하고 있었다. 시골 농민들은 어깨에 지워진 짐이 너무 무거워 날로 가난해질 뿐이고, 도시의 주민들도 사정은 마찬가지였다. 그런데 황제로서는 도시 주민들이 말썽을 일으키지 않게끔 달래 줄 필요가 있었다. 그래서 로마의 시민에게는 빵을 무료로 배급해 주고 서커스도 무료로 개방해서 즐겁게 해 주었다. 그리하여 도시 주민들은 싱글벙글하게 되었지만 이 무료 배급을 시행한 곳은 좁은 구역에 국한되었고, 그것마저도 예컨대 무료 밀가루를 공급하던 이집트 같은 나라의 노예 집단에게 빈곤과 궁핍을 강요함으로써 비로소 가능한 일이었다.

　　로마의 시민들은 군대에 들어가기를 꺼려했으므로 제국의 주변에서 '야만인'이라고 일컬어지던 사람들이 징집되었다. 그러므로 로마의 군대는 대부분 '야만스러운' 적국과 내통하거나 혈연이 닿는 사람들로 편성된 것이다. 그리하여 국경 지대에서는 이 '야만족'이 끊임없이 로마인을 포위하고 압박했다. 로마가 약해지자 '야만인'은 한층 강해지고 대담해졌다. 동방의 위험이 특히 컸으나 이 방면의 국경은 로마에서 멀었기 때문에 쉽게 지킬 수가 없었다. 아우구스투스 카이사르 황제로부터 300년이 지난 뒤, 콘스탄티누스라는 황제가 광범위한 영향을 미친 어떤 정책을 세웠다. 즉 수도를 로마에서 동방으로 옮기기로 결단한 것이다. 흑해와 지중해 사이에 보스포루스(Bosphorus) 해협이 있는데, 그 연안에 있는 비잔티움(Byzantium) 근처에 새 도시를 건설했다. 그리고 황제의 이름을 따서 콘스탄디노플(Constantinople)이라 이름짓고 로마 세계의 수도로 삼은 것이다. 지금도 아시아 여러 지방에서는 이 콘스탄티노플을 룸(Rum) 또는 로움(Roum)이라 부르고 있다.

33 1932년 4월 24일

로마 제국의 분열과 멸망

오늘도 로마 제국에 관해서 계속 알아보기로 하자. 4세기 초(326년) 콘스탄티누스는 옛날 비잔티움의 교외에 콘스탄티노플을 건설하고 제국의 수도를 낡은 로마에서 보스포러스 연안의 새 도시로 그대로 옮겨 놓았다. 지도를 한번 살펴보아라. 이 새로운 수도 콘스탄티노플은 유럽의 가장자리에 서서 거대한 아시아를 넘겨보고 있다는 것을 알 수 있을 것이다. 그 곳은 유럽과 아시아를 잇는 고리와 같은 곳이다. 바다와 육상의 큰 통상로가 이 곳을 지나게 되어 있다. 도시로서, 또한 수도로서 적당한 장소다. 콘스탄티누스는 새로운 수도를 잘 선정했다. 그러나 그와 그의 후계자들은 이 수도의 위치 때문에 그 대가를 지불해야 했다. 마치 예전에는 로마가 소아시아나 동방에서 너무 멀었던 것처럼, 이번의 새로운 동쪽 수도는 오히려 서방 여러 나라, 예컨대 골(프랑스)과 브리튼(Britain : 영국)에서 너무 멀었다.

이 불편을 해소하기 위해 얼마 동안은 두 사람의 황제가 공동으로 통치하되 한 사람은 로마에, 또 한 사람은 콘스탄티노플에 군림했다. 이 때문에 얼마 뒤 제국은 공식적으로 동서로 분할되었다. 그러나 로마를 수도로 한 서로마 제국은 격변하는 정세에 타격을 받아 오래 존속하지 못했다. 서로마인들은 그들이 '야만인'이라 부르던 사람들을 막아 내지 못했다. 그 뒤 게르만족의 한 부족인 고트족(Goths)이 침입해 로마를 포위했다. 그리고 잇따라 반달족(Vandals), 훈족(Huns)의 침입을 받아 서로마 제국은 붕괴했다. 너도 훈족이라는 말을 가끔 들어 보았을 것이다. 제1차 세계 대전 때 영국인은 독일인이 잔혹하고 야만적이라는 것을 강조하려고 이 말을 독일인에 빗대 사용했다. 사실 전쟁중에는 누구나 제정신을 잃고 그 동안 배운 문명과 올바른 예의 범절을 모조리 잊어버린 채 잔학하고 야만적으로 날뛰기 마련이다. 독일인도 그랬지만 영국인이나 프랑스인도 똑같은 행위를 했다. 모두 오십보 백보의 차이에 불과하다.

훈족이라는 단어는 이렇게 남을 비난할 때 쓰는 좋지 않은 말이 되었다. 반달이라는 말도 마찬가지다. 아마 훈족[匈奴]이나 반달족이 매우 난폭하고 잔인한 품성을 갖고 있기도 했을 테지만, 우리가 들을 수 있는 그들에 관한 설명은 모두 그들의 적인 로마인에게서 나왔다는 점을 잊어서는 안 된다. 물론 로마인이 공평하게 보았을 리가 없다. 여하튼 고트족과 반달족과 훈족은 로마를 식은 죽 먹듯이 쉽게 짓밟아 버렸다. 그들이 그렇게 쉽사리 목적을 달성한 이유 가운데 하나는 로마 제국의 농민들이 너무 가난에 허덕인 데다가 과중한 세금과 빚에 쪼들려 어떤 변화라도 환영하는 상태에 있었기 때문일 것이다. 오늘날 인도의 가난한 농민들도 꼭 이와 같은 무서운 빈곤 속에 있어서, 어떤 변화라도 기꺼이 맞이할 처지에 있다.

서로마 제국은 이렇게 쓰러졌다. 몇 세기 후에 이들은 다른 모습으로 재기하게 된다. 한편 동로마 제국은 훈족을 비롯한 여러 종족의 공격에 만신창이가 되면서도 끈기 있게 존속했다. 그 공격을 견디었을 뿐만 아니라 이 제국은 아랍인과, 그리고 나중에는 투르크인과 끊임없이 전투를 벌이면서도 몇 세기를 더 버티었다. 그 기간은, 서기 1453년 콘스탄티노플이 오스만 투르크인(Osman Turks)에게 점령되어 마침내 멸망하기까지의 11세기에 걸친 오랜 세월이었다. 그로부터 500년 가까이 콘스탄티노플, 즉 현대의 이스탄불(Istanbul)은 투르크인이 차지하게 되었다. 그들은 이 곳을 교두보로 하여 자주 유럽으로 진격해 한때는 비엔나 가까이까지 육박했다. 그 뒤 그들은 차츰 밀려나 지금부디 12년 전, 즉 제1차 세계 대전에서 패배했을 때 하마터면 콘스탄티노플을 잃을 뻔했다. 영국인이 이 도시를 점령했고 투르크의 술탄(Sultan : 이슬람교 국가의 군주)은 그들의 꼭두각시에 지나지 않았다. 그러나 위대한 지도자 케

로마 제국의 분열과 멸망

165

말 파샤(Kemal Pasha)*가 나타나 영웅적인 항쟁 끝에 국민을 구해 냈다. 현재 터키는 공화국이고 술탄은 영원히 자취를 감추었다. 케말 파샤는 공화국의 초대 대통령이 되었다. 1500년 동안 처음에는 동로마의, 나중에는 투르크 제국의 수도였던 콘스탄티노플은 지금도 터키에 속해 있으나 이제 수도는 아니다. 투르크인은 제국의 힘을 피해 멀리 소아시아의 앙고라(Angora 또는 Ankara)를 수도로 택했다.

우리는 2000년에 가까운 세월을 단숨에 달려 콘스탄티노플의 건설부터 새 수도로의 이전을 비롯해 잇따라 생긴 변화의 자취를 대강 더듬어 보았지만, 콘스탄티누스는 이 밖에도 놀라운 일을 많이 했다. 그는 기독교로 개종했다. 그가 황제였기 때문에 이는 곧 기독교가 제국의 국교로 되었음을 의미했다. 기독교가 피압박 종교에서 제국의 국교로 갑자기 지위가 변하자 사람들을 물론 깜짝 놀랐을 것이다. 때문에 이 전환은 처음에는 원만하게 추진되지 못했다. 그 뒤 기독교 내부의 여러 종파가 서로 다투기 시작했다. 그리하여 끝내 라틴파와 그리스파로 크게 분열되었다. 라틴파는 총본산을 로마에 두고 로마의 주교를 우두머리로 받들었는데, 나중에 이 사람이 로마 교황이 되었다. 그리스파는 총본산을 콘스탄티노플에 두었다. 라틴 교회는 서북부 유럽 전체에 확대되어 로마 가톨릭 교회라고 알려지게 되었다. 그리스 교회는 흔히 정(통)교회(Orthodox Church)라고 한다. 동로마 제국이 몰락한 뒤에는 러시아가 정교회의 우두머리 나라가 되었다. 볼셰비즘(Bolshevism)이 지배하는 지금의 러시아에서는 어떠한 교회도 공인된 지위를 갖지 못하고 있다.

나는 동로마 제국에 관해 말했지만 사실 이 로마 제국은 로마와 거의 아무 관계도 없다. 그들이 사용한 언어도 그리스어였지 라틴어가 아니었다. 어떤 의미에서 동로마 제국은 알렉산더의 그리스 제국의 연속이라 생각해도 큰 잘못은 아닐 것이다. 오랫동안 그것은 서유럽 여러 나

---

* 케말 파샤는 1939년에 세상을 떴다.

라의 독립할 권리를 인정하지 않았지만 이들과 별로 접촉하지도 않았다. 그리고 이 말에 무슨 마력이라도 있는 것처럼 동로마 제국은 '로마'라는 말을 고집하고, 국민들도 로마인이라고 일컬어졌다. 더 기묘한 것은 로마시가 제국의 중심지라는 지위에서 밀려난 뒤에도 여전히 그 위세를 잃지 않아서, 로마시를 정복하러 온 '야만인'들조차 괜히 망설이는 기색을 보이면서 이 도시를 특별히 대했다는 사실이다. 위대한 이름이나 관념의 힘이란 흔히 이런 것이다!

제국을 잃은 뒤에 로마는 새로운 제국을 세우기 시작했다. 그러나 이것은 조금 다른 종류의 제국이었다. 옛날 예수의 제자인 베드로(Petros)[52]가 로마에 와서 최초의 주교가 되었다는 말이 있다. 이 덕분에 많은 기독교도들의 눈에는 로마가 성지로 보였고, 로마의 주교직에는 특별한 권위가 곁들여지게 되었다. 로마의 주교는 처음에는 다른 주교와 별로 다른 점이 없었지만 황제가 콘스탄티노플로 옮겨간 뒤부터 차츰 권위를 갖기 시작했다. 아무도 위에 군림할 사람이 없어진 당시에 로마의 주교는 베드로의 자리를 계승한 자로서 주교 중의 우두머리로 여겨졌고, 나중에는 교황이라 일컬어지게 되었다. 다 알다시피 오늘날에도 교황은 로마 가톨릭 교회의 우두머리로 존재하고 있다. 묘한 것은 로마 가톨릭 교회와 그리스 정교회가 분열한 원인 가운데 하나는 우상 채택에 관한 문제였다. 로마 교회는 성자상(聖者像), 특히 예수의 어머니인 마리아 숭배를 장려했으나 정교회는 이를 강력히 반대했다.

로마는 여러 세대에 걸쳐 북방의 여러 부족에게 점령되어 지배받았다. 그러나 그 부족들도 콘스탄티노플의 최고 종주권을 인정하고 있었다. 한편 종교의 우두머리인 로마 주교는 권력을 강화해 마침내 콘스탄티노플을 부인할 수 있을 만큼 자신감을 갖기에 이르렀다. 우상 숭배에 관한 분쟁이 일어나자 교황은 로마와 동방의 관계를 완전히 끊어 버리

---

52) 예수 그리스도의 주요 제자 가운데 한 사람. 『신약 성서』에서 활약한다. 나중에 베드로가 로마에 가서 로마 교회를 창립했다는 말은 로마 교회 자체의 전설이다.

기로 결정했다. 그 사이에 여러 사건이 일어났는데, 이 사건들에 대해서는 나중에 이야기해야 할 것이다. 신흥 종교 이슬람교가 아라비아에서 일어나 아랍인은 북아프리카 및 스페인을 석권하고 유럽의 중심부를 뒤흔들고 있었다. 여러 국가가 북부 및 서부에 새로이 형성되어 갔다. 그리고 동로마 제국은 아랍인의 격렬한 공격에 시달리고 있었다.

교황은 북방 게르만의 한 부족이었던 프랑크인(Franks)의 강력한 지도자에게 원조를 요청했다. 이 프랑크인의 지도자 카를(Karl) 또는 찰스(Charles)는 나중에 로마에서 제관(帝冠)을 수여받은 사람이었다. 이 제국은 새롭게 일어선 나라였지만 그래도 '로마 제국', 그리고 나중에 '신성 로마 제국(Holy Roman Empire)'이라 일컬어졌다. 그들은 제국이라면 로마밖에 생각할 수 없었던 것이다. 그래서 샤를마뉴 또는 이른바 찰스 대제는 로마와 아무 관계도 없으면서 임페라토르가 되고, 카이사르가 되고, 아우구스투스가 되었다. 새 제국은 낡은 제국의 후계자로 간주되었다. 다만 그 명칭에는 한 가지 수식어가 붙었다. '신성(神聖 : Holly)'이라는 말이 곁들여진 것이다. 교황을 대부로 하는 기독교 제국이었으므로 '신성'이라는 말이었다.

또다시 관념의 기이한 힘을 볼 수 있다. 중부 유럽에 사는 프랑크인 또는 게르만인이 로마 황제가 된 것이다! 그 뒤 '신성 로마 제국'의 역사는 더더욱 우스운 것이었다. 이 나라는 제국치고는 매우 막연한 것이었다. 동로마 제국이 국가로서 존속한 데 비해 이 서방 제국은 끊임없이 변화해서 때로는 없어지기도 하고 나타나기도 했다. 그것은 그야말로 로마라는 이름과 기독교회의 위세 덕분에 명목으로만 존재한 그림자거나 환상 같은 것이었다. 그것은 실체가 없는 상상의 제국에 지나지 않았다. 누군가가, 아마 볼테르라고 생각되는데, 이 '신성 로마 제국'을 정의하기를 '신성'도, '로마'도, '제국'도 아닌 어떤 것이라고 말한 적이 있다. 이와 마찬가지로 우리 나라에서도 터무니없는 세금으로 우리를 여태껏 괴롭히는 인도의 문관(the Indian Civil Service)을 '인도'도, '민간(civil)'도, '공무원'도 아닌 어떤 것이라고 말한 사람이 있었다!

아무튼 이 환상 같은 신성 로마 제국은 적어도 명목상으로는 1000년이나 존속했고, 완전히 멸망한 것은 겨우 100여 년 전 나폴레옹 시대였다. 그 종말은 별로 주목을 끌지도 못했고 극적인 것도 아니었다. 벌써 오래 전부터 그 제국은 실재하지 않는 것이었으므로 그 전부터 이 나라에 주목하는 사람은 없었던 것이다. 그러나 그 유령마저도 끝내 쓰러졌다. 사실 그것이 최후는 아니었다. 왜냐하면 카이저니 차르니 하며 다른 의상을 걸치고 거듭 고개를 쳐들었기 때문이다. 그러나 이런 것들은 거의 모두 14년 전에 끝난 제1차 세계 대전 중에 자취를 감추고 말았다.

34 *1932년 4월 25일*

세계 국가라는 관념

네가 내 편지를 읽다가 지치고 당혹스럽지나 않을까 염려되는구나. 더구나 최근에 보낸 두 통의 편지는 필시 너의 인내력을 시험했을 게다. 몇천 년의 세월과 몇천 마일의 거리를 종횡무진했으니 말이다. 만일 내가 네 머릿속에 어떤 혼란을 일으켰다면 그것은 전적으로 내 책임이다. 결코 낙심하지 말아라. 그러면 이제 또 시작해 보자. 내 이야기의 어떤 부분이 네 이해력에 벅차더라도 일단 덮어 두고 다음으로 넘어가면 된다. 이 편지는 너에게 역사를 가르치려는 것이 아니란다. 그저 이곳저곳을 보여 주어서 네 탐구심을 북돋울 수만 있다면 더 바랄 게 없단다.

너도 로마 제국에는 싫증이 났을 것이다. 솔직히 말하면 나도 그렇다. 하지만 오늘은 조금 참고 그 이야기를 더 하자. 그리고 나서 당분간 로마에 대해서는 덮어 두기로 하자.

오늘날 민족주의니 애국심이니 하는 용어가 유행하고 있다는 것은 너도 잘 알 것이다. 현재 인도인이라면 누구나 다 열렬한 민족주의자다. 그런데 이 민족주의라는 것은 역사에서 볼 때 아주 새로운 사조란다. 아마 이 편지를 써 나가다 보면 그 기원과 발달에 대해 언급하게 될 것이다. 로마 제국 시대에는 그런 민족주의 감정은 별로 없었다고 해도 좋다. 로마 제국은 세계를 지배하는 유일무이한 대국가라고 생각했던 것이다. 사실 전세계를 지배하는 단일 제국이나 국가가 있었던 적이 없었지만, 옛 사람들은 지리에 대한 무지와 상호 왕래가 어려운 탓에 가끔 그런 단일한 국가가 존재한다고 믿었던 것이다. 그래서 유럽이나 지중해 연안에서는 로마가 제국이 되기 이전부터 이미 다른 모든 나라를 종속시킨 일종의 초국가로서 존경받고 있었다. 이 명망은 지극히 강해서 소아시아의 그리스인이 세운 국가인 페르가몬이나 이집트의 지배자들은 사실상 로마인에게 자기 나라를 양도한 것이나 마찬가지였을 정도였다. 그들은 로마를 전지전능하고 항거할 수 없는 존재로 여겼다.

그러나 이미 말한 것처럼 로마가 지배한 범위는 공화국 시대나 제국 시대에도 지중해 연안국을 벗어난 적이 별로 없었다. 따라서 북부 유럽의 '야만인'들은 로마에 복종하지도 않았고, 또 로마에 별로 신경쓰지도 않았다. 그러나 로마의 권위가 어디까지 이르렀든지 간에 그 배후에는 세계 국가라는 생각이 있었고, 이것이 당시 서방 여러 나라 사람들에게 받아들여지고 있었다. 로마 제국이 그토록 오래 존속한 것도 그 때문이며, 이미 나라의 실체가 사라진 뒤에도 그 명칭과 위엄만은 여전히 위대했다.

세계를 지배하는 단일한 대국가라는 생각이 꼭 로마에만 있었던 것은 아니다. 고대 중국이나 인도에서도 이것은 찾아볼 수 있다. 널리 알려진 것처럼 중국은 로마를 능가하는 대국가로서, 그 영향력은 멀리 카스피 해까지 미친 적이 있었다. 중국의 황제는 천자(天子 : 하늘의 아들)라 하여, 중국인들은 그를 세계의 군주로 믿고 있었다. 물론 중국의 주변에는 이런저런 이유를 대며 황제에 복종하지 않는 부족이나 민족이 있었지만, 그들은 대개 마치 로마인이 북유럽인을 야만인이라고 부른 의미에서 '오랑캐'로 간주되었다.

인도에도 옛날부터 이른바 세계 군주(universal sovereigns) — 차크라바르티 라자(Chakravarti Rajas : 한역 불전이나 중국 고전에서는 전륜왕 또는 전륜성왕으로 기록되어 있다) — 라는 생각이 있었다. 세계라는 관념에는 물론 한계가 있었다. 또 인도 자체가 그들에게는 하나의 세계로 보일 만큼 광대했으므로 인도의 주권을 곧 세계의 주권으로 생각하기까지 했다. 그리고 변두리 종족들은 '야만족', 즉 믈레차(mlechas)였다. 전설에 따르면, 자기 이름을 우리 나라에 나누어 준 신화 속의 바라타 — 바라트바르샤[53]가 바로 이 차크라바르티 군주라고 한다. 『마하바라타』에 따르면 유디슈티라(Yudhishthira)[54]와 그 형제들은 이 세계의 주권을 놓고 투쟁했던 것이다. 그리고 아슈와메다(Ashwamedha)[55] — 대생마제(大牲馬祭)는 세계 지배의 기치이자 또한 함성이었다. 양심의 가책 때문에 모든 전쟁을 중지한 아소카 왕도 아마 세계 지배를 목표로 삼고 있었을 것이다. 그리고 나중에 우리는 굽타 왕조처럼 또한 같은 목적을 가진 또 다른 인도의 제국주의 군주들을 만나게 될 것이다.

그리하여 우리는 옛날 사람들이 가끔 세계 군주나 세계 국가에 대한 생각을 가졌다는 것을 알 수 있다. 오랜 세월이 흘러 민족주의와 새로운 형태의 제국주의가 나타나고, 이 양자를 둘러싸고 세계는 커다란 재난을 만났다. 그런데 오늘날 세계 국가가 다시 문제로 떠오르고 있다.

---

53) 고대 인도의 명문족. 오늘날에도 인도인은 스스로를 바라타라고 부르는 것에 긍지를 느끼고 있다. 『마하바라타』는 바라트족의 후예들 간에 벌어진 전쟁 이야기다.
54) 『마하바라타』의 판두족 5왕자 가운데 맏형. 네 동생과 더불어 수많은 모험을 하고 구르족과 최후의 대결전을 벌인 뒤에 '코끼리의 도시'에서 왕위에 올라 바라타 일족을 지배하게 되었다. 즉위 1년 후 그는 제국의 왕들을 모아 성대하게 아슈와메다를 열었다.
55) 고대 인도에서 오로지 국왕만이 거행한 의식. 특정 색깔의 말 한 마리를 1년간 방목하고, 그 뒤 말이 가는 나라를 정복하며, 정복에 성공하고 개선하면 성대한 의식을 올리며, 그 말을 베어 신에게 바친다. 어느 국왕이 이 의식을 거행한다는 것은 그가 곧 정복자, 왕 중의 왕임을 의미했다.

그러나 이번에는 단일한 대제국이나 세계 군주를 말하는 것은 아니다. 오늘날 요청되고 있는 것은 제국이나 군주가 아니라 한 국민, 한 민족, 한 계급이 타자를 착취하는 것을 막을 수 있는 일종의 세계 공화국이다. 이러한 세계 공화국이 가까운 장래에 실현될지 어떨지 예측하기는 힘들다. 그러나 바야흐로 세계는 막다른 골목에 몰렸으며, 달리 그 병폐를 제거할 길이 없는 것처럼 보인다.

나는 거듭 북유럽의 야만인에 대해 이야기했다. 내가 '야만인'이라는 말을 사용한 것은 그들이 로마인으로부터 그런 취급을 받았기 때문이다. 중앙 아시아의 유목민이나 그 밖의 민족들이 인도인에 비해 뒤졌던 것처럼, 이들은 로마인에 비해 문화가 낮았던 것이 틀림없다. 그러나 그들은 거친 자연 속에서 생활해 왔기 때문에 훨씬 더 건장했다. 나중에 그들은 기독교도가 되었고, 로마를 정복할 때에도 대개 인정 사정 없는 원수로 쳐들어간 것은 아니었다. 북유럽의 근대 여러 국민들은 야만족 — 고트인이나 프랑크인에서 비롯된 것이다.

나는 로마 황제의 이름을 일일이 들지 않았다. 수많은 황제들이 있지만 두세 명을 제외하면 모두 악질들뿐이었다. 어떤 자는 아예 악의 화신과도 같았다. 너는 네로(Nero)라는 이름을 들어 보았을 테지만 그보다 훨씬 더 흉악한 자도 얼마든지 있었다. '이레네(Irene)'라는 여자는 황제였던 자기 아들(콘스탄티누스 6세)을 죽이고 스스로 여제가 되었다. 이 사건은 콘스탄티노플에서 일어났다.

로마 황제들 가운데 남달리 두각을 나타낸 사람이 있으니 그는 마르쿠스 아우렐리우스 안토니우스(Marcus Aurelius Antonius)다. 그는 철학자였으며 그의 사색과 명상이 담긴 저서[56]는 깊이 연구할 만한 가치가 있다. 그러나 그의 뒤를 이은 아들 콤모두스(Comodus)는 로마에서 으뜸가는 희대의 악한이었다.

---

56) 『명상록』을 말한다. 이 책은 만유에 이성이 두루 존재함을 인정하고, 세속의 모든 행복을 초월해 그 이성에 걸맞은 겸허한 생활을 요구하는 스토아 철학의 그림자가 깊게 드리워져 있다.

로마가 제정으로 바뀐 지 300년 동안 로마는 서방 세계의 중심이었다. 로마는 큰 건물들이 죽 늘어선 대도시였다. 사람들은 제국의 방방곡곡에서, 또는 더 멀리에서 모여들었을 것이 틀림없다. 수많은 배들이 진귀한 식료품과 귀중품들을 싣고 들어왔다. 120척에 이르는 선단이 해마다 이집트의 항구를 떠나 홍해를 거쳐 인도로 갔다고 한다. 그들은 동방에서 불어 오는 계절풍을 이용할 수 있는 시기에 항해했기 때문에 크게 도움을 받았다. 그리하여 그들은 인도에서 값진 물건들을 가득 싣고는 또한 바람을 타고 이집트로 돌아갔다. 그들은 주로 남부 인도를 왕래했다. 그리고 그 물건들은 이집트에서 로마로 수송되었다.

　　그러나 이 무역은 모두 부유한 계급을 위한 것이었다. 몇 안 되는 사람들의 사치 뒤에는 많은 사람들의 빈곤이 있었다. 로마는 300년 이상이나 서방 세계에 군림한 뒤 그 지위를 콘스탄티노플과 나누어 갖게 되었다. 이토록 오랜 세월 동안 사상의 영역에서는 위대한 일을 하나도 남기지 못했다는 것은 이상한 일이다. 고대 그리스가 얼마 안 되는 시기 동안 이루어 놓은 사상적인 업적과는 매우 대조적이다. 분명히 로마는 여러 가지 점에서 그리스 문명의 퇴색한 그림자와 같은 존재였다고 생각된다. 다만 한 가지 커다란 발전을 이룬 분야가 있다. 그것은 법률 부문이다. 지금도 로마법은 유럽 법률의 적지 않은 부분에 기초를 이루었다고 하여 애써 공부하고 있는 형편이다.

　　영국 제국은 곧잘 로마 제국과 비견되곤 하는데, 이것은 대체로 영국인들이 자기 만족을 위해 하는 말이다. 제국이란 어차피 모두 대동소이한 것이다. 그것은 여러 사람을 착취해 배를 살찌운다. 로마인과 영국인은 특히 닮은 점이 있는데, 양자 모두 상상력이 너무나 빈약하다는 것이다. 별스럽게 점잔을 뺀 거만한 얼굴로 온 세계가 마치 자기들 멋대로 굴기 위해 만들어진 것처럼 생각하며, 한평생 회의나 고통을 모른 채 설치며 돌아다닌다.

세계 국가라는 관념

173

35   *1932년 4월 26일*

파르티아와 사산 왕조

이제 로마와 유럽을 떠나 세계의 다른 곳을 찾아가야겠구나. 우리는 아시아에서 어떤 일이 일어나고 있었는지를 보고 인도와 중국 이야기를 계속해야만 한다. 그 밖의 여러 나라도 이제 지평선 위에 모습을 드러내기 시작했다. 이 나라들에 대해서도 살펴보아야겠지. 이렇게 이야기를 진행해 가다 보면 너무도 많은 곳에 대해 너무도 많은 얘기를 해야 할 것이다. 그러면 도저히 주체할 수 없어서 모두 내던져 버리고 싶을 만큼 취급해야 할 범위가 늘어날 것 같구나.

나의 어느 편지에서 파르티아의 카레 싸움에서 로마 공화국이 대패했던 사실을 쓴 적이 있다. 파르티아인에 대해서, 또 그들이 페르시아와 메소포타미아의 어느 지방에 나라를 세우게 된 과정에 대해서도 말한 적이 있다. 알렉산더 이후 그의 장군인 셀레우코스와 그 자손들이 동으로는 인도에서 서로는 소아시아에 걸치는 지역을 지배한 것을 너도 기억하고 있을 것이다. 그들은 약 300년 동안 번영을 자랑했으나 그 뒤 중앙 아시아의 파르티아인이라고 하는 다른 부족에 쫓겨났다. 공화국 말기에 로마인을 무찌른 것은 당시 페르시아에 살고 있던 바로 이 파르티아인이었다. 그 뒤 제국이 된 뒤에도 로마는 자주 이 나라를 습격했지만, 끝내 한 번도 그들을 완패시키지 못했다. 파르티아인은 2세기 반 동안 페르시아 지방을 지배하다가 국내 혁명으로 쫓겨났다. 페르시아인이 궐기해서 외국인 지배자에 항거해 자신의 혈통과 종교를 가진 자를 왕위에 앉혔다. 이 왕이 바로 아르데시르 1세(Ardeshir I)라고 하며, 이 왕조는 사산 왕조라 일컬어졌다. 아르데시르는 조로아스터교의 열렬한 지지자였다. 이것은 파르시인(Parsis)[57]의 종교였다. 아르데시르는 다른 종교에 그리 관대했다고는 할 수 없었다. 사산 왕조와 로마 제국 사이에는 거의 쉴 새 없이 전쟁이 계속되었다. 어느 로마 황제는 사산 제국에 포로로 잡힌 적도 있을 정도였다. 페르시아인은 몇 번씩이나 콘스탄티노플 바로 근처까지 이르렀고, 한 번은 이집트를 정복했다. 사산 제국에서 주목할 만한 일은 종교적인 열광으로 조로아스터교를 진흥시킨 것이었다. 7세기에 이슬람교가 들어옴으로써 사산 제국과 함께 조로아스터교도 쓰러졌다. 그러자 많은 조로아스터 교도들은 박해를 피해 인도로 도피해 들어갔다. 원래 인도는 피난처를 찾아오는 자들을 기꺼이 맞아들이는 나라였으므로 그들을 환영했다. 오늘날 인도의 파르시인은 이 조로아스터 교도의 혈통을 잇고 있다.

    타 종교를 다루는 태도를 볼 때 인도는 다른 나라에 비해 흥미롭기도 하고 차라리 불가사의한 느낌마저 든다. 많은 나라들, 특히 옛날 유럽에서는 공인된 종교를 믿지 않는 자를 이단시하고 박해하는 것을 볼 수 있다. 신앙의 강제가 없는 나라는 별로 없었다. 유럽에서는 무서운 종교 재판과 이른바 마녀 사냥이 있었다는 것을 너는 곧 읽게 될 것이다. 그런데 옛날 인도에서는 신앙의 자유가 거의 완전했다. 힌두교와 불교 사이에 있었던 가벼운 마찰은 서방의 여러 종파 사이에서 벌어진 격렬한 전쟁에 비할 수는 없다. 이 점은 기억해 두어야 할 것이다. 불행하게도 최근 인도에서 종교・지방적인 싸움이 일어나는 것을 보고 이것이 예로부터 내려온 인도의 숙명이라고 생각하는 역사에 무지한 사람들이 있다. 이들의 생각은 전혀 옳지 못하다. 그러한 싸움은 대개 최근에 나타난 것들이다. 이슬람교의 역사를 보면 모슬렘(Moslem : 신의 뜻에 순종하는 자, 즉 이슬람 교도를 말한다)이 몇백 년 동안 인도의 모든 지방에서 그들의 이웃과 아주 사이좋게 살고 있었음을 알 수 있다. 그들이 상인으

---

57) 이 때 선조를 버릴지라도 종교를 버리기는 거부하며 인도로 이주한 조로아스터 교도는 봄베이 부근에 오늘날에도 무리를 지어 거주하고 있다. 그 수는 약 11만 명. 부유한 상공업자가 많고, 엄격한 종교적 예법을 지키고 있다.

로 왔을 때 그들은 환영받고 정주하라는 권고를 받았다. 여기서 다시 얘기가 앞서 나가고 있구나.

어쨌든 이렇게 하여 인도는 조로아스터 교도를 환영했다. 그보다 몇백 년 전에도 인도는 서기 1세기의 박해를 피해 로마에서 온 많은 유태인들을 맞아들인 적이 있었다.

사산인이 페르시아를 지배하던 시대에 시리아의 팔미라(Palmyra)에 작은 사막 국가가 번영해 잠시 광채를 내고 있었다. 팔미라는 시리아 사막 한가운데에 있는 무역 시장이었다. 지금도 여기저기 흔적이 남아 있고 거대한 건축물이 있었음을 짐작케 한다. 어떤 시기에는 제노비아(Zenobia)라는 여성이 지배했는데, 그녀가 로마와 싸워 패배하자 로마인은 예의도 없이 그녀를 쇠사슬에 묶어 로마로 끌고 갔다.

기원 직후의 시대에 시리아는 살기 좋은 나라였다. 『신약 성서』에도 그런 사실이 조금 기록되어 있다. 악정과 압제가 있었는데도 그 곳에는 마을들이 있고 인구가 밀집해 있었다. 대운하가 개설되고 상거래가 활발했다. 그러나 끊임없는 전투와 실정 때문에 결국 600년을 못 채우고 멸망해 버렸다. 대도시는 사막이 되고 지난날의 건물들은 폐허가 되었다.

인도에서 비행기를 타고 유럽으로 가다 보면 이 팔미라와 바알바크(Baalbak)의 유적 위를 지나가게 된다. 또 바빌론이 있었던 곳이나 역사에서는 유명하되 지금은 그림자도 볼 수 없는 여러 지방을 볼 수 있단다.

36   *1932년 4월 28일*

남인도가 식민지를 개척하다

　이야기가 아주 멀리까지 나가 버리고 말았구나. 그럼 다시 인도로 돌아가서 이 나라에서 우리 조상들이 무엇을 했는지를 살펴보자. 우리는 북인도에서 중앙 아시아의 한 모퉁이까지 차지하고 푸루샤푸라, 즉 페샤와르에 수도를 두었던 큰 불교 국가인 쿠샨 제국을 생각하게 된다. 아마 이 시대에 남인도에는 안드라국이라는 큰 국가가 있어서 바다에서 바다까지 드넓게 자리잡고 있었을 것이다. 쿠샨인과 안드라인은 약 300년 동안 번영을 누렸다. 3세기 중반에 이 두 나라는 소멸하고 인도는 얼마 동안 여러 작은 나라로 나뉘어 있었다. 그런데 그로부터 100년 이내에 인도 역사상 또 한 사람의 찬드라굽타가 파탈리푸트라에서 일어남으로써 호전적인 힌두 제국주의 시대가 시작되었다. 그러나 이 굽타인을 찾아가 보기 전에 먼저 인도의 예술과 문화를 동방의 먼 섬에까지 전하게 되는, 남방에서 벌인 대규모 사업의 출발을 살펴보자.
　히말라야 산맥과 두 바다 사이에 낀 인도의 모양은 너도 잘 알고 있는 바와 같다. 북부는 바다에서 멀리 떨어져 있다. 북부는 육지의 국경을 이루고 있어서 적군이나 침입자는 모두 이 곳을 넘어 들어왔던 것이다. 그런데 동쪽과 서쪽과 남쪽에는 긴 해안선이 있고, 남쪽으로 갈수록 좁아지며, 동쪽과 서쪽이 카니야 쿠마리, 즉 코모린(Comorin) 곶에서 만나면서 끝난다. 바다에 가까운 이 주변의 주민들은 당연히 바다에 관심을 가졌으며 그들은 대부분 뱃사람이었을 것으로 짐작된다. 나는 이미 남인도가 오랜 옛날부터 서방과 무역 관계를 맺고 있었다고 말했다. 따라서 훨씬 전부터 인도에 조선업이 발달하고, 사람들이 상거래를 위해 — 그보다는 모험 여행 같은 것이었을지도 모르지 — 바다를 왕래했다 하더라도 이상할 것은 없다. 비자야(Vijaya)라는 사람이 불타 석가모니가 살아 있을 때 인도를 떠나 실론을 정복한 것으로 되어 있다. 아잔타 동굴의 벽화 속에는 비자야가 말과 코끼리를 배에 싣고 실론으로 건너가는 장면이 그려져 있다. 비자야는 이 섬을 신할라(Sinhala)라고 이름짓고 '신할라 드비프(Sinhala Dweep : 드비프는 섬이라는 뜻)'라고 불렀다. 신할라라는 말은 신하(Sinha) — 사자라는 뜻에서 유래한 말인데, 실론에서 잘 알려진 늙은 사자에 관한 이야기라고 하지만 나는 그만 잊어버리고 말았다. 나는 실론이라는 말은 신할라에서 나왔을 것이라고 추측하고 있다.

남인도에서 실론에 이르는 짧은 항해는 물론 힘든 일은 아니었다. 그러나 사람들이 많은 배를 건조하고 벵골에서 구자라트(Gujarat)에 이르는 해안선에 산재한 많은 항구에서 바다를 건너갔다는 증거는 얼마든지 있다. 찬드라굽타의 대재상 차나키야는, 내가 나이니에 있을 때 이야기한 『아르타샤스트라』(열여덟 번째 편지 참조)에서 해군에 대해서 말하고 있다. 찬드라굽타의 궁정에 파견되어 있던 그리스의 대사 메가스테네스도 차나키야와 비슷한 글을 썼다. 그러므로 인도에서는 이미 마우리아 시대 초기부터 조선업이 융성한 것으로 보인다. 배는 물론 사용하려고 만들었을 것이다. 따라서 매우 많은 사람들이 그 배들을 타고 바다로 나갔을 것이 틀림없다. 이런 사실을 생각하면, 지금도 항해를 두려워하며 항해가 종교에 어긋나는 짓이라고 믿는 사람들이 우습기도 하고 재미있기도 하구나. 우리는 이런 사람들을 과거의 유물이라고 부를 수는 없다. 왜냐하면 과거는 우리가 본 것처럼 이들보다 훨씬 더 사리에 밝았으니까. 다행스럽게 이런 터무니없는 생각들은 지금 거의 사라지고 없으며, 이런 생각들에 영향을 받고 있는 사람들도 거의 없다.

남쪽은 물론 북쪽보다 바다에 의지하는 면이 많았다. 외국 무역은 대부분 남인도가 담당하고 있었으므로 타밀어 시를 보면 '야바나(Javana)' 술과 꽃병과 램프가 많이 읊어지고 있다. 야바나라는 말은 주로 그리스인에 대해 사용되던 말이지만, 아마도 막연하게는 다른 모든

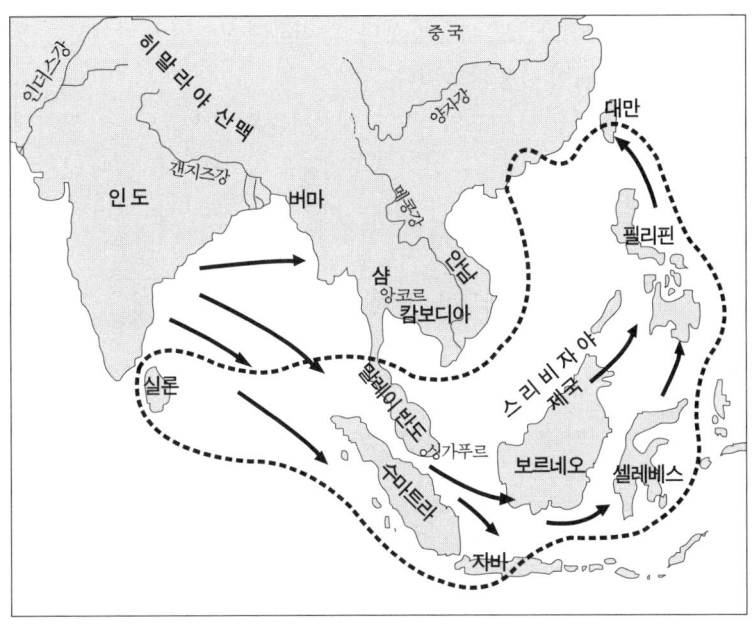

인도인의 식민

외국인도 의미했을 것이다. 2~3세기의 안드라 화폐를 보면 돛대가 두 개 달린 큰 배가 문장으로 새겨져 있다. 이것은 고대 안드라인이 조선과 항해에 얼마나 관심이 많았는지를 보여 준다.

따라서 동방의 모든 섬들에 인도의 식민지들을 세우는 대사업은 바로 남쪽 사람들이 주도했다. 이 식민지 개척은 서기 1세기에 시작되어 몇백 년 동안 계속되었다. 버마, 샴(Siam) 및 인도네시아에는 인도의 식민지가 생겼다. 말레이시아·자바·수마트라·캄보디아·보르네오 등 그들의 발길이 닿지 않는 곳이 없었다. 그리고 그들은 거기에 정착해 살면서 인도의 문화와 예술을 퍼뜨렸다. 버마와 샴과 인도지나에는 거다란 식민지가 있었다. 그들이 그 거리와 촌락에 붙인 이름조차 — 아요디아·하스티나푸르(Hastinapur)·탁실라·간다라 등 — 인도에서 빌려온 것이 많다. 역사는 되풀이된다! 아메리카로 건너간 앵글로색슨(영국

남인도가 식민지를 개척하다

인)의 식민지 개척자들도 이렇게 했다. 그리하여 오늘날 미국에서는 옛 영국의 마을 이름이 사용되고 있다.

　의심할 여지 없이 인도의 식민지 개척자들은 대개 그렇듯이 도처에서 난폭한 짓을 했다. 그들은 섬의 원주민들을 압박해 그들 위에 군림했을 것이 틀림없다. 그러나 얼마 뒤에는 개척자와 원주민은 광범하게 혼혈을 했을 것이다. 인도와 규칙적으로 접촉을 유지하는 것은 곤란했기 때문이다. 힌두 국가와 제국이 이러한 섬들에 잇따라 세워졌다. 그 즈음 불교도가 들어와 패권을 둘러싸고 격렬한 싸움이 벌어졌다. 범인도 또는 대인도의 역사, 그것은 유구하고 감동적인 이야기다. 거대한 폐허가 옛날 인도인의 거류지를 장식하고 있던 대건축물과 사원 등을 생각케 한다. 인도의 건축가와 기술자가 세운 대도시가 여러 곳에 있었다. 캄보디아, 스리 비자야(Sri Vijaya), 앙코르(Angkor), 마자파히트(Madjapahit) 등이 모두 그런 도시들이다.

　힌두교 및 불교 국가는 1400년 동안이나 그 섬들에서 패권을 다투고, 빼앗고, 때로는 서로 파괴하면서 존속했다. 15세기에 이르러 마지막으로 이슬람 교도가 패권을 확립했지만 이어서 포르투갈인, 스페인인, 네덜란드인, 영국인 그리고 맨 마지막에 미국인이 왔다. 그런데 중국은 관계가 깊은 이웃 나라로서 때로는 간섭도 하고 정복도 했으나 대개는 우방으로서 선물을 교환하고 언제나 그 위대한 문화와 문명을 통해 영향을 끼쳤다.

　이러한 동방의 힌두 식민지는 여러 가지 면에서 우리의 흥미를 끈다. 가장 현저한 특징은 그 식민지 개척이 분명히 당시 남인도의 주요 정부 가운데 어느 한 정부를 통해 조직적으로 이루어졌다는 점이다. 맨 처음에는 탐험가들이 개별적으로 건너갔다. 그리고 무역이 시작되었다. 그 뒤에는 가족이나 집단을 이루어 자기 비용으로 도항했을 것이다. 초기의 이민은 칼링가(오리사 : Orissa)에서 떠났다고 한다. 아마 벵골에서도 약간 건너갔을 것이다. 모국을 버리는 사람들이 구자라트에서 그런 섬들로 건너갔다는 전설도 있다. 그러나 이것은 추측에 지나지 않는다. 개척민의 주류는 팔라바(Palava)국 — 팔라바 왕조가 지배했던 타밀 지방의 남부에서 떠난 사람들이다. 그리고 말레이시아의 식민을 조직적으로 추진했다고 생각되는 것은 이 팔라바 정부였다. 북인도에서 인구가 이동해 온 탓에 인구의 압력이 가해졌을 것으로 생각되지만, 이유야 무엇이었든 간에 광범위하게 산재한 지역에 대한 인도의 식민 정책은 면밀하게 계획되고, 그리고 식민지는 거의 일제히 이 지역들에서 발족했다. 이 거류지들은 인도지나, 말레이 반도, 보르네오, 수마트라, 자바 등에 마련되고 모두 인도의 이름을 갖고 있는 팔라바 식민지였다. 인도지나의 식민지는 캄보자(Kamboja : 현재의 캄보디아)라 일컬어졌는데, 이 이름이 간다라에 있는 카불 계곡의 캄보자에서 따온 것임은 의심할 여지가 없다.

400~500년 동안 이들 식민지는 힌두교를 믿고 있었으나 그 뒤 점차 불교가 보급되었다. 훨씬 뒤에 이슬람교가 들어와 말레이시아의 일부에 전파되었으나 일부에서는 계속 불교를 믿고 있었다.

여러 제국과 왕국이 말레이에서 일어나고 망했다. 그러나 이와 같은 남인도의 개척 사업의 진짜 성과는 인도 아리안 문명을 이 지역에 퍼뜨린 데에 있었다. 그리고 오늘날 말레이시아인은 어느 정도까지는 우리와 같은 문화의 자손이라고 할 수 있는 것이다. 그들은 다른 문화에서도 영향을 받았다. 특히 중국의 영향을 많이 받았다고 할 수 있겠다. 말레이시아의 여러 나라에서 이 두 나라의 강력한 영향력 — 인도의 영향력과 중국의 영향력의 혼합 형태를 관찰하는 것도 재미있다. 어떤 나라들은 더욱 강하게 인도화되어 있고, 또 어떤 나라들에서는 중국적인 요소가 더 두드러진다. 대륙 본토 — 버마・샴・인도지나에서는 중국의 영향력이 우월하다. 다만 말레이시아는 다르다. 도서 방면 — 자바・수마트라 등에서는 최근에 퍼진 이슬람교의 표피를 쓰고는 있으나 인도의 영향이 현저하다.

그러나 인도와 중국의 두 영향력 사이에 마찰은 없었다. 그것들은 몹시 이질적이기는 했지만 아무 분규도 없이 평행선 위를 걸어갈 수 있었다. 종교라면 말할 것도 없이 힌두교건 불교건 인도가 원류였다. 중국 자체도 종교에서는 인도에게 진 빚이 많다. 예술 분야에서도 말레이시아에서는 인도의 영향이 우위를 차지하고 있다. 중국의 영향력이 강한 인도지나에서도 건축은 전적으로 인도 양식을 따르고 있다. 중국은 대륙의 여러 나라에 대해서는 주로 그 정치 방식과 일반 인생 철학에 영향을 끼쳤다. 그 때문에 오늘날의 인도지나·버마 및 샴 사람들은 인도인보다는 오히려 중국인과 비슷한 것처럼 보인다. 물론 인종면에서 보면 그들은 몽고인의 혈통을 더 많이 이어받고 있는데, 이것이 중국인과 비슷하게 된 원인이다.

지금도 자바의 보로보두르(Borobodur)에는 인도의 기술자가 세운 불교 대사원 유적이 있다. 그 건물의 벽에는 불타의 일대기가 조각되어 있어 불교에 대해서뿐만 아니라 당시의 인도 예술에 대해서도 귀중한 기념물로 되어 있다.

인도의 영향은 그뿐만 아니었다. 그것은 모두 한때는 수마트라의 스리 비자야 힌두교 왕국에 속한 적이 있는 필리핀과 포르모사(Formosa : 대만)에까지 미쳤다. 훨씬 뒤에 필리핀 제도는 스페인의 지배를 받았고 현재는 미국의 지배하에 있다. 마닐라는 필리핀 제도의 수도인데, 최근에 거기에는 입법부 건물이 세워졌다. 그리고 그 대현관에는 네 개의 조각상이 놓여 있어 저마다 필리핀 문화의 원류를 대표하고 있다. 그 하나는 고대 인도의 위대한 입법자 마누(Manu)[58]의 상이고, 또 하나는 중국의 철학자 노자의 상이며, 나머지 둘은 앵글로색슨의 법과 정의, 그리고 스페인을 상징하는 것이다.

---

58) 『마누 법전』은 기원전 2세기쯤에 편찬된 대법전으로 헌법·행정법·민법·형법에 준하는 것 외에 상세한 카스트 법규, 또 브라만 승려의 계율·속죄법·해탈법을 비롯한 종교적 법규를 포함한다. 마누는 이 법전의 제정자로 간주되는 전설상의 인물로, 또 인류의 시조라고도 한다.
59) avarta는 '사람이 모이는 곳'이라는 뜻으로, '성민(聖民)의 나라'(아리아인이 사는 성지)로 번역된다. 구체적으로는 대략 히말라야 산맥과 비디아 산맥 사이에 가로놓여 있으며, 동서에 바다가 자리잡은 지역을 가리킨다. 인도인은 자기 나라를 아리아바르타, 바라타 또는 바라타바르샤라고 일컬으며, 인종과 언어의 차이를 뛰어넘어 통일된 전체로서의 '인도'라는 자각을 표현한다.

37 *1932년 4월 29일*

굽타 왕조와 힌두 제국주의

　남인도 사람들이 공해를 넘어 먼 곳에 정착촌과 도시를 건설하고 있을 때 북인도에서는 심상치 않은 기운이 일고 있었다. 쿠샨 제국은 지난날의 위력을 잃고 볼품없이 위축되어 갈 뿐이었다. 북방 일대에 작은 나라들이 많이 생기고 그 가운데 어떤 것은 옛날 서북 국경을 넘어 인도에 들어온 사카인·스키타이인·투르크인이 지배하고 있었다. 전에 말한 것처럼 이 종족들은 불교도이며 원래 적으로서 내습해 온 것이 아니라 정착하기 위해 찾아온 것이었다. 그들은 중앙 아시아의 다른 여러 부족에게 쫓겨 내려온 것이었고, 때로는 이들을 쫓아 낸 부족 또한 중국 왕조의 압박을 받아 이동해 온 자들일 수도 있었다. 인도에 들어온 그들은 대부분 인도 아리안 풍습과 전통을 받아들였다. 그들은 인도를 종교·문화 및 문명의 모국으로 존경했다. 쿠샨인 또한 인도 아리안 전통을 순순히 받아들였다. 이것이 바로 그들이 그토록 오랫동안 인도에 머물며 넓은 지역을 지배하게 된 이유였다. 그들은 인도 아리아인처럼 행동하며 이 나라 사람들이 자기들이 외국인임을 망각하기를 바랐다. 그들의 통치는 꽤 성공적이었으나 완전히 성공했다고는 할 수 없었다. 특히 크샤트리아 계급 사이에는 외국인의 지배를 받고 있다는 굴욕감이 은연중에 고개를 쳐들고 있었다. 그들은 이 외국인 지배에 불만을 느꼈고, 이리하여 불안한 기운이 증대되고 사람들의 마음은 살기를 띠게 되었다. 마침내 이렇게 불만을 품고 있던 사람들은 뛰어난 지도자를 찾아 내 그의 깃발 아래 아리아바르타(Aryavarta)[59]를 해방하기 위한 이른바 '성전(聖戰)'을 시작했다.

　그 지도자의 이름은 찬드라굽타였다. 그를 아소카의 할아버지인 또 한 사람의 찬드라굽타와 혼동해서는 안 된다. 이 사람은 마우리아 왕조와 아무 관계도 없다. 그는 파탈리푸트라의 소(小)라자[王候]였는데, 아소카의 자손은 이미 그 무렵에는 행방도 알 수 없었다. 우리 이야기가 벌써 4세기 초, 즉 308년까지 진행되어 있다는 것을 염두에 두어야 한다. 아소카가 죽은 뒤 534년이 지난 셈이지.

찬드라굽타는 야심과 수완이 있는 인물이었다. 그는 북쪽의 다른 아리아인 족장들을 토벌해 그들과 함께 일종의 연방국을 수립하려고 꾀했다. 그는 또 유력한 명문인 리치비(Lichivi)의 쿠마라 데비(Kumara Devi)와 결혼함으로써 그 일족의 원조를 확보했다. 이렇게 찬드라굽타는 기반을 빈틈없이 다진 다음 인도에 존재하는 모든 외국인 지배자에 대한 '성전'을 선포했다. 자신들의 세력과 지위를 외국인에게 빼앗긴 크샤트리아와 아리아인 귀족이 이 싸움을 뒤에서 밀어 주었다. 찬드라굽타는 10년 이상이나 싸움에 싸움을 거듭해 지금의 연합주를 포함한 북인도의 한 모퉁이를 지배하게 되었고, 스스로 '왕 중의 왕'이라 일컬었다.

굽타 왕조는 이렇게 시작되었다. 이 왕조는 약 200년 후에 훈족이 와서 괴롭힐 때까지 계속되었으며 다소 침략적인 힌두주의와 민족주의의 시대였다. 외국인 지배자 — 투르크인, 파르티아인, 그 밖의 비아리아인은 뿌리가 뽑혀 강제로 쫓겨났다. 그리하여 인종주의가 나타났다. 인도 아리아인 귀족은 자기들의 인종적인 혈통을 자랑하고 야만인이나 '믈레차(오랑캐)'를 경멸했다. 굽타족에게 정복된 다른 인도 아리안 국가와 군주는 관대한 대우를 받았지만 비아리아인들은 조금도 용서받지 못했다.

찬드라굽타의 아들 사무드라굽타(Samudragupta)는 아버지보다 더욱 호전적인 인물이었다. 그는 뛰어난 전투 지휘자로서, 황제가 되자 인도 전역에 걸쳐 정복 전쟁을 일으켜 남방에까지 이르렀다. 그는 굽타 제국을 확대해서 인도의 대부분을 지배했다. 그러나 남쪽에서 그의 주권은 허울에 지나지 않았지만 북쪽에서는 쿠샨인이 인더스 강 너머로 쫓겨나기까지 했다.

사무드라굽타의 아들인 찬드라굽타 2세 또한 군인 황제였는데, 오랫동안 사카인 또는 투르크인 왕조의 지배하에 있던 카티아와드와 구자라트를 정복했다. 그는 스스로 비크라마디트야(Vikramaditya : 武勇의 태양, 무공이 혁혁하다는 뜻. 한문으로 옮기자면 超日王)라고 일컬었는데, 대개 이 이름으로 알려져 있다. 그러나 이 이름은 마치 카이사르라는 이름처럼 많은 군주의 칭호가 되었기 때문에 오히려 혼동하기 쉽다.

너는 델리의 큐투브 미나르(Qutub Minar) 근처에 있는 무시무시하게 큰 쇠기둥을 기억하고 있느냐? 이 기념비는 일종의 개선비로, 비크라마디트야가 세운 것이라고 한다. 그 쇠기둥은 참으로 걸작인데, 꼭대기에는 제국의 상징으로서 연꽃이 장식되어 있다.

굽타 시대는 인도에서 힌두 제국주의의 시대였다. 고대 아리안 문화와 산스크리트 학문이 대대적으로 부활했다. 그리스인과 쿠샨인을 통해 전해진 헬레니즘과 그리스 및 몽고의 요소들은 장려되지 않았을 뿐만 아니라 인도 아리안 전통을 존중함으로써 오히려 엄중하게 억압되었다. 공식적인 궁정 언어는 산스크리트어였다. 그런데 이미 당시부터 산스크리트어는 인민의 언어는 아니었다. 사람들은 산스크리트어에 가까운 프라크리트어(Prakrit)의 한 형식을 사용했다. 비록 당시의 일상 용어는 아니었지만 산스크리트어는 아직 충분한 생명력을 갖고 있었다. 산스크리트어 시·희곡 및 아리안 예술은 눈부시게 꽃피었다. 산스크리트어 문학의 역사에서 아마 이 시대는 『베다』와 서사시를 낳은 위대한 시대에 버금가는 번성기라고 할 수 있다. 저명한 문호 칼리다사(Kalidasa)[60]도 이 시대 사람이다.

비크라마디트야는 현란한 궁정에 당시 최대의 문인과 예술가들을

---

[60] 산스크리트어 문학이 고전적인 원숙을 이룬 4~5세기(카비아 문학)를 대표하는 작가. 전세계에 번역되어 널리 알려진 『샤쿤탈라(Shakuntala) 공주의 반지』 외 7편의 작품이 현존해 있다. 웅대하고 호방하기 이를 데 없으며 공상력이 흘러 넘칠 듯한 서사시와는 달리 우아하고 조화롭고 섬세한 작풍 속에 '인생에 대한 애정과 자연의 아름다움에 대한 정열'을 노래했다. 이 작품들은 괴테를 비롯해 국경을 초월해 많은 사람들이 찬양했다.

불러모았다고 한다. 너는 그 궁정의 '아홉 개의 보석' — 나바라트나(Navaratna)'에 대해 들은 적은 없느냐? 칼리다사도 그 아홉 명 가운데 한 사람이었다고 한다.

　사무드라굽타는 제국의 수도를 파탈리푸트라에서 아요디아로 옮겼다. 발미키(Valmiki)가 쓴 서사시 라마찬드라의 이야기(『라먀야나』)에는 사무드라굽타의 호전적이며 인도 아리안적인 의도가 잘 나타나는데, 그는 자기 목적을 달성하는 데 아요디아가 더 적절한 근거지라고 생각했을 것이다.

　굽타 왕조의 아리안주의 · 힌두주의의 부활은 불교에게는 당연히 반갑지 않은 것이었다. 왜냐하면 힌두주의 부활 운동이 크샤트리아의 우두머리들이 추진하는 귀족적인 것인 데 반해 불교는 더욱 민주적인 경향을 지니고 있었기 때문이다. 또한 불교의 마하야나(大乘) 형식은 북인도의 쿠샨인과 그 밖의 외국인 지배자와 밀접한 협력 관계를 갖고 있었기 때문이기도 했다. 그러나 그렇다고 불교가 심한 박해를 받은 적은 없었던 것 같다. 불교 수도원은 존속되었고 여전히 큰 교육 시설임에는 변함이 없었다. 굽타 왕조는 불교가 번성한 실론의 지배자와 우호 관계를 맺었고, 실론 왕 메가바르나(Megahbarna)는 사무드라굽타에게 값진 선물을 보냈으며, 가야에 신할라의 학생을 위한 수도원을 세웠다.

　하지만 인도에서는 불교가 쇠퇴하고 있었다. 이 쇠퇴는 전에 말한 것처럼 브라만이나 정부측의 압박 때문이라기보다는 불교를 점차 흡수하기에 이른 힌두교의 힘 때문이었다.

　이 무렵 한 저명한 중국인 여행자가 인도를 찾아왔다. 전에 말한 현장이 아니라 법현(法顯)이라는 사람이다. 그는 불교 성전을 구하러 온 승려였다. 그는 마가다 사람들이 행복하고 여유롭게 생활하고 있었다고 전해 주고 있다. 재판은 관대했으며 사형은 없었다. 가야는 황폐해지고 카필라바스투(Kapilavastu)는 밀림 속에 파묻혀 있었다. 그러나 파탈리푸트라의 사람들은 '부유하고 풍요로우며 예절이 있었다.' 풍요롭고 웅장한 수도원이 많았으며, 대로변에는 나랏돈으로 여행자를 묵게 하고 식량을 주는 다르마샬라(dharmashalas)가 있었다. 대도시에는 무료 진료소가 세워져 있었다.

법현은 인도를 돌아본 다음 실론으로 건너가 2년 동안 머물렀다. 그의 동반자인 도정(道整)은 인도가 아주 마음에 들고 또 승려들이 독실한 데 감동해 이 나라에 계속 머물기로 작정했다. 법현은 실론에서 바다를 통해 중국으로 돌아갔다. 그는 오랫동안 소식이 끊긴 채 온갖 모험을 겪었으나 결국 모국 땅을 다시 밟은 것이다.

찬드라굽타 2세, 즉 비크라마디트야는 약 23년 동안 재위했다. 그 뒤를 이은 아들 쿠마라굽타(Kumaragupta)는 40년에 걸쳐 왕위에 있었다. 그 다음에 왕위에 오른 사람은 453년에 즉위한 스칸다굽타(Scandagupta)였다. 그의 대에 이르러 마침내 굽타 제국의 척추가 부러지는 새로운 공포에 직면했다. 그러나 여기에 대해서는 다음 편지로 미루자.

아잔타의 교묘하기 이를 데 없는 벽화나 넓은 방이나 예배당은 굽타 예술을 대표하는 것이다. 언젠가 한번 그것을 볼 기회가 있으면 얼마나 훌륭한지 알 수 있을 것이다. 유감스럽게도 벽화는 오랫동안 비와 바람에 노출되어 점점 벗겨지고 있다.

굽타 왕조가 인도에서 세력을 떨치고 있던 시대에 세계의 다른 지역에서는 어떤 일이 일어나고 있었을까? 찬드라굽타 1세는 콘스탄티노플을 세운 로마의 콘스탄티누스 황제와 동시대의 사람이다. 굽타 왕조 후기에 로마는 동서로 분열하고 서로마는 북방의 '야만족'에 의해 쓰러졌다. 이처럼 마침 로마의 세력이 쇠퇴하고 있을 때 인도에는 대장군과 굳건한 군대를 거느린 대제국이 있었다. 사무드라굽타는 흔히 '인도의 나폴레옹'이라고들 한다. 그러나 그는 분명 야심가이기는 했지만 인도 국경 밖에까지 정복의 손을 뻗치려고 하지는 않았다.

굽타 시대는 호전적인 제국주의와 정복과 승리의 시대였다. 그러나 이와 같은 제국주의 시대는 어느 나라의 역사에나 있으며, 이런 일은 긴 안목으로 보면 대수로운 일은 아니다. 그렇지만 그들이 실제로 보여준 예술과 문학의 훌륭한 르네상스는 굽타 왕조로 하여금 두각을 나타내게 했으며 인도에 긍지를 느끼게 해 주기에 충분하다.

38 *1932년 5월 4일*

훈족이 인도에 오다

　서북의 산들을 넘어 내려온 새로운 공포는 훈족에 대한 공포였다. 나는 로마 제국을 논한 먼젓번 편지에서 훈족에 대해 잠깐 언급했다. 유럽에 진출한 훈족의 최고 지도자는 아틸라(Attla)인데, 그는 여러 해 동안 로마와 콘스탄티노플을 두려움에 떨게 했다. 같은 무렵 인도에 온 훈족 — 백훈족(White Huns)이라고 했다 — 은 그들과 동맹 관계에 있었다. 그들 또한 중앙 아시아에서 온 유목민이었다. 그들은 오래 전부터 인도 국경 주변을 떠돌면서 그 지방에 관계된 모든 사람들을 몹시 괴롭히고 있었다. 그들은 수효가 늘어난 데다가 아마 다른 부족이 배후를 위협하자 본격적으로 침략에 나선 것 같다.
　굽타 왕조의 5대인 스칸다굽타는 훈족의 침입에 맞서야 했다. 그는 훈족을 무찔러 몰아 냈다. 그러나 훈족은 10여 년이 지나자 다시 쳐들어와 차츰 간다라에서 북인도 일대로 세력을 뻗쳤다. 그들은 불교도를 박해하고 온갖 공포 수단을 동원했다.
　훈족에 맞서 끊임없이 전쟁이 계속되었지만 굽타 왕조는 끝내 그들을 쫓아 내지는 못했다. 훈족의 새로운 물결이 또다시 밀어닥쳐 중앙 아시아를 뒤덮었다. 그들의 족장 토로만(Toroman)은 스스로 왕위에 올랐다. 그런데 그 뒤를 이은 그의 아들 미히라굴라(Mihiragula)는 천성이 포악하고 악마처럼 잔학한 남자였다. 칼하나(Kalhana)는 카슈미르의 역사

『라자타랑기니(Rajatarangini)』에서 미히라굴라의 즐거움 가운데 하나는 높은 절벽에서 코끼리를 떨어뜨리는 것이었다고 전하고 있다. 그의 잔인함은 마침내 아리아바르타를 봉기하게 해, 굽타의 혈통을 잇는 발라디트야(Baladitya)와 중부 인도의 한 지배자인 야쇼다르만(Yashodharman)이 지휘하는 아리아인은 훈족을 무찌르고 미히라굴라를 사로잡았다. 관대한 발라디트야는 미히라굴라를 죽이지 않고 국외로 물러가라고 타일렀다. 그러나 미히라구라는 카슈미르에 숨어 있다가 나중에 비겁하게도 자기를 그토록 관대하게 대해 준 발라디트야를 습격했다.

그러나 곧 훈족의 세력은 인도에서 물러갔다. 그렇지만 훈족의 자손은 그대로 남아 차차 아리안계 주민과 혼혈했다. 아마 중부 인도의 어떤 라지푸트 씨족은 백훈족의 피를 잇고 있을 것으로 생각된다.

훈족이 북인도를 지배한 것은 짧은 기간이어서 50년도 채 되지 못했다. 그 뒤 그들은 온순하게 되어 평화로운 주민으로 살았다. 그러나 훈족과 벌인 전쟁과 그 두려움은 인도 아리아인의 가슴에 심대한 인상을 아로새겼다. 훈족의 생활 방식과 정치는 아리아인의 그것과는 전혀 달랐다. 아리아인은 그 무렵에도 평화를 애호하는 종족이었다. 국왕조차 인민의 의지 앞에는 고개를 숙여야만 했다. 그들의 촌회(村會)는 큰 권한을 갖고 있었다. 그런데 훈족이 정착해 인도인과 혼혈하면서부터 아리아인의 신조에 어떤 변화가 생기고 수준이 떨어졌다.

발라디트야는 굽타 왕조 마지막 한 사람으로서 530년에 죽었다. 이 전형적인 힌두계 군주가 불교에 마음이 끌려 불교의 승려를 자신의 구루(Guru : 스승이라는 뜻)로 삼았다는 것은 흥미로운 일이다. 굽타 시대는 특히 크리슈나 숭배의 부활로 널리 알려져 있지만 불교와 눈에 띄게 다투지는 않았던 듯하다.

200년에 걸친 굽다 지배가 끝난 뒤 북빙에는 어떠한 중앙 권력에도 속하지 않는 작은 나라들이 많이 나타나게 되었다. 그러나 이 시대에 인도 남쪽에서는 큰 국가가 일어나고 있었다. 라마찬드라(『라마야나』의 주인공)의 후예라고 자칭하는 풀라케신(Pulakesin)이라는 군주가 남쪽에

훈족이 인도에 오다

찰루키아(Chalukya)라는 제국을 세웠다. 남쪽 사람들은 동방의 인도인 식민지 섬과 긴밀하게 관계를 맺고 있어서 이 섬들과 인도 사이에는 틀림없이 규칙적인 왕래가 있었을 것이다. 인도의 선박이 화물을 페르시아에 자주 운반했던 사실도 알려져 있다. 찰루키아 제국은 페르시아의 사산인, 특히 그들의 위대한 군주 가운데 하나인 쿠스라우 2세(Khusrau II)와 대사를 교환했다.

39 *1932년 5월 5일*

인도의 해외 시장 장악

지금 우리가 얘기하고 있는 오래 전 시대를 보면 인도의 무역은 1000년 이상이나 서쪽으로는 유럽과 서부 아시아에서 번성하고 있었다. 동쪽으로 가는 교통로는 중국까지 통하고 있었다. 그럼 왜 그렇게 무역이 번성했을까? 단순히 그 무렵 인도인이 훌륭한 항해자요 상인이었기 때문도 아니며, 또 단순히 그들의 조선 기술이 우수했기 때문도 아니다. 이런 것들은 모두 약간의 도움은 되었다. 결정적으로 인도인이 멀리 떨어진 시장을 지배하기에 이른 중요한 이유는 화학, 특히 염색 공업이 우수했기 때문이라고 생각된다. 당시 인도인은 품질 좋은 염료를 만드는 특별한 제조 기술을 발명했던 것 같다. 또 옛날 인도인들은 철을 단련해 질 좋은 강철 무기를 만드는 방법도 알고 있었던 것 같다. 알렉산더의 침략에 관한 고대 페르시아의 이야기를 읽어 보면, 좋은 칼이 나오면 언제나 그 칼에는 인도제라는 단서가 붙어 있다는 이야기를 전에 너에게 했다.

인도가 다른 나라보다 우수한 염료와 그 밖의 물건을 만드는 능력이 있었기 때문에 시장의 지배권을 장악한 것은 당연했다. 무슨 물건이건 어떤 사람, 또는 어떤 나라가 물건을 더욱 잘 만들 수 있는 도구를 갖고 있고 또 더욱 싸게 만드는 방법을 알고 있다면, 그리 좋은 도구가 없고 그리 좋은 방법도 모르는 다른 사람이나 국가를 몰아 내는 것은 당연한 일이다. 이것은 최근 200년 동안 유럽이 아시아를 앞선 이유이기도 하다. 새로운 발명과 발견은 유럽의 제조 공장에 강력한 도구와 새로운 제조법을 제공했다. 그 덕분에 유럽은 세계 시장을 독점해서 부유해지고 강대해졌다. 이 밖에도 그것을 촉진한 원인은 또 있었다. 그러나 우선 네가 도구가 얼마나 중요한지를 생각하기를 바란다. 어떤 위대한 사람의 말을 빌리면 '인간은 도구를 만드는 동물'이다. 그리고 인간의 역사는 원시 시대에서 현재에 이르기까지 차차 도구를 개량해 석기 시대의 석궁이나 돌도끼에서 오늘날의 거대한 기계에 이르기까지의 과정인 것이다. 정말 우리가 하는 모든 일은 도구를 필요로 한다. 도구가 없으면 우리가 어떻게 생존할 수 있겠느냐?

도구는 좋은 것이다. 그것은 작업을 쉽게 해 준다. 그러나 물론 도구는 악용될 수도 있다. 톱은 편리한 도구지만 어린이가 사용하면 다칠지도 모른다. 또 주머니칼은 아마 너의 소지품 중에서도 제일 쓸모 있는 것 가운데 하나일 것이다. 보이스카우트와 걸스카우트는 누구든지 그것을 가져야 한다. 그런데 그것으로 사람을 죽이는 바보도 있다. 이것은 가엾은 주머니칼의 죄는 아니며, 죄는 도구를 악용하는 인간에게 있는 것이다.

이와 마찬가지로 근대의 기계도 그 자체는 좋은 것이라 해도 여러 가지로 악용되어 왔고 또 악용되고 있다. 기계는 대중의 노동 부담을 줄여 주는 대신 때때로 그들의 운명을 전보다 더 나쁘게 만들었다. 몇천만의 인민에게 행복과 복지를 가져다주어야 하는데 오히려 많은 사람들에게 빈곤을 안겨다 주었다. 또한 여러 나라 정부에 막대한 전쟁 능력을 갖게 해서 그들로 하여금 전쟁을 일으켜 몇천만의 인명을 살육할 수도 있게 했다.

그렇다 하더라도 역시 죄는 기계에 있는 것이 아니라 그 남용에 있다. 만일 큰 기계가 그 기계를 이용해 돈만 벌려고 하는 무책임한 자들에게 지배되지 않고 널리 인민을 위해 사용되기만 한다면 현재의 상황도 크게 변할 것이 틀림없다. 그런데 그 무렵에는 오늘날과 달리 인도는 제조 공업에서 다른 나라보다 훨씬 앞서 있었다. 그래서 인도의 직물과 염료, 그 밖의 물건들은 먼 나라들에 보내져 환영을 받았던 것이다. 이 무역은 인도를 부유하게 했다. 그 밖에 남인도는 후추와 향료의 공급지이기도 했다. 이러한 향료는 동방의 인도인이 식민한 섬에서도 산출되어 인도를 거쳐 서방으로 보내졌다. 후추는 로마와 서방 세계에서 굉장히 비싸게 거래되었다. 410년에 로마를 함락한 고트인의 족장 알라릭(Alaric)은 300파운드의 후추를 로마에서 실어 냈다고 한다. 그 후추는 모두 인도를 통해 수입된 것이 틀림없다.

40 *1932년 5월 6일*

국가와 문명의 흥망 성쇠

오랫동안 중국을 살펴보지 못했구나. 다시 한 번 중국으로 가서 우리 이야기를 계속해 보자. 그리고 서양에서 로마가 패배하고, 인도에서는 굽타 왕족의 지도 아래 민족 부흥이 이루어지고 있는 동안 중국에서 어떤 일들이 벌어지고 있었는지를 보자. 로마의 부흥과 몰락은 중국에 거의 아무 영향도 끼치지 못했다. 서로 너무 멀리 떨어져 있었기 때문이었다. 그러나 나는 전에 중국이 중앙 아시아의 여러 부족을 격퇴한 탓에 유럽과 인도가 여러 번 피해가 있었다고 이야기했다. 이 여러 부족과 그 배후를 공격한 또 다른 부족은 서쪽과 남쪽으로 이동했다. 그들은 여러 왕국과 국가를 쓰러뜨리고 혼란의 씨를 뿌렸다. 그들 중에는 동유럽과 인도에 정착한 경우도 많았다.

물론 로마와 중국은 직접 국교가 수립되어 있어 사절이 교환되었다. 중국의 문헌에 기록된 바에 따르면 최초의 사절은 166년 로마의 안돈(安敦) 황제가 파견했다고 한다. 안돈이란 언젠가 편지에 쓴 마르쿠스 아우렐리우스 안토니우스를 말한다.

유럽에서 로마가 멸망한 것은 일대 획기적인 사건이었다. 그것은 그저 한 도시의 함락이나 한 제국의 몰락에 그치는 것이 아니었다. 어떤 의미에서 로마 제국은 그 뒤에도 오래도록 콘스탄티노플에 존속했고, 또 그 망령은 1400여 년 동안 온 유럽을 지배했다. 그러나 로마의 몰락은 하나의 위대한 시대, 즉 그리스와 로마의 고대 세계의 끝이었다. 서방에서는 새로운 세계, 새로운 문화와 문명이 로마의 폐허 위에서 일어나고 있었다. 우리는 말과 문구에 현혹되어 같은 말이 사용되면 그것들이 동일한 의미를 지닌 것으로 생각하기 쉽다. 로마가 함락된 뒤에도 유럽에서는 여전히 로마의 언어가 사용되고 있었다. 그러나 그 언어의 배후에는 다른 의미가 숨어 있었다. 사람들은 오늘날의 유럽 여러 나라들이 그리스와 로마의 자손들이라고 한다. 이 말도 어느 정도는 사실이지만, 그래도 이런 표현은 사람의 생각을 어지럽히는 것이다. 왜냐하면 오늘날 유럽의 여러 나라가 대표하는 것은 그리스와 로마가 상징하고 있던 것과는 전혀 다른 것이기 때문이다. 로마와 그리스의 낡은 세계는 거의 남김없이 무너져 버린 것이다. 1000년 또는 그 이상에 걸쳐 쌓아올려진 문명은 시들어 사라졌다. 이 때 서유럽에서 막 꽃피고 있던 여러 나라가 비로소 역사의 무대에 나타나 서서히 새로운 문화와 문명을 쌓아올렸다. 그들은 로마에서 많은 것을 배우고 고대 세계에서 많은 것을 빌려썼다. 그러나 학습 과정은 어렵고 힘겨웠다. 몇백 년 동안 유럽의 문화와 문명은 깊은 잠 속으로 빠져든 것처럼 보였다. 무지와 미망의 암흑이 계속되었다. 그리하여 그 몇 세기는 흔히 암흑 시대라고 일컬어진다.

어찌하여 그렇게 되었을까? 어찌하여 세계는 뒷걸음을 치고, 몇백 년의 노력으로 축적된 지식이 사라지고 잊혀져야 했을까? 이는 아무리 현명한 사람이라도 쉽게 풀지 못할 문제다. 나도 그 물음에 답하려고 하지는 않겠다. 사상과 실천이 모두 위대했던 인도가 이토록 비참하게 전락해 오랫동안 노예의 나라가 되어야 했던 것도 이상하다면 이상하지 않느냐? 또 눈부신 과거를 가지고 있는 중국이 끝없는 쟁탈전의 대상이 되다니! 모름지기 오랜 세월 동안 하나하나 알뜰하게 쌓아 온 인간의 지식과 예지는 쉽게 사라지는 것이 아니다. 그러나 어쨌든 우리가 눈을 감고 있을 동안에는 아무것도 보지 못한다. 창문이 닫혀 있으면 사방은 어두울 뿐이다. 그러나 문밖이나 주위에 엄연히 빛이 있는데 우리가 눈을 감고 창문을 꼭 닫고 있다고 해서 빛이 사라졌다고 할 수 있겠느냐.

유럽이 암흑 시대를 맞이한 것은 기독교(Christianity) — 예수교(the religion of Jesus)가 아니라 로마 황제 콘스탄티누스가 정식 국교로 받아들인 이후 서양에서 번영한 공인된 기독교(official Christianity) 때문이라고 말하는 사람들이 있다. 뿐만 아니라 이 사람들은 4세기 콘스탄티누스 때의 기독교의 공인은 "이성은 억압되고 사상은 갇히고 지식은 진보를 멈춘 밀레니움(millennium : 1000년의 기간을 가리킴)의 시작을 고한 것"이라고 말한다. 그것은 박해와 미신과 이단 배척을 수반했을 뿐만 아니라 과학과 그 밖의 여러 방면에서 사람들의 진보를 방해했다. 성전(聖典 : sacred books)은 흔히 진보의 장애가 된다. 성전에는 그것이 쓰일 당시의 세계 상태가 적혀 있고 그 시대의 관념과 관습이 적혀 있다. 그러한 관념과 관습은 '성전'에 적혀 있는 까닭에 침범할 수 없는 것이 된다. 때문에 세계는 놀랍게 변화하는데 관념과 관습을 고쳐서 변화한 환경에 적응하는 것이 용납되지 않는다. 그 결과 우리는 시대에 뒤쳐지고 그리하여 당연히 문제가 생기는 것이다.

따라서 어떤 자는 기독교가 온 유럽에 암흑 시대를 가져왔다고 규탄하지만 한편 암흑 시대 내내 학예의 등불을 지켜 온 것은 기독교와 기독교의 수도사들(monks)이었다. 그들은 예술과 그림을 수호하고 귀중한 문헌을 소중하게 보존하고 필사했다.

이렇게 사람들은 논쟁한다. 아마 양쪽 모두 일리가 있겠지. 그러나 로마의 몰락에 뒤이은 모든 재난을 기독교 탓으로 돌리는 것은 옳지 못하다. 이러한 재난이야말로 로마의 붕괴 원인이기도 했던 것이다.

나도 모르게 샛길로 빠졌구나. 내가 지적하고자 한 것은 유럽에서 급격한 붕괴와 급격한 변화가 일어나는 동안 중국과 인도에서는 그와 같은 변화를 볼 수 없었다는 사실이다. 우리는 유럽에서 한 문명의 종언과 함께, 오늘날 볼 수 있는 문명으로 전개해 간 또 다른 문명의 시작을 볼 수 있다. 중국에서는 그러한 단절 없이 고도의 문화와 문명이 변함없이 지속해 가는 것을 볼 수 있다. 거기에도 기복은 있다. 좋은 시대에 이어 나쁜 왕이나 황제가 나타났다가는 사라지며 왕조가 다시 바뀐다. 그런데도 문화의 전통에는 단절이 없다. 몇 개의 국가로 분열해 서로 다투고 있을 때에도 중국에서는 전통 있는 문학과 훌륭한 회화, 아름다운 꽃병, 웅장한 건축물이 만들어진다. 인쇄술은 실용화되고 다도(茶道)가 유행하며 시를 읊곤 한다. 중국에는 고도의 문명이 아니면 낳을 수 없는 우아미와 기교가 있다.

인도 또한 그렇다. 인도에는 로마에서 볼 수 있는 급격한 단절이 없다. 물론 좋은 시대와 나쁜 시대는 있었다. 세련된 문학과 예술 창조의 시대가 있고, 또 분열과 쇠퇴의 시대가 있다. 그러나 문명은 어떤 한 가지 양식에 따라 지속된다. 그 문명은 인도에서 동방의 여러 나라에까지 번져 간다. 인도를 약탈하려고 쳐들어온 야만족마저 흡수하고 교화한다.

내가 서양을 헐뜯으면서 중국과 인도를 찬양하려 한다고 생각해서는 안 된다. 인도와 중국의 오늘과 같은 상태에서는 아무것도 추켜세울 만한 것이 없다. 그토록 위대한 과거를 가졌으면서도 현재 그들이 민족적 규모로 쇠퇴하고 침체해 버렸다는 것은 장님이라도 볼 수 있는 사실이다. 그들에게 급격한 단절이 없었다는 것은 결코 하강이 없었다는 것

국가와 문명의 흥망 성쇠

을 뜻하지는 않는다. 우리가 옛날 높이 솟아오르고 지금은 낮게 가라앉아 버렸다면 그것은 분명히 비탈길을 내려간 증거다. 우리 문명이 지속되는 데 기쁨을 느낀다 해도 문명 자체가 시들어 버렸다면 그것은 하찮은 쾌감에 지나지 않는다. 차라리 우리가 과거에 급격한 단절을 겪었다면 오히려 좋았을지도 모른다. 그것이 우리를 채찍질해서 새로운 생명과 활력을 주었을지도 모르기 때문이다. 어쩌면 오늘날 인도에서, 또 세계에서 일어나고 있는 일들은 우리의 늙은 나라에 그러한 자극을 주고 그것을 다시 젊음과 새로운 생명으로 충만하게 만들 것이다.

    인도가 옛날에 갖고 있던 힘과 끈기는 광범한 촌락 공화국 또는 자치 판차야트가 그 원천이었던 것 같다. 거기에는 대지주도 없고 오늘날 볼 수 있는 대자민다르(大 Zamindar)[61]도 없다. 토지는 촌락 공동체나 판차야트, 또는 거기에서 일하는 농민의 것이었다. 그리고 판차야트는 큰 권력과 권위를 갖고 있었다. 그들은 촌민이 선출했으므로 이 제도는 민주주의의 기반 위에 서 있었던 셈이다. 왕들이 뒤바뀌고 서로 다투었으나 이 촌락 제도는 건드리지도 않고 간섭도 하지 않았다. 즉 그들은 감히 판차야트의 자유를 빼앗으려고 하지 않았다. 그런 까닭에 제국이 교체되어도 촌락 제도에 기초를 둔 사회 구조는 큰 변화 없이 지속되었다. 우리는 자칫 침략과 전투와 지배자의 교체에 정신이 팔려 일반 주민들이 거기에서 영향을 받은 것처럼 생각하기가 쉽다. 물론 주민들은, 특히 북

---

61) 어의상으로는 토지 소유자라는 뜻의 페르시아어다. 지금은 일반적으로 봉건적인 대토지를 말한다. 무굴 제국 시대에 농민의 조세 징수인을 자민다르라고 불렀다. 민간 유력자가 정부의 위탁을 받아 일정한 대가를 받고 조세 징수를 청부하는 것이다. 무굴 제국이 쇠퇴함에 따라 통제력이 미치지 않게 되자 이들은 사실상 지주가 되었고, 또 새로운 자민다르라고 하는 자들이 생겨났다. 그 가운데 규모가 큰 자는 영주와 같은 권력을 갖고 있었다. 영국의 동인도 회사는 통치 초기에 자민다르의 관습상 권리를 무시할 때도 있었지만 18세기 이후 북인도 일대에서 지주로서의 지위를 공인해서 그들을 이용했다. 그 이후 농촌에서 순수한 불로 소득 계급으로서 고액의 소작료를 받고 땅을 대여하고, 나아가 그것이 다시 대여되어 농민에게 막대한 부담을 주었다. 이는 농민이 빈궁한 가장 큰 원인이었다. 이러한 토지 제도를 개혁하는 것이 신정부의 최대 과제 가운데 하나이지만, 지주 계급의 세력은 여전히 강고하니 개혁이 순조롭고 철저하게 진행되고 있다고 말할 수는 없다.

인도에서는 때때로 영향을 받았다. 하지만 전체적으로 그들은 지배층의 변화에는 거의 무관심하게 살아가고 있었다고 해도 좋다.

인도의 사회 체제를 공고하게 한 또 하나의 요인은 본래 형태로서의 카스트 제도였다. 그 무렵의 카스트는 후세처럼 옹색한 것이 아니었고 또 오로지 혈통에 따라 구분된 것도 아니었다. 그것은 몇천 년 동안 인도 생활의 요체로 되어 왔으나 그것은 변화와 생성을 억압함으로써 가능했던 것이 아니라 오히려 그것들을 포용함으로써 이루어진 것이었다. 고대 인도의 종교와 생활의 신조는 관용과 실험과 변화가 중심이었다. 바로 이것이 인도를 강하게 했다. 그런데 거듭되는 침략과 그 밖의 재난은 카스트를 번거로운 것으로 만들었고, 이에 따라 인도의 사고 방식 전체가 옹색하고 답답한 것이 되었다. 이 과정이 더욱 진전되어 인도는 현재와 같은 비참한 상태에 빠지고, 카스트는 모든 진보의 적이 되었다. 사회 구조의 기둥이 되기는커녕 몇백 개의 구분을 만들어 우리를 산산이 분리시키고 약하게 하고 형제끼리 싸우는 처지로 떨어뜨리고 말았다.

이처럼 카스트는 과거에는 인도의 사회 체제를 강화하는 데 도움이 되었으나, 이미 부패의 씨앗을 품고 있었다. 그것은 불평등·불공정을 영구화하는 것이 중심 내용인데, 이와 같은 시도는 어떤 것이든 결국은 실패할 운명에 있는 것이다. 불평등과 불공정의 기초 위에는, 또는 어느 한 계급이나 집단이 다른 계급이나 집단을 착취하는 데서는 결코 안정된 사회가 생겨날 수 없다. 오늘날에도 이와 같은 불공정한 착취가 있기 때문에 온 세계에서 분규가 생기고 불행이 끊이지 않는 것이다. 그러나 사람들은 도처에서 이것을 간파하게 되었고 이를 제거하려고 애쓰고 있다.

인도의 마찬가지로 중국에서도 사회 체제가 공고할 수 있었던 원천은 촌락에 있었으며, 토지를 소유하고 경작하는 몇천만 농민에게 있었다. 여기에도 대자민다르는 없었다. 다른 종교를 이단시하는 도그마화한 종교는 결코 용납되지 않았다. 세계의 여러 민족 중에서 중국인만큼 신앙에 편견이 없는 민족도 없었고 지금도 없을 것이다.

그리고 인도와 중국에는 그리스 · 로마 및 고대 이집트와 같은 노역 노예제가 없었다는 사실을 너는 잘 기억하고 있을 것이다. 가사를 돕는 일꾼 가운데 노예였던 사람은 다소 있었다. 그러나 그들은 사회 체제에 거의 영향을 주지 못했다. 그들이 없었더라도 사회 체제 전체는 똑같은 길을 걸었을 것이다. 수많은 노예가 체제의 본질적인 요소였던 그리스와 로마에서는 그렇지 않았다. 모든 노동의 무거운 짐은 사실상 그들의 어깨 위에 지워져 있었다. 그리고 이집트의 그 거대한 피라미드가 어떻게 노예 노동 없이 만들어질 수 있었겠느냐?

나는 이 편지를 중국에 관한 이야기부터 시작했다. 나는 그 이야기가 마무리될 때까지 계속할 작정이었다. 그런데 여느 때처럼 그만 다른 이야기로 빗나가고 말았다. 아마 다음 번에는 중국을 제대로 살펴보게 될 것이다.

41 *1932년 5월 7일*

당나라, 중국의 번영

중국의 한 왕조와 불교의 전래에 대해서는 이미 이야기했다. 인쇄술의 발명과 관리 채용을 위한 과거 제도의 채택에 대해서도 말했다. 3세기에 한 왕조가 끝나고 제국은 세 나라로 분열되었다. 이른바 '삼국시대'가 100년 동안 계속된 뒤에 중국은 다시 통일되어 당(唐)이라는 왕조 밑에 다시 강대한 단일 국가가 되었다. 이것은 대체로 7세기 초의 일이었다.

그러나 이 분열의 시대에, 더구나 북방의 타르타르족(Tartar)으로부터 가끔 습격을 받았는데도 중국의 문화와 학문의 흐름은 끊기지 않았다. 예를 들면 큰 도서관이 몇 개나 세워지고 뛰어난 회화가 그려졌다. 인도에서 여전히 정교한 직물, 그 밖의 물품뿐만 아니라 사상·종교·예술까지 유입되었다. 숱한 불교 전도자가 인도에서 중국으로 들어와 인도 예술의 전통을 전했다. 뿐만 아니라 인도의 예술가와 직인도 왔던 것 같다. 불교와 인도 신사상의 전래는 중국에 커다란 결과를 남겼다. 물론 중국은 전부터 매우 발달한 문명국이었으므로 이 경우 인도의 사상·종교 및 예술이 후진국으로 건너가 그 지역을 산하에 두는 것과는 의미가 달랐다. 인도 문명은 중국에 전파될 때 중국 자체의 전통적인 예술과 사상의 방법과 충돌하지 않을 수 없었다. 이 양자의 충돌은 그 어느 쪽과도 다른 어떤 것 — 인도의 요소를 다분히 포함하고는 있지만 본질 면에서 중국적이며 중국의 형식에 따라 형상화된 것을 낳는 결과가 되었다. 이렇게 전해진 인도의 사조는 중국의 예술과 정신 생활에 어떤 자극과 기동력을 주었다.

마찬가지로 불교와 인도 예술의 복음은 더 동쪽에 있는 코리아와 일본에까지 전해졌다. 이 나라들이 불교에 대해서 각기 어떻게 반응했는지를 보면 재미있다. 두 나라 모두 그것을 각각의 성격에 맞게 개조했다. 때문에 불교는 중국이나 일본에서 융성하고 있지만 그 모습은 나라에 따라 다르다. 그리고 아마 인도에서 전파될 당시의 불교와는 많은 점에서 달라져 있을 것이다. 예술 또한 풍토와 사람에 따라 그 질과 취향을 달리한다. 우리 인도인들은 민족 전체로 볼 때 이제 예술도 미도 잊고 말았다. 우리는 오랫동안 위대한 미를 낳지 못했을 뿐만 아니라 대부분 아름다운 것을 감상하는 방법조차 잊고 있다. 자유를 갖지 못한 나라에서 어찌 미와 예술의 꽃이 필 수 있겠느냐? 그것들은 비굴과 침침한 어두움 속에서 허무하게도 시들어 버리고 말았다. 그러나 이미 자유에 대한 전망이 우리의 목전에 있고 미에 대한 우리의 감각은 서서히 되살아나려고 한다. 자유를 얻는 새벽이 오면 우리는 이 나라에 미와 예술이 눈부시

당나라, 중국의 번영

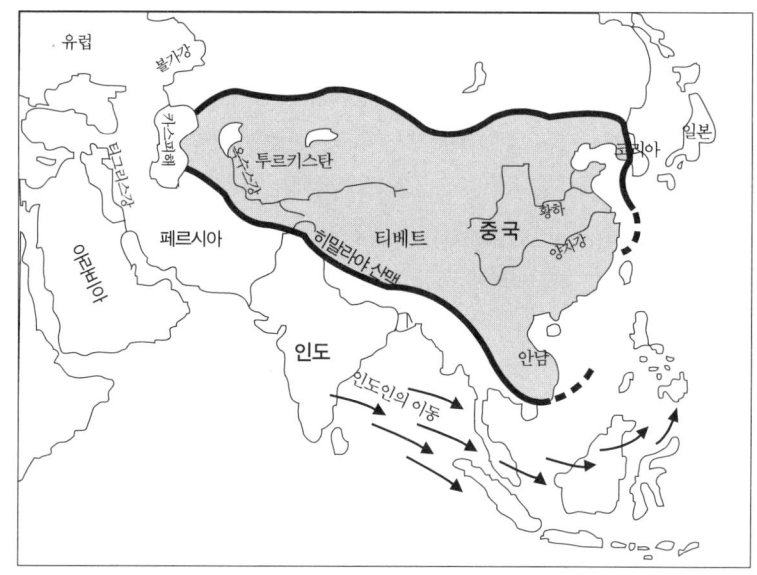

당제국

게 부흥하는 것을 보게 될 것이다. 나는 그것이 우리의 집, 우리의 도시, 우리 생활의 누추함을 일소해 주기를 바라고 있다.
    중국이나 일본은 인도보다는 운이 좋았다. 그들은 지금까지 미적 감각과 정서를 풍부하게 계승하고 있다.
    마침내 불교가 중국에 널리 퍼짐에 따라 인도의 불교도나 승려들이 잇따라 중국으로 들어갔고, 또 중국의 승려는 인도나 그 밖의 나라들을 여행하게 되었다. 나는 이미 법현에 대해 이야기했다. 너는 또 현장도 알고 있을 것이다. 그 두 사람은 인도에 온 적이 있다. 또 혜심(慧深)이라는 중국의 승려는 매우 흥미로운 동방 항해기를 썼다. 그는 499년 중국의 수도에 상경해 중국의 동쪽으로 몇천 마일 거리에 있는 부상(扶桑) — 그는 이렇게 일컬었다 — 이라는 나라에 건너갔다 왔다고 보고했다. 중국과 일본의 동쪽에는 태평양이 있으므로 혜심은 아마도 이 바다를 횡단한 것 같다. 그는 아마도 멕시코를 찾아간 듯하다. 멕시코에는 그 무렵 이미 유구한 문명이 있었기 때문이다.

중국에서 불교가 널리 흥하는 것에 고무되어 인도 불교의 어떤 원로가 남인도에서 중국의 광동을 향해 항해한 적도 있었다. 그의 이름 또는 칭호는 보리달마(菩提達磨 : Bodhidharma, 흔히 '달마'라 한다)라 했다. 그는 아마도 인도에서 불교 세력이 점차 쇠퇴해 가자 중국으로 건너갈 결심을 했을 것이다. 달마가 중국에 건너간 526년에는 그는 벌써 노인이었다. 달마 외에도 다른 많은 승려들이 중국으로 건너갔다. 중국의 어떤 성(省) — 낙양만 보더라도 당시 3000명 이상의 인도 승려와 1만 명에 이르는 인도인 세대가 있었다고 한다.

그 뒤 곧 인도에는 불교가 부흥하는 한 시기가 있었다. 불교가 탄생한 땅이며 경전의 소장국인 인도에는 변함없이 여러 나라에서 독실한 신자들이 모여들었다. 그러나 영광은 이미 인도의 불교를 떠난 것 같다. 이제는 중국이 지도적인 불교국이 되었다.

당 왕조는 618년 고조(高祖) 황제로부터 시작되었다. 그는 전 중국을 통일했을 뿐만 아니라 매우 광대한 영역, 즉 남으로는 안남과 캄보디아를 넘고 서로는 페르시아와 카스피 해에 이르는 지역에 그의 권위를 떨쳤다. 코리아의 일부도 그의 대제국에 포함되어 있었다. 제국의 수도는 서안부(西安府 : 長安)이며 그 장려함과 문화로 동아시아 전역에 유명했다. 일본이나 아직 독립을 유지하고 있던 남부 코리아에서도 당의 예술이나 철학·문명을 배우려고 사절이나 특사를 파견했다.

당의 역대 황제는 외국 무역을 장려하고 외국의 사절을 후하게 대접했다. 외국인 거류자나 여행자를 재판할 때는 가능한 한 외국인 자신의 풍속과 습관에 따라 재판받을 수 있도록 특별법이 마련되었다. 특히 남중국의 광동 부근에는 이미 300년 전후에 아랍인이 거류하고 있었다고 한다. 이것은 이슬람교가 일어나기 이전, 즉 예언자 마호메드가 대이나기 이전의 일이다. 해상 무역은 아랍인들이 참가하면서 더욱 발달했고, 아랍 및 중국의 배가 이러한 무역에 종사했다.

나라의 인구를 밝히기 위해 주민의 수를 계산하는 국세(國勢) 조사

당나라, 중국의 번영

201

가 중국에서는 벌써 오랜 옛날부터 제도로 되어 있었다고 한다면 너도 깜짝 놀라겠지. 아마도 156년에는 국세 조사가 실시되고 있었다. 이는 곧 한나라 시대에 해당한다. 조사는 개인이 아니라 가족을 단위로 이루어지는 것이 관례였다. 각 가족은 대략 5인으로 구성되는 것으로 보았다. 이 계산에 따르면 중국의 인구는 156년에 대략 5000만이었다. 물론 그리 정확한 방법이라고는 할 수 없지만, 그래도 서양에서는 국세 조사 자체가 매우 새로운 것이었다는 사실을 생각해 보아야 할 것이다. 150년쯤 전에 미국에서 실시된 것이 최초였다고 한다.

당의 초기에 두 가지 새로운 종교가 중국에 모습을 나타냈다. 그것은 다름 아닌 기독교와 이슬람교다. 기독교는 서양에서 이단시되어 추방된 일파로부터 전달되었는데, 그들은 네스토리안(Nestorians)이라고 했다. 나는 얼마 전에 기독교의 여러 교파 사이에 논쟁과 분쟁이 있었다는 이야기를 했다. 네스토리안이 로마에서 추방된 것도 이러한 논쟁의 결과였다. 그러나 그들은 중국과 페르시아, 그 밖의 아시아 제국으로 퍼져 나갔다. 그들은 인도에 와서도 어느 정도 성과를 거두었다. 뒷날 기독교의 다른 종파와 이슬람교가 전해져서 네스토리안을 흡수해 버렸기 때문에 지금은 거의 흔적도 없다. 그런데 작년 우리가 인도의 어떤 마을에 들렀을 때 작은 네스토리안 마을이 있는 것을 보고 무척 놀랐다. 너도 기억하지? 그 때 어느 주교(bishop)가 우리에게 차를 대접해 준 것 말이다. 그는 매우 유쾌하고 사람좋은 노인이었지.

기독교가 중국에 들어오기까지는 매우 오랜 세월이 걸렸다. 그러나 이슬람교는 훨씬 일찍 전파되었다. 이슬람교는 네스토리안이 전래된 지 몇 해 전 중국에 전해졌는데, 그들의 대예언자 마호메트가 아직 살아 있을 때의 일이었다. 중국 황제는 네스토리안과 이슬람교의 사절을 정중하게 맞이했고 그들의 말에 귀를 기울였다. 그는 그들의 식견에 감탄했으며, 관대한 태도로 호의를 베풀었다. 아랍인은 광동에 회교 사원의 건립 허가를 얻었다. 놀랍게도 이 회당은 1300년이 지난 지금까지도 남아 있다. 그것은 세계에서도 가장 오랜 회교 사원 가운데 하나다.

또한 당의 황제는 기독교 교회와 수도원의 건립도 허락했다. 이 너그러운 아량과, 이 시대에 매우 편협했던 유럽과의 대조는 매우 상징적이다.

아랍인이 종이 제조법을 중국에서 배워 유럽에 전했다고 한다. 751년에 중앙 아시아의 투르키스탄(Turkistan)에서 중국인과 아랍인 이슬람교도 사이에 전쟁이 있었는데, 이 때 아랍인이 중국인 몇 사람을 포로로 잡았다. 이 포로들이 그들에게 종이 만드는 법을 가르쳐 주었다고 한다.

당나라는 907년까지 300년 동안 매우 진보된 문명을 이루었을 뿐만 아니라, 인민의 복지도 높은 수준에 이르러서 중국의 가장 융성했던 시기였다고 한다. 서양이 훨씬 뒤에 와서야 비로소 알게 된 것을 중국인은 그 무렵부터 많이 알고 있었다. 종이에 대해서는 이미 말했거니와 화약도 그 한 가지 예다. 그들은 뛰어난 기술자였다. 일반적으로, 아니 각 분야를 하나하나 뜯어보더라도 거의 모든 분야에서 유럽보다 훨씬 앞서 있었다. 그들이 그렇게 진보해 있었다면 어째서 과학이나 발명에서 그 선도적 역할을 계속 유지하지 못했을까? 유럽은 청년이 노인을 앞지르듯 어느 사이엔가 중국을 따라잡더니 마침내는 여러 방면에서 중국을 앞지르게 되었다. 여러 민족의 역사에서 어찌하여 이런 일이 일어나는지는 철학자나 사학자들로서도 가장 다루기 힘든 문제다. 그러나 너는 아직 이러한 문제를 탐구하는 전문적인 학자가 아니므로 나도 그다지 머리를 썩힐 필요는 없겠다.

이 시대의 중국의 융성은 중국을 예술과 문화의 스승으로 받들고 있던 아시아의 다른 나라에도 크나큰 영향을 미쳤다. 그런데 흔히 있는 일이지만, 중국의 진보와 문명은 너무나 사치하고 안이한 생활 방식을 초래했다. 그 때문에 국가가 부패하기 시작하고 따라서 자연히 백성들에게 무거운 세금이 강요되었다. 이리하여 인민들은 당 왕조에 반발을 느끼고 이 왕조에 마침표를 찍었다.

42 *1932년 5월 8일*

코리아와 일본

세계의 역사를 이야기해 나가다 보면 점점 더 많은 나라들이 시야에 나타날 것이다. 그래서 오늘은 중국의 이웃 나라이며, 또 많은 측면에서 중국 문명의 후손이라고 볼 수도 있는 코리아와 일본에 대해 살펴봐야겠다. 이 두 나라는 아시아의 동쪽 맨 끝, 즉 극동에 있으므로 여기를 지나가면 넓은 태평양이다. 물론 이 두 나라는 매우 최근까지도 아메리카 대륙과 왕래가 없었다. 이 두 나라는 중국에서, 또는 중국을 통해 외국의 종교와 예술과 문명을 접하고 있었다. 그러므로 코리아와 일본 두 나라는 중국에 큰 빚을 지고 있는 셈이다. 그 중에서 어떤 것은 인도에서 온 것이었지만, 인도에서 온 것은 모두 중국의 손을 거쳐 전달되고 중국의 정신에 물든 것이었다.

두 나라는 지리적 위치 덕분에 아시아나 그 밖의 여러 곳에서 일어나는 큰 사건들과는 무관하게 지내 왔다. 이들은 사건의 중심에서 매우 멀리 떨어져 있었다. 특히 일본은 이런 점에서 행운아였다고 볼 수 있다. 그래서 이들의 역사에서 그러한 사건들을 무시해도 별 지장이 없다. 이들의 역사는 아시아에서 일어난 사건들을 이해하는 데 그다지 관련이 없기 때문이다. 그러나 우리는 말레이시아나 그 밖의 동방의 여러 섬들이 걸어온 지난날의 역사를 무시하지 않는 것과 마찬가지로 그들의 역사도 무시할 수 없는 것이다. 가엾은 작은 나라 코리아는 오늘날 거의 잊혀지고 있다. 일본에 합병되어 그 제국의 일부가 되었기 때문이다. 그러나 코리아는 지금도 자유를 꿈꾸며 독립을 위해 싸우고 있다. 일본은 지금 활약이 뚜렷해서 신문들은 일본의 중국 공격에 대한 기사로 가득 차 있다. 이렇게 내가 편지를 쓰고 있는 동안에도 만주에서는 싸움이 벌어지고 있다. 그러므로 코리아와 일본의 과거에 대해 이야기해 두는 것이 좋겠구나. 때로는 그것이 현대를 이해하는 데 도움이 되기도 한다.

첫째로 잊어서는 안 될 것은 그들이 오랜 세월에 걸쳐 고립되어 있었다는 점이다. 사실 일본은 침략으로부터의 자유와 고립에 관한 한 놀라운 기록을 갖고 있다. 그들은 유사 이래 외부의 침략을 받은 적이 거의 없었으며, 간혹 있었다 하더라도 외적은 침략에 성공하지 못했다. 일본을 괴롭힌 분쟁은 최근까지 모두 국내 문제였다. 어느 시대에는 외부 세계와 완전히 교섭을 끊었던 때도 있다. 때문에 일본이 외국에 나가거나 또는 외국인 ― 심지어 중국인까지 일본에 들어오는 것이 거의 불가능했다. 그것은 유럽에서 오는 외국인이나 기독교 선교사들로부터 자신들을 보호하기 위한 조치였다. 그러나 이것은 못난 짓이기도 하고 위험한 일이기도 했다. 그것은 민족 전체를 고스란히 형무소에 가두어 외부의 좋은 영향, 나쁜 영향으로부터 차단하는 것을 의미하기 때문이다. 그런데 일본은 그 뒤 별안간 문호를 개방해 유럽에서 배울 수 있는 것은 무턱대고 다 배웠다. 더구나 그들의 유럽 문화에 대한 흡수욕은 대단히 왕성해, 한두 세대를 지나는 동안 적어도 겉보기로는 어느 유럽 국가에 못지않게 되었으며, 유럽의 나쁜 풍속까지도 모조리 본받을 지경이었다. 이는 모두 지금으로부터 70년 내의 일이다.

코리아의 역사는 중국보다 훨씬 짧고 일본의 역사는 코리아보다 훨씬 짧다. 나는 작년에 보낸 편지에서 기자(箕子)라는 중국 사람이 왕조가 바뀌는 것에 반대해 중국에서 쫓겨나 5000명의 추종자들을 거느리고 동쪽으로 이동했다고 이야기했다. 그는 어떤 곳에 정착해 조선(朝鮮), 즉 '조용한 아침의 나라'라고 불렀다고 한다. 이것은 기원전 1122년의 일이다. 그는 중국의 예술과 농업 및 견직물 기술을 갖고 이 곳에 왔다. 그 뒤 900년 이상이나 기자의 자손이 조선을 지배했다. 그 뒤에도 때때로 중국에서 이민이 와서 조선에 정착했다. 따라서 중국과는 매우 밀접한 교제가 계속되었다.

진시황 시절에 많은 중국인이 무리 지어 조선으로 들어왔다. 너도 아마 아소카 시대와 같은 시대의 인물인 이 황제를 알 것이다. 그는 스스로 '시황제'라고 칭하며, 모든 고전들을 불태워 버린 사람이다. 시황제의 혹독한 탄압으로 많은 중국인들이 쫓겨났고, 그들은 안주할 땅을 찾아서 조선에 들어와 힘없는 기자의 자손들을 몰아 냈다. 그 뒤 코리아는 800년 이상이나 몇 개의 국가로 분열되어 있었다. 이 나라들은 서로 싸웠다. 그러다가 어느 나라는 중국에 원조를 요청하기도 했다. 이것은 위험한 요청이었다. 구원병은 왔지만 나중에 철수를 거부했으니까! 이것이 강국의 상투적인 수법이다. 중국의 군대는 그대로 머물며 코리아의 일부를 지배했다. 그 뒤 몇백 년 동안 코리아의 나머지 지역에서도 당나라 황제의 종주권을 인정했다.

코리아가 독립된 왕국으로 통일된 것은 935년이었다. 이 위업을 이룬 사람은 왕건(王建)으로, 그로부터 450년 동안 그의 후손들이 이 나라를 통치하게 되었다.

나는 불과 두세 문단으로 2000년 이상에 이르는 코리아의 역사를 처리해 버렸구나! 그 중에서도 특히 기억해야 할 것은 코리아가 중국에 여러 가지를 빚졌다는 점이다. 문자도 중국에서 들어왔다. 그들은 1000년 동안이나 표의 문자인 중국의 한자를 사용했다. 그러다가 그들은 마침내 자신들의 말을 적는 데 한결 적합한 독자적인 알파벳을 발명한 것이다.

불교도 중국을 거쳐 전해졌으며 유학도 중국에서 들어온 것이다. 인도에서 비롯된 예술의 영향은 중국을 거쳐 코리아와 일본에까지 긴 여행을 한 셈이다. 코리아는 예술에서 아름다운 작품, 특히 뛰어난 조각을 남겼다. 건축은 중국과 비슷했다. 조선술도 큰 진보를 보였다. 그들은 한때 일본을 공략했을 정도로 강력한 해군을 갖기도 했다.

아마도 일본인의 조상은 코리아, 즉 조선에서 건너간 사람들로 보인다. 그리고 일부는 남방의 말레이시아에서 올라왔는지도 모른다. 잘 알다시피 일본인은 몽고 인종이다. 하지만 일본에는 이 밖에도 원주민인 아이누족(Ainus)이 조금 살고 있다. 그들은 피부가 흰 편이고 몸에 털이 많아 보통 일본인과는 생김새가 매우 다르다. 아이누족은 현재 북부의 여러 섬에 쫓겨가 살고 있다.

200년쯤에는 징고(神功)라는 황후가 야마토(大和)국의 수장 지위에 올랐다. '야마토'란 일본 고유의 이름이며, 또한 그들이 외부에서 건너와 처음 정착했던 지방을 가리키는 말이다. 이 부인의 이름을 잘 보거라. 이것이 일본 최고(最古)의 지배자 가운데 한 사람의 이름이라니, 참으로 묘한 우연이로구나. '징고(Jingo)'라는 말은 영어에서는 일정한 의미로 쓰이고 있다. 즉 '난폭하고 염치없는 제국주의자'라는 뜻이다. 또는 간단히 제국주의자를 가리킨다고 해도 좋다. 제국주의자란 어김없이 난폭하고 염치없게 마련이니까. 일본 또한 이 제국주의 또는 징고이즘(Jingoism) 병에 걸려서 최근 코리아나 중국에 걸핏하면 난폭한 행위를 저지르고 있다. '징고'가 일본 최초의 지배자의 이름이라는 사실이 묘한 우연이라고 말한 이유가 바로 여기에 있다.

야마토는 코리아와 긴밀한 관계를 맺고 있었다. 중국의 문명은 코리아를 통해 야마토에 전해졌다. 중국 문자도 400년쯤에 코리아를 거쳐 전해졌다. 불교도 마찬가지였다. 즉 552년에 백제의 군주는 전도자를 시켜 불경과 황금으로 될 불상을 야마토 군주에게 보내 주었다.

일본 고유의 종교는 신도(神道)였다. 이것은 '신들의 길'이라는 뜻을 나타내는 한자로서 자연 숭배와 조상 숭배의 혼합물이었다. 그것은 내세(來世)나 기적이나 인생 문제 따위는 별로 염두에 두지 않는다. 그것은 무력을 존중하는 민족의 종교였다. 일본인은 중국인과 생김새도 비슷하고 또 중국 문명에서 많은 것을 배웠는데도 중국인과는 전혀 성질이 다르다. 중국인은 본래 평화를 애호하는 민족이며, 그들의 문명이나 인생 철학도 모두 평화적인 것이었다. 그러나 일본인은 옛날부터 오늘에 이르기까지 전투적인 민족이다. 군인에게 가장 중요한 덕목은 상관과 동료에 대한 충절인데, 이것 또한 일본인의 미덕이며, 그들의 강력한 힘은 다분히 여기에서 유래한다. 신도는 다음과 같은 덕을 가르친다. "신을 받들고 그 자자손손에 대해 충절을 다해야 한다." 이리하여 신도는 오늘날까지 일본에 전해 내려와 여전히 불교와 함께 존속하고 있다.

그런데 과연 이를 덕이라고 할 수 있을까? 동지나 대의에 대한 충성심은 분명 미덕일 것이다. 그러나 '신도'나 다른 종교는 대개 우리의 충성심을 이용하여 우리를 지배자들의 도구로 봉사하게끔 시도한다. 일본이나 로마, 그 밖의 여러 나라에서 종교가들이 역설한 가르침, 즉 권위에 대한 숭배가 우리에게 얼마나 커다란 해독을 끼쳤는지 곧 알게 될 것이다.

불교가 일본에 전해졌을 때에는 고유의 '신도'와 불교 사이에 약간 마찰이 있었다. 그러나 곧 사이좋게 병존하게 되어 오늘날에 이르고 있다. 그러나 현재는 신도가 더 널리 성행하고 있으며, 지배 계급은 신도가 백성들에게 복종과 충성을 역설한다는 이유로 장려하고 있다! 반면 불교는 창시자가 반항자였던 관계로 말하자면 다소 위험한 종교인 셈이다.

일본의 예술사는 불교와 더불어 시작된다. 일본 또는 야마토는 당시 중국과 직접 교섭을 시작했다. 특히 중국의 수도 장안이 전 아시아에 널리 알려져 있던 당나라 때에는 일본 사절들의 관저들이 설치되어 있었다. 뿐만 아니라 일본인 또는 야마토 민족은 나라(奈良)라는 새로운 수도를 세웠는데, 이는 장안(長安)을 그대로 모방한 것이었다. 그들은 옛날부터 남을 모방하는 데서는 가히 천재적인 재질을 갖고 있었던 것으로 보인다.

일본의 역사를 더듬어 보면 세도 있는 문벌들끼리 서로 대립하며 권력 다툼을 했다는 것을 알 수 있다. 그러나 이런 일은 옛날에 어느 나라에서나 찾아볼 수 있는 현상이다. 이 문벌은 옛 씨족의 관념을 고수하고 있었다. 그래서 일본 역사는 주로 씨족이나 문벌의 투쟁사라고 볼 수 있다. 그들의 황제인 미카도(Mikado : 천황)는 전능하며 전제 군주이며 반신(半神)이며, 또한 태양의 직계 자손이라고 했다! '신도'와 조상 숭배 관념은 인민들에게 천황의 전제 정치를 받아들이게 하는 데 도움이 되었으며, 권력자들에게 순종하게 했다. 그러나 일본의 천황은 대개 실권이 없는 허수아비에 지나지 않았다. 그 대신 권력과 권위는 특정 문벌이나 씨족의 수중에 있었고, 이들이 천황의 옹립자가 되어 마음대로 천황을 갈아치운 것이다.

일본에서 처음으로 일본의 정치를 좌우한 문벌은 소가(蘇我)씨였다. 불교가 궁정의 종교가 되고 국교가 된 것도 이들이 허용했기 때문에 가능했다. 그 무렵의 지도자 가운데 한 사람인 쇼토쿠(聖德) 태자는 일본 역사에서도 최대의 위인으로 손꼽히는 사람이다. 그는 열렬한 불교도이며 뛰어난 재능을 가진 예술가였다. 그는 중국 유교의 고전에서 자신의 사상을 세우고, 권력이 아닌 도의에 입각해 정치를 하려고 했다. 그 당시 일본 곳곳에는 거의 독립한 족장이 지배하는 씨족이 있었다. 그들은 서로 권력을 다투고, 어떠한 권위에도 머리를 숙이려 하지 않았다. 천황의 칭호는 그럴 듯했지만 역시 큰 씨족의 우두머리에 지나지 않았다. 쇼토쿠 태자는 이러한 상태를 개조해 중앙 정부를 강화하려고 했다. 그는 여러 족장이나 귀족을 천황의 '신하', 즉 종속된 자로 삼았다. 이것은 대략 600년 전후의 일이었다.

그러나 쇼토쿠 태자가 죽은 뒤 소가씨는 타도되었다. 그리고 얼마 뒤에 일본 역사에서 널리 알려진 또 한 인물이 등장했다. 그의 이름은 나카토미노 가마타리(中臣鎌足)라 했다. 그는 정치 제도를 근본적으로 개혁해 중국식으로 많이 뜯어고쳤다. 그러나 그는 중국에서 실시되는 독특한 과거 제도는 모방하지 않았다. 이 때부터 천황은 한 씨족의 우두머리를 초월하는 존재가 되고, 중앙 정부의 기초가 다져졌다.

'나라'가 정식으로 수도가 된 것은 이 때였다. 그러나 나라는 단명으로 끝나고 794년에 교토(京都)를 수도로 정했다. 그 뒤 약 1000년 동안 내려오다가 최근 도쿄(東京)로 수도를 옮겼다. 도쿄는 커다란 근대 도시다. 하지만 일본의 정신을 말해 주고 일본의 역사 가운데 1000년의 세월을 간직하고 있는 곳은 역시 쿄토다.

나카토미노 가마타리는 일본 역사에서 큰 역할을 하게 되는 후지와라(藤原) 씨족의 시조가 되었다. 그들은 200년 동안이나 줄곧 일본을 지배하며 천황을 허수아비로 만들고 가끔 특정 가문의 여자와 강제로 결혼을 시켰으며, 다른 씨족에 유능한 인물이 나타나면 수도원에 유폐시켜 놓고 경계하기도 했다!

'나라'가 수도였을 때 중국 황제는 일본의 지배자에게 국서를 보낼 때 '대일본국 황제'라고 일컬었다. 이것은 '해가 떠오르는 위대한 왕국'이라는 뜻이었다. 일본인들은 이 이름을 좋아했다. 야마토보다 위엄 있게 들렸기 때문이다. 그리하여 그들은 자기 나라를 '대일본', 즉 '아침해가 떠오르는 나라'라고 부르기 시작했다. 지금도 일본은 스스로 그렇게 부르고 있다. 재팬(Japan)이라는 이름 자체는 묘하게도 '닛폰(Nippon)'에서 유래되어 생긴 말이다. 600년 후에 이탈리아의 한 여행자가 중국을 방문했다. 바로 마르코 폴로(Marco polo)라는 사람인데, 그는 일본에 간 적이 없었다. 그러나 그의 여행기에는 일본에 대한 기록이 나온다. 그는 '닛폰고쿠(日本國)'라는 이름을 듣고 있었다. 그래서 책에 '지팡고(Chipango)'라고 기록했다. 여기에서 재팬(Japan)이라는 말이 유래했다.

우리 나라가 인도, 또는 힌두스탄이라고 일컬어지게 된 연유를 이야기한 적이 있었던가? 아니면 너는 벌써 알고 있니? 두 이름 모두 인더스 강, 즉 신두(Shindu) 강에 기원이 있다. 따라서 인더스 강은 또 '인도의 강'이라는 말이 된다. 그리스인들이 신두라는 말을 듣고 인도스(Indos)라 불렀으며, 거기에서 인도라는 말이 나왔다. 또 페르시아인은 신두에서 힌두라 일컬었고, 여기에서 힌두스탄이라는 말이 생겼다.

43 *1932년 5월 11일*

하르샤 바르다나와 현장

이제 다시 인도로 돌아가자. 훈족은 격퇴되어 쫓겨갔으나 아직 외딴 구석에 남아 그대로 살고 있는 자도 많았다. 바라디트야 이후 굽타 왕조는 붕괴되고 많은 왕국과 국가가 북부 인도에 생겨났다. 남쪽에서는 풀라케신이 찰루키아 제국을 세웠다.

콘포르에서 멀지 않은 곳에 카나우즈라는 작은 읍이 있다. 현재 콘포르는 대도시이기는 하지만 공장이나 굴뚝이 많은 지저분한 도시다. 그리고 카나우즈는 촌락이라 해도 무방할 만큼 눈에 잘 뜨이지 않는 곳이다. 그러나 지금 이야기하고 있는 시대만 해도 카나우즈는 천하의 시인·예술가·철학자들이 몰려드는 커다란 수도였고, 오히려 콘포르는 아직 생기지도 않았다. 콘포르가 생긴 것은 몇백 년 후의 일이었다.

카나우즈는 요즘 이름이고 옛날에는 카니아 쿠브자(Kanya-Kubja : 곱사등이 소녀)라고 했다. 그 내력은 이렇다. 옛날 현자, 즉 리시(rishi)가 사소한 오해로 화가 나서 어느 왕의 100명이나 되는 공주를 저주해 모두 곱사등이로 만들어 버렸다. 이 일이 있은 뒤 그들이 살고 있던 마을은 '곱사등이 소녀들의 마을' — 카니아 쿠브자라고 일컬어지게 되었다는 것이다.

어쨌든 우리는 이 곳을 간단히 카나우즈로 부르기로 하자. 훈족은 카나우즈의 라자(왕)를 죽이고 그의 아내 라자슈리(Rajashri)를 사로잡았다. 그러자 그녀의 오빠인 라자 바르다나(Raja Vardhana)가 동생을 구해내려고 급히 달려왔다. 그는 훈족을 무찔렀으나 배반자의 손에 살해되었다. 그러자 이번에는 그 동생인 하르샤 바르다나(Harsha-Vardhana)가 누이 라자슈리를 찾으러 나섰다. 가련한 라자슈리는 벌써 훈족의 손아귀에서 도망쳐 산 속에 숨어 있었는데, 괴로움을 견디다 못해 스스로 목숨을 끊으려고 작심하고 있었다. 하르샤가 그녀를 발견해 구해 낸 것은 그녀가 막 사티(Sati)[62]가 되려는 순간이었다.

누이를 구해 낸 하르샤가 할 일은 그의 형을 배반하고 살해한 소(小)라자에게 복수하는 일이었다. 그리하여 그는 형의 원수를 갚았을 뿐만 아니라 닥치는 대로 적을 쳐부수어 동쪽 바다에서 서쪽 바다에 이르고 남으로는 빈디아(Vindhya) 산맥에 이르는 북부 인도 전체를 평정하는 데 성공했다. 빈디아를 넘으면 찰루키아 제국이 있는데, 하르샤는 여기에서 그의 정복의 발길을 멈추었다.

하르샤 바르다나는 카나우즈를 서울로 삼았다. 시인이며 극작가였던 그는 수많은 시인과 예술가를 불러모아 카나우즈는 일약 유명한 도시가 되었다. 하르샤는 독실한 불교 신자였다. 독립된 신앙으로서 불교는 당시 인도에서 이미 두드러지게 쇠퇴해 브라만교에 흡수되고 있었다. 따라서 하르샤는 인도의 위대한 불교 군주로서는 마지막 인물이라 할 수 있다.

우리가 잘 아는 현장이 인도에 온 것은 하르샤가 재위해 있을 때였다. 그가 귀국해 쓴 여행기에는 인도로 오면서 거쳤던 중앙 아시아 여러 나라와 인도에 관한 엄청난 글이 실려 있다. 그는 신앙심이 깊은 불교도로서, 불교의 성지를 순례하며 경전을 구하고자 한 것이다. 그는 고비 사막 한가운데를 횡단해 왔다. 도중에 많은 유명한 도시 ― 타슈켄트·사마르칸트·발흐·호탄·야르칸드를 들렀다. 그는 온 인도를 돌아다녔으며 아마 실론에도 들렀을 것이다. 그의 책은 희한하고 재미있는 것

---

[62] 원래는 남편이 죽으면 그 뒤를 따라 불 속에 몸을 던져 순절하는 '열부'라는 뜻이다. 예로부터 여성은 남성에게 의존하게 되어 있었고, 또 과부의 재혼이 금지되어 있던 인도의 사회 제도에서는 이것이 관습으로 성립되었다. 또한 사회는 이것을 미덕으로 인정했다. 1829년 법령으로 이 제도가 금지되었다는 점은 사티가 상당한 규모로 일반에 행해지고 있었다는 사실을 증명해 준다. 그러나 최근 인도에서는 파르다처럼 여성의 사회적 지위를 압박하는 모든 관습과 함께 이 제도도 자취를 감추고 있다는 것은 의심할 나위가 없다.

이 잔뜩 들어 있는 잡동사니 상자 같은 것이다. 그가 방문한 여러 나라에 대한 날카로운 관찰이 있는가 하면, 인도 각지의 주민에 관해 오늘날에도 보기 드물 만큼 뛰어난 스케치가 들어 있다. 또 그가 얻어들은 공상적인 옛날 이야기가 있는가 하면 불타나 보디사트바(Bodhisattva : 菩提薩埵)[63]에 관한 무수한 기적 이야기도 있다. 그 재미있는 이야기 가운데 하나 — 배에 구리띠를 두르고 다녔다는 '대현인' 이야기는 전에 이야기했다.

현장은 여러 해 동안 인도, 특히 파탈리푸트라에서 그리 멀지 않은 곳에 있던 날란다의 큰 대학에 머물렀다. 수도원과 대학을 겸하고 있던 날란다에는 1만 명에 이르는 학생과 승려가 살고 있었다고 한다. 그것은 브라만교 학문의 본거지인 베나레스에 대항하는 불교 학문의 큰 중심지였다.

나는 언젠가 인도가 옛날에 달의 나라(the Land of the Moon) — 인두국(Indu-land)으로 알려져 있었다는 이야기를 한 적이 있다. 현장도 이 사실을 언급하며 그 이름이 과연 잘 어울린다고 기록했다. 재미있게도 중국어로도 인투(In-Tu : 陰兎)는 달을 가리키는 말이다. 그러니까 너에게 중국식 이름을 지어 주기가 아주 자연스러웠던 셈이다!*

현장은 629년에 인도에 왔다. 그가 중국을 떠날 때 그의 나이 26세였다. 옛 중국의 기록에 따르면 그는 키가 훤칠하고 풍채도 당당했다고 한다. "풍모는 온화하고 눈동자는 빛났다. 그 태도는 장중해 제왕과 같고, 풍모에서 매력과 광휘가 발산하는 듯했다. …… 대지를 둘러싼 대해의 심원함과 바다 속에서 자라 나오는 연꽃의 청명함과 광채를 두루 겸비하고 있었다."

현장은 중국의 황제가 허가를 내리지 않았는데도 불교 비구(比丘)의 등황색 법의를 걸치고 홀로 그 장대한 여정에 올랐다. 그는 고비 사막

[63) 불타가 도를 깨치기까지의 반평생, 또는 불타의 전생을 가리키는 말. 또 몰아이타(沒我利他)의 수도에 심신을 바치는 이상적인 인권을 의미하는 말이기도 하다.

* '인두'는 인디라의 애칭이다.

하르샤 바르다나와 현장

을 가로지르며 온갖 혹독한 시련을 견뎌 내고 간신히 목숨을 부지해, 이 사막이 끝나는 곳에 있던 투르판(Turfan) 왕국에 당도했다. 이 사막의 왕국은 신비한 문화의 오아시스였다. 지금은 죽은 도시가 되어 고고학자나 고대 연구가의 유적 발굴의 대상에 지나지 않는다. 그러나 현장이 지나가던 7세기에는 수준 높은 문화가 번영해 그 절정에 이르러 있었다. 그 문화는 인도·중국·페르시아, 거기에 유럽의 색채까지 곁들여진 주목할 만한 혼성 문화였다. 불교가 번영했으며 산스크리트어를 통한 인도의 영향이 두드러졌다. 그리고 생활 양식은 주로 중국과 페르시아를 모방하고 있었다. 그들의 언어는 사람들이 흔히 추측하듯이 몽고어가 아니라 많은 점에서 유럽의 켈트어와 흡사한 인도-유럽어였다. 게다가 더욱 신기한 것은 그들의 돌 벽화에는 유럽 양식에 가까운 무늬가 그려져 있다는 점이다. 불타·보디사트바 및 남녀 신들이 그려진 이 벽화는 매우 아름답다. 어떤 여신은 인도의 포의(布衣)를 두르고 있기도 하고, 그리스의 머리 장식과 의상을 차리고 있기도 했다. 프랑스의 비평가 그루세(Rene Grousset)[64]의 말을 빌리자면, 그것은 '힌두의 섬세한 미, 헬레네의 활달함, 중국의 매혹적인 아름다움의 보기 드문 결합'이다.

투르판은 지금도 존재하기는 하므로 지도를 펼치면 찾아볼 수 있다. 그러나 오늘날 그 곳은 별로 중요성을 갖지 못한다. 서기 7세기라는 그 먼 옛날에 머나먼 나라들에서 풍요로운 문화의 흐름이 이 곳에 모여들어 하나의 조화로운 종합된 형태를 낳았다니, 이 얼마나 신기한 일이냐!

순례자 현장은 투르판으로부터 쿠차(Kucha)로 발길을 옮겼다. 이 곳도 당시에는 널리 알려진 중앙 아시아의 한 중심지로서 풍요하고 찬란한 문명이 번영했으며, 특히 그 곳에 사는 악대(樂隊)와 여성의 매력으로 소문이 자자했다. 그 곳의 종교와 예술은 인도에서 온 것이다. 그리고 언어는 산스크리트어·페르시아어·라틴어 및 켈트어와 관계가

---

64) 프랑스의 동양사, 동양 미술사 학자. 『극동사』·『인도사』 등의 저서가 있다.

있었다. 이 또한 우리의 마음을 끄는 하나의 혼성 문화다!

그 다음 현장은 투르크족이 거주하는 나라들을 통과했다. 거기부터는 또한 불교도였던 대칸(황제)이 중앙 아시아 거의 전역을 지배 아래 두고 있었다. 그리고 사마르칸트로 향했다. 이 곳은 그 무렵엔 이미 고도(古都)로서, 1000년쯤 전에 그 근방을 통과한 알렉산더 대왕의 기억을 남기고 있을 뿐이었다. 이어서 발호, 다음으로 카불 강 계곡, 그리고 카슈미르, 인도로 그는 여행을 계속했다.

이 때는 중국의 수도 장안이 학문과 예술의 큰 중심지이며, 또한 중국 문명이 세계를 풍미하고 있던 당나라 초기였다. 따라서 이처럼 고도한 문명국에서 온 현장이 사물을 보는 식견은 매우 수준이 높은 것이었다고 해야 할 것이다. 따라서 그가 인도의 상태를 관찰한 것은 큰 의의와 가치를 갖는다. 그는 인도의 인민과 정치의 운용을 칭송하며 다음과 같이 기록했다. "서민들은 생각은 얕아도 정직하고 믿음직스럽다. 그들은 일에서 두 마음이 없이 성실하다. …… 그들은 행동이 바르고 사람을 속이지 않는다. 또 약속을 잘 지키고 맹세를 어기지 않는다. 법규를 준수하는 것이 극히 엄정하면서도 평소에 접촉하면 온건하고 독실하고 순박한 품격이 있다. 범죄자·반도 등은 그 수가 지극히 적고 좀처럼 말썽을 부리지 않는다."

현장은 계속해서 다음과 같이 기록했다. "정치는 인자(仁慈)를 근본으로 삼고, 그 기구는 단순하다. …… 인민은 부역을 강요당하는 일이 없거니와 세금도 가벼우니 그들에게 부과되는 공과는 알맞다. 사람들은 평온하게 재산을 유지하고 만인이 생계를 꾸리기에 충분한 토지를 경작하고 있다. 왕의 토지를 경작하는 자는 수확의 6분의 1을 공납한다. 상거래에 종사하는 상인들은 거래를 위해서 바삐 내왕한다. 그리고 범사가 다 이러하다."

현장이 본 바에 따르면 인도에서는 인민의 교육 제도가 일찍부터 완비되어 실시되었다. 소년 소녀는 입문서의 학습이 끝나면 7세부터 다섯 샤스트라(shastras) 공부를 시작하도록 되어 있었다. '샤스트라'는 지

하르샤 바르다나와 현장

금은 오로지 종교 경전을 의미하는 말이 되었지만, 당시는 온갖 종류의 지식을 의미했다. 다섯 샤스트라는 다음과 같은 것들이었다. (1)문법, (2)미술·공예, (3)의학, (4)논리학, (5)철학. 이 분야들에 대한 연구는 대학까지 계속되어 보통 30세가 되어야 이 모든 과정을 마칠 수 있었다! 나는 많은 사람들이 그 나이가 되도록 공부를 계속할 수 있었으리라고는 생각하지 않는다. 그러나 그 당시 승려는 모두 교사이기도 했고, 승려에게는 끼니 걱정이 없었으므로 초등 교육은 상당히 보급되었으리라 생각된다. 현장도 인도인의 향학열에 깊은 감명을 받아 그의 저서에서 자주 이에 대해 언급하고 있다.

현장은 프라야그(Prayag)[65]의 쿰브 멜라(Kumbh Mela)[66]에 대해서도 적고 있다. 다음 번에 멜라를 구경하게 되면 1300년 전에 현장이 방문한 것을 생각해 보고, 그 옛날에도 이미 멜라가 베다 시대부터 전해져 온 아주 오래된 행사였다는 사실을 상기해 보도록 해라. 이 유구한 시간의 흐름을 타고 온 오래된 마을에 비하면 우리의 알라하바드 마을 같은 것은 마치 어제 태어난 거나 마찬가지다. 알라하바드는 악바르가 건설한 마을로, 건설된 지 아직 400년도 지나지 않았으니까. 더구나 몇천 년 이래로 연년세세 아무 변화도 없이 몇백만 명을 강가(Ganga) 강과 줌나 강이 만나는 곳으로 이끌어 들여온 견인력 자체는 더더욱 오래된 것이다.

현장은 하르샤가 불교도였는데도 이 전형적인 힌두교 제전에 참석

---

65) 알라하바드의 옛 이름.
66) 항아리(쿰브) 축제. 옛날 신과 악마 사이에 '키로드 사갈'(우유의 바다)에서 숙성한 신의 술을 둘러싸고 언쟁이 있었는데, 신의 한 아들인 자얀타가 신의 술을 따라 놓은 항아리를 안고 악마의 추적을 물리치며 도망치는 도중에 프라야그·우자인을 비롯한 열두 지방에서 휴식을 취했다고 한다. 그래서 해마다 이 지방에서는 차례대로 쿰브 멜라가 벌어진다. 알라하바드의 트리베니(갠지스 강, 줌나 강 및 눈에 보이지 않는 사라스바티 강 등 세 강의 합류점)에서 12년마다 벌어지는 축제가 가장 유명하며, 『리그베다』나 『라마야나』· 『마하바라타』에도 이미 그 기록이 보인다. 특히 알라하바드의 쿰브 멜라의 해에는 1월 14일부터 3월 3일에 걸쳐 축제가 벌어지는데, 여기에는 1000만 명에 이르는 힌두 교도가 참석한다고 한다. 축제 기간에는 강가에 천막이나 임시 오두막 등을 세운 임시 도시가 대대적으로 출현하며, 목욕의 날에는 신자가 모두 모여 강으로 들어가 죄를 씻는다.

한 사실을 전하고 있다. 그의 이름으로 조칙이 발표되어 '인도 5족(Five Indies)'의 모든 빈민이 멜라의 손님으로 초대받았다. 이것은 제왕이 스스로 주관하는 것이라 해도 대담하고 대대적인 초대였다. 수많은 손님들이 모여든 것은 말할 것도 없다. 전해지는 바에 따르면 양식을 배급받은 하르샤의 손님이 날마다 1만 명에 이르렀다는구나! 5년마다 열리는 이 멜라에서 하르샤는 자신이 소유한 재보 ― 황금·보석·비단을 비롯해 갖고 있는 모든 것을 나누어 주는 것이 상례였다. 그는 자기 왕관과 아름다운 비단으로 만든 왕의까지 아낌없이 벗어 주었고, 또 누이 라자슈리에게 헌 평상복을 내놓게 해 나눠 주었다.

인정 많은 불교도 하르샤는 동물을 잡아 식량으로 삼는 것을 금했다. 불타가 나타난 이후 브라만들은 점점 더 채식주의로 기울고 있었으므로 아마 하르샤의 이러한 금지령도 이렇다 할 반대는 받지 않았을 것이 틀림없다.

현장의 기록 가운데 너의 흥미를 끌 만한 것이 또 하나 있다. 그가 기록한 바에 따르면 옛날 인도인들은 병이 나면 즉시 7일 동안 단식했다. 대개의 병은 이 단식으로 나았지만 그래도 낫지 않을 때 비로소 의약이 사용되었다. 때문에 이 무렵에는 병이 만연되는 일이 없었고 또 의사가 모자라 어려움을 겪는 일도 없었다.

당시 인도에서 두드러진 특징은 군주나 군인이 지식과 교양이 있는 사람에게 경의를 표하며 특별한 대우를 해 주었다는 사실이다. 인도나 중국에서는 무지몽매한 무력이나 재부보다는 학식과 교양에 대해 명예로운 지위를 부여하는 것에 세심한 주의가 기울여지고 있었고, 또 그것이 실제로 실행되고 있었다.

인도에 여러 해 머물던 현장은 북쪽 산들을 넘어 귀국길에 올랐다. 그는 인디스 강에서 하마터면 물에 빠져 죽을 뻔했고, 숱한 귀중한 책자를 강물에 흘려 보내기도 했다. 그래도 그는 다 헤아릴 수 없을 만큼 많은 경전을 고스란히 중국으로 가지고 돌아가 여러 해에 걸쳐 그 번역에 몰두했다. 장안의 당나라 황제는 현장을 열렬히 환영해 주고 그에게 여

하르샤 바르다나와 현장

행기를 쓰도록 했다.

　현장은 중앙 아시아에서 만난 투르크인에 대해 기록했는데, 이 새로운 부족은 그 뒤 서방으로 진출해 많은 나라들을 정복했다. 또 중앙 아시아 전역에 산재해 있던 불교도 국왕들에 대해서도 기록하고 있다. 실로 불교도 군주는 페르시아·이라크·메소포타미아·호라산(Khorasan)·모술(Mosul)에서 시리아의 국경에 이르기까지 찾아볼 수 있었다. 현장은 페르시아인이 "학문에 흥미가 없고 오로지 예술적인 제작에 열중하며, 그 작품들은 모두 이웃 여러 나라에서 매우 귀하게 여겨지고 있다"고 전하고 있다.

　이 당시에는 정말 놀라운 여행가들이 있었다. 이 가공할 대여행에 비하면 요즘의 아프리카 오지나 북극이나 남극 탐험 같은 것은 아무것도 아니다. 그들은 몇 해씩이나 걸려 산을 넘고 사막을 건너 지칠 줄도 모르고 계속 걸었으며, 더욱이 그 동안은 아는 사람들과 소식도 단절되어 있었던 것이다. 아마 때로는 향수병에 걸리기도 했을 것이다. 그러나 의지가 강한 그들은 결코 훌쩍거리지 않았다. 그런데 이러한 나그네들 가운데 오직 한 사람, 망향의 그리움에 시달리는 심중을 내비친 사람이 있었다. 그는 송운(宋雲)[67]이라는 사람으로, 현장보다 100년쯤 앞서서 인도에 왔던 사람이며 당시 서북 인도의 간다라 지방에 머무르고 있었다. 그는 다음과 같이 썼다. "서늘한 바람이 창공을 가르고, 새는 지저귀며, 나무들은 봄단장을 하고, 나비는 향기롭게 핀 꽃에 날아드누나. 이 화창한 경색을 머나먼 타국 땅에서 바라보매 모두 망향의 그리움을 낳는 씨앗이로다. 가만히 생각하자니 고독을 이기기 어려워 마침내 쓸쓸히 병상에 눕고 말았다!"

---

67) 6세기쯤 중국 돈황의 승려. 서기 518년 혜생(慧生) 등과 함께 천산 남로를 지나 서북 인도의 푸루샤푸라 등의 불적을 순례했다. 현장의 인도 방문보다 100년을 앞섰으나 중부 인도에는 가지 않고 몇 년 후에 귀국했다. 현장이 완전히 자신 혼자의 의지에 따라 나라의 금지령도 무시하고 출발한 것과는 달리 송운의 인도 여행은 북위(北魏) 황제의 명을 받은 것으로, 그 또한 산스크리트어 경전을 구해 귀국했다.

44 1932년 5월 13일

남인도가 많은 왕과 전사 그리고 한 사람의 위인을 낳다

하르샤 왕은 648년에 죽었다. 그러나 그가 생존해 있을 때부터 이미 인도의 서북 국경 발루치스탄(Baluchistan)의 하늘 한 모서리에는 구름 한 점이 나타나 있었다. 이 구름은 얼마 뒤 서아시아·북아프리카 및 남유럽 일대에 몰아친 대폭풍우의 전조였다. 아라비아에 한 예언자가 나타났는데 그 이름은 마호메트라 했다. 그는 이슬람교라는 새로운 종교를 설파했다. 아랍인들은 이 새로운 신앙에 마음을 불태우며 불굴의 신념을 가슴에 품고 대륙을 가로질러 전진하면서 닥치는 대로 정복했다. 그것은 참으로 주목할 만한 사건이었다. 이제 우리는 세계의 모습을 변화시킨 이 새로운 힘을 음미해야 할 것이다. 그러나 이것을 언급하기에 앞서 일단 남인도에 들러서 그 당시 남인도가 어떤 상태에 있었는지를 밝혀 두어야겠다. 모슬렘 아랍인들은 하르샤 시대에 이미 발루치스탄에 도달했고 그 뒤 얼마 되지 않아 신드를 차지했다. 그들은 더 이상 전진하지 않고 계속 거기에 머물렀으며, 그 뒤 300년 동안 이슬람 교도의 침략은 더 이상 없었다. 게다가 이 침략은 아랍인이 아니라 이슬람교로 개종한 중앙 아시아의 어느 부족들이 수행했다.

그럼 남쪽으로 눈길을 돌려 보자. 서부에서 중부에 걸쳐 찰루키아 왕국이 있고, 바다미(Badami)를 수도로 하는 마하라슈트라(Maharashtra)국이 주요 부분을 이루고 있다. 현장은 마하라슈트라인을 칭찬하면서 그들의 용기를 높이 평가하고 있다. 그들은 '무용을 숭상하고 고상하게 처신하며 은의를 두텁게 여기고 징악(懲惡)하는 심지가 풍부' 했다. 찰루키아족은 북으로는 하르샤를, 남으로는 팔라바를, 동으로는 칼링가(오리사)를 지켜야 했다. 그들의 위세가 높아져 동서 인도에 미치지 않는 곳이 없었으나, 이윽고 라슈트라쿠타인(Rashtrakutas)에게 밀려나기에 이르렀다.

이와 같이 남쪽에서는 제국들이나 왕국들이 또는 힘의 균형을 유지해 서로 대항하고, 또는 한쪽이 우세해져서 상대방을 압도하는 등 부흥하고 쇠퇴했다.

판디아(Pandya) 왕국 안에서는 마두라(Madura)가 문화의 대중심지가 되어 타밀어 작가와 시인들이 모여들고 있었다. 타밀어 고전은 대개 기원후에 만들어진 것이다. 그 무렵 팔라바족도 융성기를 맞이해 말레이시아 식민지 개척의 주도권을 장악했다. 그들의 수도는 칸치푸라(Kanchipura) ─ 지금의 콘지바람(Conjeevaram)이었다.

나중에 촐라(Chola) 제국이 세력을 얻어 9세기쯤에 남방을 지배했다. 이 제국이 보유한 강력한 해군은 벵골 만과 아라비아 해를 석권했다. 그들의 주요 항구는 카베리(Kaveri) 강 하구에 있는 카비리팟디남(Kaviripaddinam)이었다. 그들의 최초의 대군주는 비자얄라야(Vijayalaya)였다. 그들은 북쪽으로 영역을 확대해 갔는데 갑자기 라슈트라쿠타인에게 패했다. 그러나 곧 라자라자(Rajaraja)가 부흥을 지도해 촐라의 운명을 새로이 개척했다. 이것은 10세기 말쯤, 즉 북부 인도로 이슬람 교도가 막 침입하던 무렵이었다. 라자라자는 북방의 사건에 개의치 않고 제국주의적인 모험을 밀고 나갔다. 그는 실론을 정복해 70년 동안 촐라의 지배 아래 두었다. 그의 아들 라젠드라(Rajendra) 또한 호전적이며 침략적이었다. 그는 군용 코끼리를 배로 실어 날라서 남부 버마를 정복했다. 또 북인도에도 손을 뻗쳐 벵골 왕을 무찔렀다. 그리하여 촐라 제국은 매우 광대해졌고 굽타 왕조 이후 최대의 제국이 되었다. 라젠드라는 우수한 군인이기는 했으나 잔인한 사람이었던 듯해서 그가 정복한 나라들에 좋은 업적을 아무것도 남겨 놓지 못했다. 그의 치세는 1013년부터 1044년까지였으나, 그가 죽자 많은 조공국들이 떨어져 나가 촐라 제국은 붕괴되었다.

군사면에서 성공과 아울러 촐라인은 오랫동안 해상 무역에서 이름을 떨쳤다. 그들의 양질의 면제품은 매우 귀하게 여겨졌고, 카비리팟디남 항은 상품을 싣고 먼 나라를 왕래하는 배들로 북적댔다. 그 곳에는 야바나인(Yavanas), 즉 그리스인의 거류지가 있었다. 촐라인에 대한 언급은 『마하바라타』에도 수록되어 있다.

나는 되도록 간단히 남인도의 몇백 년에 걸친 역사를 단숨에 이야기하려 했다. 이러한 축약이 아마 너를 혼란하게 했을 것이다. 그러나 우리는 헛되이 온갖 왕국이나 왕조에 관심을 둘 수는 없다. 우리는 온 세계를 고려해야 하므로 만일 그 중 어떤 작은 부분에, 비록 그 곳이 우리가 살고 있는 곳이라 해도, 너무 많은 시간을 소비한다면 다른 방면으로 이야기를 진행할 수 없게 될 것이다.

국왕이나 그들의 정복 활동보다 더 중요한 것은 당시의 문화·예술적 기록들이다. 예술적인 유적은 인도 북부보다 남부가 훨씬 풍부하다. 북부의 기념물·건축물·조각상은 대개 전쟁과 이슬람 교도의 침략으로 파괴되었다. 남부에서는 이슬람 교도가 침입한 뒤에도 파괴만은 면했다. 북부에서 수없이 아름답고 정교한 기념물들이 파괴된 것은 심히 유감스러운 일이다. 침입해 온 이슬람 교도들 — 그들은 아랍인이 아니라 중앙 아시아인이었던 점에 주의해야 한다 — 은 저희 종교에 열광한 나머지 우상을 파괴하려 했다. 그러나 그들이 파괴에 나선 또 하나의 이유는 아마도 옛 사원이 성채나 보루로 사용되었기 때문이었던 것 같다. 지금도 남부의 사원을 보면 대개는 보루 같은 모양을 하고 있어서 공격을 받으면 여기에 의지해 항거할 수 있도록 되어 있다. 이와 같이 이 사원들은 예배 외에도 여러 가지 용도로 쓰였다. 이를테면 마을의 학교가 되기도 하고 때로는 마을의 집회 — 판차야트 가르(panchayat ghar), 즉 공회당이 되기도 하고, 마지막으로 만약 필요할 때에는 적의 공격을 방어하기 위한 성채가 되기도 했다. 이리하여 마을의 모든 생활은 사원을 중심으로 이루어졌고, 따라서 자연히 모든 일은 사원의 승려나 브라만이 지배하게 되었던 것이 틀림없다. 그러나 사원이 때로 성채로 이용되었다는

남인도가 많은 왕과 전사 그리고 한 사람의 위인을 낳다

사실은 이슬람 교도 침략자가 그것을 파괴한 이유를 설명해 준다.

촐라 제국 시대의 건축물로서는 탄조르(Tanjore)에 촐라의 군주 라자가 건립한 아름다운 사원이 있다. 바다미와 콘지바람에도 훌륭한 사원이 있다. 지금까지 남아 있는 것 가운데 가장 훌륭한 것은 엘로라(Ellora)의 카일라샤(Kailasha) 사원으로, 바위에 부조된 보기 드문 작품이다. 이것은 8세기 후반에 착공된 것이다.

조각에도 유명한 나타라자(Nataraja) — 시바의 '생명의 춤'[68]을 비롯해 아름다운 것들이 수없이 많다.

촐라 국왕인 라젠드라 1세는 촐라푸람(Cholapuram)에 주목할 만한 관개 시설 — 16마일에 걸친 견고한 석조 제방을 축조했다. 이것이 만들어진 지 100년 뒤 아랍인 여행자 알베루니(Alberuni)[69]가 이 곳을 방문했을 때 그는 놀라움을 금치 못했다. 그는 말했다. "우리 국민이 이것을 보면 경탄해 도저히 필설로 다 표현할 수가 없을 것이며, 더구나 이와 같은 것을 스스로 축조한다는 것은 도저히 불가능할 것이다."

나는 이 편지에 잠시 번영의 시대를 누리다가 사라져 잊혀지고 만 국왕과 왕조의 이름을 적었다. 그러나 그들 이상으로 주목해야 할 한 사람이 남쪽에 나타났다. 그는 인도의 생활에 어떤 왕, 어떤 황제보다 더 결정적인 역할을 떠맡을 운명을 갖고 있었다. 이 젊은이는 샹카르아차리아(Shankaracharya : 아차리아는 위대한 교사라는 뜻)라는 사람이다. 아마 그는 8세기 말에 태어난 듯하다. 그는 놀라운 천재였던 것으로 보인다. 그는 힌두교, 아니 사이비즘(Saivism : 시바교)[70]이라고 일컬어진 변

---

[68] 인도에서는 모든 문화와 마찬가지로 무용도 종교와 함께 발달했다. 특히 파괴신 시바는 '나타라자'(춤의 왕)라 일컬어지며, 춤의 수호신으로 간주되므로, 전국 각지에서 우주에 충만된 생명력을 상징하는 '춤추는 시바의 조각상'이 만들어졌고 많은 걸작이 출현했다.

[69] 아랍의 천문학자. 술탄 마흐무드가 펀자브를 정복할 때 인도에 와서 역사와 풍속 등에 대한 상세한 기록을 남겼다.

[70] 8~9세기쯤에 브라만교가 부흥하자, 신도들의 숭배를 받은 신들에게도 고대 브라만교 시대에 비해 성쇠가 있고 교대가 있었다. 본래 브라만교는 근본적으로 다신교적인 성질을 갖고 있으며, 긴밀하게 통일된 체계를 갖지 않았기 때문에 사람에 따라 또는 집단에 따라, 또 시

형된 힌두교의 지성적인 일파 — 시바 숭배의 부흥에 착수했다. 그는 지성과 추리력을 구사해 불교와 싸웠고, 마치 불교의 상가(Sangha : 불교 승려의 공동체 집단, 즉 四衆 — 비구 · 비구니 · 우바새 · 우바이 — 을 말한다)처럼 모든 카스트에 개방된 산야신(Sanyasins : 수행자) 조직을 만들었다. 이 산야신 조직을 위해 인도의 동서남북 네 귀퉁이에 위치하는 네 군데의 중심지를 마련했다. 그는 온 인도를 편력(遍歷)하며 도처에서 승리를 거두었다. 그는 정복자로서 베나레스에 들어갔다. 다만 정신과 토론의 정복자로서 말이다. 그는 마지막으로 히말라야 오지의 만년설 밑자락에 있는 케다르나트(Kedarnath)까지 갔으며 그리고 거기서 죽었다. 그 때 그의 나이 겨우 32세 안팎이었다.

    상카라의 업적은 눈부셨다. 북쪽에서 남쪽으로 밀려 내려오던 불교는 이제 인도에서 거의 자취를 감추었다. 힌두교, 또는 그것이 변형된 사이비즘은 전국에서 우위를 차지했다. 온 나라에서 상카라의 저서와 주석서와 논증을 통한 사상적 선풍이 일어났다. 그는 브라만 계급의 대지도자가 되었을 뿐만 아니라 대중의 상상력을 휘어잡았던 것 같다. 한 인간이 주로 자신의 강인한 추리력으로 대지도자가 되고, 그러한 인물이 몇백 몇천만 인민과 역사에 자기의 그림자를 새긴다는 것은 결코 쉬운 일이 아니다. 역사를 보면 걸출한 군인과 정복자가 두뇌가 명석한 것처럼 보인다. 그들은 인기를 누리거나 증오를 받으며 역사를 만들어 간다. 위대한 종교 지도자도 대중을 움직이고 그들의 정열을 불태우게 했

간과 경우에 따라서 같은 종교에 속하더라도 주된 신앙과 숭배의 대상이 다를 수 있다. 그러나 그들이 어떤 신을 최고신으로 모시느냐에 따라 종파를 크게 나눌 수 있다. 이러한 최고신 가운데 브라만교가 부흥한 이래로 현저하게 세력을 늘려 온 신은 시바와 비슈누였다. 최고신은 예로부터 브라만교 교설의 중심 사상, 즉 우주의 최고 원리인 '범(梵)'과 관계되어 있으므로 교의의 이론화가 진행될수록 오히려 다양한 최고신의 설정이 촉진되었다. 예를 들면 고도로 이론화된 상카라의 철학에서도 학설 그 자체와는 아무 관계가 없는데도 사이비즘과 결합할 수 있었다. 또 가끔 특정 성자 · 영웅 · 현상 · 물체 등이 최고신의 화신으로 설명된다. 크리슈나는 본래 『라마야나』에 활약하는 영웅이지만, 이미 같은 서사시에서 비슈누의 화신(아바타라)으로 간주되었으며, 뒷날 점차 비슈누와 동일시되어 크리슈나 숭배를 낳았다.

남인도가 많은 왕과 전사 그리고 한 사람의 위인을 낳다

다. 그러나 그것은 반드시 신앙을 기반으로 한 것이며 감정에 접하며 정서에 호소하는 것이었다.

지성에 호소해 마음을 깊이 감동시키기란 어려운 일이다. 불행하게도 대부분의 사람들은 생각하기를 게을리하고 감정이 내키는 대로 느끼고 움직인다. 그런데 상카라의 호소는 지성에, 그리고 이성에 대한 것이었다. 그것은 옛날 책에 실려 있는 것을 단순히 반복하는 것이 아니었다. 그의 논증이 올바른 것이었는지 여부는 잠시 논외로 하자. 흥미를 끄는 것은 종교 문제에 대한 그의 이성적인 접근이며, 또 그렇게 접근했는데도 성공을 거두었다는 점이다. 이것은 우리에게 당시의 지배 계급의 지성 상태를 엿볼 수 있게 한다.

힌두 철학자 가운데 무신론, 즉 신은 존재하지 않는다고 주장한 차르바카(Charvaka)라는 사람이 있었다면 너도 흥미를 느끼리라 생각한다. 오늘날 특히 러시아에는 신을 믿지 않는 사람이 많다. 우리는 여기서 그 문제를 다룰 필요는 없다. 그러나 고대 인도에 사상과 저술의 자유가 있었던 것은 매우 흥미로운 일이다. 거기에는 이른바 양심의 자유가 있었다. 유럽에서는 최근까지 이러한 것이 없었고 지금도 다소 제약이 있다.

짧았지만 힘있는 삶을 살았던 상카라를 통해 명확해진 또 하나의 사실은 인도가 문화적인 통일체라는 것이다. 고대사를 보더라도 이 사실은 분명히 알 수 있으리라 생각한다. 너도 알다시피 어쨌든 인도는 지리면에서 하나의 단위를 이루고 있다. 이미 보아 온 것처럼 정치면에서는 하나의 중앙 정부의 권위에 거의 완전히 복종하던 때도 있었지만 또 자주 분열하기도 했다. 그러나 문화면에서는 본래 하나였다. 왜냐하면 같은 배경, 같은 전통, 같은 종교, 같은 영웅과 신화 및 학문어(산스크리트어)를 가졌고, 또한 전국에 산재하는 같은 예배 장소와 같은 촌락 판차야트를 가졌고, 같은 이데올로기와 정치 조직을 갖고 있었기 때문이다. 어느 인도인에게나 인도 전체는 일종의 푸니야 부미(punya-bhumi), 즉 하나의 '신성한 토지'이며 세계의 다른 부분은 대체로 오랑캐와 야만인이 사는 곳이었던 것이다! 이리하여 공통된 인도 의식이 생기고 그 의식이 점차 힘을 얻어 나라의 정치적 분할 상태를 어느 정도 극복하게 되었다. 특히 지배층에서 어떤 변화가 일어나더라도 판차야트 정치의 촌락 체제가 의연히 지속된 것이 이를 더욱 촉진했다.

상카라가 그의 산야신 조직의 마트(maths), 즉 본부로서 인도의 네 귀퉁이를 선택한 것도 그가 인도를 분명히 하나의 문화 단위로 간주하고 있었음을 말해 주는 것이다. 또한 그의 운동이 극히 짧은 기간에 전국적으로 효과를 거둔 것은 지적·문화적 풍조가 얼마나 빠르게 나라 구석구석까지 전달되었는지를 잘 말해 주는 것이다.

상카라는 사이비즘을 창도했는데, 이 종파는 특히 옛 사원들이 대개 시바파에게 점유되어 있던 남방에 보급되었다. 북방에서는 굽타 시대에 바이슈나비즘(Vaishnavism : 비슈누교)과 크리슈나 숭배가 크게 부흥했다. 힌두교의 이 두 파는 서로 양식이 다르다.

오늘 편지는 꽤 길어졌구나. 하지만 중세의 인도 상태에 대해서는 아직도 이야기해야 할 것이 많이 남아 있다. 그 이야기는 다음 편지로 미루겠다.

45   *1932년 5월 14일*

중세의 인도

언젠가 나는 아소카의 할아버지인 찬드라굽타 시대에 재상으로 있던 차나키야, 즉 카우틸랴가 펴낸 『아르타샤스트라』에 대해 이야기한 적이 있다. 이 책에는 그 시대의 인민과 정치 형태에 대해서 거의 모든 것이 서술되어 있다. 그것은 기원전 4세기의 인도를 엿볼 수 있는 창문과 같은 것이다. 정치 운용의 세부 사항을 자세하게 기록한 이러한 문헌은 국왕이나 그들의 정복 사업을 거창하게 설명하는 책보다 훨씬 쓸모 있다.

이와 아울러 중세 인도에 대해 이해를 하는 데 얼마간 도움이 되는 책이 또 한 권 있다. 그것은 슈크라아차리아(Shukracharya)의 『니티사라(Nitisara : 政治學綱要)』다. 이것은 『아르타샤스트라』만큼 좋은 책은 아니고 그만큼 유익하지도 않지만, 이 책과 약간의 비문(碑文), 그리고 그 밖의 몇 가지 문헌에 의지해 9세기 무렵을 관찰해 보자.

『니티사라』에는 "브라만에 걸맞은 기품은 피부색이나 가문이 주는 것이 아니다"라고 기록되어 있다. 이렇듯 그 기록에 따르면 카스트의 차별은 혈통이 아니라 능력으로 이루어져야 하는 것이었다. 또 이 책은 말한다. "관리를 효과적으로 임명하려면 카스트나 가문이 아니라 인격과 능력이 고려되어야 한다." 국왕은 자기 의지가 아니라 인민의 다수 의견에 따라서 통치해야 했다. "공론이 국왕보다 강함은 마치 많은 실로 꼰 밧줄이 능히 한 마리의 사자도 끌 수 있음과 같다."

이는 모두 훌륭한 원칙이며, 이론으로서 오늘날에도 통용되는 것이다. 그러나 실제로는 좀처럼 실행되지 않는다. 사람은 자기 능력이나 수완으로 출세할 수 있다고들 한다. 그렇다면 그가 어떻게 능력과 수완을 얻을 수 있을까? 소년 소녀들은 만일 적당한 교육과 훈련이 부여되면 충분히 똑똑하고 현명하고 유능한 사람이 될 수 있을지도 모른다. 그러나 그와 같은 교육과 훈련이 배려되지 않는다면 가난한 소년 소녀들은 어떻게 해야 좋을까?

마찬가지로 생각할 때, 대체 공론이란 무엇일까? 공론이란 누구의 의견을 말하는 것이냐? 아마 『니티사라』의 저자는 수많은 수드라(shudra : 노동자)를 전혀 의견을 낼 자격이 없는 자들로 무시한 것이 분명하다. 그들은 전혀 고려의 대상이 아니었다. 따라서 공론이란 아마도 상층 지배 계급의 의견이었을 것이다.

그러나 중세 인도의 정치 조직에는 여전히 전제 정치나 왕의 신권(神權)이 끼어들 여지가 없었다는 점이 주목할 만하다.

다음으로 이 책에는 국왕을 보좌하는 국무 회의, 공익 사업이나 공원이나 산림 등을 감독하는 장관들, 도시와 시골의 조직·다리·나루터·휴게소·도로 및 — 이것은 도시나 마을에 매우 중요한 것이었는데 하수도에 대한 것이 적혀 있다.

촌락 판차야트는 촌정(村政)에 대해 완전한 권한을 가졌고 판치(panches : 5인조)는 왕의 행정관으로부터 대단한 경의를 받고 우대되었다. 토지를 분배하고 조세를 모아 마을을 대표해서 국세를 바치는 일은 모두 판차야트가 담당했다. 또 대판차야트, 또는 마하사바(mahasabha : 대집회라는 뜻)라는 것이 있어서 이들 판차야트의 업무를 감독하고, 필요에 따라 간섭할 때도 있었던 것 같다. 이들 판차야트는 사법권도 갖고 있어서 재판관으로서 촌민을 심문할 수 있었다.

남인도의 어떤 비문을 보면 판차야트 의원의 선거 방법, 자격의 유무를 가리는 조건 따위를 알 수 있다. 공유 자산에 관한 보고를 하지 않은 의원은 면직되었다. 또한 의원의 가까운 친척은 공직에 오를 수 없다는 재미있는 규칙도 있었던 것 같다. 만일 이 규칙이 지금 우리 나라의 시·읍·면 의회나 주 의회를 비롯한 모든 자치 단체에 적용된다면 얼마나 좋을까?

위원 중에는 여성의 이름도 보인다. 그렇다면 여성도 판차야트나 그 산하 위원회 직책에 오를 수 있었던 것 같다.

위원회는 선거로 뽑힌 판차야트 의원으로 구성되며 각 위원의 임기는 1년이었다. 직책의 명예를 손상시킨 의원은 즉시 파면되었다.

이 촌락 자치 제도는 아리아 정치 조직의 근간이며 힘의 원천이었다. 촌락 회의는 그들의 자유를 지키는 데에 대단한 경계심을 가지고 있어서, 왕의 허가가 없이는 한 사람의 병사도 마을에 들어올 수 없다는 규정이 있었을 정도였다. 『니티사라』에 따르면 백성이 어떤 관리에 대해 불평을 호소할 경우 "왕은 관리 편에 서지 말고 백성의 말을 들어야 한다"고 했다. 그리고 만일 많은 백성들이 어느 관리에 대해 기피 신청을 하면 그 관리는 면직되어야 한다. "왜냐하면 관의 허영을 마시고 취하지 않을 자가 없기 때문이다!" 오늘날 우리에게 갖은 악정을 다하고 있는 관리 무리에게 이보다 더 잘 어울리고 더 현명한 말이 또 어디 있겠느냐!

많은 수공업자와 상인이 있던 큰 도시에는 길드가 결성되어 있었다. 따라서 그 곳에는 동업 조합, 금융 연합회, 상업 협회 따위가 있었으며 물론 종교 단체도 있었다. 이러한 단체들은 모두 자신들의 활동 영역에 관련된 업무에 대해 광범위한 권한을 갖고 있었다.

국왕이 인민에게 과세하는 경우에는 무거운 세금으로 인민을 괴롭히거나 부담을 주지 않도록 애써 가볍게 해 주어야 했다. 그는 꽃장수처럼 숲의 나무에서 꽃과 잎을 조금씩 따내듯이 세금을 모아야지, 절대로 숯쟁이처럼 나무를 밑동까지 베어 내듯이 세금을 거두어서는 안 되었다.

우리가 중세 인도에서 주워 모을 수 있는 단편적인 이야기는 대충 이러한 것들이다. 『니티사라』에 나오는 원칙이 얼마나 현실에 적용되고 있었는지를 분명하게 알아 내기란 좀처럼 쉽지 않다. 훌륭한 이론을 책에 쓰기는 쉽지만 그것을 실천하기란 여간 어려운 일이 아니다. 그러나 아무튼 이 책은 비록 그 내용들이 완전히 실행되지는 못했지만 당시 사람들이 어떤 이데올로기와 관념을 갖고 있었는지를 추리하게 하는 데는 적잖이 도움이 된다. 우리는 왕과 군주가 전제 군주라고 일컬어지기에는 상당히 인연이 먼 존재라는 것을 알게 된다. 왕의 권력은 선거로 뽑히는 판차야트를 통해서 제한되어 있었다. 그리고 촌락과 도시에는 상당히 발달된 자치 조직이 있었으며, 중앙 정부도 여기에 별로 간섭하지 않았다는 것은 널리 알려진 사실이다.

그러나 인민이니 자치니 하는 개념을 말해 본들 사실은 별로 의미가 있는 것은 아니다. 인도의 사회 구조 전체가 카스트 제도 위에 서 있었으니까. 『니티사라』가 전하듯이 사회 제도는 이론상으로는 편협한 것이 아니라 인격과 능력에 따라 문호가 열려 있었는지도 모른다. 그러나 이러한 이론도 실제로는 아무 도움도 되지 않았다. 지배 계급 또는 카스트는 브라만과 크샤트리아였다. 때로는 그들 내부에 권력 투쟁도 있었지만 대개는 서로 제휴해 통치하면서 서로 이익을 꾀했다. 따라서 다른 계급들은 억압당했다. 상업과 무역이 증대됨에 따라 상인 계급은 점차 부유해져 세력을 확대해 갔다. 그리고 그들이 세력을 키워 나감에 따라 길드 내부의 문제를 스스로 처리할 수 있는 일정한 특권과 자유를 부여받게 되었다. 하지만 여전히 국정에 실제로 참여할 기회를 전혀 갖지 못했다. 가난한 수드라 계급은 내내 철저히 밑바닥을 기는 신세였다. 그러나 이들보다 더 비참한 위치에 있는 자들도 많았다.

간혹 하층 카스트에서 올라와 출세하는 자도 있었다. 심지어 수드라 출신으로서 왕이 된 사람도 있었다고 한다. 그러나 이것은 예외 중의 예외였다. 그보다도 흔히 이루어지던 사회적 신분 상승 방법은 어떤 서브 카스트(sub-caste : 카스트 안의 소카스트)가 고스란히 한 계층 상승하는 경우다. 가끔 새로운 부족이 힌두교에 흡수되었는데, 그들은 천천히 그리고 꾸준히 신분을 향상시키는 데 노력을 기울였다.

따라서 인도에는 서양과 같은 노역 노예는 없었지만 사회 구조 전체는 한 계급이 다른 계급을 지배하는 계급 사회였음을 알 수 있다. 밑에 깔린 몇백만의 사람들은 지배 계급에게 착취당해 그 중압을 한 몸에 받아야 했다. 그리고 지배 계급은 가난한 하층 사람들에게 교육과 훈련의 기회를 주지 않음으로써 그 제도를 항구화해 권력을 자기들 손안에 계속 붙들어 놓으려고 했다. 촌락 판차야트에서는 아마 빈농에게도 어느 정도의 발언권이 주어졌고 결코 무시되지 않으리라 생각된다. 그러나 이러한 판차야트에서도 일부 영리한 브라만이 우월한 지위를 차지하고 있었으리라는 것은 쉽게 상상할 수 있다.

오랜 아리아 정치 조직은 아리아인이 인도에 들어와서 드라비다인과 접촉한 시대부터 지금 이야기하는 중세 시대까지 계속 유지된 것으로 보인다. 그러나 시간이 흐름에 따라 부패와 변질의 징후가 나타나기 시작한 것 같다. 정치 조직은 이미 노년기에 이르렀을 테고 또 외부의 거듭되는 침략이 피폐를 더 재촉했을 것이다.

또한 옛 인도인들이 수학에 뛰어났다면 너는 꽤 흥미가 끌릴 것이다. 수많은 위대한 수학자 가운데 한 여성의 이름 — 릴라바티(Lilavati)를 발견할 수 있다. 십진법을 최초로 만든 사람은 이 릴라바티와 그녀의 아버지 바스카르아차리아(Bhaskaracharya), 그리고 또 한 사람 브라마굽타(Brahmagupta)였다. 또한 대수학(代數學)도 인도에서 비롯되었다고 한다. 이것은 인도에서 아라비아로 건너갔고 거기서 다시 유럽에 전래되었다. 영어의 앨지브라(Algebra : 대수학)라는 말은 아랍어에서 온 것이다.

46 *1932년 5월 17일*

빛나는 앙코르와 스리 비자야

이번에는 동남 아시아, 즉 말레이시아와 인도지나에 식민지를 개척한 남인도 출신의 사람들을 잠시 언급하겠다. 이들의 식민지 개척이 주도 면밀한 계획 아래 이루어졌다는 이야기는 이미 했다. 아무튼 그것은 자연적으로 이루어지지는 않았다. 이와 같은 식민지들이 몇 군데에서 동시에 계획적으로 개척된 점으로 보아 해상 여행이 자주 이루어지고 충분한 제해권이 확보되어 있었음에 틀림없다. 나는 또 이들 식민지가 1~2세기쯤에 시작되었다는 이야기도 했다. 이들은 남인도의 이름을 가진 힌두교 식민지들이었다. 몇 세기 뒤에 차차 불교가 전파되어 일찍이 힌두교의 영향 아래에 있던 말레이시아의 거의 전부가 불교화되었다.

먼저 인도지나를 살펴보자. 최초의 식민지는 참파(Champa)라고 하며 안남(安南)에 세워졌다. 3세기에 이르러 판두란감(Pandurangam) 시가 생겼고, 그로부터 200년 뒤에 캄보자(Kamboja)라는 이름의 대도시가 그 번영을 자랑했다. 이 도시에는 석조 건축물과 사원 등이 즐비했다. 인도인 식민지 어느 곳에서나 거대한 건축물을 볼 수 있었다. 숙련된 건축가와 기술자들이 인도에서 건너와 인도의 건축 양식으로 지은 것이 틀림없다. 나라와 섬들 사이에서는 건축 경쟁이 왕성했고, 이러한 경쟁이 뛰어난 예술적 건축의 발달을 촉진했다.

이들 식민지의 주민은 물론 뱃사람들이었다. 그들 또는 그들의 조상이 이미 전부터 바다를 건너서 이 땅에 오가고 있었고, 그들의 주위에는 도처에 바다가 있었다. 뱃사람이었던 만큼 그들이 무역에 종사하는 것은 자연스러운 일이었다. 이들은 상품을 여러 섬들 사이에서뿐만 아니라 서쪽으로는 인도에서 동쪽으로는 중국까지 운반하는 상인들이었다. 그 때문에 말레이시아의 여러 나라들은 상인 계급에게 좌우되는 경향이 많았다. 이들 나라들 사이에 가끔 분쟁이 일어나 큰 전쟁으로 발전하고 살육이 자행되기도 했다. 힌두교 국가가 불교 국가와 전쟁을 벌이는 경우도 있었지만 이 무렵의 전쟁은 대부분 상업상의 대립이 주된 동기였던 것 같다. 요즘도 상품을 팔 시장을 둘러싸고 강대국들 사이에서 전쟁이 일어나고 있다.

대략 300년 동안, 즉 8세기까지 인도지나에는 세 개의 서로 다른 힌두교 국가들이 있었다. 9세기에 이르러 한 사람의 대군주 — 자야 바르만(Jaya-varman)이 나타나 이 세 나라를 통일해 하나의 대제국을 만들었다. 그는 아마 불교도인 듯하다. 그는 수도 앙코르의 건설에 착수했고 그 후계자인 야소 바르만(Yaso-varman)이 이를 완성했다. 이 캄보디아 제국은 400년 가까이 존속했다. 여러 제국 가운데서도 캄보디아는 특히 장려하고 강대했다고 한다. 앙국의 수도 앙코르 톰(Ankor Thom)은 '빛나는 앙코르'로서 동방에 널리 이름을 떨쳤다. 그 근처에 웅장하게 아름다운 건축으로 유명한 앙코르 와트(Ankor Wat) 사원이 있었다. 그러나 13세기에 캄보디아는 여러 방면에서 공격을 받았다. 동쪽에서는 안남인, 서쪽에서는 그 지방의 여러 부족들이 처들어왔다. 북쪽에서는 몽고인에게 쫓겨 남하한 샨인(Shan)이 피할 길이 막히자 캄보디아로 침입했다. 왕국은 이렇게 끊임없이 전투와 방위에 피폐해질 대로 피폐해졌다. 그러나 앙코르시는 여전히 동방에서 가장 훌륭한 도시 가운데 하나였다. 1297년 캄보디아 국왕을 찾아온 중국의 한 사절은 유려한 필치로 그 장려하고 놀라운 건축물을 묘사했다.

그런데 앙코르는 전혀 뜻하지 않게 끔찍스러운 최후를 마쳐야 했다. 1300년쯤 메콩(Mekong) 강의 퇴적된 진흙이 강어귀를 막자 강물이 흘러 나가지 못하고 도시 주변에 범람해 비옥한 논밭을 불모의 습지로 만들어 버린 것이다. 여기에 살던 방대한 인구는 굶주리기 시작했으며, 끝내 도시를 버리고 거주지를 옮기지 않을 수 없었다. 이리하여 '빛나는 앙코르'는 멸망하고 그 자리에는 밀림이 무성해졌다. 장려한 건물은 한 동안 야수의 소굴이 되었고, 끝내는 정글의 진흙에 묻혀서 들어갈 수조차 없게 되었다.

이렇게 대재해를 겪고 난 뒤 캄보디아 국가도 오래 지탱하지 못했다. 차차 쇠퇴한 끝에 때로는 샴에 속하기도 하고 때로는 안남의 영토가 되기도 했다. 하지만 앙코르 와트의 폐허는 지금도 그 자리에 서 있고, 이 곳 시민과 수공업자가 만든 양질의 산물이 여러 외국으로 실려 나가고, 또 먼 나라의 상인들이 속속 모여들던 찬란한 영광으로 가득 찼던 그 옛날의 영화를 말해 주고 있다.

인도지나에서 그리 멀지 않은 곳에 바다를 사이에 두고 수마트라(Sumatra) 섬이 있다. 이 곳도 1~2세기쯤 남인도에서 건너온 팔라바인들이 처음으로 식민지를 개척한 곳이다. 그것이 차차 커져서 말레이 반도는 수마트라 국가의 일부가 되었다. 그 뒤 오랫동안 수마트라와 말레이 반도의 역사는 서로 밀접한 관계를 유지하고 있었다. 수마트라 제국의 수도는 수마트라의 산간 벽지에 위치하고 있던 스리 비자야라는 대도시였다. 팔렘방(Palembang) 강 하구가 이 도읍의 문이었다. 5~6세기 전후에 불교가 수마트라의 지배적인 종교가 되었다. 불교 포교의 선두에 서서 힌두교의 영향 아래 있던 말레이 인민을 대부분 불교도로 개종시킨 것은 바로 이 수마트라였다. 그래서 이 수마트라 제국은 일명 스리비자야의 불교 제국으로서 널리 알려져 있었다.

스리 비자야는 날이 갈수록 더욱 광대해져서, 마침내 수마트라와 말레이뿐만 아니라 필리핀, 셀레베스(Celebes), 보르네오, 자바의 절반, 그리고 현재 일본의 식민지가 된 대만의 절반, 실론에서 남부 중국 광동 부근의 한 항구에 이르기까지를 포괄하기에 이르렀다. 아마 실론에 접해 있는 인도의 남단에도 이 나라의 항구가 있었을 것이다. 그렇다면 이 나라는 말레이시아 전역을 차지한 대제국이었다는 사실을 알 수 있다. 상업·무역 및 조선이 이 인도인 식민지의 주요 산업이었다. 중국과 아라비아의 서적에는 수마트라 제국에 속해 있던 항구들의 기다란 목록도 나와 있다. 이 항구 목록은 계속 더해져 갈 뿐이었다.

오늘날 대영 제국은 전세계에 자기 영토를 갖고 있고, 곳곳에 항만과 우수한 석탄 공급지를 차지해 놓고 있다. 지브롤터, 수에즈(Suez) 운하 — 주로 영국의 지배하에 있다 — , 아덴(Aden), 콜롬보, 싱가포르, 홍콩 등등. 영국인은 지난 300년간 무역에 종사한 국민이었고, 그들의 힘은 주로 해군력에 의지하고 있다. 그래서 그들은 전세계에 적당한 간격을 두고 항만과 석탄 공급지를 설치했다. 스리 비자야 제국 또한 무역에 기초를 둔 해양국이었다. 아무리 조그만 곳이라도 발붙일 곳만 있으면 어디에나 항구를 만든 것도 그러한 까닭이었다. 실제로 수마트라 제국의 식민지들은 그 전략적 가치가 주목할 만했다. 자세히 살펴보면 이 식민지들은 주변 해역을 지배할 수 있는 장소에 정확하게 배치되어 있었던 것이다. 그들은 지배권을 유지하기 위해 서로 협조하기도 했다.

따라서 지금은 대도시가 된 싱가포르(Singapore)도 애초에는 수마트리의 식민지였다. 너도 금방 느꼈겠지만 그 이름은 전형적인 인도 이름 — 싱가푸르(Singahpur)다. 싱가포르와 해협을 사이에 두고 수마트라의 식민지가 또 하나 있었는데, 이 곳의 주민들은 가끔 이 해협에 쇠사슬을 쳐 놓고 이 곳을 통과하는 모든 배를 세워 과중한 통과세를 물리곤

빛나는 앙코르와 스리 비자야

했다.

　이처럼 스리 비자야 제국은 지금의 대영 제국과 아주 비슷한 점이 있다. 물론 스리 비자야 제국이 훨씬 작기는 했지만 대영제국이 앞으로 존속하리라 예상되는 기간보다 더 오래 존속했다! 가장 번영했던 시기는 11세기 전후로, 이는 남인도에서 촐라 제국이 번영하던 시대에 해당한다. 그러나 스리 비자야 제국은 촐라 제국보다 훨씬 오래 번영을 누렸다. 촐라와 스리 비자야는 우호적인 관계를 가지고 있었으나 둘 다 호전적인 해양 국가였고 강력한 해군력과 식민지들을 널리 거느리고 있었다. 11세기 초 이 두 제국은 충돌했고 전쟁이 일어났다. 촐라 제국의 황제인 라젠드라 1세는 원정군을 보내 스리 비자야를 굴복시켰다. 그러나 곧 스리 비자야는 이 수난을 극복하고 예전의 세력을 회복했다.

　11세기 초 중국 황제는 수마트라 국왕에게 많은 청동제 종을 선물로 보냈다. 수마트라 국왕은 그 보답으로 진주와 상아, 산스크리트 고서 등을 보냈다. 이 중에는 황금판에 인도 문자로 새긴 편지도 곁들여졌다고 한다.

　스리 비자야의 번영은 참으로 오래 계속되었다. 2세기쯤에 비롯되어 5~6세기 무렵 불교로 개종하는 시기를 거쳐 영토를 계속 확대하면서 11세기에 이르렀다. 제국은 그로부터 다시 300년 동안이나 더 말레이시아의 상업과 무역을 지배하는 대제국의 위치를 고수했다. 그러다가 1377년에 옛 팔라바의 식민지들에게 마침내 타도되고 말았다.

　스리 비자야 제국이 실론에서 광동에 걸쳐 있었다는 것은 이미 이야기했다. 그 안에 위치한 섬들은 대부분 이 제국의 영토가 되어 있었다. 그러나 어느 한 모퉁이만은 최후까지 종속을 면했다. 그 곳은 바로 동부 자바인데, 끝내 독립을 유지했을 뿐만 아니라 힌두교를 굳게 지키며 불교를 물리쳤다. 그래서 서부 자바는 스리 비자야의 지배 아래 있었지만 동부 자바는 독립을 유지한 것이다. 이 동부 자바의 힌두교 국가 또한 상업 국가로서 그 번영의 기초는 무역이었다. 유리한 지리적 조건 덕분에 무역의 대중심지가 되어 있던 싱가포르를 동부 자바가 호시탐탐 노리고 있었다는 것은 당연한 일이다. 애초부터 이 무역항을 놓고 스리 비자야와 동부 자바 사이에 대립이 있었는데, 곧 격렬한 적대 관계로 발전했다. 12세기 이후 자바국이 서서히 스리 비자야를 침식해 세력을 확대해 나가다가 14세기에 접어들어 ─ 이미 얘기한 것처럼 1377년에 완전히 타도했다. 잔혹한 전쟁이 벌어졌고 대대적인 파괴가 뒤따랐다. 스리 비자야와 싱가포르는 다같이 파괴되었다. 이리하여 말레이시아의 제2대 대제국 ─ 스리 비자야 제국은 종말을 고하고, 그 폐허 위에 제3대 제국인 마자파히트 제국이 생겨났다.

동부 자바인과 스리 비자야의 싸움은 잔인하고도 야만스럽기 짝이 없는 것이었지만, 그래도 이 힌두교 제국은 고도로 발달한 문명을 누리고 있었던 듯하다. 자바에는 지금도 그 무렵에 쓰인 책이 많이 남아 있다. 여러 유적 가운데 특히 우수한 것은 건축, 그 중에서도 특히 사원 건축이었다. 사원이 500개 이상 있는데, 그 가운데 석조 건축으로서는 세계에서 가장 아름답고 예술적인 작품으로 꼽힌다는 것도 몇 곳이 있다. 이들 대사원은 대개 7세기 중엽에서 10세기 중엽, 즉 650년부터 950년 사이에 건립된 것이다. 자바인이 이 거대한 건축물을 만들 때 인도와 그 밖의 인접 제국에서 수많은 건축가와 도장공을 초대해 그들의 손을 빌렸음에 틀림없다. 우리는 아마 다음 편지에서 자바 및 마자파히트의 운명을 더듬어 보게 될 것이다.

이 기회에 보르네오와 필리핀 제도도 옛 팔라바 식민지들을 통해 인도에서 문자를 배웠다는 사실을 말해 두고 싶다. 불행하게도 필리핀의 수많은 옛 원고본들은 그 뒤 스페인인들에게 불태워지고 말았다.

또 아주 먼 옛날부터, 이슬람교가 전래되기 훨씬 이전에 아랍인들도 이 섬들 여기저기에 식민지를 갖고 있었다는 것도 잊어서는 안 된다. 그들은 뛰어난 상인이었고 무역이 이루어지는 곳에는 반드시 존재를 드러내었다.

빛나는 앙코르와 스리 비자야

47 1932년 5월 19일

로마의 몰락

가끔 내가 너에게 결코 과거 역사의 복잡한 미로를 안내할 만한 좋은 안내자가 못 되는구나 생각하곤 한다. 왜냐하면 나도 이 미로 속에서 길을 잃어버리는 경우가 있기 때문이다. 이런 형편이니 어떻게 제대로 너를 안내할 수 있겠니? 하지만 한편으로는 그래도 조금은 도움이 되지 않을까 생각하면서 이렇게 다시 편지를 쓰고 있단다. 이 일은 분명 나의 옥중 생활에 크나큰 도움이 된단다. 생각을 해 보거라! 내가 이렇게 앉아 있는 그늘에서도 기온은 화씨 112도(섭씨 44도)까지 오르고 뜨거운 루우(loo : 열풍)가 불어오고 있다는 사실, 게다가 때로는 내가 바레일리(Bareilly) 감옥에 갇혀 있다는 사실도 이렇게 편지를 쓰면서 너를 생각하다 보면 깨끗이 잊어버리니 말이다.

바로 전에 보낸 편지는 너를 14세기 말의 말레이시아까지 데리고 왔다. 다만 북인도에 관해서는 하르샤 왕의 시대 — 7세기까지밖에 살펴보지 못했다. 유럽에도 많은 시간을 할애해야 할 것 같다. 연대를 맞추어 이곳 저곳 다 언급해 나가기란 매우 어려운 일이다. 나는 되도록 그렇게 하려고 애쓰고 있지만 때에 따라서는 앙코르와 스리 비자야 경우처럼 이야기를 마무리지으려고 몇백 년씩 미리 이야기해 버리는 수가 있다. 그러나 캄보디아 제국과 스리 비자야 제국이 동방에서 번영을 누리고 있을 동안 인도·중국·유럽에도 여러 변화가 나타나고 있었다는 사실을 잊어서는 안 된다. 또 하나 유의해야 할 것은 내가 지난번 편지에서 1000년에 이르는 인도지나와 말레이시아의 역사를 단 몇 페이지로 처리해 버렸다는 사실이다. 이 나라들은 아시아와 유럽 역사의 주류에서 동떨어져 있었기 때문에 그다지 관심을 끌지 못한다. 그러나 그 곳에도 풍부하고 유구한 역사가 있다. 그 업적 · 무역 · 예술, 그리고 특히 건축에서 풍부한 역사가 있다. 이는 충분히 연구할 만한 가치가 있다. 이 이야기는 특히 인도인의 관심을 끌 것이다. 그것은 거의 인도의 일부라 해도 좋기 때문이다. 인도의 남녀가 고국을 떠나 동쪽 바다를 건너 이 곳에 인도의 문화 · 예술 및 종교를 전파했다.

그런데 말레이시아에 관해서는 다른 곳보다 한참 앞선 시대까지 언급했지만, 우리의 이야기는 여전히 7세기에 머물러 있다. 우리는 또 아라비아로 가서 이슬람교의 출현과 이것이 아시아와 유럽에 끼친 커다란 변화를 고찰해야만 한다. 그리고 유럽에서 전개되던 사태들도 짚고 넘어가야 한다.

그럼 다시 한 번 유럽으로 눈을 돌려 보자. 그리고 좀더 시대를 거슬러 올라가 보자. 로마 황제 콘스탄티누스가 보스포루스 해협 연안에 콘스탄티노플, 즉 옛날에 비잔티움이라 일컬어지던 이 도시를 건설했다는 것을 기억하고 있겠지? 그리고 로마에서 여기로 수도를 옮긴 것도 알고 있겠지? 그 뒤 로마는 오래지 않아 둘로 분열되어 서로마 제국은 로마에, 동로마 제국은 콘스탄티노플에 수도를 두었다. 동로마 제국은 숱한 적을 맞아 큰 고난을 겪어야 했지만 신기하게도 그럭저럭 1000년 동안 지속되다가, 마침내 투르크인에게 함락되었다.

서로마 제국은 오래 지속하지 못했다. 참으로 오랜 세월 동안 서방 세계를 지배해 온 로마의 명성과 수도 로마의 위광은 대단히 컸지만 날이 갈수록 눈에 보일 정도로 빠르게 무너져 갔다. 여러 지방 부족들의 습격을 제대로 막아 낼 수 없었다. 결국 고트족과 알라릭인들이 이탈리아로 남하해 410년에 잠시 로마를 점령했다. 그 뒤 또 반달족이 쳐들어와 한때 로마를 차지했다. 반달족은 게르만족의 한 부족인데, 프랑스와 스페인을 가로질러 아프리카에 상륙했다. 그들은 옛 카르타고의 폐허 위에 왕국을 건립하고 바다를 건너 로마를 함락시켰다. 그 옛날 포에니 전쟁의 원수를 늦게나마 로마에서 갚은 셈이었다.

이 무렵 원래 중앙 아시아나 몽고에서 진출한 훈족이 세력을 떨치

로마의 몰락

고 있었다. 그들은 유목 종족이었는데, 동로마 제국의 다뉴브(Danube) 강 동쪽 연안에 정착했다. 지도자 아틸라가 나타나자 그들은 무서울 만큼 침략에 나서서 콘스탄티노플의 황제와 정부는 끊임없이 공포에 시달리게 되었다. 아틸라는 동로마 제국을 괴롭히고 거액의 돈을 받아 냈다. 동로마 제국을 실컷 모욕하고 난 아틸라는 이어 서로마 제국을 공략하기로 했다. 그는 곧장 골로 쳐들어가 남프랑스에서 숱한 도시를 불살라 버렸다. 서로마 제국의 군대로는 물론 역부족이었다. 당시 로마인에게 '야만인' 으로 취급받던 게르만 부족들도 훈족의 침략에 몸서리를 치고 있었다. 그래서 프랑크족과 고트족은 서로마 제국 군대에 합류해 상호 협력해 아틸라가 이끄는 훈족과 트로이에서 일대 접전을 벌였다. 15만 명 이상이 전사한 이 전투에서 훈족이 패해 격퇴되었다. 이것은 451년의 일이다. 아틸라가 패했다고는 해도 그는 여전히 강력한 전투력을 갖고 있었다. 그는 이탈리아로 남하해 북부의 수많은 도시에서 파괴와 폭행을 자행했다. 아틸라는 얼마 뒤에 죽었지만 그 잔학 무도한 행위는 오랫동안 후세에 전해져 훈족 아틸라라고 하면 지금도 극악 무도의 상징으로 여겨지고 있다. 훈족은 아틸라가 죽은 뒤 온순해져서 한 고장에 정착해 다른 종족들과 혼혈했다. 이것은 훈족이 인도에 온 시대와 대략 같은 시기의 일이다.

    훈족과 대접전이 있은 지 40년 후에 한 고트인 — 테오도리크(Theodoric)가 로마의 왕이 되었다. 이로써 로마는 종말을 고한 것이나 마찬가지였다. 그 뒤 곧 동로마 황제 유스티니아누스(Justinianus)는 이탈리아를 합병하는 데 성공했다. 그는 이탈리아와 시칠리아를 모두 정복했으나 얼마 되지 않아 물거품으로 돌아갔다. 동로마 제국을 지키는 것만도 힘에 겨웠기 때문이다.

    수도 로마와 그 제국이 주변의 부족들로부터 사소한 공격을 받아 이처럼 허무하게 맥없이 무너지고 만 것은 참으로 이상한 일이 아니겠느냐? 그러나 로마는 벌써 오래 전에 나약해져 있어서 이미 허울에 지나지 않았던 듯하다. 아마 이 판단이 올바른 것 같다. 장기간에 걸친 로마 제국의 강성이 로마 제국에 무게를 더해 주고 있었다. 그 과거의 역사가 다른 국민으로 하여금 로마를 세계의 지도자로 생각케 했다. 그들은 로마에 대해 존경심과 거의 미신에 가까운 두려움을 품고 있었다. 그 때문에 로마는 여전히 겉으로는 제국의 여왕 같은 모습을 하고 있었지만 사실은 그 위세를 뒷받침할 실력이 전혀 없었던 것이다. 허울만은 당당해 극장·경기장·시장은 언제나 군중으로 들끓었으나 로마는 불가피하게 몰락을 향해 치닫고 있었다. 그것은 단순히 로마가 약했기 때문만이 아니라, 대중의 빈곤과 노예 노동 위에서 부자들의 문명을 쌓아 왔기 때문이었다. 나는 전에 보낸 편지에서 빈민의 반란과 봉기에 대해, 또 무자비하게 진압된 노예들의 대반란에 대해 이야기한 적이 있다. 이 반란들은 로마의 사회 구조가 얼마나 썩어 문드러져 있었는지를 잘 말해 준다. 로마 제국은 그냥 내버려 두어도 제풀에 무너지려 하고 있었다. 그러던 차에 북방 부족들 — 고트족 등이 쳐들어와서 붕괴 과정을 재촉했다. 때문에 침입자들은 이렇다 할 만한 저항도 받지 않았던 것이다. 당시 로마의 농민들은 비참한 운명에 견디다 못해 어떤 변화이건 상관없이 쌍수를 들고 환영할 판이었다. 가난한 노동자나 노예들은 어떠했을까? 그들은 더욱 비참했다.

서로마 제국의 몰락과 함께 서양에는 새로운 민족이 잇따라 모습을 드러냈다. 고트족·프랑크족 등 그 이름이야 어찌되었건 간에 이 민족들이 오늘날의 서유럽인 — 독일인·프랑스인 등의 조상에 해당한다. 우리는 이 나라들이 서서히 제 모습을 이루어 가는 것을 볼 수 있고, 동시에 매우 낮은 수준의 문명이 발생되어 가는 것을 볼 수 있다. 대로마의 종말은 곧 로마의 허영과 사치의 종말이었다. 이미 수액이 말라 버린 뿌리 위에서 헛되이 이어져 오던, 겉만 화려하고 속이 텅 빈 경박한 문명은 하루 아침에 멸망했다. 여기서 우리는 인간의 문화가 때로는 두드러지게 역행할 수도 있다는 사례를 똑똑히 볼 수 있다. 인도·이집트·중국·그리스·로마를 비롯해 곳곳에서 이와 같은 일이 있었다. 노력에 노력을 거듭해 지식이 집적되고 문명이 건설되면 갑자기 정체가 찾아

든다. 정체뿐만 아니라 역행조차 나타난다. 그러면 과거는 일종의 베일에 싸여 있는 것처럼 생각된다. 우리는 과거를 때때로 슬쩍 볼 뿐이며, 지식과 경험의 높은 언덕을 또다시 올라가야 한다. 아마 한 번 오를 때마다 조금씩 높이 올라서게 되어 다음 등산이 쉬워지는 것이리라. 그것은 마치 탐험대가 여러 차례 에베레스트 산에 도전하고 그 때마다 조금씩이나마 정상에 접근하다가 마침내 그 정상에 도달하게 될지도 모르는 것과 같은 이치다.

그리하여 유럽은 암흑에 둘러싸이게 되었다. 암흑기가 시작되어 유럽인들의 삶은 야만스러운 것이 되었다. 교육을 통한 삶의 향상은 가능해지지 않게 되고 싸움만이 일상사가 되었다. 소크라테스와 플라톤의 시대는 진정으로 먼 옛날의 일이 되고 말았다.

서로마 제국은 이쯤 해 두고 이제 동로마 제국을 잠깐 훑어보자. 콘스탄티누스가 기독교를 국교로 삼은 것은 잘 알고 있겠지. 그런데 그의 후계자 가운데 한 사람인 율리아누스(Julianus) 황제가 기독교를 거부하고 옛날의 남신과 여신의 숭배를 부활시키려 했다. 그러나 그는 성공하지 못했다. 옛 신들의 시대는 이미 지나갔고 그에 비해 기독교 세력은 너무나 강성해져 있었기 때문이다. 율리아누스는 기독교도들에게 '배교자 율리아누스(Julianus the Apotate)'라 비난받았고 이 칭호로 역사에 이름을 남기게 되었다.

율리아누스를 이어 기독교 정책에서 율리아누스와 전혀 딴판이었던 한 황제가 즉위했다. 그의 이름은 테오도시우스(Theodosius)라고 하며 대제라 일컬어졌다. 그는 옛 사원과 남신과 여신의 조각상을 파괴하는 데 그 누구보다 앞장섰다. 그는 기독교를 믿지 않는 사람들을 가혹하게 탄압했을 뿐만 아니라 그와 생각이 다른 비정통 기독교도들까지도 심하게 억압했다. 그는 스스로 찬성하지 않는 의견이나 충고는 전혀 받아들이려 하지 않았으며, 한동안 동서 양제국을 통일해 제국 전체의 황제가 되기도 했다. 이것은 야만족들이 로마에 침입하기 이전인 392년의 일이다.

기독교는 끊임없이 퍼져 나갔다. 이제 종교 갈등은 비기독교에 대한 것이 아니라 모든 기독교 종파들 사이에서 벌어지게 되었으며, 이 때 나타난 편협하고 고루한 수많은 작태들은 놀라운 것이었다. 기독교도들은 북아프리카, 서아시아, 그리고 유럽에서 기독교의 이단 종파들을 참된(?) 신앙으로 개종시키려고 몽둥이나 완력 같은 부드러운(!) 설득 수단을 동원해 닦달했다.

유스티니아누스는 527년부터 565년에 걸쳐 콘스탄티노플에서 동로마 제국의 황제로 군림했다. 이미 이야기했지만, 그는 고트족을 이탈리아에서 몰아 내어 한때는 이탈리아와 시칠리아를 동로마 제국에 편입시키기도 했다. 그 뒤 고트족은 이탈리아를 다시 회복했다.

유스티니아누스는 지금도 비잔티움 교회에서 가장 아름다운 건축물 가운데 하나인 성 소피아 사원을 콘스탄티노플에 세웠다. 또 현행 법률을 모두 모아 유능한 법률가의 손을 빌려 정리하기도 했다. 나는 동로마 제국과 그 황제들에 대해서 아무것도 모를 때에도 『유스티니아누스 법전』이라는 법률서를 통해 유스티니아누스라는 이름만은 알고 있었다. 그리고 그 법전을 읽어 보았다. 그러나 한편 유스티니아누스는 콘스탄티노플에 대학을 개설하면서 플라톤이 창립해 1000여 년을 지속해 온 아카데미를 폐쇄하기도 했다. 철학이란 독선적인 종교를 위해서는 위험한 것이기 때문이다. 즉 사람으로 하여금 스스로 사고하는 능력을 길러 주기 때문이다.

이리하여 우리는 이제 6세기에 이르렀다. 로마와 콘스탄티노플은 시대의 물결에 떠밀려 어느 새 서로 멀리 떨어져 버리게 되었다. 로마는 북방의 게르만 민족에게 점령되었다. 콘스탄티노플은 허울만 로마였을 뿐 그리스 제국의 중심지가 된다. 로마는 퇴락해, 한창 번성할 때 '야만인'이라 경멸하던 그 정복자와 다를 바 없는 문화 수준으로 떨어지고 만다. 그리고 콘스탄티노플은 어떤 의미에서는 옛 전통을 고수하고 있었지만 문화 수준에서 보면 또한 줄곧 내리막길을 가고 있었다. 기독교의 여러 종파들은 서로 정통성을 다투느라 여념이 없었고, 투르키스탄·중국·아비시니아(Abyssinia)까지 퍼진 동방 기독교는 로마나 콘스탄티노플과 연락이 두절되고 말았다. 암흑기가 시작되었다. 종래 학술이라면 고전 학예, 즉 그리스의 예지에 근원을 둔 라틴의 학예였다. 그런데 여러 신과 철학을 다루는 옛 그리스의 책은, 자애롭고 신앙심 깊고 완고했던 초기 기독교도들에게는 달갑지 않은 문헌으로 취급받았다. 따라서 이 책들은 장려되지 않았으며, 학문은 침묵하고 여러 가지 형식의 예술도 꽃을 피우지 못했다.

그러나 한편 기독교는 학문과 예술을 유지하는 역할을 담당하기도 했다. 불교 사원과 비슷한 수도원들이 건립되어 사방으로 급속히 확산되었다. 이 수도원에서 먼 후세에 갑자기 만발하게 될 새로운 예술이 싹트고 있었다. 수도사들은 미약하게나마 타고 있는 학문과 예술의 등불을 지켜 내 후세에 전했던 것이다. 그러나 등불은 수도원이라는 아주 좁은 공간에서만 빛을 내고 있었다. 바깥은 어둠이 감싸고 있었다.

초기 기독교 시대에는 이 밖에도 기묘한 경향이 또 있었다. 종교에 열중한 수많은 사람들은 흔히 인적 없는 사막이나 외딴 곳에 숨어살면서 야성 그대로 생활했다. 그들은 자기 몸을 학대해 목욕도 하지 않았으며, 무슨 일이든 최대한 모든 고통을 겪으려고 했다. 이러한 풍조는 은자(隱者)가 많이 살고 있던 이집트에서 특히 두드러졌다. 그들의 관념은 마치 되도록 많은 고통을 겪고 되도록 적게 목욕할수록 자신이 신성해진다고 믿고 있는 것 같았다. 이 은자 가운데 어떤 이는 기둥 꼭대기에서 몇 해씩 앉아 있었을 정도였다. 이러한 은자들은 세월이 흐르면서 점차 자취를 감추었지만 그 뒤에도 여전히 신앙심 깊은 수많은 기독교도들은 인생을 즐기는 것은 죄악에 가까운 것이라고 믿었다. 이러한 인고(忍苦)의 관념이 기독교도들의 머리를 물들이고 있었다. 오늘날 유럽에서는 이러한 경향은 별로 찾아볼 수 없는 것 같다. 아니, 오히려 누구나 다 미치광이처럼 바쁘게 날뛰고 돌아다니며 이른바 '향락의 시대'를 누리고 있는 것처럼 보인다. 그러나 이러한 날뜀은 피곤과 따분함만을 낳을 때도 있다.

그런데 요즘 인도에서도 옛날 이집트에서 기독교도 은자가 했던 짓과 흡사한 행위를 하는 자들을 가끔 볼 수 있다. 그들은 한쪽 팔이 말라 비틀어져 버릴 때까지 처들고 있기도 하고 대못 위에 앉아 있거나 그 밖에 여러 가지 천박하고도 어리석은 짓을 하고 있다. 생각건대 어떤 자는 무지한 사람들에게 뽐내어 돈을 뜯어 내려고 그런 짓을 하겠지만, 또 어떤 자는 그런 짓을 하면 몸이 성스러워진다고 믿고 있는 것이다! 마치 우리 몸이 합당한 활동을 하지 못하게 하는 것이 바람직한 듯이 말이다!

불타의 일화가 생각나는구나. 이야기를 하기 위해서 너도 알고 있는 현장의 기록을 다시 한 번 보기로 하자. 젊은 제자가 고행을 하고 있었다. 불타는 물었다. "젊은이, 그대가 아직 출가하지 않았을 때 그대는 비파 타는 법을 알고 있었겠지?" "예, 알고 있었습니다" 하고 젊은 제자가 대답했다. 그러자 불타는 말했다. "그런가, 그럼 비파에 비유하겠다. 비파 줄을 너무 팽팽하게 당겨 놓으면 제대로 다룰 수 없느니라. 그렇다고 해서 줄을 너무 느슨하게 당겨 놓으면 선율도 음악도 되지 않느니라. 그러나 팽팽하지도 않고 느슨하지도 않으면 신묘한 음을 낼 수 있다. 사람의 몸이 바로 이와 같느니라. 함부로 다루면 쇠약해지고 마음은 해이해지느니라. 그렇다고 너무 호강을 시키면 오감이 둔해지고 기력도 쇠하느니라."

48 *1932년 5월 21일*

이슬람교의 등장

우리는 여러 지방의 역사와 수많은 왕국 및 제국의 흥망을 고찰했다. 그러나 먼 나라에 선원과 상인을 보낸 아라비아에 대해서는 이야기한 적이 없었구나. 지도를 보아라. 아라비아를 중심으로 서로는 이집트, 북으로는 시리아와 이라크, 동으로는 페르시아, 멀리 서북으로 가면 소아시아와 콘스탄티노플이 있다. 또 그리스도 멀지 않으며 바다를 건너 인도와도 마주하고 있다. 중국과 극동을 일단 접어 둔다면, 아라비아는 고대 문명에서 세계의 한복판에 위치해 있었다. 이라크의 티그리스(Tigris) 강과 유프라테스(Euphrates) 강가에는 여러 개의 대도시가 발생했고, 이집트에서는 알렉산드리아, 시리아에서는 다마스커스(Damascus), 소아시아에서는 안티오키아(Antiochia)가 번영했다. 아랍인은 대부분이 여행자이고 상인이었으므로 늘 이 도시들을 여행한 것이 틀림없다. 그런데도 아랍인들은 역사에서 두드러진 활동을 하지 못한 것 같다. 그 곳에는 이웃 나라들과 같은 수준 높은 문명이 존재한 흔적은 없다. 이들이 외국을 정복하려고 시도한 적도 없지만, 반대로 다른 나라가 이 곳을 정복해 복속시키는 것도 쉽지는 않았다.

아라비아는 사막의 나라이며, 사막과 산악은 자유를 사랑하고 쉽게 굴복할 줄 모르는 억센 백성을 길러 낸다. 그 곳은 풍요로운 지역이 아니었으므로 타국의 정복자나 침략자의 욕망을 부추길 만한 것이 별로 없었다. 도시라고 해봐야 메카(Mecca)와 바닷가의 예드리브(Yethrib) 둘 뿐이고 그 밖에는 사막에 주거지가 조금 있을 뿐이며, 주민은 대개 베두인(Bedouins) 또는 밧두인(Baddus) — '사막의 유목민'이었다. 그들은 걸음이 빠른 낙타와 날쌘 말을 일상 생활의 반려로 삼았으며, 나귀도 그 특유의 지구력을 높이 사 충실한 친구로 삼았다. 그래서 나귀에 비유하는 것은 칭찬은 될지언정 다른 나라에서처럼 경멸을 의미하지는 않았다. 힘겨운 사막 생활 때문에 이 지역에서는 다른 어느 나라보다 강인함과 인내를 귀중한 미덕으로 평가하고 있었기 때문이다.

그들은 자존심이 강하고 예민하며 다투기를 잘했다. 또한 그들은 씨족이나 가족 단위로 생활하면서 다른 씨족이나 가족들과 곧잘 분쟁을 일으켰다. 하지만 그들은 1년에 한 번씩 화해를 하고, 그들이 섬기는 신들의 우상을 참배하기 위해 순례자 차림으로 메카를 향해 떠났다. 그 우상 중에서도 거대한 검은 돌 — '카바(Kaaba : 예배의 방향을 정하는 직사각형의 검은 돌을 모신 이슬람 신전)'를 숭배하고 있었다.

그들은 오늘날 도시 생활이나 문화를 경험하지 못한 중앙 아시아 따위의 원시 부족이 영위하고 있을 법한 일종의 유목 족장 제도를 갖고 있었다. 그래서 아라비아 주위에서 일어선 대제국이 아라비아를 지배할 때도 드물지 않게 있었지만 그것은 사실상 형식적인 지배였다. 사막의 유목민을 복종시키거나 다스린다는 것은 쉬운 일이 아니었다.

너도 아마 기억하고 있겠지만 언젠가 시리아에 팔미라라는 조그만 아랍국이 번영했다는 이야기를 한 적이 있다. 그것은 3세기쯤에 광채를 냈다. 하지만 그 또한 아라비아 본토 밖에서 있던 번영이었다. 상황이 이러했기 때문에 베두인들은 몇 대에 걸쳐 계속 사막 생활을 하고 아랍인의 배는 여전히 무역을 계속했지만 아라비아에는 아무런 변화도 없었다. 기독교도나 유태교도가 된 자도 약간 있었지만 대부분의 사람들은 변함없이 360개의 우상과 메카의 검은 돌을 숭배하고 있었다.

이렇게 오랜 동안 잠들어 있는 듯한 존재로서 언뜻 다른 나라들의 사건들과 전혀 동떨어져 있는 듯했던 이 아랍인들이 갑자기 무서운 에너지를 발산해 세계를 놀라게 하고 뒤집어 놓았으니 참으로 놀라지 않을 수 없다. 아시아·유럽·아프리카로 급속한 진출, 그리고 그들이 낳은 고도의 문화와 문명은 세계 역사가 만들어 낸 불가사의의 하나다.

이처럼 아랍인을 일깨우고 그들에게 자신감과 활력을 불어넣은 새로운 힘과 이념은 바로 이슬람교였다. 이 종교는 570년에 메카에서 태어난 새 예언자 마호메트가 창시했다. 그는 이 종교의 창립을 서두르지 않았다. 그는 평온한 생활을 하면서 이웃의 사랑과 신임을 얻어 알 아민(Al Amin) — 성실한 사람이라 일컬어졌다. 그러나 그가 일단 새 종교를 포교하기 시작하며 메카의 우상 배척을 주장하자 도처에서 비난의 소리가 빗발쳤다. 그러다가 마침내 겨우 목숨만 부지한 채 메카에서 쫓겨나게 되었다. 그는 특히 신은 오직 하나만 존재하며 자신이 바로 그 신의

이슬람교의 등장

예언자라고 강조했다.

　　메카에서 자기 마을 사람들에게 쫓겨난 마호메트는 두세 명의 친구와 동지들과 함께 예드리브에 은신했다. 이 메카에서 도망한 것을 아랍어로 '헤지라(Hejrat)'라고 하며 이슬람력은 이 해(622년)를 원년으로 하여 시작된다. 이 헤지라력은 태음력, 즉 달을 기준으로 계산하는 달력으로서 우리가 보통 사용하는 태양력보다 11일쯤 짧기 때문에 일정한 달은 해마다 같은 계절에 꼭 돌아오지는 않는다. 따라서 같은 달이라도 어떤 해에는 겨울이던 것이 몇 해 뒤에는 한여름일 수도 있다.

　　이슬람교는 어떤 의미에서는 헤지라보다 조금 전부터 시작되고 있었지만, 일단 622년의 도주 — 헤지라를 기점으로 이슬람교가 시작되었다고 해도 좋다. 예드리브시는 마호메트를 환영했고 그의 도래를 기리어 그 이름도 '마디나트 운 나비(Madinat-un-Nabi)' — 예언자의 도읍으로 고쳤다. 또는 이 이름을 줄여서 오늘날 부르는 것처럼 메디나(Medina)라고 불렀다. 마호메트를 도와 준 메디나 사람들은 '안사르(Ansar)' — 구원자라고 일컬어졌다. 이들 구원자의 자손들은 이 칭호를 자랑스러워하며 지금도 그 말을 즐겨 사용하고 있다.

　　이제 이슬람교와 아랍인의 발길이 미쳤던 정복의 발자취를 더듬기에 앞서 주변을 한번 살펴보자. 우리는 조금 전에 로마의 붕괴에 대해 고찰했다. 고대 그리스 - 로마 문명이 막을 내리면서 모든 사회 구조도 파괴되었다. 반면 북유럽의 부족과 씨족은 점차 활동을 활발하게 해 나갔다. 그들은 로마에서 무엇을 배우려고 하면서도 실제로는 완전히 새로운 문명을 일으키고 있었다. 다만 이 문명은 이제 막 시작되었을 뿐이어서 아직 이렇다 할 만한 것이 없었다. 이와 같이 낡은 것은 사라지고 새로운 것이 나타났으나 아직 낡은 것을 대신할 만큼 크지 못했으므로 유럽은 암흑에 싸일 수밖에 없었다. 그러나 그 때까지도 콘스탄티노플은 번영을 계속하고 있었다. 콘스탄티노플은 그 당시에도 여전히 장려하기 이를 데 없는 도시로서 실로 유럽 최고였다. 원형 극장에서는 언제나 경기와 볼거리가 개최되어 그 화려함과 사치는 참으로 볼 만한 것이었다.

그렇지만 역시 제국은 하루하루 쇠퇴되어 갔다. 페르시아의 사산 왕조와 쉴 새 없이 전쟁을 벌이고 있었다. 페르시아의 호스라우 2세(Khusrau II)는 콘스탄티노플의 일부 영토를 탈취하는 한편 아라비아에 대해 명목상으로나마 주권을 선언하기도 했다. 그는 또 이집트를 정복하고 콘스탄티노플에 접근했으나 결국은 그리스인 황제 헤라클리우스(Heraclius)에 패하고, 그 뒤 아들 카바드(Kavadh)에게 살해되었다.

이리하여 서쪽의 유럽이나 동쪽의 페르시아가 다 함께 곤경에 처해 있었다는 것을 알 수 있다. 게다가 기독교 종파간의 분쟁은 언제 끝날지 알 수 없었다. 서방과 아프리카에 유행하고 있던 기독교는 부패할 대로 부패해 폭력적인 것이 되고 말았다. 한편 페르시아에서는 조로아스터교가 정부와 하나가 되어 인민에게 강요되었다. 따라서 유럽·아프리카 및 페르시아의 사람들은 기성 종교에 환멸을 느끼고 있었다. 바로 이 무렵 7세기 초에 페스트가 온 유럽을 휩쓸어 몇백만 명이 죽었다.

당시 인도는 하르샤 바르다나가 다스리던 시기로서, 현장이 찾아온 것도 바로 이 때였다. 하르샤가 치세할 때 인도는 대강국이었으나 오래지 않아 북인도가 분할되면서 차츰 세력이 약화되었다. 더 동쪽으로 가 보면, 중국에서는 바야흐로 당 왕조가 막 시작된 참이었다. 627년 그들 최대 황제의 한 사람인 태종(太宗)이 즉위했다. 그의 치세 동안 중국은 서쪽으로는 멀리 카스피 해까지 뻗어 나가 중앙 아시아에 위치한 대부분의 나라는 당의 종주권을 승인하고 조공을 바쳤다. 아마 이렇게 거대한 제국을 통치하는 중앙 집권 정부는 역사상 없었으리라 생각된다.

이제까지 살펴본 것이 이슬람교가 탄생할 즈음의 아시아와 유럽의 상황이었다. 중국은 강대하기는 했지만 아득히 멀리 떨어져 있었다. 인도도 한때 융성을 자랑했으나 중국과 인도 사이에는 오랫동안 분쟁이 없었다. 한편 유럽과 아프리카는 모두 힘을 잃고 헐떡이고 있었다.

7년에 걸쳐 도망했다가 드디어 마호메트는 메카에 복귀해 지도자가 되었다. 그 전에도 그는 메디나에서 세계 각국의 국왕과 군주에게 그가 주장하는 유일신, 그리고 자신이 그 예언자라는 것을 승인하라고 요

이슬람교의 등장

구했다. 콘스탄티노플의 황제 헤라클리우스는 시리아와 페르시아에서 겨루고 있다가 이 권고를 받았으며, 페르시아 국왕 또한 이러한 요구를 받았다. 또한 중국의 당 태종도 권고를 받았다고 한다. 그들은 자기들에게 그러한 대담한 명령을 전달한 이 이름 없는 사람이 누구인지 궁금해 했음에 틀림없다. 이것을 보더라도 우리는 마호메트가 자신과 자신의 사명에 대해 얼마나 철저한 확신을 갖고 있었는지 엿볼 수 있다. 바로 이 신념과 신앙을 국민에게 전파함으로써 그들을 위안하고 격려해 마침내 이름조차 알려져 있지 않던 무지한 사막의 백성들로 하여금 당시 세계의 절반을 정복하게 한 것이다.

자신감과 신념은 그 자체가 이미 위대한 것이었다. 게다가 이슬람교는 그들에게 동포애 — 모든 이슬람 교도 사이의 평등의 복음을 전했다. 그리하여 일종의 민주주의가 이루어지게 되었다. 당시의 기독교가 심하게 부패되어 있었기 때문에 이 동포애의 복음은 아랍인뿐만 아니라 그들이 가는 여러 나라의 주민들에게도 강한 호소력이 있었던 것이 분명하다.

마호메트는 헤지라 후 10년 만인 632년에 죽었다. 그는 서로 다투는 수많은 부족을 하나로 통합해 민족을 만들고, 또 그들로 하여금 한 가지 목표를 향해 정열적으로 활약하게 만드는 데 성공했다. 그의 뒤를 이은 것은 마호메트의 가족인 아부 바크르(Abu Bakr)인데, 그는 할리파(Khalifa) 또는 칼리프(Caliph), 또는 수장(chief)이 되었다. 이러한 계승은 공회(公會 : Public meeting)에서 비공식적인 선거로 이루어지는 것이 관례였다. 아부 바크르는 2년 뒤에 죽고 10년간 칼리프 자리에 있던 오마르(Omar)가 뒤를 이었다.

아부 바크르와 오마르는 모두 뛰어난 인물로서 아라비아와 이슬람교의 융성을 위한 기초를 닦았다. 그들은 칼리프로서 종교상의 수장일 뿐만 아니라 정치적인 우두머리였으므로 마치 왕과 교황을 하나로 합친 것과 같은 지위에 있었다. 그들의 지위는 매우 높았고 국가 또한 강대했는데도 불구하고, 그들은 검소한 생활을 존중하고 사치와 허식을 배격했다. 그러나 그들의 친족과 관리는 화려함과 사치 풍조에 물들었다. 그래서 아부 바크르와 오마르는 이들 관리를 질책하고 처벌했으며, 그들의 작태에 눈물을 흘리기까지 했다는 이야기가 많이 전해지고 있다. 그들은 검소한 생활이 그들의 강점이며, 만일 그들이 페르시아나 콘스탄티노플의 궁정처럼 사치에 빠진다면 머지 않아 부패해 멸망해 버릴 것이라고 느끼고 있었다.

아부 바크르와 오마르가 군림하던 12년 동안 아랍인은 이미 페르시아의 사산 왕조를 타도했다. 유태교의 성지 예루살렘은 아랍인에게 점령되었고, 시리아·이라크 및 페르시아의 모든 영토는 아라비아 제국의 영토가 되었다.

49 *1932년 5월 23일*

스페인에서 몽고까지를 아랍인들이 점령하다

다른 종교의 창립자가 대개 그렇듯이 마호메트도 기존의 많은 사회 관습에 대한 반역아였다. 그가 설파한 종교는 그 단순성과 솔직성, 민주주의와 평등의 향기로 오랫동안 압제적인 국왕과 압제적이고 안하무인인 승려들에게 짓눌려 온 이웃 나라의 국민들까지 휘어잡았다. 그들은 낡은 질서에 진저리를 치면서 변화를 갈구했다. 이슬람교는 그들에게 그 변화를 주었고 그 변화는 환영받았다. 그 변화는 많은 점을 개선했고, 수많은 낡은 악습들을 폐지했기 때문이다. 이슬람교는 대중에 대한 착취에 마침표를 찍는 대규모 사회 혁명을 성취한 것은 아니다. 그러나 이슬람 교도에 관한 한 그 착취를 경감시켰고, 이들이 하나의 커다란 동포 정신으로 묶여 있음을 자각시켰다.

이리하여 아랍인은 원정에 원정을 거듭했고, 싸우지 않고도 이기는 일도 드물지 않았다. 그들의 예언자가 죽은 지 25년도 채 되기 전에 아랍인은 한쪽에서는 페르시아 · 시리아 · 아르메니아(Armenia)의 전부와 중앙 아시아의 일부를, 또 서쪽에서는 이집트와 북아프리카의 일부를 정복해 버렸다. 그 중에서도 이집트는 아주 손쉽게 그들의 손안에 떨어졌다. 이집트는 로마 제국의 착취와 기독교 교파 사이의 다툼으로 고통당하고 있었기 때문이다. 한때는 이들 아랍인이 알렉산드리아의 유명한 도서관을 불살랐다는 주장도 있었으나 지금은 이 주장이 그릇된 것임이 판명되었다. 아랍인은 서책의 애호자였으므로 그런 야만스러운 짓을 했을 리가 없다. 오히려 이 파괴 행위는 이미 앞에서도 언급했지만 아마 콘스탄티노플의 황제 테오도시우스의 소행인 듯하다. 또한 도서관의 일부는 테오도시우스보다 훨씬 이전인 율리우스 카이사르 시대, 즉 알렉산드리아 포위전 당시 이미 파괴되어 있었다고 한다. 테오도시우스는 고대 그리스 신화나 철학을 다룬 그리스의 옛 이교서를 좋아하지 않았다. 그는 지나치게 고지식한 기독교도여서, 이들 전적(典籍)을 그의 목욕물을 데우는 땔감으로 사용했다고 전해진다.

아랍인은 동과 서의 양쪽 방향으로 진출했다. 동방으로는 헤라트 · 카불 · 발흐를 차지하고 인더스 강 및 신드까지 도달했다. 그러나 그들은 더 이상 진격하지 않았을 뿐만 아니라 몇백 년 동안 인도 군주들과 매우 우호적인 관계를 유지했다. 반면 그들은 서쪽으로는 끝없이 전진했다. 그들의 장군 오크바(Okba)는 대서양을 향해 북아프리카를 횡단해 현재 모로코라 일컬어지는 서안(西岸)까지 도달했다고 한다. 그래도 여전히 오크바는 이 장해물(대서양)에 실망하며 들어갈 수 있는 곳까지 말을 타고 바다로 걸어 들어가 전지전능자(신 : the Almighty)를 향해, 더 이상 정복할 땅이 없어 유감이라는 뜻을 표명했다!

아랍인은 모로코 · 아프리카에서 해협을 건너 스페인을 거쳐 유럽으로 침입해 들어갔다. 고대 그리스인은 이 해협을 '헤라클레스의 기둥 (the Pillas of Hercules)' 이라 부르고 있었다. 유럽으로 건너간 아랍 장군은 지브롤터에 상륙했다. 바로 이 이름 자체가 그를 기리는 것이다. 그의 이름은 타리크인데, 지브롤터란 정확하게 말해서 자발 우트 타리크(Jabal-ut-Tariq), 즉 '타리크의 바위' 라는 뜻이다.

스페인은 즉시 정복되고 그 뒤 아랍인은 남프랑스까지 밀고 들어갔다. 이리하여 마호메트가 죽은 뒤 100년쯤 뒤에는 아랍인의 제국은 남프랑스 및 스페인에서 북아프리카를 거쳐 수에즈에 이르렀고 다시 아라비아, 페르시아, 중앙 아시아를 거쳐 몽고 국경까지 확장되었다. 인도는 신드를 제외하면 그 경계 밖에 있었다. 유럽은 콘스탄티노플로 직접 오고 있는 아랍인 진영과, 아프리카를 거쳐 프랑스로 오고 있는 진영에게 양면 공격을 받고 있었다. 남프랑스에 와 있던 아랍인의 수는 적었고 게다가 모국에서 멀리 떨어져 있었다. 따라서 이들은 그 무렵 중앙 아시아 정복에 전념하고 있던 아라비아에서 충분한 원조를 받을 수 없었다. 그래도 이 아랍인들은 서유럽 사람들에게는 여전히 공포의 대상이었다. 그래서 유럽인들은 아랍인과 싸우기 위해 대대적인 연합을 결성했다. 찰스 마르텔(Charles Martel)이 연합군의 총수가 되어 723년 프랑스의 투르(Tours) 전투에서 그들을 무찔렀다. 이 승리야말로 유럽을 아랍인의 손아귀에서 구해 냈다. 이 사건을 가리켜 어떤 역사가는 "투르 평원에서 아랍인은 바야흐로 손아귀에 들어오려고 하던 세계 제국을 잃었다"고 말하기도 한다. 만일 아랍인이 투르에서 승리를 거두었다면 유럽의 역사는 예측할 수 없을 만큼 큰 변화를 겪었으리라는 것은 의심할 여지가 없다. 투르 전투 말고는 유럽에서 아랍인의 전진을 가로막을 수 있는 것이 없었다. 만약 그들이 투르 전투에서 패배하지 않고 계속 전진했다면, 콘스탄티노플을 치고 동로마 제국과 또 그 도중에 위치한 많은 나라들에게 종말을 고했을지도 모른다. 또 기독교 대신 이슬람교가 유럽의 종교가 되고 이에 수반되는 온갖 변화가 나타났을지도 모른다. 하지만 이것은 어디까지나 상상일 뿐이고 아랍인은 프랑스에서 멈추었다. 하지만

스페인에서 몽고까지를 아랍인들이 점령하다

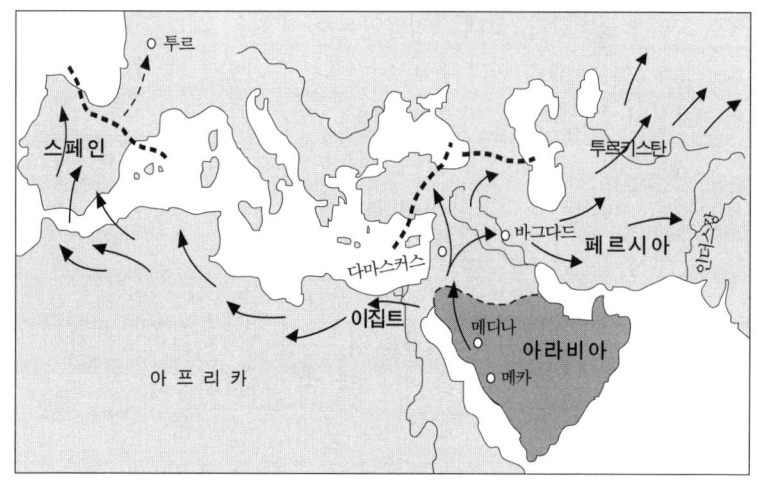

아랍인의 원정

그 뒤 몇백 년 동안 거기 머물며 스페인을 지배했다.

아랍인은 스페인과 몽고에 이르기까지 세계에서 승리를 거두었다. 사막에서 온 이 유목 민족은 대제국의 지배자가 되었다. 그들은 흔히 사라센인(Saracens)으로 일컬어졌다. 이는 아마 '사라 나신(Sahra nashin)', 즉 '사막의 국민'이라는 말에서 나왔으리라 짐작된다. 그 뒤 그렇게도 검소하던 사막의 국민은 바로 사치와 도시 생활의 맛을 알게 되고, 그들의 도시들에는 속속 궁전이 세워졌다. 멀리 원정해서 승리를 거둔 그들도 서로 다투는 옛날의 악습을 버리지는 못했다. 물론 이번에는 다소 싸울 만한 이유가 생겼다. 아라비아 수장의 지위를 차지하는 것은 곧 대제국을 지배하는 것을 의미했기 때문이다. 칼리프의 지위를 둘러싼 권력 다툼이 끊이지 않았다. 사소한 다툼이나 집안 싸움이 내란으로 발전했다. 이 싸움은 더욱 불거져서 결국 이슬람교를 두 개의 커다란

---

71) 칼리프의 정통성을 둘러싸고 제4대 알리 및 그 자손에게만 계승권을 인정하는 이슬람교의 분파를 시아 알리(알리파), 간단하게 시아라고 한다. 원래 이슬람교 초기의 문벌 투쟁에 뿌리를 둔 것이므로 교의상으로는 근본적인 구별이 없지만, 시아파는 오늘날에도 여전히 소

분파로 갈라놓아 수니파(Sunni)와 시아파(Shiah)[71]가 형성되었다. 이 양파의 다툼은 지금까지 계속되고 있다.

분쟁은 최초의 두 현명한 칼리프, 즉 아부 바크르와 오마르의 치세가 끝나면서 시작되었다. 마호메트의 딸 파티마(Fatima)의 남편 알리(Ali)가 한동안 칼리프의 지위에 있었다. 분쟁은 끊일 줄 몰랐다. 알리가 살해되고 얼마 뒤 그의 아들 후세인(Hussain)은 그의 일가족과 함께 카르발라(Karbala) 평원에서 몰살당했다. 그 뒤 해마다 모하람(Moharram)의 달(헤지라력의 첫째 달)이 되면 이슬람 교도, 특히 시아파 교도들은 비탄에 잠겨 이 비극을 이야기한다.

이 즈음이 되자 칼리프는 절대 전제 군주가 되었고, 이 군주에 관한 한 민주주의도 선거도 자취를 감추고 말았다. 그는 예전과 달리 당시의 다른 절대 군주와 조금도 다를 바가 없이 되었다. 이론상으로 칼리프는 여전히 종교상의 수장, 신자의 총수를 겸하고 있었다. 칼리프는 신자들의 최고 옹호자여야 했지만 칼리프 중에는 이슬람교를 모욕한 자까지 있었다.

약 100년 동안 칼리프는 마호메트 일가의 분가인 옴미아드 가문(Ommeyades)에서 배출되었다. 다마스커스(Damascus)가 그 수도가 되자 이 유구한 도시는 궁전·예배당·샘물·납량정(納凉亭) 등이 풍부한 매우 아름다운 도시가 되었다. 특히 다마스커스의 급수 시설은 유명하다. 이 시대에 아랍인은 특수한 건축 양식을 창안해 냈는데 이것은 사라센 건축으로 알려지게 되었다. 그것은 내부에 별로 장식이 없고 단순하고 당당한 아름다움을 갖고 있다. 이 건축은 아라비아와 시리아의 우아한 종려나무에서 아이디어를 얻은 것이라고 한다. 아치나 돔 양식의 탑에는 아치처럼 서로 겹치고 돔처럼 솟아오른 종려나무 잎새 모양이 배

수파로서 이란을 주요 근거지로 하여 정통파(수니파)에 대립하고 있다. 장기간에 걸친 양파의 대립과 시아파가 이란적 요소를 가미한 결과 교의나 관습에서도 양자는 서로 다른 점이 있다.

스페인에서 몽고까지를 아랍인들이 점령하다

어 있다.

　　이 건축 양식은 인도에도 전파되어 인도적인 의장이 가미된 혼합 양식으로 발달되었다. 전형적인 사라센 건축이 지금도 스페인에 몇 군데 남아 있다.

　　부와 제국은 사치와 도박과 사치스러운 예술을 낳는다. 아랍인들은 경마를 즐겼고, 폴로(polo : 4명이 1조가 되어 말을 타고 하는 공치기)와 사냥과 장기 따위도 성행했다. 또한 음악, 특히 성악은 열광적으로 인기를 끌었고 도회지에서는 단원을 인솔한 가수가 떼지어 몰려다녔다.

　　또 하나의 커다란, 그러나 매우 불행스러운 변화가 서서히 일고 있었다. 다름 아닌 여성의 지위 변화였다. 원래 아랍 여성들은 파르다(Pardah)[72] 따위가 없었다. 그들은 격리되지 않았고 집안에 틀어박혀 지내지도 않았다. 그들은 공공연히 돌아다니며 예배당에 나가 설교를 듣고 직접 강단에 서기도 했다. 그러나 아랍인은 그 승리 덕분에 점점 예전의 두 제국 — 동로마 제국과 페르시아 제국의 풍습에 물들게 되었다. 비록 그들이 두 제국을 무찔렀으나 오히려 이 양 제국의 수많은 악습에 굴복했다. 아랍인 사이에서 여성 격리 현상이 시작된 것은 콘스탄티노플과 페르시아의 영향 때문이라고 한다. 점차 하렘(Harem) 제도가 시작되어 남자와 여자가 사회적으로 어울리는 일이 없어졌다. 불행하게도 여성 격리는 이슬람교 사회의 특징이 되었고, 인도도 이슬람 교도가 들어오자 그들에게 이 악습을 배우고 말았다. 지금도 이런 야만적인 풍습을 따르는 자들이 있다니 참으로 놀라운 일이다. 나는 여성들이 파르다 때문에 바깥 세상과 단절되어 있는 것을 생각할 때마다 형무소나 동물원을 생각하지 않을 수 없다! 만일 어떤 민족의 절반이 일종의 형무소에

---

[72] 이슬람 제국의 궁정이나 가정에서는 부인은 전용 거실(하렘)에 틀어박혀 남성과의 자유로운 교섭이 금지되고 외출할 때는 베일로 얼굴을 가리는 풍습이 있었다. 이슬람교 군주 중에는 몇천 명의 처첩을 하렘에 모아 두었던 자가 있었다고 한다. 다만 이것은 여성의 지위를 옹호하는 데 열심이었던 마호메트 시대부터 있었던 것이 아니라 10세기쯤부터 일반화된 것이다. 오늘날에는 이미 과거의 유습이 되어 가고 있다.

갇혀 묶여 있다면 어떻게 그 민족이 발전할 수 있겠느냐! 파르다를 타파하라! 그리하여 우리 모두에게 한낮의 햇볕을 누리게 하라!

다행히 인도는 급속히 파르다 규율을 폐기하고 있다. 이슬람 교도 사회에서조차 이 무서운 중압을 일소해 버렸다. 터키에서는 케말 파샤(Mustafa Kemal Pasha)[73]가 이를 철저히 폐지했고 이집트에서도 급속히 자취를 감추고 있다.

한 가지만 더 이야기하고 이 편지를 끝맺기로 하자. 앞서 이야기한 대로 아랍인들이 각성한 초기에는 신앙에 대한 열광적인 정열에 불타고 있었다. 그렇지만 그들은 관대한 민족이었으므로 타민족에게 종교상의 관용을 베푼 경우가 적지 않다. 칼리프 오마르는 예루살렘에서 이러한 관용을 베풀었다. 스페인에서도 완전한 양심의 자유를 누리는 많은 기독교도가 있었다. 인도에서 아랍인들은 신드 이외는 지배한 적이 없었다. 하지만 교섭은 끊이지 않아 우호 관계가 유지되었다. 역사에서 이 시대에 가장 주목할 만한 현상은 이슬람 교도 아랍인의 관용과 유럽 기독교의 비관용이 보인 대조다.

---

73) 제1차 세계 대전 후 술탄 정부가 민족의 존립을 불가능하게 할 만큼 가혹한 연합국의 요구에 굴복했을 때 '청년 투르크(The Young Turks)' 의 지도자로서 민족의 독립을 확보하고 술탄 군주제를 타도해 처음으로 주권 재민의 근대 터키를 세웠다.

스페인에서 몽고까지를 아랍인들이 점령하다

50 *1932년 5월 27일*

바그다드와 하룬 알 라쉬드

　화제를 다른 나라로 돌리기 전에 아랍인에 관한 이야기를 조금 더 계속해 보자.

　지난번 편지에 썼듯이 칼리프는 약 100년 가까이 예언자 마호메트의 일족인 옴미아드 집안에서 배출되었다. 그들은 다마스커스에 본거지를 두었으며, 그 치세 동안 이슬람 교도 아랍인들은 이슬람교의 깃발을 훨씬 더 멀리까지 휘날릴 수 있었다. 그런데 아랍인의 원정이 추진되는 동안 모국에서는 내분과 내란이 끊일 날이 없었다. 결국 옴미아드 집안은 마호메트의 숙부인 아바스(Abbas) 때부터 분리되고, 그 뒤 아바스가라 일컬어지는 다른 가문에 타도되었다. 아바스 집안은 옴미아드 집안의 포악성을 응징하겠다는 명분을 내걸고 일어섰지만 막상 그들이 승리한 뒤에는 옴미아드가를 능가하는 잔학한 행동과 학살을 자행했다. 그들은 옴미아드 집안 사람이라면 샅샅이 찾아 내 갖은 야만스러운 방법으로 살해했다.

　이는 아바스계 칼리프의 오랜 치세의 서두를 장식한 사건으로 750년에 일어났다. 이 사건은 한 왕조에게 있어서 별로 축하할 만한 시작이라고는 할 수 없지만, 어쨌든 아바스 시대는 아랍 역사상 가장 광채를 발산한 시기였다. 그러나 그들은 옴미아드 시대에 비해 전혀 다른 양상을 띠었다. 아라비아에서 일어난 내란은 제국 전체를 뒤흔들어 놓을 정도로 심각한 것이었다. 아바스가는 국내에서는 승리를 얻었으나 멀리 스페인에 있던 아랍인 총독은 옴미아드 집안 출신이므로 아바스 집안의 칼리프를 승인하지 않았다. 북아프리카, 또는 그 당시의 명칭으로 하자면 이프리키아(Ifrikia)의 부왕령(副王領)도 곧 거의 독립하게 되었다. 이집트에서는 한 발 더 나아가 또 다른 칼리프를 옹립하기에 이르렀다. 이집트는 곧 굴복을 강요당했으며 때로는 굴복한 때도 있었다. 하지만 이프리키아는 여기에 초연했고, 스페인은 아바스가가 어떤 조치를 내리기에는 너무나 멀리 떨어져 있었다. 따라서 아바스가의 즉위와 함께 아랍 제국은 사실상 분열되어 버렸다는 것을 알 수 있다. 칼리프는 이제 전 이슬람 세계의 수장도 아니며 또 모든 신자의 총수도 아니었다. 이슬람교의 통일은 무너지고 스페인의 아랍인과 아바스가는 서로 증오하면서 곧잘 상대방의 불행을 반길 정도였다.

이런 사정이 있었지만 아바스가의 칼리프들은 어쨌거나 대군주이고 그들의 제국은 제국 중의 대제국이었다. 일찍이 산이건 바다건 가리지 않고 광야를 사르는 불길처럼 번져 나갔던 신념과 활력은 이제 찾아볼 수 없게 되었다. 또한 소박한 풍습도 사라지고 민주주의도 전혀 남지 않았다. 신앙의 총수는 이제, 일찍이 초기 아랍인에게 패했던 페르시아의 '왕 중의 왕'이나 콘스탄티노플의 황제와 조금도 다를 바 없었다. 예언자 마호메트 시대에는 불가사의한 생명력과, 다른 국왕의 군대와는 또 다른 강력한 힘이 있었다. 그들은 그 당시 세계에서 비할 바 없이 뛰어나, 그들의 무적의 진격 앞에서 어떠한 군주나 군병도 한시도 버틸 수 없었다. 당시 대중들은 그들을 지배하는 군주들에게 신물이 나 있었으며, 이 때 나타난 아랍인들은 그들에게 더욱 나은 변화와 사회 혁명을 약속하는 것처럼 보였다.

하지만 이제 사정은 완전히 변하고 말았다. 사막 사람들은 이제 궁전에 살고, 야자 대신 호사스런 요리를 먹고, 화려한 옷을 걸치고 살았다. 이래서야 어찌 그들이 변화와 사회 혁명에 마음을 쏟을 수 있었겠니. 그들은 옛날의 제국들과 호사를 겨루듯이 흥청거렸고 못된 풍습들을 고스란히 받아들였다. 앞에서 말한 여성의 격리도 그 가운데 하나였다.

수도는 시리아의 다마스커스에서 이라크의 바그다드(Baghdad)로 옮겨졌다. 이 천도 자체는 사뭇 의미가 있는 듯하다. 왜냐하면 바그다드는 일찍이 페르시아 왕의 피서지였기 때문이다. 그리고 바그다드는 다마스커스에 비해 유럽에서 멀리 떨어져 있으므로 이 때 이후로 아바스가는 유럽보다 아시아 쪽에 더 관심을 기울이게 되었다. 그 뒤에도 콘스탄티노플 점령은 거듭 시도되었고 유럽과 전쟁도 여러 번 치렀지만 대개는 방어적인 전쟁이었다. 정복 시대는 종말을 고하려는 것처럼 보였다. 또한 아바스가의 칼리프들은 자기가 계승한 제국을 그대로 고수하려고 했다. 스페인과 아프리카가 없더라도 여전히 큰 덩치였다.

바그다드! 하룬 알 라쉬드(Harun al Rashid)와 샤헤라자드(Shaherazade), 그리고 『아라비안 나이트』의 갖가지 불가사의한 이야기들을 너는 기억하고 있느냐? 아바스가의 칼리프들의 통치 아래 번영하던 도시가 바로 『아라비안 나이트』의 도시였다. 그것은 궁전·관청·학교·대학·대점포·공원·정원, 그 밖에 모든 것을 갖춘 거대한 도시였다. 상인들은 동으로, 서로 광대한 거래를 하고 있었다. 수많은 정부 관리는 제국의 변두리 지방과 끊임없이 연락을 취하고 정부는 세월이 흐를수록 복잡해져서 많은 부서를 두고 있었다. 신속 정확한 우편 제도가 제국의 구석구석을 수도와 연결했고, 도처에 병원이 세워졌다. 칼리프는 학식과 예술이 뛰어난 사람들을 후대한다고 알려져 있었으므로 학자·학생·예술가들이 바그다드로 모여들었다.

칼리프 자신은 노예에 둘러싸여 호스스럽기 그지없는 생활을 하고, 그들의 처첩들은 하렘에서 앞다투어 시중을 들었다. 아바스 제국은 786년부터 809년에 이르는 하룬 알 라쉬드의 치세 시절에 그 번영이 겉으로는 절정에 이르렀다. 중국이나 유럽의 샤를마뉴 황제도 하룬 알 라쉬드에게 사절을 파견했다. 바그다드와 아바스의 영토는 아랍 스페인 지역을 제외하면 당시 유럽에 비해 정치·상업·학문을 비롯한 모든 면에서 앞서 있었다.

아바스 시대가 특히 우리의 주의를 끄는 것은 이 무렵 과학에 대한 새로운 관심이 일어났기 때문이다. 너도 알다시피 과학은 현대에 극히 중요하며 우리는 그 혜택을 많이 보고 있다. 과학이란 잠자코 앉아서 사물이 생기기를 기다리는 것이 아니라 어떤 일이 생기는 원인을 발견하려는 것이다. 의문이 생기면 여러 차례 되풀이해서 실험하고 검증한다. 그리고 때로는 실패하기도 하고 성공하기도 하면서 조금씩 인류의 지식을 쌓아 나간다. 현대 세계는 고대 세계나 중세기와 그 양상이 매우 다른데, 이는 주로 과학 덕분이다. 세계는 과학이 만든 것이다.

고대 사회에서는 이집트·중국·인도를 비롯한 그 어디에서도 과학적인 방법을 별로 찾아볼 수 없다. 그리스에서는 극히 부분적으로 존재하긴 했지만 로마 시대가 되자 다시 사라졌다. 그런데 아랍인은 과학적 탐구심을 갖고 있었다. 덕분에 그들은 근대 과학의 선구로 여겨지고 있다. 어떤 분야, 이를테면 의학이나 수학에 관해서 그들은 인도에서 많은 것을 배웠다. 그래서 인도의 많은 학자나 수학자들이 바그다드로 찾아왔다. 또 많은 아랍 학생들은 당시 큰 대학이 있던 북인도의 탁실라에 와서 의학을 전공했다. 의학을 비롯한 여러 학문에 관한 산스크리트어 책이 아랍어로 번역되기도 했다. 아랍인은 또 많은 기술 — 예컨대 제지법을 중국인한테 배웠다. 그들은 다른 나라에서 배운 지식에 기초해 연구를 거듭한 끝에 몇 가지 중요한 발명을 했다. 망원경과 항해용 나침반을 처음 발명한 것도 그들이었다. 의학 분야에서 아랍의 내과 의사와 외과 의사는 온 유럽에 소문이 자자했다.

물론 바그다드는 이러한 모든 학문 활동의 대중심지였다. 이에 반해 서방에서는 아랍 스페인의 수도 코르도바(Cordoba)가 중심을 이루고 있었다. 아랍 세계에는 이 밖에도 많은 대학 도시가 있었다. 카이로 또는 알 콰히라(al-Qahira : 승리의 도시)가 있었고, 바스라(Basra) 및 쿠파(Kufa)도 있었다. 특히 바그다드는, 어느 아랍인 역사가의 말을 빌리면, '이슬람교의 수도, 이라크의 눈, 제국의 자리, 미와 문화와 예술의 중심'으로서 이 많은 유명한 도시들 위에 우뚝 솟아 있었다. 바그다드의 인구가 200만을 넘었으니, 현재의 캘커타나 봄베이에 비해 훨씬 큰 규모였던 셈이다.

양말과 스타킹을 신는 습관이 바그다드의 부유한 사람들 사이에서 시작되었다니 퍽 재미있지 않느냐? 그 양말과 스타킹의 이름을 '모자

(mozas)'라고 했으니, 힌두스탄어의 명칭도 여기에서 유래한 것이 틀림없다. 프랑스의 '슈미즈(chemise)' 또한 셔츠를 의미하는 '카미스(kamis)'에서 나온 말이다. '카미스'와 '모자'라는 말은 모두 콘스탄티노플의 비잔티움으로 전해졌고 거기에서 다시 유럽으로 전해졌다.

아랍인은 어느 시대에나 여행에 능했다. 그들은 바다를 건너 기나긴 여행을 계속해 인도 해안, 말레이시아 또는 중국에까지 식민지를 만들었다. 알베루니라는 유명한 여행가는 현장처럼 인도에 와서 여행기를 남겼다.

아랍인들은 또한 역사가이기도 했다. 그래서 우리는 그들이 기록해 둔 역사책에서 아랍의 옛날에 대해 여러 가지를 알 수 있다. 뿐만 아니라 그들이 재미있고 뛰어난 이야기와 소설을 썼다는 것은 누구나 잘 알고 있다. 그래서 아바스가의 칼리프들과 그 제국에 대해서는 모르더라도 신비와 낭만의 도시, 『아라비안 나이트』의 바그다드를 모르는 사람은 아무도 없을 것이다. 때로는 공상의 제국이 현실의 제국보다 더 현실적이고 오랜 생명을 누린다.

하룬 알 라쉬드가 죽자 아랍 제국에는 곧 분쟁이 일어났다. 혼란이 심해지자 일부 지방들은 제국에서 이탈하고 많은 총독들은 스스로 세습 군주가 되었다. 칼리프의 세력은 쇠퇴해 가기만 해서 마침내 바그다드와 주변의 몇몇 촌락밖에 지배하지 못하는 처지가 되었다. 어떤 칼리프는 부하 군대에 의해 궁전 밖으로 끌려나가 살해되기도 했다. 그로부터 한동안 몇몇 세력가가 나타나 바그다드를 차지해 호령했고, 칼리프는 그들에게 기대 사는 처지가 되고 말았다.

이러는 동안 이슬람교의 통일은 머나먼 과거의 꿈이 되었다. 이집트에서 중앙 아시아의 호라산에 이르는 지역에는 몇몇 독립 왕국이 생겼다. 그리고 멀리 동쪽에서 유목 민족이 서쪽으로 이동해 왔다. 중앙 아시아의 옛 투르크인들은 이슬람 교도가 되어 바그다드를 점령했다. 이들을 셀주크 투르크인(Seljuk Turks)이라 한다. 그들은 콘스탄티노플의 비잔티움 군대를 무찔렀다. 이 사건은 당시 유럽에게 대단히 충격적인 일이었다. 왜냐하면 당시 유럽은 아랍인 및 이슬람 교도의 융성기는 끝나고 약화일로에 있다고만 믿고 있었기 때문이다. 물론 아랍인은 거의 쓰러져 가는 상태에 있었지만 이번에는 셀주크 투르크인이 무대에 등장해 이슬람교의 깃발을 높이 쳐들고 유럽에 도전했던 것이다.

나중에 다시 살펴보겠지만 유럽은 즉시 이 도전에 대응해 기독교도로 십자군을 조직해 이슬람 교도와 맞서 싸우고 그들의 성도 예루살렘을 탈환하고자 했다. 기독교와 이슬람교는 시리아·팔레스타인 및 소아시아의 지배권을 놓고 100년 이상이나 격렬하게 싸워서 이 지역은 온통 피바다로 변했다. 그리하여 번영을 자랑하던 여러 도시가 파괴되고 상업도 쇠퇴했으며 풍요롭던 대지는 황야로 변해 갔다.

이렇게 싸움이 계속되어 채 끝나기도 전에 아시아 동쪽의 몽고에서는 칭기즈 칸(Chingiz Khan : 成吉思汗)이 일어섰다. 그는 몽골(Mongol), 즉 '대지를 흔드는 사람'이라 했는데, 그는 정말로 아시아와 유럽을 뒤흔들었다. 그와 그의 자손들은 마침내 바그다드와 그 제국을 멸망시켰을 뿐만 아니라 이 유명한 대도시를 송두리째 잿더미로 만들었고, 200만에 이르던 주민은 거의 살해되었다. 이것은 1258년의 일이다.

바그다드는 이제 다시 번화한 도시로서 이라크의 수도가 되어 있다. 하지만 지금의 바그다드는 돌이킬 수 없는 과거의 그림자에 지나지 않는다. 몽고인이 뿌리고 간 죽음과 황폐는 영원히 치유될 수 없는 상처가 되었다.

바그다드와 하룬 알 라쉬드

51 1932년 6월 1일

북인도의 하르샤에서 마흐무드까지

아랍인과 사라센인들의 이야기는 잠시 접어 두고 이제 다른 나라로 눈길을 돌려야겠구나. 아랍인이 세력을 얻어 정복과 영토 확장을 이루고 다시 쇠퇴해 가는 동안, 중국과 인도 및 유럽 여러 나라에서는 어떤 일이 있었을까? 살펴본 바로는, 732년에 아랍인들이 프랑스의 투르에서 샤를 마르텔이 이끄는 연합군에게 패했으나 중앙 아시아를 정복하고 인도의 신드까지 진출했다. 여기서 우선 인도에 눈길을 돌려 보자.

카나우즈의 하르샤 바르다나는 648년에 죽었는데 그의 죽음과 함께 북부 인도의 정치적 퇴화는 더욱 분명해졌다. 사실 그 전부터 쇠퇴가 시작되고 있었지만 힌두교와 불교의 항쟁이 이를 재촉했다. 하르샤 시대의 인도는 겉으로는 눈부시게 발전한 듯했지만 이것도 잠시뿐이었다. 그가 죽자 북인도에는 수많은 소국들이 난립해 서로 다투었다. 그런데 하르샤 이후 300여 년 동안에는 이상할 만큼 예술과 문학이 발달해 아름다운 공공 시설이 숱하게 세워졌다. 바바부티(Bhavabhuti)[74], 라자세카라(Rajasekhara)[75]를 비롯한 몇몇 유명한 산스크리트 문인도 이 시대 사람들이었다. 또 어떤 국왕들은 정치면에서는 별로 중요한 인물은 아니었지만, 학예를 보호하고 발전시킨 것으로 유명해졌다. 그 중의 한 사람인 라자 보자(Raja Bhoja)[76]는 통치자의 귀감으로서 거의 신비화되었다

---

74) 카리다사와 함께 문체의 미를 칭송받는 8세기쯤의 극작가. 연애극 『마라티 마다바』를 비롯해 『라마야나』의 번안을 비롯해 몇몇 작품을 남겼다.
75) 서기 900년쯤의 극작가. 경쾌하고 우아한 문장으로 유명하다.
76) 8세기 초의 왕, 문화의 옹호자. 또 모든 학예에 능통했으며, 시인이자 작가이기도 했다고 한다. '보자'라는 이름은 위대함 · 학식 · 관용의 상징이다.

고 해도 좋을 만큼 받아들여지게 되었다. 지금도 그는 대단한 숭앙을 받고 있다. 너는 라자 보자와 강가 테리의 이야기를 들어 본 적이 있느냐?

그러나 북인도는 이러한 밝은 측면이 있었는데도 점차 쇠퇴하고 있었다. 남인도가 주도권을 잡자 북부의 존재는 더욱 희미해졌다. 이 무렵 남부의 정세 — 찰루키아 왕조, 촐라 제국, 팔라바 왕조 및 라슈트라쿠타 왕조에 대해서는 지난 마흔네 번째 편지에서 대략 설명했다. 또한 상카라, 즉 짧은 생애 동안 식자층이나 무식한 계급 모두에게 깊은 감명을 주고, 인도 불교에 마침표를 찍는 데 거의 완전히 성공한 상카라아차리아에 대해서도 이야기했다. 그가 이러한 일을 이루어 냈는데도 하나의 새로운 종교가 다시 인도의 문을 두드리고 마침내 성난 파도와 같은 기세로 기존 질서에 도전하게 된 것은 참으로 이상하다면 이상한 일이다.

아랍인은 하르샤가 살아 있을 때 이미 인도 국경에 도달해 있었다. 그들은 거기서 한동안 제자리걸음을 하고 있다가 마침내 신드를 점령했다. 710년에는 17세의 소년 무하마드 이븐 알 카심(Muhammad ibn Al Qasim)이 아랍 군대를 이끌고 인더스 강 계곡을 따라 펀자브의 물탄(Multan)까지 평정했다. 그러나 아랍인의 인도 정복은 이것으로 끝났다. 만일 그들이 정복을 강행했다면 더 진출했을지도 모른다. 당시 북인도의 힘은 약화되어 있었으므로 그것은 그리 어려운 일도 아니었을 것이다. 그러나 아랍인 사이에, 또 이웃 영주들 사이에서는 끊임없이 항쟁이 계속되었는데도 조직적인 정복은 시도되지 않았다. 따라서 정치면에서 볼 때 아랍인의 신드 정복은 중대한 사건이 아니었다. 이슬람 교도의 인도 정복은 몇백 년 뒤로 연기되었다. 하지만 문화면에서 보면 아랍인과 인도 민족의 접촉은 커다란 영향을 남겼다.

아랍인은 인도 남방의 영주들, 특히 라슈트라쿠타 일족과 우호 관계를 유지하고 있었다. 수많은 아랍인이 인도 서해안을 따라 정착했고, 그들의 거류지 안에 모스크(mosque : 예배당)를 세웠다. 아랍인 여행자와 상인들은 인도의 방방곡곡을 돌아다녔다. 아랍 학생들은 특히 의학으로 유명했던 북방의 타크샤실라 또는 탁실라 대학에 떼를 지어 입학했다. 하룬 알 라쉬드 시대에는 인도 학자들은 바그다드에서 높은 지위를 차지했으며, 인도 출신의 의사들은 아랍으로 가서 병원과 의학교를 세웠다. 산스크리트어 수학 책과 천문학 책이 아랍어로 번역되었다.

이와 같이 아랍인은 고대 인도 아리안 문화에서 많은 것을 받아들였다. 그들은 페르시아의 아리안 문화에서도 배운 것이 많았고, 또 그리스 문화에서도 어느 정도 영향을 받았다. 그들이 대두한 시대에 그들은 거의 새로운 인종이라 해도 좋았다. 그들은 주변의 옛 문화를 닥치는 대로 배우고 활용했다. 이것을 기초로 그들 자신의 사라센 문화를 쌓아올렸다. 문화로서는 생명이 비교적 짧았지만 중세 유럽의 암흑과 대조한다면 찬란한 빛을 냈다고 할 수 있다.

아랍인이 인도 아리안이나 페르시아, 그리고 그리스 문화와 접촉해 많은 이익을 얻은 데 반해 인도인과 페르시아인, 그리고 그리스인은 아랍인과 접촉해 별로 얻은 바가 없었다는 사실은 이상스러운 일이 아닐 수 없다. 아마 이는 아랍인이 젊고 활기와 정열에 넘치고 있었던 데 반해, 다른 민족은 오래된 인종이어서 재래의 틀에 안주해 변화에 그다지 관심이 없었기 때문인 것 같다. 신기하게도 나이라는 것은 개인에게 미치는 영향과 똑같은 영향을 민족이나 인종에게도 미치는 것 같다. 나이는 운동력을 둔화시키고 정신과 육체를 경직되게 하며 보수적으로 만들고 변화를 두려워하게 만든다.

이러한 이유로 인도는 아랍인과 몇백 년이나 계속 접촉하면서도 별로 영향을 받지 않았고 변화도 이루지 못했다. 그러나 어쨌든 이 시대에 인도는 새로운 종교, 즉 이슬람교에 대해서 알 수 있었을 것이다. 이슬람 교도 아랍인은 인도를 왕래하고 때로는 모스크를 세워 저희 종교를 전도하고, 또 어떤 때는 인도인을 개종시키기도 했다. 당시 인도에서는 이에 대해 별로 반대하지 않았던 것 같고, 힌두교와 이슬람교의 마찰이나 대립 또한 없었던 듯하다. 이는 뒷날 두 종교 사이에 대립과 항쟁이 시작된 것을 생각해 볼 때 특히 주목할 만한 일이다. 이슬람교가 정복자의 모습으로 손에 칼을 들고 인도에 쳐들어오자 인도인이 격렬하게 반발해 예전의 관용이 증오와 항쟁으로 변한 것은 훨씬 뒤인 11세기의 일이었다.

인도에 들어와 방화와 학살을 자행한 자는 가즈니(Ghazni)의 마흐무드(Mahmud)였다. 가즈니는 현재 아프가니스탄의 조그만 한촌에 불과하다. 이 가즈니 부근에서 10세기에 한 국가가 일어섰다. 중앙 아시아의 여러 나라는 명목상으로는 바그다드의 칼리프의 지배 밑에 있었지만, 이미 이야기한 것처럼 하룬 알 라쉬드가 죽은 이후 칼리프의 세력은 쇠퇴해 그 제국은 많은 독립 국가로 분열해 가고 있었다. 지금 우리는 바로 그 시대를 이야기하고 있다. 세뷔크 테긴(Sebük Tegin)이라는 한 노예가 975년쯤에 가즈니 및 칸다하르(Kandahar) 부근에 한 나라를 세웠다. 그는 인도에도 침입했다. 그 무렵 라호르의 라자(왕) 중에 자이팔(Jaipal)이라는 사람이 있었다. 그는 무모하게도 카불 계곡으로 세뷔크 테긴을 치러 들어갔다가 패배하고 말았다.

마흐무드는 아버지 세뷔크 테긴의 왕위를 계승했다. 그는 무용이 출중한 장군이며 용감한 지휘관이었다. 그는 해마다 인도에 침입해 약탈과 학살을 자행하고 엄청난 재보와 숱한 포로를 잡아서 데려갔다. 그는 모두 17번이나 인도에 침입해 그 가운데 오직 한 번 — 카슈미르에 침입했을 때 패했을 뿐 싸울 때마다 승리를 거두었다. 이리하여 그는 북부 일대에서 두려움의 대상이 되었다. 그는 멀리 남쪽의 파탈리푸트라 · 마투라 및 솜나트(Somnath)까지 공략했다. 타네사와라(Thaneshawara)에서는 20만 명의 포로와 거액의 부를 약탈해 갔다고 한다. 그러나 마흐무드가 더 많은 재보를 약탈해 간 것은 솜나트에서였다. 이 곳에는 커다란 사원이 있고 몇 세기 동안 받은 봉납품이 쌓여 있었기 때문이다. 마흐무드가 솜나트에 다가오자 몇만 명이 사원으로 숨어 들어갔다고 한다. 저희들이 섬기는 신이 기적을 일으켜 보호해 주리라 믿었던 것이다. 그러나 기적이란 신자의 공상 속에서라면 몰라도 실제로 일어나지는 않는다. 사원은 허무하게 파괴되고 약탈당했으며, 5만 명이 근거 없는 기적

북인도의 하르샤에서 마흐무드까지

의 출현을 기다리다가 몰살당하고 말았다.

마흐무드는 1030년에 죽었다. 이 무렵 펀자브와 신드는 전부 그의 지배 아래 있었다. 그는 인도에 들어와 이슬람교를 전파한 이슬람교의 지도자로 숭앙받고 있다. 이슬람 교도는 대개 그를 숭배하지만 대부분의 힌두 교도들은 그를 증오한다. 사실 그는 전혀 종교적인 사람이 아니었다. 그는 물론 이슬람 교도(Mohommedan)이기는 했지만 그것은 부수적인 면일 뿐이다. 누가 뭐래도 그는 군인, 무공이 혁혁한 군인이었다. 그는 인도로 쳐들어와, 유감스럽게도 군인이라면 대개 그렇듯이 정복과 약탈을 자행했다. 설령 어떤 종교를 믿고 있었다 해도 결국 그는 마찬가지 일을 저질렀을 것이다. 그가 신드의 이슬람 교도 영주를 협박해 항복할 것과 공물을 바칠 것을 조건으로 영주를 풀어 준 사실은 매우 흥미롭다. 그는 바그다드의 칼리프를 죽이겠다고 위협하면서 사마르칸트를 넘길 것을 요구하기도 했다. 따라서 우리는 마흐무드를 무공을 날린 군인 이상으로 보는 과오를 범해서는 안 된다.

마흐무드는 인도의 수많은 건축사와 목수를 가즈니로 데려가 아름다운 모스크를 짓고 '천후원(天后園 : Celestial Bride)'이라 칭했다. 그는 정원을 매우 좋아했다.

마흐무드는 마투라가 얼마나 큰 도회지였는지를 우리에게 말해 주었다. 그는 가즈니의 총독에게 보낸 편지에서 이렇게 썼다. "이 도시는 독실한 신자의 신앙에 비길 만큼 튼튼한 건축물이 몇천 개나 즐비하게 세워져 있소. 몇백만 디나르(dinar : 금화의 단위)를 쓰지 않고서는 이런 도시를 세울 수 없고, 또 200년의 세월이 흘러도 도저히 이만한 도시를 새로 세울 수는 없을 것이오."

마투라에 관한 마흐무드의 이 말은 피르다우시의 저서에 기록되어 있다. 피르다우시는 마흐무드 시대에 살았던 페르시아의 대시인이다. 나는 작년에 쓴 편지에서 그의 이름과 그의 저서 『샤나메』에 대해 이야기했을 것이다. 『샤나메』는 마흐무드가 피르다우시에게 시 한 운마다 황금 1디나르를 주기로 약속하고 쓰게 했다는 설이 있다. 피르다우시는 청빈을 숭상하는 사람은 분명 아니었던 것 같다. 그는 굉장히 장황하게 써서 무려 몇천 행에 이르는 시를 마흐무드에게 바치고 칭찬을 받았다. 하지만 마흐무드는 곧 너무 많은 상금을 약속한 것을 후회했다. 그래서 값을 대폭 깎으려 하자 피르다우시는 몹시 화를 내면서 한푼도 받지 않았다고 한다.

우리는 하르샤에서 마흐무드까지 단숨에 뛰어 300년이 넘는 인도의 역사를 몇 구절로 정리해 버렸다. 이 긴 시대에 대해서 재미있는 내용을 골라 쓰자면 얼마든지 쓸 수 있을 것 같다. 하지만 나는 이 시대에 대해 자세하게 알지 못하므로 현명한 침묵을 지키는 편이 안전할 듯하다. 이를테면 때로는 서로 다투기도 하고 또 때로는 판찰라(Panchala) 왕국과 같은 대왕국을 세운 적도 있는 북인도의 왕이나 영주에 대한 이야기, 대도시 카나우즈의 시련, 즉 카슈미르 영주들의 공격을 받아 한때 점령되었고, 이어 벵골 왕에게, 그리고 남방에서 올라온 라슈트라쿠타 일족에게 점령된 사건을 비롯해 이야기를 하자면 끝이 없겠다. 그러나 이런 기록은 별로 쓸모도 없거니와 오히려 너의 머리를 혼란시키기만 할 것이다.

우리는 여기서 기나긴 인도 역사의 한 장을 끝내고 새로운 장을 시작해야겠다. 역사를 분명하게 구획하는 것은 어렵기도 하거니와 가끔 오류에 빠지기도 한다. 역사란 흐르는 강물과 같은 것이다. 그것은 끊임없이 흐른다. 하지만 늘 변화한다. 때로는 어떤 한 장면의 종말과 다른 장면의 시작을 볼 수 있다. 그러한 변화는 갑작스레 찾아오는 것이 아니라 서로 뒤얽혀 있다. 이러한 의미에서 우리는 인도 역사에 관한 한 끝없는 역사 드라마의 막간에 접어든 것이다. 이른바 힌두교 시대가 서서히 다가오고 있다. 몇천 년의 번영을 자랑한 인도 아리안 문화는 이제 신참자와 격투를 시작해야만 한다. 그러니 이 변화는 별안간 닥쳐난 것이 아니라 서서히 진행된 과정이었다. 이슬람교는 마흐무드와 함께 들어왔다. 그러나 남방은 그 뒤로도 오랫동안 이슬람교의 정복을 겪지 않았고, 벵골도 200년 이상이나 이슬람교와 무관하게 지냈다. 북방에는 라지푸트 부족들의 중심으로서, 뒤로 물러설 줄 모르는 용전분투를 후세 역사에 남긴 치토르가 있었다. 그러나 이슬람 교도의 정복의 파도가 완강한 힘으로 사정없이 밀려들어와, 설령 몇몇 개인의 용기가 거듭된다 해도 이를 격퇴할 수는 없었다. 여기서 인도 아리안의 인도가 쇠퇴를 겪고 있다는 것은 이미 의심할 여지가 없다.

인도 아리안의 문화는 외래자와 정복자의 불가항력적인 힘에 직면해 방어적인 태세를 취했다. 인도는 제 몸을 지키려고 껍질 속에 틀어박혔다.

그러자 지난날까지는 인도에 탄력성을 주었던 카스트 제도가 이제 옹색하고 고정적인 것으로 변했다. 여성의 자유는 제한되고 촌락 판차야트도 차츰 그 질이 떨어져 갔다. 더구나 더욱 활발한 외래 민족 앞에서 몰락해 가면서도 그 악습은 주민들에게 영향력을 행사해서 주민을 그 틀 속에 끼워 맞추려 했다. 이러한 인도의 강한 흡수 동화력은 정복자를 어느 정도 문화면에서 정복할 수 있게 했다.

그러나 이 충돌은 인도 아리안 문명과 고도의 문화를 가진 아랍인 사이에서 벌어진 것이 아님을 잊어서는 안 된다. 이 충돌은 오히려, 중앙 아시아 출신으로서 반(半)문명적인 유목민 단계에서 이슬람교에 귀의한 민족과, 높은 문명을 누리다가 이제 기운이 쇠하고 있던 인도 사이에서 일어난 것이다. 불행히도 인도 사람들은 침략자의 낮은 문명과 마흐무드 침략의 공포를 이슬람교와 결부시켜 생각하게 되었다. 때문에 이슬람교에 대한 반감이 쌓여 갔다.

52 *1932년 6월 3일*

유럽 국가들의 형성

그럼 이번에는 둘이서 유럽을 돌아보기로 할까? 우리가 마지막으로 유럽을 떠났을 때 그 곳은 부진한 상태에 있었다. 로마의 퇴폐는 서유럽 문명의 퇴폐를 의미하는 것이었다. 동유럽에서는 콘스탄티노플 정부가 지배하던 지역을 제외하면 상태는 더욱 나빴다. 훈족 아틸라는 유럽의 상당히 넓은 지역에서 방화와 파괴를 자행하면서 휩쓸었다. 그러나 동로마 제국은 기울어지면서도 곧잘 버티면서 이따금 에너지를 폭발시키곤 했다.

서방에서도 로마의 함락에 따른 격동이 지나고 새로운 질서 아래 안정되는 조짐이 보이기 시작했다. 그러나 그 향방이 분명해지는 데는 시간이 필요했고, 새로운 형태가 분명히 드러나려면 상황이 더욱 발전해야만 했다. 기독교는 성자와 평화의 사도들을 통해서, 또는 칼과 호전적인 왕의 지원을 받으며 널리 보급되어 나갔다. 수많은 새 왕국이 출현했다. 프랑스, 벨기에, 독일의 일부에서는 프랑크인(지금의 프랑스인과 혼동해서는 안 된다)이 클로비스(Clovis)라는 군주 아래 하나의 왕국을 형성했다. 클로비스는 481년에서 511년까지 지배했다. 이를 클로비스 할아버지의 이름을 따서 메로빙거(Merovinger) 왕조(481~751년)라 불렀다. 그런데 이 국왕들은 궁정 관리, 즉 궁내 장관(the Mayor of the Palace) 세력의 그늘 아래 기운을 펴지 못하기 일쑤였다. 이 장관들은 전권을 휘둘러 마침내 그 직위를 세습하게 만들었다. 그들이 실세 통치자였으며 이른바 왕은 꼭두각시에 불과했다.

732년 프랑스의 투르 전투에서 사라센인을 무찌른 샤를 마르텔도 이러한 궁내 장관 가운데 한 사람이었다. 투르 전투의 승리로 그는 사라센 정복의 파도를 가로막아, 기독교도가 볼 때는 유럽을 구한 것과 같았다. 이로 인해 그의 명성은 크게 올라갔다. 그는 적들에 대항해 기독교를 지켜 낸 자로 숭상받았다. 그 무렵 로마 교황은 대대로 콘스탄티노플측과 사이가 좋지 않았다. 그래서 그들은 샤를 마르텔측의 원조를 기대했다. 그 때 마르텔의 아들 피핀(Pipin)은 스스로 왕이 되기로 작정하고 꼭두각시 왕을 제거했는데, 물론 교황은 기꺼이 이에 동의했다.

피핀의 아들이 바로 샤를마뉴였다. 교황은 또다시 분쟁을 일으키고 있었으므로 샤를마뉴의 원조를 호소했다. 그는 이 호소에 응해 교황의 적들을 쫓아 냈다. 그리고 800년 크리스마스날에 대단한 의식이 거행되어 교황은 샤를마뉴에게 서로마 황제의 제관을 주었다. 그 날부터 전에 내가 이야기한 적이 있는 '신성 로마 제국'이 시작된 것이다.

이것은 정말 기묘한 제국이었는데, 그 뒤의 역사는 더욱 기묘했다. 마치 『이상한 나라의 앨리스』에 나오는 고양이 '체셔' 처럼 몸뚱이는 보이지 않고 다만 꼬리 끝에 미소만 달고 다니다가 어느 새 사라져 버렸기 때문이다. 그러나 이는 훨씬 뒷날의 일이며, 우리는 벌써부터 장래의 일까지 내다볼 필요는 없다.

신성 로마 제국은 고대 서로마 제국의 계속이 아니라 그것과는 별개의 것이다. 그것은 스스로 제국이라 칭했으며, 그 황제는 — 교황을 제외하고 온 세계의 모든 사람들 위에 군림하는 것으로 여겨졌다. 황제와 교황은 몇 세기에 걸쳐 어느 쪽이 더 높은가 하는 웃지 못할 경쟁을 벌였다. 그러나 이것도 후세의 일이었다. 주목해야 할 것은 새 제국을, 그 옛날 '세계의 여왕'이라 일컬어졌던 위대한 고대 로마 제국의 부활로 여겼다는 사실이다. 다만 여기에 새로운 이념 — 기독교가 덧붙여졌을 뿐이다. 이 때 이후로 이 제국은 '신성(Holly)'이라 일컬어졌다. 황제는 지상에서 신을 대신하는 대리자로 여겨졌고, 교황도 이와 거의 비슷한 위치에 있었다. 전자는 정치 영역을 담당하고 후자는 정신 영역을 담당했다. 그 이념이란 대략 이런 것이었다. 생각건대 왕의 신권이라는 관념이 유럽에서 시작된 것은 바로 이 때문이었다. 황제는 '신앙의 옹호자'였다.

영국 국왕이 지금도 신앙의 옹호자로 일컬어지는 것을 생각해 보면 참 재미있다. 이런 의미의 황제를 '신도의 총수'라 보았던 아랍 세계의 칼리프와 비교해 보면 좋을 것이다. 칼리프는 사실상 황제와 교황을 하나로 합친 듯한 존재였다. 칼리프가 뒷날 허울만의 수장이 되었다는 것은 이미 우리가 알아본 바와 같다.

콘스탄티노플의 황제들은 말할 것도 없이 신흥 '신성 로마 제국'을 달갑게 생각하지 않았다. 샤를마뉴가 제관을 받을 무렵 콘스탄티노플에서는 이레네(Irene)라는 한 여성이 제위에 올랐다. 그녀는 여제가 되려고 제 자식까지 죽였지만 치세에서 능력을 발휘하지는 못했다. 자식을 죽인 이 행위는, 교황이 샤를마뉴에게 제관을 수여하면서 감히 콘스탄티노플측과 절연한 한 가지 이유였다.

그리하여 샤를마뉴는 서방 기독교의 수령이 되고, 지상에서 신의 대리자가 되었으며, 동시에 신성 로마 제국의 황제가 되었다. 이 얼마나 장엄한 명칭이냐! 그러나 그는 인민을 기만하고 잠재움으로써 자기 목적을 달성하려 했다. 권위는 언제나 종교를 배경으로 해서 인민을 무지에 빠뜨리고 자기 힘을 강화하려 했다. 국왕이나 황제나 직위가 높은 성직자 무리들은 보통 사람에게는 거의 신과 같은 존재, 또한 일상 생활에서 아득히 동떨어져 실로 손닿기 어려운 존재가 되었다. 이러한 신비성이 사람들로 하여금 그들에 대해 두려움을 느끼게 했다. 궁정의 어마어마한 관습·예절·의례 따위를 또한 거창하기만 한 사원이나 교회의 예배 의식과 비교해 보아라. 양자에게서 공통된 경례(敬禮), 배궤(拜跪 : 절하고 꿇어앉음), 부복(俯伏) — 중국인의 말을 빌리면 고두(叩頭)를 볼 수 있다. 우리는 어려서부터 여러 가지 형태로 이러한 권위를 숭배하도록 주입받는다. 그것은 사랑에서 비롯된 의무가 아니라 두려움에서 나오는 의무다.

샤를마뉴는 바그다드의 하룬 알 라쉬드와 동시대 사람이었다. 그들은 서로 편지를 주고받았고, 샤를마뉴는 — 이 사실에 주의하라 — 동로마 제국이나 스페인의 사라센인과 싸우기 위해 양자가 동맹을 맺자고

유럽 국가들의 형성

넌지시 암시하기까지 했다. 이 암시는 아무런 결과도 낳지는 못했지만, 왕이나 정치가라는 사람들의 얄팍한 심중을 훤히 보여 주는 사건이었다. 기독교의 수령인 '신성한' 황제가 다른 기독교 세력과 아랍인 세력에 대항하기 위해 바그다드의 칼리프와 손을 잡으려 했다는 사실을 생각해 보거라. 스페인의 사라센인이 바그다드에 있는 아바스가의 칼리프를 승인하지 않았다는 것을 기억하고 있겠지? 스페인의 사라센인은 독립한 셈이 되었고 바그다드는 이것을 유감스러워했다. 그러나 그들은 서로 싸우기에는 너무 멀리 떨어져 있었다. 콘스탄티노플과 샤를마뉴도 별로 친하지는 않았지만 이들도 먼 거리 때문에 현실적으로 교전이 불가능했다. 그런데도 기독교도와 아랍인이 연합해 또 다른 기독교도와 아랍인 세력과 싸우자는 안이 제기되었다. 국왕들 마음 속에 숨겨진 진정한 동기는 세력과 권위와 재부의 획득이며, 다만 그것을 가려 주는 허울로서 종교가 가끔 이용된 것에 지나지 않았다. 이런 일은 어디에서나 있었던 일이다. 인도에서도 마흐무드가 종교라는 허울 아래 침입해 단물을 모조리 빨아먹은 것은 우리가 이미 살펴본 바와 같다. 이와 같이 흔히 종교적인 절규는 이익을 듬뿍 남겼다.

그러나 사람들의 관념은 시대에 따라 변한다. 먼 옛날에 살았던 사람을 평가하기란 매우 어렵다는 사실을 잊어서는 안 된다. 오늘날 우리에게는 명명백백한 점이 당시 그들에게는 도무지 이해할 수 없었던 점일 경우도 드물지 않다. 그리고 우리는 그들의 습관이나 사고 방식을 잘 이해하지 못한다. 사람들이 드높은 이상을 이야기하며 '신성 제국'이니 '신의 대리인'이니 '신의 명의로서의 교황'이니 하며 지껄이고 있는 동안 서방의 상황은 더 나빠질 수 없을 만큼 나빠졌다. 샤를마뉴의 치세가 끝나자 곧 이탈리아와 로마는 실로 눈뜨고 볼 수 없는 상태에 빠졌다. 추악한 남녀 무리가 멋대로 날뛰며 교황을 저희들 마음대로 갈아치웠다.

당시 많은 사람들은, 만일 제국이 부활하면 로마가 몰락한 이후 서유럽을 뒤덮었던 일반적인 무질서가 개선될 줄로 믿었다. 또한 황제를

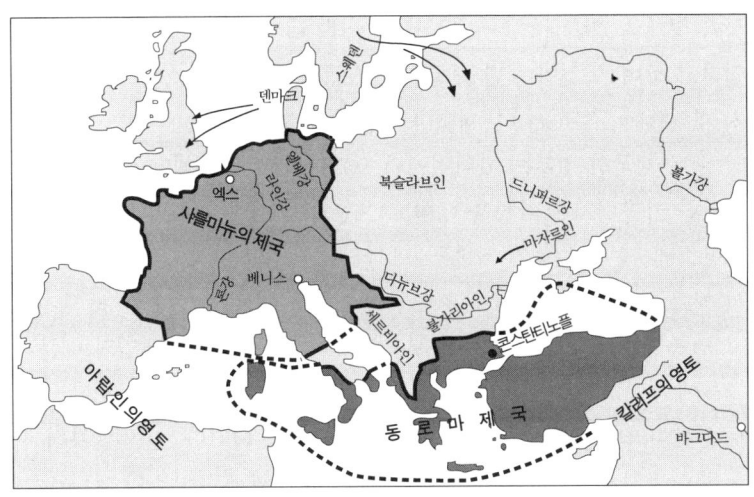
9세기의 유럽

세우면 득이 될 거라고 믿는 자들도 적지 않았다. 당시 어떤 저술가는, '만일 기독교도 사이에서 황제라는 명칭이 사라진다면 이교도들이 기독교도를 모욕하게 될지도 모르므로' 샤를마뉴를 황제로 추대했다고 적고 있다.

    샤를마뉴의 제국은 프랑스·벨기에·네덜란드·스위스를 포괄하고 또한 독일·이탈리아를 각각 절반씩 포괄하고 있었다. 그 서남쪽에는 아랍인이 지배하는 스페인이 있고, 동북쪽에는 슬라브인 및 기타 여러 부족이 있었다. 북쪽에는 덴마크인과 노르웨이인, 동남쪽에는 불가리아인과 세르비아인, 그리고 그 건너편에는 콘스탄티노플을 중심으로 하는 동로마 제국이 가로놓여 있었다.

    샤를마뉴는 814년에 죽었다. 그 뒤 오래지 않아 제국의 유산 상속을 둘러싸고 분쟁이 일어났다. 카롤링거(Carolinger·라틴어로 Charles를 Carolus라고 한다) 일족이라 일컬어지는 그의 자손들이 '뚱보' '대머리' '독신자' 따위의 별명이 붙은 것을 볼 때 별로 대수로운 존재들은 아니었다. 샤를마뉴의 제국이 분할됨으로써 마침내 우리는 독일과 프랑스가

유럽 국가들의 형성

273

국가 형태를 정립해 가는 것을 보게 된다. 독일은 843년에 국가를 이루었다고 하며, 독일인을 단일 국민으로 이끈 사람은 962년부터 973년까지 재위했던 오토(Otto) 대제였다고 한다. 한편 프랑스는 이미 이 당시부터 오토 제국의 일부는 아니었지만, 987년에 위그 카페(Huge Capet)가 미약한 카롤링거계 국왕을 내쫓고 프랑스의 지배권을 획득했다. 사실 프랑스에서는 독립적인 귀족들이 나라를 몇 개의 영역으로 나누어 갖고서 서로 싸우고 있었으므로 지배권의 획득은 별 실효가 없었다. 하지만 그 귀족들은 상대방보다는 황제나 교황이 더 무서운 존재였기 때문에 그들에 대항하기 위해 위그 카페를 중심으로 일치 단결했다. 위그 카페로 인해 마침내 프랑스도 하나의 국가를 이루어 나갔다. 먼 옛날부터 지금에 이르기까지 1000년 동안 계속되어 온 독일과 프랑스의 대립은 이 때부터 시작되었다. 프랑스인과 독일인처럼 교양이 높고 재능이 뛰어난 국민들이 먼 옛날의 원한을 지금까지 계속 품어 왔다니 참으로 이상한 일이다. 그러나 그 원인은 아마 그들에게 있다기보다는 그들을 지배한 그 당시의 체제(구조)에 있었다.

이 무렵 러시아도 서서히 역사의 무대에 등장했다. 북방에서 온 루릭(Rurik)이라는 사람이 850년쯤에 러시아 국가의 기초를 닦았다고 한다. 동남 유럽에서는 불가리아인이 정착해 매우 호전적으로 활동했다. 세르비아인, 마자르인(Magyars), 헝가리인, 폴란드인 등도 새로운 러시아와 신성 로마 제국의 중간 지대에서 형성되어 갔다.

한편 그 동안 북유럽 사람들은 배를 타고 서유럽이나 남유럽에 나타나 방화·학살·약탈 따위를 자행했다. 너는 이미 영국으로 노략질을 하러 나간 덴마크인과 그 밖의 노스맨(Northmen)에 대한 이야기를 읽은 적이 있겠지만, 뒷날 노스맨, 즉 노르만(Norman)이라고 일컬어지게 된 이들은 배를 타고 지중해를 돌아 큰 강을 거슬러 올라가 도처에서 온갖 강도질·살인·폭행·약탈을 자행했다. 그 무렵 이탈리아는 혼란에 빠져 있었고, 로마는 비참한 상태를 드러내고 있었다. 노르만인들은 로마를 포위하고 콘스탄티노플까지 위협하기에 이르렀다. 이 강도, 약탈자들은 노르망디(Normandy)가 있는 프랑스의 서북부, 남이탈리아, 시칠리아 등을 탈취하고, 거기에 정착해 영주와 대지주가 되었다. 이것은 떼돈을 만지게 된 도적들이 흔히 하는 수법이다. 1066년에 정복자로 알려진 윌리엄(William)의 지휘 아래 바다를 건너 영국을 평정한 것은 이 노르망디에서 온 노르만인이었다. 이리하여 영국 또한 제 모습을 드러내게 되었다.

이제 우리는 서기 1000년이 끝나는 시대의 유럽에 이른 셈이다. 바로 이 때 가즈니의 마흐무드는 인도를 공격했고 바그다드에서 아바스가의 칼리프가 쓰러졌으며, 셀주크 투르크인이 서아시아에 이슬람교를 부흥시키고 있었다. 스페인은 여전히 아랍인의 지배 아래 있었다. 그들은 모국 아라비아와 완전히 분리되어 있었고, 바그다드의 지배자들과 그리 화목하지 못했다. 북아프리카는 사실상 바그다드에서 독립해 있었다. 이집트에는 독립된 정부가 있었을 뿐만 아니라 칼리프의 분국이 있어서 이집트의 칼리프는 가끔 북아프리카까지 지배하곤 했다.

53 1932년 6월 4일

봉건 제도

어제 편지에서 나는 오늘날의 프랑스 · 독일 · 러시아 · 영국의 기원에 대해 간단히 이야기했다. 따라서 이 민족들이 옛날부터 오늘날과 같은 민족 관념을 갖고 있었다고 생각해서는 안 된다. 우리는 각각의 국민, 즉 영국인 · 프랑스인 · 독일인으로 분리해 생각하고, 이 국민들 또한 자기 나라를 고국 · 조국 · 향토로 여긴다. 이것이 바로 오늘날 두드러지게 볼 수 있는 민족 감정이라는 것이다. 우리가 인도의 독립을 위해 싸우는 것도 민족 관념에 따른 '민족' 투쟁이다. 그러나 그 무렵에는 이러한 민족 관념이 존재하지 않았다. 다만 이교도나 이슬람 교도들과 달리 기독교 집단, 또는 기독교 사회에 속해 있다는 기독교적 감정 같은 것이 있었을 따름이다. 이와 마찬가지로 이슬람 교도들도 자기들은 신앙이 없는 이교도가 아니라 이슬람 세계에 속해 있다는 관념이 있었다.

그러나 기독교나 이슬람교의 이러한 관념은 사람들의 일상 생활에서 직접 느낄 수 없는 막연한 의식이었다. 그런데 그 막연한 의식이 때를 만나 기독교 또는 이슬람교를 위해 싸우자는 종교적 열광으로 사람들의 마음을 사로잡은 것은 특수한 경우에 지나지 않았다. 여기에는 민족이라는 관계 대신에 독특한 인간과 인간의 관계가 있었다. 이른바 봉건 제도에서 비롯되는 봉건적 관계가 바로 그것이다. 로마가 몰락한 이후 서방 세계의 낡은 질서는 무너지고 말았다. 도처에 무질서, 무정부 상태, 폭력과 무력이 난무했다. 강자는 힘이 닿는 한 모든 것을 차지하며, 더 큰 강자가 나타나 그를 때려누일 때까지는 결코 손에 쥔 것을 놓으려 하지 않았다. 견고한 성곽이 축조되고 이 성의 영주는 습격대를 이끌고 주위 일대를 약탈하고 돌아다녔으며, 때로는 똑같은 짓을 하고 다니는 다른 무리와 싸움을 벌이기도 했다. 여기에서 가장 피해가 컸던 것은 말할 것도 없이 농촌의 빈농이나 노동자들이었다. 바로 이러한 무질서 상태에서 봉건 제도가 생겨난 것이다.

농민들은 조직되어 있지 않았으므로 강도나 다를 게 없는 영주에 대해 속수무책이었다. 그들은 보호해 줄 만한 강력한 중앙 정부도 없었다. 그래서 인민들은 그나마 나은 길을 택해 그들을 약탈하는 영주와 계약을 맺게 되었다. 즉 그들은 영주가 약탈하거나 박해하지 않으며 다른 영주들로부터 보호해 준다는 조건으로 그들의 밭에서 생산한 농산물의 일부를 영주에게 바치고, 또 영주에게 노동력을 제공하는 데 동의했다. 한편 조그마한 성의 영주는 더욱 큰 성의 영주와 이와 비슷한 계약을 맺었다. 다만 이 작은 영주는 농민도 아니고 생산자도 아니므로 밭에서 나는 농산물을 대영주에게 바칠 수는 없었다. 그러므로 작은 영주는 필요에 따라 언제나 대영주에게 군사적인 봉사를 하기로 약속했다. 그 대신 대영주는 소영주를 보호해 주기로 하고 소영주들을 가신으로 삼았다. 이리하여 그들은 한 단계씩 더 큰 영주나 귀족에 종속되어 드디어 이러한 봉건 기구의 정점을 이루는 국왕에까지 연결되었다. 그러나 거기가 종착점인 것은 아니었다. 그들이 보기에는 천국 또한 삼위 일체설[77])에 따라 신이 다스리는 봉건 제도였던 것이다.

    이것이 유럽 전역을 뒤덮은 무질서 속에서 점차 성장한 체제였다. 이 시대에는 사실상 중앙 정부가 존재하지 않았다는 것을 잊어서는 안 된다. 따라서 경찰관이나 그와 비슷한 것도 없었다. 어느 한 성의 토지를 소유한 자가 위정자이며, 그 토지와 그 토지 위에 사는 모든 주민들에 대해 영주로 군림했다. 그는 일종의 작은 국왕이며 주민의 부역과 생산물을 징수하는 대가로 그들을 보호해 주게 되어 있었다. 이리하여 그는 농민 또는 농노라 부르던 이들 인민의 주군이었다. 이론상으로는 이 영주를 가신으로 삼고 그에게 군사적인 봉사를 요구하는 더 큰 영주로부터 토지를 물려받는 형식이었다.

    교회의 교직자들까지 봉건 제도의 구성 분자가 되었다. 그들은 성직자인 동시에 봉건 영주였다. 그리하여 독일에서는 토지와 부의 거의 절반이 주교와 수도원장과 같은 성직자들 차지가 되었다. 교황부터가 하나의 봉건 영주였다.

    이런 제도 전체가 등급과 차별로 이루어진 체제였다는 것을 알 수 있을 것이다. 평등이란 관념은 아예 관심 밖이었다. 최하층에는 인민이나 농노가 있어 이 사회 구조의 모든 부담 — 소영주·대영주·더 큰 대영주·왕을 어깨에 걸머져야 했다. 뿐만 아니라 교회 — 주교, 수도원

---

77) 서른한 번째 편지를 참조할 것. 삼위 일체설은 기독교 내부의 여러 종파 사이에 끊임없는 논쟁을 불러일으킨 애매 모호한 논증이었다. 여기에서 이 설이 인용된 것은 아마 그러한 애매한 논증을 이용해 이것저것 뭉뚱그려서, 이를테면 천국과 지상도 이 같은 원리로 설명되었다는 것을 말하는 것이리라.

장・추기경・평신부의 모든 경비도 그들이 부담하게 마련이었다. 크고 작은 영주들은 식량을 수확하거나 그 밖의 생산적인 일에는 전혀 손을 대지 않았다. 이러한 일은 그들에게 어울리지 않는다고 생각했기 때문이다. 전투가 그들의 주된 일이며 전투가 없는 한가한 때는 사냥이나 모의 전쟁이나 경기를 벌이며 세월을 보냈다. 그들은 결투를 벌이는 것, 먹고 마시는 것 외에는 별로 낙도 없는 야비하고 무지한 무리들이었다. 그리하여 식량이나 생활 필수품을 생산하는 일은 모두 농민이나 직공들이 떠맡게 되었다. 그리고 이 체제의 제일 꼭대기에는 '신의 신하'로 간주되는 국왕이 서 있었다.

이것이 봉건 제도의 배후에 가로놓여 있는 이념이었다. 이념상으로 영주에게는 가신과 농노를 보호할 의무가 있었지만 실제로는 그 스스로 일체를 다스리는 법률과 같은 존재였다. 이들의 상전이나 국왕은 좀처럼 이들을 제재하지 않았으며, 한편 농민은 이들에게 반항하기에는 너무나 힘이 미약했다. 거의 절대적인 권력을 쥐고 있던 이들은 농노를 최대한 쥐어 짜내 최소 한도의 생활을 할 수 있는 여유조차 남겨 주지 않았다. 토지 소유자의 수법이란 어느 시대 어느 나라를 막론하고 꼭 이런 것이었다. 토지의 소유권이 높은 가문을 만들었다. 땅을 횡령해 성곽을 쌓아올린 날강도 같은 기사(knight)가 만인의 존경을 받는 귀족이 되었다. 이 토지 소유권이 또 권력을 낳았다. 그리고 소유자는 그 권력을 이용해 농민과 생산자나 직공들을 다그쳐 철저하게 쥐어 짜냈다. 법률도 영주 편이었다. 법률은 영주와 그의 친구들이 제정했기 때문이다. 그리하여 지각 있는 많은 사람들은 토지를 개인이 소유할 것이 아니라 사회가 소유해야 한다고 생각하게 되었다. 토지가 국가나 사회에 속한다는 것은 그 토지가 경작자 자신의 소유이며, 아무도 경작자를 착취하거나 부당한 이익을 취할 수 없다는 것을 의미한다.

그러나 이러한 견해는 아직도 등장하지 않고 있었다. 이 시대 사람들에게는 이런 생각 자체가 아예 없었다. 대다수의 인민들이 비참한 생활을 하고 있었지만 그 고역에서 벗어나는 길을 알지 못했다. 그래서 그들은 그저 희망도 없는 고역을 감당해 살아갈 따름이었다. 이렇게 되니 사람들은 무슨 일에나 게을러지게 마련이다. 그래서 한편에는 봉건 영주와 그 가신, 그리고 다른 한편에는 극단적인 빈민으로 구성된 하나의 사회가 이루어지게 되었다. 석조로 된 영주의 성곽 주위에는 반드시 흙이나 판자로 지은 농노의 움막이 즐비했다. 이리하여 아득히 동떨어진 두 개의 세계 ― 영주의 세계와 농노의 세계가 병존하고 있었다. 아마도 영주는 농노들을 마치 약간 색다른 털이 난 가축 정도로 생각했을 것이다.

때로는 하급 성직자들 가운데 농노를 영주로부터 보호하려는 자도 있었다. 그러나 대체로 성직자나 수도원장들은 영주의 편이었다. 주교나 수도원장 자신이 봉건 영주였던 것이다.

인도에는 이러한 봉건 제도는 없었지만 이와 비슷한 것은 있었다. 사실 우리 인도의 제후국에는 왕후·귀족·소귀족 등이 있어 아직도 봉건적인 풍습이 많이 남아 있다. 인도의 카스트 제도는 봉건 제도와는 전혀 다르지만 그대로 또한 사회를 등급으로 나누는 제도다. 중국에는 전에 말한 것처럼 이런 전제 정치나 특권 계급은 없었다. 아득한 옛날부터 시험 제도에 의해 누구나 사회의 최고 지위에 오를 수 있는 문호를 개방해 왔다. 물론 거기에도 실제로 여러 가지 제약이 있었던 것이 분명하다.

봉건 제도 아래서는 이러한 평등이나 자유의 관념은 전혀 없었다. 오직 어떤 권리와 의무라는 관념만이 있었다. 즉 봉건 영주는 백성들로부터 부역과 생산물을 헌납받을 권리가 있고, 그 대신 이들을 보호해 줄 의무가 있다고 생각하고 있었다. 그러나 권리는 절대로 포기하는 일이 없었지만 의무는 번번이 무시되었다. 지금도 유럽의 여러 나라들과 인도에는 팔짱을 끼고 앉아 소작인한테 막대한 소작료를 거두어들이는 지주가 있다. 그러나 이제 의무란 거의 잊혀져 있다.

그토록 자유를 애호하던 유럽의 고대 미개 부족들이 자유를 완전히 부인하는 이 봉건 제도에 어느 새 물들고 말았다는 것은 참으로 이상한 일이다. 이 여러 부족들은 대체로 족장을 선출해 그에게 어떤 제한을 가

하는 것이 관례였다. 그러나 봉건 시대가 되자 도처에 전제와 압제만이 있을 뿐 선거란 그림자도 찾아볼 수 없었다. 어찌하여 이런 변화가 일어났는지 나로서는 설명할 도리가 없다. 아마 교회의 가르침이 이 비민주적인 관념의 보급을 촉진했을지도 모른다. 국왕은 지상에 나타난 신의 그림자처럼 여겨졌다. 비록 그림자라고는 해도 전능한 자에 대해 어찌 감히 항거하거나 담판을 할 수 있겠니. 이리하여 봉건 제도는 천국도 지상도 모두 자기 울타리 속에 가두어 놓은 셈이다.

인도에서도 우리는 아리안적인 자유의 관념이 점차 변화하고 있는 것을 알 수 있다. 그것은 점차 약화되기만 해 마침내 거의 사라져 버렸다. 그러나 앞에서도 설명한 것처럼 중세 초기까지는 아직 어느 정도 기억에 남아 있었다. 슈크라아차리아의 『니티사라』나 남부 인도의 비문이 그것을 말해 주고 있다.

이윽고 고개를 쳐들기 시작한 새로운 바람 속에서 자유의 싹이 서서히 유럽에서 되살아나고 있었다. 토지 소유자와 그 토지에서 일하는 사람들, 다시 말하면 영주와 농노 외에 또 다른 계급에 속하는 사람들이 있었다. 상인과 수공업자가 그것이다. 혼란한 시대에는 상업이 좀처럼 존재할 수 없었고 수공업도 번성하지 못했다. 그러나 점차 거래가 늘어 직공의 우두머리나 상인의 지위는 날로 높아졌다. 그들이 부유하게 되자 영주는 그들의 돈을 빌려 쓰게 되었다. 그들은 돈을 꾸어 주는 대신 영주에게 여러 가지 특권을 보장할 것을 요구했다. 이 특권은 그들의 세력을 더욱 키워 주었다. 그리하여 영주의 성곽 주변에 즐비했던 농노의 움막 대신, 예배당이나 교회나 길드 홀(guild hall)을 중심으로 민가들이 들어선 작은 도시가 발달하게 되었다. 상인이나 수공업자들은 길드나 협회를 결성해 이 단체의 본부가 길드 홀이 되고, 이 길드 홀이 나중에

---

78) 런던 도심부에 있는 길드 홀. 그 기원은 매우 오래되었지만 분명치는 않다. 1411년, 1789년, 1870년 등 세 번에 걸쳐 개조 · 보수되었다. 시 의회당으로 이용되는 외에도 해마다 정기적으로 대연회가 개최된다. 대형 공공 도서관 · 박물관 · 미술관을 비롯한 부속 시설을 갖고 있으며, 그 위용으로 시민의 전통을 웅변하고 있다.

시 의회당(town hall)이 되었다. 너도 아마 런던의 '길드 홀'[78]에 대해 잘 알고 있겠지.

날로 커지기 시작한 이 도시들 — 쾰른·프랑크푸르트·함부르크 등은 드디어 봉건 영주들과 대립하게 되었다. 이리하여 하나의 신흥 계급, 즉 상인 계급이 발흥해 그들의 재력은 귀족을 능가하기에 이르렀다. 오랫동안 상인 계급과 귀족의 투쟁이 계속되었는데, 국왕은 휘하의 귀족이나 영주들의 세력을 은근히 두려워한 나머지 때때로 상인들 편을 들기도 했다. 그런데 내 이야기가 너무 앞지르고 말았구나.

오늘의 이 편지는 중세에는 민족 감정이라는 것이 없었다는 말로 시작되었다. 당시 사람들은 상전인 영주에 대해 의무와 충성을 서약하기는 했지만 나라에 봉사하려는 생각은 없었다. 그들에게 국왕이란 너무 먼 존재였으며, 실감나지 않는 구름 위의 존재와 같았다. 영주는 마음만 있다면 국왕에게 저항할 수도 있었다. 영주의 가신들은 영주의 명령에 따라야만 했다. 이는 먼 뒷날에 나타난 민족 관념과는 거리가 먼 것이었다.

54 1932년 6월 5일

중국이 유목민을 서쪽으로 쫓아 내다

나는 오랫동안 중국이나 극동의 여러 나라에 대해 말하지 않았나. 아마 한 달 가까이 된 것 같구나. 지금까지 우리는 유럽·인도 및 서아시아에서 일어난 여러 변화를 이야기하고, 아랍인들이 많은 나라로 전진해 나가는 과정을 살펴보았다. 그 동안에 유럽은 다시 암흑 속에 빠지고 그 속에서 투쟁하는 계층이 생겨났다. 이 시기에 중국은 끊임없이 활동을 계속하고 있었고 대체로 순탄한 상황에 놓여 있었다. 7~8세기쯤 당왕조의 중국은 아마 세계에서 가장 문화가 발달하고 번영했으며 잘 통치되던 나라였을 것이다. 유럽은 말할 것도 없이 로마 붕괴 이후 줄곧 낙후 상태에 있었으므로 당시 중국과는 비교도 될 수 없다. 당시 북인도는 이 시대의 대부분을 대체로 부진한 상태에서 보냈다. 하르샤가 치세하던 시절에는 광채를 발휘했지만 전체적으로는 내리막길에 있었다. 남인도는 그래도 북인도에 비하면 훨씬 활기가 있었다. 바다 건너에 있는 남인도의 식민지 앙코르와 스리 비자야도 이제 황혼기로 접어들고 있었다. 어떤 의미에서 이 시대에 중국에 필적할 만한 나라는 고작 바그다드와 스페인의 두 아랍 국가뿐이다. 그러나 이 두 나라도 융성기는 그리 길지 않았다. 그런데 재미있는 사실은 황제 자리에서 밀려난 어느 당 황제가 아랍에 원조를 요청해 그들의 원조 덕분에 다시 권력을 회복한 적이 있었다는 사실이다.

    그리하여 이 시대에 중국은 문명의 선두를 유유히 달리고 있었다. 당시 중국인들이 유럽인을 반(半)미개인 집단으로 보았던 것도 근거가 없지는 않다. 우리가 아는 한 중국은 세계에서 최고의 지위를 차지하고 있었다. 우리가 아는 한이라고 말한 것은 그 무렵 아메리카 대륙이 어떤 상태에 있었는지를 내가 알지 못하기 때문이다. 그러나 우리는 당시 멕시코·페루 및 여기에 인접한 여러 나라에 몇백 년 간에 걸쳐 문명이 존속했다는 사실을 알고 있다. 생각하기에 따라서는 그들은 매우 앞서 있었다고 할 수도 있겠고, 또 매우 뒤져 있었다고 말할 수도 있겠다. 그러나 그들에 대해 이야기하기에는 나의 지식이 너무 부족한 것 같다. 하지

---

79) 고고학적인 발굴은 유럽인이 건너가기 전에 아메리카 대륙에 이미 고도로 발달한 문명이 있었음을 가르쳐 준다. 그 기원은 태고 시대에 아시아 문명과 관계가 있었던 듯하나, 유럽인과 접촉해서 멸망하기까지 오랫동안 독자적인 발달 과정을 거친 것으로 보인다. 아시아 대륙의 신석기 시대 농경 문화가 베링 해협이나 태평양을 건너와 아메리카에서 독자적으로 발전한 듯하다. 그 중심은 중앙 아메리카 멕시코의 마야 문명 및 아스텍 문명, 남아메리카 페루의 잉카 문명이었다.

만 멕시코나 중앙 아메리카의 마야 문명, 잉카의 페루인 국가[79)]를 너도 기억해 주기 바란다. 나보다 지식이 많은 사람이 그 나라들에 대해서 내게 값진 이야기를 들려 줄 때가 있으리라 생각한다. 솔직히 말해서 나는 마야 문명과 잉카 문명에 흥미를 갖고 있지만 아는 것이 별로 없으니 그 문명의 가치를 제대로 평가하지 못하는구나.

또 하나 네가 기억해 두어야 할 것이 있다. 이 편지를 계속 써 오는 동안 우리는 여러 유목 종족이 중앙 아시아에 나타나 유럽으로 옮겨가기도 하고 인도로 내려오기도 하는 것을 보아 왔다. 훈족, 스키타이인, 투르크인, 그 밖의 여러 종족이 속속 나타나 물결처럼 거듭 밀려왔다. 너는 인도에 온 훈족이나 아틸라의 지도 아래 유럽에 나타났던 훈족을 기억할 것이다. 또한 바그다드 제국을 함락시킨 셀주크 투르크인 또한 중앙 아시아에서 온 종족이다. 뒷날 또 다른 투르크인의 한 분파인 오스만 투르크인이 쳐들어와 콘스탄티노플을 함락시키고 다시 계속 공격해 비엔나(Vienna)성을 압박했다. 또 중앙 아시아와 몽고에서는 가공할 몽고인이 나타나 유럽의 심장부를 찌르고 중국마저 손아귀에 넣었다. 인도에서 제국을 세우고 몇 명의 유명한 군주를 배출한 것도 이 계통에 속하는 사람들이었다.

중앙 아시아나 몽고의 유목 종족들과 중국은 끊임없이 전쟁을 일으켰다. 어쩌면 이 유목 종족이 중국을 끊임없이 위협해 중국으로 하여금 부득이 방위에 나서지 않을 수 없게 했다는 편이 올바른 표현일지도 모른다. '만리장성' 이 축조된 것도 이들을 막기 위해서였다. 이것은 조금 도움이 된 것은 틀림없지만 침입을 막기에는 너무 빈약한 시설이었다. 중국의 역대 황제는 여러 차례 유목 종족을 몰아 냈으며, 전에 이야기했던 것처럼 중국 제국이 멀리 서쪽의 카스피 해까지 확대해 나간 것도 바로 이 같은 격퇴 과정이었을 뿐이다. 중국 민족은 그다지 제국주의적 소질을 갖고 있지는 않았다. 중국 황제 가운데 어떤 사람은 분명히 제국주의자였고 정복의 야심을 불태우기도 했다. 그러나 다른 수많은 민족에 비하면 그들은 평화를 사랑했고 전쟁과 정복을 좋아하지 않았다. 중국

중국이 유목민을 서쪽으로 쫓아 내다

에서는 어느 시대에나 학식 있는 사람이 호전가보다 명예롭고 높은 지위를 차지했다. 그런데도 중국 제국은 몇 번이나 어마어마하게 광대해지곤 했다. 이것은 서북쪽에서 끊임없이 공격해 오는 유목 종족에 자극받은 결과였다. 강력한 황제는 그들을 한꺼번에 소탕하려고 멀리 서방까지 추적해 나갔다. 이 원정으로 그 위협을 근본적으로 해결했다고는 할 수 없지만 상당한 여유를 얻을 수 있었다.

그러나 중국이 얻은 이 여유는 다른 여러 민족이나 국가의 희생 위에서 이룩된 것이었다. 왜냐하면 중국인에게 쫓긴 유목 종족이 다른 나라에게 창끝을 겨누었기 때문이다. 그들은 인도로 몰려오기도 했고 수없이 유럽을 공격했다.

지금까지는 중국인이 북방의 유목 종족에 대한 방위에 크게 성과를 거둔 예를 들었지만 이제는 중국인이 여기에 별로 성공하지 못한 시대로 들어가 보자.

한때 번성하던 왕조가 어김없이 겪게 되는 운명처럼, 당나라도 차츰 쇠퇴하면서 선대의 미덕을 전혀 이어받지 못하고 그저 쾌락만 일삼는 어리석은 군주가 속출했다. 따라서 부패가 만연하고 국민들에게 무거운 세금이 부과되었다. 이 부담은 말할 것도 없이 빈민층의 나약한 두 어깨 위에 부과되었다. 그러자 백성들의 불평 불만이 폭발해 10세기 초, 즉 907년에 마침내 당 왕조는 무너지고 말았다.

그 뒤 약 반 세기 동안 몇몇 미약하고 하찮은 군주들이 등장했다. 그러나 960년에 다시 큰 왕조가 시작되었다. 그것은 바로 태조 조광윤(趙匡胤)이 세운 송 왕조였다. 하지만 국경과 국내의 분쟁은 여전히 그치지 않았다. 고액의 농지세가 농민에게 엄청난 압박을 주어 백성들의 원성이 드높았다. 인도와 마찬가지로 여기서도 토지 제도 자체가 인민에게 과중한 부담을 안겨 주었고 이것이 완전히 바뀌기 전에는 평화도 진보도 결코 있을 수 없었다. 그런데 모든 기구에 두루 연결되어 있는 제도를 바꾼다는 것은 어떤 경우에나 매우 어려운 일이다. 상층 사람들은 기존 체제에 기대 이익을 보고 있으므로 변화가 일어나면 요란하게 반대하기 마련이다. 만일 제때에 변화가 이루어지지 않으면 좋건 싫건 어김없이 격변이 닥쳐와 사회를 근본부터 뒤흔들어 놓고 만다!

당 왕조는 필요한 변화를 수행하지 않았기 때문에 쓰러졌으며 송 왕조도 바로 이 문제로 끊임없이 시달렸다. 이 문제를 극복할 수 있는 한 인물이 나타났다. 그는 11세기의 송나라 재상 왕안석(王安石)이었다. 앞서 말한 것처럼 중국은 유교 관념이 지배하는 나라였다. 관리는 누구나 유교 고전 시험에 급제해야만 했고, 공자의 말에 거스를 만한 용기를 가진 사람은 아무도 없었다. 왕안석도 공자에 반대한 것은 아니며 공자의 주장을 그럴 듯하게 해석했다. 이는 현명한 사람이 장벽을 타개하기 위해 곧잘 사용하는 방법이다. 왕안석의 사상 중에는 때로는 놀랄 만큼 근대적인 것이 포함되어 있었다. 그의 개혁안은 모두 빈민에 대한 과세의 경감과 부담 능력이 있는 부자에게 더 많은 세금을 물리는 데 집중되어 있었다. 그는 지조(地租)를 경감함과 아울러 농민이 현금이 없어 납세하지 못할 경우에 현물, 즉 곡물로 대신하는 것을 인정했다. 또한 부유한 사람에게 소득세를 부과했다. 이것은 다름 아닌 근대적인 조세 제도인데, 그것이 900년 전의 중국에서 제안되었던 것이다. 농민 구제책으로 정부가 양곡을 대출하고 풍년이 들었을 때 갚도록 하는 제도를 제안했다. 또 한 가지 극복해야 할 문제는 곡물 가격의 불안정이었다. 너는 최근 2년 간 곡물 및 기타 농산물 가격의 현저한 하락으로 인도 농민이 얼마나 고통을 겪고 있는지 알고 있느냐? 시장 가격이 떨어지면 농민은 경작지에서 나오는 생산물로는 거의 수익을 올릴 수가 없다. 농민들은 생산물을 제값에 팔지 못해 납세하거나 물건을 구입할 돈을 얻을 수가 없다. 인도의 영국 정부보다 현명했던 왕안석은, 이 문제를 극복하려면 정부가 가격의 등락을 막기 위해 곡물을 적절한 시기에 사들이고 팔아야 한다는 안을 제출했다.

왕안석은 또 공공 사업에 강제 노동을 쓰지 말 것과 일하는 자는 누구나 일한 만큼 임금을 지불받아야 한다고 주장했다. 그는 또 보갑(保甲)이라는 지방 농민군을 만들었다. 그러나 왕안석은 불행하게도 너무 시대를 앞서갔기 때문에 그의 개혁은 좌절했다. 다만 농민군 제도만은 800년 이상이나 존속했다.

당면 문제의 해결에 용단을 내리지 못했기 때문에 송 왕조는 차츰 흔들리기 시작했다. 북방 민족인 거란족(契丹族 : 4세기 이래 내몽고 시라무렌 강 유역에 살았던 몽고계 유목 민족)은 감당할 수 없을 만큼 강해졌고, 이들을 물리치기 위해 동북부에서 온 다른 부족 — 금(金), 즉 여진족(the Golden Tartars)에게 원군을 청했다. 금은 송의 요청에 따라 거란족을 물리쳤으나 송나라에 그대로 주저앉아 철수하려고 하지 않았다! 이것은 강자의 원조에 의지하는 약자나 약소국이 곧잘 겪는 운명이다. 여진족은 스스로 북부 중국의 주인이 되어 북경에 수도를 두었다. 송은 남쪽으로 후퇴해 여진족의 진출 앞에 위축되어 가기만 했다. 이리하여 북부 중국에는 금, 남부 중국에는 송이 자리잡고 대립하게 되었다. 남부 중국에 세워진 송을 남송이라 한다. 북부 중국에서 송 왕조는 960년부터 1127년까지 지속되었다. 남송은 뒷날 몽고인에게 1260년에 쓰러질 때까지 150년 동안 지배를 계속했다. 그런데 중국은 옛날 인도가 그랬듯이 몽고인을 문화면에서 흡수·동화시켜서 그들을 전형적인 중국인과 거의 다를 바 없이 만들어 버렸다.

이렇게 중국은 끝내 북방 민족에게 굴복했으나 그 과정에서 침입자들을 교화해, 아시아나 유럽의 다른 지역들만큼 시달림을 받지는 않았다.

북송이나 남송이 정치면에서는 당 왕조만큼 세력을 떨치지 못했다. 그러나 당이 융성하던 시기에 꽃피운 예술적 전통을 보존하고 개량하기도 했다. 남송이 지배하는 남부 중국은 예술·문학에 뛰어났으며 아름다운 그림을 많이 남겼다.

특히 송조의 예술가들은 자연을 사랑해 뛰어난 풍경화들이 많다. 예술가의 손길을 거쳐 정교한 도자기도 제작되었다. 이 도자기 기술은 더욱 발달해 200년 후 명조에서는 뛰어나게 아름다운 도자기가 만들어지게 되었다. 명대의 중국제 꽃병은 오늘날에도 높이 평가되고 있다.

55 *1932년 6월 6일*

쇼군이 지배하는 일본

중국에서 황해를 건너면 일본이 있다. 여기까지 온 김에 일본을 찾아가 보는 것도 좋겠지. 너는 우리가 마지막으로 일본을 방문했던 것을 기억하고 있겠지? 우리는 일본에서 대가족이 무리 지어 일어나 패권을 다투고 중앙 정부가 차차 그 형체를 드러내기 시작하는 것을 보았다. 어떤 강대한 씨족의 족장에서 천황으로 올라선 사람이 중앙 정부의 우두머리가 되었다. 중앙 권위를 상징하는 것으로서 수도 나라(奈良)가 건설되었다. 그리고 곧 수도가 교토(京都)로 옮겨졌다. 중국식 정치 방식이 모방된 것 외에도 예술·종교·문화 등을 모두 중국에서 들여와 채용했다. 나라 이름 ─ 일본조차 중국에 기원을 둔 것이다.

또 어떤 세력 있는 가문 ─ 후지와라(藤原)가가 모든 권력을 장악하고 천황을 꼭두각시로 만든 사실도 이미 살펴본 그대로다. 후지와라가의 지배는 200년 동안이나 계속되었고, 천황들 중에는 이에 절망한 나머지 퇴위해 출가한 사람도 있었다. 그런데 출가해 승적에 몸을 둔 뒤에도 전 천황은 아들인 현 천황에게 암암리에 지시를 내림으로써 정치 문제에 간섭했다. 이러한 방법을 통해 천황들은 어느 정도까지 후지와라가의 세력을 억제해, 점차 실권은 출가한 천황의 손으로 들어갔다. 그리하여 그들은 출가 천황(the Cloistered Emperors)이라 일컬어졌다.

그런데 그 사이에 새로운 변화가 일어났다. 즉 군인을 겸한 신흥 대지주 계급이 대두하기 시작한 것이다. 이 대지주들을 만들어 낸 것은 후지와라가이며, 이들에게 정부에 바칠 조세의 징수를 위탁했다. 이들을 다이묘(大名)라 하는데 큰 이름이라는 뜻이다. 이것을 영국인이 오기 직전 우리 주에 다이묘와 비슷한 계급이 대두한 것과 비교해 보면 재미있다. 특히 오우드(Oudh)에서는 힘이 약했던 왕이 조세 징수인을 임명했다. 이들은 강제 징수의 편의를 위해 휘하에 작은 군대를 가지고 있었고, 징수액의 대부분은 물론 그들의 손으로 넘어갔다. 이들 징수인 중에는 크게 성장해 대타루그다르(Tarugdars : 지주)가 되는 자도 있었다.

다이묘는 가신과 군대를 보유하고 큰 세력을 얻어 서로 다투면서 차츰 교토의 중앙 정부를 무시하게 되었다. 다이묘 가운데 2대 가족으로 다이라(平)씨와 미나모토(源)씨가 있었다. 그들은 천황을 원조해 1156년에 후지와라를 굴복시켰다. 그 이후 양자는 서로 싸워 결국 다이라가 이겼다. 다이라가는 장차 상대방이 다시는 해를 끼치지 못하도록 4명의 어린아이를 제외하고 미나모토가 사람들을 전부 몰살해 버렸다. 다행히 살아남은 4명의 어린이 중에 요리토모(賴朝)라는 한 소년이 있었다. 미나모토의 씨를 말리려던 다이라가의 계획에는 허점이 있었던 것이다. 후환은 없으리라 생각되어 목숨을 살려 준 요리토모 소년은 뒷날 어른이 되어 다이라가에 대한 복수심을 불태우는 무서운 강적이 되었다. 그는 수도에서 다이라가를 몰아 내고 이어 해전에서도 그들을 전멸시켰다.

요리토모의 세력이 강대해지자 천황은 그에게 '세이이 다이쇼군(征夷大將軍)'이라는 그럴 듯한 칭호를 주었다. 이 말은 '오랑캐를 평정한 위대한 사령관'이라는 뜻이다. 이것은 1192년의 일이다. 이 칭호가 세습되면서 큰 정치 권력까지 소유하게 되었다. 쇼군(將軍)은 일본의 실제적인 지배자가 되었고, 이리하여 일본에 쇼군 정치[幕府]가 시작되었다. 이러한 정치 형태는 약 700년 동안, 즉 바로 얼마 전 근대 일본이 봉건적인 껍질을 깨고 나올 때까지 계속되었다.

다만 이것은 요리토모의 자손이 700년 동안 쇼군으로서 계속 지배했다는 뜻은 아니다. 쇼군을 배출한 가문은 몇 번이나 바뀌었다. 내란은 되풀이해서 일어났지만 쇼군 제도 자체는 변함없이 존속되었고, 형식상으로는 천황의 이름으로 정치가 이루어졌다. 천황은 계속 존속했지만 실권은 없었고, 진정한 지배자는 쇼군이었다. 어떤 시기에는 쇼군도 단순한 허명일 뿐 몇 사람의 관리가 권력을 장악했던 적도 있었다.

요리토모는 문약한 생활이 자신과 참모들을 무력하게 만들 것을 꺼려 수도 교토에 살기를 싫어했다. 그는 가마쿠라(鎌倉)에 군도(軍都)를 세웠는데, 그 때문에 최초의 쇼군 정부는 가마쿠라 막부라 일컬어졌다. 이 막부는 1333년까지, 즉 약 150년간 존속했다. 일본은 이 기간에 대체로 평화스러웠다. 여러 해 동안 내란이 계속되었기 때문에 이 평화는 크게 환영을 받았고, 번영의 한 시대를 출현시켰다. 이 시대에 일본의 상황은 많이 개선되었고, 정부는 같은 시대 유럽의 어떤 정부보다 유능했다. 일본은 중국의 발빠른 제자였는데도 양국 사이에 나타난 양상에는 현격한 차이가 있었다. 이미 말한 것처럼 중국은 본질적으로 평화롭고 온건한 나라였으나, 일본은 이에 반해 호전적인 군사 국가였다. 중국에서 군인은 멸시받고 호전가는 별로 명예롭게 여겨지지 않았다. 그러나 일본에서 최고의 지위를 차지하는 것은 모두 군인이었고 다이묘나 무사의 이상이 곧 일반적인 이상이었다. 아마 인도도 그렇겠지만 중국은 적극적으로 싸움에 나서기에는 너무 나이가 많은 나라였을 것이다. 사람들은 대체로 평화를 원하고 옛 시대에 누렸던 안식을 원한다.

일본은 중국으로부터 많은 것을 받아들였지만 그들 나름대로 이것을 소화해 자기 민족성에 맞게 모든 것을 고쳤다. 중국과는 긴밀한 관계를 유지했고, 무역도 주로 중국의 상선을 통해 유지되었다. 그런데 이러한 관계는 13세기 말에 몽골이 중국과 코리아에 쳐들어오자 갑작스레 중단되었다. 몽고인은 일본을 정복하려 했으나 오히려 격퇴당했다. 그리하여 아시아의 모습을 크게 변화시키고 유럽을 진동시켰던 몽고인들도 일본에게는 그다지 두드러진 영향을 끼치지 못했다. 일본은 그 이전보다 더욱 바깥 세상의 영향에서 차단되어 여전히 예전부터 내려온 길을 계속 걸었다.

일본 관계 연대기에는 이 나라에 처음으로 목화가 전래된 사정이 기록되어 있다. 일본 근해에서 조난당한 몇 명의 인도인이 799년에 목화씨를 전했다는 것이다.

차를 재배하기 시작한 것은 그보다 훨씬 뒤의 일이다. 일본에 차가 처음 소개된 것은 9세기의 일인데, 이 때는 재배에 성공하지 못했다고 한다. 1191년에 승려 한 사람이 중국에서 차 씨앗을 가지고 온 뒤로 빠르게 일반에 보급되었다. 차를 즐기는 습관은 양질의 도자기 수요를 낳았다. 13세기 이후 일본의 어느 도공이 도자기 제조술을 배우러 중국으로 건너갔다. 그는 중국에 6년 동안 머문 뒤 귀국해 우아한 일본 도자기를 만들기 시작했다. 차를 마시는 것은 이제 일본에서 풍류 있는 예도로 여겨지며, 이에 관한 예절이 매우 야단스럽다. 네가 일본에 가면 예절에 맞게 차를 마셔야 할 것이다. 그러지 않으면 야만스러운 사람으로 여겨질 터이니 말이다.

56 *1932년 6월 10일*

인간에 대한 탐구

4일 전에 바레일리(Bareilly) 형무소에서 너에게 편지를 썼지. 그 날 저녁 무렵 나는 소지품을 챙겨 들고 형무소 문을 나서라는 명령을 받았다. 석방이 아니라 다른 감옥으로 이송되기 위해서였다. 그래서 나는 넉 달 동안 살았던 옥사(獄舍)의 동지들과 작별 인사를 나누고, 오랫동안 신세 졌던 24피트나 되는 높다란 벽돌담과도 작별한 다음 잠시 바깥 세상을 구경하기 위해 문을 나섰다. 나와 또 한 사람이 이송되었단다. 형무소 간수들은 우리가 남의 눈에 띌 것을 염려해 곧장 바레일리 정거장으로 가질 않았다. 우리는 푸르다나신(purdahnashins)*이 되었으니 남들 눈에

---
* 베일 뒤에 숨어서 사는 사람.

띄면 안 되는 것이다! 그들은 우리를 50마일이나 떨어진 들판의 한 작은 역으로 자동차에 태워서 데려갔다. 참으로 고마운 드라이브였다. 여러 달 동안이나 갇혀만 있다가 차가운 대기를 흠뻑 마시며, 환상 같은 수목이며 사람이며 동물들이 어둠 속으로 스쳐 가는 장면을 구경하자니 무척 즐겁더구나.

이윽고 우리는 데라 둔(Dehra Dun)으로 끌려왔다. 우리는 목적지에 도착하기 전 이른 아침에 다시 열차에서 끌어내려져서 남의 눈에 띌세라 자동차로 수송되었다.

그리하여 지금 나는 데라 둔의 아주 작은 감옥에 앉아 있는데, 이곳이 바레일리보다 나은 것 같구나. 지나치게 덥지도 않아서, 바레일리에 있을 때처럼 화씨 112도(섭씨 44도)까지 치솟는 일도 없다. 그리고 우리를 둘러싸고 있는 담도 더 낮고, 담 너머로 보이는 나무들도 더 푸르다. 담 너머 저만큼 떨어진 곳에 종려나무 꼭대기가 보이는데, 그 모습을 보니 한결 기분이 좋아지면서 실론이나 말라바르가 떠오른다. 그 나무 뒤로 그리 멀지 않은 곳에 산이 가로놓여 있고, 그 꼭대기에 무수리가 자리잡고 있다. 산은 나무에 가려 잘 보이지 않지만, 아무튼 이렇게 산 가까이에서 저 멀리 반짝이는 무수리의 불빛을 상상해 보는 것도 즐거운 일이다.

그러니까 4년 전, 아니면 3년 전이었던가? 네가 무수리에 있을 때부터 나는 이 편지들을 쓰기 시작했다. 지난 3~4년 사이에 어쩌면 그렇게 숱한 일들이 일어났는지, 그리고 넌 어쩌면 그렇게 많이 자랐는지 모르겠구나. 나는 그 동안 감옥에서 자주 건너뛰기도 하고 또 오랫동안 뜸을 들이기도 하면서 이 편지를 계속 써 왔다. 그렇지만 쓰면 쓸수록 쓰고 있는 이 글이 마음에 들지 않는구나. 혹시 이 편지가 너의 흥미를 끌지 못하지 않을까, 도리어 너에게 부담만 주는 거나 아닌지 하는 생각을 떨칠 수가 없구나. 정말 그렇다면 내 어찌 이 편지를 계속 쓰겠느냐.

나는 지난날의 생생했던 사건들을 차례차례 네 눈앞에 재현시켜 보려고 생각했다. 우리가 사는 이 세계가 어떻게 변화했고, 때론 얼른 보기에 후퇴도 하면서, 한 걸음 한 걸음 발전하고 진보해 왔는지를 보여 주고 싶었다. 파도처럼 일어났다가 스러져 간 옛 문명을 보여 주고, 역사라는 강이 여러 시대를 끝없이 소용돌이치고 역류하면서 지금도 미지의 바다를 향해 도도히 흘러가는 상황을 보여 주고자 했다. 그리고 아직 인간이라고 할 수 없었던 인류의 초창기부터, 위대한 문명을 어리석고 덧없이 과시하고 있는 현대에 이르기까지 발자취를 너와 함께 더듬어 볼 생각이었다. 너도 기억하고 있겠지만 내가 무수리에 있을 때, 농업의 발견, 정착 생활과 분업 등에 대해 이야기하기 시작했을 때 그 여정은 시작된 것이다. 그러나 앞으로 나아감에 따라 우리는 제국이니 뭐니로 뒤죽박죽이 되어 그만 그 발자취를 잃어버리곤 했다. 결국 나는 역사의 거죽만을 대충 훑은 것이다. 옛 사건들의 골격만을 네 눈앞에 펼쳐 보였을 뿐이니까. 너를 위해 그 골격에 피와 살을 입혀서 생명이 있고 활력이 있는 것으로 만들 만한 힘이 내게 있기를 바랐다.

하지만 아무래도 나에게는 그럴 만한 힘이 없는 성싶다. 그러니 네가 스스로 상상력에 의지할 수밖에 없을 것 같다. 역사를 배울 수 있는 책들이 얼마든지 많은데, 왜 굳이 너에게 이 글을 써야 할까 하는 회의를 품고 있으면서도 나는 계속 이 편지를 써 왔고 앞으로도 쓸 것이다. 나는 네게 한 약속을 기억하고 있으며 그 약속을 지켜 나가도록 노력하마. 이렇게 앉아 편지를 쓰면서, 내 곁에 앉아 정답게 이야기하는 너의 모습을 마음 속에 그려 보는 것은 매우 즐거운 일이란다.

나는 지금까지, 인간이 구부정한 모습으로 정글에서 비틀거리며 걸어 나올 때부터 오늘에 이르는 인간의 발자취에 대해서 써 온 셈이다. 그것은 몇천 년에 걸친 기나긴 자취였다. 하지만 이것도 인간이 나타나기 이전의 지구의 역사나 영겁의 세월에 비하면 하잘것없는 것에 지나지 않는다. 그러나 물론 우리는 인간보다 먼저 지상에 존재했던 그 어떤 거대한 짐승보다 인간에게 더 많은 흥미를 느낀다. 인간은 짐승들이 갖지 못한 새로운 특징을 가지고 있었기 때문이다. 정신, 즉 뭔가를 찾아 내고 배우려는 호기심이 바로 그것이다. 그리하여 인간의 탐구는 아득한 옛날부터 비롯되었다. 조그만 아이를 관찰해 보아라. 그 아이가 주위의 새롭고 신비한 세계를 어떻게 바라보고 있는지, 사람과 사물을 어떻게 인식하며 배우기 시작하는지를 살펴보아라. 귀여운 소녀를 보아라. 그 소녀가 몸이 튼튼하고 영리하다면 뭇 사물에 관해 수많은 질문을 할 것이다. 인간이 아직 어려서 세계의 온갖 것들을 새롭고 신비롭고 차라리 두렵게 여기던 인류 역사의 여명기에는, 인간은 주변을 찬찬히 살펴보며 많은 질문을 던졌을 것이 틀림없다. 하지만 도대체 자기 말고 또 누구에게 물어 본단 말인가? 자기 말고는 대답해 줄 사람이 없었다. 그러나 인간은 신비한 작은 도구, 즉 정신을 소유하고 있었다. 인간은 이 정신의 힘을 빌려 고통스럽게 서서히 경험을 쌓아 갔으며 그 경험에서 배워 나갔다. 이와 같이 태곳적부터 현대에 이르기까지 인간의 탐구는 끊임없이 계속되어 왔고, 그 결과 많은 것을 발견하게 되었다. 하지만 여전히 많은 것이 풀리지 않은 채로 남았으며, 인간은 자기 궤도를 따라 앞으로 나아감에 따라 무한한 새로운 공간이 눈앞에 펼쳐져 있는 것을 발견한다. 이는 인간이 아직도 탐구의 종점에서 — 이런 종점이 존재한다면 말이지만 — 까마득히 멀리 있다는 것을 보여 준다.

　도대체 인간 탐구란 무엇이었으며, 어디를 향한 여행이었던가. 몇천 년 동안 많은 사람들이 이 의문을 풀기 위해 노력해 왔다. 종교와 철학, 그리고 과학이 모두 이 과제에 골몰했고 여러 해답을 제시해 왔다. 그러나 나도 그 대답들을 거의 모르므로 그런 일로 네 머리를 어지럽힐 생각은 없다. 그렇지만 대체로 말해서 종교는 하나의 완전하고 단정적인 답을 주려고 덤빈 나머지, 흔히 정신을 도외시한 채 온갖 방법으로 자기 결론에 복종할 것을 강요하려 했다. 한편 과학의 대답은 회의적이고 소극적이었다. 왜냐하면 과학이란 경솔한 독단을 피하려 하고, 실험하고 분석하고 추리하며, 인간의 정신에 의존하려는 성질을 가졌기 때문이다. 내가 오로지 과학과 과학의 방법론을 종교의 방법보다 더 좋아한다는 것은 두말 할 나위가 없다.

　우리는 인간의 탐구에 관한 이런 문제에 확정해서 대답할 수 없을

지는 모르지만, 적어도 탐구 자체가 두 개의 방향을 갖고 있다는 것은 알고 있다. 인간은 자신의 내부뿐만 아니라 외부를 보아 왔다. 인간은 자연을 이해하려고 노력하는 동시에 자기 자신을 이해하려고 노력했다. 그러나 탐구란 원래 오직 하나가 있을 뿐이다. 왜냐하면 인간은 자연의 일부이기 때문이다. "너 자신을 알라"고 고대 인도나 그리스 철학자들은 말했다. 또한 『우파니샤드』에는 고대 아리아인들이 이 문제에 대해 끊임없이 추구했다는 것을 보여 주는, 참으로 놀라운 기록들이 수록되어 있다. 자연에 관한 그 밖의 지식은 과학의 전문 영역이며, 현대 세계는 이 분야의 거창한 진보를 똑똑히 보여 주고 있다. 바야흐로 과학은 더욱 먼 데까지 두 날개를 활짝 펼쳐서 그 탐구에 대한 두 방향을 모두 담당하며, 두 방향을 조화시키고 있다. 과학은 엄청나게 먼 별을 정확하게 관찰하는가 하면 부단히 움직이고 있는 놀랄 만큼 미세한 대상, 즉 만물을 구성하는 미립자 ― 원자와 전자에 관해 해명하고 있다.

    인간의 정신은 기나긴 발견의 항로에서 줄곧 인간을 인도해 왔다. 인간은 자연을 더 깊이 이해하게 되면서 자연을 더욱 폭넓게 이용했고, 자기 쓸모에 맞게 고쳐 나갔으며, 그렇게 함으로써 더욱 새로운 힘을 획득했다.

    그러나 불행하게도 인간이 언제나 이 새로운 힘을 사용하는 적절한 방도를 알고 있었던 것은 아니다. 때문에 인간은 이를 곧잘 남용하곤 했다. 인간은 동료 인간을 살해하고 땀흘려 쌓아올린 문명을 송두리째 파괴하는 무서운 무기로서 주로 과학을 이용해 왔다.

57   *1932년 6월 11일*

기원후 첫 1000년의 종말

 지금까지 해 온 여행을 이쯤에서 잠시 멈추고 주변을 돌아보는 것도 유익하겠지. 우리는 지금 얼마나 와 있을까? 우리는 지금 어디 서 있을까? 그리고 세계는 어떤 모습을 하고 있을까? 자 그럼, 알라딘의 마법 융단을 타고 그 당시 세계의 이곳 저곳을 쭉 돌아보기로 하자.
 우리는 최초의 서기 1000년 동안을 여행해 온 셈이다. 몇몇 나라에서는 이 기간을 약간 지나치기도 했고 못 미치기도 했다.
 아시아에서는 송 왕조가 지배하는 중국을 볼 수 있다. 위대했던 당 왕조가 망하고, 송나라가 국내 분쟁으로 골머리를 썩히면서 북방의 야만족인 거란인의 공격을 받고 있다. 송은 이후로도 150년을 더 지탱하지만 완전히 쇠약해져서 또 다른 야만족인 여진족, 즉 금나라에 원조를 호소하게 된다. 그러자 금은 원조를 핑계 삼아 그대로 눌러앉아 버리고 가련한 송은 남쪽으로 퇴각하는 신세가 되었다. 송은 그 곳에서 남송이라는 이름으로 150년을 더 연명하게 된다. 그 동안 송은 회화·도자기를 비롯한 아름다운 예술을 꽃피웠다.
 코리아에서는 분할과 항쟁의 시대를 겪은 뒤 935년에 통일 왕국을 건설해 향후 450년 동안 지속되었다. 코리아는 중국에서 문화·예술·정치를 비롯해 많은 것을 도입했다. 코리아의 종교와 일부 예술은 일본의 경우처럼 인도에서 중국을 거쳐 도입되었다. 동쪽 끝에 위치한 일본은 흡사 아시아의 감시 초소처럼 보이지만, 다른 지역에서 너무 멀리 떨어져 있었기 때문에 외부 세계와 거의 고립되어 있었다. 후지와라가가 패권을 장악하자 일개 영주나 다를 바 없이 몰락해 버린 천황은 후지와라가의 그림자에 눌려 지내게 되었다. 그 뒤 쇼군이 집권하는 시대가 나타났다.

말레이시아는 인도의 식민지로서 번영을 누렸다. 찬란한 앙코르가 바로 캄보디아의 수도이며, 이 나라는 바야흐로 그 세력과 발전상이 정점에 도달해 있었다. 수마트라에서는 스리 비자야가 동쪽에 있는 모든 섬들을 지배하는 불교 제국의 수도였으며, 그 섬들 사이에는 광범하게 무역이 이루어지고 있었다. 동부 자바에는 독립된 힌두교 국이 점차 세력을 확장해 스리 비자야와 격렬한 무역 경쟁을 벌이며 그 무역이 가져다 주는 부를 다투게 되었다. 흡사 근대 유럽의 여러 나라가 무역을 개척할 때처럼, 이 두 세력은 격렬한 전쟁을 치렀고, 결국 스리 비자야는 동부 자바에게 정복당해 파괴되었다.

인도에서는 남과 북이 전보다 더욱 교류가 뜸해졌다. 북쪽에서는 가즈니의 마흐무드가 수없이 쳐들어와 파괴와 약탈을 일삼았다. 그는 막대한 재화를 빼앗은 다음 펀자브를 자신의 왕국에 병합시켜 버렸다. 남방에서는, 촐라 제국이 라자라자와 그의 아들 라젠드라의 통솔 아래 영토를 확장하며 세력을 키워 나가는 것을 볼 수 있다. 그들은 남인도를 차지했으며, 그 해군력은 아라비아 해와 벵골 만에서 패권을 장악했다. 그들은 또한 실론·남버마·벵골에까지 정복의 칼날을 휘둘렀다.

중앙 아시아와 서아시아에는 바그다드의 아바스 제국이 세력을 보전하고 있었다. 바그다드는 여전히 번영을 과시했으며, 셀주크 투르크의 여러 군주 밑에서 더욱 국세를 신장시키고 있었다. 그러나 마침내 바그다드 왕국은 사분오열되어 여러 왕국이 탄생했다. 이슬람교는 이제 단일 왕국임을 그치고 여러 국가와 여러 국민으로 분리되었다. 아바스 제국이 해체되자 마흐무드가 통치하는 가즈니 왕국이 등장했고, 그는 이 곳을 근거지로 삼아 인도를 공략했다. 바그다드 왕국은 분열되었지만 바그다드 자체는 전과 조금도 다를 바 없는 대도시여서, 머나먼 나라에서 예술가와 학자들을 불러들였다. 당시 중앙 아시아에는 이 밖에도 보하라·사마르칸트·발흐를 비롯한 유명한 대도시들이 번영했다. 그리고 여러 도시 사이에는 통상이 활발하게 이루어졌고 거대한 대상은 이 곳에서 저곳으로 많은 물자를 실어 날랐다.

몽고와 그 주변에는 새로운 유목 민족들이 수에서나 세력면에서 힘을 키워 나갔다. 200년 후 그들은 아시아를 가로지르며 정복에 나섰다. 현재 중앙 아시아 및 서부 아시아의 인종은 대부분 유목 민족의 요람인 중앙 아시아에서 나왔다. 그들은 중국인에게 쫓겨 여러 곳으로 흩어졌으며, 그 가운데 일부는 인도로 남하했고 일부는 유럽으로 퍼져 갔다. 서쪽으로 쫓겨난 무리들 중에는 바그다드 왕국을 소생시키고 콘스탄티노플의 동로마 제국을 공략해서 이를 파멸시킨 셀주크 투르크인도 있었다.

아시아에 대해서는 이 정도로 해 두자. 홍해를 건너면 바그다드에서 독립한 이집트가 있었다. 이 곳의 이슬람 교도 군주는 독립한 칼리프라 자칭했다. 북부 아프리카 또한 독립된 이슬람 교도 군주 아래 있었다. 지브롤터 해협을 건너 스페인으로 가면 여기에도 독립된 이슬람 왕국, 즉 코르도바 또는 쿠르투바(Kurtuba)의 에미레이트(Emirate)가 있었다. 이에 대해서는 다음에 다시 이야기하기로 하자. 하지만 너는 아바스의 칼리프들이 권력을 장악했을 때 스페인이 그들에게 복종하기를 거부한 사실을 이미 알고 있을 것이다. 그 때부터 스페인은 독립해 있었던 셈이다. 그보다 훨씬 옛날에 이슬람 교도의 나라인 아바스 제국이 프랑스를 정복하려고 했지만 샤를 마르텔에게 저지당하고 말았다. 이번엔 북부 스페인의 여러 기독교 국가들이 이슬람 교도를 공격할 차례였다. 때가 무르익자 기독교도들은 더욱 자신감을 가지고 이슬람 교도를 습격했다. 그 당시 코르도바의 에밀레이트는 대국이자 선진국으로서 문명으로 보나 과학으로 보나 유럽의 여러 나라를 훨씬 능가하고 있었다.

스페인을 제외한 유럽은 이 무렵 많은 기독교도 국가로 나뉘어 있었다. 기독교는 그 동안 전 대륙으로 퍼졌으며, 그에 따라 옛날의 영웅이나 신, 또는 여신을 숭상하던 종교는 유럽 전역에서 거의 자취를 감추게 되었다. 우리는 이 시대에 현대 유럽의 여러 나라가 제 모양을 드러내는 것을 볼 수 있다. 프랑스는 987년에 위그 카페가로부터 시작되었다. 영국에서는, 백사장으로 밀려드는 파도를 향해 물러가라고 명령했다는 얘기로 유명한 덴마크인 카누트(Canute)[80]가 1016년에 군림했고, 그 50년 후에는 노르망디에서 '정복자 윌리엄(William the Conqueror)'[81]이 영국으로 쳐들어왔다. 독일은 신성 로마 제국의 영토로서 많은 소국으로 분할됐다고는 하나 바야흐로 하나의 국가로 형성되려던 참이었다. 동방에서는 세력을 키운 러시아가 기회 있을 때마다 함선으로 콘스탄티노플을 위협하곤 했다. 이것이 곧 러시아가 품어 왔던 이른바 콘스탄티노플에 대한 묘한 집착의 시작이었다. 그 뒤 러시아는 1000년 동안 이 대도시를 노리던 끝에 14년 전(1918)에 끝난 세계 대전의 전리품으로서 이를 차지하게 되었다. 하지만 갑자기 혁명이 돌발해서 구 러시아의 야욕은 물거품으로 돌아가고 말았다.

900년 전의 유럽 지도를 보면, 폴란드를 비롯해 마자르인이 살았던 헝가리, 불가리아인, 세르비아인 등의 여러 왕국도 그려져 있는 것을 볼 수 있다. 물론 동로마 제국도 적의 대군에 포위된 상태로 여전히 존재를

---

80) 로마 제국의 말기인 4~5세기에 지금의 독일 및 그 근방에 살던 게르만족(앵글로색슨족)이 영국으로 이동해 원주민인 켈트족을 정복하고 이 곳에 정주한 이후 영국은 앵글로색슨족의 조국이 되어 오늘에 이르렀다. 그 뒤 앵글로색슨족의 국가인 영국은 여러 세기에 걸쳐 덴마크의 침공을 받았는데, 카누트는 11세기에 덴마크인을 통솔하던 지도자였다. 카누트에게 제압된 영국의 위터너지못(Wetenagemot : 고관, 대지주, 고위 성직자로 구성된 일종의 국회)이 1016년 그를 국왕으로 추대했기 때문에 카누트는 전통적인 앵글로색슨족의 왕통을 깨뜨리고 영국의 왕이 되었으며, 2년 뒤에는 덴마크 왕까지 겸임했다. 즉위 이래 카누트는 앵글로색슨의 전통을 존중하고 기독교를 옹호하는 한편, 상공업을 발전시키고 북유럽을 정복해 '대왕'이라고 일컬어졌다. 해변에 밀려드는 파도를 향해 물러가라고 명령했다는 것도 바로 이러한 그의 위세를 상징하는 이야기일 것이다. 카누트의 사후에 영국에서는 다시 종전의 왕통이 부활되어, 프랑스 노르망디의 보호를 받고 있던 에드워드 고해왕(告解王)이 즉위했다.
81) 에드워드 고해왕(Edward the Confessor)이 사망하자 노르망디공 윌리엄은 자기가 에드워드로부터 왕위 계승권을 약속받았다고 공언하며 1066년 영국을 정복해 스스로 국왕이 되었다. 이 사람이 바로 '정복자 윌리엄'이다. 그는 왕권이 매우 우세하고 강력한 봉건 국가를 확립했으며, 교회의 지배권까지 장악해 절대주의 시대로 이어지는 영국의 특색 있는 국가 제도의 기초를 닦았다. 이 왕통은 1154년, 플랜태저넷(Plantagenet) 왕조(1154~1485년)를 통해 교체되었다.

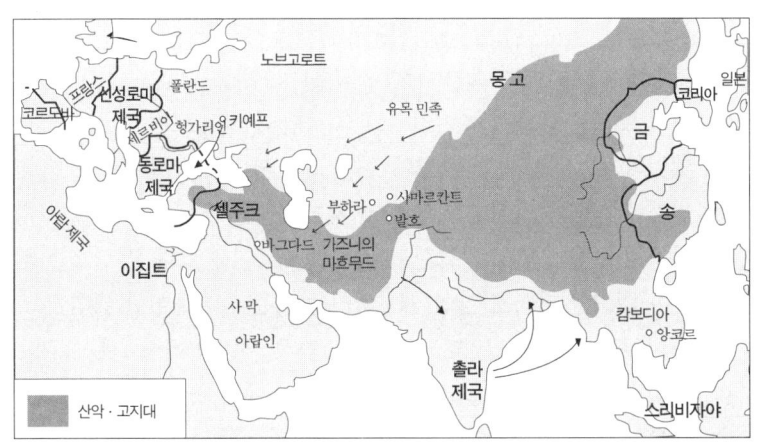

10세기의 아시아와 유럽

유지하고 있다. 러시아인이 공격하고, 불가리아인이 괴롭혔으며, 바다에서는 노르만인이 끊임없이 침입했고, 이번에는 가장 위험한 셀주크 투르크인이 호시탐탐 숨통을 노리게 되었다. 이런 적들과 곤란 속에서도 동로마 제국은 그 뒤 400년 동안이나 버티었다. 이처럼 놀라운 내구력은 부분적으로는 콘스탄티노플의 지리적 위치로 설명될 수 있겠다. 그것은 마침 쉽사리 함락시킬 수 없는 곳에 위치해 있었다. 또한 콘스탄티노플측이 새로운 방어 수단을 창안했다는 요인도 있었다. 그들은 물에 닿으면 당장 불을 일으키는 '그리스인의 불(Greek Fire)'이라는 물질을 발명했다. 이 무기를 사용해 보스포루스 해협을 건너려는 침입군의 배에다 불을 질러 대파할 수 있었다.

이것이 서기 첫 1000년이 경과한 시점에서의 유럽 지도였다. 노스맨, 즉 노르만인이 배를 타고 내습해 지중해 연안에 있는 여러 도시와 공해상에 있는 배를 위협하고 야탈한 사실도 알 수 있을 것이다. 사실 그들은 성공을 거두어 상당히 존중받게 되었다. 그들은 프랑스의 서부 노르망디에다 그들의 국가를 세웠고, 이를 근거지로 해서 영국을 정복했다. 또한 이슬람 교도로부터 시칠리아 섬을 탈취하고 이를 남이탈리아에 병

기원후 첫 1000년의 종말

합해 시칠리아 왕국이라 일컫는 하나의 국가를 세웠다.

북해에서 로마에 이르는 유럽 중심부에는 한 사람의 우두머리, 즉 한 사람의 황제를 옹립하는 여러 소국의 집단인 신성 로마 제국이 군림하고 있었다. 그 무렵 독일 황제와 로마 교황 사이에는 서로 우위를 놓고 끊임없이 격투가 벌어지고 있었다. 황제 쪽이 우월하기도 하고 교황이 우월하기도 했지만 점차 교황측이 권력을 확대해 갔다. 사람을 사회에서 쫓아 내고 이단자로 낙인찍어 버리는 이른바 파문이란 위협이 교황의 다시없는 무기가 되었다. 어떤 교만한 황제(하인리히 4세)는 같은 시대의 교황 그레고리우스 7세(Gregorius Ⅶ)에게 몰락한 적도 있다. 그는 용서를 빌기 위해 눈 내리는 이탈리아 카노사(Canossa)의 교황청 밖에 맨발로 서서 교황이 알현을 허용할 때까지 기다려야 했을 정도였다![82)

유럽의 여러 국가는 그 윤곽을 드러내기 시작했으나 그것은 오늘날과는 그 내용이 크게 달랐으며 특히 당시의 국민 구성은 많이 달랐다. 그들은 좀처럼 스스로를 프랑스인이니 영국인이니 독일인이라고 부르지 않았다. 가난한 경작자들은 매우 불쌍한 무리였으며, 국가나 지리에 관해서는 전혀 깜깜했다. 그들이 알고 있는 것은 다만 자기들이 영주의 농노라는 것과 영주의 명령에 절대 복종해야 한다는 것뿐이었다. 한편 영주들은, 만약 누가 그들보고 누구냐고 묻는다면, 어느 곳의 영주라고 대답하거나 국왕이나 상급 영주의 신하라고 대답할 것이다. 이것이 바로 온 유럽을 장악하고 있던 봉건 제도였다.

---

82) 교황의 특권과 황제의 권력이 충돌한 쟁점은 특히 성직 서임권의 귀속에 있었는데, 교황 그레고리 7세는 1059년에 조칙으로써 이 권한이 교황에게 있다는 것을 명확하게 밝혔다. 신성 로마 제국의 황제 하인리히 4세는 이에 대항해 보름스(Worms)에서 사교 회의(司敎會議)를 개최하고 교황의 폐위를 결의케 했다. 그러자 교황은 고양되어 가고 있던 자기의 권위를 배경으로 하여 황제를 파문하는 등 그를 궁지에 빠뜨려서 이른바 '카노사의 굴욕'으로 교권을 과시했다(1077년). 이 사건은 일반적으로 바야흐로 절정에 이르렀던 교황권의 우위를 시사하는 사건으로 받아들여지고 있지만 이로써 황제의 권력이 완전히 굴복한 것은 아니었으며, 사실 7년 후에는 하인리히 4세 편에서 오히려 교황을 추방했다.

이 시대에 특히 독일이나 북부 이탈리아에서 점차 대도시가 형성되고 있다는 사실을 볼 수 있다. 파리는 그 무렵에도 큰 도시였다. 이 도시들은 무역과 통상의 중심지였으며 부가 모여드는 곳이었다. 도시민들은 봉건 영주를 좋아하지 않았으며 양자 사이에는 분규가 끊이지를 않았지만, 결국 돈이 모든 것을 결정했다. 돈이 많은 도시민들은 영주에게 빌려 준 빚을 지렛대로 특권과 권력을 매수했다. 이리하여 도시 안에서는 봉건 제도와 서로 어울릴 수 없는 신흥 계급이 서서히 성장해 갔다.

따라서 당시 유럽 사회는 봉건적인 질서에 따라 여러 층으로 구분되어 있었다는 사실을 알 수 있다. 그리고 교회도 이러한 질서를 인정해 주고 축복해 주었다. 거기에는 민족 감정 따위는 없었다. 다만 유럽 전체에, 특히 상층 계급 사이에는 기독교도의 관념, 즉 기독교를 믿는 여러 나라를 묶어 주는 기독교 관념이 있었다. 교회는 이와 같은 관념의 보급을 촉진시켰다. 이 관념이 교회와 로마 교황의 권력을 강화시켜 주었기 때문이다. 마침내 교황은 서유럽 교회의 확고 부동한 우두머리가 되었다. 너는 로마가 전부터 콘스탄티노플이나 동로마 제국과 결별 상태에 있었다는 것을 기억할 것이다. 콘스탄티노플은 여전히 오랜 정통 교회를 유지했고 러시아는 그것을 국교로 채택했다. 로마의 교황은 콘스탄티노플의 그리스인들로부터 권위를 인정받지 못했다.

그러나 콘스탄티노플이 적들로부터 포위 공격을 받고, 특히 셀주크 투르크인의 공략을 받아 위기에 처하게 되자, 종래의 자존심과 로마에 대한 적개심을 버리고, 이슬람 교도에 대한 항전을 도와 달라고 로마 교황에게 호소하게 되었다. 당시 로마에는 위대한 교황, 즉 나중에 그레고리우스 7세가 된 힐데브란트(Hildebrand)가 있었다. 이미 얘기했듯이 교만한 독일 황제를 눈 내리는 카노사의 교황청 밖에서 맨발로 기다리게 한 사람이 바로 이 사람이다.

그 무렵 한 사건이 유럽 기독교도들의 상상력을 자극했다. 신앙심이 깊었던 수많은 기독교도들은 서기 1000년이 되는 해에 갑자기 세계가 종말을 고할 것이라고 믿고 있었다. '밀레니엄(millennium)'이란

기원후 첫 1000년의 종말

1000년을 뜻하는 말이다. 이것은 두 개의 라틴어, 즉 천(千)을 뜻하는 mille와 해(年)를 뜻하는 annus에서 온 말이다. 당시 세계의 종말이 예상되고 있었으므로 밀레니엄이란 곧 더욱 나은 세계로 변화하리라는 것을 뜻했다. 이미 말한 바와 같이, 당시 유럽은 매우 빈곤한 상태에 있었으므로, 밀레니엄에 대한 기대는 수많은 빈곤한 자들에게 희망을 안겨 주었다. 수많은 사람들이 농토를 팔아 치우고 이 세계의 종말을 성지에서 맞이하기 위해 팔레스타인으로 떠났다.

그러나 세계의 종말은 끝내 오지 않았다. 예루살렘으로 떠났던 몇만 명의 순례자들은 투르크인들에게 학살당하거나 혹독한 곤경을 치러야 했다. 그들은 분노와 굴욕감에 불타 유럽으로 돌아갔고, 성지에서 겪은 고난의 이야기가 널리 퍼져 나갔다. 특히 저명한 순례자인 은둔자 베드로(Peter the Hermit)는 지팡이 하나에 의지해 여러 나라를 돌아다니면서 사람들에게 성도 예루살렘을 이교도인 이슬람 교도의 손에서 구원해야 한다고 역설했다. 그리하여 기독교도들 사이에 분노와 열광이 타올랐고, 이를 본 교황은 이 운동에 앞장설 것을 결심하게 되었다.

때마침 이 무렵, 콘스탄티노플로부터 이교도인 이슬람 교도와 항쟁하기 위한 인력과 물자를 원조해 달라는 호소가 전달되었다. 로마와 그리스를 비롯한 전 유럽의 기독교도들이 투르크인에 대한 투쟁에 참여할 것 같았다. 1095년 많은 사람들이 참석한 교회 평의회는 성도 예루살렘을 탈환하기 위해 이슬람 교도에 대한 성전(聖戰)을 선포했다. 이리하여 십자군, 즉 초생달과 십자가의 싸움, 이슬람교와 기독교의 싸움이 시작되었다.

58 1932년 6월 12일

다시 보는 아시아와 유럽

우리는 이제 서기 1000년 말엽의 세계, 즉 아시아와 유럽, 일부 아프리카에 대해 간단히 정리해 본 셈이다. 하지만 다시 한 번 살펴보자.

먼저 아시아부터 보자. 인도와 중국의 고대 문명은 여전히 존재하며 계속 번영하고 있었다. 인도 문화는 말레이시아와 캄보디아에 전파되어 그 곳에서 풍성한 열매를 맺었다. 중국 문화는 코리아, 일본, 그리고 일부 말레이시아에도 전해졌다. 서아시아에서는 아랍 문화가 아라비아·팔레스타인·시리아 및 메소포타미아 등에서 우수성을 과시했다. 페르시아, 즉 이란에서는 고대 인도 문명과 그 뒤 새로 나타난 아랍 문명의 혼합물이 꽃을 피웠다. 중앙 아시아의 몇몇 나라도 이 이란 - 아랍의 혼합 문명을 흡수했고, 인도와 중국의 영향도 받았다. 이 국가들은 모두 고도의 문화 수준에 도달해 있었다. 상업·학술·문예가 발달하고, 대도시가 떼지어 생겼으며, 저명한 대학이 먼 나라에서 유학생들을 불러들였다. 다만 몽고나 중앙 아시아의 일부 지역은 북방의 시베리아와 마찬가지로 문명의 수준이 낮았다.

이제 유럽을 돌아보자. 이 곳은 아시아의 여러 선진국에 비하면 반(半)미개 상태로 뒤쳐져 있었다. 고대 그리스 로마 문명은 이제 한낱 먼 과거의 추억일 뿐이었다. 학문은 버림받았으며, 이렇다 할 만한 예술도 없었다. 상업도 아시아에 비해 훨씬 미미한 상태였다. 당시 찬란한 빛을 내는 곳이 두 군데 있었다. 아랍인이 지배하던 스페인이 아랍 전성기의 전통을 계승하고 있었고, 콘스탄티노플은 서서히 쇠퇴해 가고 있었다고는 하지만 여전히 아시아와 유럽의 접경에 자리잡은 크고 인구도 많은 도시였다. 유럽의 대부분은 여러 차례에 걸쳐 혼란을 겪었지만, 보편화된 봉건 제도 아래서 기사나 영주가 자기 영지 안에서 작은 왕으로 행세했다. 그 옛날 로마 제국의 수도이던 로마는 한때 일개 촌락 정도로 영락해, 콜로세움에 들짐승들이 우글거린 적도 있었다. 하지만 로마는 이제 다시 일어서고 있다.

따라서 서기 1000년의 아시아와 유럽을 비교하면 아시아 쪽이 훨씬 더 앞서 있었던 셈이다.

그럼 다시 한 번 돌아보며 사물의 속사정을 살펴보기로 하자. 그러면 피상적인 관찰자가 생각하는 것과는 달리 아시아에서도 모두 다 좋았던 것만은 아니라는 것을 알게 될 것이다. 문명의 요람지인 중국과 인도에도 문제가 있었다. 그들의 문제는 단순히 외적의 침입으로 인한 것이 아니라, 내부의 생명과 활력을 무디게 하는 것에 있었다. 서쪽 아랍인은 이미 그 위대했던 시대를 마감한 상태였다. 셀주크 투르크인이 세력을 떨친 것은 사실이지만 그들의 위력은 단순히 전투 능력일 뿐이었다. 그들은 인도인, 중국인, 페르시아인, 그리고 아랍인과는 달리 아시아 문화를 대표하지 못했으며, 다만 아시아의 전쟁 능력을 과시한 것에 지나지 않았다. 아시아 도처에서 찬란한 고대 문화를 간직한 종족들이 쇠잔해 가고 있었다. 그들은 자신감을 상실했으며, 방비에 급급했다. 굳세고 정력적인 새 민족이 등장해 이 오랜 종족을 정복했고, 유럽까지도 위협했다. 그러나 그들도 새로운 문명의 물결을 몰고 오지 못했으며 새로운 문화의 원동력을 가져다 주지도 못했다. 오히려 유구한 종족이 이 정복자들을 서서히 개화시켜 마침내 동화시켜 버렸다.

이렇듯 아시아 전체에 변화가 닥치고 있었다. 유구한 문화는 지속되고 훌륭한 예술은 번성하며 영화의 극치를 누리기는 했지만, 문화의 맥박은 약해지고 생명의 숨결은 자꾸 가늘어질 뿐이었다. 이런 상태는 오래도록 계속되었다. 몽고인이 내습해 왔을 때, 아랍과 중앙 아시아를 제외하면 이런 현상이 계속 진행되고 있었다. 중국과 인도에서는 완만하게 문화의 고갈 현상이 나타나 멀리서 볼 때는 화려할지 모르나 가까이 다가가 보면 흰개미들이 오고간 생명력 없는 유화(油畵)

처럼 되었다.

뭇 제국이 그랬듯이, 문명도 강력한 외적보다는 내부가 약해지면서 스스로 쓰러진다. 로마는 야만인들 때문에 몰락한 것이 아니었다. 그들은 벌써 거의 시체가 된 뒤에 외부의 공격을 받고 쓰러진 것이다. 로마의 심장은 손발이 잘리기 전에 이미 고동이 멎어 있었다. 우리는 인도와 중국 또는 아랍에서도 같은 현상을 볼 수 있다. 아랍 문명의 몰락은 부흥 과정이 그랬듯이 돌발적이었다. 인도나 중국에서는 그 과정이 오랜 세월에 걸쳐 완만하게 이루어졌기 때문에 어디가 몰락 지점이라고 꼬집어 지적하기가 곤란하다.

인도에서는 가즈니 왕조의 마흐무드가 인도에 오기 훨씬 전부터 이러한 몰락 과정이 시작되고 있었다. 우리는 인민의 정신 속에서 이 변화를 엿볼 수 있다. 새로운 사상과 사물을 창조해 내는 대신, 인도인들은 오로지 옛 전통만을 반복하고 모방하는 데 급급했다. 그들의 정신은 여전히 활력이 있었지만, 그들은 옛날에 이야기된 것이나 문자로 표현된 것을 해석하고 설명하는 데 급급했다. 그들은 그 뒤에도 굉장한 조각을 제작했지만 너무 세부적인 면이나 장식에만 골몰했으며, 때로는 기괴한 취향을 드러내기도 했다. 창의성이 결여되어 있었고, 따라서 대담하고 격조 높은 디자인이 없었다. 세련된 기품, 그리고 기교와 사치는 부유한 사람들의 생활 속에서 존속되었지만, 그것이 국민 전체의 노역과 빈곤을 없애 주거나 생산을 증대시켜 주지는 못했다.

이 모든 것이 문명의 황혼을 알리는 조짐이다. 이런 상태가 시작되면 그 문명의 생명은 쇠멸하고 있다고 해도 좋다. 반복과 모방이 아닌 창조야말로 생명력을 나타내는 징후다.

이와 같은 현상은 당시 중국과 인도에서 뚜렷이 드러나고 있었다. 그러나 내 말을 오해하지는 말라. 중국과 인도가 멸망했다거나 야만 상태로 되돌아갔다는 말은 아니다. 나는 다만 중국과 인도가 과거에 물려받은 창조적인 정신의 에너지를 고갈하고, 새로 혁신하지 못했다는 것을 말했을 뿐이다. 그리하여 변화하는 환경에 적응하거나 견뎌 내지 못했던 것이다. 이와 같은 현상은 어느 나라 어느 문명에서든지 일어난다. 위대한 창조적 노력과 풍요의 시대도 있고, 고갈의 시대도 있다. 중국과 인도에 고갈의 시기가 그토록 늦게 왔다는 것, 더욱이 그것이 완결되지 않았다는 것은 놀라운 일이다.

이슬람교는 진보의 충동을 인도에 가져다 주었다. 그것은 어느 정도까지는 강장제로 작용했다. 그것이 인도를 흔들어 깨웠다. 그러나 그것은 두 가지 이유 때문에 제대로 효력을 발생하지 못했다. 즉 너무 늦게, 그리고 잘못된 방법으로 들어왔던 것이다. 가즈니 왕조의 마흐무드가 인도를 공격하기 몇백 년 전부터 이슬람교의 전도자는 인도 구석구석을 돌아다녔고 환영을 받았다. 그들은 평화적으로 들어왔고 어느 정도 성과를 거두었다. 설혹 이슬람교에 대한 악감정이 있었다 해도 지극히 사소한 것이었다. 하지만 마흐무드는 불과 칼을 들고 쳐들어왔다. 정복자요 약탈자요 살육자로 나타난 그의 행위만큼 인도에서 이슬람교에 대한 평판에 나쁜 영향을 끼친 것도 없었다. 위대한 정복자들이 다 그러하듯 그는 살육과 약탈을 자행했을 뿐 종교에 대해서는 신경을 쓰지 않았다. 그러나 인도 인민들은 그의 침략이 너무 오래 계속되자, 그렇지 않았다면 가질 수도 있었을 이슬람교에 대한 긍정적인 생각을 끝내 가질 수 없게 되고 말았다.

이것이 한 가지 이유다. 또 하나의 이유는 그것이 너무 늦게 들어왔다는 점이다. 이슬람교는 발생한 지 400년이 지난 뒤에 인도에 전파되었는데, 그 동안에 스스로 지쳐 버리고 창조적 에너지를 거의 상실하고 말았던 것이다. 만약 아랍인이 일찍부터 이슬람교를 갖고 인도에 들어왔다면 신흥 아랍 문화는 고대 인도 문화와 혼합되어 서로 작용과 반작용을 교환해 위대한 결과를 낳았을 것이다. 그리하여 두 문화 종족은 훌륭하게 융화되었을 것이다. 원래 아랍인은 관용과 합리주의를 바탕에 둔 종교관을 갖고 있는 종족으로 알려져 있었다. 한때 바그다드에는 칼리프의 후원을 받는 클럽이 있었다. 이 클럽에는 모든 종교의 신자들과 비종교인들이 모두 참가할 수 있었고, 오직 합리주의라는 관점에서 모든 문제에 대해 토론하고 논쟁했다.

그러나 아랍인은 인도 본토까지 미치지는 못했다. 그들은 신드에서 멈추었으며, 인도는 그들로부터 거의 영향을 받지 않았다. 이슬람교는 투르크인을 통해, 그리고 아랍의 관용과 문화를 갖지 못한 다른 민족이나 주로 병사들을 통해 인도에 전해졌다.

그러나 어쨌든 진보와 창조적 노력을 자극하는 새로운 충격이 인도에 가해졌다. 이것이 어떻게 인도에 조금이나마 새로운 생명을 주고 힘을 발휘했는지에 대해서는 나중에 말하기로 하자.

이제 인도 문명의 약화 현상이 뚜렷이 드러난 또 다른 결과를 살펴보자. 인도는 외적의 공격을 받자 자기 둘레에 껍질을 쌓아올려 스스로 제 몸을 가두는 것으로써, 밀려들어오는 파도에 대항하려 했다. 이는 곧 그들의 취약성과 공포감을 드러낸 것이며, 약은 도리어 병을 더욱 심하게 만들었을 뿐이다. 진짜 질병은 외적의 침공이 아니라 바로 정체에 있었던 것이다. 쇄국 정책으로 정체는 더욱 심화되었고 모든 성장의 길은 차단되고 말았다. 중국 또한 그들의 방식으로 우리와 똑같은 행동을 했고 일본도 마찬가지였다는 것을 곧 알게 될 것이다. 조개 껍질처럼 닫혀진 사회에 산다는 것은 조금 위험한 일이다. 그런 상태에서는 우리는 화석화되고, 신선한 공기와 신선한 관념에 대해 무감각해져 버린다. 신선한 공기는 사회에게나 개인에게나 꼭 필요한 것이다.

아시아에 대해서는 이쯤 해 두자. 이미 보았듯이 유럽에서는 그 즈음 문화가 뒤처져 있고 사람들은 서로 다투고 있었다. 그러나 혼돈과 황량이 극에 이르러 있었지만, 그 배후에는 적어도 에너지와 생명력이 느껴진다. 아시아는 오랜 동안의 우월한 문명이 끝나면서 하강길에 접어들었다. 유럽은 일어서려고 몸부림치고 있었다. 그러나 아시아의 수준에 가까이 노닐하려면 아직도 앞길이 까마득한 상태였다.

오늘날에는 유럽이 우세하며, 아시아는 자유를 되찾기 위해 고통스럽게 투쟁하고 있다. 하지만 껍질을 들추고 밑을 살펴보아라. 그러면 아시아에 새로운 에너지와 창조적 정신, 그리고 새로운 생명력이 싹트고 있는 것을 볼 수 있을 것이다. 아시아가 다시 일어서고 있다는 것은 의심의 여지가 없다. 반면 유럽, 특히 서유럽은 위대하기는 하지만 사양의 징후를 여실히 보여 주고 있다. 유럽 문명을 파괴할 수 있을 만한 야만족은 없다. 그러나 때로 문명인은 스스로 야만적으로 행동하며, 일단 그렇게 행동하기 시작하면 문명은 스스로를 파괴할 수도 있다.

나는 아시아와 유럽에 관해서 이야기했다. 하지만 이런 말들은 모두 지리적인 표현에 지나지 않으며 우리가 당면한 것은 아시아 문제도 유럽 문제도 아닌 세계 문제 또는 인류의 문제다. 우리가 전세계를 위해 이 난관을 해결하지 않는다면 어려움은 언제까지고 남아서 인류를 괴롭힐 것이다. 그 난관을 해결함은 곧 모든 빈곤과 궁핍을 끝장내는 것을 뜻한다. 그러려면 오랜 시간이 필요할 것이다. 그래도 우리는 그 목표를 향해 나아가야 하며 그 밖의 다른 목표가 있을 수 없다. 그래야만 우리는 어떤 나라, 어떤 계급의 착취도 없는, 평등에 기초한 참된 문화와 문명을 가질 수 있을 것이다. 이러한 사회는 창조적이며 진보적인 사회일 것이며, 변화하는 환경에 잘 적응하고, 구성원 모두의 협력에 바탕을 둔 사회일 것이다. 이러한 사회는 마침내 온 세계에 확대될 것이 틀림없다. 이와 같은 문명에는 종래의 문명과 같은 쇠퇴나 몰락의 과정은 있을 수 없을 것이다.

따라서 우리가 인도의 자유를 위해 싸우고 있는 동안, 우리의 큰 목표가 비단 우리 국민뿐만 아니라 다른 국민의 자유까지 포함한 인류 전체의 자유에 있다는 것을 기억해야 할 것이다.

59   *1932년 6월 13일*

아메리카의 마야 문명

나는 너에게 말했듯이 이들 편지를 통해 세계 역사의 발자취를 더듬어 보고 있다. 그러나 사실은 아시아·유럽 및 북아프리카에 국한된 이야기가 되고 말았구나. 아메리카나 오스트레일리아에 관해서는 거의 언급하지 못하고 말았다. 그러나 나는 그 동안 아메리카에서도 오랜 옛날부터 문명이 있었다는 사실에 대해 주의를 환기시킨 적이 있었지. 물론 이에 대해서는 소상히 알려진 바가 없고, 또 내가 아는 것이 별로 없다는 것도 사실이다. 그러나 네가, 콜럼버스나 그 밖의 유럽인이 건너갈 때까지 아메리카는 야만국에 지나지 않았다는 흔한 오해에 사로잡히지 않도록, 여기에 몇 가지 사실을 밝혀 두고 싶은 충동을 억제할 수 없구나.

인간이 아직 한 곳에 정착하지 않고 사냥하고 나무 열매를 따먹으며 정처 없이 떠돌아다니던 석기 시대에는 아마 아시아와 아메리카 사이에 육로를 통한 왕래가 있었던 듯하다. 인간 집단이 알래스카를 거쳐 아메리카 대륙으로 건너간 것이 틀림없을 것으로 생각된다. 그러나 그 뒤 이 왕래는 단절되고 아메리카인들은 서서히 독자적으로 자신의 문명을 개척해 나갔을 것이다. 우리가 아는 한, 그들과 아시아나 유럽 사이에 전혀 연락이 없었다는 사실에 주의해야 한다. 그 뒤 16세기 이른바 '신대륙 발견' 때까지 실제적인 연락이 있었다는 사실(史實)은 없다. 아메리카 세계는 유럽이나 아시아에서 생긴 사건에 전혀 영향을 받지 않는 아주 멀고 색다른 세계였다.

아메리카 세계에는 문명의 중심지가 세 군데 있었던 것 같다. 그것은 바로 멕시코, 중앙 아메리카, 그리고 페루로서, 그 문명이 언제 시작되었는지에 대해서는 알 길이 없지만, 페루의 역법은 기원전 613년쯤에 시작되었다고 한다. 서기 원년에서 그리 멀지 않은 2세기 무렵에 이미 많은 도시가 발달했다는 것을 알 수 있다. 석기·도기·직물·그리고 매우 정교하기 이를 데 없는 염색 옷감도 있었다. 구리와 금은 풍부했으나 철은 없었다. 그리고 건축술이 발달해 도시들은 서로 건축물을 경쟁했다. 또한 복잡하고 독특한 일종의 문자가 있었으며, 예술, 그 중에서도 특히 조각 부문에 매우 아름답고 볼 만한 것이 많았다.

이들 문명권 내에는 몇몇 국가가 있었다. 또한 몇 가지의 언어가 있었으며, 어느 정도 수준 높은 문학도 있었다. 잘 조직된 강력한 정부가 존재했으며, 도시에는 교양이 풍부한 지적인 사회가 형성되어 있었다. 이들 국가의 입법 기관과 경제 제도는 모두 고도로 발달해 있었다. 960년쯤에 욱스말(Uxmal)이라는 도시가 세워졌는데, 곧 대도시로 변모해 같은 시대의 아시아의 어느 대도시에도 견줄 만했다고 한다. 그 밖에도 라부아(Labua)·마야판(Mayapan)·차오물툰(Chaomultun)을 비롯한 대도시가 있었다.

중앙 아메리카에 있던 세 개의 주요 국가 사이에는 마야판 연맹이라는 동맹 관계가 체결되어 있었다. 이러한 동맹 관계는 마치 우리가 서기 1000년을 전후해 아시아와 유럽에서 볼 수 있었던 것과 흡사하다. 이렇듯 서기 1000년쯤, 중앙 아메리카에는 문명국들 사이에 이미 강력한 연맹이 형성되어 있었던 셈이다. 그런데 이 여러 나라가 모두 그렇다고는 할 수 없지만, 대체로 승려들이 권세를 쥐고 있었다. 당시에는 천문학이 가장 존중받은 학문이었는데, 승려들은 이 천문학 지식을 무기로 인민을 무지로 몰아넣고 있었다. 이와 같은 현상은 인도에서도 있었다. 무수한 대중이 일식과 월식 때 목욕과 단식을 하도록 부추겨졌다.

마야판 연맹은 약 100년 이상 지속되었다. 그 뒤 일종의 사회 혁명이 발생한 듯하며, 외국 세력이 국경에서 간섭하기 시작했다. 1190년쯤 마야판 연맹은 무너졌다. 하지만 다른 대도시들은 더 오랫동안 존속했다. 그 뒤 100년이 경과하는 동안 타민족이 무대에 등장했다. 그들은 멕

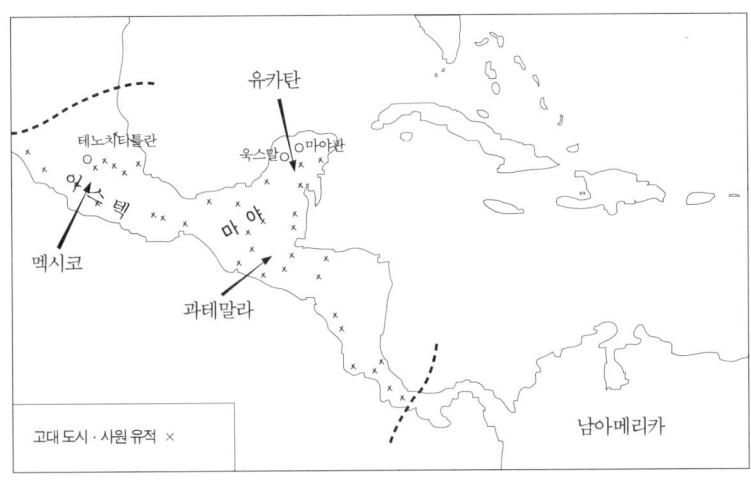

마야 문명

시코에서 찾아온 아스텍인(Aztecs)으로, 14세기 초에 마야국을 정복하고, 1325년쯤에 테노치티틀란(Tenochtitlan)이라는 도시를 건설했다. 이 도시는 곧 광활한 멕시코 세계의 수도가 되었고, 아스텍 제국의 수도가 되었으며, 방대한 인구를 갖게 되었다.

아스텍인은 매우 호전적인 민족이었다. 그들은 군사 식민지와 군영지, 그리고 군사 도로망을 갖고 있었다. 또한 종속 국가들로 하여금 서로 다투도록 술책을 부릴 정도로 영리하고 빈틈이 없었다고 한다. 종속 국가들이 서로 분쟁을 벌이면 그만큼 다스리기가 쉬웠기 때문이다. 이는 예로부터 모든 제국이 취해 온 상투적인 정책이다. 옛날에 로마인 또한 '분할한 다음에 통치하라(Divide et impera)'라고 말하지 않았더냐.

아스텍인은 이렇듯 영리한 일면도 있었지만 또한 신관 정치 아래 있었으며, 더욱 좋지 못한 점은 인간을 산 제물로 삼았다는 것이다. 해마다 몇천 명의 사람들이 차마 볼 수 없는 참혹한 방법으로 살해되었다.

아스텍인은 200년 가까이 제국을 무자비하게 철퇴로 다스렸다. 대외적으로는 안전과 평화가 유지되었으나 인민은 가차없이 철저하게 착취당했다. 그러나 이렇게 건설되고 운영되는 국가가 오래 보전될 수는 없는 법이다. 사실이 이를 증명해 주었다. 16세기 초(1519년)에 아스텍인의 권세가 정점에 이르렀을 때, 이 제국 전체는 외지에서 굴러 온 한 무리의 건달과 모험가 패거리에게 순식간에 무너지고 말았다. 이는 제국의 멸망을 보여 주는 예 가운데서도 매우 놀랍고도 어처구니없는 경우다. 이 제국은 스페인의 헤르난 코르테스(Hernan Cortes)와 그가 인솔한 소부대에게 무너졌다. 코르테스는 매우 용감하고 과단성 있는 인물이었다. 그는 아스텍 왕국을 정복하는 데 큰 도움이 된 두 가지, 즉 화포와 말을 갖고 있었다. 멕시코 제국에는 말이 없었고 아마 화포도 없었던 듯하다. 그러나 제 아무리 코르테스가 용맹하고 화포와 말을 갖고 있었다 해도 만약 아스텍 왕국이 내부 깊숙이 부패하지 않았다면 그렇게 허무하게 그의 손아귀에 넘어가진 않았을 것이다. 내부는 속속들이 썩어 버리고 겨우 외형만을 갖추고 있었으니 발길질 한 번에도 무너지게 되어 있었다. 아스텍 제국은 착취를 바탕으로 세워졌으며, 인민의 원성을 사고 있었다. 때문에 외적이 공격해 오자 인민들은 제국주의자의 패망에 환호를 보냈다. 이런 일이 일어날 때는 으레 사회 혁명도 함께 일어나기 마련이다.

  코르테스도 처음엔 아스텍군에게 패해 가까스로 목숨만 건진 채 쫓겨갔으나, 진용을 재정비하고 다시 쳐들어와 원주민들의 도움을 얻어 제국을 정복했다. 이에 따라 아스텍인의 지배가 종말을 고했을 뿐만 아니라, 이상하게도 멕시코 제국 전체가 이와 함께 붕괴되기 시작했고, 거대한 수도 테노치티틀란도 이내 사라져 버렸다. 돌 한 개 남지 않은 유적지에 스페인 사람들이 예배당을 세웠다. 마야의 다른 도시들도 뒤따라 와해되어 울창한 유카탄(Yucatan) 숲에 파묻혀 버렸으며, 마침내 그 도시의 이름조차 망각 속에 묻혀 버리고 근처 촌락의 이름에 겨우 흔적을 남기고 있을 따름이다. 그들의 모든 문헌은 단 세 권만을 남기고 다 사라져 버렸는데, 그마저도 해독할 수 있는 사람이 하나도 없다.

  1500년 동안이나 지속된 고대 민족과 문명이 유럽에서 들어온 새

312

민족과 접촉하자마자 삽시간에 소멸되고 만 이 역사적인 과정을 어떻게 설명해야 할까. 이 접촉은 흡사 천재지변이나 괴질처럼 그들을 단숨에 소멸시키고 말았다. 그들은 어떻게 보면 매우 뛰어난 문명에 도달해 있었지만, 다른 측면에서 보자면 매우 뒤져 있었다. 그들은 여러 시대의 이상한 혼합물이었다.

남아메리카의 페루에는 또 다른 문명의 소재지가 있었으며, '잉카(Inca)'가 지배하고 있었다. 잉카란 일종의 신권 군주를 말한다. 페루 문명은 어느 정도 세월이 흐른 뒤 멕시코 문명과 완전히 단절되고 말았는데, 이는 참으로 불가사의한 일이다. 그들은 그다지 멀리 있는 것도 아니었는데 서로에 대해 전혀 알지 못했다. 바로 이런 점이, 어느 면에서 볼 때 굉장히 뒤져 있었다는 것을 보여 주는 것이다. 코르테스가 멕시코에서 성공한 뒤, 페루 또한 한 스페인 사람에게 몰락하게 되었다. 그의 이름은 피사로(Pizarro)였다. 그는 1530년 이 곳에 건너와 음모를 통해 잉카를 체포했다. 신권 군주 잉카를 포박했다는 것 자체가 인민에게 공포심을 불러일으키는 데 충분했다. 그는 당분간 잉카의 이름으로 통치하며 거액의 재물을 쓸어모았다. 어느 정도 시간이 지나자 스페인은 이러한 위장 정치를 폐지하고 페루를 자국의 영토에 병합시켰다.

코르테스는 테노치티틀란을 처음 보고 그 거대한 규모에 깜짝 놀랐다. 그는 이전에 유럽에서도 이만한 도시를 본 적이 없었기 때문이다.

마야와 페루의 고대 예술품은 여러 차례에 걸쳐 발굴되어 아메리카의 여러 박물관, 그 중에서도 특히 멕시코 박물관에 진열되어 있는 것으로 알고 있다. 그 유물들은 이 고대 문명의 세련된 예술 전통을 엿보게 해 준다. 페루의 황금 세공 기술은 매우 뛰어난 것으로 평가되며, 발굴된 것 중에서도 조각이 있는 것, 특히 돌에 조각한 뱀 등은 최고의 예술 가치를 지닌 것으로 인정되고 있다. 그 밖의 깃은 언뜻 보기에 인민을 위협하려고 만든 듯하며, 보는 이들을 전율케 한다!

아메리카의 마야 문명

60 1932년 6월 14일

다시 모헨조다로의 유적에 대해서

나는 이제 막 모헨조다로와 고대 인더스 계곡의 문명에 관한 책을 읽고 난 참이다. 최근 이에 관해서 지금까지 알려진 모든 자료들을 모아 새로 펴낸 큰 책이 있다. 이것은 발굴을 담당하고, 계속 파 내려감에 따라 대지에서 예전의 모양 그대로 나타난 도시를 직접 목격한 사람들이 편찬하고 기술한 책[83]이다. 나도 아직 그 책을 보지 못했다. 모쪼록 여기서 구해 볼 수 있었으면 좋겠구나. 하지만 그 책에 대한 서평은 읽어 보았다. 그 서평에 있는 인용문을 너와 함께 나누고 싶구나. 인더스 계곡의 문명은 굉장한 것이다. 그래서 이 문명에 대해 소상히 알면 알수록 더욱 놀라게 된다. 내가 그 동안 지난 역사에 관해 기술해 오던 것을 잠시 멈추고 5000년 전으로 훌쩍 되돌아가 이 글을 쓰려고 하는 것을 과히 나쁘게 생각지 말기 바란다.

모헨조다로는 그만큼 까마득한 옛 유적이라고 한다. 그러나 모헨조다로는 오늘날 우리가 지금 보는 바와 같이 아주 훌륭한 도시였고, 교양과 지식이 풍부한 사람들의 고향이기도 했다. 아마도 모헨조다로의 배후에는 오랜 성장의 시기가 있었던 것이 틀림없다. 그 책자는 그것을 이야기해 주고 있다. 발굴 작업에 직접 참가한 존 마샬 경(Sir John Marshall)은 다음과 같이 말했다.

---

[83] 인더스 문명은 1922년, 그 지방의 고고학 발굴 조사 때 우연히 발견된 뒤 정부가 대규모 발굴 작업을 추진했으며, 그 성과는 이 기사가 쓰인 해보다 한 해 전인 1931년에 존 마샬 경의 『모헨조다로와 인더스 문명』(전3권)을 통해 발표되었다.

인더스 강 하류의 모헨조다로와 상류의 하라파(Harappa)에서 명백하고도 의문의 여지가 없는 한 가지 사실은, 이 두 곳에서 지금까지 발굴된 문명이 결코 발생기의 유약한 문명이 아니며, 인도의 대지 위에 몇천 년에 걸친 노력을 통해 자리잡은 유구한 문명이라는 점이다. 따라서 이제 인도는 페르시아・메소포타미아・이집트 등과 마찬가지로 문명이 비롯되고 발전된 가장 중요한 지역 가운데 하나로 간주되어야 한다.

그 동안 너에게 하라파에 관해서 이야기한 적이 없었던 것 같구나. 이 하라파는 모헨조다로와 같이 고대 유적이 발굴된 곳으로, 펀자브 지방의 서쪽에 있다.

따라서 우리는 인더스 계곡에서 단지 5000년뿐만 아니라, 옛날 인류가 처음 정주했던, 태고의 안개가 짙게 깔려 앞이 분간되지 않는 시대까지 몇천 년을 더 거슬러 올라갈 수 있다. 아리아인은 모헨조다로가 번영하고 있을 무렵에는 아직 인도로 내려오지 않았다. 그런데도 의심할 여지가 없는 사실은 다음과 같다.

인도의 다른 지역은 몰라도, 펀자브와 신드 지방은 발달된 독자적인 문명을 누리고 있었다는 점이다. 그것은 동시대의 메소포타미아 및 이집트 문명과 비슷했고, 어느 면에서는 그 문명보다 훨씬 앞서 있었다.

모헨조다로와 하라파의 발굴은 이 흥미로운 태고의 문명을 우리 눈앞에 드러내 주었다. 인도의 다른 대지 속에는 또 얼마나 훌륭한 것들이 묻혀 있겠느냐! 이 문명은 모헨조다로나 하라파에 국한되지 않고 인도의 전역에 꽤 넓게 퍼져 있었던 것으로 보인다. 이 두 개의 지역만 하더라도 서로 멀리 떨어져 있으니까.

이 시대는 "돌로 만든 무기나 기물이 여전히 동기(銅器)나 청동기

다시 모헨조다로의 유적에 대해서

와 함께 쓰이던 시대였다." 존 마샬은, 인더스 계곡의 문명이 동시대의 이집트나 메소포타미아 문명과 달랐을 뿐만 아니라 그들보다 뛰어났던 점에 대해 다음과 같이 말하고 있다.

이와 같이 극히 특징적인 점만을 말한다면, 직물을 만드는 데 솜을 사용한 것은 엄밀히 말해서 인도뿐이었으며, 이는 2000년 내지 3000년 후에도 서방 세계에는 전파되지 않았다. 뿐만 아니라 우리는 모헨조다로의 완비된 목욕탕과 쾌적한 주택에 견줄 만한 것이 선사 시대의 이집트나 메소포타미아, 그리고 그 밖의 서아시아를 비롯한 어떤 곳에 있었다는 말을 듣지 못했다. 그리고 이들 여러 나라에서는 막대한 자금과 인간의 사고를 웅장한 신전이나 왕궁 및 왕릉의 건립 등에 투입한 반면, 다른 사람들은 진흙으로 지은 허술하고 보잘것없는 움집에 사는 것으로 만족해야 했다. 그러나 인더스 계곡에서는 정반대였다. 이 곳에서 가장 훌륭한 건축물은 시민들의 편의를 도모하기 위해 세워진 공공 시설들이었다.

또한 그는 이렇게 덧붙여 말하고 있다.

이처럼 인더스 계곡의 특징과 인도인들의 성격은 특히 예술과 종교에서 잘 드러난다. 양이나 개, 그 밖의 동물들을 그려 넣은 파양스(faience) 도자기의 소상(塑像)이라든지, 문장(紋章)의 인터글리오(intaglio) 음각(陰刻) 기법 양식 등은 동시대의 다른 나라가 흉내낼 수 없는 것이었다. 인터글리오 중에서 가장 뛰어난 것, 특히 등이 불룩하고 뿔이 짤막한 암소는 대담한 표현과 선의 느낌, 그리고 글립틱(glyptic : 보석 조각) 예술에서 보기 드문 조형미를 갖고 있어 특히 두드러진다. 또 하라파에서 나온 10번 그림과 11번 그림의 두 개의 조그만 인체 입상(立像)의 놀라울 만큼 유연한 실체감의 표현은, 고전적인 그리스 시대를 제외하면 그 어디에서도 이에 견줄 만한 것을 찾아볼 수 없다. 물론 인더스 민족의 종교에는 다른 여러 나라의 그것과 공통적인 점이 많다. 이는 모든 선사 시대의 종교와 역사 시대의 거의 모든 종교에도 적용되는 말이다. 그러나 전체적으로 볼 때 그들의 종교는 오늘날 존속하고 있는 힌두교와 구별하기가 힘들 정도로 인도적이었다.

네가 이 인용구 가운데 몇 가지 말을 충분히 이해할 수 없을지도 모르겠다. '파양스'란 토기 또는 도자기라는 뜻이다. 그리고 '인터글리오'와 '글립틱' 작품이란 어떤 단단한 소재나 값비싼 돌, 즉 보석류에다 새기는 조각을 말한다.

하라파에서 발견된 조상(彫像)을 한번 보고 싶구나. 아마 언젠가 너와 함께 하라파와 모헨조다로에 찾아가 마음껏 구경할 기회가 있을 것이다. 그 때까지 너는 푸나(Poona) 학교에서, 그리고 나는 데라둔 감옥이라는 이름의 학교에서 공부를 계속하기로 하자.

61   *1932년 6월 16일*

코르도바와 그라나다

우리는 오랫동안 줄곧 아시아와 유럽 여행을 계속해 왔다. 그리고 서기 1000년의 길목에서는 잠시 걸음을 멈추고 지나온 길을 되돌아보기도 했다. 그러나 아랍인이 지배한 스페인이 우리 이야기에서 제외된 것 같구나. 그래서 다시 옛날로 돌아가 스페인을 우리의 구도 안에 끌어들여야겠다.

　네가 아직도 기억하고 있다면 어느 정도 알고 있겠지만, 저 유명한 아랍의 장군이 아프리카에서 스페인으로 건너간 것은 711년의 일이었다. 그는 타리크(Tariq)라는 사람인데, 그는 지브롤터(자발 우트 타리크 : 타리크의 바위)에 상륙해 불과 2년 만에 스페인 전체를 정복하고 얼마 뒤에는 포르투갈까지 합병했다. 그는 계속 전진해 프랑스 남부 일대를 공략했다. 그러자 이에 놀란 프랑크족과 그 밖의 여러 부족들은 샤를 마르텔을 중심으로 단결해 아랍인을 저지하기 위해 용감하게 싸웠다. 그리하여 그들은 마침내 프랑스 푸아티에(Poitiers) 부근의 투르에서 벌어진 일대 접전에서 아랍인을 물리쳤다. 이 패배는 아랍인에게 뼈아픈 것이어서, 이로써 유럽 정복의 꿈은 깨어지고 말았다. 그로부터 아랍인과 프랑스인, 그리고 그 밖의 기독교 민족들은 프랑스에서 전쟁을 거듭했다. 때로는 아랍인이 이겨 프랑스로 진출하기도 하고 때로는 패배해 스페인으로 쫓겨나기도 했다. 한때 샤를마뉴는 스페인으로 들어가 아랍인을 공격하기도 했으나 결국 패배하고 말았다. 전체로 보면 오랫동안 균형이 유지되었으며, 아랍인은 스페인을 지배했을 뿐 그 이상은 진출하지 못했다.

　그리하여 스페인은 아프리카에서 아시아의 몽고까지 이어지는 대아랍 제국에 편입되었다. 그러나 그것은 그리 오래가지 못했다. 아라비아에 내란이 일어나 아바스가의 칼리프가 옴미아드가의 칼리프를 추방한 것을 너도 기억할 것이다. 스페인을 다스리던 아랍인 총독은 옴미아드가 출신이었기 때문에 그는 아바스가의 새 칼리프를 승인하지 않았다. 그래서 스페인은 아랍인 제국에서 떨어져 나갔지만, 바그다드의 칼리프는 거리가 워낙 먼 데다 내부에 복잡한 문제를 안고 있었기 때문에 이 사건을 처리할 수가 없었다. 이런 까닭에 스페인과 바그다드 사이에는 오랫동안 험한 기운이 걷히지 않았으며, 시련에 부딪혔을 때 서로 돕기는커녕 도리어 상대편이 곤궁에 처한 것을 고소하게 여길 정도였다.

　스페인의 아랍인이 모국과 인연을 끊은 것은 어느 정도 성급한 행동이었다. 그들은 먼 외지에 나와 피가 다른 민족과 함께 살아야 했고, 주위는 언제나 적으로 둘러싸여 있었다. 그들은 수면에서 열세였다. 그들이 열세에 몰려 위기와 난국에 봉착해도 도와줄 사람이 없었다. 그러나 이 무렵 그들은 자신감에 넘쳐 있었고, 이러한 위험한 상황에 대해 별로 걱정하지도 않았다. 사실 그들은 북쪽에서 기독교 민족이 끊임없이 압력을 가하는 데도 놀랄 만큼 훌륭하게 대적했으며, 혼자 힘으로 능히 500년 동안이나 스페인의 대부분을 지배했다. 뿐만 아니라 그 뒤 200년 동안 스페인 남부에서 작기는 하지만 왕국을 계속 유지했다. 결국 그 제국은 바그다드의 대제국보다 더 오래 간 셈이다. 아랍인이 스페인에서 종말을 맞이할 무렵, 바그다드는 벌써 오래 전에 잿더미로 변해 있었으니 말이다.

아랍인이 700년 동안이나 스페인의 일부를 계속 지배했다는 사실은 놀라운 일이다. 하지만 더욱 흥미로운 것은 무어인(Moors)이라 일컬어지는 스페인계 아랍인(Spanish Arabs)의 문화가 꽤 수준 높은 것이었다는 점이다. 어느 역사가는 이에 대해 약간 들뜬 어조로 다음과 같이 서술했다.

> 무어인은 코르도바라는 놀라운 왕국을 세웠다. 이것은 중세의 기적으로서, 유럽 전체가 야만적인 무지와 항쟁 속에 빠져 있을 때 유독 혼자서만 찬란한 학술과 문명의 횃불을 높이 쳐들고 서방 세계를 비추고 있었다.

여기서 말한 쿠르투바(Kurtuba)는 꼭 500년 간 이 왕국의 수도였는데, 영어로는 코르도바(Cordoba) 또는 코르도바(Cordova)라고 한다. 내가 똑같은 이름을 때때로 다른 철자로 쓰지나 않았는지 모르겠구나. 지금부터는 '코르도바' 라는 이름만 쓰기로 하겠다. 코르도바는 인구 100만을 헤아리는 대도시로, 24마일이나 되는 외곽을 성벽으로 둘러싸고 있으며, 길이 10마일에 이르는 공원 도시였다. 그 안에는 6만을 헤아리는 궁전과 저택, 그리고 20만 호의 중소 주택, 8만 채의 점포, 3800개소의 모스크(예배당), 700개의 공중 목욕탕이 있었다고 한다. 이 숫자가 과장된 것일지도 모르지만, 아무튼 그 규모를 대략은 짐작할 수 있을 것 같다. 도서관도 많았는데, 규모가 가장 큰 것은 40만 권의 장서를 갖고 있던 에미르(Emir : 사라센인의 왕에 대한 칭호)의 왕실 도서관이었다. 코르도바 대학은 유럽 전체는 물론이고 서아시아에까지 알려져 있었다. 가난한 아이들을 위해 무료로 가르치는 초등 교육 학교도 있었다. 어느 역사가는 다음과 같이 말했다.

> 기독교 유럽에서는 승려를 제외하면 최상류층에 속하는 자들도 모두 문맹자였는데, 스페인에서는 거의 모두가 글을 읽거나 쓸 수 있었다.

이런 점이 또 다른 아랍인의 대도시 바그다드와 번영을 다투던 코르도바의 면모였다. 말할 것도 없이 그 명성은 유럽 전체에 퍼져 있었다. 10세기 독일의 어느 문인은 이를 가리켜 '세계의 장식품'이라고 일컬었다. 이 곳 대학에는 먼 나라에서도 학생이 모여들었다. 그리하여 아랍 철학은 유럽의 다른 큰 대학, 즉 파리와 옥스퍼드, 북이탈리아를 비롯한 여러 대학에까지 영향을 미쳤다. 아베로에스(Averroes) 또는 이븐 루슈드(Ibn Rushd)[84]는 12세기 코르도바의 유명한 철학자였다. 그는 만년에 스페인의 에미르와 사이가 나빠져 추방당했다. 그는 파리로 이주하고 정착해 살았다.

---

84) 코르도바의 귀족 출신으로서 아라비아 철학의 대표자. 아리스토텔레스를 깊이 연구한 그는 아리스토텔레스 철학의 주석서를 저술해 —— 아리스토텔레스는 자연을 설명했지만, 그는 아리스토텔레스를 설명했다 —— 기독교 세계의 철학에도 커다란 영향을 미쳤다. 그러나 그의 철학은 이성을 신앙으로부터 독립시키려는 경향을 띠고 있었으므로 나중에 국외로 추방당했으며, 또 후세의 기독교 스콜라 학파로부터도 비난의 대상이 되었다. 그의 이름을 라틴어로는 아베로에스라고 한다.

유럽의 다른 나라들처럼 스페인에도 일종의 봉건 제도가 존재했다. 그리하여 세력 있는 대귀족들이 발흥해 군주인 에미르와 끊임없이 싸움을 벌이고 있었다. 아랍 국가의 세력을 약화시킨 것은 외부의 침략보다는 오히려 이러한 내전 때문이었다. 그 무렵 북스페인에 있는 몇 개의 기독교 소국이 세력이 대두해 아랍인 진영으로 내려오고 있었다.

서기 1000년, 즉 밀레니엄이 끝나려 할 즈음에 에미르 왕국은 스페인의 거의 전부를 장악하고 있었다. 심지어 남프랑스 일부까지 이에 예속되어 있었다. 그러나 붕괴는 삽시간에 닥쳐왔다. 그 원인은 앞서도 말한 바 있지만 내부적인 약점 때문이었다. 예술과 사치와 기사도로 명성을 떨쳤던 아랍 문명의 탁월한 건축물은 결국 특권층의 문명이었다. 그리하여 굶주린 빈민들이 봉기하고 노동자의 반란이 일어났다. 내란은 점차 확대되어 여러 주가 에미르 왕국에서 이탈했으며, 아랍인의 스페인 제국은 산산조각이 나고 말았다. 코르도바가 끝내 카스티야(Castilla)의 기독교 국왕에게 무릎을 꿇고 만 것은 1236년의 일이었다.

아랍인은 이 때 남쪽으로 쫓겨갔으나 그래도 저항을 계속했다. 그들은 스페인 남부에서 아주 작은 왕국, 즉 그라나다(Granada)를 세우고 그 곳을 새로운 터전으로 삼았다. 이 왕국은 비록 규모는 작았으나 아랍 문명의 축소판이었다. 유명한 알람브라(Alhambra) 궁전은 지금도 그라나다에 우뚝 솟아 있으며 아름다운 문과 원주(圓柱), 그리고 아라베스크(Arabesques) 등은 지난날의 영화를 말해 준다. 그것은 원래 아랍어로 알하무라(Al-Hamura), 즉 '붉은 궁전'이라는 뜻이다. 그리고 아라베스크는 아랍 건축과 그 밖의 이슬람교의 영향을 받은 건축물에서도 볼 수 있는 아름다운 무늬를 말한다. 당시 인물화[85]는 이슬람교가 금지하고 있었다. 그래서 건축가들은 장식적인 무늬와 복잡한 무늬를 애용했다. 흔히 그들은 코란 속의 문구를 아치나 그 밖의 다른 곳에 배치해 아름다운 장

---

85) 우상 숭배를 배척하는 이슬람교에서는 대체로 인물화뿐 아니라 인체 조각의 발달도 억제되었다. 그래서 조형의 의욕은 오로지 추상화된 독특한 아라베스크 무늬 방면에 경주되었다.

코르도바와 그라나다

식으로 활용했다. 아랍 문자는 유선형 문자이기 때문에 그대로 이런 장식이 될 수 있었다.

　그라나다 왕국은 200년간 존속했다. 이 왕국은 스페인의 기독교 국가, 특히 카스티야에게 압박과 고통을 받았으며, 때때로 공물을 바칠 것을 강요당하곤 했다. 기독교 국가들이 분열되지만 않았어도 이 나라는 그토록 오래 지탱하지는 못했을 것이다. 그러나 1469년에 이르러 주요 기독교 국가들의 군주인 페르디난트(Ferdinand)와 이사벨라(Isabella)가 결혼함으로써 카스티야·아라곤(Aragon), 레온(Leon) 등 스페인의 북방 3개국이 통합되었다. 그 뒤 페르디난트와 이사벨라는 아랍 왕국인 그라나다마저 끝내 멸망시키고 말았다. 아랍인은 그라나다가 적에게 포위될 때까지 몇 년 동안 용감히 싸웠다. 하지만 결국 기아에 못 이겨 1492년 항복하고 말았다.

　수많은 사라센인, 즉 아랍인들이 스페인을 등지고 아프리카로 떠났다. 지금도 그라나다가 내려다보이는 곳에는 엘 울티모 소스피로 델 모로(El ultimo sospiro del moro), 즉 '무어인의 마지막 탄식'이라는 지명이 남아 있다.

　한편 스페인에 남은 아랍인도 많았다. 이 아랍인들에 대한 정복자의 대우는 스페인 역사에서 가장 어두운 장이었다. 그들을 관대하게 대우하겠다던 약속은 잊혀지고 잔인 무도한 살육이 자행되었다. 이 무렵 이단 심문소, 즉 로마 교회가 자기에게 복종하지 않는 자를 색출해 모조리 처치하기 위해 만든 무시무시한 올가미가 스페인에 만들어져 있었다. 사라센인의 통치하에 줄곧 번영을 누려 온 유태인도 개종을 강요당했고 화형에 처해진 사람도 헤아릴 수 없이 많았다. 여자나 어린이도 관대한 처분을 바랄 수 없었다. 이에 대해 어느 역사가는 다음과 같이 말했다. "이교도(사라센인)들은 그들의 화려한 의상을 버리고 정복자의 모자와 반바지를 입고, 그들의 언어와 습관 그리고 의식(儀式)은 물론 자기 이름까지 포기해야 했다. 또한 스페인어를 사용하고 스페인식으로 행동하며 스페인식 이름을 쓰도록 강요당했다." 물론 이와 같은 야만적인 압제에 항거하는 반란과 시위가 일어났다. 하지만 그들은 잔인하게 진압되었다.

스페인의 기독교도는 몸을 닦고 목욕하는 것을 반대했던 모양이다. 그들은 다만 아랍인이 목욕을 좋아하며 도처에 공중 목욕탕을 세웠다는 이유만으로 이를 배척하기로 했으니 말이다. 기독교도는 "모리스코(Moriscos : 무어인 또는 아랍인)를 교화하기 위해, 그들 본인 또는 부인, 그리고 그 밖의 어떠한 사람이라도 자기 집 또는 그 밖의 장소에서 자기 몸을 씻거나 목욕하는 것을 금지한다. 그리고 목욕장은 모두 파괴되고 해체되어야 한다"는 포고문까지 발표했다.

목욕을 죄로 규정짓는 것 외에도 '모리스코'에 대해 가해진 또 하나의 공격은 그들이 종교적으로 너무 관대하다는 것이었다. 이는 참으로 이상한 이야기지만, 그래도 이것이, 1602년에 발렌시아(Valencia)의 대사제가 사라센인의 국외 추방을 제창할 때 발표한 이른바 '모리스코의 배교와 대역'에 관한 설명 가운데, 공격의 주된 대목의 하나였다. 종교적 관용을 언급하면서 그는 다음과 같이 말했다. "그들 모리스코는, 투르크인이나 기타 모든 이슬람 교도가 자기 백성에게 허용하는 모든 종교적인 양심의 자유라는 것을 입을 모아 찬양했다." 이는 스페인의 사라센인에 대한 본의 아닌 극찬이 아닌가. 그에 반해 스페인의 기독교도들은 얼마나 관대하지 못한가!

스페인에 있던 몇백만의 사라센인들은 대부분 아프리카로 떠나고 더러는 프랑스로 강제 퇴거당하기도 했다. 그러나 아랍인이 700년 동안 스페인에 머물러 있었다는 사실을 잊어서는 안 된다. 그처럼 오랜 기간 그들은 스페인 인민 속으로 광범하게 융화되었다. 원래 그들은 아랍인이었으나 세월이 흐름에 따라 스페인 사람으로 변했다. 어쩌면 스페인에서 살던 아랍인은 마그나브의 아랍인과 선혀 달라셨을지도 모른다. 사실 오늘날에도 스페인 사람의 혈관에도 아랍인의 피가 짙게 흐르고 있다.

사라센인들은 또한 프랑스 남부와 심지어는 스위스로 강제 추방당했다. 이번에는 정복자로서가 아니라 주민으로서 널리 흩어진 것이다.

그리하여 오늘날에도 남부 출신의 프랑스인 중에는 아랍형의 얼굴을 볼 수 있다.

이렇게 스페인에서 사라센인의 지배는 그들의 아랍 문명과 함께 막을 내렸다. 이 문명은, 아시아 방면에서는 우리가 지금 보고 있듯이 훨씬 전부터 붕괴되고 있었다. 그것은 여러 나라, 여러 문화에 영향을 끼쳤으며 빛나는 유산을 남겼다. 그러나 그 뒤 세력을 만회하지는 못했다.

사라센인이 사라진 뒤 스페인은 페르디난트와 이사벨라의 통치 아래 세력을 확장해 갔다. 그 뒤 얼마 안 되어 아메리카 대륙이 발견됨으로써 막대한 재보를 얻었다. 그리하여 스페인은 한때 유럽의 최강국으로 떠올라 다른 나라를 지배하게 되었다. 그러나 스페인은 곧 급속히 쇠약해져 소국으로 추락했다. 유럽의 다른 국가들이 발전하고 있는 동안 스페인은 제자리걸음을 하며 변화하는 세계를 인식하지 못하고 그저 중세의 찬란했던 날을 몽상했을 뿐이다.

영국의 역사가 레인 풀(Lane Poole)은 스페인을 지배한 사라센인에 관해 다음과 같이 말했다.

몇 세기 동안 스페인은 문명의 중심지였고, 예술·과학·학술 및 원숙한 경지에 도달한 온갖 문화 형태의 집결지였다. 종래 유럽의 어떠한 나라도 무어인의 문명화된 영토에 미치지는 못했다. 페르디난트와 이사벨라, 그리고 샤를마뉴 제국이 누렸던 짧은 영화도 이처럼 걸출하게 존속할 수는 없었다. 무어인이 추방되자 기독교 스페인이 잠시 빛을 냈으나, 이는 마치 태양 빛이 있어 빛을 내는 달과 같은 존재에 불과했다. 이윽고 달은 기울기 시작했으며, 그 이후 스페인은 어둠 속에서 줄곧 침체해 있었다. 무어인이 훌륭한 포도와 감람을 여물게 하고 황금빛 옥수수를 수확하던 곳은 이제 불모지로 바뀌어 황량한 공터가 되었으며, 교양과 기지에 넘쳤던 주민들은 거칠고 무지하게 변해 문화 민족의 품위와 긍지는 땅에 떨어졌다. 그 굴욕에 신음하는 인민의 침체되고 전락한 모습을 대할 때면 그 옛날 찬란했던 무어인이 눈앞에 선할 뿐이다.

이는 참으로 냉혹한 비판이다. 약 1년 전(1931) 스페인에서 혁명이 일어나 국왕이 폐위되고 공화국으로 바뀌었다. 아마 이 어린 공화국은 앞으로 정치를 잘 해 스페인을 다시 여러 국가들과 어깨를 나란히 할 수 있는 나라로 만들리라 믿는다.

62

1932년 6월 19일

십자군

나는 얼마 전 편지(쉰일곱 번째 편지)에서 교황과 교회 평의회가 성지 예루살렘을 탈환하기 위해 선전 포고했다는 이야기를 했다. 셀주크 투르크인의 세력은 유럽, 특히 직접적인 위협에 직면한 콘스탄티노플을 크게 놀라게 했다. 예루살렘과 팔레스타인을 찾는 기독교 순례자들이 투르크인에게 고통을 당한 소문은 기독교인들을 흥분시키고 분노케 하는 데 충분했다. 그래서 '성전'이 선포되었으며 교황과 교회는 유럽의 전 기독교도들에게 '성도(聖都)' 구출을 위해 진격하라고 호소했다.

그리하여 1095년 십자군 전쟁이 시작된 뒤 장장 150년간에 걸쳐 십자가와 초생달, 즉 기독교와 이슬람교 사이의 피비린내 나는 전쟁이 막을 올리게 되었다. 그 사이에 오랜 휴전 기간이 없었던 것은 아니지만 전쟁 상태는 거의 끊임없이 계속되었다. 기독교 십자군은 잇따라 예루살렘으로 달려가 대부분 '성지'에서 죽었다. 이 엄청난 장기전도 십자군에게 이렇다 할 만한 보람을 주지는 못했다. 한때 예루살렘을 차지하기도 했으나 곧 투르크인에게 빼앗겼다. 몇백만의 기독교도와 이슬람 교도를 죽음과 빈곤으로 몰아넣고, 아시아와 팔레스타인을 선혈로 물들인 것이 십자군의 주요 전과(戰果)였다.

그럼 이 무렵 바그다드 제국은 어떤 상태에 있었던가? 아바스가는 예전과 다름없이 수장 자리를 지키고 있었다. 그들은 아직도 칼리프이며, 신도들의 총수였다. 다만 명색만 원수일 뿐 실권은 거의 없었다. 그리고 그들의 왕국이 사분오열되고 지방 총독들이 잇따라 독립한 것은 이미 보아 온 바와 같다. 인도를 자주 습격했던 가즈니의 마흐무드는 강대한 군주로 성장해 칼리프가 자기 뜻을 따르지 않을 때는 협박까지 일삼았다. 바그다드 내부에서도 진짜 주인공은 투르크인이었다. 그리고 또 다른 투르크인 일파인 셀주크인이 들어와 순식간에 세력을 구축했고, 그 승리의 여세를 몰아 콘스탄티노플 성문까지 육박해 갔다. 당시 칼리프는 비록 정치적 실권은 없었지만 칼리프라는 지위는 그대로 변함없었다. 칼리프는 부득이 셀주크 대장에게 술탄이라는 칭호를 주었고, 이 술탄이 정치적 실권을 장악하게 되었다. 십자군은 이 셀주크 술탄과 그의 군대와 싸워야 했다.

십자군 당시 유럽에서는 모든 비기독교도에 대립하는 '기독교 교권', 즉 기독교 세계의 이념이 고양되었다. 유럽은 이른바 이교도로부터의 '성지' 회복이라는 공동 이념과 목표를 갖게 되었으며, 또한 이 공동 목표는 기독교도들의 가슴을 열정으로 들끓게 했다. 헤아릴 수 없이 많은 사람들이 이 큰 목적을 위해 집과 재산을 포기했다. 많은 사람들은 이 은혜로운 목적을 위해 출전했으며, 또 많은 사람들이 성스러운 원정에 참가하면 죄가 사해진다는 교황의 약속을 믿고 십자군에 참가했다. 그렇지만 십자군에는 또 다른 목적이 하나 있었다. 로마는 이 원정을 콘스탄티노플의 주인이 될 수 있는 천재일우의 기회로 삼으려 했던 것이다. 이미 알다시피 콘스탄티노플 교회는 로마와는 계통이 달랐다. 콘스탄티노플은 스스로 '정통 교회'라 자칭하며 로마 교회를 매우 증오했고, 로마 교황을 벼락 출세한 자로 간주했다. 한편 교황은 교황대로 이 우쭐대는 콘스탄티노플을 발 아래 두려고 했다. 이교도인 투르크에 대한 응징이라는 명분 뒤에는 이 오랜 야망을 성취하려는 사심이 짙게 깔려 있었다. 이것이 정치가들이나 경세가라고 자처하는 자들이 하는 짓이다! 너는 언제나 십자군의 원정 기간 내내 존재했던 로마와 콘스탄티노플 사이의 대립을 유념해 두어야 할 것이다.

십자군을 동원한 또 하나의 이유는 상업적인 것이었다. 사업가들, 그 중에도 베네치아나 제노바를 비롯한 신흥 무역항의 상인들은 통상로가 막히자 십자군의 원정을 바랐다. 그들이 동방으로 가는 통상로는 오래 전부터 셀주크인에 의해 거의 막혀 있었기 때문이다.

일반 사람들은 이런 이유가 숨어 있다는 것은 전혀 몰랐다. 아무도 이런 사정을 말해 주지 않았다. 정치가들이란 언제나 진짜 이유는 숨겨두고 신앙이니 정의니 진실이니 하며 떠들기 마련이다. 십자군 때도 그랬다. 그리고 오늘날에도 또한 마찬가지다. 그 때도 인민은 속기만 했고, 지금도 인민의 대다수는 정상배들의 달콤한 언변에 말려들기 일쑤다.

그리하여 수많은 사람들이 십자군 원정에 모여들었다. 그 중에는 선량하고 성실한 사람들도 많았다. 그러나 선량하기는커녕 오직 약탈만을 노리고 따라나선 패들도 적지 않았다. 그리하여 십자군은 신앙심 깊은 사람들과, 온갖 범죄를 저지를 수 있는 불한당들의 기묘한 혼합체였다. 거룩한 뜻을 지니고 떠난 십자군 장병 대다수는 죄악 중에서도 가장 비열하고 가장 수치스러운 짓을 저질렀다. 원정 도중에 약탈과 추악한 짓을 자행하기에 여념이 없어 팔레스타인 근처에는 가지도 못한 자가 부지기수였다. 이교도와 유태인을 학살하기도 하고, 때로는 같은 기독교도 형제를 죽이는 자도 없지 않았다. 그들이 통과하는 여러 기독교 국가들 중에는, 그들의 악행에 격분한 나머지 가끔 농민들이 봉기해 십자군을 습격해 많은 형제들을 죽이고 영토 밖으로 몰아 내는 곳들도 있었다.

십자군은 부용(Bouillon)의 고드프리(Godfrey)라는 한 노르만인의 지휘 아래 팔레스타인에 도달했다. 예루살렘은 마침내 그들에게 함락되었고, 그로부터 1주일 간 살육의 잔치가 벌어졌다. 참으로 무서운 학살이었다. 그 현장을 목격한 어느 프랑스인의 말에 따르면, "모스크(예배당)의 폴티코(portico : 아치로 된 정면) 밑에는 붉은 피가 무릎까지 차고 말(馬)의 전통(箭筒)께까지 닿았다"고 한다. 고드프리는 예루살렘의 왕이 되었다.

하지만 7년 후 예루살렘은 다시 이집트의 술탄 살라딘(Saladin)이 차지했다. 이것이 다시 유럽의 기독교도들을 격앙시켰고, 그럴 때마다 으레 십자군이 파견되곤 했다. 이번에는 유럽의 국왕들과 황제가 몸소 원정군을 인솔했으나 성과가 없기는 마찬가지였다. 황제와 국왕들은 서로 우위를 다투며 시기했다. 그것은 끔찍하고 냉혹한 전쟁과 음모와 치사스러운 간계로 뒤범벅된 참으로 음산한 이야기였다. 그러나 때로는 인간성 가운데 좋은 면이 승리해 공포를 잊게 할 때도 있었고, 적들끼리 기사도와 정중한 태도로 행동할 때도 있었다. 팔레스타인에 온 국왕 가운데 쾨르 드 리옹(Coeur de Lion : 사자의 마음)이라 일컬어졌던 영국의 리처드(Richard)가 그 완력과 용맹을 떨치고 있었다. 살라딘도 이에 못지않은 호걸이며, 정중한 태도로 유명했다. 심지어 살라딘을 상대로 싸우던 십자군 병사들도 그의 신사도를 인정하고 있었다. 이런 이야기가 전해지고 있다. 어느 날 리처드가 큰 병을 앓아 고열로 곤욕을 치르고 있었다. 이를 전해 들은 적장 살라딘은 급히 산에서 깨끗한 눈과 얼음을 구해 리처드에게 보내 주었다고 한다. 물론 당시는 오늘날처럼 물을 인공적으로 얼려서 쉽게 얼음을 만들 수 없었다. 오로지 발빠른 사절만이 천연

---

86) 영국의 시인, 소설가. 에든버러에서 출생해 그 곳 대학에서 법학을 배우고 변호사, 재판소 서기관 등의 공직 생활을 했다. 한편 창작에 전념하면서, 초기에는 옛 민요에 취미를 가지고 영국 및 대륙의 발라드를 수집해 1802년에 『스코틀랜드 변경의 가요집』을 내고, 이어서 『마지막 음유 시인의 노래』, 『호상(湖上)의 미녀』를 발표해 영국 낭만주의 문학의 확립에 공헌했다. 후기에는 산문으로 전환해, 주로 역사적 사실을 배경으로 한 작품인 『아이반호』 등을 남겼다. 그의 역사 소설은 고증상 미비한 점이 없지 않으나 뛰어난 인물 묘사로써 근대 소설과 역사적 로맨스의 결합을 시도한 최초의 작품으로, 영국 문학사에서 획기적인 전환점을 이루었을 뿐 아니라 외국 작가에게도 큰 영향을 끼쳤다.

의 눈과 얼음을 산에서 가져올 수밖에 없었다.

그 밖에도 십자군에 얽힌 에피소드는 수없이 많다. 아마 너도 월터 스콧(Walter Scott)⁸⁶⁾의 『텔리스먼(Talisman)』을 읽어 보았을 것이다.

십자군의 한 부대는 콘스탄티노플로 계속 행진하며 마침내 이를 점령했다. 그들은 동방 제국의 그리스계 황제를 축출하고 라틴계 왕국과 로마 교회를 세웠다. 이 때도 끔찍한 학살극이 벌어졌으며, 도시의 일부분이 십자군에게 불타 버렸다. 그러나 라틴 왕국도 오래 버티지는 못했다. 동방 제국의 그리스인이 쇠퇴했다고는 하나 역습을 감행했고, 그 뒤 50년이 채 되지 않아 라틴인을 추방했다. 콘스탄티노플의 동방 제국은 1453년 투르크군에게 완전히 망할 때까지 200년을 더 존속했다.

십자군의 콘스탄티노플 점령은 이 곳에 세력을 뻗치려는 로마 교회와 교황의 야욕을 백일하에 드러내 주었다. 뒷날 이 도시의 그리스인이 투르크인의 침략을 받아 위기에 처해 로마에 원조를 호소했을 때, 그들은 좀처럼 콘스탄티노플을 도우려 하지 않았을 뿐만 아니라 어려운 처지에 빠진 그들을 깊이 증오하기까지 했다.

그러나 십자군에 관한 일화 중에서 가장 끔찍한 것은 '소년 십자군'이야기다. 주로 프랑스와 독일 출신의 나이 어린 소년들은 신앙에 열광해 고향을 떠나 팔레스타인으로 원정할 결심을 했다. 많은 소년이 도중에 죽거나 행방 불명되었다. 마르세유(Marseille)에 도착한 대부분의 소년들은 그 곳에서 속임수에 넘어가 그들의 순수한 열정은 고스란히 악당들에게 이용되었다. 노예 상인들은 소년들에게 '성지'로 보내 주겠다고 약속하고 배에 태워서 이집트로 데려다가 노예로 팔아 넘겼다.

한편 영국 왕 리처드는 팔레스타인에서 철수하는 도중에 동유럽에서 적에게 포로가 되어 막대한 몸값을 지불하고 가까스로 풀려 나왔다. 어떤 프랑스 구왕은 팔레스타인에 있을 때 포로로 잡혀 몸값을 지불해야 했다. 신성 로마 제국의 황제 프리드리히 바르바로사(Friedrich Barbarossa : 프리드리히 1세)는 팔레스타인의 강에 빠져 익사했다. 그 동안 세월이 흐르자 마력은 점차 사라지고 말았다. 사람들은 전쟁에 진저리가 나 있었다. 예루살렘은 아직도 이슬람 교도가 차지하고 있었지만, 유럽의 국왕이나 인민들은 성도 회복에 더 이상의 인명과 재산을 소모하는 것을 회피하게 되었다. 그로부터 700년 가까이 예루살렘은 이슬람 교도들이 차지하고 있었다. 영국의 한 장군이 예루살렘을 투르크인에게 빼앗은 것은 1918년 제1차 세계 대전 때의 일이다.

후기 십자군 전쟁의 양상은 참으로 재미있고 보기 드문 것이었다. 십자군은 더 이상 예전의 십자군이라고 할 수 없었다. 신성 로마 제국의 황제 프리드리히 2세(Friedrich II)는 싸움터에 나오기는 했으나 싸우기는 고사하고 도리어 이집트의 술탄과 만나 우호적인 대화를 나누기도 했다! 프리드리히 대왕은 비범한 인물이었다. 대부분의 국왕들이 까막눈이던 당시 그는 아랍어를 비롯해 여러 외국어에 능통했다. 그는 흔히 '세계의 불가사의(the Wonder of the World)'로 알려져 있다. 교황 따위는 안중에 두지 않았으며, 교황이 그를 파문했지만 그는 별로 영향을 받지 않았다.

이리하여 십자군 원정은 별 소득도 없이 실패로 끝나고 말았다. 그러나 끊임없이 계속된 전쟁은 셀주크의 세력을 크게 약화시켰다. 그러나 셀주크 제국을 뿌리에서 뒤흔든 것은 사실 봉건 제도였다. 대봉건 영주는 스스로 사실상 독립적인 존재로 행동했다. 그들은 서로 싸웠다. 동족간의 싸움을 위해 기독교도에게 원조를 요청할 때도 있었다. 이러한 투르크인 내부의 분열은 때때로 십자군을 이롭게 했다. 그러나 살라딘과 같은 실력 있는 국왕이 통치할 때는 호락호락 넘어가지 않았다.

십자군에 관해서는 다른 견해도 있다. 최근 발표된 영국의 역사가 트리벨리언(G.M. Trevelyan)[87](너도 알고 있는 가리발디에 관한 저서의 저자)의 견해는 자못 흥미롭다. "십자군은 부활되고 있는 유럽의 활력이

---

87) 현대 영국의 대표적인 역사가 가운데 한 사람. 케임브리지 대학 교수, 동 대학 트리니티 칼리지의 학장. 『영국사』(1926), 『영국 사회사』(1941)를 비롯한 많은 저서가 있다. 여기서 '가리발디에 관한 저서'라는 것은 1911년에 간행된 『가리발디와 이탈리아의 형성』을 가리킨다.

동방으로 넘치기 시작한 일반적 경향 가운데 군사 · 종교적 측면을 보여 준 것이라 할 수 있다. 유럽이 십자군에서 거둔 수확은 성묘(聖墓)의 영원한 해방이라든가 기독교 문화의 잠재적 통일 따위가 아니었다. 십자군의 모든 전말은 그러한 것을 장기간에 걸쳐 부정한 것에 지나지 않는다. 십자군은 오히려 더욱 세련된 예술 · 기술 · 사치 및 과학과 지적 호기심을 얻어서 돌아왔다. 이런 것들은 모두 은둔자 베드로가 가장 경멸했던 것들이었다."

1193년 살라딘이 죽자, 그 때까지 아랍 제국에 남아 있던 지역마저 점차 흩어지고 말았다. 서아시아의 여러 지역은 작은 봉건 영주들의 지배 아래 한결같이 혼란 상태를 드러내고 있었다. 마지막 십자군 원정은 1249년에 단행되었다. 이번에는 프랑스 국왕 루이 9세(Louis IX)가 직접 통솔했으나 그는 패전해 포로가 되고 말았다.

이 무렵 동아시아나 중앙 아시아에서는 일대 사건이 일어나고 있었다. 맹장 칭기즈 칸이 이끄는 몽고인이 전진을 시작해 마치 거대한 먹구름처럼 동방의 지평선을 뒤덮고 있었다. 원정군이나 방위군, 즉 기독교도나 이슬람 교도는 다가오고 있는 이 침략자를 두려움의 눈으로 바라보고 있었다. 칭기즈 칸이나 몽고인에 관해서는 다음 편지에 쓰기로 하자.

이 편지를 끝맺기에 앞서 한 가지 덧붙이고 싶은 것이 있다. 이 무렵 중앙 아시아의 부하라(Bukhara)에는 아시아와 유럽에 널리 알려진 위대한 아랍인 의사가 있었다. 그 이름은 이븐 시나(Ibn Sina)[88]인데, 유럽에서는 아비센나(Avicenna)라는 이름으로 더 잘 알려졌으며, '의술의 왕'으로 숭앙받았다. 그는 십자군 원정이 시작되기 전인 1037년에 죽었다.

---

[88] 부하라에서 출생해서 이슬람 세계인 서아시아 각지를 전전했던 아라비아계의 철학자이며 의학자다. 철학자로서는 아리스토텔레스에 이슬람적인 해석을 내렸으며, 또한 그리스의 전통을 이어받은 그의 저서 『의학 원전(醫學原典)』은 당시 서아시아와 유럽 세계에서 최고의 권위를 자랑했다. 라틴 이름은 아비센나다.

나는 이븐 시나의 명성 때문에 그의 이름을 거론했다. 그러나 아랍 제국이 몰락으로 향하고 있던 이 시대에도 아랍 문명은 여전히 서아시아와 중앙 아시아의 일부에서 계속 살아남았다는 것을 기억해야 한다. 살라딘은 십자군과 벌인 전쟁에서 죽었지만 많은 대학과 병원을 세웠다. 그러나 이 문명은 그야말로 급속하고 완전한 몰락 전야에 서 있었다. 몽고인이 동방에서 이미 서쪽을 향해 다가오고 있었기 때문이다.

63 *1932년 6월 20일*

십자군 시대의 유럽

어제 편지에서는 11, 12, 13세기에 기독교와 이슬람교 사이에 일어났던 충돌에 관해 살펴보았다. 유럽에서는 이 시대에 '기독교 왕국(Christendom)'에 대한 관념이 고양되었다. 기독교는 이 때까지 전 유럽에 널리 전파되었지만 마지막 바통을 이어받은 지역은 동유럽의 슬라브 인종, 즉 러시아와 그 밖의 지역이었다. 사실 얼마나 정확한 이야기인지는 모르지만, 옛날 러시아 국민이 기독교도가 되기 전에 그들이 신봉해 오던 종래의 종교를 버리고 새로운 종교를 받아들이는 것을 두고 많은 논란이 있었다는 재미있는 일화가 있다. 그들이 받아들인 두 개의 새 종교는 기독교와 이슬람교였다. 그들은 꽤 현대적인 방법을 썼는데, 이 두 종교를 믿는 나라에 실제로 대표단을 파견해 두 종교에 대해 충분히 알아보고 보고하도록 했단다. 이 대표단은 이슬람교가 우세한 서아시아 각지를 방문한 다음 콘스탄티노플에 들렀다고 한다. 이들은 콘스탄티노플을 둘러보고 눈이 휘둥그래졌다. 정통 교회의 의식은 아름다운 음악이 곁들여진 다채롭고 호화스러운 것이었다. 아름다운 비단으로 곱게 꾸민 수단(繡緞)을 걸친 사제가 향기로운 향을 피웠다. 이 의식은 북쪽에서 온 조금 미개하고 단순한 그들에게 강한 감명을 안겨 주기에 충분했다. 그리하여 그들의 마음은 기독교 쪽으로 기울었다. 그들은 귀국해서 그대로 국왕에게 보고했고, 국왕과 인민은 그 보고에 따라 기독교도가 되었다. 그들은 콘스탄티노플의 기독교를 받아들였기 때문에 로마 교회가 아닌 그리스 정교의 신봉자가 되었다. 그래서 러시아는 그 뒤에도 끝내 로마 교황을 인정하지 않았다.

이 러시아의 개종은 십자군 원정 훨씬 전에 있었던 일이다. 한편 전하는 바에 따르면 불가리아인들도 잘하면 이슬람 교도가 될 뻔했으나 콘스탄티노플의 흡인력이 더 강했다고 한다. 불가리아 국왕은 비잔티움(너는 비잔티움이 콘스탄티노플의 옛 이름이라는 것을 기억할 것이다)의 공주와 결혼해 기독교도가 되었다. 이런 식으로 동유럽 인민도 기독교를 받아들이게 되었다.

십자군의 원정이 이루어지고 있는 동안 유럽에서는 어떤 일이 일어나고 있었던가? 유럽의 국왕과 황제들이 팔레스타인까지 몸소 출전했으며, 그 중에는 싸움터에서 혹심하게 고초를 겪은 국왕도 있었다는 이야기는 앞에서 살펴본 바와 같다. 그러나 로마 교황은 그 동안 로마에 앉아 '이교도' 투르크인에 대한 '성전'을 부추기고 명령했다. 아마 이 무렵이 교황의 권세가 가장 강력했던 때였을 것이다. 어떤 도도한 황제가 교황이 알현을 허가할 때까지 눈 내리는 카노사의 성문 앞에서 맨발로 사흘간이나 기다리며 용서를 빌었다는 이야기를 했다. 그 교황의 본명은 힐데브란트로서, 그가 바로 교황 선출에 관한 새로운 제도를 마련한 그레고리우스 7세였다. 추기경이라면 로마 가톨릭에서 가장 지위가 높은 성직자들이다. 이 추기경들의 회의를 성단(聖團 : the Holy College)이라 했는데, 이 성단은 그레고리우스 7세가 새로 마련한 규정을 통해 신설되었으며, 교황은 이 성단에서 선출하도록 되어 있었다. 이 제도는 1059년 채택된 이래 약간의 수정을 거쳐 지금까지 지켜지고 있다. 교황이 서거하면 즉시 추기경들이 모여 굳게 닫힌 밀실에서 회합을 갖는다. 그리고 새 교황이 선출되기 전에는 아무도 그 방을 출입할 수 없다. 가끔 의견이 모아지지 않아 몇 시간이고 앉아 있어야 할 때도 있다. 그러나 그들은 절대로 자리를 뜰 수 없다. 그러므로 결국 의견을 조정하지 않을 수 없게 되며, 교황의 선임이 끝나면 문 밖에서 기다리는 수많은 군중들에게 흰 연기를 올려 알려 준다.

교황이 선거를 거쳐 선출되는 것처럼, 신성 로마 제국의 황제도 선거로 뽑혔다. 단 황제 선출에는 대봉건 영주들이 참여했다. 이렇게 선거에 참여하는 선제후(elector-princes)가 몇 사람 있었다. 그렇게 함으로써 황제가 동일한 가문에서 계속 나오는 것을 막으려 했다. 그러나 실제로는 한 가문이 오랜 세월 동안 선거를 지배하는 경우가 허다했다.

그리하여 12~13세기 때에는 호엔슈타우펜(Hohenstaufen) 왕조가 로마 제국을 지배했다. 호엔슈타우펜이라는 말은 분명히 독일의 어느 읍이나 마을의 이름이었다고 기억된다. 이 가문의 일족은 원래 그 고장 출신이었기 때문에 그 고장 이름을 땄던 것이다. 호엔슈타우펜 왕조의 프리드리히 1세가 1152년에 황제로 등극했다. 그는 보통 프리드리히 바르바로사라 일컬어졌다. 십자군 원정에서 강에 빠져 익사한 이가 바로 이 황제였다. 그의 치세가 신성 로마 제국 역사에서 가장 빛나는 시기였다고 한다. 그는 독일인들 사이에서 오래도록 영웅으로 숭앙받았으며, 많은 전설에 싸여 있는 신비한 인물이었다. 그는 어느 산의 동굴 속에서 깊이 잠들어 있다가 때가 오면 잠에서 깨어나 인민을 구하기 위해 다시 올 것이라는 말이 떠돌았다고 한다.

프리드리히 바르바로사는 교황과 커다란 항쟁을 벌였으나 결국 교황에게 패배하고 무릎을 꿇고 말았다. 그는 전제 군주였지만 자신의 봉건 가신들로부터 많은 고통을 당했다. 프리드리히는 대도시가 성장하고 있던 이탈리아에서 그 도시들의 자유를 억압하려 했으나 성공하지 못했다. 독일에서도 특히 강변 지역에서 쾰른·함부르크·프랑크푸르트 등에서 대도시들이 성장하고 있었다. 이런 도시에서는 프리드리히도 정책을 달리했다. 그는 귀족과 봉건 영주의 세력을 꺾기 위해 독일의 자유 도시들을 지원했다.

나는 몇 번인가 고대 인도의 제왕들이 어떤 사상을 갖고 있었는지를 이야기해 왔다. 고대 아리아인 때부터 아소카 시대까지, 또는 『아르타샤스트라』에서 슈크라아차리아의 『니티사라』에 이르기까지, 국왕은 여론에 따랐다는 것을 거듭 강조했다. 나라에서 근본적인 주인공은 국민이다. 물론 어느 곳에서처럼 사실 인도의 국왕들도 전제적이었으나, 아무튼 인도의 정치 철학은 이런 것이었다. 이를 옛날 유럽의 정치 철학과 비교해 보아라. 당시의 법률가들 견해에 따르면 황제란 절대적인 권위를 지니고 있는 사람이었다. 그들은 황제의 말이 곧 법이며, '황제는 지상에 살아 있는 법'이라고 생각했다. 프리드리히 바르바로사도 이렇게 말했다. "왕에게 법을 부여해 주는 것은 인민이 아니다. 인민은 오직 왕의 명령에 복종해야 한다."

또 이것을 중국의 견해와 비교해 보자. 중국에서는 황제 또는 국왕을 천자라는 어마어마한 칭호로 불렀다. 그렇다고 우리가 이 칭호에 현혹될 필요는 없다. 이론상 천자의 지위는 유럽의 전능하다는 황제와 그 성격이 달랐기 때문이다. 고대 중국의 사상가 맹자는 "나라의 근본은 백성이다. 토지와 오곡을 내려 주는 신이 그 다음이다. 중요성으로 말하자면 군주는 맨 나중이다"라고 했다.

이렇듯 유럽의 황제는 지상 최고의 존재로 간주되었다. 군주 신권 관념[89]도 여기에서 유래했다. 그러나 사실상 그들은 '지고(至高)'라고 하기에는 거리가 멀었다. 그가 임명한 신하들마저 불온하게 행동했을 뿐만

---

[89] 군주의 지고한 지위와 권력을 설명하기 위한 이론이다. 여기서는 군주의 절대성이 '신'으로부터 시인되고 있으며, 군주는 '신' 이외의 모든 것에 대해서 책임을 지지 않는다. 이런 종류의 막연한 관념은 역사상 도처에서 찾아볼 수 있지만, 그 중에서도 특히 초월적인 신의 관념이 확립되어 있던 유럽에서 더욱 현저했다. 그런데 유럽에서도 이것이 이론화된 것은 왕권이 그 대립물을 강하게 인식한 시대, 다시 말해 그것이 교권으로부터의 독립을 주장하고 봉건 제후를 제압하는 동시에 신흥 부르주아 세력의 대두에 직면했던 근대의 여명기 때였다.

십자군 시대의 유럽

아니라 도시에서 성장하는 신흥 계급이 서서히 권력을 나누어 줄 것을 요구하고 나섰다. 한편 교황도 스스로 지상에서 지고의 존재라고 주장했다. 두 명이 서로 지고의 존재라고 주장하니 싸움이 없을 수 없었다.

프리드리히 바르바로사의 손자도 프리드리히라는 이름이었다. 그는 젊은 나이에 황제에 올라 프리드리히 2세라 칭했다. 그는 앞에서도 말했듯이 '세계의 불가사의' 라는 별명이 붙은 사람으로, 팔레스타인에 원정 갔을 때 이집트의 술탄과 우호적인 회담까지 한 위인이었다. 그도 할아버지와 마찬가지로 교황을 무시했으며 그에게 복종하기를 거부했다. 교황은 이에 파문으로 응수했다. 파문이란 예로부터 교황이 전가의 보도처럼 휘두른 막강한 무기였지만 이제는 서서히 녹이 슬고 있었다. 프리드리히 2세는 교황의 진노를 그다지 대수롭게 여기지 않았으며, 세계 정세도 많이 변해 있었다. 프리드리히 2세는 유럽의 모든 황후와 군주에게 장문의 편지를 보내, 교황은 국왕들을 간섭할 아무런 권한도 없는 존재이며, 다만 종교와 정신 문제를 관장해야지 정치 문제까지 참견해서는 안 된다고 지적했다. 그는 또 성직자의 부패에 대해서도 지적했다. 그의 주장은 교황의 말에 비해 훨씬 논리적이었다. 그의 편지는 황제와 교황 사이에 있었던 오랜 알력에 근대 정신의 숨결을 처음 불어넣은 것으로서 매우 흥미로운 기록이다.

프리드리히 2세는 종교에 대해서는 매우 관대했으며, 아랍인과 유태인들도 자유로이 그의 궁전을 출입할 수 있었다. 아라비아 숫자와 대수학(그 기원이 인도에 있다는 사실은 너도 기억하고 있으리라 믿는다)이 유럽에 건너간 것도 그를 통해서였다고 한다. 그는 또 나폴리 대학과 살레르노(Salerno)의 유서 깊은 대학에 대규모 의학교를 창설하기도 했다.

프리드리히 2세는 1212년에서 1250년까지 통치했다. 그러나 그의 죽음으로 호엔슈타우펜 왕조의 로마 제국 지배는 마침표를 찍게 되었다. 뿐만 아니라 로마 제국 자체가 사실상 종말을 고했다. 이탈리아가 제국에서 떨어져 나가고 독일도 산산이 흩어졌으며, 오랜 세월 동안 무서운 혼란만 계속되었다. 강도로 변한 기사와 산적떼가 제멋대로 약탈을

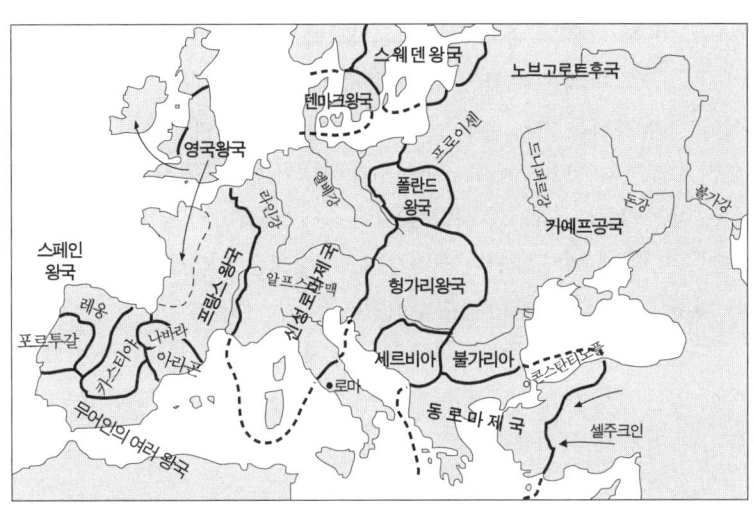
13세기의 유럽

자행했지만 이를 제지할 사람은 하나도 없었다. 신성 로마 제국의 중량은 독일 왕국이 감당하기에는 너무 버거웠다. 프랑스와 영국에서는 국왕의 권력과 지위가 점차 강화되었고, 줄곧 문제가 되어 온 대봉건 영주들을 휘어잡을 수 있게 되었다. 독일에서는 국왕이 곧 황제였으나, 교황과 이탈리아의 여러 도시들과 싸우는 데 급급해 귀족을 제지할 여력이 없었다. 독일은 황제를 모신다는 대단찮은 명예를 가지고 있었지만, 그 대가로 국력의 취약과 내부 분열을 겪어야 했다. 프랑스와 영국은 독일이 통일되기 훨씬 전에 강국을 향해 성장하고 있었다. 독일에서는 몇백 년 동안 수많은 소국들이 자리잡고 있었다. 독일이 통일된 것은 겨우 60년 전의 일이며, 그 때에도 여전히 소규모 제후들이 살아남아 있었다. 제1차 세계 대전이 비로소 이 봉건 영주들의 통치에 마침표를 찍었다.

  프리드리히 2세가 죽은 뒤, 독일은 말할 수 없는 혼란에 처해 있어서 무려 23년 동안이나 황제를 선출하지 못했다. 그 뒤 1273년에 합스부르크가의 백작 루돌프(Rudolph)가 황제로 선출되었다. 새로운 가문, 즉 합스부르크가가 등장해 제국이 몰락할 때까지 지배했다. 세계 대전이 일어나자 이 가문은 제국과 함께 몰락했다. 대전 당시 오스트리아 · 헝가리 제국의 황제는 프란츠 요제프(Franz Joseph)였다. 그는 60년 이상이나 제왕 자리를 지켜 온 노인이었다. 그런데 왕위 계승자인 그의 조카 프란츠 페르디난트(Franz Ferdinand)가 아내와 함께 1914년 발칸 반도에 있는 보스니아(Bosnia)의 사라예보(Sarajevo)에서 암살당했다. 이 암살 사건으로 인해 세계 대전이 터졌으며, 그 대전은 오랜 합스부르크 왕조를 비롯해 많은 것들에 마침표를 찍었다.

신성 로마 제국에 대한 이야기는 이 정도로 끝내자. 이번에는 그 서쪽에 있는 프랑스와 영국을 보기로 하자. 프랑스와 영국 사이에는 오랜 동안에 걸쳐 자주 전쟁이 있었고, 또 국왕들은 자국의 귀족들과 더욱 자주 싸움을 벌여야 했다. 그러나 양국의 국왕은 독일의 국왕, 즉 황제에 비하면 훨씬 손쉽게 귀족들을 무찌를 수 있었다. 따라서 영국과 프랑스는 줄곧 통일을 유지했으며, 통일은 국력 증강에 큰 도움이 되었다.

너도 읽은 적이 있겠지만, 이 무렵 영국에서 하나의 사건이 발생했다. 그것은 1215년 존 왕의 '마그나 카르타(Magna Charta)' 에 대한 서명 문제였다. 존은 그의 형 리처드, 즉 쾨르 드 리옹(Coeur de Lion)에게서 왕위를 계승했다. 그는 굉장히 욕심이 많은 반면 의지가 박약해 신하들을 꽤 애먹였다. 귀족들은 그를 템스 강에 있는 러니미드(Runnymede) 섬으로 끌고 가 마치 칼로 목을 칠 것처럼 위협해 귀족과 인민에게 일정한 자유를 보장한다는 것을 골자로 한 '마그나 카르타', 즉 '대헌장' 에 서명하게 했다. 이것은 영국민이 정치적 자유를 획득하기 위한 장기간에 걸친 투쟁의 커다란 첫발이었다. 특히 이 헌장을 통해 국왕은 어떤 시민이든 그 사람과 동일한 신분을 가진 계층의 동의가 없는 한 그의 자유[90]와 재산

---

[90] 시민의 자유를 말한다. 이 경우의 자유는 구체적인 여러 가지 자유 — 거주 이전의 자유, 신앙 · 사상 · 학문 · 교육의 자유, 집회 · 결사 · 언론 · 출판의 자유, 재산권 등을 가리킨다. '마그나 카르타' 는 봉건 귀족이 연합해 국왕에게 제출한 청원으로서 이론적 요청에 바탕을 둔 것이 아니라 실제 요구를 열거한 것이었지만, 그래도 역시 '인신의 자유' 에 관한 제39조 — 어떤 자유민도 그 동일 신분인의 적법한 재판에 의하든가 국법에 의하지 않고서는 체포 구금될 수 없다 — 를 비롯해 전반에 걸쳐 꽤 명료한 여러 가지 자유에 대한 요구가 명시되어 있다.

에 간섭할 수 없게 되었다. 또한 이 새 규정에 따라 같은 신분층에 속한 자를 심판하는 배심이 시작되었다. 이리하여 영국에서는 국왕의 권력이 일찍부터 제한되었다. 영국에서는 이미 이 때부터 신성 로마 제국을 지배하던 군주의 최고권에 대한 복종이 거부되고 있었다.

영국의 지배를 받던 1932년의 인도에서도 적용되지 않는 이 규정이 700년 전에 영국에서 나타났다는 것은 매우 흥미로운 일이다. 오늘날 총독은 멋대로 법을 만들고 인민의 자유와 재산을 빼앗을 수 있는 포고령을 내릴 권한을 갖고 있다.

'마그나 카르타' 이후 얼마 안 되어 또 하나의 주목할 만한 사건이 영국에서 일어났다. 그것은 '국민 평의회(National council)'라는 것이 만들어져 각 지방과 도시에서 기사와 시민이 여기에 참여하게 된 일이다. 이것이 곧 영국 의회의 출발이다. 기사와 시민은 서민원(하원)을, 그리고 귀족과 승려는 귀족원(상원)을 형성했다. 이 의회는 처음에는 무력했으나 점차 강력해졌다. 그리하여 마침내 국왕과 의회 중 어느 편이 더욱 우월한가를 가름해야 할 단계에 이르게 되었다. 결국 국왕은 처형당하고 의회가 결정적으로 우위를 차지하게 되었다. 그러나 그것은 의회가 구성된 지 400년이 지난 17세기(1649)에 일어난 일이다.

한편 프랑스에도 '삼부회(Council of the Three Estates)'라는 정치 기관이 있었다. 삼부란 귀족·성직자·평민을 말한다. 이 의회는 국왕이 필요하다고 생각될 때 가끔 소집되었다. 삼부회는 좀처럼 소집되지 않았으며 영국의 의회만큼 순조롭게 세력을 확립할 수가 없었다. 프랑스에서도 국왕의 권력이 무너지기 전에 한 국왕이 목이 떨어져야 했다.

동방에서는 그리스의 동로마 제국이 여전히 존재하고 있었다. 이 나라는 건국될 때부터 언제나 누군가를 상대로 싸워야 했고, 때로는 몰락할 것처럼 보이기도 했다. 먼저 북방의 야만족이 쳐들어왔고, 이어 이슬람 교도가 공격해 왔지만 동로마 제국은 시련을 이기고 살아남았다. 러시아인, 불가리아인, 아랍인, 셀주크 투르크인들의 공격이 잇달았지만, 가장 치명적이고 타격이 컸던 것은 십자군의 공격이었다. 십자군의 기사들은 같은 기독교도이면서도 기독교 교권인 콘스탄티노플에 대해 그 어떤 이교도보다 커다란 타격을 주었다. 동로마 제국과 콘스탄티노플은 십자군한테 받은 치명상에서 끝내 회복할 수 없었다.

서유럽 세계는 동로마 제국에 대해서는 전혀 아는 바가 없었고, 거의 안중에도 두지 않았다. 동로마 제국은 '기독교 교권' 이라 할 수 없을 정도였다. 유럽의 학술어가 라틴어인 데 반해 동로마 제국은 그리스어를 썼다. 사실 쇠퇴해 가고 있던 시절에도 콘스탄티노플의 학문과 예술은 유럽에 비해 훨씬 활발했다. 그러나 그것은 이미 사양길에 접어든 학문이었기 때문에 창조력과 활력이 없었다. 서유럽의 학문은 보잘것없었지만 창조력과 활력이 있었고, 이 힘은 곧 미술 분야에서 폭발했다.

동로마 제국에서는 로마와 달리 교회와 황제 사이에 알력이 없었다. 황제는 또한 지고의 지위에 있었고 완전히 전제적이었다. 자유 따위는 문제가 될 수 없었다. 살인과 음모, 피와 비인도적으로 제위에 오른 자들 밑에서 인민은 양처럼 온순하게 복종했다. 인민에게는 누가 지배자인지가 중요하지 않은 듯했다.

동로마 제국은 유럽의 문을 지키는 일종의 파수병과 같아서, 아시아의 침입으로부터 유럽을 지키고 있었다. 셀주크 투르크인도 콘스탄티노플 근처까지 공격해 오기는 했으나 끝내 제국을 점령하지는 못했다. 몽고인은 그 곳 옆을 지나 러시아 쪽으로 북상해 가 버렸다. 그러다가 1453년 드디어 제국의 수도 콘스탄티노플이라는 커다란 포획물은 오스만 투르크인에게 돌아갔다. 그리고 이 도시가 함락됨과 동시에 동로마 제국 또한 몰락하고 말았다.

64 1932년 6월 21일

유럽 도시들의 성장

십자군 원정 시대에 유럽은 신앙과 공통된 열망과 신념 등의 위대한 시대였다. 인민들은 가끔 이 신앙과 희망 속에서 일상 생활의 비참함을 잊고자 했다. 과학은 아직 없었고 학술 또한 미미한 상태였다. 원래 신앙과 과학·학술은 서로 어울리기가 어려운 법이다. 학문과 지식은 인민에게 생각하는 법을 가르치지만, 회의나 의문은 신앙의 친구가 되기 힘들다. 또한 과학의 방법은 탐구와 실험이며, 신앙의 방식과는 다르다. 우리는 앞으로 어떻게 신앙이 쇠퇴하고 의문이 고개를 쳐들게 되는지를 살펴보게 될 것이다.

그러나 이 시대에는 당분간 신앙이 고양되었고, 로마 교회는 신자들 위에 군림하며 착취하기에 바빴다. 헤아릴 수 없이 많은 신자들이 십자군이라는 이름으로 팔레스타인에 원정 갔다가 돌아오지 못했다. 교황은 누구든 자기에게 불복하는 사람이나 집단에 대해서도 십자군 원정을 선포하기 시작했다. 게다가 교황과 교회는 신자들의 신앙심을 미끼로 때때로 '특사증(特赦證)'과 '면죄부(免罪符)'를 발행해 판매했다. '특사증'이라는 것은 교회의 법규나 관습을 어겨도 좋다는 허가증이었다. 교회 자체가 만든 법규가 특별한 경우에는 무시되어도 좋다고 허용된 셈이다. 이런 법규가 계속 존중될 리가 없다. '면죄부'는 더 가당찮은 것이었다. 로마 교회측의 말을 빌리면, 인간이 죽으면 그의 영혼은 천국과 지옥의 중간쯤에 있는 연옥으로 가서 이승에서 저지른 죄에 따라 벌을 받게 된다는 것이다. 영혼은 그 다음 비로소 천국으로 들어가는 것이다. 그러나 교황은 만약 돈만 내면 연옥행을 면제받고 곧장 천국으로 가게 된다는 약속을 포고했다. 이렇듯 교회는 소박한 사람들의 신앙을 이용해 착취했다. 그리고 죄, 또는 죄로 간주된 것에서도 돈을 우려먹었다. 이 면죄부 판매 사업은 십자군 출정 이후 활발히 전개되었다. 그러나 그것은 곧 추문을 뿌리게 되었으며, 많은 사람들이 로마 교회에 등을 돌리게 된 한 원인이었다.

단순한 신앙을 가진 사람들의 강한 인내심에는 그저 놀랄 수밖에 없다. 많은 나라에서 종교가 가장 규모가 크고 가장 수익이 좋은 사업으로 손꼽히는 것도 바로 이런 이유 때문이다. 사원의 성직자들이 가난한 신도들을 어떻게 쥐어짜 내는지를 보거라. 갠지스 강가에 가 보렴. 그러면 판다(panda : 시바교의 고승)들이, 불행한 시골 사람들이 일정한 복채를 내놓을 때까지 액풀이해 줄 것을 완강히 거절하는 장면을 쉽게 볼 수 있을 것이다. 또 집안에 무슨 일, 즉 결혼·출산·장례식 따위가 있으면 어김없이 승려가 찾아와 시주를 받아 간다.

어떤 종교든, 즉 힌두교든 기독교든 조로아스터교든 이 점만은 마찬가지다. 모두 종교가 신자의 신앙심에서 돈을 만들어 내는 방법을 나름대로 가지고 있다. 힌두교에서는 이런 방법이 특히 두드러진다. 이슬람교에는 원래 승직(priesthood)이라는 것이 따로 없어서 종교적 착취를 막는 데 어느 정도 도움이 되었다. 그러나 종교가를 자칭하는 개인이나 계급, 즉 마울라비(Maulavi) 또는 물라(Mula)[91] 등은 신앙심이 깊은 소박한 이슬람 교도들을 속여서 금품을 우려냈다. 길게 늘어뜨린 턱수염, 머리 위로 땋아 올린 속발(束髮), 이마에 길게 물들인 표시, 탁발의(托鉢衣), 산야신(sanyasin : 수도승·행자)의 황색과 갈색 의상 따위를 성계(聖界)로 들어가는 입장권으로 보는 곳에서는 대중에게 파고드는 일이 그리 어렵지 않다.

가장 발전한 나라인 미국에 가 보아도 종교는 또한 인민의 착취로 운영되는 하나의 대산업이 되어 있다.

중세와 신앙의 시대를 이야기하다가 엉뚱한 곳으로 빗나가고 말았

---

91) 두 사람 모두 아랍어를 연구하고 이슬람교의 교의에 통달한 이슬람교의 교사다.

구나. 이야기를 되돌려야겠다. 당시 신앙은 눈에 보이는 창조적인 양상을 띠었다. 11~12세기는 위대한 건축의 시대였으며, 서유럽 도처에 대성당이 출현했다. 종전에 유럽에서 볼 수 없었던 새로운 건축 양식이 나타났다. 커다란 지붕의 무게와 압력이 건축물 바깥쪽의 웅대한 받침대로 배분되도록 교묘하게 궁리되었다. 내부로 들어가 보면, 상부의 압도적인 중량을 떠받치고 있는 정교한 원주(圓柱)에 놀라지 않을 수 없다. 아랍식 건축물을 모방한 뾰족한 아치도 있다. 건물 전체의 위쪽에는 하늘을 찌를 듯한 첨탑(尖塔)이 솟아 있다. 이것이 바로 유럽에서 발달한 고딕(Gothic) 양식이다. 이 고딕 건축은 신비할 만큼 아름다우며, 마치 비상하는 신앙과 동경을 상징하는 것처럼 보인다. 참으로 그것은 신앙의 시대를 상징한다. 이 건축물들은 이 일을 사랑하는 건축가와 기술자들이 이 대공사를 분담해 협력하지 않고서는 결코 이루어질 수 없는 것이다.

서유럽에서 고딕 양식이 발전했다는 것은 참으로 놀라운 사실이 아닐 수 없다. 무질서와 혼란과 무지와 편협의 소용돌이 속에서도, 마치 천국으로 올라가는 기도자와 같은 이 아름다운 양식이 자라난 것이다. 고딕 양식의 대성당은 프랑스, 북부 이탈리아, 독일, 영국에서 거의 동시에 발전했다. 그 양식이 어떻게 비롯되었는지는 아무도 모른다. 아무도 그 건축가의 이름을 알지 못한다. 그 건축물들은 특정 건축가보다는 대중의 의지와 노고의 결합을 상징하는 것처럼 보인다. 대성당의 착색 유리(스테인드 글래스) 창문도 새로 등장한 것이었다. 이 창문에는 아름다운 색채로 멋진 그림이 장식되었고, 그 창을 통해 들어오는 빛은 건축물이 자아내는 엄숙하고 장엄한 효과를 더해 주었다.

최근에 보낸 편지 가운데 하나에서 나는 유럽과 아시아를 비교했다. 그리하여 당시 아시아가 유럽보다 월등히 문명화되고 개화되었다는 것을 알았다. 그러나 인도에서는 그다지 창조적인 업적이나 창작물이 나타나지 않았으며, 나는 이것을 당시 저조했던 활기를 반영하는 것이라고 말했다. 고딕 양식의 건축물이 그리 문명화되지 못한 유럽에서 나

유럽 도시들의 성장

343

타났다는 사실은 곧 당시 유럽에 활기가 넘치고 있었음을 말해 준다. 이 활력은 당시의 혼란과 후진 문명의 어려움이 있었는데도 폭발적으로 발산되었으며, 유럽은 자기 활력을 형상화시키는 방식을 찾아 냈다. 고딕 양식의 건축물도 그러한 형상화 가운데 하나였다. 나중에 우리는 그 활력이 그림과 조각과 모험심으로 드러나는 것을 보게 될 것이다.

너도 고딕 양식의 대성당을 몇 개 보았을 것이다. 네가 기억하고 있을지 모르겠구나. 너는 독일 쾰른에 있는 장려한 대성당을 구경한 적이 있단다. 이탈리아의 밀라노에는 매우 훌륭한 고딕 양식의 건축물이 있고, 프랑스의 샤르트르(Chartres)에도 있다. 낱낱이 이름을 들 수는 없지만, 이러한 성당은 독일·프랑스·영국 그리고 북부 이탈리아 일대에 널리 세워졌다. 그런데 정작 로마에 볼 만한 고딕 건축물이 없다는 것이 이상하구나.

고딕 건축의 융성기인 11~12세기에도 파리의 노트르담(Notre Dame)처럼 고딕 양식이 아닌 교회도 많이 세워졌다. 베네치아(Venechia)의 성 마르코(St. Marco) 사원도 그 가운데 하나인 것 같다. 너도 본 적이 있는 그 사원은 대표적인 비잔틴 양식으로서 아름다운 모자이크가 장식되어 있다.

신앙의 시대가 쇠퇴하자 교회나 성당 건축도 함께 시들해졌다. 사람들의 관심은 다른 방향으로, 즉 사업과 상업 그리고 시민들의 일상 생활로 쏠리게 되었다. 이제 대성당보다는 도시의 공회당을 더 많이 건립하게 되었다. 그리하여 15세기 초부터는 아름다운 공회당과 상공 회의소 등이 북서 유럽 일대에 세워졌다. 런던의 의사당도 고딕 양식이지만 나는 그것이 언제 세워졌는지는 모른다. 어쨌든 애초의 고딕 건축은 불에 탔고, 그 뒤에 새로 세운 것 또한 고딕 양식이었던 것으로 기억하고 있다.

11~12세기에 세워진 이 고딕 양식의 대성당들은 거의 도시 안에 세워졌다. 오래된 도시는 다시 소생했으며 새로운 도시는 더욱 흥성하게 되었다. 전 유럽에 일대 변화가 나타났고, 도처에서 도시 생활이 확대

되었다. 물론 옛날 로마 제국의 지중해 연안에는 대도시들이 있었다. 그러나 로마와 그리스 - 로마 문명이 몰락하자 이 도시들도 함께 쇠퇴했다. 콘스탄티노플과 아랍인이 지배하던 스페인을 제외하면, 유럽에는 대도시가 거의 없었다. 같은 시대에 아시아에는 인도·중국 그리고 아랍 세계에는 대도시가 번성했다. 그러나 유럽에는 그만한 도시가 없었다. 아마 도시와 문화와 문명은 서로 한데 어울려 발달하는 것인가 보다. 로마의 문화와 질서가 붕괴한 이후로 유럽은 오랫동안 그만한 도시를 갖지 못했다.

그러나 또다시 도시 생활이 부활하기 시작했다. 특히 이탈리아에서 이러한 대도시들이 성장하고 있었다. 신성 로마 제국은 이런 현상을 눈엣가시처럼 여겼다. 왜냐하면 도시인들은 자유가 제한되는 것을 승복하지 않았기 때문이다. 이탈리아를 비롯한 여러 나라에서 도시가 흥성한다는 것은 곧 상인 계급과 부르주아, 즉 중간 계급의 성장을 뜻하는 것이었다.

아드리아 해를 지배하던 베네치아는 독립 공화국이 되었다. 지금은 이리저리 휘어 도는 운하로 바닷물이 드나드는 아름다운 도시지만, 이 도시가 건설되기 전에는 늪지대였다고 한다. 훈족 아틸라가 몽둥이와 칼을 들고 아퀼레이아(Aquileia)로 침입해 왔을 때 일부 망명객들이 이 늪지로 피신했다. 그들은 이 곳에 도시 베네치아를 세우고, 동로마 제국과 서로마 제국의 중간이라는 지리적 이점을 활용해 독립을 유지했다. 인도나 동방으로 통하는 무역로가 트이자 베네치아는 부강해졌고, 해군을 창설해 해상의 주도권을 장악하게 되었다. 이리하여 베네치아는 부유한 사람들의 공화국이 되었고 '도지(Doge)'라는 대통령직도 있었다. 이 공화국은 나폴레옹이 1797년 정복자로서 입성할 때까지 명맥을 유지했다. 나폴레옹이 갑자기 들이닥치지 나이가 매우 많았던 '도지'는 충격을 받아 죽었다고 하는데, 그를 마지막으로 하여 베네치아의 '도지'는 종말을 고했다.

이탈리아의 다른 쪽에는 제노바가 있는데, 이 곳 또한 항해자들의 무역 도시로서 베네치아의 경쟁자였다. 그 중간 지역에 대학 도시인 볼로냐(Bologna), 피사(Pisa), 베로나(Verona) 그리고 피렌체(Firenze)가 있었다. 피렌체는 당시 많은 예술가를 배출한 도시로서, 저 유명한 메디치가(Medici family)의 지배 아래 찬란한 문화의 꽃을 피울 참이었다. 북부 이탈리아의 밀라노(Milano)는 그 때 이미 제조 공업의 중심지가 되었고, 남부에서는 나폴리가 성장하고 있었다.

프랑스에서는 위그 카페가 수도로 정한 파리가 성장하고 있었다. 파리는 언제나 프랑스의 중추 신경이요 심장이었다. 다른 나라에도 수도가 있었지만, 1000년 동안 프랑스를 지배해 온 파리만큼 그 나라에서 우세를 과시한 도시는 없었다. 그 밖에 중요한 도시로 성장한 곳은 리용, 마르세유—이 곳은 매우 오래된 항구다 —오를레앙(Orléans), 보르도(Bordeaux), 불로뉴(Boulogne) 등이 있다.

독일에서 자유 도시의 발달은 이탈리아 못지 않게 눈부셨다. 특히 13, 14세기 중엽에 두드러졌다. 이 도시들은 인구와 재력이 증가함에 따라 점차 대담해져서 귀족들과 투쟁했다. 당시 황제는 대귀족 세력을 꺾기 위해 가끔 그들을 지원해 주었다. 그리고 이 도시들은 스스로를 방어하기 위해 통상 연맹(commercial leagues)과 연합(association)을 형성했다. 그들의 연합 — 그 당시 명칭은 '연방(confederacy)' — 은 가끔 귀족 측의 반대 연합과 싸우기도 했다. 그런 가운데 함부르크 · 브레멘(Bremen) · 쾰른 · 프랑크푸르트 · 뮌헨 · 단치히(Danzig) · 뉘른베르크와 브레슬라우(Breslau)가 발흥하는 도시의 대열에 끼게 되었다.

네덜란드(지금의 네덜란드와 벨기에)에는 무역 도시인 앤트워프(Antwerp) · 브뤼주(Bruges) · 겐트(Ghent)가 있었는데, 끝없이 증대되는 거래로 날로 번창했다. 영국에는 물론 런던이 있었지만, 그 규모나 재력 · 거래 등에서 대륙의 여러 도시에 미치지 못했다. 그러나 옥스퍼드와 케임브리지의 두 대학은 학문의 중심지로서 중요성을 더해 갔다. 동유럽에는 유럽에서 가장 오래된 도시 가운데 하나인 빈이, 러시아에는 모스크바 · 키에프(Kiev) · 노브고로트(Novgorod)가 있었다.

이들 신흥 도시들은 또는 적어도 그 대다수는 구식 제국 도시들과는 현저하게 달랐던 것이 틀림없다. 유럽 신흥 도시의 중요성은 결코 황제나 국왕에게 의존한 것이 아니며, 오로지 도시들을 장악하고 있던 상업의 힘에 따른 것이었다. 도시의 권력은 귀족 계급이 아니라 상인 계급이 쥐고 있었다. 도시는 상인의 도시였기 때문이다. 따라서 도시의 발흥은 곧 부르주아의 발흥을 뜻했다. 곧 살펴보게 되겠지만, 이 부르주아는 점차 세력을 키워서 마침내 국왕과 귀족에게 도전해 권력을 빼앗게 되었다. 다만 이것은 지금 이야기하는 시대가 아니고 훨씬 뒷날의 일이다.

위에서 말했듯이, 도시와 문명은 대개 함께 발전한다. 도시가 성장함에 따라 학문이 성장하고 자유로운 정신도 성장했다. 지방에 사는 사람들은 뿔뿔이 흩어져 살면서 보통 미신을 믿고 있었다. 그들은 자연의 은총 덕분에 살아가는 것처럼 보였다. 그들은 고되게 노동해야 했으며 휴식할 틈은 조금도 없었고, 감히 영주에게 반항하려 들지 않았다. 반면에 도시에서는 많은 시민들이 함께 생활했다. 그들은 문화 생활의 수준을 더욱 높이고, 지식을 쌓고, 토론하고, 비판하고, 사고할 기회를 점점 늘여 나갔다.

그리하여 자유로운 정신은 봉건 귀족으로 대표되는 정치적 권위와 교회로 대표되는 정신적 권위에 저항하면서 발전했다. 신앙의 시대는 기울고, 종교에 대한 회의와 부정이 고개를 쳐들었다. 교황과 교회의 권위가 언제까지나 맹목적으로 떠받들여질 수는 없었다. 우리는 이미 신성 로마 황제인 프리드리히 2세가 교황에 대해 어떤 태도를 취했는지를 보았다. 우리는 곧 이 반역 정신이 더욱 성장하는 것을 보게 될 것이다.

12세기 이후로 문예 부흥이 계속되어 왔다. 라틴어가 유럽 지식인의 공통어로 사용되었고, 지식을 탐구하는 사람들은 이 대학 저 대학으로 순례했다. 이탈리아의 대시인 단테 알리기에리(Dante Alighieri)가 1265년에 태어났고, 또 한 사람의 대시인 페트라르카(Petrarca)가 1304년에 탄생했다. 그리고 얼마 뒤 영국의 가장 위대한 시인의 선구자인 초서(Chaucer)가 활약했다.

그러나 문예 부흥보다 더 흥미로운 것은, 뒷날 유럽에서 크게 성장한 과학 정신이 태동하기 시작했다는 사실이다. 내가 전에, 아랍인이 나름대로 과학적 정신을 갖고 있었으며, 이 정신에 따라 행동했다고 한 말을 기억할 것이다. 중세 유럽에서는 개방적인 탐구 자세와 실험 정신이 존재하기가 어려웠다. 교회가 그것을 허용하지 않았을 것이다. 그러나 교회의 탄압이 있었는데도 과학 정신은 제 모습을 드러내기 시작했다. 당시 유럽에서 이러한 과학 정신을 갖고 있던 선구자 가운데 한 사람이 바로 영국의 로저 베이컨(Roger Bacon)[92]으로, 그는 13세기에 옥스퍼드에서 살았다.

65   1932년 6월 23일

아프간인의 인도 침입

어제는 편지를 쓰지 못했구나. 편지를 쓰려고 책상 앞에 앉으면 나는 으레 이 감옥과 주위 환경을 모두 잊고 생각의 속도를 타고서 중세 세계로 돌아간다. 그러나 어제는 더욱 빠른 속도로 현실 세계로 끌려나와 더욱 고통스럽게 감옥 속이라는 현실을 의식했다. 나는 상부의 명령으로 앞으로 한 달 동안 네 어머니와 할머니의 면회가 금지됐다는 통고를

---

[92] 영국의 자연 철학자. 그는 중세 이래 학문을 지배해 온 신학적 미신에 반대하고 관찰과 실험에 입각한 연구 방법과 귀납의 논리를 제창해 근대 과학에 중요한 디딤돌을 세웠으며, 또한 구체적인 자연 현상의 연구에도 여러 가지 독창적인 견해를 발표했다. "추리는 아무것도 증명하지 못한다. 모든 것은 경험에 의존한다"고 하며 실험 과학을 주장한 그는 옥스퍼드 대학에서 교편을 잡았으나, 만년에 교회로부터 이단으로 고발당해 10여 년 간 옥고를 치렀다.

받았다. 이유는 무엇일까? 나는 아무런 해명도 듣지 못했다. 죄수에게 이유를 설명해 줄 리가 있겠느냐? 네 어머니와 할머니는 이 데라 둔까지 와서 다음 면회일까지 열흘씩이나 기다리고 있었는데, 기다린 보람도 없이 그냥 돌아가야 했다. 이것이 우리에게 베풀어진 예의였다. 하지만 애야, 너무 신경쓰지 말기로 하자. 이런 일은 언제나 있는 일이니까. 감옥은 역시 감옥이다. 우리는 그 점을 잊지 않는 것이 좋을 게다.

아무튼 그 갑작스런 소식에 평정심을 잃고 나니 현재를 떠나 과거로 생각을 돌릴 수가 없더구나. 그러나 하룻밤을 쉬고 나니 조금 안정된 것 같다. 그래서 다시 편지를 쓰기로 했다.

이번에는 인도를 돌아보기로 하자. 우리는 오랫동안 먼 곳을 돌아다녔구나. 유럽이 중세의 암흑에서 벗어나려고 몸부림치고 있을 때, 유럽 인민이 봉건 제도의 중압에 시달리고 전반적인 혼란과 무정부 상태에 놓여 있을 때, 그리고 교황과 황제가 서로 다투고 유럽의 여러 나라가 윤곽을 드러내기 시작하고, 기독교와 이슬람교가 싸움을 벌이던 십자군 시대에, 과연 이 곳 인도에서는 어떤 일이 벌어지고 있었는가?

중세 초기의 인도라면 우리는 이미 전에 대충 살펴본 적이 있다. 술탄(이슬람교 국왕의 칭호) 마흐무드가 서북쪽 가즈니에서 북인도의 기름진 땅으로 공격해 들어와 약탈과 파괴를 자행했다는 것도 이미 이야기했다. 마흐무드의 공격은 무서운 것이었지만, 인도에 광범하고 지속적인 변화를 가져다 준 것은 아니었다. 그들은 이 나라, 특히 북인도에 큰 충격을 주고 훌륭한 기념물과 건축물을 수없이 파괴했다. 그러나 가즈니 제국의 지배하에 들어간 곳은 고작 신드와 펀자브 지방의 일부뿐이었다. 나머지 북부 지역은 곧 수복되었으며, 남부는 손가락 하나 다치지 않았다. 벵골도 마찬가지다. 마흐무드 이후 150년 동안 이슬람 교도 정복자나 이슬람교는 인도에서 전혀 성과를 거두지 못했다.

새로운 정복의 파도가 서북쪽에서 밀려온 것은 12세기 말엽(1186년 전후)의 일이었다. 아프간인의 한 족장이 아프가니스탄에서 부흥해 가즈니를 점령하고 가즈니 제국을 멸망시켰다. 그의 이름은 샤하부딘

아프간인의 인도 침입

구르(Shahab-ud-din-Ghur : 구르는 아프가니스탄의 한 작은 마을 이름이다)라 했다. 그는 라호르로 치고 내려와 그 곳을 합병하고 다시 델리로 진격했다. 당시 델리의 왕은 프리트위 라즈 차우한(Prithwi-Raj-Chauhan)이었는데, 북인도의 많은 족장들은 그의 지도 아래 침략군과 항전해 마침내 이를 격퇴했다. 그러나 그것도 잠깐뿐이었다. 이듬해에 샤하부딘은 대군을 이끌고 다시 쳐들어와 승리를 거두고 프리트위 라즈를 처형했다.

프리트위 라즈는 오늘날까지도 잘 알려진 영웅으로, 그에 관한 전설과 노래가 많이 남아 있다. 그 중에서도 가장 유명한 것은 카나우즈의 라자 자이찬드라(Raja Jaichandra)의 딸과 사랑의 도피 행각에 관한 이야기다. 이 도피 행각으로 그는 값비싼 대가를 지불해야 했다. 즉 가장 용감한 부하를 잃었을 뿐만 아니라 강대한 국왕의 노여움을 샀던 것이다. 그것이 알력과 시비의 씨앗이 되었고, 덕분에 침략자는 쉽게 승리할 수 있었다.

이렇게 1192년 샤하부딘이 최초의 대승을 거둔 결과 인도에 이슬람 교도들의 세력 기반이 확립되었다. 침략자는 서서히 동쪽과 남쪽으로 세력을 확장해 나갔다. 그로부터 150년 동안(1340년까지) 이슬람 교도 세력은 남부 지역까지 광범위하게 미쳤다. 그 뒤 남부에서 그 세력이 차츰 쇠퇴해 갔다. 그러자 힌두교나 이슬람 교도의 신생 국가가 일어서기도 했는데, 그 중에서도 특히 비자야나가라(Vijayanagara)의 힌두 제국이 두드러졌다. 약 200년 동안 이슬람교는 꽤 많은 영토를 잃었다. 그러다가 다시 영토를 확장해 인도 전체를 휩쓴 것은 16세기 중엽 위대한 정복자 악바르(Akbar)가 쳐들어왔을 때였다.

이슬람 교도의 인도 침공은 많은 저항을 불러일으켰다. 이 침략자가 아랍인, 페르시아인 또는 서아시아의 높은 교양과 문화를 지닌 이슬람 교도가 아니라 아프간인이었다는 사실을 잊어서는 안 된다. 문명이라는 측면에서 볼 때 이들 아프간인은 인도인보다 뒤떨어져 있었지만, 그들은 정력에 넘쳐 있었으며 그 무렵의 인도에 비해 훨씬 발랄했다. 인도는 지나치게 틀에 박혀 있었다. 그리하여 변화와 진보를 잊어 가고 있었다. 낡은 옛 관습에 사로잡혀 발전을 향한 의욕이 없었던 것이다. 전쟁 역량에서도 인도는 낙후되어 있었으며 아프간인 쪽이 훨씬 잘 조직되어 있었다. 그리하여 커다란 용맹과 희생이 있었는데도 노쇠한 인도는 결국 이슬람 교도 침략자 앞에 굴복하고 말았다.

이들 이슬람 교도들은 초기에 매우 흉악하고 잔인했다. 그들은 유화의 덕이란 찾아볼 수조차 없는 거친 나라에서 온 자들이었다. 게다가 이제 막 정복한 곳에 살고 있었으므로 언제 반란을 일으킬지 알 수 없는 적들에게 둘러싸여 있는 상황이었다. 언제나 반란의 조짐이 있었을 것이다. 그러한 불안은 흔히 잔학과 공포심을 낳는다. 그래서 인도 인민을 위협하기 위해 끊임없이 학살을 자행했던 것이다. 이슬람 교도가 힌두 교도를 학살한 것은 종교적인 이유 때문이 아니라, 외래의 정복자가 피정복민의 기상을 꺾기 위해서였다. 이런 경우에는 어김없이 종교를 들먹이게 마련이지만 그것은 옳지 않다. 때때로 종교 문제가 전면에 내세워진다. 그러나 참된 원인은 정치·사회적인 것이다. 중앙 아시아에서 인도로 침입해 온 이 민족은 모국에서 이슬람교로 개종하기 훨씬 전부터 흉포하고 인정 사정이 없었다. 그런 그들이 다른 나라들을 정복했으니, 피정복민을 다스리는 방법으로 오로지 공포 수단 하나밖에 알지 못했던 것이다.

그렇지만 인도는 정복자들의 사납고 거친 품성을 어느 새 부드럽게 바꾸고 개화시켜 주었다. 그들은 스스로 외래 침략자라기보다 인도인으로 느끼기 시작할 정도였다. 그들은 인도 여성들과도 결혼해 정복자와 피정복자 간의 갈등은 점차 완화되었다.

북부 인도가 알고 있는 최대의 파괴자이며, '우상 숭배자'에 대해 가차없는 이슬람교의 영웅인 가즈니의 마흐무드가 그 휘하에 틸라크(Tilak)라는 힌두 교도 장군이 지휘하는 힌두 교도 군대를 거느리고 있었다는 사실은 틀림없이 너의 관심을 끌 줄로 믿는다. 그는 휘하에 있는 틸라크와 그의 부대를 이끌고 가즈니로 가서 이슬람 교도들의 반란을 진압하는 데 이용했다. 이를 보더라도 마흐무드의 목적이 정복에 있었다는 사실을 알 수 있을 것이다. 그는 인도에서 이슬람 교도 병사들을 동원해 '우상 숭배자'들을 살육할 준비가 되어 있었다. 또한 중앙 아시아에서는 힌두 교도 병사의 힘을 빌려 이슬람 교도들을 살육할 준비가 되어 있었다.

이슬람교는 인도를 뒤흔들었다. 그것은 진보를 잊은 사회에 진보를 향한 자극과 충동을 불어넣었다. 퇴폐적이고 병적이며 반복과 자질구레한 재주에 빠져 있던 힌두교 예술은 북부에서 커다란 변화를 맞이했다. 말하자면 '인도 - 이슬람'이라 해도 좋은, 발랄하고 활기 넘치는 새로운 양식의 예술이 발달했다. 인도의 늙은 건축가들은 이슬람 교도들이 가져온 새로운 이념에서 영감을 얻었다. 이슬람 교도의 신조와 태도의 어떤 단순성이 당시의 건축에 영향을 미치고, 간소하고 격조 높은 디자인을 회복시켜 주었다.

이슬람 교도의 침공이 끼친 가장 큰 영향은 많은 북부인들이 남쪽으로 탈출한 것이었다. 마흐무드의 공격과 학살 행위 이후 북부 인도에서는 야만적인 잔학 행위와 파괴 행위가 뒤따랐다. 그리하여 새로 침략군이 쳐들어와 이를 막아 낼 수 없을 듯하면 학자나 기술자들은 남쪽으로 떠나가 버렸다. 이것이 나중에 남방의 아리안 문화에 큰 자극이 되었다.

나는 앞에서 남방에 관해서도 약간 언급했다. 찰루키아 일족이 6세기 이후 200년에 걸쳐 서부와 중부(마하라슈트라국)에서 어떻게 패권을 장악하게 되었는지를 말이다. 현장은 당시 군주인 풀라케신 2세(Pulakesin II)[93]를 방문한 바 있다. 그 뒤에 일어난 것이 라슈트라쿠타족인데 이들은 찰루키아족을 무찌르고 그 뒤 약 200년 동안(서기 8세기부터 10세기 말쯤까지) 남방을 지배했다. 이 라슈트라쿠타족은 신드의 아랍

---

93) 620년 북인도에 위치한 하르샤 왕조의 남정(南征)을 격파하고 데칸 고원을 제패한 찰루키아 왕국의 군주. 현장은 그를 비롯해 그 나라의 상무(尙武)에 대해 기술하고 있다. 그러나 풀라케신 2세는 642년 팔라바 왕조에 패배해 살해되었다.

인 군주와 긴밀한 유대를 맺고 있었으며, 많은 아랍의 상인과 여행자가 이 나라를 방문했다. 어느 여행자가 남긴 방문기를 보면, 당시(9세기) 라슈트라쿠타 군주는 세계 4대 군주의 한 사람으로 되어 있다. 다른 세 사람의 군주란, 그의 견해에 따르면, 바그다드의 칼리프와 중국의 천자, 그리고 콘스탄티노플의 황제였다. 이것은 그 무렵 아시아에 유포되어 있던 통념을 말해 주는 매우 흥미로운 이야기가 아닐 수 없다. 바그다드가 영광과 권세의 정점에 있을 때 아랍인 여행자에게 라슈트라쿠타 왕국이 칼리프 제국과 비교되었다는 것은 이 마하라슈트라 왕국이 얼마나 강대했는지를 잘 보여 주는 것이다.

라슈트라쿠타족은 10세기(973)에 다시 찰루키아족에게 그 지위를 내주었고, 찰루키아족은 1190년까지 200년 이상 세력을 떨쳤다. 찰루키아족의 한 국왕에 대한 장편의 시가 남아 있다. 그 시에 따르면, 그는 어느 공개적인 스와얌바르(swayamvar)*에서 그의 처에게 선택되었다는 것이다. 옛 아리아인의 습관이 이처럼 길이 전승되어 있었다니 참으로 흥미롭구나.

동남쪽으로 눈을 돌리면 타밀국이 눈에 띈다. 여기는 3세기부터 9세기까지 약 600년 동안 팔라바족이 지배했다. 그리고 6세기 중반 이후의 200년 동안 이들이 남부를 지배했다. 너는 이 팔라바족이 말레이시아와 동쪽에 있는 여러 섬들에 식민지 원정대를 파견했다는 것을 기억할 것이다. 칸치 또는 콘지바람이라 일컬어지던 팔라바국의 수도는 당시 매우 아름다운 도시였으며, 그 합리적인 도시 계획은 지금도 널리 알려져 있다.

팔라바족은 10세기 초에 호전적인 촐라족에게 정복되었다. 나는 지난날 대함대를 만들어 실론·버마 및 벵골 지역으로 정복의 손을 뻗쳤던 라자리지와 리겐드리의 촐리 제국에 대해서도 약간 이야기한 적이 있다. 더욱 흥미로운 것은, 그들의 선거제 촌락 판차야트에 대해 전해지

---

* 고대 인도에서 국왕의 딸이 적령기의 왕과 왕자들을 초대해 놓고 자기 남편감을 고르던 관습.

는 보고다. 이 제도는 다분히 상향적이었으며, 각종 사업을 감독하는 여러 분과 위원회를 선출하고, 또 지구 단체를 선출하는 촌락 단체였다. 몇 개의 지구를 묶어 하나의 주를 만들었다. 촌락 판차야트는 고대 아리안 정치 조직의 중추였던 만큼 나는 지금까지 편지에서 자주 이를 강조했다.

아프간인이 북인도를 정복했을 무렵 촐라족은 남인도에서 우위를 누리고 있었다. 그러나 촐라족은 곧 멸망하고, 촐라족의 속국이었던 작은 왕국이 독립해 세력을 잡게 되었다. 그 나라는 마두라를 수도로 삼고 카얄(Kayal)을 문호로 개방한 판디아 왕국이었다. 베네치아에서 온 유명한 여행가 마르코 폴로에 관해서는 다음 기회에 다시 설명하겠지만, 그 사람은 이 항구 카얄을 1288년과 1293년에 두 차례나 방문했다. 그는 이 도시에 대해 '규모가 크고 품위 있는 도시'라고 서술하면서 아라비아와 중국의 상선들이 모여들어 거래가 매우 활발했다고 기록했다.

마르코 폴로는 또 '거미줄로 만든 얇은 비단'처럼 보일 만큼 정교하기 이를 데 없는 모슬린(muslins)이 인도의 동쪽 해안 지방에서 만들어졌다는 이야기도 전해 주고 있다. 그는 또 "루드라마니 데비(Rudramani Devi)라는 여성이 마드라스 북쪽의 동해안에 있는 나라, 즉 텔루구(Telugu)국의 여왕이었다"고 기록했다. 그 여왕은 40년 동안 왕위에 있었는데, 마르코 폴로는 그녀에 대해 찬탄을 아끼지 않았다.

마르코 폴로의 보고 가운데 또 하나 흥미로운 것은, 아라비아와 페르시아에서 많은 말이 바다를 건너 남인도에 수입되었다는 것이다. 남부의 기후는 말을 기르고 번식시키는 데에는 적당하지 않다. 인도를 침략한 이슬람 교도가 군사력면에서 우월했던 이유 가운데 하나는 말을 갖고 있었다는 점이라고 한다. 아시아에서 말을 기르기에 적당한 곳은 대개 그들이 지배하고 있었다.

판디아 왕국은 촐라족이 쇠퇴한 13세기에 타밀 세력을 지배했다. 하지만 14세기 초(1310)에 이슬람 교도가 침공해 오자 힘없이 멸망해 버렸다.

나는 이 편지에서 남인도의 역사를 검토해 본 셈이지만, 어쩌면 전에 말한 것을 반복한 것인지도 모르겠다. 하지만 주제 자체가 다소 복잡해졌고, 팔라바족과 찰루키아족 및 촐라족을 비롯한 여러 부족에 관한 이야기가 서로 뒤섞이게 되었다. 그래도 전체를 개관해 보면 대체적인 틀을 머릿속에 그려 볼 수 있을 것이다. 너도 기억하겠지만, 아소카는 남쪽 일부를 제외하고 전 인도와 아프가니스탄 및 중앙 아시아의 일부를 지배했다. 그가 죽은 뒤 남방에서는 안드라가 일어나 데칸 고원 너머로 세력을 확장해 400년 동안 존속했다. 쿠샨족이 북방에 변경 제국을 세운 것도 거의 그 무렵이었다. 델루구 안드라족이 멸망하자 타밀 팔라바족이 인도의 동쪽 해안과 남방에서 일어나 오랫동안 세력을 떨쳤으며, 말레이시아에 이민을 보내기도 했다. 이들은 600년에 걸친 지배를 끝내고 촐라족에게 패권을 넘겼다. 촐라족은 멀리 있는 나라들까지 정복했으며, 그들의 해군은 해상을 장악했다. 이 일족은 300년 후 역사의 무대에서 자취를 감추고 말았다. 그러자 뒤이어 판디아 왕국이 세력을 떨치고, 수도인 마두라는 문화의 중심지가 되었다. 또한 카얄은 외국 선박과 상인이 몰려들어 흥청대는 번화한 항구 도시로 발전했다.

동부와 남부에 대해서는 이 정도로 끝내기로 하자. 서부의 마하라슈트라국에서는 처음에는 찰루키아족이, 이어서 라슈트라쿠타족이, 그리고 다시 찰루키아족이 세력을 잡았다.

이 나라들에 대해서는 이름을 나열하는 정도로 그쳤으나, 이 왕국들이 존속하고 높은 문명에 도달했던 오랜 역사에 대해 생각해 보는 것도 좋을 것이다. 거기에는 내면적인 강인함이 있었으며, 그들이 유럽의 여러 나라에 비해 더욱 수준 높은 안정성과 평화를 누릴 수 있었던 것도 바로 이 점 때문이 아닌가 생각된다. 그러나 사회 구조는 이미 장년기를 넘어있고 안정은 과거의 것이 되고 말았다. 14세기 초, 이슬람 교도 군대가 남쪽으로 내려오자 이 곳은 힘없이 정복되어 버렸다.

아프간인의 인도 침입

66   1932년 6월 24일

델리의 노예왕들

나는 가즈니의 술탄 마흐무드, 그리고 그의 요청을 받고 페르시아어로 『샤나메』를 쓴 시인 피르다우시에 관해 이야기한 적이 있었다. 그러나 마흐무드를 따라 펀자브에 왔던, 그 시대의 또 한 사람의 주목할 만한 인물에 대해서는 아직 이야기하지 않았다. 그는 알베루니(Alberuni)라는 사람인데, 그 무렵 무례하고 싸움만 즐기는 무리와는 전혀 다른 꽤 박식한 학자였다. 그는 인도 방방곡곡을 두루 돌아다니며 이 나라와 인민을 이해하려고 노력했다. 또한 그는 사물을 보는 인도의 사고 방식에 감명을 받고 독학으로 산스크리트어를 공부한 다음 인도의 주요 서적을 섭렵할 정도로 열심이었다. 인도의 철학도 연구했고, 이 나라에서 가르치고 있는 과학과 예술도 공부했다. 『바가바드 기타(Bhagavad Gitá)』[94]는 그가 가장 애호했던 책이었다. 그는 남쪽의 촐라 왕국에 가서 거대한 급수 시설을 보고 경탄해 마지 않았다. 그의 인도 여행기는 현재 볼 수 있는 옛 여행기 중에서도 특출난 기록이다. 냉철한 학자인 그는 파괴와 학살, 그리고 박해의 소용돌이 속에서도 홀로 초연한 자세로 관찰하고 배워서 진리를 규명하려고 노력했다.

아프간인 샤하부딘이 프리트위 라지를 쓰러뜨린 뒤 델리에서는 노

---

94) 힌두교 성전의 하나. 산스크리트어로 쓰인 종교시이며 '신의 노래' 라는 뜻. 서사시 『마하바라타』 속에 삽입된 철학적 대화편으로서 지식과 실천·신앙에 관한 고대 인도의 끝없는 사색과 탐구의 소산이다. 일관된 체계를 갖추고 있다고는 할 수 없지만, 그 관점이 한 종파나 한 종교 또는 한 민족을 대상으로 한 것이 아니라 보편적이고 인류적이라는 점과, 적극적인 행동에 호소하고 있다는 점에 특색이 있다. 이러한 보편성 때문에 이 철학시는 인도인의 모든 계급, 모든 종파로부터 환영받는 동시에 인도 문화의 범인류성과 적극적이고 실천적인 일면을 대표하게 되었다.

예 왕조라 일컬어지는 술탄의 한 계열이 뒤를 이었다. 초대 술탄은 쿠트부딘 아이바크(Qutb-ud-din-Aibak)였다. 그는 원래 샤하부딘의 노예였지만, 노예라도 높은 지위에 오를 수 있는 길이 열려 있었기 때문에 델리의 초대 술탄으로 추대될 수 있었다. 그의 후계자 가운데 몇 명도 노예 출신이었으며, 이로써 노예 왕조라는 이름이 생겨났다. 노예 왕조의 술탄들은 모두 난폭해서 정복과 건축물이나 도서관의 파괴, 살상을 자행했다. 하지만 한편으로는 건축을 좋아했고 특히 웅장한 건축물을 좋아했다. 쿠트부딘은 너도 알고 있는 델리 부근의 큰 탑 쿠트브 미나르(Qutb Minar)[95]의 건립에 착수했다. 그의 후계자 일투트미슈(Iltutmish)가 이를 완성하고, 그 근처에 지금도 남아 있는 몇 개의 아름다운 아치를 세웠다. 이들 건축물에 쓰인 재료는 거의 모두가 낡은 인도의 건물, 주로 사원에서 뜯어 낸 것이었다. 건축가는 물론 인도인이었지만, 앞서 말한 것처럼 이슬람 교도가 전파한 건축 양식에 크게 영향을 받았다.

가즈니의 마흐무드 이래로 인도를 침략한 자는 반드시 인도의 직공이나 목수를 끌고 갔다. 이로 인해서 인도 건축의 영향은 중앙 아시아까지 널리 퍼졌다.

비하르와 벵골은 아프간인들에게 너무도 쉽게 정복되었다. 그들의 대담함은 상대편을 아연실색하게 만들었다. 그리고 그 점이 자주 성공의 밑천이 되었다. 벵골 정복은 코르테스나 피사로의 아메리카 정복에 비견할 만한 것이었다.

거대하고 무시무시한 먹구름이 인도 국경을 뒤덮은 것은 일투트미슈가 통치할 때(1211~36년)였다. 이 구름은 칭기즈 칸이 이끄는 몽고인이 일으킨 것이었다. 그는 인더스 강까지 곧장 내려와 닥치는 대로 적을 무찔렀지만 그는 거기서 발길을 멈추었다. 그리하여 인도는 재난을 모

---

95) '미나르'는 이슬람교의 모스크에서 볼 수 있는 첨탑을 말한다. 다만 쿠트부딘이 건립한 델리의 큰 탑은 정복과 승리를 기념하는 독립된 탑이다. 전체가 석조로 세워진 이 탑은 상부의 2층이 대리석으로 만들어져 있다.

면했다. 같은 계통의 티무르가 인도로 남하하여 학살과 폭행을 저지른 것은 그로부터 200년 후의 일이었다. 그러나 칭기즈 칸은 오지 않았지만 많은 몽고인이 인도 침공을 감행해 단번에 라호르까지 진격한 적이 있었다. 그들은 공포를 불러일으켰고, 이에 당황한 술탄은 그들에게 가끔 뇌물을 바쳐 액운을 면했다. 이 때 침입한 몇만 명의 몽고인은 펀자브에 정착해 살았다.

술탄 중에 라지아(Razia)라는 여성이 있었다. 그는 일투트미슈의 딸이다. 그는 능력 있고 용감한 전사였지만, 난폭한 아프간의 귀족과 펀자브를 공격한 더욱 난폭한 몽고인을 상대하느라 파란만장한 생애를 보냈다.

노예 왕조는 1290년에 막을 내렸다. 그 뒤 얼마 지나지 않아서 알라우딘 할지(Ala-ud-din-Khalji)가 실권을 장악했다. 그는 의부이기도 했던 숙부를 살해하는 '신사적인' 방법으로 왕위를 얻었다. 그는 이런 식으로 자신에게 반감이나 불만을 품은 이슬람 교도 귀족을 모두 살해했다. 몽고인의 음모를 두려워한 그는 '무릇 그 종족에 속한 자는 대지의 표면에 살아남지 못하도록' 영토 내의 모든 몽고인을 살해하라고 명령했다. 이리하여 2만~3만 명의 몽고인이 죽음을 당했지만 물론 그 대다수는 무고한 사람이었다.

이렇듯 거듭된 학살 이야기는 그다지 유쾌한 이야기가 못 될 것이다. 역사라는 큰 관점에서 보면 그러한 사건은 물론 중요하지 않다. 그러나 이것은 당시 북인도의 상황이 안정이나 문명과는 거리가 멀었다는 것을 알게 해 준다. 북인도는 어느 정도 야만 상태로 뒷걸음질쳤다. 이슬람교는 인도에 어떤 진보적 요소를 가져다 주었지만, 한편 이슬람 - 아프간인은 야만적 요소를 가져왔다. 이 두 가지를 혼동하는 사람이 많은데, 양자는 구별되어야 한다.

알라우딘은 다른 군주와 다를 바 없이 배타적이었다. 그러나 인도에 자리잡은 중앙 아시아인 군주의 사고 방식은 그 뒤 점차 바뀌어 간 듯하다. 그들은 인도를 조국처럼 생각하기 시작했다. 이제 그들은 인도에서 더 이상 이방인이 아니었다. 더구나 알라우딘은 한 힌두 교도 여인을 아내로 맞아들여 아들까지 낳았다.

알라우딘의 치하에서는 다소나마 효율적인 정치 제도를 수립하려는 시도가 있었던 것 같다. 통신망은 특히 군대의 이동을 위해 세심하게 유지되었다. 알라우딘은 군대를 특별히 관리했다. 그는 군대를 매우 강력하게 키워 구자라트(Gujarat)와 남부의 방대한 지역을 손아귀에 넣었다. 그의 부하 장군들은 남방에서 막대한 재보를 가지고 돌아왔다. 그 부하는 5만 마운드(mound : 인도·이란·터키 등지에서 사용하는 무게 단위. 1마운드는 82파운드다)의 황금과 대량의 보석과 진주, 그리고 2만 필의 말과 312마리의 코끼리를 몰고 왔다고 한다.

낭만과 기사도의 원조인 치토르(Chittor)는 용맹하기 이를 데 없었으나, 낙후되고 진부한 전술을 고집하다가 알라우딘의 정예 부대에게 짓밟히고 말았다. 1303년 치토르 포위전이 있었다. 그런데 이에 앞서 요새에 있던 남자와 여자들은 고래의 풍습대로 무서운 '자우하르(jauhar)'[96)]라는 의식을 거행했다. 자우하르란 패색이 짙어 전세를 만회할 길이 없을 경우 남자는 싸움터로 나가 전사해 버리고 여자는 불 속에 몸을 던져 목숨을 끊는 의식이었다. 이것은 특히 여자들에게 참으로 무서운 의식이 아닐 수 없었다. 여자도 칼을 들고 싸움터로 나가 전사하는 편이 차라리 좋을지도 모른다. 그러나 아무튼 당시 정복당한 자가 어김없이 강요받는 노예 상태나 굴욕보다는 차라리 죽는 편이 나았던 것이다.

한편 이 나라의 힌두 교도는 서서히 이슬람교로 개종해 갔다. 이슬람교에 감화를 받아 개종하는 자도 있었고, 공포심 때문에 개종한 자도

---

96) 이 때 치토르를 지키고 있던 라자 무라주는 부인들을 불러모은 다음, 그들의 신앙과 명예를 지키기 위해 천국에서 그녀들의 남편들과 만날 준비를 하라고 말했다. 여인들은 이에 동의하고 기꺼이 죽어 갔다. 그 수효는 노소를 모두 합해서 약 2만 4000명이나 되었다고 한다. 이러한 종류의 풍습은 라지푸트를 비롯해 인도의 상층 카스트에서도 일반적으로 행해지던 것으로서, 악바르의 치토르 포위전 때 외에도 인도의 역사에서 그 실례는 헤아릴 수조차 없을 정도다.

델리의 노예왕들

있었으며, 승리자 쪽에 동조하고 싶어하는 인지상정에 따라 개종하는 자도 있었다. 그러나 이 변화의 주된 원인은 경제적인 것이었다. 비이슬람 교도에게는 특별한 세금, 즉 '제지아(jezia)' 라는 인두세를 부과했던 것이다. 이 세금은 가난한 자에게는 매우 큰 부담이었다. 오로지 이를 면하려고 개종한 자도 많았을 것이다. 상층 계급이 개종한 것은 고관 대작을 얻어 보겠다는 속셈 때문이었다. 남부를 정복한 알라우딘의 용장 말리크 카푸르(Malik Kafur)도 힌두교에서 개종한 사람이었다.

여기서 매우 기이한 델리의 술탄에 대해 이야기해야겠다. 그의 이름은 무하마드 빈 투글루크(Muhammad bin Tughluq). 그는 페르시아어와 아랍어에 정통한 사람이었다. 그는 철학, 논리학, 그리스 철학까지 연구했고, 수학·과학·의학에도 밝았다. 그는 매우 학식이 깊은 사람이며, 학식과 경이로움의 전형이었다. 그런데 놀랍게도 그는 또한 잔학성의 화신이었으며 마치 미치광이나 다를 바 없었다! 그는 자기 아버지를 살해하고 왕위에 올랐다. 그는 중국과 페르시아를 정복하겠다는 환상을 품고 있었다. 물론 그 꿈은 실패로 돌아갔다. 그의 잔학한 행위 중에서도 특히 유명한 것은, 어떤 델리 시민이 그의 학정을 비판한 익명의 낙서를 붙였다는 이유로, 수도인 델리를 폐허로 만들 것을 결심한 일이다. 그는 수도를 델리에서 남쪽의 데오기리(Deoghiri : 지금은 하이데라바드주에 있다)로 천도할 것을 지시하고, 이 곳을 다울라타바드(Daulatabad)라 칭했다. 가옥 소유자에게는 약간의 보조금을 지불하고, 모든 시민에게 3일 내에 빠짐없이 철거하라고 명령했다.

대다수의 시민은 이전했으나 더러는 몸을 숨기기도 했다. 그러다가 발각되면 맹인이든 중풍 환자든 가차없이 벌을 받았다. 델리에서 다울라타바드까지는 40일이나 걸리는 거리였다. 이 행군에서 인민이 얼마나 비참한 상태에 있었으며, 얼마나 많은 사람이 길 위에서 죽어 갔는지 충분히 짐작할 수 있을 것이다.

델리는 그 뒤 어떻게 되었을까? 2년 후에 무하마드 빈 투글루크는 델리를 재건하려고 했으나 성공하지 못했다. 목격자의 말을 빌리면, 일찍이 그는 델리를 '완전한 사막'으로 만들어 버렸던 것이다. 정원을 하루 아침에 황무지로 만들기는 쉽다. 그러나 황무지를 다시 정원으로 돌려 놓는 것은 쉽지 않다. 아프리카 무어인(이슬람 교도 아랍인)의 여행가 이븐 바투타(Ibn Battuta)는 술탄을 따라 델리로 와서 이렇게 말했다. "이것은 세계 최대 도시의 하나였다. 그러나 이 수도에 들어왔을 때 우리는 '완전한 사막'을 발견했다. 그것은 텅 빈 버림받은 도시였으며, 아주 적은 인구가 폐허를 지키고 있을 뿐이었다." 그리고 또 어떤 사람은 8마일 내지 10마일에 걸친 이 도시에 관해 다음과 같이 쓰고 있다. "모든 것은 완전히 파괴되었다. 완전히 폐허가 되어 버린 이 도시의 집이나 궁전, 그리고 교외에도 개 한 마리, 고양이 한 마리 얼씬거리지 않았다."

이 미치광이는 1351년까지 25년 간 통치했다. 이런 통치자의 악덕·잔학·무능을 꾹 참고 견딘 인민의 강한 인내력에는 놀라지 않을 수 없다. 그러나 이 나라 인민의 추종이 있었는데도 무하무드 빈 투글루크는 제국을 더욱 엉망으로 만들어 버렸다. 이 나라는 그의 광적인 계획과 무거운 세금으로 황폐해져 버렸다. 기근이 계속되자 끝내 반란이 거듭되었다. 1340년 이래, 그가 생존해 있던 동안 광대한 면적이 제국에서 떨어져 나갔다. 결국 남부에서 몇 개의 국가가 새로 탄생했다. 이들 중의 맹주는 비자야나가라라는 힌두교 국가인데, 1336년에 건국되어 몇 해만에 남방에서 큰 세력을 이루었다.

델리 근처에는 지금도 무하무드의 아버지가 세운 투글라콰바드(Tughlaqabad)의 폐허가 남아 있다.

67 1932년 6월 25일

칭기즈 칸이 아시아와 유럽을 뒤흔들다

지금까지 보낸 편지에서 나는 몽고인이 일으킨 공포와 파괴에 대해서 이야기했다. 중국에 관해서는 송 왕조까지 이야기했는데 몽고인이 나타난 대목에서 그쳤다. 서아시아에서도 우리는 몽고인을 만났으며, 그들이 유구한 질서를 붕괴시키는 것을 보았다. 인도의 노예 왕조는 가까스로 정복을 면했지만, 크게 동요하지 않을 수 없었다. 아시아는 어느 지역을 막론하고 몽고에서 온 유목 종족에 휩쓸려 버린 것처럼 보인다. 이는 아시아뿐만 아니라 유럽의 절반도 마찬가지였다. 아시아 한구석에서 갑자기 일어나 전세계를 놀라게 한 이 놀라운 사람들은 대체 누구였던가? 스키타이인과 훈족, 투르크인과 타르타르인(Tartar)은 모두 중앙 아시아에서 출현해 역사에서 주목할 만한 일을 했다. 그 가운데 어떤 종족은, 이를테면 서아시아의 셀주크 투르크인과 중국 및 그 밖의 지역에서 활약한 타르타르인처럼, 당시도 여전히 세력을 유지하고 있었다. 하지만 몽고인은 그 무렵까지만 해도 특별한 업적을 쌓았다는 소리를 듣지 못했다. 아마 서아시아에서는 그들에 대해 자세히 알고 있는 사람이 한 명도 없었을 것이다. 원래 그들은 몽고에 있던 잡다한 종족 가운데 한 소부족에 지나지 않았으며, 북부 중국을 정복한 금(金 : 여진족)에 종속되어 있었다.

그들은 순식간에 권력을 장악한 듯하다. 분산되어 있던 그들의 여러 부족은 하나로 뭉쳐서 단일한 지휘자 대(大)칸을 옹립하고 그에게 충성과 복종을 맹세했다. 그들은 서쪽으로 진격해 도중에 있는 대왕국들을 모조리 휩쓸어 버렸다. 그들은 러시아를 공략하고 종속시켰다. 이어 바그다드와 그 제국을 송두리째 무너뜨렸고, 폴란드와 중앙 유럽을 향해 거침없이 나아갔다. 그들이 가는 길을 가로막을 자는 없었다. 인도는 가까스로 화를 면했다. 아시아와 유럽 세계가 이 화산의 대폭발과 같은 엄청난 대이변 앞에 얼마나 놀랐을까는 쉽게 상상할 수 있다. 그것은 이를테면 대지진처럼 도저히 손을 써 볼 도리가 없는 천재지변과 같았다.

몽고에서 온 이 유목민 남녀는 곤경에 익숙해 있었으며, 북방 아시아의 광대한 초원 지대에 천막을 치고 사는 굳센 무리였다. 그렇지만 그들이 뛰어난 걸물을 족장으로 섬기지 않았다면 이 강건함과 단련은 그다지 힘을 발휘하지 못했을지도 모른다. 이 걸물이 바로 칭기즈 칸(Chengiz Khan: 또는 Genghiz, Jenghiz, Jengiz Khan 등 영어 표기법은 여러 가지가 있다)이다. 그는 1155년에 태어났으며 본명은 테무진(鐵木眞)이다. 그의 아버지 예수게이 바가투르(Yesugei-Bagatur)는 테무진이 어렸을 때 타계했다. 한 마디 덧붙이자면, 바가투르란 몽고인 귀족에게 흔한 이름이다. 이것은 '영웅'이라는 뜻이며, 우르두어의 '바하두르(Bahadur)'라는 말은 여기서 유래한 것으로 짐작된다.

겨우 10세의 소년이었지만, 테무진은 누구의 도움도 받지 않고 온갖 고난을 겪으면서 끝내 성공했다. 그는 한발 한발 기반을 다져 나가, 마침내 쿠릴타이(Khuriltai)[97]라는 몽고인의 대집회가 열렸을 때 대칸 또는 카간(Kagan : 可汗), 즉 황제로 선출되었다. 그는 대칸으로 뽑히기 몇 년 전에 칭기즈(Ghengiz)라는 이름으로 일컬어지고 있었다.

13세기에 쓰이고 14세기에 중국에서 발행된 『원조비사(元朝秘史)』[98]는 이 선거에 관해 다음과 같이 기술하고 있다.

---

97) 몽고인 사이에서는 민족의 통솔자 카간을 선출하거나 전 민족적 대방침(전쟁 등)을 결정하기 위해 '쿠릴타이'라고 일컫는 부족상 회의를 개최하는 관습이 있었다. 쿠릴타이에는 모든 씨족과 부족의 대표가 참석했는데, 씨족제가 우세했던 시대에는 민중 집회의 성질을 띠고 있었던 것으로 생각되지만, 사회가 봉건화됨에 따라 이 제도는 형식화되거나 아니면 지배자와 그 집단의 정치적 도구가 되었다. 원 왕조의 황제 계승도 쿠릴타이의 의식을 통해 행해졌다.
98) 칭기즈 칸의 생애를 중심으로 하여 몽고 제국의 대두와 번영의 역사를 기록한 역사책. 성립 당초에는 위구르 문자로써 몽고어를 기록했으며 궁중에 비장되어 있었는데, 명조 초기 홍무제(洪武帝) 시대에 몽한(蒙漢) 대역본이 간행되면서 『원조비사』라는 제목을 붙였다.

이리하여 모전(毛氈)의 천막에 사는 온 국민을 평정하고, 호랑이 해에 간난강(幹難江) 근원에서 집회해서 아홉 개의 다리가 있는 하얀 기를 세우고, 칭기즈 칸의 칭호를 받았다.

칭기즈가 대칸 또는 카간이 되었을 때는 이미 51세(1206)를 헤아리고 있었다. 그는 이미 그다지 젊은 나이는 아니었고, 다른 사람이라면 이 나이쯤 되면 안락한 평온과 무사를 바랄 것이다. 하지만 그에게는 이 나이가 정복의 생애의 출발점에 불과했다. 많은 정복자들이 젊었을 때 정복을 성취한 것을 생각하면 이것은 참으로 특이한 경우다. 또한 칭기즈 칸이 그저 젊은 혈기만으로 아시아를 가로질러 돌진한 것이 아니었다는 것을 알 수 있다. 그는 신중하고 조심성 있는 중년이었고, 그가 성취한 모든 대사업에는 언제나 사전에 충분한 검토와 준비가 있었다.

몽고인은 유목 종족이기 때문에 도시와 도시 생활을 싫어했다. 그들이 유목 종족이므로 틀림없이 야만인이었을 거라고 속단하는 사람이 많다. 그러나 이는 잘못된 생각이다. 물론 그들은 도시의 풍습에 관해 아는 것은 적었으나, 그들 나름대로 생활 방식을 발달시켰고 세분화된 조직을 가지고 있었다. 그들이 싸움터에서 대승리를 거둔 것은 그들의 숫자 때문이 아니라 계획된 훈련과 체계적인 조직이 가져다 준 결과였다. 그리고 그 중에서도 가장 중요한 것은 칭기즈 칸의 탁월한 전투 지휘에 힘입은 것이었다. 칭기즈 칸은 역사에서 가장 으뜸가는 군사적 천재였으며 지휘자였다는 것은 의심할 여지가 없다. 알렉산더나 카이사르도 그 앞에서는 빛이 바래 보인다. 칭기즈 칸은 그 스스로가 매우 훌륭한 사령관이었을 뿐만 아니라 휘하의 부하 장군들을 훈련시켜 걸출한 지도자로 길러 냈다. 그들은 고국에서 몇천 마일이나 원정해서 적군과 적의를 품은 주민들 한복판에서 우세한 적을 상대로 승리를 거두었다.

칭기즈 칸이 나타나 아시아와 유럽을 휩쓸 때 그 곳의 지도는 어떻게 되어 있었을까? 몽고의 동남쪽에 위치한 중국은 분열되어 있었다. 중국 남부에는 남송이 세력을 펴고 있었고 북부에는 송을 몰아 낸 금, 즉

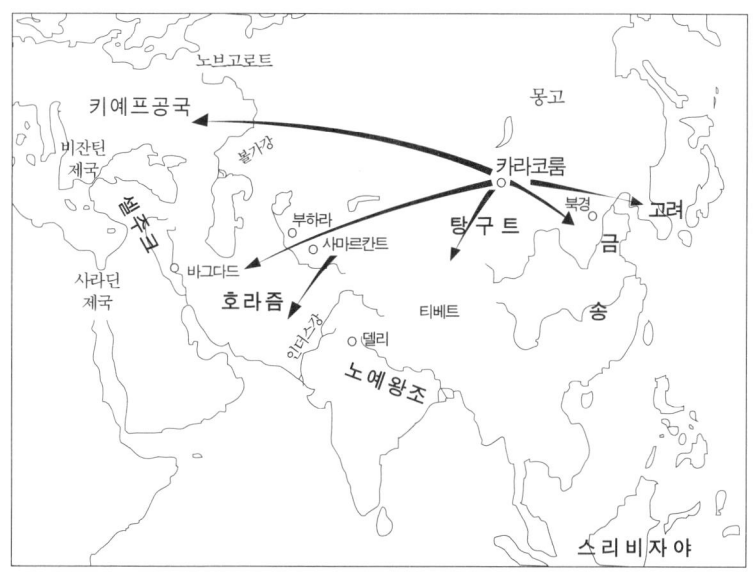

칭기즈 칸의 대원정

여진족이 북경을 수도로 하여 버티고 있었다. 서쪽으로는 고비 사막과 그 너머에 또한 유목민인 하(夏), 즉 탕구트(Tangut) 제국이 있었다. 인도에는 앞서 본 것처럼 노예 왕조가 델리에 군림하고 있었다. 페르시아와 메소포타미아에는 인도와 접한 지대에 호라즘(Khwarazm) 또는 키바(Khiva)라는 대이슬람 왕국이 있었고, 그 수도는 사마르칸트였다. 그 서쪽에는 셀주크인이 있었고, 이집트와 팔레스타인에는 살라딘의 후예가 있었다. 바그다드 주변은 셀주크인의 보호 아래 칼리프가 지배하고 있었다.

이것은 십자군 전쟁의 말기에 해당된다. '세계의 불가사의'라는 별명을 얻은 프리드리히 2세가 신성 로마 제국의 황제였다. 영국에서는 '마그나 카르타' 이후로 이어지는 시대가 이 연대에 해당한다. 프랑스는 루이 9세가 다스리고 있었는데, 그는 십자군 전쟁에 참가했다가 투르크인의 포로가 되어 몸값을 지불하고 풀려 나왔다. 동유럽에는 러시아가 있었는데, 이 곳은 북쪽에는 노브고르트, 남쪽에는 키예프의 두 나라로 뚜렷이 구분되어 있었다. 러시아와 신성 로마 제국 사이에는 헝가리와 폴란드가 있었다. 그리고 비잔틴 제국은 콘스탄티노플의 주변에서 계속 번영하고 있었다.

  칭기즈 칸은 정복에 나서기에 앞서 면밀한 준비를 게을리하지 않았다. 그는 군대를 훈련하고 특히 말과 예비마를 잘 조련했다. 유목 민족인 만큼 말처럼 소중한 것이 없었기 때문이다. 칭기즈 칸은 드디어 동쪽으로 진격해 중국 북부와 만주의 금나라를 재기불능 상태로 만들고 북경을 점령했다. 고려도 굴복시켰다. 그는 남송과는 친교가 있었던 것 같다. 남송은 다음이 자기 차례라는 것을 미처 깨닫지 못하고 금의 공략에 원조를 보내기도 했다. 그 뒤 칭기즈 칸은 탕구트족까지 정복했다.

  이만한 승리를 거두고 난 뒤 칭기즈 칸은 일단 휴식을 취할 생각이었던 듯하다. 원래 그는 서방을 침략할 뜻은 없었던 것 같다. 그는 호라즘의 샤(Shah), 즉 왕과 우호 관계를 바랐던 듯하다. 하지만 그렇게 되질 않았다. "신은 멸망시키고자 하는 자로 하여금 먼저 스스로 미치광이 노릇을 하게 한다"는 뜻의 라틴어 속담이 있다. 호라즘의 샤는 온갖 난폭한 짓을 자행했다. 몽고의 상인들이 샤의 부하인 한 총독에게 살해당한 사건이 일어났다. 그래도 칭기즈 칸은 사태가 확대되지 않도록 사절단을 파견해 샤에게 그 총독을 처벌하라고 요구했다. 그러나 어리석은 샤는 자기 세력을 과신하고 이 사절들에게 모욕을 가하고 끝내 사형에 처해 버렸다. 사태가 이렇게 되자 칭기즈 칸도 참을 수가 없었다. 하지만 그는 서두르지 않고 차분하게 준비를 갖춘 다음 대군을 몰고 서쪽으로 진군했다.

  이렇게 1219년에 시작된 진군은 서아시아와 유럽의 일부를 두려움에 떨게 했다. 이 강력한 지배자는 냉혹하게 쳐들어가 수많은 마을과 몇백만 명의 인간을 궤멸시켜 버렸다. 호라즘 제국은 거의 사라져 버렸다. 수많은 궁전과 인구 100만을 헤아리던 대도시 부하라는 잿더미가 되었다. 수도 사마르칸트는 불에 타 버렸으며 100만의 주민 가운데 살아남은 자는 겨우 5만 명에 불과했다. 헤라트·발흐 그리고 그 밖에 번창하던 많은 도시들도 모두 파괴되었다. 몇백만 명이 죽었다. 몇백 년 동안 중앙 아시아에서 번영을 지속해 온 기술과 공예는 그림자를 감추고, 페르시아와 중앙 아시아의 문명 생활은 사라져 버렸다. 칭기즈 칸이 지나간 자리는 사막으로 변했다.

호라즘 샤의 아들 잘랄루딘(Jalaluddin)은 이 대홍수와 용감하게 싸웠다. 그는 인더스 강변까지 급히 퇴각했다가 퇴로를 잃자 말을 탄 채 30척이나 되는 곳에서 강으로 뛰어내려 강을 헤엄쳐 건넜다고 한다. 그는 델리 궁전에 가서 패배한 몸을 의탁했다. 칭기즈 칸은 그를 그 곳까지 추격할 만큼 가치 있는 인물로 보지 않았다.

셀주크 투르크인과 바그다드는 운이 좋아서, 칭기즈 칸은 그들을 그냥 내버려 둔 채 러시아를 향해 북진했다. 그는 키예프 대공(大公)을 무찌르고 포로로 잡았다. 그러나 탕구트족이 반란을 일으키자 그는 반란을 진압하기 위해 동쪽으로 돌아갔다.

칭기즈 칸은 1227년 72세로 사망했다. 그의 제국은 흑해에서 태평양까지 이르렀지만 그 활력은 조금도 쇠퇴하지 않고 더욱 성장해 가고 있었다. 그래도 수도는 여전히 몽고의 카라코룸(Karakorum : 和林)이라는 작은 마을이었다. 그는 유목민이면서도 매우 뛰어난 조직가였으며, 유능한 재상을 등용해 자신을 보좌케 하는 현명함을 갖고 있었다. 그의 제국은 지극히 짧은 시간에 이루어진 것이었지만 그의 사망으로 분열되지는 않았다.

페르시아와 아라비아의 역사가들은 칭기즈 칸을 일종의 악마이며 '신이 인간에게 벌을 주기 위해 내린 재난'이라고 불렀다. 그는 잔학한 인물로 묘사되었다. 그가 몹시 잔혹했던 것은 틀림없지만 그러나 그것은 당시의 군주로서는 지극히 흔한 일이었다. 인도의 아프간인 왕들도 그 규모는 작았지만 이와 별로 다를 게 없었다. 1150년 가즈니가 아프간인의 손아귀에 떨어졌을 때 그들은 이 도시를 포위하고 불을 질러 옛날 피의 원수를 갚았다. 7일을 밤낮으로 "약탈과 파괴와 학살이 계속되었다. 남자를 발견하면 당장에 칼로 쳐죽였고 아녀자들은 포로로 잡았다. 둘도 없이 훌륭한 마흐무드 왕들, 즉 술탄 마흐무드 자손의 궁전과 누각은 파괴되었다." 이것은 같은 이슬람 교도들 사이에서 벌어진 참상이었다. 이 사건이나 아프간인이 지배하는 인도에서 일어난 사건과, 칭기즈 칸이 중앙 아시아와 페르시아에서 자행한 파괴는 그 성질상 아무런 차이가 없었다. 칭기즈 칸은 그의 사절단이 샤에 의해 살해당하자 더더욱 화가 나 있었다. 그의 처지에서 보자면 그 파괴는 일종의 피의 복수였다. 원정이라는 점에서 약간 차이가 있었다. 물론 그는 다른 곳에서도 대파괴를 자행했다. 그러나 그것들은 중앙 아시아에서 행한 만큼 규모가 큰 것은 아니었다.

　　칭기즈 칸이 여러 도시를 파괴하게 된 이면에는 또 하나의 다른 동기가 숨어 있었다. 그는 유목민 정신의 소유자였고 도시를 증오했다. 그는 대초원과 평원에서 살기를 좋아했다. 언젠가 그는 중국의 도시를 모조리 파괴하는 것이 바람직하다고 생각한 적도 있었다. 그러나 다행스럽게도 그 생각을 실천에 옮기지는 않았다. 그가 바란 것은 문명과 유목 생활을 조화시키는 것이었다. 하지만 이 일은 불가능했고, 애초부터 가능한 문제가 아니었다.

　　어쩌면 너는 칭기즈 칸이란 이름[99]으로 미루어 보아 그가 이슬람 교도(Mohammedan)가 아닌가 생각할지 모른다. 그러나 그렇지 않다. 그 이름은 몽고식 이름이란다. 칭기즈 칸은 종교 문제에 매우 관대한 사람이었다. 그는 말하자면 샤머니스트였고 '영원한 푸른 하늘(Everlasting Blue Sky)'의 숭배자였다. 그는 중국 도교의 현자들과 자주 장시간 이야기를 나누었으나 끝내 샤머니즘(Shamanism)[100]을 고집했으며, 어떤 곤경에 부딪히면 하늘의 계시에 귀를 기울이곤 했다.

---

99) 현재 이슬람 교도 사이에는 신분의 존귀를 나타내기 위해 '칸'이라는 칭호를 이름 위에 붙이는 예가 수없이 많지만, 칭기즈 칸의 '카간'은 당시 몽고인의 '황제'에 해당되는 칭호였다.

너는 이 편지의 첫머리에서 칭기즈 칸이 몽고인 집회에서 선출된 대칸이라는 점에 분명히 관심을 가졌으리라 믿는다. 그러나 이 집회는 사실 봉건적인 집회였을 뿐 인민 집회는 아니었다. 따라서 칭기즈 칸은 씨족의 봉건적 수장이었던 셈이다.

칭기즈 칸은 문자를 읽고 쓸 줄을 몰랐으며 그의 부하들 또한 그랬다. 아마 그는 오랫동안 문자라는 것이 있다는 사실조차 모르고 있었을 것이다. 모든 소식은 말로 전달되었고, 대개 비유나 속담 같은 형식으로 교환되었다. 광막한 제국에서 모든 일이 입을 통한 전문을 통해 이루어졌다는 것은 매우 놀라운 일이다. 칭기즈 칸은 문자라는 것이 있다는 것을 알고는 이를 매우 편하고 귀중한 것이라고 생각했다. 그래서 그는 자식들과 관리들에게 이를 배우게 했다. 뿐만 아니라 그는 몽고인의 전통적인 관습과 자기의 말을 문자로 기록하도록 명했다. 몽고의 관습법이 영구 '불변의 법'으로서 누구도 위배할 수 없다고 생각했기 때문이다. 황제라 해도 이 관습법에 따라야만 했다. 그러나 이 '불변의 법'은 오늘날 찾아볼 수 없다. 현대 몽고인도 그것을 기억하지 못하며 또 전승되지도 않고 있다.

어떤 나라나 종교나 제각기 예로부터 전해지는 관습법과 성문법을 가지고 있으며, 흔히 그것을 '불변의 법'인 듯 상상한다. 그것은 가끔 '계시', 즉 신으로부터 계시된 것으로 간주되었으며, 신의 계시라는 것은 환경에 의해 변화하거나 일시적인 것으로 생각되지 않았다. 그러나 법이란 눈앞의 환경에 적응해야 하는 것이며, 우리의 현재 생활을 개선하는 데 도움이 되어야 한다. 환경이 변화한다면 어찌 낡은 법률이 여기

---

100) 주로 아시아 대륙 북방의 여러 종족 간에 공통된 원시 종교의 형태. 샤먼이라고 일컬어지는 무당이 일종의 황홀 상태에서 '신령의 말'을 전달하고 길흉을 점치며 재액을 제거하는 등 여러 가지 푸닥거리를 하는데, 칭기즈 칸 시대의 몽고 사회에서는 일반적으로 이러한 샤머니즘이 유행했다. 예를 들면, 1206년 그가 황제로 즉위할 때 공신 문리크의 아들이 샤먼으로서 칭기즈 칸의 패업이 하느님의 신명(神命)에 의한 것이라고 사람들에게 호소했다.

칭기즈 칸이 아시아와 유럽을 뒤흔들다

에 적합할 수 있겠는가. 법은 변화와 함께 바뀌어 가야만 한다. 그렇지 않다면 법은 세계가 계속 전진하는데도 우리를 묶어 두는 쇠사슬에 불과할 뿐이다. 어떤 법률도 '불변의 법'일 수 없다. 그것은 지식에 기초를 둔 것이어야 한다. 그리고 지식이 성장함에 따라 법도 함께 성장해야만 한다.

나는 칭기즈 칸에 대해 필요 이상으로 상세하게 말한 것 같다. 하지만 이 인물은 내 마음을 사로잡는다. 이 용맹 과감하고 잔혹하며 흉포한 유목민 종족의 봉건적 족장이, 도시 사람이요 봉건적인 것이라면 모두 증오하며 평화를 사랑하고 비폭력을 숭앙하는 나를 매혹하다니, 참으로 이상한 일이 아니냐!

68 *1932년 6월 26일*

몽고인들이 세계를 지배하다

칭기즈 칸이 죽자 아들인 오고타이(Ogotai)가 대칸이 되었다. 그는 칭기즈 칸과 당시의 다른 몽고인에 비해 인도적이고 평화적인 기질을 지닌 사람이었다. 그는 언제나 입버릇처럼 "우리 카간 칭기즈는 힘겨운 노고 끝에 우리 황실의 기초를 세우셨다. 이제 인민에게 평화와 번영을 주어야 하며 무거운 짐을 덜어 주어야 할 때다"라고 말했다. 그가 씨족의 봉건적 족장 특유의 방식으로 생각하고 있다는 점을 주목해야 한다.

그렇다고 해서 정복의 시대가 끝난 것은 아니었고, 몽고족은 여전히 힘에 넘쳐 있었다. 그래서 대장군 사부타이(Sabutai)의 인솔 아래 제2차 유럽 침략이 시작되었다. 유럽의 군대나 장군은 사부타이에 대적할 수 없었다. 그는 적국의 정보를 수집하기 위해 스파이를 보내기도 하고, 전초 기지를 설치하기도 하는 등 면밀한 준비 공작을 하여 진군하기 전에 이미 여러 나라의 정황을 훤히 꿰고 있었다. 전장에서도 그는 전술에 뛰어나, 유럽의 장군들은 그에 비하면 그야말로 풋내기에 불과했다. 사부타이는 서남방의 바그다드와 셀주크인을 그대로 놔 두고 러시아로 바로 진군했다. 그는 6년 동안 진군을 거듭해 모스크바 · 키예프 · 폴란드 · 헝가리 · 크라코우(Cracow)를 짓밟았다. 1241년에는 중부 유럽의 하(下)실레지아(Lower Silesia)의 라이프니츠에서 폴란드와 독일 연합군이 궤멸되었다. 전 유럽은 이제 운이 다한 것처럼 보였다. 몽고족을 가로막을 자는 아무도 없었다. 물론 '세계의 불가사의'라고 일컬어지던 프리드리히 2세도 몽고에서 찾아온 진짜 불가사의를 보고 안색이 파랗게 질렸을 것이 틀림없다. 생각지도 못한 구원의 길이 갑자기 열렸을 때, 유럽의 왕과 군주들은 이미 거의 숨이 끊어져 있었다.

오고타이가 죽자 왕위 계승을 둘러싸고 분쟁이 일어났다. 때문에 유럽에 원정해 있던 몽고 군대는 패한 것도 아닌데도 싸움을 중지하고 1242년 본국으로 돌아갔다. 이리하여 유럽은 가까스로 다시 숨을 쉴 수 있었다.

그 사이에 몽고족은 중국을 향해 팽창해서 북부 중국의 금나라는 물론이고 남부의 송나라까지 완전히 끝장을 내고 말았다. 1252년에 몽케칸(蒙哥 : 憲宗)이 대칸이 되고 쿠빌라이를 중국 총독에 임명했다. 카라코룸에 있던 몽케칸의 궁전에는 아시아와 유럽에서 많은 사람들이 모여들었다. 대칸은 여전히 유목 민족의 생활 양식을 지키며 천막에서 생활하고 있었다. 그러나 그 천막은 양대륙에서 가져온 전리품과 재물로 가득 차 있었다. 특히 이슬람 교도 상인들이 많이 찾아와 관대한 몽고족 구매자와 거래했다. 한편 공예가 · 천문학사 · 수학사 및 당시의 과학에 정통한 사람들이 당시 세계의 중심지로 여겨진 이 천막의 도시로 모여들었다. 광대한 몽고 제국은 그런 대로 안정과 질서가 유지되었고 대륙을 횡단하는 대상(隊商)의 통로는 오가는 사람들로 북적거렸다. 그리하여 유럽과 아시아는 예전보다 한층 긴밀한 관계를 맺게 되었다.

한편 여러 종교가들이 앞다투어 카라코룸으로 모여들었다. 이들은 모두 세계의 정복자를 자기 종교로 개종시키고자 했다. 이 전능한 사람들을 자기 종교로 끌어들인 종교가 곧 다른 종교를 누르고 전능한 종교가 될 것이라고 생각했던 것이다. 교황은 로마에서 사절을 보냈고, 기독교의 네스토리우스파, 이슬람 교도들, 불교도들도 제각기 찾아왔다. 그러나 몽고족은 새 종교의 수용을 그다지 서두르지 않았다. 그들은 지나치게 종교적인 민족은 아니었다. 한때 대칸이 기독교를 국교로 택할 것을 생각해 본 적도 있었으나, 그는 교황의 권위를 인정할 수 없었다. 결국 몽고인은 그들이 정착한 지역의 종교에 이끌리게 되었다. 중국이나 몽고에 있던 몽고인은 대부분 불교도가 되고 중앙 아시아에서는 이슬람 교도가 되었다. 아마도 러시아나 헝가리에 있던 사람들은 기독교도가 되었을 것이다.

지금도 로마의 바티칸에 있는 교황의 도서관에는 대칸 몽케칸이 교황한테 아랍어로 써 보낸 친서가 보존되어 있다. 이 친서에 따르면, 교황은 오고타이가 죽은 뒤 새로 칸이 된 자에게 다시는 유럽을 침략하지 말라고 요구한 적이 있었다. 이에 대해 칸은 자기가 유럽 원정을 단행한 것은 유럽인들이 자신에 대해 예의 바르게 행동하지 않았기 때문이라고 대답했다.

그러나 몽케칸의 통치 시대에 또다시 정복과 파괴의 물결이 일었다. 그의 동생 훌라구(旭烈兀)는 페르시아의 총독이었다. 어떤 일로 바그다드의 칼리프에게 화가 난 훌라구는, 칼리프에게 약속을 어긴 이유를 추궁하고 앞으로 태도를 고칠 것을 요구하며, 만약 말을 듣지 않으면 그의 제국을 빼앗아 버리겠다고 위협했다. 칼리프는 그다지 영리하지 못하고 경험을 통해 지혜를 얻는 능력도 없었다. 그는 오만한 회답을 보냈고 몽고의 사신은 바그다드의 폭도들에게 피살되었다. 이에 훌라구의 몽고인 피가 뜨겁게 불타올랐다. 격분한 훌라구는 바그다드를 40일 간의 포위전 끝에 함락시켰다. 『아라비안 나이트』의 도시와 500년에 걸친

372

제국 시대에 축적된 갖가지 재보는 이렇게 최후를 맞이했다. 칼리프와 그의 아들, 그리고 측근들은 사형당했다. 그로부터 4주에 걸쳐 대학살이 자행되어 티그리스 강이 몇 마일에 걸쳐 피로 붉게 물들었다. 150만 명이 비명에 횡사했다고 한다. 예술·문화적인 재보와 도서관은 모두 파괴되었다. 바그다드는 완전히 폐허가 되었다. 몇천 년의 역사를 지닌 서아시아의 관개 시설도 훌라구에 의해 파괴되어 버렸다.

알레포(Aleppo)·에데사(Edessa), 그리고 기타 수많은 도시들도 같은 운명에 처해 서아시아는 어둠의 장막에 뒤덮였다. 당시의 역사가는 이를 가리켜 '과학과 인도(人道)의 기근 시대'라고 말했다. 팔레스타인을 원정한 몽고군은 이집트의 술탄 바이바르(Baybar)에게 패했다. 이 술탄은 '반두크다르(Bandukdar)'라는 재미있는 별명을 가지고 있었다. 그의 한 부대가 반두크(banduk), 즉 화포로 무장하고 있었기 때문이다. 이제 비로소 우리는 화포 시대로 들어서게 된 것이다. 중국인은 일찍부터 화약을 알고 있었다. 몽고족도 아마 중국인에게 화포를 배운 듯하며, 그들의 승리 배경에는 화포의 도움이 컸을 것이다. 유럽에 화포가 도입된 것도 몽고인을 통해서였다.

1258년 바그다드가 파괴됨으로써 남아 있던 아바스 제국은 종말을 고했다. 이것은 서아시아에서 순수 아랍 문명의 종말을 뜻하는 것이었다. 멀리 떨어져 있던 남스페인의 그라나다에는 아직 아랍의 전통이 전해 내려오고 있었다. 이 곳 또한 200년 이상 명맥을 유지하다가 멸망했다. 그러나 아라비아 자체는 그 중요성을 급속히 상실해 그 뒤로는 역사에서 큰 역할을 담당하지 못했다. 그들은 뒷날 오스만 투르크 제국에 편입되었다. 아라비아는 1914년부터 1918년에 걸친 세계 대전중에 아랍인이 영국인의 지도 아래 투르크인에 대해 반란을 일으킨 뒤 어찌되었든 독립국의 형태를 갖추었다.

칼리프는 2년 간 공석인 채로 방치되었다. 그 뒤 이집트의 술탄 바이바르가 아바스 가문 최후의 칼리프의 친척에게 칼리프 자리를 넘겨주었다. 그러나 그는 정치 권력은 없었고 다만 정신적인 지도자에 지나지 않았다. 마침내 300년 후 콘스탄티노플의 투르크인 술탄이 마지막 칼리프로부터 이 칭호를 획득했다. 투르크의 술탄은 최근 5년 전에 무스타파 케말 파샤가 술탄과 칼리프를 모두 없애 버릴 때까지 계속 칼리프로 있었다.

잠시 이야기가 주제에서 벗어났구나. 대칸 몽케는 1239년에 죽었다. 그는 죽기 전에 티베트를 정복했다. 이번에는 중국 총독인 쿠빌라이가 대칸이 되었다. 쿠빌라이는 꽤 오래 전부터 중국에 있으면서 이 나라에 깊은 관심을 가지고 있었다. 그는 수도를 카라코룸에서 북경으로 옮기고 그 이름을 칸발리크(Khanbalik), 즉 '칸의 서울'이라고 고쳤다. 쿠빌라이는 중국에 관심을 기울이면서 대제국에 소홀하게 되어 대몽고 각지의 총독들은 점차 독립했다.

쿠빌라이는 중국 정복을 완수했으나 그 전투는 옛날 몽고 전법과는 크게 달랐다. 잔학성이나 파괴성은 현저하게 줄어들었다. 중국은 벌써 쿠빌라이의 마음을 가라앉히고 문명화시켰다. 중국인은 그와 보조를 맞추고 그를 마치 같은 나라 사람처럼 대했다. 그리하여 그는 현재 중국의 정통 왕조로 인정되는 원 왕조를 세운 것으로 되어 있다. 쿠빌라이는 고려·안남 및 버마를 자기 제국에 편입시켰다. 그는 일본과 말레이시아까지 정복하려고 했다. 그러나 몽고인은 바다에 익숙하지 못하고 조선 기술을 알지 못했기 때문에 실패했다.

몽케칸의 통치 시대에 프랑스의 루이 9세가 재미있는 사절을 보낸 적이 있다. 루이는 몽고인과 유럽의 기독교 제국이 동맹을 맺어 이슬람교도들에게 대항하자고 넌지시 제의했다. 이 때 루이는 가련하게도 십자군 원정에서 포로로 잡혀 고초를 겪었다. 그러나 몽고인은 그런 동맹에는 전혀 흥미도 없었을 뿐만 아니라 특정 종교를 공격하려는 의사도 없었다.

무엇 때문에 그가 유럽의 군소 왕후들과 동맹을 맺겠는가? 그리고 누구를 적으로 하여 동맹을 맺겠는가? 그들은 유럽 제국이나 이슬람 제국의 전투력을 두려워할 이유가 전혀 없었다. 서유럽은 가까스로 몽고의 칼날을 피했고, 셀주크 투르크인은 몽고인에게 고개를 숙이고 공물을 진상했다. 그런데 이집트의 술탄만은 몽고군을 무찔렀다. 그러나 몽고군이 정식으로 싸울 생각만 했다면 얼마든지 그들을 굴복시킬 수 있었음은 물론이다. 대몽고 제국은 아시아와 유럽의 양대륙에 걸쳐 길게 뻗어 있었다. 역사상 일찍이 몽고인의 정복에 비견할 만한 것은 없었고, 이토록 광대한 제국이 있었던 적도 없었다. 몽고인은 명실 공히 세계의 지배자였다. 인도는 다만 그들이 지나는 길에 걸리지 않았다는 사실 때문에 독립을 유지하고 있었다. 서유럽도 바로 인도와 비슷한 면적만이 몽고 제국의 영역 밖에 있을 수 있었다. 그러나 이 지역도 거의 몽고인의 관대함 덕분에 존재할 수 있었으며, 몽고인이 병합하려고 쳐들어가지 않았을 뿐이었다. 13세기의 상황은 대략 이러한 것이었다.

그러나 몽고인의 가공할 에너지도 약해지고 있는 듯했고, 정복을 계속하려는 충동도 쇠퇴해 갔다. 이 시대에는 대개 도보나 승마로 천천히 이동했다는 것을 잊어서는 안 된다. 그보다 빠른 교통 기관은 없었기 때문이다. 군대가 모국 몽고에서 유럽에 있는 제국의 서부 국경까지 가려면 꼬박 1년이 걸렸다. 그들은 약탈의 목표가 없는데도 자기 제국을 가로지르는 대여행을 무모하게 기도할 만큼 정복에 열중하지는 않았다. 더구나 몽고 군인들은 거듭되는 승전과 전리품으로 윤택해졌다. 노예를 갖고 있는 자들도 적지 않게 되었다. 그래서 그들은 유순해지고, 온건하고 평화로운 풍습에 젖기 시작했다.

광대한 몽고 제국의 행정은 대단히 어려운 일이었다. 따라서 일찍이 분열하기 시작한 것도 별로 이상할 것이 없다. 쿠빌라이 칸은 1294년에 죽었다. 그가 죽은 뒤 내칸이란 지위는 없어지면서 제국은 다음과 같이 다섯 개의 대지역으로 분할되었다.

(1) 몽고·만주·티베트를 포함한 중화 대국. 이것이 주국(主國)이며, 원 왕조 쿠빌라이의 자손이 통치했다.
(2) 저 멀리 서방의 러시아·폴란드 및 헝가리에는 '황금의 유목민

(그 일대에서는 몽고인을 이렇게 불렀다)'의 제3국이 있었다.
(3) 페르시아·메소포타미아와 중앙 아시아의 일부에는 일칸(Ilkhan) 제국이 있었다. 이 제국은 훌라구가 세운 것으로 셀주크 투르크인에게 공물을 받고 있었다.
(4) 중앙 아시아의 티베트 북방에는 대투르크, 이른바 차가타이(Zagatai)의 제국이 있었다.
(5) 몽고와 '황금의 유목민'의 중간 지역에는 시베리아 몽고 제국이 있었다.

대몽고 제국은 분열되기는 했지만 이 다섯 개의 분국 하나하나가 각기 강대한 제국을 이루고 있었다.

69 *1932년 6월 27일*

위대한 여행가 마르코 폴로

나는 카라코룸에 있는 대칸의 궁중 이야기를 하고, 또 몽고인의 평판과 그들의 승리에 관한 소문을 좇아서 상인·기술자·학자·전도사들이 모여든 이야기를 했다. 그들이 모여든 것은 한편으로 몽고인 쪽에서 장려한 때문이기도 했다. 이 몽고인이라는 민족은 이상한 민족이어서 어떤 방면에는 대단히 효율성을 보인 반면, 어떤 방면에는 마치 어린애처럼 유치한 점도 있다. 이 흉포한 전사들을 일종의 매력적인 것으로 보이게 하는 것 또한 이 어린애 같은 점에 있는 것이 아닌가 싶다. 몇백 년 후에 몽고인 — 인도에서는 모갈인(Moghal)이라고 불렀지만 — 이 인도를 정복한 적이 있었다. 그는 바바르(Babar)였는데 그의 어머니는 칭기즈 칸의 혈통을 이어받고 있었다. 인도를 정복한 그는 카불과 북방의 산들바람·꽃·정원·수박 같은 것을 몹시 그리워했다. 그는 유쾌한 인물로서 그가 쓴 회상록은 지금도 그의 인간미가 넘치고 매력적인 풍모를 연상케 한다.

몽고인은 외국에서 오는 방문객들을 환영했다. 그들은 지식을 갈망해서 그들로부터 많은 것을 배우려고 했다. 너는 칭기즈 칸이 글자라는 것이 있는 것을 알고 곧 관리들에게 글자 배우기를 명령한 것을 기억하고 있을 것이다. 그들은 개방적이고 솔직하게 사실을 받아들이는 정신과 타인으로부터 무엇을 배워서 깨닫는 능력을 가지고 있었다. 쿠빌라이가 북경에 거처를 정하고 훌륭한 중국의 군주가 된 뒤로 그는 각별히 외국인의 내방을 환영했다. 그에게 니콜로 폴로(Nicolo Polo)와 마페오 폴로(Maffeo Polo)라는 두 사람의 상인이 베네치아로부터 먼길을 찾아온 적이 있었다. 그들은 장사하기 위해 우선 부하라로 직행했는데, 그곳에서 쿠빌라이 칸이 페르시아의 홀라구에게 보낸 사절을 만나 그 여행단에 가담해 북경까지 여행하도록 권유받았다.

니콜로와 마페오는 쿠빌라이 칸으로부터 후한 대접을 받고 그에게 유럽에 관한 이야기와 기독교나 교황의 이야기를 해 주었다. 쿠빌라이는 대단한 흥미를 느껴 어느 정도는 기독교에 마음이 끌렸던 것처럼 생각된다. 그는 1269년 교황에게 보내는 편지를 주어서 두 폴로를 유럽에 되돌려 보냈다. 그는 그 편지에서 '칠예(七藝:일곱 가지 재주)에 능한 지식인'으로서 기독교의 참뜻을 전달할 수 있는 사람 100명을 자기한테로 파견해 주도록 요청했다. 그러나 두 폴로가 돌아갔을 때는 유럽이나 교황이 모두 곤궁에 빠져 도저히 그와 같은 학자 100명을 모집할 수조차 없었다. 2년쯤 뒤에 그들은 두 사람의 기독교 수도자 내지는 성직자를 동반하고 또다시 같은 여정에 올랐다. 그러나 그보다도 훨씬 중요한 사실은 그들이 니콜로의 아들인 마르코(Marco)라는 젊은이를 데리고 간 사실이었다.

위대한 여행가 마르코 폴로

세 사람의 폴로는 그들의 먼 여행을 시작해서 아시아 전체를 육로로 돌아다녔다. 그것은 얼마나 훌륭하고 멋있는 대여행이었던가! 지금도 폴로들의 여행 경로를 따라가자면 1년 정도는 충분히 걸릴 것이다. 폴로들은 어느 지역에서는 옛날 현장이 걸어간 길을 택하기도 했다. 그들이 팔레스타인를 거쳐 아르메니아에 이르러 그로부터 메소포타미아, 그리고 페르시아 만을 지나자 그 곳에서 인도로부터 온 장사치 한 무리와 만났다. 페르시아를 횡단해 발흐로, 그리고 카슈가르의 산지를 넘어서 호탄으로, 그리고 이동하는 호수 롭노르(Lop-Nor)를 거치고 또 사막을 가로질러 ― 그렇게 하여 마침내 중국 평원에 들어가 북경에 도착한 것이다. 그들은 대칸이 친히 수여한 황금 돼지 칙허 여권(勅許旅券)을 가지고 있었다. 이들이 거친 길은 고대 로마 시대의 중국과 시리아 간 대상의 경로였다.

바로 얼마 전 나는 스웨덴의 탐험 여행가 스벤 헤딘(Sven Hedin)[101]의 고비 사막 횡단 여행기를 읽었는데, 그는 북경에서 서쪽으로 향해 롭노르 호수를 지나 호탄으로 나가서 여행을 계속했다. 그는 모든 현대 문명의 이기를 이용했지만 그래도 여러 가지 장애와 곤란에 직면해야만 했다. 폴로나 현장이 같은 길을 거쳐간 700년 전 또는 1300년 전의 여행은 도대체 어떤 것이었을까? 스벤 헤딘은 재미있는 발견을 했다. 즉 오랜 옛날, 4세기쯤 롭노르 호수로 흘러들던 타림(Tarim) 강의 강줄기가 바뀌고 사막의 모래가 밀어닥쳐 순식간에 옛 강줄기를 덮어 사막으로 만들어 버렸다. 그리고 그 곳에 있던 옛 루란(Loulan)의 거리는 외계와 연락이 끊기고 주민들도 떠나 버려 폐허가 되었다. 이 강줄기의 변경 때문에 롭노르 호수의 위치도 달라지고 옛 대상길이나 무역로도 이에 따라 달라졌다. 그 전에 스벤 헤딘은 바로 몇 년 전 이 타림 강이 또다시 강줄

---

101) 스웨덴의 탐험가. 여러 차례에 걸쳐 아시아 대륙의 오지를 답사해 역사적으로 귀중한 수많은 발견을 했으며, 또한 흥미 깊은 학술 보고를 발표했다. 롭노르 호수의 이동을 확인한 것은 1898년부터 1902년에 걸쳐 동(東)투르키스탄→티베트→캬슈미르→페르가나의 코스를 탐험했을 때였다.

기가 변경되어 옛날 위치로 되돌아간 것을 발견했다. 호수도 이에 따라 원위치로 돌아가서 타림 강은 다시 옛 루란의 고도(古都) 근처를 흐르고 있다. 그리하여 1600년 동안이나 쓰이지 않고 내버려 두었던 오랜 경로는 또다시 부활할지도 모른다. 다만 그렇게 되면 낙타는 없어지고 대신 자동차가 나타날 것이다. 롭노르가 이동 호수라고 일컬어지는 것은 이러한 까닭이다. 내가 타림 강과 롭노르 호수의 위치 변화에 대해 이야기한 것은 수로(水路)라는 것이 어느 광대한 지역의 생활을 변하게 하고, 그로 인해 그 지방의 역사에 영향을 주는 일이 있기 때문이다. 이미 보아 온 바와 마찬가지로 중앙 아시아는 옛날에 인구 밀도가 조밀했으나 주민들이 서쪽으로 또는 남쪽으로 연이어 정복의 길을 떠나 흩어져 갔다. 오늘날 그것은 거의 사막과 흡사하게 되어 몇 안 되는 도시에 소수의 사람들만이 군데군데 살고 있을 뿐이다. 그 당시에는 아마 훨씬 많은 물이 있어서 많은 인구가 살 수 있었던 것으로 짐작된다. 기후가 건조하고 수량이 감소되었기 때문에 인구도 감소해 버렸다.

　　그 당시의 어렵고 긴 여행에도 하나의 커다란 장점은 있었다. 새로운 언어들을 배울 수 있는 시간 여유를 제공해 주었기 때문이다. 세 사람의 폴로가 북경에 도달하기까지는 3년 반이나 걸렸다. 이 오랜 여행 기간에 마르코는 몽고어에 숙달하고 중국어에도 거의 능통하게 되었다. 마르코는 대칸의 사랑을 받아 7년 가까이나 그에게 봉직했다. 그는 벼슬을 받게 되고 관무(官務)차 중국의 여러 지방을 돌아다녔다. 마르코나 그의 아버지 모두가 향수에 젖어서 베네치아로 돌아가고 싶다고 생각했지만 칸의 허락을 쉽사리 얻을 수 없었다. 그러는 동안에 마침내 그들은 귀국할 수 있는 기회를 얻게 되었다. 그것은 다름이 아니라 쿠빌라이의 조카이자 페르시아 일 한국(Ilkhan Empire)의 몽고인 군주인 아르곤(Argon)이 상처를 했는데, 그의 전처는 그들의 일족이 아니면 결코 재혼하지 말라는 유언을 남기고 죽었다. 그래서 아르곤은 북경의 쿠빌라이 칸에게 사절을 보내 일족 중에서 적당한 신부감을 보내 줄 것을 부탁했던 것이다.

쿠빌라이 칸은 한 젊은 몽고인 왕녀를 골라 여행 경험이 풍부한 세 사람의 폴로로 하여금 호위케 하여 보냈다. 그들은 배를 타고 남중국에서 수마트라로 건너가 그 곳에서 얼마 동안 머물렀다. 그 당시 수마트라에는 스리 비자야 제국이 있었는데 이 때는 이미 쇠퇴의 길을 걷고 있었다. 수마트라를 떠나서 그들 일행은 남인도로 갔다. 나는 앞서 남인도 판디아 왕국의 대항구 카얄을 마르코가 방문한 적이 있었다는 사실을 말한 적이 있다. 왕녀와 마르코 일행은 인도에 상당히 오랫동안 체류했다. 그것은 그다지 바쁜 여행은 아니었던지 페르시아까지 5년이나 걸렸다. 그런데 몹시 기다리던 신랑은 이미 죽고 없었다. 하지만 다행히도 나이 어린 왕녀는 아르곤의 아들과 결혼했는데 그 사람은 그녀와 나이가 훨씬 비슷했다고 한다.

폴로들은 왕녀와 작별하고 콘스탄티노플을 거쳐 고국으로 향했다. 그들은 떠난 지 실로 25년 후인 1295년에야 다시 베네치아로 돌아오게 되었다. 그러나 누구 하나 그들의 얼굴을 기억하고 있는 사람이 없었다. 그래서 그들은 자기네 옛 친구들에게 기억을 불러일으키도록 하기 위해 잔치를 베풀었다. 그리고 그 자리에서 그들은 자기네의 해어져 넝마가 다 된 옷을 찢어 보였다. 그랬더니 그 속에서 값비싼 보석류 — 다이아몬드 · 루비 · 에메랄드 등이 잔뜩 쏟아져 나와 참석했던 손님들을 놀라게 했다. 그래도 아직 중국이나 인도 등지에서의 모험담을 그대로 믿어 주는 사람은 좀처럼 없었다. 그들은 마르코 일행이 허풍을 떨고 있는 것으로 생각했다. 베네치아의 작은 공화국에만 살아온 그들로서는 중국이나 기타 아시아 제국의 규모나 부강을 도저히 상상할 수도 없었던 것이다.

3년 후인 1295년 베네치아는 제노아와 전쟁을 시작했다. 양쪽이 모두 연안국인데다가 서로 경쟁하는 사이였으므로 필연적으로 벌어진 것이다. 결국 베네치아는 패배하고 베네치아인 몇천 명이 제노아의 포로가 되었다. 이 포로들 속에는 마르코 폴로도 끼여 있었다. 제노아의 감방에 앉아서 그는 여행을 처음부터 끝까지 구술로 받아쓰게 했다. 이리하여 마르코 폴로의 『동방 견문록(Travels of Marco Polo)』이 만들어졌다. 그야말로 감옥이라는 곳은 때때로 좋은 일을 하기에 편리한 장소가 될 수도 있나 보다.

이 여행기 속에서 마르코는 특히 중국과 그 곳에서의 여러 차례에 걸친 여행에 관해 많은 것을 말하고 있다. 그는 또한 태국·자바·수마트라·실론·남인도 등의 이야기도 상당히 자세하게 쓰고 있다. 그는 중국의 큰 항구 도시에 300~400명의 선원을 승선시킬 수 있는 선박이 밀집해 있는 것을 묘사하고 있다. 그의 여행기에 따르면 중국은 많은 도시와 시가지가 있고 '명주·비단·양단 등의 직물' 제조업이 성하고 '과수원과 전원과 정원'이 발달해 있어 보기에도 여유가 넘치는 부국이었다. 그리고 "도로를 따라 여행자들이 편히 쉴 수 있는 여관이 즐비해 있다"고 했으며, 조칙(詔勅)을 전하기 위해서는 특별히 마련한 파발이 있었다고 한다. 포고문들은 아주 잘 달리는 역마의 릴레이를 통해 24시간에 400마일의 속도로 운반되었다. 또 중국인들은 나무 대신에 땅속에서 발굴한 까만 돌을 땔감으로 사용했다는 기록도 있다. 이것은 틀림없이 그들이 광산을 경영해 석탄을 연료로 쓰고 있었다는 사실을 의미하는 것이다. 쿠빌라이는 지폐를 발행했다. 즉 그는 오늘날 행해지고 있는 것 같은 금과의 태환이 약속된 지폐를 발행한 것이었다. 그것은 그가 신용을 만들어 내는 현대적 방법을 사용하고 있었다는 것을 나타내는 것으로, 대단히 흥미 있는 일이다. 또 마르코는 프레스터 존(Prester John)이라는 사람이 통치하는 기독교도 이주민이 사는 식민지가 그 곳에 있었다는 것을 말해 유럽 사람들을 몹시 놀라게 했다. 아마도 옛날의 네스토리우스파가 아직도 몽고에 남아 있었던 모양이다.

마르코는 이 여행기에 일본·버마·인도에 관해서도 어떤 경우에는 실제로 보고 어떤 경우에는 들은 것을 쓰고 있다. 그의 이야기는 시금도 그렇듯이 경이로 가득 찬 여행담이었다. 그것은 협소하고 경직되어 버린 지역에서 서로 시기하면서 살아온 유럽 사람들에게 새로운 시야를 주었다. 마르코는 넓은 세계의 규모, 재물의 풍부함, 불가사의한 것들을 그들에게 실감시켰다. 그것은 그들의 상상력을 촉발하고 모험심을 유발시켜 미지의 대륙으로 진출하고자 하는 욕망을 불러일으켰다. 이로써 그들은 한층 더 바다에 친근해지게 되었다. 그리하여 유럽은 바야흐로 크게 발전할 수 있는 가능성을 보이고 있었다. 이 새로운 기운은 스스로 그 힘을 자각하고 중세의 속박에서 빠져 나오려고 노력함으로써 마치 성년에 이르려고 하는 젊은이처럼 넘치는 힘으로 힘차게 약동하고 있었다. 이 바다에 대한 충동과 부와 모험에 대한 매력이 뒷날 유럽인을 아메리카로 가게 하고 또 희망봉을 돌아 태평양으로, 인도로, 중국으로 그리고 일본으로 향하게 했던 것이다. 바다는 세계의 교통로가 되고 대륙을 횡단하는 대상로는 그 가치를 상실했다.

한편 대칸 쿠빌라이는 마르코 폴로가 떠난 얼마 뒤 죽었다. 그가 중국에 건설한 원 왕조는 그가 죽은 뒤 그다지 오래 계속되지 못했다. 몽고인의 세력은 급작스럽게 쇠퇴하고 외래 민족에 대항하는 중국 민족주의의 물결이 일어났다. 60년도 되기 전에 몽고인은 남부 중국에서 모두 물러나고 남경(南京)에서 중국인 황제가 즉위했다. 그로부터 12년이 채 못 되어 원 왕조는 멸망하고 몽고인은 만리장성 밖으로 쫓겨나고 말았다.

중국에 또 하나의 왕조, 즉 명(明) 왕조가 등장한 것이다. 300년 가까운 오랜 기간 이 왕조는 중국을 지배했다. 또한 이 시대는 선정과 번영과 문화의 시대로서 칭송되었으며, 외국의 정복이나 제국주의적인 모험은 그 자취를 감추었다.

중국에서의 몽고 제국의 붕괴는 중국과 유럽의 교류를 단절하는 결과가 되었다. 육로의 안전성은 사라졌고, 또한 해로는 아직 그리 개발되지 않은 상태였다.

70 *1932년 6월 28일*

로마 교회가 호전적이 되다

나는 쿠빌라이 칸이 로마 교황에게 학자 100명을 중국에 파견해 주도록 요청한 사실에 대해 이야기했다. 그러나 당시 교황은 형편이 여의치 않았던지 아무것도 해 주지 못했다. 너는 기억하고 있을는지 모르나 그것은 황제 프리드리히 2세가 죽은 뒤, 1250년부터 1273년까지의 황제 공석 시대에 해당한 시기였기 때문이다. 중부 유럽은 당시 가공할 상태에 처하게 되어 질서는 혼란해지고 강도 사건이 곳곳에서 발생해 모든 사람들을 불안에 떨게 했다. 1273년 합스부르크가의 루돌프가 황제가 되었으나 상황은 조금도 호전되지 않았다. 동로마 제국은 이탈리아를 상실했다.

정치적 혼란뿐만 아니라 로마 교회의 측면에서 보면 이른바 '종교적 혼란'이라고도 할 수 있는 경향이 대두되고 있었다. 사람들은 이미 교회의 명령을 그대로 이행하려고 하지 않았다. 그들은 의구심을 품기 시작했는데 종교에서 의구심은 금물인 것이다. 우리들은 이미 황제 프리드리히 2세가 교황을 무시하며 그로부터 파문을 당하고도 별로 죄스러워하지 않았음을 보았다. 뿐만 아니라 서면으로 교황에게 논쟁을 걸어서 교황이 제대로 받아넘기지 못한 적도 있었다. 게다가 교회나 교황의 주장을 의심하거나 비난하는 것은 아니지만 교회 성직자들의 타락과 사치에 화를 내는 경향도 많았다.

십자군 전쟁은 점점 쇠퇴해 가고 있었다. 그들은 처음에는 희망과 정열에 불타서 출발했으나 결국은 아무것도 이루어 놓을 수 없었으며, 또 이런 경우 반작용은 더욱 쉽게 생기는 것이다. 현실의 교회에 만족할 수 없게 되어 막연하게 그리고 희미하게나마 사람들은 다른 장소에서 빛을 찾기 시작했다. 교회는 폭력을 써서 사람들의 정신을 계속 지배하려 했으나 이것은 폭력과 같은 방법이 결국 아무 힘도 없는 무기에 불과하다는 것을 잊고 있었던 소치였다. 그리하여 그들은 개인이나 집단의 양심적 각성을 마구 억압하고 종교적 회의에 대해서도 논증과 설득이 아닌 몽둥이와 화형으로 대처해 나갔다.

1155년에 이미 교회는 이탈리아에서 신망이 높던 전도사인 브레시아(Bresia)의 아놀드(Arnold)에게 분노의 화살을 쏘았다. 아놀드는 성직자의 타락과 사치에 대해 말하다가 바로 체포되어 교수형에 처해졌고, 시체는 누구의 손에도 인도되지 않도록 불태워 재로 만들어 티베르 강에 뿌려졌다. 그는 최후까지도 평상시의 침착성을 잃지 않고 늠름하게 죽음을 맞이했다.

교황은 조급해져서 신앙에 대해 조금이라도 이론(異論)이 있거나 너무 지나치게 성직자를 비판하는 종파에 대해서는 모조리 이단이라는 낙인을 찍어 버렸다. 이런 사람들에게 정규 십자군이 선전 포고를 하여 온갖 잔학과 공포가 그들에게 가해졌다. 그 때문에 남프랑스 툴루즈(Toulouse)의 알비주아파(Albigeosis)[102]나 왈도(Waldo)라는 사람을 교주로 하는 왈도파(Waldenses)[103]는 희생을 당하고 말았다.

이보다 조금 앞서 기독교 전체를 통해 가장 매력적인 인물 가운데 하나가 이탈리아에 살고 있었다. 바로 아시시(Assisi)의 프란체스코(Francesco)였다. 그는 유복한 환경에서 자란 사람이었으나 청빈한 생활을 결심해 재산을 몽땅 내던지고 병자와 가난한 자에게 도움을 주기 위해 길거리로 나섰다. 나병을 앓는 사람들은 가장 불행하고 버림받은 사

---

102) 프랑스 알비(Albi)시에서 비롯된 이 이단 운동은 예수의 수난과 부활을 부정하는 한편 물질을 경시하는 교리를 신봉하고, 이 시대 프랑스의 개인주의 사상 및 자유로운 정신과 결부되어 교회의 세속화를 공격했다. 1209년 교황 인노켄티우스 3세의 제의를 통해 조직된 십자군이 토벌에 나서 10만여 명의 알비주아파를 살해, 진압했다.
103) 1170년쯤 리용의 부상(富商) 피터 왈도(Peter Waldo)가 시작한 것으로, 초기 교회의 단순한 복음 전도에 힘을 기울이면서 성직자의 부와 세속화를 격렬하게 비난했다.

람들이었기 때문에 그는 특히 그들을 위해 헌신했다. 그는 성 프란체스코 교단(St. Francescan Order)이라는, 예컨대 불타의 상가(Sangha)와 같은 수도 단체를 만들었다. 그는 전도와 인민의 복지를 위해 마을에서 마을로 걸어다니며 그리스도와 같은 생을 살아가려 했다. 수많은 대중이 그의 곁으로 모여들어 제자가 된 사람이 무척 많았다. 그는 십자군 전쟁이 계속되고 있는 동안 이집트나 팔레스타인에까지도 발을 뻗쳤다. 그는 본래 기독교도였는데 이슬람 교도들까지도 그의 인품과 숭고함에 감동해 그를 공경하고 결코 그를 방해하지 않았다. 그는 1181년부터 1226년까지 살았는데, 그가 죽은 뒤 그의 교단은 교회의 고위 성직자들과 충돌했다. 아마도 교회는 이 청빈 사상을 좋아하지 않았던가 보다. 그들은 이미 오래 전에 이런 종류의 원시 기독교 교의를 내동댕이쳐 버렸던 것이다. 이리하여 1318년 네 사람의 프란체스코파 수도사들이 마르세유에서 이단자라는 죄명으로 산 채로 화형을 당했다.

몇 년 전 아시시의 시골 거리에서 성 프란체스코를 기념하는 대 축제가 있었다. 나는 그것이 어떠한 축제였는지 기억은 나지 않지만 아마도 그의 사후 700주기였던 것으로 생각된다.

한편 프란체스코 교단과 비슷하면서도 그 정신은 크게 다른 또 하나의 수도단이 교회의 내부에 창설되었다. 이것은 성 도미니크(St. Dominic)가 세웠기 때문에 도미니크 교단(Dominican Order)이라고 일컬어진다. 이것은 투쟁적이고 또 정통파에 속하는 것이다. 그들의 말을 빌리면 인간의 일체는 신앙을 옹호하는 위대한 임무에 종속되어야 하는 것이었다. 그것이 설득을 통해 이루어지지 않는다면 완력조차도 불사해야 한다는 것이다.

교회는 1233년에 종교 재판을 개시함으로써 더욱 대규모로 종교에서의 폭력 지배를 강화하고 나섰다. 이것은 사람늘의 신앙의 징통성 어부를 심문하는 일종의 법정으로서, 만일 그들이 책정한 기준에 맞지 않을 때는 화형에 처해지는 것이 보통이었다. 그들은 쉴 새 없이 '이단자 사냥'을 해서는 몇백 명이나 되는 사람을 형틀에 매달아 태워 죽였다.

이보다 더 심했던 것은 전향을 강요하기 위해 그들에게 가해진 고문이었다. 불쌍하고 불행한 수많은 여인들이 마녀로 고발되어 화형식을 당하기도 했다. 그러나 이것은 때로, 특히 영국이나 스코틀랜드에서는 종교 재판정의 명령이 아니라 폭도들이 행한 적도 있었다.

더욱이 교황은 아무나 밀고자가 될 것을 권장하는 '신앙의 칙령(Edict of Faith)'을 발표했다. 그는 화학(chemistry)을 단죄해 이것을 악마의 술수라고 했다. 뿐만 아니라 이들 모든 폭력과 테러 행위가 정당한 일이라는 인상을 강하게 만들어 놓았다. 그들은 인간을 형틀에 걸어 놓고 불태워 죽임으로써 그의 영혼 또는 타인의 영혼을 구제한다고 생각하고 있었다. 종교가는 가끔 강제로 타인을 억누르고 자신의 의견에 억지로 타인이 따를 것을 강요하면 그들이 공익을 위해 공헌하고 있다고 자족하는 수가 있다. 신의 이름을 빌려 그들은 살생을 하고 살인을 자행했다. 그들은 '불멸의 영혼'을 구제한다고 말하며 화형시키는 사실에 대해 부끄러워하지 않았다. 종교가 거쳐 온 길은 대단히 부정적인 것이었다. 그러나 그 모든 것 가운데서도 나는 그 냉혈 무도한 잔혹함이라는 면에서 종교 재판에 대응할 만한 것이 있었으리라고는 추호도 생각할 수 없다. 하여튼 거기에 대해 책임을 져야 할 많은 사람들이 개인적인 목적을 위한 것이 아닌, 올바른 일을 하고 있는 것이라고 굳게 믿으며 행동했다는 것은 놀랄 만한 일이다.

교황들이 이 공포 정치를 유럽에 마구 뿌리고 있는 동안에 그들은 종래 차지해 온 제왕들에 대한 주군으로서의 지배적 지위를 상실해 가고 있었다. 황제를 파문해서 굴종을 강요하던 시대는 이미 지나갔다. 신성 로마 제국은 쇠퇴하고 황제가 재위하지 않거나 또는 로마로부터 상당히 떨어진 곳에 살고 있거나 할 때 프랑스 왕이 교황에게 간섭하기 시작했다. 1303년에 교황이 행한 일 가운데 프랑스 왕의 뜻에 맞지 않는 일이 하나 있었다. 그래서 그는 장군 한 사람을 교황에게 보냈는데, 이 사나이는 교황의 궁전에서 그의 침실로 찾아 들어가 직접 면회해 감히 그를 모독했다. 이러한 모욕 행위가 다른 어느 나라에서도 별로 비난받는 일이 없이 지나쳤다. 이것은 카노사에서 눈 가운데 맨발로 섰던 황제와 비교하면 그야말로 세상이 거꾸로 뒤바뀐 듯한 일이었다.

몇 년 뒤인 1309년 프랑스인이 새로운 교황(클레멘트 5세)으로 즉위하고 궁전을 프랑스의 아비뇽(Avignon)에 정했다. 그 뒤 1377년까지 대대로 교황은 여기에 살면서 적지 않게 프랑스의 간섭을 받았다. 그 이듬해인 1378년에 보통 대분열(Great Schism)이라고 일컬어지는 추기경단의 분열이 있었다. 양파의 추기경단이 각기 교황을 선거해 두 사람의 교황이 출현했다. 한쪽 교황은 로마에 거주하기도 했는데 황제를 비롯해 북부 유럽의 대다수 나라들이 이를 승인했다. 또 한 사람의 교황은 반교황(anti-Pope)이라고 일컬어졌으며 아비뇽에 거주했는데, 이를 프랑스 국왕 및 그 동맹 제국이 지지했다. 40년 동안 이러한 상태가 계속되어 교황과 반교황은 서로 반목하고 서로 파문했다. 1417년에 화해가 성립되어 새 교황이 양파에서 선출되어 로마에 거주하게 되었다. 그러나 이 두 교황의 싸움은 유럽 사람들의 신앙에 커다란 영향을 주었다. 지상에 있는 신의 대리자라고 스스로 칭하는 자가 이런 싸움을 일삼는다면 그 신성과 선의가 의심받는 것은 당연한 일이다. 그래서 이 싸움은 교황의 종교적 권위에 대한 사람들의 맹목적인 복종을 흔들리게 하는 데 크게 작용했다. 그러나 아직도 그들은 더 많은 동요가 필요했다.

교회의 비판을 상당히 자유로이 시작한 사람 중의 하나가 영국인 존 위클리프(John Wycliffe)[104]였다. 그는 성직자로 있으면서 옥스퍼드 대학의 교수를 겸했다. 그는 『성서』를 처음으로 영어로 번역한 사람으로 알려져 있다. 그는, 살아 있는 동안은 간신히 로마의 노여움을 면할 수 있었으나 죽은 지 31년째인 1415년에 교회 공의회(Church Council)는 그의 뼈를 파내 화형에 처하도록 명령했으며 그 명령은 그대로 시행되었다.

---

104) 영국의 선구적 종교 개혁자, 옥스퍼드 대학 신학 교수. 에드워드 3세로부터 궁정 사제로 임명되자 교황권으로부터 영국의 정치·종교적 독립을 내세우고, 신앙과 구원에 관한 최고의 권위는 성서에 있다고 확신해 종교 개혁에 힘썼다. 성서의 영어 번역에 착수하고 교황의 조세에 반대, 특히 교회 재산에 공격을 가했다.

로마 교회가 호전적이 되다

위클리프의 뼈는 모독당하고 불태워졌으나 그의 학설은 걷잡을 수 없이 퍼져 나갔다. 그 영향은 지금의 체코슬로바키아인 보헤미아에까지 미치고 프라하 대학의 총장이 된 요하네스 후스(Johannes Huss)에게 전달되었다. 그는 자신의 견해 때문에 교황에게 파문당했으나 그의 고향 거리에서는 그의 인기가 대단했으므로 어떻게 더 이상 손을 댈 수가 없었다. 그래서 그들은 함정을 만들어 놓고 그에게 황제의 보증서를 주어 마침 교회 공의회가 개최되고 있던 스위스의 콘스탄스(Constance)로 초대했다. 그가 출두하자 그 자리에서 자신의 잘못을 고백하라고 강요했다. 그는 마음에도 없는 일을 고백할 수는 없다고 거부했다. 그러자 그들은 약속을 위반하고 황제의 보증서에도 불구하고 그를 산 채로 화형시켰다. 이것은 1415년의 일이었다. 후스는 진실로 강직하고 굳센 사람이었다. 그는 자신이 사악한 것이라고 생각하는 바를 말하기보다는 스스로 죽음을 택했다. 그는 양심의 자유와 언론의 자유를 위해 죽었다. 그는 체코인들 사이에서 영웅이 되어 그에 관한 이야기는 오늘날까지 체코슬로바키아에서 칭송받고 있다.

요하네스 후스의 죽음은 허무하게 끝나지는 않았다. 그의 죽음은 보헤미아의 추종자들 사이에 반란의 불을 당기게 했다. 교황은 그들을 진압하기 위해 십자군을 투입시켰다. 십자군은 비용이 들지 않는데다가 거기에 기생하는 무뢰 방탕한 도배가 많았다. 이들 십자군 병사들은 (H.G. 웰즈가 말했듯이) 무고한 백성에게 '눈 뜨고는 차마 볼 수 없는 횡포'를 자행했다. 그러나 일단 후스파(Hussites) 군대가 기세 있게 나타나면 그들은 순식간에 자취를 감추어 버렸다. 죄 없는 촌민들에게는 악랄한 횡포를 자행하다가도 정연한 군대가 가까이 가면 그들은 모두 도망쳤다.

이리하여 압제·독선의 종교에 대한 반란과 봉기가 꼬리를 물고 일어나 드디어는 전 유럽에 퍼져 서로 대립하는 두 개의 진영으로 갈라져서, 얼마 뒤에는 결국 기독교를 가톨릭교(구교)와 프로테스탄트교(신교)로 분리시키는 원인이 되었다.

71

1932년 6월 30일

권위주의에 대항한 투쟁

　어쩌면 너는 유럽의 종교 분쟁에 대한 나의 설명에 따분함을 느낄지도 모르겠다. 그러나 이것은 중요한 것이다. 그것을 통해 근대 유럽의 발달 배경을 이해할 수 있고 나아가서는 유럽 전체를 이해할 수 있기 때문이다. 14세기부터 그 뒤에 걸쳐서 전개되는 종교의 자유를 위한 투쟁과 이어서 일어나는 정치적 자유를 위한 투쟁은 실로 동전의 양면과 같은 것이다. 다시 말하면 그것은 권위와 권위주의에 대한 투쟁인 것이다. 신성 로마 제국과 교황의 통치는 양쪽이 모두 절대 권위를 대표하는 것으로서 그것들은 인간의 정신을 질식시키려고 해 온 것이다. 황제는 '신권'에 의해 옹립되고 교황은 한층 더 그러했다. 그 누구도 이것을 의심하고 명령에 반항할 권리는 없었다. 복종이야말로 미덕이었고 개인적인 판단을 실천으로 옮기는 것조차 큰 죄를 짓는 것으로 간주되었다. 따라서 맹목적인 복종과 자유 사이의 논점은 극히 명백했다. 몇 세기가 지나는 동안 유럽에서는 양심의 자유를 위한 투쟁이 계속되었다. 우여곡절이 많았고 커다란 고통이 따랐으나 어느 정도까지 성공을 거둘 수 있었다. 그런데 사람들의 목표가 달성된 것을 축하한 바로 그 때 그들은 새로운 모순을 발견했다. 즉 경제적 자유가 없고 빈곤이 존속하는 한 참다운 자유는 없다는 점이다. 배고픈 사람에게 자유의 쟁취를 촉구하는 것은 그를 조롱하는 데 불과했다. 그래서 다음 단계는 경제적 자유를 위한 투쟁이고 이 싸움은 오늘날 전세계에서 전개되고 있다. 경제적 자유가 일반 국민에게 쟁취되었다고 말할 수 있는 오직 하나의 나라는 소련이다.

　인도에서는 옛날부터 양심의 권리가 부정된 적이 없다고 생각되어 왔기 때문에 이런 종류의 자유를 위한 투쟁은 없었다. 민심을 인도하는 방법은 논증과 토론이지, 막대기나 몽둥이는 아니었다. 물론 때로 강제나 폭력이 사용되지 않은 것은 아니다. 옛날 아리아인의 이론에 따르면 양심의 자유에 대한 권리가 인정되고 있었다. 그러나 그 결과는 반드시 좋은 것만은 아니었다. 이론상의 자유가 보장되어 있었기 때문에 사람들은 오히려 경계심을 게을리하고 점차 타락한 종교의 의식이나 형식에 이중 삼중으로 얽매어 버렸다. 그들은 스스로 그들을 퇴보시켜서 종교적 권위의 노예로 만들어 버리는 종교 이데올로기를 전개해 나갔다. 이 권위는 교황의 권위도 또한 개인의 권위도 아니었다. 그것은 '성전(sacred books)'과 습관과 인습의 권위였다.

그러므로 우리들이 양심의 자유를 말하고 그것을 소유하고 있는 사실에 교만해지고 있는 동안 옛 문서나 우리들의 습관에 따라 강요된 관념의 포로가 되어 버리는 것이다. 권위와 권위주의는 우리들을 지배하고 우리들의 정신을 좌우하고 있다. 한때 우리들의 육체를 결박하는 사슬은 별것이 아니나 우리들의 정신을 결박하는, 눈에 보이지 않는 관념과 편견의 사슬은 훨씬 무거운 것이다. 왜냐하면 그것들은 우리 자신으로부터 생겨난 나쁜 요인으로서 무의식중에 무서운 힘으로 우리들을 사로잡기 때문이다.

이슬람 교도들이 인도에 침략해 들어왔을 때에 상충하는 종교적 요소도 따라 들어왔다. 투쟁은 실제로 정복자와 피정복자 사이의 정치 투쟁이었다. 그러나 그것은 종교적 요소로 채색되어 때로는 종교적 박해를 가해 오기도 했다. 그러나 이슬람교가 이와 같은 박해를 시인한 것은 아니다. 1610년에 잔존하는 아랍인과 함께 스페인에서 쫓겨난 한 스페인계 이슬람 교도가 행한 흥미 있는 연설이 남아 있다. 그는 종교 재판에 항의해 다음과 같이 말했다. "승리의 영광에 충만한 우리들의 선조들이 권력을 쥐었을 때 언제 기독교를 스페인에서 쫓아 내려고 기도한 적이 있었던가? 그리고 또한 그들은 여러분의 선조가 수난을 이겨 내며 살고 있던 시대에조차도 자유로이 의식을 행하는 것을 묵인하지 않았던가? …… 설사 개종을 강요한 사실이 있었다 하더라도 그것은 극히 드문 사례에 속하는 것으로 거의 말할 가치조차 없는 것이다. 더구나 이와 같은 처사는 신과 예언자를 두려워할 줄 모르고 이슬람교의 신성한 교리·교조를 전면적으로 위배한 사람들이 저지른 일이다. 왜냐하면 무살만(Musalman : 이슬람 교도)이라는 영광스러운 이름으로 일컬어지는 자는, 다른 누구라 하더라도 신을 모독하지 않은 이상 그에게 이슬람교를 강요할 수 없기 때문이다. 신앙의 어떤 측면에서 다른 신념을 가졌다는 이유만으로 여러분의 가공할 종교 재판에 버금가는 피에 굶주린 공식적인 재판을 우리들은 결코 창안해 내지 않을 것입니다. 우리는 우리의 종교에 자진해 귀의하려고 하는 사람에 대해서는 두 손을 열고 포옹합니다. 그러나 양심에 대한 폭압은 우리의 신성한 『코란(Koran)』[105]이 결코 허용하지 않습니다."

그런데 고대 인도의 생활을 특징지어 온 종교적 관용과 양심의 자유가 어느 정도 우리의 무관심으로 인해 훼손된 반면, 유럽은 많은 투쟁을 거친 뒤 이와 동일한 원칙을 확립해 이제 이 측면에서 우리를 앞서 버렸다. 오늘날 인도에서는 종교적 대립이 존재해 힌두교도와 이슬람 교도들은 서로 싸우고 죽이고 있다. 물론 이러한 일은 극히 드물게 일어나는 것에 불과하며 대체로 우리는 평온하게 살고 있다. 우리들의 참다운 목적은 같은 것이기 때문에 힌두 교도든 이슬람 교도든 종교로 인해 동포와 싸우는 따위의 일은 참으로 부끄러운 일이다. 우리는 이런 상황을 종식시켜야만 할 것이며 물론 우리는 그것을 해낼 것이다. 그러나 중요한 것은 우선 종교의 이름으로 우리를 쇠사슬로 결박하고 있는 듯한 저 인습과 미신으로 복합된 이데올로기에서 탈피하는 일이다.

---

105) 이슬람교의 성전. 내용은 유일신 알라로부터 마호메트가 받은 천계(天啓)의 기록이며, 스스로 이슬람교의 교리와 역사를 기술하고 있다. '천계'를 접수한 시기와 장소는 각기 다르며, 그 장구(章句)도 장단(長短)이 일정하지 않다. 현존하는 형태의 코란은 마호메트의 말을 신자들이 기록했거나 또는 기억한 것을 수집해서 두 번에 걸쳐 정리한 결과 성립된 것이지만, 그 배열에 일정한 기준과 전후의 맥락은 없다. 『코란』(읽어야 할 것, 읽혀야 할 것이라는 뜻)은 이슬람교의 유일 무이한 성전으로서, 모든 면에 걸쳐 교도의 신앙 및 일상 생활의 최고 규범이 되어 있다.

종교적 관용의 경우와 마찬가지로 정치적 자유에서도 인도의 출발점은 상당히 좋은 것이었다. 너는 우리의 촌락 공화국에 관한 것과 원래 국왕의 권력이 제한되어야 한다는 나의 주장을 기억할 것이다. 인도에서는 유럽의 신권에 비교할 만한 국왕의 권력이란 존재하지 않았다. 우리의 정치 조직은 모두가 촌락의 자유에 그 기초를 두는 것이었으므로 인민은 누가 국왕이건 관심을 두지 않았다. 그들의 지방 자치가 유지되고 있는 한 그들 위에 누가 군림하는가 하는 따위는 아무래도 좋은 것이다. 그러나 이것은 위험하고 어리석은 생각이었다. 그리하여 절대 군주 제도가 출현해서 촌락의 자유를 빼앗고, 하나에서 열까지 자유의 그림자는 전혀 찾아볼 수 없는 사태에까지 이르렀다.

72 1932년 7월 1일

중세의 몰락

13세기에서 14세기까지의 유럽으로 다시 한 번 눈을 돌려 보자. 거기에는 수많은 혼란과 폭력과 분규가 있었던 것을 알 수 있다. 인도도 상당히 혼란한 상태에 있었으나 유럽에 비하면 그래도 오히려 평온하다고 생각되었을 정도다.

몽고인들이 유럽에 화약을 전해 주었고 이제 화포가 전쟁에 사용되고 있었다. 국왕들은 이것을 봉건 영주의 반란을 진압하는 데 이용했다. 이 작업을 위해 그들은 신흥 상인 계급으로 하여금 한 몫을 담당하도록 했다. 귀족들은 서로서로가 그들간의 사사로운 소규모 전쟁에 골몰하고 있었다. 이로 인해 그들의 힘은 자연히 약화되었다. 국왕이 세력을 회복하자 그는 이러한 사적인 전쟁을 억압했다. 곳에 따라서는 두 개의 파벌이 대립해 왕위를 둘러싸고 내전을 일으킨 적도 있었다. 영국에서는 그 때문에 두 가문, 즉 요크가(the House of York)와 랭커스터가(the House of Lancaster)가 상쟁을 벌였다. 랭커스터가는 붉은 장미, 요크가는 흰 장미를 문장(紋章)으로 사용했기 때문에 이 내전을 장미 전쟁이라고 일컫는다. 수많은 봉건 귀족이 이 내란중에 살해당했다. 십자군 전쟁으로 죽은 자들도 많았다. 이리하여 봉건 영주는 점차 국왕의 통제하에 들어갔다. 그렇다고 해서 권력이 귀족의 손에서 인민의 손으로 옮겨갔다는 것은 아니다. 세력을 확장한 것은 국왕이었다. 인민은 사사로운 전쟁이 줄었기 때문에 얼마간 부담은 가벼워졌으나 다른 점에서는 원래 그대로였다. 그런데 국왕 쪽은 점점 위세를 떨치기 시작하더니 마침내는 전지전능한 전제 군주가 되어 버렸다. 국왕과 신흥 상인 계급의 충돌은 이보다 뒷날의 이야기다.

전쟁이나 살육과는 비교도 안 되는 가공스러운 대역병이 1348년 유럽을 엄습했다. 이것은 러시아와 소아시아에서 영국까지 유럽 전체를 휩쓸었고 이집트, 북아프리카, 중앙 아시아까지 덮쳤으며 그 세력은 다시 계속해서 동쪽으로 향했다. 그것은 한 번에 몇백만이라는 사람을 죽음으로 몰고 가는 '흑사병(黑死病)'이라는 무서운 전염병이었다. 영국에서는 인구의 3분의 1이 죽었고, 중국이나 기타 나라에서도 사망자는 엄청난 숫자에 이르렀다. 그런데 인도에서는 이 병이 유행하지 않았던 것이 매우 이상하다.

이 무서운 병은 놀랄 만큼 급격히 인구를 감소시켰고 어떤 곳에서는 토지의 경작이 불가능할 만큼 사람이 부족하게 되었다. 이렇듯 사람의 일손이 부족한 탓에 노동자의 임금은 종래의 비참한 수준에서 상승하는 경향을 나타내고 있었다. 그러나 지주나 유산 계급이 의회에 압력을 가해 노동자들이 옛날과 다름없는 비참한 임금으로 일할 것을 요구하고, 임금 인상을 요구하지 못하게 하는 법률을 통과시켜 버렸다. 도저히 참을 수 없는 정도의 압박과 착취에 더 이상 견딜 수 없었던 농민과 빈민들은 반란을 일으켰다. 서유럽 전체에서 이와 비슷한 농민 반란이 꼬리를 물고 일어났다. 1358년에는 프랑스에서 자크리(Jacqurie : 농민 반란)라고 하는 것이 일어났고, 영국에서는 와트 타일러(Wat Tyler)의 반란이 일어났다. 이 반란으로 타일러는 1381년, 국왕이 보는 앞에서 사형을 당했다. 이러한 반란 행위는 상상도 할 수 없는 끔찍하고도 잔학한 방법으로 진압되었다. 잔학한 행위가 거듭될수록 평등이라는 새로운 관념이 서서히 싹트기 시작했다. 무엇 때문에 인간은 어떤 무리들은 풍족하게 살고 무엇이든 마음대로 가질 수 있는 데 반해, 또 어떤 무리들은 가난하고 굶주려야만 하는가 하는 의문이 마음 속에서 일어났던 것이다. 도대체 어찌하여 어떤 자는 영주이고 어떤 자는 농노인가? 어떤 자는 호화 찬란한 옷을 입고 있는데, 또 어떤 자는 몸을 가릴 넝마조차도 갖지 못하는가? 봉건 체제의 기초를 이루고 있던 권위에 대한 무조건적 복종의 오랜 관념은 허물어져 가고 있었다. 날이 갈수록 농민들의 봉기는 치열해져 갔다. 그러나 그들은 너무나 약세였고 조직이 없었기 때문에 궐기했다가는 이내 진압되는 과정을 되풀이하곤 했다.

　　영국과 프랑스는 거의 쉴 새 없이 전쟁을 하고 있었다. 14세기의 초반부터 15세기의 중반에 이르기까지 이른바 백년 전쟁이 계속되었다. 프랑스의 동쪽에 해당하는 곳에 부르고뉴라는 강국이 있었는데 명목상으로는 프랑스의 가신국이었다. 부르고뉴는 프랑스로 보아서는 어찌할 수 없는 귀찮은 가신이었으며, 영국은 부르고뉴나 기타 여러 나라들과 공모해서 프랑스에 대항했다. 프랑스는 사면 팔방이 꽉 막힌 상태가 되었다. 서부 프랑스의 대부분은 오랫동안 영국의 수중에 떨어져 영국 국왕은 스스로를 또한 프랑스 국왕이라고 부르기 시작했다. 프랑스가 이렇듯 비참한 수렁에서 헤매며 이제는 희망이라곤 조금도 없어 보였을 때 희망이 한 농민의 딸의 모습을 하고 찾아왔다. 오를레앙의 처녀(the Maid of Orleans), 잔 다르크가 출현한 것이다. 너도 그 이야기는 잘 알고 있겠지. 그녀는 네가 가장 좋아하는 영웅이니까. 그녀는 사기가 땅에 떨어진 프랑스 국민들에게 전의를 북돋아 주었고 그들을 격려해 활기를 되찾게 했으며, 그녀의 지휘하에 영국인을 프랑스에서 내쫓아 버렸다. 이러한 공로를 세웠는데도 그녀에 대한 보답은 종교 재판이었다. 부르고뉴군이 그녀를 사로잡아 영국군에 인도하고, 영국인은 1431년 루앙(Rouen)의 광장에서 그녀를 마녀로 규정해 화형시켰던 것이다. 그로부터 훨씬 뒤에 로마 교회는 그녀를 단죄한 판결을 철회하고 이미 저질러진 잘못을 속죄하려고 했다. 그리고 그 뒤 오랜 세월이 지난 뒤 그녀는 성녀로 추앙받았다.

잔 다르크는 프랑스의 현실을 직시하고 자신들의 향토를 침략자로부터 수호하자고 호소했다. 이것은 그 때까지는 없었던 외침이었다. 왜냐하면 당시 사람들은 봉건적 관념에 사로잡혀서 민족주의에까지 생각이 미치지 못했기 때문이다. 그래서 잔 다르크의 외침은 그들을 어리둥절하게 만들었으며 처음에는 거의 이해될 수도 없었다. 여하튼 잔 다르크 시대에 프랑스에서 민족주의의 가냘픈 조짐이 나타났다고 할 수 있겠다.

영국인을 프랑스에서 축출해 버리자 프랑스 왕(샤를 7세, 재위 1422～61년)은 골칫덩어리였던 부르고뉴로 칼끝을 돌렸다. 이 강대한 가신국은 마침내 굴복해 1483년쯤 프랑스의 일부로 편입되었다. 이리하여 프랑스 왕은 강력한 대군주로 군림하게 되었다. 그는 이전의 봉건 군주들을 완전히 소탕해 버리거나 아니면 자신의 지배하에 두었다. 부르고뉴의 병합으로 프랑스와 독일은 직접 국경을 접해 서로 대립하게 되었다. 그러나 프랑스는 강대한 중앙 집권 군주국이었음에 비해 독일은 여러 개의 군소 국가로 분열되어 있었다.

영국은 그 당시 스코틀랜드 정복을 꾀하고 있었다. 이 전쟁 또한 장기전으로 들어갔으며 스코틀랜드는 때때로 영국과 프랑스의 싸움에서 프랑스 편을 들었다. 1314년 로버트 브루스(Robert Bruce)가 인솔하는 스코틀랜드군은 반노크번(Bannockburn)에서 영국군을 격파했다.

이보다 앞서 12세기쯤 영국은 아일랜드 정복을 시도하기 시작했다. 지금부터 700년 전에 시작된 이 분쟁은 아일랜드 영토 내에 전쟁과 반란과 공포를 자주 가져왔다. 이 소국은 외국의 지배에 예속되기를 거부하고 끈질긴 투쟁을 전개하면서 굴복할 뜻이 없음을 명백히 했다.

13세기에는 또 다른 소국이 독립을 위한 자신의 권리를 주장했다. 이 나라는 스위스로서 신성 로마 제국에 속해 있었으며, 오스트리아가 통치하고 있었다. 너는 빌헬름 텔(Willhelm Tell)과 그 아들의 이야기[106]을 읽은 적이 있으리라 생각된다. 그러나 그것은 실제로 있었던 일은 아니다. 그러나 스위스 농민이 대제국에 반기를 들고 예속을 완강히 거부한 것은 그 이야기 이상으로 놀라운 일이다. 우선 3개의 주가 일어나 1291년 영구 동맹(Everlasting League)이라고 칭하는 것을 만들었다. 다른 여러 주도 이에 참가해 1499년 스위스는 드디어 독립 공화국이 되었다. 이것은 많은 주의 연합체로서 스위스 연방이라고 일컬어졌다. 너는 우리들이 어느 해 8월 1일에 스위스 여러 산봉우리에서 타오르고 있는 큰 모닥불을 보았던 것을 기억하고 있니? 그 날은 스위스의 국경일로 그들이 혁명 투쟁을 시작한 것을 기념하는 날이다. 바로 이 날 오스트리아 군주에 대한 봉기의 신호로써 이 큰 모닥불을 지폈던 것이다.

유럽 동쪽의 콘스탄티노플에서는 어떤 사건이 일어났던 것일까? 라틴 십자군이 1204년에 이 도시를 그리스인으로부터 탈취해 점령했다. 1261년에는 사정이 뒤바뀌어 이번에는 이들이 그리스인에게 쫓겨나서 다시 동로마 제국이 세워졌다. 그러나 또 다른, 좀더 커다란 위협이 다가오고 있었다.

몽고인이 아시아를 횡단해 진격해 오자 5만의 오스만 투르크인은 그들을 두려워한 나머지 도망쳐 버렸다. 이러한 행위는 셀주크 투르크

---

[106] 빌헬름 텔이 전세계의 자유를 애호하는 사람들로부터 오늘날처럼 사랑을 받게 된 것은, 실러(Schiller)가 쓴 같은 이름의 희곡 때문이다. 실러는 괴테의 시사(示唆)에 따라 이 국민적 영웅을 중심으로 하여 스위스 국민이 황제의 압정에 반항했던 역사적 사실을 각색해서 자유와 정의, 그리고 애국의 이념을 구상화했다. 그 중에서도 특히 황제의 관리인이 활의 명수인 텔로 하여금 사랑하는 아들의 머리 위에 사과를 얹어 놓고 활을 쏘아 맞추게 하는 장면은 매우 인상적이며 잘 알려져 있다. 실러는 극적인 필치로 민중들 속에 고양되는 자유에 대한 욕구의 박력을 묘사함으로써 이와 같이 다소 작위적인 구상을 극복하고 있다.

인의 경우와는 매우 다른 태도다. 그들은 오스만(Osman) 또는 오토만(Othoman)이라고 하는 왕조의 창립자를 조상으로 모시고 있었다. 그래서 그들은 오토만 또는 오스만 투르크인이라고 일컬어진다. 이들 오스만은 서아시아의 셀주크인들에게 의탁했다. 당시 셀주크인은 쇠퇴해 가고 있었기 때문에 상대적으로 오스만인의 세력이 확대된 모양이었다. 그들은 과거의 여러 민족과 마찬가지로 콘스탄티노플을 공격하지 않고 그 곳을 슬쩍 지나쳐서 1353년 유럽으로 건너갔다. 그들의 세력은 순식간에 퍼져 나가 불가리아와 세르비아를 점령하고 아드리아노플(Adrianople)을 수도로 삼았다. 이와 같이 오스만 제국은 콘스탄티노플을 사이에 두고 아시아와 유럽에 걸쳐 있었다. 그들은 콘스탄티노플을 둘러쌌으나 이 도시만은 어쩔 수 없었다. 그래서 1000년의 전통을 자랑하는 동로마 제국에는 이 도시만이 제국의 영토로 남겨졌을 뿐이었다. 투르크인은 즉시 제국을 삼켜 버릴 듯한 형세로 보였으나 술탄과 황제 사이에는 우호 관계가 유지되고 있었던 듯 서로 인척 관계를 맺었다. 결국 1453년에 콘스탄티노플은 투르크인의 수중에 떨어졌기 때문에 우리도 앞으로는 오스만 투르크에 대해서만 이야기를 진척시키면 되겠다. 셀주크인은 이미 역사의 무대에서 자취를 감추고 있었다.

    콘스탄티노플의 함락은 비록 오래 전부터 예견되고 있었던 일이라고는 하지만 유럽을 깜짝 놀라게 한 대사건이었다. 그것은 1000년에 걸친 그리스인의 동로마 제국의 종말인 것이며 이슬람 제국의 유럽 재침략을 의미하는 것이다. 투르크인은 더욱 확대를 계속해 거의 유럽 전역을 정복하는 듯이 보였으나 빈의 성문에서 저지당했다.

    투르크인들은 황제 유스티니아누스가 건립한 성 소피아 대성당을 모스크로 삼아 아야 수피야(Aya Sufiya)라는 이름으로 고쳤으며 재화와 보물의 약탈을 공공연히 자행했다. 유럽은 이에 격분해서 일어났으나 어찌할 수 없었다. 그러나 사실은 투르크인 술탄은 대대로 내려오면서 그리스 정교회에 대해서만은 몹시 관대해, 콘스탄티노플 점령 후, 술탄 마호메트 2세 같은 이는 스스로를 그리스 교회의 보호자라고 칭했을 정도였다. '빛나는 술레이만'이라는 이름이 붙었던 뒷날의 술탄은 스스로 동로마 제국 황제들의 대표자라 하여 카이저의 칭호를 썼다. 오랜 전통의 힘이란 이렇게 끈질긴 것이었다.

오스만 투르크인이 콘스탄티노플의 그리스인들에게 심한 배척을 받았다고 보이지는 않는다. 그들은 오랜 제국의 해체에 당면해 교황이나 서방의 기독교도보다는 투르크인들을 환영했다. 그들의 라틴 십자군에 대한 인상은 극히 나빴다. 1453년의 콘스탄티노플 제국 마지막 점령 기간 중에 어떤 비잔틴 귀족이 "예언자의 터번(이슬람 교도가 머리에 감는 천)이 교황의 삼중관(三重冠)보다는 훨씬 나았다"고 말한 이야기가 전해지고 있는 것을 보아도 알 수 있다.

투르크인은 자니사리(Janissaries)라는 이름의 특수 부대를 두었다. 그들은 일종의 공납 형식으로 기독교도의 아이를 뽑아다가 이들에게 특수 훈련을 시켰다. 나이도 들지 않은 소년을 부모의 품에서 빼앗아 가는 것은 물론 잔혹한 행위지만, 이 소년들에게는 얼마간의 특전도 주어졌다. 그들은 충분히 훈련된 다음 일종의 군인 귀족과 같은 대접을 받는 것이었다. 이 자니사리대(corps of Janissaries)는 오스만의 술탄을 지탱하는 기둥이 되었다. 자니사리라는 말은 장(Jan : 생명)과 니사르(nisar : 희생)에서 나온 말로, 생명을 바치는 사람이라는 뜻이다.

이와 마찬가지로 이집트에서는 자니사리에 해당하는 마멜루크 부대(corps of Mamelukes)[107]가 만들어졌다. 이것은 갖은 위세를 다 부리는 이집트의 술탄을 그들의 집단에서 배출할 정도로 당당한 것이었다. 오스만의 술탄들은 콘스탄티노플을 점령한 뒤에는 비잔틴 황제의 전철을 밟아 사치와 뇌물의 악습에 물든 것으로 보인다. 그들은 비잔틴의 타락한 제국 체제를 몽땅 그대로 답습, 점차 그 생명력을 소진해 갔다. 그러

---

107) 이집트의 자니사리 부대와 비슷한 백인 노예로 구성된 군대. 이 군대의 출신자가 세운 국가를 맘루크(Mamluks) 왕조(1250~1517년)라고 한다. 훌라구 칸이 지휘하던 몽고의 침략군을 격퇴한 것은 바로 이 왕조의 술탄인 바이바르(Baybar)였다.

나 여하튼 얼마 동안은 계속해 우세를 자랑하고 있었기 때문에 기독교 유럽은 그들을 두려워했다. 그들은 이집트를 정복하고 당시 이를 지배하고 있던 미약하고 무력한 아바스가의 대표자로부터 칼리프의 칭호를 빼앗았다. 그 때부터 계속해서 바로 몇 년 전 무스타파 케말 파샤가 술탄 제도와 칼리프 제도를 동시에 폐지해 버리기까지 이들은 칼리프로 칭해지고 있었다.

콘스탄티노플이 함락된 날은 역사상으로도 매우 중요한 날이다. 그것은 한 시대의 종막인 동시에 다음 시대의 개막을 알리는 것이다. 중세는 지나갔다. 암흑의 1000년은 지나가고 유럽에 새로운 생명과 에너지가 태동했다. 이것이 바로 르네상스(Renaissance), 즉 문예 부흥의 시초라고 일컬어지는 것이다. 사람들은 마치 오랜 잠에서 깨어난 듯이 눈을 뜨고 몇 세기를 뛰어넘어 고대 그리스의 영광의 날을 살펴봄으로써 그로부터 영감을 받아들이는 듯했다. 교회에 의해 창도된 어둡고 칙칙한 사고 방식, 오직 인간 정신을 억압해 오기만 한 쇠사슬에 대한 탐구심의 반역이라고도 할 수 있는 것이 생겨났다. 고대 그리스의 미에 대한 사랑이 재현되고 그리하여 유럽은 회화나 조각·건축 등의 아름다운 작품을 통해 일시에 꽃이 만발하듯 채색되었다.

물론 이러한 모든 현상이 콘스탄티노플 함락과 함께 갑자기 일어난 것은 아니다. 그렇게 생각한다면 어리석은 일이다. 투르크인의 콘스탄티노플 점령은 다만 어느 정도 변화의 속도를 촉진한 데 불과하다. 그리고 그것은 많은 학자와 지식인들이 그 곳을 떠나 서방으로 이동해 간 원인이 되었다. 그들은 때마침 유럽에 고대 그리스 문예를 존중하는 기운이 한창일 때에 그 재보를 이탈리아로 가져왔다. 이런 뜻에서 이 도시의 함락은 르네상스의 전개를 얼마간 도왔다고 할 수 있는 것이다.

그러나 이것은 대변화에 비하면 극히 조그마한 동기에 불과했다. 고대 그리스의 문학과 사상은 이탈리아나 그 밖의 중세 서유럽에서는 별로 새로운 것은 못 되었다. 대학에서도 아직 그것을 연구하고 있었고 학식이 있는 사람이면 이미 대개 알고 있었다. 다만 그것은 소수의 사람에게 국한된 것으로 당대의 주류를 이루는 인생관과 합치되지 않았기 때문에 광범하게 일반화되지는 않았다. 그리하여 서서히 사람들의 정신 속에 싹튼 회의를 통해 새로운 인생관의 소지가 마련되었다. 그들은 눈앞에 있는 것에 만족하지 않고 그들을 좀더 만족시켜 줄 만한 것을 구하기 시작했다. 그들이 회의와 기대가 혼합된 듯한 상태에 있을 때, 그들의 지식을 요구하는 정신은 그리스의 고대 다신교 신앙을 발견했고, 또한 그 문학을 가슴 속 깊이 받아들이게 했다. 이것은 바로 여태껏 그들이 찾고 있던 것인 듯 그들의 마음을 정열로 가득 채웠다.

르네상스는 처음 이탈리아에서 시작되었다. 그리고는 프랑스, 영국, 기타 여러 나라에서도 점차 꽃을 피워 갔다. 그것은 단순한 그리스의 사상·문학의 재발견만은 아니었다. 거기에는 좀더 중요한 그 무엇이 있었다. 그것은 오랫동안 유럽의 밑바탕에 면면히 흘러온 어떤 기운이 외부로 표출된 것이었다. 이 뭉게뭉게 일어나는 기운은 머지 않아 여러 가지 모양으로 쏟아져 나와야 할 것이었고 르네상스는 그것의 한 형태에 불과했다.

73 *1932년 7월 3일*

새 항로의 발견

우리는 이제 유럽에서 중세가 몰락하기 시작하고 새로운 질서가 대신 등장하는 국면에 접어들고 있다. 사람들은 언제나 기존 질서에 대한 불평, 불만을 갖게 마련이고 이 감정이 변화와 진보의 모체가 되는 것이다. 봉건 체제와 종교 제도 때문에 착취당하고 있던 계급들은 모두 불만을 품고 있었다. 프랑스에서도 자크리(어떤 농민의 이름인 Jacques에서 나온 말)라고 일컬어지는 농민 봉기가 꼬리를 물고 일어났다는 사실은 이미 우리가 보아 온 바다. 그러나 농민은 아직 많이 뒤떨어져 있었고 세력도 미약했기 때문에 반란을 일으켜도 얻는 것은 그다지 없었다. 그들의 시대는 아직도 멀었던 것이다. 현실적으로 마찰을 일으키고 있었던 것은 낡은 봉건 계급과 새로운 사실에 눈뜨고 바야흐로 세력을 키워 나가고 있던 신흥 중간 계급이었다. 봉건 제도란 부가 토지에 기초를 두었다기보다는 사실은 부가 토지 그 자체라는 것을 의미했다. 그런데 지금은 토지에서 나온 것이 아닌 새로운 종류의 부가 축적되고 있었다. 이것은 제조업이나 상업에서 오는 것으로 신흥 중간 계급, 즉 부르주아는 이를 통해 윤택해지고 이것으로 그들의 세력을 강화할 수 있었다. 봉건 귀족 계급과 부르주아의 이 싸움은 이미 옛날부터 있어 왔던 것이다. 우리가 지금 눈앞에 보는 것은 이 두 대립 세력의 상대적 지위의 변화인 것이다. 봉건 세력은 아직 존속하고 있었으나 이제는 몰리는 처지에 있었다. 부르주아는 젊음에 넘치는 힘을 확신하면서 공격적인 자세를 취했다. 양자의 투쟁은 몇백 년이나 계속되어 왔으나 시간이 흐를수록 부르주아에게 유리하게 전개되었다. 그러나 이것은 같은 유럽에서도 나라에 따라 그 사정이 달라서 동유럽에서는 거의 이러한 상쟁을 볼 수가 없었다. 부르주아가 제일 먼저 두각을 나타낸 곳은 서유럽이었다.

낡은 제방의 붕괴는 여러 가지 방면 — 과학 · 예술 · 문학 · 건축 그리고 새로운 발견에서의 진보를 의미했다. 인간 정신은 과거의 구속에서 벗어나게 될 때, 언제나 더욱 앙양되고 확대된다. 그러므로 우리 나라가 자유롭게 될 때 또한 우리 민족과 우리의 재능은 모든 방면에서 일시에 앙양되고 확대될 것이다.

교회의 지배력이 느슨해지고 점점 약해짐에 따라 대성당과 교회에 드는 비용은 더 적어지게 되었다. 멋진 건물들이 많은 곳에서 나타나지만 이것들은 공회당과 같은 공공 건물들이었다. 그리고 교회 건물의 경우도 고딕 양식이 새로운 양식에 자리를 내어 주게 되었다.

바로 이 때, 즉 유럽이 새로운 에너지로 충만되어 있을 때 동양으로부터 황금의 유혹이 닥쳐왔다. 인도와 중국에 갔던 마르코 폴로나 그 밖의 여행가들의 이야기는 유럽인들의 상상력을 자극해서 잘 알지도 못하는 동방의 부에 대한 유혹이 많은 사람들을 바다로 끌어 냈다. 바로 그 때 콘스탄티노플이 함락되었다. 당시 투르크인은 동방으로 가는 해로와 육로를 모두 지배하고 있었으면서도 그다지 무역을 장려하지는 않았다. 대상인이나 무역상들은 이에 화가 났고, 또 동방의 황금을 믿고 일확천금을 꿈꾸는 모험가들로 구성된 새로운 계급도 안절부절못했다. 그래서 그들은 황금의 동양에 이르는 새로운 길을 발견하려고 노력했다.

지구가 둥글고 태양의 주위를 돌고 있다는 것은 지금은 어느 누구도 다 알고 있는 사실이다. 그러나 옛날에는 그것은 그렇게 누구나 알고 있는 사실도 아니었을 뿐더러, 설사 알고 있다 하더라도 그것을 이야기하게 되면 교회와의 사이에 곤란한 문제가 일어난다. 그러나 교회를 아무리 두려워해도 지구가 둥글다고 생각하는 사람의 수는 늘어 가기만 했다. "지구가 둥근 것이라면 서쪽으로 길을 잡아도 중국이나 인도에 갈 수 있을 것이다"라고 생각했고, 또 다른 사람들은 아프리카를 우회해 인도에 도달하려고 생각했다. 그 때는 수에즈 운하 같은 것이 없었기 때문에 지중해에서 배를 타고 홍해로 나갈 수는 없었던 것이다. 화물의 경우 지중해와 홍해 사이는 아마도 낙타 등에 짐을 싣고 육로를 이용했으며 다시 저쪽 해안에서 다른 배를 이용해야만 했으리라. 어떤 시대에도 이것은 편리하다고 할 수는 없다. 이집트와 시리아가 투르크인의 세력하에 들어가자 그것이 더욱 어려워졌다.

그러나 인도의 재보가 가진 매력은 여전히 사람들을 흥분시키고 유혹했다. 스페인과 포르투갈이 탐험 항해의 선두에 나섰다. 스페인은 바로 이 시기에 그라나다로부터 최후의 무어인과 사라센인을 쫓아 버린 때였다. 아라곤의 페르디난트와 카스티야의 이사벨라 사이의 결혼은 기독교 국가인 스페인을 통일했고, 유럽의 반대쪽의 콘스탄티노플이 투르크인에게 점령되고 나서 거의 50년이 지난 1492년에 그라나다가 함락되었다. 스페인은 단번에 유럽의 기독교 국가들 사이에서 중요한 비중을 차지하게 되었다.

포르투갈인은 동쪽 항로로 나아가고 스페인인은 서쪽으로 향했다. 최초의 큰 성과는 1445년 포르투갈인의 베르데(Verde) 곶 발견이었다. 이 곶은 아프리카의 가장 서쪽 지점이다. 아프리카 지도를 보면 유럽에서 이 곳으로 내려오려다가 남서로 향해 항해해야만 한다는 것을 알게 될 것이다. 베르데 곶에서 그 모서리를 돌면 이번에는 키가 남동을 향한다. 이 곳의 발견은 가슴에 부푼 희망을 약속하는 징후였다. 사람들은 아프리카를 우회해 인도에 도착할 수 있으리라고 확신했기 때문이다.

그러나 아프리카를 돌아서 가는 항로를 발견하는 데에는 아직도 40년이 더 필요했다. 1486년에 또한 포르투갈인 바르톨로뮤 디아즈(Bartholomew Diaz)가 아프리카의 남단인 이른바 '희망봉(the Cape of Good Hope)'을 돌았다. 그로부터 몇 년 안 되어 또 한 사람의 포르투갈인 바스코 다 가마(Vasco da Gama)가 동포의 발견을 이용해 희망봉을 거쳐서 인도로 가는 데 성공했다. 그는 1498년 말라바르 해안의 캘리컷(Calicut)에 도착했다.

그래서 포르투갈인들은 인도에 도달하는 경주에서 승리했다. 그런데 그 사이에 지구의 반대쪽에서도 커다란 사건이 일어나고 있었다. 그리고 그쪽에서는 스페인이 이익을 취하게 되었다. 크리스토퍼 콜럼버스(Christopher Columbus)는 1492년 아메리카 대륙에 도착했다. 콜럼버스는 가난한 제노아 사람으로서, 지구가 둥글다고 믿고 서쪽을 향해 바다를 건너서 일본과 인도에 가려고 했다. 그는 그 여행이 그렇게 오래 걸리리라고 생각하지 않았다. 그는 누군가 왕들 중에서 자신의 탐험 여행을 도와 줄 사람을 찾기 위해 이 나라 저 나라의 궁정을 기웃거렸다. 결국 스페인의 페르디난트와 이사벨라가 동의했고, 콜럼버스는 3척의 작은 배로 88명의 대원을 이끌고 출발했다. 그것은 미지의 세계에 대한 용감하고도 모험적인 항해였다. 아무도 앞길에 무엇이 기다리고 있는지를 알지 못했다. 그러나 콜럼버스에게는 신념이 있었고, 그 신념이 옳았다는 것이 실증되었다. 69일 간의 항해를 계속한 끝에 그들은 육지에 닿았다. 콜럼버스는 그것이 인도라고 생각했다. 그러나 그것은 서인도 제도의 한 섬이었다. 콜럼버스는 아메리카 본토에 도착한 일은 없고, 또 죽을 때까지 자기가 아시아에 도착했다고 믿고 있었다. 이 콜럼버스의 우스운 착각이 오늘날까지 남아 있어서 아직까지도 이들 여러 섬을 서인도 제도라고 부르고, 또 미국의 원주민은 인도인(인디언) 또는 레드 인디언(Red Indian)이라고 일컬어지고 있다.

    콜럼버스는 일단 유럽으로 돌아왔다가 그 이듬해에 더욱 많은 배를 거느리고 다시 대서양을 건너갔다. 당시 생각으로 인도로 가는 새 항로의 발견은 유럽 전체에 비상한 관심을 불러일으켰다. 바스코 다 가마가 동쪽으로 그의 항로를 서둘러 캘리컷에 도착한 것은 바로 이 직후의 일이었다. 이 새 항로를 발견했다는 소식은 유럽 전역에 전파되어 유럽은 더욱 떠들썩해져 갔다. 이들 신천지의 지배를 놓고 서로 다툰 경쟁자는 포르투갈과 스페인이었다. 그리하여 교황이 나서서 스페인과 포르투갈의 대립을 막기 위해 다른 여러 민족은 관여치 못하게 하고, 이 두 나라에 유리한 판결을 내렸다. 1493년 교황은 '경계선 교서(the Bull of Demarcation)'라는 교서 — 교황의 발표 또는 포고를 교서(Bull)라고 한다 — 를 발표했다. 그는 아조레스(Azores) 제도에서 서방 100리그(league: 1리그는 4.8km)의 위치에 남북으로 가상의 선을 긋고 포르투갈은 이 선에서 동쪽의 비기독교도 지역의 전부를, 스페인은 그로부터 서쪽의 육지를 소유할 것을 선언했다. 이것은 대략 전세계에서 유럽을 빼고 난 그 나머지에 해당되는 엉터리없는 선물이었는데, 교황이 이것을 선물하는 데는 아무런 비용도 들지 않았다. 아조레스는 대서양 한가운데 있는 제도의 이름인데, 그로부터 서쪽으로 100리그 — 약 300마일 떨어진 곳에 그어진 선에서 서쪽이라면 북아메리카 전부와 남아메리카의 대부분을 포함하게 될 것이다. 그러므로 사실 교황은 스페인에게는 아메리카를 몽땅 선물하고 포르투갈에게는 인도·중국·일본, 기타 동방 여러 나라들과 그에 덧붙여서 아프리카까지도 증정한 셈

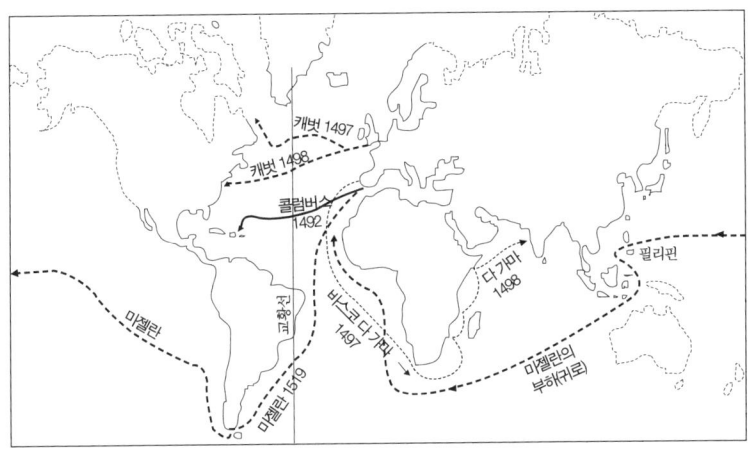

새 항로의 발견

이 된다!

　포르투갈인은 이 막대한 영토를 점령하는 일에 착수했다. 그것은 결코 손쉬운 작업이 아니었지만 그들은 얼마간 작업을 진척시켰으며, 더욱더 동쪽으로 나아가려고 했다. 그들은 1510년 고아에 도착했다. 말레이 반도에는 1511년에, 그리고 얼마 안 있어 자바에, 또 1576년에는 중국에 도착했다. 그러나 이것이 바로 그들이 이들 장소를 점령했다는 것을 뜻하지는 않는다. 그들은 몇 개의 장소에 근거지를 설치한 데 불과했을 뿐이다.

　동방에 거주하는 포르투갈인 가운데 페르디난트 마젤란(Ferdinand Magellan)이라는 사람이 있었다. 그는 포르투갈인 고용주와 마찰이 생기자 유럽으로 돌아와 스페인 국민이 되었다. 희망봉을 경유하는 동방 항로 인도 및 동방 제도에 건너간 경험이 있는 그는 이번에는 서쪽 항로로 미국을 경유해 그 곳으로 가려고 생각했다. 아마도 그는 콜럼비스가 발견한 육지는 전혀 아시아가 아니었음을 알고 있었는지 모른다. 사실 이미 1513년에 발보아(Balboa)라는 스페인인이 중앙 아메리카의 파나마에서 산들을 횡단해 태평양에 도달한 바 있다. 무슨 이유 때문인지 몰라도 그는 이 바다를 '남해(the South Sea)'라고 명명하고, 그 기슭에 서서 이 새로운 바다 및 이 바다 위에 나타나는 모든 육지가 그의 주군인 스페인 왕에게 속할 것임을 선언했다.

1519년 마젤란은 서쪽으로 향하는 항해를 시작했다. 그리고 이것이야말로 대항해 중의 최대의 대항해가 되었다. 그는 다섯 척의 배와 270명의 선원을 거느리고 있었다. 그는 대서양을 횡단해 남아메리카에 이르러 그 대륙의 남단에 이르기까지 남쪽으로 내려갔다. 그는 자신의 선단 중의 한 척을 난파로 잃고 또 한 척은 폐기했으므로 세 척만이 남았다. 이 세 척의 배로 그는 남아메리카 대륙과 한 개의 섬 사이에 있는 해협을 통과해 그 저쪽에 전개되는 대해로 나갔다. 이것이 태평양이었다. 마젤란은 이 바다가 대서양에 비해 대단히 평온했기 때문에 이렇게 명명한 것이다.

그리고 마젤란은 용감하게도 이 처음 보는 대양을 북쪽으로 올라가 다시 북서로 돌았다. 이것이야말로 이 항해 중에서 가장 무서운 구간이었다. 아무도 이 구간이 그렇게나 오래 걸리리라고는 꿈에도 생각지 못했다. 4개월 가까이, 정확히 말해서 108일간이나 그들은 제대로 먹지도 마시지도 못한 채 바다 위를 떠다녔다. 무서운 고난과 궁핍을 견디어 내고 마침내 그들은 필리핀에 도달했다. 그들이 만난 원주민은 그들에게 너무도 친절해 식량을 주기도 하고 서로 선물을 교환하기도 했다. 그런데 스페인인은 우락부락하고 거만했다. 마젤란은 두 추장 사이에 일어난 전투에 참가했다가 피살되었다. 또 그 밖에도 많은 스페인 사람들이 그 거만한 태도 때문에 이 섬에서 피살되었다.

스페인 사람들은 값비싼 향료를 산출하는 '향료섬'을 찾고 있었던 것이다. 그들은 탐험을 계속했다. 또 배 한 척이 쓸 수 없게 되어 태워 버렸기 때문에 이제는 단 두 척밖에 남지 않았다. 그리하여 한 척은 태평양을 되돌아가고 다른 한 척은 희망봉을 거쳐 스페인으로 돌아가기로 했다. 전자는 포르투갈인에게 나포되어 원래의 계획이 중지되고 말았다. 그러나 빅토리아호라는 또 한 척의 배는 몰래 아프리카를 돌아서 1522

년 18명의 선원을 태우고 스페인의 세비야(Sevilla)에 도착했다. 출범한 지 실로 3년이라는 세월이 지난 뒤의 일이었다. 드디어 세계를 일주했다. 그리고 이 배가 세계를 일주한 최초의 선박이었다.

빅토리아호의 항해에 대해서 길게 얘기한 이유는 이 배의 항해가 아주 경이로운 일이었기 때문이다. 요즘 우리는 아주 편안하게 그리고 큰 배를 타고 긴 항해를 한다. 그러나 이들 최초의 항해자들을 생각해 보아라. 모든 종류의 위험과 고통에 직면한 채 미지의 세계로 뛰어든 것이다. 그리고 나중에 올 사람들을 위해서 항로를 발견했다. 당시 스페인인들과 포르투갈인들은 거만하고 잔인한 사람들이었다. 그러나 또한 대단히 용감하고 모험심으로 가득 찬 사람들이었다.

마젤란이 세계를 일주하고 있는 동안 코르테스는 멕시코의 수도에 침입해 스페인 왕을 위해 아스텍 제국을 정복하고 있었다. 이 일과 아메리카의 마야 문명에 관하여는 앞서 이야기한 적이 있었다. 코르테스는 1519년 멕시코에 도달했고 또 피사로가 잉카 제국(지금의 페루)에 도달한 것은 1530년이었다. 용기와 배짱과 모략과 잔악함을 갖추고 한 민족의 내분에 뛰어들어 그들은 이 두 개의 구제국 타도에 성공했다. 한편 이 두 제국은 이미 전성기가 지나 버렸고, 또 어떤 점에서는 원시적인 상태를 벗어나지 못하고 있었기 때문에 마치 모래 위에 지은 집처럼 일격에 허물어져 버리고 말았다.

대탐험가나 대발견가의 뒤에는 전리품이나 약탈품을 노리는 무뢰한들이 떼를 짓고 있었다. 스페인령 아메리카는 특히 극성스레 몰려드는 이런 무리들의 피해를 입어, 콜럼버스와 같은 사람도 그들 때문에 대단한 곤경을 치러야만 했다. 한편으로는 금과 은이 쉴 새 없이 페루나 멕시코로부터 스페인으로 흘러 들어왔다. 엄청나게 많은 이들 귀금속에 유럽은 놀라움을 금치 못했으며 스페인은 유럽 제일의 대국으로 올라앉았다. 이 금과 은은 다시 유럽의 다른 나라로도 유출되었기 때문에 동방의 각종 물산을 사들일 돈은 얼마든지 공급되는 형편이었다.

포르투갈과 스페인의 성공은 당연히 다른 나라 특히 프랑스·영

새 항로의 발견

국·네덜란드 및 북부 독일의 여러 도시민들에게 새로운 파문을 던졌다. 그들은 처음에는 열심히 북쪽 그린란드(Greenland)를 거쳐 아시아나 아메리카에 이르는 통로를 찾아다녔으나 이에 실패하자 이미 알려진 항로로 눈을 돌렸다.

세계가 그 신비의 베일을 걷고 재보와 경이를 드러내고 있는 듯이 보이는 이 시대는 얼마나 눈부신 시대였던가! 새로운 발견은 꼬리를 물고 이루어졌고 대양과 대륙과 재보가 잇달아서 "열려라, 참깨!"의 주문을 고대하고 있었다. 틀림없이 이들이 숨쉬었던 공기에는 이러한 모험들이 풍기는 마술이 느껴졌을 것이다.

지금은 세계가 훨씬 협소한 장소가 되어 버렸고 발견해야 할 것이 거의 없는 것처럼 보인다. 그러나 사실은 그렇지 않다. 과학은 굉장히 장대한 경관을 우리에게 열어 주었다. 그리고 그것은 새로운 탐험을 기다리고 있다. 모험에는 한이 없다. 특히 오늘날 인도의 경우는 더욱 그러하다!

74 1932년 7월 9일

몽고 제국의 해체

나는 지금까지 유럽에서 암흑에 싸인 중세 시대는 지나가고 새로운 정신과 활력이 움터 그것들이 여러 방면으로 돌파구를 찾아 낸 이야기를 썼다. 유럽은 창조적 활동과 정신이 넘쳐흘러 패기에 찬 상태였다. 몇 세기 동안이나 유럽의 여러 국민은 한꺼번에 그 껍질을 깨뜨리고 광대한 대양을 건너서 세계의 끝까지 헤쳐 나갔다. 그들은 정복자로서 자신을 가지고 전진해 나아갔다. 그리고 이 자신감이 그들에게 용기를 주고 눈부신 성과를 낳게 했던 것이다.

그러나 대체 어떻게 해서 이런 갑작스런 변화가 생겨난 것일까 하고 너는 의아하게 여길 수 있을 것이다. 13세기에는 몽고인이 아시아와 유럽을 지배하고 있었다. 동유럽은 그들의 손에 떨어졌고 서유럽은 이 강대한, 일견 무적의 용사를 맞이해 벌벌 떨었다. 유럽에서 그들은 스스로를 국왕이나 황제라고 칭했지만 몽고의 칸의 한 장군에도 미치지 못했다.

200년 뒤 오스만 투르크인이 콘스탄티노플과 동남 유럽의 상당 지역을 손안에 넣고 있었다. 이슬람 교도와 기독교도 간의 800년에 걸친 분쟁이 계속되고 있었으며, 아랍인과 셀주크인의 욕망을 부채질한 막대한 전리품은 오스만의 것이 되었다. 그리고 이에 만족하지 않고 오스만의 술탄들은 굶주린 눈을 서방으로 돌려 로마까지 넘보았다. 그들은 독일(신성 로마) 제국과 이탈리아를 위협해 각각 빈과 이탈리아 국경에까지 육박했다. 그들은 동방에서는 바그다드를, 남방에서는 이집트를 병합했다. 16세기 중엽에는 '빛나는 술레이만' 이라고 일컬어지던 술탄 술레이만이 이 대투르크 제국에 군림했다. 해상에서도 그의 함대는 제해권을 쥐고 있었다.

이런 상황에서 어떻게 지금까지 얘기한 변화가 일어났을까? 어떻게 해서 유럽인은 몽고인의 위협을 물리치고 투르크인의 침략을 모면할 수 있었을까? 더구나 위협을 물리쳤을 뿐만 아니라 오히려 그들 자신이 공격적으로 되어 다른 나라에게 위협적인 존재가 될 수 있었을까?

유럽에 대한 몽고인의 위협은 오래 계속되지 않았다. 그들은 새로운 칸을 선출해야 하는 내부 사정 때문에 본국으로 돌아가서 다시는 돌아오지 않았다. 서유럽은 몽고인으로서는 거리가 너무 멀었다. 게다가 아마도 그들은 그것을 그리 탐탁하게 생각지도 않았을 것이다. 그 이유는 유럽은 산림이 무성한 나라인 데 반해 그들은 시야를 가리는 것이 없는 평야와 초원 생활이 몸에 배어 있었기 때문이다. 어떻든 간에 서유럽이 몽고인의 유린을 피할 수 있었던 이유는 그들 자신의 용기 때문이 아

몽고 제국의 해체

니라 몽고인의 무관심과 취미의 차이 때문이었다. 동유럽에서는 몽고인의 세력이 쓰러지기까지 좀더 오랜 시간을 필요로 했다.

    나는 이전에 1452년 투르크인의 콘스탄티노플 점령이 유럽 역사의 전환점이 되었다는 것을 말한 바 있다. 그것은 편의상 구획을 그은 것에 불과하다고는 하더라도 중세가 무너지고 여러 방면에서 새로운 정신이 꽃핀 르네상스의 등장을 의미하는 것이었다. 이처럼 이상하게도 유럽이 투르크인의 위협을 받고 투르크인이 금방 유럽을 점령할 듯이 보였을 때에 유럽은 되살아나서 거대한 성장을 이룩했다. 얼마 동안 투르크인은 서유럽을 향해 전진을 계속했다. 그리고 그들이 전진하고 있는 동안에 유럽의 탐험가들은 새로운 여러 나라와 대양을 발견하면서 세계를 일주하고 있었다. 1520년부터 1566년까지 재위한 '빛나는 술레이만'의 통치하에서 투르크 제국은 빈에서 바그다드 · 카이로까지 뻗어 나갔다. 그러나 그들의 전진은 거기서 멎었다. 과거에 콘스탄티노플을 지배하고 있던 그리스인이 그랬던 것처럼 투르크인은 점차로 퇴폐적인 풍조에 물들어 가고 있었다. 제국이 세력을 확대해 감에 따라 투르크인은 옛날의 에너지를 상실하고 약체화되어 갔다.

    우리가 과거의 시대를 더듬고 있는 동안 우리는 아시아가 유럽을 침략했던 경우를 많이 보아 왔다. 유럽이 아시아에 침입한 적도 없지는 않았으나 그것은 극히 짧은 동안의 일이었다. 알렉산더는 아시아를 가로질러 인도까지 왔으나 무엇 하나 성과를 올리지 못했다. 로마인은 지중해를 넘어선 적이 없었다. 그러나 유럽은 문명의 초기부터 아시아의 부족들로부터 반복해서 침입을 받았다. 이들 아시아로부터의 침입은 오스만의 침략으로써 그 막을 내렸다. 그러던 것이 어느 사이엔가 공수가 바뀌어 유럽이 이제 공격을 하는 쪽에 섰다. 이 변화는 16세기 중엽에 일어났다고 할 수 있는데 새로 발견된 아메리카는 힘없이 유럽에 무릎을 꿇었으나 아시아는 그리 쉽사리 굴복하지 않았다. 200년 동안 유럽인들은 아시아 각처에 근거지를 마련하려고 노력했고, 그리하여 18세기 중엽에야 그들은 아시아의 일부를 지배할 수 있었다. 이것은 잘 기억해 두어야 할 일이다. 역사를 잘 모르는 어떤 사람들은 마치 모든 시대를 통해 유럽 사람들이 아시아를 계속 지배해 온 것으로 잘못 생각하고 있기 때문이다. 이와 같은 유럽의 지위 상승은 극히 최근에 시작된 것이며, 더구나 이미 무대는 바뀌고 주역은 교체되려 하고 있다. 새로운 이념이 동방 여러 나라에 등장했으며, 자유를 요구하는 힘찬 운동이 유럽의 지배에 도전해서 태동하고 있다. 더욱이 모든 제국주의자와 착취를 근본적으로 제거하려는 평등의 새로운 사회 이념이 민족주의 이념보다도 한층 더 광범하고도 깊게 세계를 지배하고 있다. 장차 유럽이 아시아를, 아니면 아시아가 유럽을 지배한다거나 또는 어떤 나라가 다른 나라를 지배한다는 따위의 일이 근절될 것이라는 사실은 의심할 여지가 없다.

서론이 너무 길어졌구나. 몽고인의 이야기로 돌아가서 잠시 그들의 운명의 자취를 더듬어 그들이 어떠한 어려움에 봉착했는가를 알아보기로 하자. 몽고 제국 마지막 칸은 쿠빌라이 칸이었다. 그가 1292년에 죽은 뒤 아시아를 가로질러 코리아부터 유럽의 폴란드·헝가리까지 뒤덮은 광대한 제국은 5개의 제국으로 분열되었다. 이 5개 제국의 하나하나가 또 실제로는 대단히 큰 나라들이었다. 언젠가의 편지(예순여덟 번째 편지)에서 나는 이 5개 제국의 이름을 말해 주었다.

그 중에서도 가장 중요한 것은 만주·몽고·티베트·코리아·안남·통킹 및 버마의 일부를 포함하는 중국의 제국이었다. 쿠빌라이의 후손인 원 왕조가 이 제국을 계승했다. 그러나 오래지 않아 남쪽에서부터 일부가 탈락하기 시작하더니 앞서 말한 대로 쿠빌라이가 죽은 뒤 겨우 76년 만인 1368년 원 왕조는 멸망하고 몽고인은 중국에서 쫓겨나고 말았다.

멀리 서방에는 '황금의 유목민'의 제국이 있었다. 이것은 참으로 매력적인 명칭이었다! 쿠빌라이가 죽은 지 200년 가까이 되도록 러시아의 귀족은 이 나라에 공물을 바쳐 왔다. 이 시기의 말기(1480년) 제국의 세력이 얼마간 약세를 나타내자 러시아의 귀족 중에 두각을 나타내기 시작한 모스크바 대공은 조공 바치는 것을 거부했다. 이 대공은 대이반(Iban the Great)이라고 일컬어지는 사람이었다. 러시아 북부에 상인들과 무역업자들이 지배하는 노브고로트 공화국이 있었는데 이반 대공은 이 공화국을 격파해 공국(dukedom)으로 삼았다. 이 사이에 콘스탄티노플은 투르크인의 손안에 떨어졌다. 옛 황제 일가는 추방되었고 이반은 이 구황실의 딸과 결혼했다. 이렇게 하여 그는 황제의 혈통을 이었다고 주장한 다음 스스로 비잔티움의 후계자라고 자처했다. 1917년의 혁명으로 멸망해 버린 러시아 제국은 이렇게 하여 대이반으로부터 시작되었다. 대단히 잔혹했던 탓에 '무서운 이반(Ivan the Terrible)' 이라는 별명이 붙은 그의 손자는 스스로 카이사르 또는 엠페러(황제)에 해당하는 '차르'라는 칭호를 사용했다.

이리하여 몽고인은 완전히 유럽에서 물러났다. '황금의 유목민'의 그 뒤의 이야기나 중앙 아시아 몽고인의 여러 제국에 관하여는 더 이상 깊이 파고들어 갈 필요는 없다. 게다가 나는 그들에 관해 그다지 자세히 알지도 못한다. 다만 한 인물이 두드러지게 우리의 주의를 끌 뿐이다.

이 인물은 제2의 칭기즈 칸이 되고자 했던 티무르다. 그는 칭기즈 칸의 후예라고 자칭했으나 실은 투르크인이었다. 그는 절름발이였기 때문에 '티무르 이 랑그(Timur-i-lang : 절름발이 티무르라는 뜻)' 또는 영어로 '티무어 더 레임(Timur the Lame)' 으로 일컬어지고 있다. 그는 1369년 아버지의 뒤를 이어 사마르칸트에서 즉위했다. 그로부터 얼마 안 있어 그는 정복과 잔악함으로 가득 찬 생애의 문을 열었다. 그는 훌륭하고 위대한 지휘관이기는 했으나 철두철미하게 야만적이었다. 그 당시 중앙 아시아의 몽고인은 이슬람 교도로 개종해 있었으며 티무르도 이슬람 교도였다. 그러나 그는 이슬람 교도와 교제가 있었는데도 성격이 조금도 온화해지지 않았다. 그가 가는 곳에는 황폐와 재앙과 극도로 비참한 정경이 꼬리를 물었다. 그는 수많은 해골로 피라미드를 쌓는 것을 무엇보다 큰 기쁨으로 생각했다. 동쪽은 델리에서 서쪽은 소아시아에 이르기까지 몇십만 명의 사람을 살해하고 그들의 해골을 피라미드형으로 쌓아

올려 갔다. 칭기즈 칸과 그 휘하의 몽고인도 잔혹하고 파괴적이었으나 그것은 그 시대의 풍습이었다. 그러나 티무르의 만행은 더욱더 혹심했다. 악귀와 같은 잔혹함에서 그는 단연 타의 추종을 불허했다. 어떤 곳에서 그는 2000명이나 되는 산 사람의 탑을 쌓고 그것을 벽돌과 모르타르로 막아 버렸다고 한다.

인도의 부는 이 야만인을 유혹했다. 티무르가 인도를 침략할 때에 그의 장군들이나 귀족의 동의를 얻는 데는 다소 곤란이 있었다. 사마르칸트에서 막료 회의가 열리자 귀족들은 인도가 너무나 덥다는 이유로 원정을 반대했다. 결국 티무르는 인도에는 주둔하지 않고 다만 약탈과 파괴에만 그치고 돌아갈 것을 약속했다. 그는 약속을 지켰다.

북인도는 그 당시 잘 아는 바와 같이 이슬람 교도가 지배하고 있었으며 델리에 술탄이 있었다. 그런데 이 술탄의 세력이란 극히 미약한 것이었고, 더구나 국경에서 몽고인과 벌인 끊임없는 전쟁이 이전부터 그의 기반을 흔들어 놓고 있었다. 그러므로 티무르가 몽고인 군대를 이끌고 습격해 왔을 때 그는 이렇다 할 저항도 받지 않고 순조롭게 학살과 피라미드 건축을 추진했다. 이슬람 교도도 힌두 교도도 모조리 학살당했다. 학살 대상에는 아무런 차별도 두지 않았던 것 같다. 포로를 귀찮게 생각한 그는 그들도 전부 죽이라고 명령해 10만여 명이 살해되었다. 어떤 곳에서는 힌두 교도와 이슬람 교도가 함께 라지푸트족의 자우하르 의식, 즉 결사적인 전투를 감행했다. 그러나 이제는 더 이상 이런 끔찍스러운 이야기를 되풀이해도 쓸데없는 일이다. 대개 그가 지나간 길목에 해당한 곳은 어디나 마찬가지였다. 기근과 전염병이 티무르군의 뒤를 따라다녔다. 그는 델리에 불과 15일밖에 머무르지 않았는데도 그 큰 도시가 보잘것없는 페허가 되었다. 그는 도중에 카슈미르에서 약탈을 자행한 뒤 사마르칸트로 철수했다.

티무르는 야만인이었으나 사마르칸트나 중앙 아시아 여러 곳에 훌륭한 건축물을 세우려고 힘썼다. 그래서 그는 오랜 옛적에 술탄 마흐무드가 한 것처럼 인도의 기술자나 목수·건축가를 모집해서 데리고 갔다. 이들 건축가 가운데 가장 뛰어난 자는 남아서 그의 궁전 공사에 쓰이고 나머지는 서아시아의 여러 도시로 흩어져 갔다. 때문에 새로운 건축 양식이 발달했다.

티무르의 철수 후 델리는 유령의 거리로 바뀌었다. 기근과 전염병이 쉴 사이 없이 유행했다. 2개월 간은 통치자도, 조직도, 질서도, 아무것도 없었다. 주민도 손꼽을 수 있을 정도로 조금밖에 없었다. 티무르가 델리 총독으로 임명한 사람도 물탄으로 대피해 버렸다.

티무르는 그로부터 서쪽으로 눈을 돌려서 페르시아와 메소포타미아를 폐허로 만들었다. 그는 1402년 앙고라에서 오스만 투르크의 대군과 맞닥뜨렸으나 뛰어난 작전 지휘로 투르크군을 격파했다. 그러나 바다만은 그도 어찌할 수 없어서 보스포루스 해협을 건널 수는 없었다. 그래서 유럽은 티무르의 손길을 피할 수 있었다.

3년 후인 1405년 티무르는 중국을 향해 진군하는 도중에 죽었다. 그와 함께 거의 서아시아 전부를 지배하고 있던 그의 제국도 무너져 버렸다. 오스만인도, 이집트도, '황금의 유목민'도 그에게 공물을 바쳤다. 그러나 그의 재능은 오로지 전투 지휘에 국한되어 있었다. 그가 눈 속의 시베리아를 행군한 일은 타의 추종을 불허하는 것이었다. 그러나 사람됨에서 그는 하나의 사나운 유목민에 불과했으며, 조직을 세운 것도 아니고 칭기즈 칸과 같이 제국을 계승할 만한 유능한 인재들을 키우지도 못했다. 그러므로 티무르의 제국은 그와 함께 쓰러지고 다만 학살과 황폐의 기억만을 남겼을 뿐이다. 중앙 아시아에서는 예전에 그 곳을 석권한 정복자들 가운데 네 사람의 인물이 아직도 기억되고 있다. 시칸다르 또는 알렉산더, 술탄 마흐무드, 칭기즈 칸, 그리고 티무르가 바로 그들이다.

티무르는 오스만 투르크인을 격파해서 그들을 두려움에 떨게 했다. 그러나 투르크인은 곧 다시 일어나서 우리도 알고 있는 것처럼 1453년부터 50년 동안 콘스탄티노플을 점령했다. 이제 우리들은 여기서 중앙 아시아에 대한 이야기를 끝내기로 하자. 그것은 문명의 척도로 보아 퇴화하고 어두컴컴한 암흑 속으로 가라앉아 버리고 말았다. 우리의 주의를 끌 만한 것은 무엇 하나 일어나지 않았다. 다만 인간의 손으로 파괴된 그 당시의 문명의 기억만이 자취를 남기고 있다. 자연마저도 이 지역의 영락에 뒤따라 점차 기후는 건조해지고 따라서 사람이 살기에는 적합치 않게 되어 갔다.

몽고인에 대해서도 앞으로 더 할 얘기는 없다. 그러나 인도로 와서 이 나라에 유명한 대제국을 건설한 그들 족속 중의 한 갈래는 예외다. 칭기즈 칸의 제국과 그의 자손들은 사면팔방으로 흩어지고 몽고인은 그들의 작은 추장들에게 돌아가 다시 자기들의 부족적 관습으로 되돌아갔다.

75 *1932년 7월 12일*

인도가 어려운 문제 하나를 해결하기 시작하다

나는 앞의 편지에서 티무르와 그의 학살 및 해골 피라미드에 관한 것을 썼다. 모두가 듣기만 해도 소름이 끼치는 야만적인 이야기다. 이러한 것은 우리의 시대에는 도저히 있을 수 없는 일이라고 생각할 것이다. 그러나 우리는 바로 얼마 전의 현대에도 이런 일이 있을 수 있고, 또 실제로 일어난 것을 목격했다. 칭기즈 칸이나 티무르가 생명과 재산을 아무리 많이 파괴했다고 하더라도 1914년부터 1918년까지의 세계 대전에 비하면 정말 조족지혈에 불과한 것이다.

그렇다고는 하나 칭기즈 칸이나 티무르의 시대에서 본다면 우리들이 많은 방면에서 진보해 온 것은 의심할 여지가 없다. 생활은 측량할 수 없으리 만큼 복잡해졌을 뿐만 아니라 훨씬 풍부해지고 자연력 또한 많이 탐구되고 이해되어 인간의 살림에 이용할 수 있게 되었다. 확실히 세계는 지금 훨씬 개화되고 문명화되고 있다. 그런데도 왜 우리들은 전쟁이 일어나면 야만 상태로 되돌아가는 것일까? 갈수록 강력해지고 맹위를 떨치는 무기를 발명하기 위해 인간의 발달된 두뇌를 이용하는 사실만 아니라면 전쟁 그 자체가 문명과 문화의 부인이요, 부정이기 때문이다. 전쟁이 일어나 이에 휩쓸려 들어가는 많은 사람들은 무서운 흥분 상태에 빠져서 문명이 그들에게 가르친 교훈을 망각하고 진리와 생활상의 교양을 잊어버리고서 몇천 년 전의 그들의 조상들의 모습 그대로가 되어 버린다. 따라서 전쟁이 일어나면 반드시 무서운 사태가 초래된다는 사실은 전혀 이상할 것이 없다.

만일 외계인이 전쟁중인 이 세계에 찾아왔다고 한다면 그는 과연 무어라고 말할까? 그가 우리들의 모습을 이럴 때만 보고 평상시의 모습은 본 적이 없다고 가정해 보자. 그는 오로지 전쟁을 통해 본 우리 인간들을 평가해서 이 지구인은 잔인하고 인정도 눈물도 없으며, 때때로 용기나 희생적 정신을 발휘하기는 하지만 대체로 그것은 융통성이 없고 당파심과 적개심이 가득 차서 서로 죽이는, 그저 만용만을 갖춘 야만인이라는 결론에 도달할 것이다. 그들은 우리들을 잘못 평가하고 우리들의 세계에 대한 잘못된 개념을 형성할 것이다. 그들은 특정한, 그다지 알맞지 않은 시대의 우리의 일면만을 본 데 불과하기 때문이다.

마찬가지로 우리도 전쟁이나 학살의 측면에서만 과거를 본다면 그 평가는 부당한 것이 될 것이다. 불행하게도 전쟁과 학살은 언제나 남의 눈에 잘 띄는 법이다. 사람들의 일상 생활이라는 것은 비교적 따분한 것이다. 역사가 따로 내세워서 말할 만한 것이 있을 리가 없다. 그래서 역사가는 전쟁이나 전투를 보면 옳다 됐다 하고 달라붙어서 열심히 그것에 대해 써 대는 것이다. 물론 이러한 전쟁을 잊어먹거나 미처 못 보거나 해도 안 되지만, 그러나 그것들에 값어치 이상의 중요성을 부여해서도 안 된다. 우리들은 과거를 현대의 관점에서 다시 보고 과거의 사람들을 우리 자신의 관점으로 보도록 하자. 그렇게 하면 우리들은 그들에 대해 더욱 인간적인 견해를 가질 수 있고, 정말로 중요한 것은 사람들의 일상 생활과 사상이지, 때때로 일어나는 전쟁이 아니라는 것을 이해할 수 있을 것이다. 나의 이 연속되는 편지조차도 자칫하면 잘못된 경향으로 흐르기 쉽다. 그 이유는 솔직히 말해서 과거 시대의 일상 생활을 글로 쓴다는 것은 대단히 어려운 일이고, 또한 나는 그것에 관해 충분한 지식도 없다.

티무르는 앞서 보아 온 바와 같이 인도를 엄습한 재액 중에서도 최악의 것 중의 하나였다. 그가 가는 곳 어디나 공포의 발자취가 남겨져 있는 것을 대할 때 소름이 끼쳐진다. 그러나 남인도는 전혀 그의 영향을 받지 않았으며 동인도, 서인도, 중부 인도도 대개 마찬가지였다. 지금의 연합주조차도 델리와 메이러트(Meerut) 부근의 북부 일각을 제외하고는 거의가 재난을 면했다. 델리시와 펀자브는 티무르의 습격 피해가 가장 혹심했던 지방이었으나, 그 펀자브조차도 이재민은 주로 티무르가 통과한 길목에 해당되는 지역의 사람들뿐이었다. 펀자브 주민 대다수는 아무런 피해 없이 일상의 작업에 열중하고 있었던 것이다. 이런 형편이었으므로 우리는 반드시 전쟁이나 습격 따위의 중요성을 그다지 과장하지 않도록 주의해야만 한다.

여기서 14, 15세기의 인도로 눈을 돌려 보자. 델리의 술탄은 티무르의 내습을 받고 자취를 감추어 버리기 이전부터 미미한 존재로 전락해 있었다. 대개의 경우 인도는 이슬람교를 신봉하는 수없이 많은 큰 독립 국가들로 구성되어 있었다. 다만 하나의 강대한 힌두 국가, 즉 비자야나가르가 남방에 있었을 뿐이다. 이슬람교는 인도에서는 외래 종교도 아니고 신흥 종교도 아니었다. 그것은 인도인의 생활에 아주 깊이 뿌리를 내리고 있었다. 초기의 아프간인 침략자나 노예 왕들의 맹렬성과 잔인성에 비하면 기세가 많이 누그러졌으며, 이슬람 교도 국왕의 수는 인도인이나 힌두 교도인 국왕의 수에 비해 떨어지지 않았다. 그들은 외부와의 연락을 갖지 않았고 여러 국가들 사이에 전쟁이 자주 일어났지만, 그것은 정치적인 것이지 종교적인 것은 아니었다. 힌두교 국가가 이슬람

인도가 어려운 문제 하나를 해결하기 시작하다

교도 군대를 사용할 때도, 이슬람 교도 국가가 힌두교 군대를 고용하는 일도 있었다. 때로는 이슬람 교도 국왕이 힌두 교도인 부인을 왕비로 맞이하고, 또 간혹 가다가 힌두 교도가 이슬람 교도 국왕에게 장관이나 고관으로 발탁되는 일도 있었다. 정복자와 피정복자, 통치자와 피통치자라는 따위의 감정은 거의 찾아볼 수 없었다. 사실 군주까지도 포함해 이슬람 교도들은 본디 인도인으로서 개종한 사람이 대다수다. 이 사람들은 대개가 궁중의 따뜻한 예우라든가 경제적인 이익을 얻기 위해 개종한 것이기 때문에 종교는 달라져도 여전히 옛 관습을 굳게 지키고 있었다. 어떤 이슬람 교도 군주는 개종을 실현하기 위해 강압 수단을 행사했지만 이것조차도 대개는 개종자들이 충실한 신민이 될 수 있다는 생각에서 나온 정치적 목적에서 출발한 것에 불과했다. 그러나 폭력으로 개종을 실현하는 것은 쉽게 되는 일은 아니다. 좀더 유효한 것은 경제적인 방법이었다. 비이슬람 교도에게는 지즈야(jizya)라는 인두세를 부과했는데, 이것을 피하기 위해 이슬람 교도로 개종한 사람들이 많았다.

그러나 이것은 모두 도회에서나 일어난 일들이지 시골과는 그다지 관계가 없었다. 몇백만의 촌민들은 옛날 그대로의 생활을 하고 있었다. 그러나 국왕 관리들의 시골에 대한 간섭이 커졌고 촌락 판차야트의 권력은 옛날에 비할 바가 아니었다. 그런데도 여전히 판차야트는 유지되었으며 촌락 생활의 중심이자 근본이었다. 사회 생활, 또 종교나 풍속·습관면에서 시골은 거의 변화하지 않는다. 인도는 잘 알고 있듯이 아직도 무수한 촌락의 국가다. 옛날부터 도시나 읍·면 같은 것이 겉으로 눈에 띄고 있으나 실제의 인도는 농촌의 인도였으며 또 현대에도 그러하다. 농촌의 인도는 이슬람교가 들어왔다고 해서 별로 달라진 것은 없다.

힌두교는 이슬람교가 들어옴으로써 두 가지의 동요를 나타냈다. 그러나 이 두 가지가 묘하게도 서로 상반되는 경향을 가진 것이었다. 이러한 동요의 하나로서 엄격한 보수주의 경향을 보이는 사람들이 생겼다. 굳게 응결해서 밖으로부터의 공격을 견뎌 내기 위해 껍질 속으로 틀어박혔다. 카스트는 한층 더 융통성이 없어지고 더욱 배타적이 되었다.

그리고 파르다와 여성의 사회 생활로부터의 격리는 한층 더 일반화되었다. 다른 한편 카스트와 너무나도 번잡스러운 푸자(공양), 그리고 기타 의식에 대한 내부로부터의 반발이 일어났다. 이것을 고치기 위해 여러 개혁들이 시도되었다.

물론 힌두교에는 옛날부터 역사를 일관해서 그 폐해를 제거하려 했던 개혁가가 자주 나타났다. 불타는 그 중에서도 최대의 인물이었고 샹카라아차리아의 이야기도 이미 했다. 300년 후인 11세기에 남부의 촐라 제국에 살고 있던 사람으로서 샹카라파에 대항하는 사상을 가진 일파의 지도자가 된 대개혁가가 나타났다. 그의 이름은 라마누자(Ramanuja)였다. 샹카라는 시바 교도(Shaivite)이고 지성인이었으나, 라마누자는 비슈누 교도(Vaishnavite)이며 신앙인이었다. 라마누자의 영향은 전 인도에 미쳤다. 나는 역사를 통해 인도는 확실히 정치면에서는 서로 다투는 많은 나라들로 분열을 되풀이해 왔으나, 문화면에서는 계속 통일을 유지해 왔다는 것을 말한 적이 있다. 위대한 인물이 나타나서 커다란 운동이 일어나면 반드시 그것은 정치적 견해나 국경을 초월해서 전 인도에 퍼졌다.

이슬람교가 인도에 뿌리를 내리면서 새로운 형의 개혁가가 힌두 교도들과 이슬람 교도들 가운데서 각각 나타났다. 그들은 양자에 공통된 특징을 강조하고 그들의 제례와 의식을 공격함으로써 이 두 종교를 접근시켰다. 이와 같이 하여 양자를 통합시키려고 노력했다. 그러나 서로 간에 많은 악감정과 편견이 있었기 때문에 이것은 쉽지 않은 작업이었다. 그런데도 이러한 노력이 몇 세기에 걸쳐 되풀이되었음을 보아 왔다. 이슬람 교도 군주까지, 그 중에서 특히 위대한 악바르가 두 종교의 통합을 꾀했던 것이다.

14세기의 남방 사람 라마난다(Ramananda)는 통합을 주장한 최초의 종교 지도자였다. 그는 카스트에 반대하고 이를 무시했다. 그의 제자 중에 나중에 스승 이상으로 유명해진 한 이슬람 교도 직물 기술자 카비르(Kabir)[108]라는 사람이 있었다. 카비르는 대단한 인기를 모았다. 그의 힌디어 가요는 아마 너도 알고 있으리라고 생각하지만 북부에서 아무리

인도가 어려운 문제 하나를 해결하기 시작하다

외딴 시골에 가더라도 누구나 다 잘 알고 있다. 그는 힌두 교도도 아니고 이슬람 교도도 아니었다. 또는 그는 양쪽 모두라고나 할까. 아무튼 바로 그 중간에 위치한 것이어서 그의 신자는 양 종교와 다양한 카스트 출신자를 총망라하고 있었다. 그의 죽음에는 다음과 같은 이야기가 전한다. 그가 죽자 제자들은 그의 시신을 한 필의 천으로 쌌다. 힌두계 제자들은 그것을 화장하려 하고 이슬람 교도계 제자들은 매장하기를 주장했다. 그리하여 그들은 서로가 고집을 세워 싸움을 시작했다. 그런데 그들이 그 천을 벗겨 보니 그들의 싸움의 원인이 되었던 시신은 간 데 없고 그 대신에 어떤 새로운 깃발이 있었다고 한다. 이것은 전부가 지어 낸 이야기인지도 모르나, 그렇다고 하더라도 무언가 시사해 주는 바가 있는, 재미있는 이야기다.

카비르보다 약간 뒤에 북부에 또 한 사람의 대개혁가가 나타났다. 그 사람은 시크교의 창시자 구루 나나크(Guru Nanak)다. 시크교에는 그의 뒤를 이어서 열 사람의 구루가 잇따라 나타났고 마지막으로 등장한 사람이 구루 고빈드 싱(Guru Govind Singh)[109]이었다.

말이 나온 김에 나는 인도의 종교 및 문화사에서 유명한 또 한 사람의 이야기도 마저 해야겠다. 그 사람은 16세기 초기의 벵골의 유명한 학자 차이탄야(Chaitanya)다. 이 사람은 어느 날 문득 자기의 학식

---

108) 원래 베나레스의 방직공. 이슬람 교도 왕 때문에 베나레스에서 추방당한 뒤 여러 나라를 편력하며 소박하고 평범한 힌디어 가요로써 민중의 마음에 호소해 수많은 신자들이 그에게로 모여들었다. 그의 사상은 '라마'를 최고의 유일신으로 받들며, 힌두계의 기본적인 제반 관념 — 윤회·업·범·해탈 등을 계승하고 있지만, 특히 이슬람교의 영향을 많이 받고 있으며 우상을 배척하는 한편, 알라도 라마와 동일한 본체의 다른 이름에 불과하다고 주장한다. 그는 수드라 출신의 아버지와 브라만의 어머니 사이에 태어난 불륜의 아들로서 버림을 받아 이슬람 교도의 한 방직공 아래서 자랐다고 전해지는데, 이 전설은 본문에 인용된 그의 장례식 설화와 함께 그의 절충적이며 종합적인 상태를 상징하고 있다. 나아가 힌두 교도는 사람이 죽으면 반드시 화장을 하지만 이슬람 교도는 매장하게 되어 있다. 카비르 이후에도 그의 영향 아래 시크파와 기타 종파가 생겼지만 현재 카비르파는 힌두교 안에서 대종파의 하나가 되어 있다.
109) 시크파의 제10대 구루. 시크파는 그의 지도 아래 무굴 제국과 결정적으로 대립하게 되어 모든 카스트를 폐지하고 '카르사'라는 전투 조직으로 개편되었다.

이 무의미한 것임을 깨닫고 모든 것을 버리고 신앙의 길로 들어섰다. 그는 바크타(bhakta : 비슈누교의 신자)가 되어 많은 제자와 함께 벵골의 구석구석까지 바장(bhajans : 힌두교의 찬가)을 부르며 돌아다녔다. 그는 또 비슈누파 교단을 세웠는데 지금도 벵골에는 그의 영향이 광범하게 남아 있다.

종교적인 개혁과 통합에 관한 이야기는 이 정도로 마치기로 하자. 한편 일상 생활 부분에서도 어떤 경우에는 의식적이었지만, 대부분의 경우에는 무의식적인 개혁이 진행되었다. 새로운 문화, 새로운 건축과 언어가 발달하기 시작했다. 다만 주의해야 할 것은 이들은 모두 농촌보다는 도시에서, 특히 수도 델리 및 여러 나라, 여러 주의 대도시에서 더욱 심했다는 사실이다. 권력의 정점에 자리한 국왕은 예전에 볼 수 없으리 만큼 전제적이 되었다. 옛날 인도의 군주들은 스스로 전제 정치를 억제하는 습관과 규칙이 있었다. 그러나 새로운 이슬람 교도 군주들은 이러한 경향조차도 없었다. 이론상 이슬람교 치하에서는 좀더 평등해야 할 것이며, 우리도 보아 온 바처럼 노예가 술탄이 되는 적도 있었던 것이다. 그러나 국왕의 전제적이고 무제한적인 권력은 증대되었다. 이런 종류의 전제 정치를 보여 주는 실례로서 수도를 델리에서 다울라타바드로 옮긴, 미친 투글루크보다 더 놀랄 만한 실례를 과연 다른 데서 찾아볼 수 있을까?

노예의 사용 — 특히 술탄에 의한 — 또한 가혹하기 짝이 없었다. 전쟁이 일어나면 노예를 포획하기 위해 특별한 연구를 했다. 그들(노예) 중에서 기술자는 중용되고 특별 취급을 받았으나 그 밖의 노예들은 술탄의 경비병에 의해 등록되었다.

날란다나 탁샤실라 또는 탁실라에 있던 커다란 대학은 어떠했을까? 그것들은 벌써 오래 전에 없어졌다. 그러나 새로운 형의 대학촌이 많이 나타났다. 이 새로운 형태의 대학은 틀(Tuls)이라고 불렸으며 낡은 산스크리트 학문을 교수했다. 이들은 시대에 적응한 것이 아니라 과거에 집착했으며 아마도 반동적인 정신을 배양하고 있었던 듯하다. 베나레스는 시종 이런 종류의 중심지 중에서도 최대에 속했다.

인도가 어려운 문제 하나를 해결하기 시작하다

조금 전에 카비르의 힌디어 가요에 대해서 이야기했지만 힌디어는 이처럼 15세기에 이미 널리 보급되고 있었을 뿐만 아니라 문예 언어로서 사용되었다. 산스크리트어는 벌써 오래 전에 이미 현대어의 자리에서 물러났다. 칼리다사나 굽타 왕조 시대부터 그것을 사용하는 것은 오로지 지식인에 국한되었으며, 일반 사람들은 산스크리트어의 변종인 프라크리트어를 쓰고 있을 따름이었다. 산스크리트어의 다른 자손인 힌디어·벵골어·마라티어·구자라티어가 서서히 발달했다. 이슬람 교도 시인으로서 힌디어로 시를 쓴 사람도 많았다. 15세기의 자운푸르(Jaunpur)의 이슬람 교도 국왕은 『마하바라타』와 『바가바드』를 산스크리트어로부터 벵골어로 번역했다. 남쪽 비자푸르(Bijapur)의 이슬람 교도 군주 족보는 마라티어로 기록되어 있으며 지금까지도 남아 있다. 이것으로 미루어 볼 때 15세기에는 이미 이들 산스크리트어의 파생어가 상당히 성숙되어 있었다는 것을 알 수 있다. 말할 것도 없이 남쪽의 드라비다계의 언어, 즉 타밀어·텔루구어·말라얄람어 및 카나라어는 훨씬 오래된 것이다.

이슬람의 궁중 용어는 페르시아어였다. 최고의 교양을 갖춘 사람들은 궁정이나 관청과 관련이 있을 경우 페르시아어를 배웠다. 그 때문에 많은 힌두 교도가 페르시아어를 배웠으나 점차 임시로 지은 간이 막사나 시장 속에서 새로운 말들이 발생했다. 이것은 '임시로 지은 조그만 집'을 뜻하는 '우르두(Urdu)'라는 이름으로 일컬어진다. 실제로는 이것은 새로운 언어라고는 할 수 없다. 그것은 조금 색다른 옷을 입은 힌디어에 지나지 않기 때문이다. 페르시아어의 단어가 비교적 많이 섞여 들어가 있을 뿐 그 밖에는 힌디어 그대로인 것이다. 이 힌디 우르두어 또는 흔히 힌두스탄어라고 일컬어지는 말은 북부와 중부 인도 전체에 침투했다. 오늘날 그것은 다소 와전된 바가 있기는 하지만 1억 5000만 인민들이 쓰고 있으며 가장 많은 사람들에게 이해된다. 그러므로 그것은 사용 인구로 볼 때는 세계의 주요 언어들 중의 하나로 손꼽을 수 있다.

건축 방면에서도 새로운 양식이 전개되어 품격 높은 건축물이 남쪽의 비자푸르나와 비자야나가르, 골콘다(Golkonda), 그 밖에도 당시 아름다운 도시였던 아마다바드(Ahmadabad) 또는 알라하바드에서 멀지 않는 자운푸르 등지에 많이 세워졌다. 우리가 하이데라바드에서 가까운 골콘다의 유적을 찾아갔던 것을 아직 기억하고 있니? 나는 큰 성채 위로 올라가서 지금은 폐허가 되어 버린 궁전이나 시장이 있던 낡은 도시를 멀리 내려다보았던 것을 기억한다. 이와 같이 군주들이 서로 싸우며 공격을 일삼고 있을 동안 인도 사람들은 서로 사이좋게 함께 지냈으며, 어떤 무언의 힘이 그들의 생명력을 진보와 개선을 위해 바치는 데 끊임없이 작용하고 있었다. 몇 세기가 흐르는 동안에 그것은 상당한 성과를 올렸다. 그러나 그 일은 완성되기 전에 또다시 전복되었으며, 우리는 이제까지 애써 걸어온 길을 뒷걸음질쳐서 어느 지점까지 되돌아갔다. 오늘 우리는 또다시 같은 길을 행진하고 있으며, 모든 훌륭한 것들을 완전히 융합시키기 위해 힘을 모으고 있다. 그러나 이번만은 좀더 확실한 기초 위에 선 것이어야만 한다. 그것은 자유와 평등의 기초 위에 서고 더 좋은 세계의 질서에 적응하는 것이어야만 한다. 그래야만 세월이 흐르더라도 변함없이 지속될 수 있을 것이다.

  이 종교와 문화의 종합 문제는 몇백 년 동안 인도 정신의 뛰어난 일면을 붙잡아 주고 있었다. 인도는 그것에 너무나 열중한 나머지 정치·사회적 자유를 소홀히 했다. 그리고 이것 때문에 바야흐로 유럽이 여러 가지 면에서 한꺼번에 진보를 이룩한 그 때에 인도는 꼼짝달싹 못 한 채 진보와 발전을 중지당하고 말았다.

  앞에서 말한 것처럼 인도는 염색 공업에서의 화학이나 제강 기술상의 우월이나, 그 밖의 여러 가지 우수한 기술로 외국 시장을 지배했던 시대가 있었다. 인도의 배는 그 화물을 멀리 떨어진 나라로 운반하기도 했다. 그러나 지금 우리들의 화제 속에 등장하고 있는 시대 훨씬 이전부터 인도는 그 지배력을 잃고 있었다. 16세기에 들어서자 역사의 흐름은 동쪽을 향해 역류하기 시작했다. 처음에는 그것은 아주 작은 물방울에 지나지 않았으나 이윽고 물은 불어나서 파도가 이는 큰 강이 되려 하고 있었다.

인도가 어려운 문제 하나를 해결하기 시작하다

76 1932년 7월 14일

남인도의 여러 왕국들

　다시 한 번 인도로 눈을 돌려서 제국이나 그 밖의 여러 국가가 전개한 파노라마를 살펴보기로 하자. 그것은 마치 차례차례 연속되는 어떤 대규모의 끝없는 무성 영화를 보고 있는 것과 같다.
　너는 아마 미치광이 술탄 투글루크에 대한 일과 그가 델리 제국을 사분오열의 상태로 만들어 버렸던 일에 대해 기억하고 있을 것이다. 남쪽의 여러 커다란 주는 델리 제국에서 이탈하고 거기에 새로운 국가가 대두했다. 그 중에서도 중심이 된 것은 힌두교 국가인 비자야나가르(Vijayanagar)와 이슬람 교도 국가인 굴바르가(Gulbarga)였다. 동쪽에서는 벵골과 비하르를 포함하는 가우르(Gaur)주가 독립해 이슬람 교도 군주를 받들었다.
　무하마드의 뒤를 이은 것은 그의 조카 피루즈 샤(Firuz Shah)였다. 그는 큰아버지에 비해 훨씬 더 분별이 있고 인도적이었다. 그러나 아직도 종교에 대한 독선적인 경향이 있었다. 피루즈는 수완이 좋은 군주로서 행정상 여러 가지 개혁을 단행했다. 그는 남부가 동부의 여러 주를 회복하지는 못했지만 그러나 제국의 분열이 진행되는 것을 막았다. 특히 그는 새 도시와 궁전과 예배당을 건축한다던가 정원을 설계하는 것 등을 좋아했다. 델리 부근의 피루자바드(Firuzabad)나 알라하바드에서 멀지 않은 자운푸르는 그가 세운 것이다. 그는 또 줌나 강에 대운하 공사를 착수했으며 무너져 가는 낡은 건물을 개축했다. 그는 그 일을 매우 자랑스럽게 생각해서 자신이 세운 궁전 누각이나 수리한 낡은 건축물의 목록을 남겼다.
　피루즈 샤의 어머니는 라지푸트 출신의 여자로서 비비 나일라(Bibi Naila)라는 이름을 가지고 있었는데 대추장의 딸이었다. 전설에 따르면 그녀는 처음에 피루즈의 아버지와의 결혼을 거절했다. 그러나 그 일로 말미암아 전쟁이 시작되었고 나일라의 나라는 패전해서 황폐하게 되었다. 자신 때문에 자기 나라 백성들이 고통받고 있다는 말을 들은 비비 나일라는 몹시 걱정하다가 결국 백성들을 더 이상 괴롭히지 않는다는 조건으로 피루즈 샤의 아버지와 결혼하기로 동의했다. 이렇게 하여 피루즈 샤는 라지푸트의 피를 이어받았다. 이후로 이슬람 교도 국왕 중에 라지푸트의 여자를 아내로 맞는 사람이 많아졌으며 그것이 공통된 민족 감정의 발달을 돕게 했다.

피루즈 샤는 37년이라는 오랜 치세를 끝내고 1388년에 죽었다. 그가 받치고 있었던 델리 제국의 대들보는 송두리째 무너져 버렸고, 중앙 정부가 없어지자 도처에 소군주의 지배가 나타났다. 티무르가 북쪽에서 남하한 것도 피루즈 샤가 죽은 지 10년째인 바로 이 혼란과 쇠퇴의 시기에 해당된다. 피루즈 샤의 죽음은 거의 델리시를 완전히 죽인 것과 마찬가지였다. 그러나 델리시는 서서히 회복되어 50년 후에는 겨우 다시 술탄을 받드는 수도가 되었다. 그렇지만 그것은 매우 작은 나라로서 남부·동부 및 서부의 대국들과는 비교가 되지 않았다. 그들 술탄은 아프간인이었다. 그들의 운명은 매우 불행하게 되어 버려 마침내는 그들을 따르고 있던 아프간 귀족들조차도 술탄에게서 등을 돌리고 외국인을 맞아 그들의 지배를 받아들였다. 이 외국인이 투르크인 — 그들이 인도에 정주하고부터는 무굴인으로 일컬어지게 된다 — 인 바베르(Baber)였다. 그는 티무르의 직계 자손으로 그의 어머니는 칭기즈 칸의 피를 받고 있었다. 그는 당시 카불의 지배자였으나 매우 기쁜 마음으로 이 인도로의 초청을 받아들였다. 사실 십중팔구 그는 초청을 받지 않았더라도 스스로 찾아왔을 것이다. 1526년 델리 부근의 파니파트(Panipat) 평원에서 바베르는 힌두스틴 제국을 자기 것으로 만들었다. 여기서 인도의 무굴 제국으로 알려져 있는 일대 제국이 출현하게 되고 델리는 다시 그 중요성이 인정되어 이 제국의 요충지가 되었다. 그러나 그것을 고찰하기 전에 우리는 먼저 델리의 쇠망기에 있었던 일을 살펴보아야만 한다.

남인도의 여러 왕국들

그 무렵 인도에는 크고 작은 여러 나라가 있었다. 새로 일어난 자운푸르에는 샤르키(Sharqi) 왕조가 지배하는 이슬람 교도 소국가가 있었다. 그것은 대국도 강국도 아니었으며 정치면에서도 볼 만한 가치가 없었다. 그러나 15세기의 약 100년 동안 그 나라는 문화와 종교에서 관용의 아성이었다. 자운푸르의 이슬람 교도 대학은 관용의 정신을 창조했으며, 그 군주의 한 사람은 지난번의 편지에 쓴 것처럼 힌두 교도와 이슬람 교도들의 통합을 달성하려고 했을 정도다. 예술이나 예술적 건축이 장려되었으며 힌디어·벵골어와 같은 신흥 언어의 보급이 촉진되었다. 배타적이고 편협한 풍조가 만연되어 있는 가운데서 자운푸르는 홀로 이채를 띠었으며, 학술과 문화와 관용 정신의 전당 같은 느낌을 주었다.

동쪽에는 알라하바드 바로 근처에 비하르와 벵골을 포함하고 있는 대국 가우르(Gaur)가 있었다. 가우르는 바다와 인도의 대륙 도시를 잇는 항구를 이루고 있었다. 중부 인도의 알라하바드 서쪽의 구자라트에 가까운 곳에는 말와(Malwa)가 있으며 그 수도 만두(Mandu)는 도시와 요새를 겸한 곳이다. 그 곳에는 근사하고 아름다운 건축물이 즐비하고 그 유적은 그 곳을 찾는 사람의 눈을 즐겁게 해 준다.

말와의 북서쪽은 라지푸타나(Rajputana)인데, 거기에는 수많은 라지푸트국이 있었으며 그 중에서도 치토르(Chittor)가 널리 알려져 있었다. 당시 치토르와 말와와 구자라트 사이에는 전쟁이 자주 일어났다. 치토르는 다른 나라에 비하면 작은 나라였지만 언제나 전장에서 용맹을 떨쳤으며 가끔 열세인 병력으로도 승리를 차지했다. 치토르의 라나(Rana : 왕)가 말와에 대해 거둔 승리를 기념해 치토르에는 예술적으로 뛰어난 개선탑 — 자야 스탐바(Jaya Stambha)가 세워졌다. 만두의 술탄도 이에 지지 않으려고 만두에 높은 탑을 세웠다. 치토르의 탑은 지금도 남아 있지만 만두의 것은 흔적이 없다.

말와 서쪽에 널리 퍼져 있었던 것은 구자라트였다. 여기에 강대한 한 왕국이 일어났는데, 술탄 아흐마드 샤(Ahmad Shah)가 건설한 수도 아메드아바드(Ahmedabad)는 인구 100만에 가까운 대도시가 되었다.

이 도시에는 아름다운 건축물이 즐비해서 15세기부터 18세기에 이르는 3세기 동안에는 전세계에서 가장 아름다운 도시의 하나로 손꼽혔다. 이 도시의 거대한 자미 마스지드(Jami Masjid : 교육 의료 기관)는 거의 같은 시대에 치토르의 라나가 세운 란푸르(Ranpur)의 자이나교 사원과 이상하리 만큼 꼭 같았다. 이것은 낡은 인도 건축이 새로운 여러 관념의 영향을 받아 하나의 새로운 건축 양식을 발생시킨 증거라 할 수 있다. 여기에서도 앞에서 쓴 예술 분야에서의 통합을 볼 수 있다. 지금도 아메드아바드에는 훌륭한 돌조각이 있는 아름다운 낡은 건축물이 많이 있지만 그 주위에 발생한 신흥 공업 도시는 도저히 아름답다고는 말할 수 없다.

포르투갈인이 인도에 도착한 것은 마침 그 무렵이었다. 바스코 다 가마가 희망봉을 돌아서 인도를 찾아 온 최초의 사람이었다는 것은 너도 기억하고 있을 것이다. 그는 1498년에 남쪽의 캘리컷에 도착했다. 물론 전에는 유럽인으로서 인도를 방문한 사람은 많이 있었지만 그들은 상인이라든가 아니면 단순한 여행자로서 온 것에 지나지 않았다. 그러나 이들은 교황으로부터 동방 세계를 선물받고 있었으며 처음부터 정복을 목적으로 찾아왔다. 그들은 처음 얼마 동안은 적은 수에 불과했지만 잇따라 와 닿는 배에 고아를 비롯한 연안의 몇 개 도시가 점령당했다. 그러나 포르투갈인은 인도에서는 별로 활동하지 않았으며 오지로 침입한 적도 없었지만, 어쨌든 그들은 인도를 공격하기 위해 바다를 건너온 최초의 유럽인이었다. 훨씬 나중에 프랑스인과 영국인이 그 뒤를 따랐다. 이런 까닭으로 해로의 개척은 인도의 쇠퇴를 유럽에 폭로하는 것이 되고 말았다. 남인도의 오래된 여러 대국의 그림자는 희미해졌으며 그들은 오지로부터의 위협에 주의를 빼앗기고 있었다.

구자라트의 술탄들은 해상에까지 나와 포르투갈인과 싸웠다. 그들은 오스만 투르크인과 동맹을 맺고 포르투갈인의 한 함대를 격파했다. 그러나 얼마 지나지 않아 포르투갈인이 술탄을 누르고 제해권을 장악했다. 마침 그 때 델리에 무굴의 위협이 닥쳐왔기 때문에 구자라트의 술탄이 포르투갈인에게 강화를 요청했으나, 포르투갈인은 거짓 강화를 맺고

남인도의 여러 왕국들

이후 다시 공격했다.

　남부 인도에는 14세기 초에 두 개의 대왕국이 일어났다. 바흐마니 (Bahmani) 왕국이라고도 일컬어지는 굴바르가와 그 남쪽의 비자야나가르가 그것이다. 바흐마니 왕국은 마하라슈트라 지방과 카르나타카 (Karnataka)의 일부를 석권했다. 이 나라는 150년 간 계속되었지만 그 통치 방법은 비열한 것이었다. 거기에는 박해와 폭력과 살인이 난무했으며, 술탄이나 귀족들의 지나친 사치 생활에 반해 인민들의 생활은 궁핍이 극에 이르러 있었다. 16세기 초에 바흐마니 왕국은 온갖 포학한 짓을 다한 끝에 다섯 개의 술탄국 — 비자푸르·아메드나가르(Ahmednagar)·골콘다·비다르(Bidar) 및 베라르(Berar)로 분열되었다.

　한편 비자야나가르국은 이미 200년 간 존속되어 왔으며 여전히 번영을 계속하고 있었다. 이들 6개국 사이에는 남인도의 패권을 둘러싸고 끊임없이 분쟁이 일어났다. 그것들은 여러 가지로 얽히고 설켜 있었으며 그 관계는 자주 바뀌었다. 때로는 이슬람 교도 국가가 힌두교 국가와 연합해서 다른 이슬람 교도 국가와 싸우기도 했다. 이 대립은 오로지 정치적인 것으로서, 어느 한 나라가 두각을 나타내기만 하면 반드시 다른 여러 나라가 동맹해서 이에 맞섰다. 결국 비자야나가르의 세력과 부는 여러 이슬람 교도 나라를 규합시켜서 이에 대항토록 만들었으며, 1565년 탈리코타(Talikota) 회전에서 연합국은 비자야나가르 제국을 완전히 궤멸시켜 버렸다. 그리하여 비자야나가르 제국은 2세기 반 만에 몰락했으며 화려한 대도시는 철저하게 파괴되고 말았다.

　전승국 사이의 동맹은 곧 깨지고 다시 서로간에 싸움이 일어났으나 얼마 가지 않아 모두 델리에 있는 무굴 제국의 그늘에 싸이고 말았다. 그들이 당하고 있던 또 하나의 어려운 문제는 1510년에 고아를 점령한 포르투갈인이었다. 고아는 비자푸르 영내에 있었고 포르투갈인을 쫓아 내기 위해 온갖 노력을 다했으나 포르투갈인은 고아에 달라붙어서 떨어지지 않았으며, '동방 총독'이라는 허울좋은 직함을 가지고 있던 그들의 지휘관 알부케르크(Albuquerque)는 철면피한 잔학 행위를 자행했다. 더구나 포르투갈인들은 여자나 아이들도 빼놓지 않고 학살을 감행했다. 그 때부터 오늘까지 줄곧 포루투갈인은 고아[110]에 뿌리를 박고 있다.

남부 여러 나라, 특히 비자야나가르·골콘다 및 비자푸르에는 아름다운 건물들이 세워졌다. 골콘다는 지금은 폐허가 되었지만 비자푸르에는 이들 훌륭한 건축물이 많이 남아 있다. 비자야나가르는 파괴되어 그 흔적도 남아 있지 않다. 하이데라바드시는 이 무렵 골콘다 가까이에 건설된 것이다. 남쪽의 건축사나 목수는 그 뒤 북쪽으로 옮겨와 아그라(Agra)의 타지 마할(Taj Mahal)[111]의 건축을 도왔다고 한다.

각 종파간에는 일반적으로 관용이 지켜졌지만 그래도 이따금 편협함과 편견을 드러내기도 했다. 전쟁은 무서운 살육과 파괴를 수반했다. 그러나 모슬렘 국가인 비자푸르에 힌두 교도 기병대가 있었고, 또 힌두 교도의 비자야나가르가 몇 개의 모슬렘 부대를 가지고 있었다는 것은 주목할 만한 일이다. 상당히 고도의 문명이 존재했던 것 같지만 그것은 어디까지나 부자들의 독점물에 지나지 않았으며, 일하는 하층 사람들은 그 혜택을 받지 못했다. 그들은 가난했으며 더구나 어느 시대에서나 볼 수 있듯이 부자들의 사치를 위해 그 무거운 짐을 양어깨에 짊어지고 있었던 것이다.

---

110) 인도의 서해안 봄베이 남쪽에 있는 항구 도시. 1510년 포르투갈이 아시아로 진출하면서 이 곳을 점령하고 통상과 포교의 근거지로 삼아 16세기 후반에는 크게 번영했다. 인도 독립 후 해안에 산재한 다른 외국령과 함께 그 귀속 문제가 논란의 대상이 되었다. 고아에 거주하는 인도인은 복귀 운동을 일으키고 인도 연방 의회에서도 자주 거론되었지만, 여전히 포르투갈령으로 머물러 있다가 1961년 인도가 무력으로 강제 점거하면서 마침내 인도에 귀속되었다.

111) 무굴 제국의 왕족에게는 많은 영묘(靈廟)가 있지만 타지 마할은 그 중에서도 가장 대표적인 것으로서, 그 화려함과 균형의 미는 세계에서도 유례를 찾아볼 수 없다고 한다. 무굴 제국의 황제 샤 자한(Shah Jahan)이 자기의 사랑하는 왕비 뭄타즈 마할(Mumtaz Mahal)의 죽음을 슬퍼해서 세우게 한 이 묘는 1632년에 기공해 약 20년의 세월이 걸려 완성한 사치의 표본이다. 대좌의 넓이 사방 95m, 묘의 바닥 면적 사방 57m, 높이 58m나 되는 웅대한 묘 전체가 흰 대리석으로 세워졌는데, 주변의 광대한 정원과 혼연 일체의 조화를 이루는 무굴 제국 최성기의 전형적인 걸작이다. 타지 마할은 '왕궁의 왕관'이라는 뜻으로, 사랑하는 왕비에게 주어진 이름이다.

남인도의 여러 왕국들

77 1932년 7월 15일

비자야나가르

지난번 편지에서 참고로 들었던 인도 남부의 나라들 가운데서는 비자야나가르가 가장 긴 역사를 가지고 있었다. 비자야나가르가 계속되고 있는 동안 많은 외국인 여행자가 찾아와서 그 나라나 수도에 관한 기록을 남겼다. 1420년에는 이탈리아인 니콜로 콘티(Nicolo Conti)가 찾아왔고, 1443년에는 중앙 아시아의 대칸의 궁정으로부터 헤라트의 압두르 라자크(Abdur Razzaq)라는 사람이 파견되었다. 또 1522년에 이 도시를 방문한 포르투갈인 파에스(Paes)를 비롯해 그 밖에도 많이 있다. 남인도, 특히 비자푸르를 다룬 역사도 있는데, 그것은 지금 이야기하고 있는 시대보다 조금 뒤인 악바르 시대에 페리슈타(Ferishta)라는 사람이 페르시아에서 저술한 것이다. 당시에 쓰인 역사책은 왕왕 시각이 매우 편중되고 과장되는 법이지만 그래도 상당히 도움이 되기도 한다. 카슈미르의 『라자 타랑기니』는 유명한 예외지만 이슬람 이전의 시대에 대해서는 이런 종류의 것은 거의 남아 있지 않다. 그러므로 페리슈타의 저술은 커다란 신국면을 열었다고 할 수 있으며, 그 밖의 것도 모두 그의 기술에 근거하고 있다.

비자야나가르를 방문한 외국인의 기술은 도시에 대해 대체로 적당하고 공평하게 묘사하고 있다. 그것들은 끊임없이 일어난 시시한 전쟁들의 기록 이상의 것을 말해 주고 있기 때문에 그것에 대해 조금 이야기하기로 하자.

1336년에 건설된 비자야나가르는 남인도의 카르나타카라고 일컬어지는 곳에 자리잡고 있었다. 힌두 국가였기 때문에 당연히 남인도의 이슬람 교도 국가로부터 수많은 망명자가 그리로 몰려들어 급속히 커졌다. 몇 해가 지나지 않아서 이 나라는 남쪽에서 패권을 잡았으며, 그 수도는 그 부유함과 아름다움으로 주목을 끌었다. 비자야나가르는 데칸 지방의 지도 세력이 되었다.

페리슈타는 이 왕국의 거대한 부를 이야기하고 있으며, 이슬람 교도의 바흐마니 국왕이 비자야나가르의 왕녀와 결혼한 1406년 당시의 수도의 모습을 기술하고 있다. 그의 말에 따르면, 도로를 금사나 그와 비슷한 값비싼 천으로 깔았다고 한다. 이 얼마나 어리석고 철면피한 낭비냐!

1420년 이탈리아인 니콜로 콘티가 찾아왔는데 그는 도시의 주위가 60마일에 이르렀다는 것을 보고하고 있다. 거기에는 수없이 많은 정원이 있었기 때문에 그토록 광대한 면적을 필요로 했던 것이다. 콘티는 비자야나가르의 군주, 즉 당시의 이름으로 부르면 라야(Raya)는 당대에 첫째 가는 인도의 대군주라는 의견을 가지고 있었다.

그 다음에 압두르 라자크가 중앙 아시아에서 왔다. 그는 비자야나가르로 가는 도중 망갈로르(Mangalore) 부근에서 놋쇠만으로 이루어진 눈부신 사원을 보았다. 높이는 15피트이고 토대는 가로와 세로가 각각 30피트였다. 그보다 앞에 있는 벨루르(Belur)에서 그는 또 하나의 사원을 보고 더욱 놀랐다. 그는 만약 그것을 기록에 남겨 놓으면 '과장이라고 의심받을' 것을 두려워해 삼가했을 정도였다. 마침내 그가 비자야나가르에 도착하자 그 웅대함에 마음을 빼앗겼다. 그는 "이 도시는 이 세상에 이것과 비교할 만한 것을 지금까지 눈으로 본 적이 없고 귀로 들은 적이 없을 정도의 것이었다"라고 말하며 찬탄을 아끼지 않았고, 상점가(bazaar)에 대해서는 다음과 같이 기술했다. "상점가는 따로따로 쳐다보아야 할 정도로 매우 높은 아케이드를 가지고 있으며, 장려한 회랑이 둘러싸고 있다. 그러니 왕궁은 한층 높이 하늘을 찌르고 있는 것을 보았다." "상점가는 광대하기 짝이 없다. 아름다운 화초를 언제나 쉽게 살 수 있으며, 시민들은 그것을 날마다 생활 주변 가까이서 관상할 수 있어 그것 없이는 하루도 생존할 수 없는 듯했다. 각종 조합이나 동업 조합에 속하는 상인들의 점포는 처마를 맞대고 즐비하게 서 있었으며, 보석상은 홍옥·진주·금강석·녹옥 등을 공공연하게 시장에 내다 판다." 압두르 라자크는 계속해서 다음과 같이 쓰고 있다. "풍취 있는 왕궁 부근의 한 구역에 거울처럼 잘 닦인 돌로 막은 도랑이 종횡으로 통하고 있어 잔잔한 물소리를 들을 수 있다. 주민들의 의식주는 풍족하고, 복잡한 예절 및 풍습은 한정된 지면에 도저히 그 전모를 다 밝힐 수가 없다." 이런 투로 이 중앙 아시아에서 온 15세기의 여행자는 더욱 장황하게 비자야나가르의 번영을 이야기했다.

너는 혹시 압두르 라자크가 별로 대도시를 본 적이 없으며 비자야나가르를 보고 무의식중에 말이 지나친 것이었다고 생각할지도 모른다. 그렇지만 다음에 찾아온, 경험이 풍부한 여행가를 만나 보고 우리의 이해를 돕도록 하자. 그 사람은 포르투갈인인 파에스로서, 그는 마침 르네상스의 풍조가 이탈리아에 파급되어 많은 아름다운 건축물이 이탈리아의 여러 도시에 출현했을 때인 1522년 이 도시에 왔다. 파에스는 물론 많은 도시들을 알고 있었을 것이므로 그의 평가는 신뢰할 만한 것이다. 비자야나가르의 수도는, "그 규모는 로마에 족히 비할 수 있고 또 매우 아름다웠다"고 그는 말했다. 그는 상세하게 이 도시의 놀랄 만한 점과 거기에 있는 무수한 연못·수로·과수원 등의 아름다움을 설명하고 있다. 그의 기록에 따르면 "그것은 세계에서 가장 잘 정비된 도시다. 물자는 남아돌아, 가끔 생활 물자의 공급이 부족한 다른 도시의 상태와는 다르다." 그가 왕궁에서 보았던 한 방은 "방도 벽도 천장부터 바닥까지 상아로 만들어져 있었다. 격자로 짜여진 기둥 위에는 상아로 만든 장미와 연꽃이 일일이 장식되어 있었으며 비할 데 없을 만큼 정교하게 만들어져 있었다. 또 그 호사스러움과 화려함은 두 번 다시 볼 수 없는 것이었다."

파에스는 또 그가 방문했을 당시 비자야나가르 군주에 대한 것도 기술하고 있다. 남인도 사상 최대의 군주의 한 사람이자, 전장의 용사로서, 또 적에 대한 의협심의 소유자로서, 그리고 문예의 보호자, 인망 있고 관대한 군주로서의 그의 명성은 오늘날까지도 남인도 사람들의 이야깃거리가 되고 있다. 그의 이름은 크리슈나 데바 라야(Krishna Deva Raya)였다. 그는 1509년부터 1529년까지 20년 간 통치했다. 파에스는 그의 키·풍모 및 피부색이 희다는 것까지 빠뜨리지 않고 말하고 있다. "그는 위세를 사방에 떨치고 있었으며 완전 무결하고 이상적인 국왕이었다. 또한 그 태도나 품격은 대단히 호방한 것이었다. 또한 그는 애써 외국인을 존중하는 사람으로서 그들을 환대했으며 그들이 어떤 상태에 있든지 간에 후의로써 그들을 여러 가지로 도와 주었다." 국왕의 갖가지 칭호를 든 다음에 파에스는 다음과 같이 덧붙였다. "그러나 어떤 칭호로도 그와 같은 인물을 한 마디로 나타내는 데는 부족했다. 그는 모든 일에서 대단히 진취적이었으며 또한 더 말할 나위도 없는 훌륭한 국왕이었다."

이것 또한 대단한 찬사다! 비자야나가르 제국은 이 무렵 남부로부터 동부 해안 일대로 확대되어 있었다. 마이소르(Mysore)·트라방코르(Travancore)와 지금의 마드라스주는 모두 제국의 일부였다.

그 밖에는 또 한 가지 덧붙여 두어야 할 것이 있다. 이 도시에 음료수를 공급하기 위해 1400년쯤에 이미 대수도 시설이 있었던 것이다. 강을 하나 막아 거대한 저수지를 만들었고 그 물은 수도를 통해 도시로 흘러들었는데, 이것은 길이가 15마일이나 되었으며 바위를 뚫고 만든 곳도 곳곳에 많이 있었다.

비자야나가르는 대충 이런 상태로 그 부와 미를 자랑하고 그 힘을 과시했다. 아무도 이 도시와 제국의 최후가 다가오고 있다는 것을 알지 못했다. 파에스가 찾아온 지 불과 43년도 지나지 않아 갑자기 어두운 구름이 끼기 시작한 것이다. 비자야나가르의 위대함을 시기하고 있던 데칸 지방의 다른 여러 나라가 동맹을 맺고 공격을 가해 왔다. 그런데 어리석게도 비자야나가르는 아직 자신감을 가지고 있었다. 피국은 눈 깜박할 사이에 닥쳐왔으며 더욱이 그것은 무섭고 처참한 최후였다.

이미 말한 바처럼 비자야나가르는 1565년 주변의 동맹국에게 격파되었다. 무자비한 살육이 벌어졌으며 잇따라 이 대도시에 대한 약탈이 자행되었다. 모든 아름다운 건물과 사원과 궁전이 파괴되었다. 정교한 조각과 조상(彫像)이 부서졌으며 커다란 화톳불을 피워 놓고 태워 버릴 수 있는 것은 무엇이든지 태워 버렸다. 방화와 파괴는 끝없이 계속되어 타고 남은 찌꺼기만이 산더미처럼 쌓여 갔다. "지금까지의 세계사 속에서 이처럼 참혹하기 짝이 없는 파괴 행위가 있었던 적은 없었다. 하물며 이처럼 호화로운 대도시에 있어서랴. 지난날 마음껏 번영을 누렸던 부유하고도 근면한 주민은 도저히 형용할 수 없는 야만스러운 살육과 공포가 행해지는 속에서 끝없는 폭행과 겁탈을 당하고 그 도시와 함께 하루 아침에 잿더미로 바뀌었다"고 어느 영국의 역사가는 말했다.

78 *1932년 7월 17일*

말레이시아의 제국들

　　우리가 말레이시아와 동쪽 여러 섬에 대해 좀더 자세한 이야기를 하지 못한 채 내가 그것들에 대해서 쓰기 시작한 이후 꽤 많은 시간이 지나가 버렸구나. 나는 다시 그것을 읽어 보았는데 이 곳을 언급한 것은 마흔여섯 번째 편지가 마지막이었다. 그 뒤로 우리는 서른한 통의 편지를 주고받았으며 이것이 일흔여덟 번째의 편지가 된다. 모든 나라를 적당히 다룬다는 것은 아무래도 어렵다.
　　너는 내가 지금부터 꼭 2개월 전에 쓴 것들을 기억하고 있니? 캄보디아와 앙코르와 수마트라와 스리 비자야에 대한 이야기를 했지? 인도지나에서는 옛날의 인도인 식민지가 몇백 년을 지나는 동안에 하나의 거대한 제국 — 캄보디아 제국이 되었으나 앞서 이야기한 자연의 힘이 갑자기 제국을 방해해서 그 도시와 제국을 쓰러뜨려 버렸다고 했지? 그것은 대체로 1300년쯤의 일이었다.

거의 동시대에, 즉 캄보디아 제국이 존속하고 있던 것과 같은 시대에 바다 저쪽의 수마트라 섬에는 또 하나의 대국이 있었다. 다만 이 스리 비자야는 제국으로서의 경력을 조금 늦게 시작했지만 캄보디아보다도 오래 지속되었다. 그 몰락도 캄보디아와 마찬가지로 갑작스러운 것이었지만 그러나 그것은 못난 인간들 때문이었다. 300년 동안 스리 비자야 불교 제국은 번영을 계속했으며 동쪽의 여러 섬을 거의 전부 그 지배하에 두었고, 한때는 인도·실론·중국에까지 근거지를 확대해 나갔다. 이 나라는 상업 제국으로 무역이 가장 주요한 기능을 담당하고 있었다. 그러나 그 뒤 이웃에 있는 자바 동부에 또 하나의 상업 제국이 대두했는데, 이 힌두교 제국은 스리 비자야에 대해 복종할 것을 거부했다.

9세기 초부터 400년 동안 이 동부 자바 국가는 스리 비자야의 팽창하는 세력에 위협을 받고 있었으나 운 좋게도 독립을 확보했으며, 그 동안 매우 많은 석조 사원을 건축했다. 그 중에서도 가장 거대한 보로보두르(Borobodur)라는 사원군은 지금도 볼 수 있으며 많은 관광객을 모으고 있다. 스리 비자야의 지배를 겨우 면한 동부 자바는 이제는 오히려 사태가 역전되어 스리 비자야에 위협을 가했다. 양쪽 모두 상업 국가로 시장을 찾아 대양을 누비고 다녔던 그들은 이따금 서로 분쟁을 일으켰다.

나는 이 자바와 수마트라의 대립을 생각할 때마다 근대 국가의 대립, 이를테면 독일과 영국의 대립을 연상하게 된다. 스리 비자야를 누르는 유일한 길은 제해력을 강화시키는 데 있다는 점을 알아차린 동부 자바는 열심히 해군 병력을 증강시켜 대원정 함대를 출동시켰지만 그들은 몇 년 동안이나 적수를 만나지 못했다. 그런 가운데 자바는 더욱 강대해지고 공격적으로 되어 갔다. 13세기 말쯤에 마자파히트라는 한 도시가 건설되었으며, 그것이 신흥 자바 국가의 수도가 되었다.

이 자바 국가는 어느 때인가 대칸 쿠빌라이가 조공을 바치라고 파견한 사신을 모욕할 만큼 오만 불손해져 있었다. 공물을 보내지 않았을 뿐 아니라 모욕적인 회답으로 사신 한 사람의 이마에 문신을 새겨 놓았다. 이것은 몽고의 칸을 상대로 한 일로서는 몹시 어리석고도 위험한 처사였다. 전에 이와 비슷한 모욕 행위가 칭기즈 칸의 중앙 아시아 정복을, 또 나중에는 훌라구의 바그다드 침입을 자초한 적이 있었다. 그런데도 자바의 한 조그만 섬나라가 감히 쿠빌라이를 모욕했다니. 그러나 이 나라에게는 무척 다행스러운 것이, 몽고인들은 전에 비해 훨씬 온화해졌으며 당시는 정복욕을 갖고 있지도 않았다는 점이다. 또 그들은 육상 전투는 자신을 가지고 있었지만 해전에는 그다지 능하지 못했다. 그렇지만 쿠빌라이는 책임자인 국왕을 벌주기 위해 자바에 원정군을 보내 그들을 격파하고 국왕을 죽였다. 그러나 그들은 지나치게 심한 손해를 입힐 생각은 없었던 듯하다. 중국의 영향을 받은 몽고인은 그렇게 많이 달라져 있었던 것이다.

사실 중국 원정군은 결국 자바, 즉 오늘날의 국호를 사용하자면 마자파히트 제국을 강화시키는 결과를 가져온 것처럼 생각되기도 한다. 그것은 중국인이 화포를 가지고 왔기 때문이며, 그 뒤의 전쟁에서 마자파히트가 승리를 거둘 수 있었던 것은 십중팔구 이 화포를 사용했기 때문이었던 것이다.

마자파히트 제국은 팽창을 계속했다. 그것은 결코 우연한 결과가 아닌, 국가가 계획적으로 조직한 제국주의적 팽창이었으며 정예 육해군을 앞세워 수행한 것이었다. 이 팽창의 시대에 수히타(Suhita)라는 한 여성이 여왕으로 군림했던 적도 있었다. 정부는 고도의 통제력을 가진 잘 정비된 기구였던 듯하다. 조세 · 관세 · 통과세 · 내국세 등과 관련된 제도도 매우 뛰어났다는 점이 서양의 역사가들이 증명하고 있다. 정부의 행정 기구 속에는 식민성, 무역성, 후생 보건성, 내무성, 국방성 등이 있었으며 두 사람의 관리를 주석(presiding officer)으로 하고 7명의 재판관을 갖춘 최고 법원도 있었다. 브라만교의 승려가 큰 세력을 가지고 있었으나 국왕이 그들을 제어하고 있었다고 한다.

이들 관청은 그 이름부터가 어느 정도까지 『아르타샤스트라』를 생각케 한다. 그러나 식민성이라는 것은 신기한 것이다. 내무성을 감독하는 장관은 국내 정무를 관장하며 만트리(Mantri : 산스크리트어로 고문·조언자라는 뜻)라고 일컬어졌다. 그것은 곧 남부 인도에서 온 팔라바 식민주의자들이 처음으로 이 곳에 정착한 지 1300년이 지난 당시에도 아직 인도의 전설과 문화가 그 여러 섬에 유지되고 있었다는 것을 보여 주는 것이다. 이런 일은 상호간에 접촉이 지속되었기 때문에 가능했던 것이며, 그와 같은 접촉이 무역을 통해 유지되었다는 것은 의심할 여지가 없다.

마자파히트는 상업 국가였으므로 당연히 수출이나 수입, 즉 국외로 실어 내는 물품에 대한 무역과 외국으로부터 들여오는 물품에 대한 무역은 면밀한 계획 아래 행해졌다. 이들 무역은 주로 인도·중국 및 자국의 식민지를 상대로 한 것이었다. 스리 비자야와 전쟁 상태에 있는 이상 그 나라와 식민지 사이에 우호적인 무역이 지속되었을 리는 없었.

자바 국가는 몇백 년이나 존속했지만 마자파히트 제국의 융성기는 1335년부터 1380년까지의 겨우 45년 간에 지나지 않았다. 스리 비자야가 마지막으로 점령되고 파괴당한 것은 그 기간인 1377년의 일이었다. 한편 안남·샴·캄보디아 사이에는 동맹이 맺어져 있었다.

수도 마자파히트는 아름답고 번화한 도시이며 그 한복판에 시바신을 모시는 큰 사원이 있었다. 사실 그들은 말레이시아의 전 인도인 식민지를 통해 건축에 관해서는 아주 능수능란했다. 자바에는 그 밖에도 몇 개의 대도시와 큰 항구가 더 있었다.

이 제국주의 국가는 숙적 스리 비자야의 뒤를 이어 얼마 뒤 멸망하고 말았다. 내란으로 중국과 사이에 분쟁이 일어나자 중국의 대함대가 내습했고, 여러 식민지는 하나씩 탈락되어 갔다. 1426년 대기근이 발생했으며, 2년 후 마자파히트는 이미 제국이 아니었다. 그래도 그것은 말라가의 이슬람 교도 국가가 이 나라를 점령할 때까지 50년쯤 더 존속했다.

이리하여 말레이시아의 인도 식민지에서 태어난 제3의 제국은 끝장이 났다. 이 짧은 편지 속에서 우리는 아주 긴 시대를 다루었다. 인도로부터의 최초의 이민은 기원 전후에 건너갔는데 벌써 우리는 15세기까지 와 있다. 그러므로 우리는 1400년 동안에 걸친 이들 식민지 개척의 역사를 살펴본 셈이다. 우리가 특별히 고찰한 세 개의 제국—캄보디아, 스리 비자야 및 마자파히트는 각각 몇백 년 동안 존속했다. 이렇게 장기간 지속된 것은 이들 세 국가의 안정과 유능성을 말해 주는 것이기 때문에 이 햇수는 기억해 두는 것이 좋겠다. 그들은 특히 예술적인 건축물을 애호했으며, 이미 얘기했듯이 그들의 주요한 생업은 무역이었다. 그들은 인도 문화의 전통을 계승하고 있었으며, 이것을 중국 계통의 여러 가지 문화 요소와 조화시켰다.

 내가 특별히 말한 세 나라 외에도 많은 인도인 식민지가 있었다는 것을 기억하고 있으리라 믿는다. 그러나 우리는 그것들을 일일이 살펴볼 수는 없다. 이웃 나라인 샴이나 버마에 대해서도 많은 말을 할 여유가 없다. 이들 나라에서는 모두 강대한 국가가 일어났으며 활발한 예술상의 활동이 있었고 두 나라에 모두 불교가 전래되었다. 버마는 한 번 몽고인에게 정복당한 적이 있으나, 샴은 지금까지 중국의 침략을 받은 적이 한 번도 없었다. 그러나 버마도 샴도 이따금 중국에 공물을 보낸 적은 있었으니, 그것은 말하자면 겸손한 아우가 맏형에게 하는 선물과 같은 것이었다. 이 공물에 대한 답례로 훌륭한 선물이 중국으로부터 아우에게 보내졌다.

 몽고인의 버마 침입 이전까지 이 나라의 수도는 북버마의 파간(Pagan)이었다. 200년 동안 수도로 사용되어 왔던 이 도시는 대단히 아름다운 도시였으며, 이와 필적하는 것으로는 앙코르 말고는 없었다고 한다. 그 중에서도 특히 볼 만한 건축물은 세계 불교 건축물의 정화의 하나로 손꼽히는 아난드(Anand) 사원이었다. 그 밖에도 장렬한 건축물이 많이 있었다. 지금은 파간이 폐허로 되어 있지만 그것조차도 참으로 아름다운 것이다. 파간의 융성기는 11세기부터 13세기까지였다. 그 뒤 한참 동안 버마는 분쟁이 일어나 남북으로 분열되었으나 16세기에 대군주가 남쪽에서 일어나 다시 버마를 통일했다. 그 수도는 남부의 페구(Pegu)였다.

이 간단한, 그러면서도 갑작스럽게 시작한 버마와 샴에 대한 기술이 너를 혼란시키지 않기를 바란다. 우리는 말레이시아와 인도네시아 역사의 한 단락에 당도했을 뿐이며, 나는 우리의 연구에 마무리를 짓고 싶다고 생각하고 있었다. 지금까지로 보아서는 이 지역에 미친 주요한 영향은 정치적이건 문화적이건 인도와 중국에서 온 것이었다. 앞에서 말한 바와 같이 동남 아시아에서도 버마·샴·인도지나와 같은 내륙 여러 나라는 중국의 영향을 더 많이 받았던 반면, 도서 지방과 말레이 반도는 인도의 영향이 더 강했다.

그러나 이번에는 새로운 세력이 영향력을 행사하기 시작했다. 그것은 아랍인이 가지고 온 것이었다. 버마와 샴은 아랍권의 영향력을 피할 수 있었지만, 말레이와 도서 지방은 이 영향을 피할 수가 없었다. 그리고 얼마 되지 않아 이슬람 교도 제국이 머리를 쳐든다.

전부터 아랍 상인들은 이들 섬에 찾아와서 100년 이상이나 거기에 정착하고 있었다. 그러나 그들은 장사에 전념했을 뿐 다른 일로 정부와 교섭을 가졌던 적은 없었다. 14세기쯤에 아랍인 전도단이 아라비아에서 건너와, 퍽 드문 일이기는 하지만 몇 사람의 지방 군주를 개종시키는 데 성공할 수 있었다.

그 무렵 그 곳에서는 정치적인 변동이 진행되고 있었다. 팽창을 거듭한 마자파히트는 바야흐로 스리 비자야를 제압하려 들었고, 마침내 스리 비자야가 쓰러지자 많은 망명자가 말레이 반도 남부로 도망쳐서 거기에 말라카를 건설했다. 이 도시 내지 국가는 빠르게 발달해 1400년까지에는 벌써 대도시가 되어 있었다. 그러나 마자파히트의 자바인은 그 신민의 호감을 사지 못했다. 제국주의자가 언제나 그렇듯이 그들은 압제적이었기 때문에 마자파히트의 지배에 복종하기보다는 말라카의 새 국가로 옮겨가려고 하는 사람이 많았다. 당시 삼도 상당히 호전적이었다. 그래서 말라카는 많은 사람들의 피난처가 되었다. 여기에는 불교도도 있었고 이슬람 교도도 있었다. 군주들은 처음에는 불교도였으나 나중에 이슬람교로 개종했다.

새 국가인 말라카는 한쪽에서는 자바의 위협을 받고, 다른 쪽에서는 샴의 위협을 받고 있었다. 그렇기 때문에 여러 섬의 이슬람 교도 소국가들은 우호적인 나라와 동맹국을 찾아 나섰다. 또 중국에까지 보호를 요청했다. 그 무렵 중국은 몽고인을 밀어 낸 명 왕조가 지배하고 있었는데 말레이시아의 이슬람 교도 소국가들이 일제히 중국의 보호에 의지했다는 것이 주목된다. 이것은 강력한 적으로부터의 위협을 눈앞에 두고 있었다는 증거다.

중국은 말레이시아의 여러 나라에 대해서는 언제나 우호적이기는 했지만 한편으로는 영광스러운 고립 정책을 지켜 왔다. 중국은 더 이상의 정복에는 마음을 쓰고 있지 않았다. 정복으로부터 얻는 것은 매우 적다고 생각했지만 그러나 그 문명으로써 이방인들을 교화할 용의는 있었다. 명의 황제 영락제(永樂帝)는 종래의 정책을 변경하기로 결심하고 이들 여러 나라에 대해 종래 이상의 관심을 나타냈다. 그는 자바나 샴의 팽창을 좋아하지 않았던 것 같다. 그래서 이것을 누르고 중국의 위력을 안팎에 과시하기 위해 그는 제독 정화(鄭和)와 함께 방대한 함대를 파견했다. 이 함대에는 배의 길이가 400피트나 되는 것도 몇 척 끼어 있었다.

정화는 도처에 손을 뻗쳐 필리핀, 자바, 수마트라, 말레이 반도를 비롯해 거의 모든 섬에 그 발자취를 남겼다. 그는 실론까지 정복하고 국왕을 사로잡아 중국으로 데리고 돌아간 적도 있다. 마지막 원정에서 그는 페르시아 만까지 이르렀다. 15세기 초에 이루어진 정화의 항해는 그가 가는 곳마다 커다란 영향을 남겼다. 힌두교의 마자파히트와 불교의 샴을 억압하기 위해 그는 계획적으로 이슬람교를 후원했다. 말라카는 그의 대함대 보호 아래 확립되었다. 정화의 동기는 물론 완전히 정치적인 것으로서 종교와는 아무런 관계가 없었다. 그 자신은 불교도였다.

이리하여 말라카 제국은 반(反)마자파히트 세력의 선두에 섰다. 국력은 커졌으며 점차 자바의 여러 식민지를 침식해 들어가 1478년에는 마자파히트의 수도가 함락되었다. 그 뒤로 이슬람교는 궁정 및 도시의 종교가 되었다. 그러나 시골에서는 인도와 마찬가지로 옛날부터의 신앙과 신화와 습관이 유지되고 있었다.

말라카 제국은 스리 비자야나 마자파히트에 못지 않게 커졌으며 또 오래도록 국권을 유지했지만 그러나 좋지 않은 때를 만났다. 포르투갈인이 개입하기 시작한 지 몇 년이 되지 않아, 즉 1511년에 말라카는 포르투갈인의 손안에 들어갔다. 이리하여 네 번째 제국은 다섯 번째에게 자리를 물려 주었다. 그러나 다섯 번째 제국의 생명도 길지는 못했다. 어쨌든 역사상 최초로 이 동방 해역에서 유럽이 공격하고 지배하는 위치에 서게 되었다.

79 1932년 7월 19일

유럽이 동아시아를 점령하기 시작하다

지난번 편지는 말레이시아에 포르투갈인이 나타났다는 데서 끝났다. 그보다 조금 전에는 새 항로가 발견되어 포르투갈인과 스페인인이, 말하자면 누가 먼저 동양에 쳐들어가느냐 하는 경쟁을 벌였다는 것을 이야기했는데 기억하고 있겠지. 포르투갈인은 동쪽으로, 스페인인은 서쪽으로 향했다. 포르투갈은 아프리카를 돌아서 인도로 왔으며, 스페인은 착오로 아메리카에서 지체되었으나 그 뒤 남아메리카를 돌아서 말레이시아에 나타났다. 우리는 여기서 우리의 이야기 줄거리를 하나로 합쳐서 말레이시아의 이야기를 계속해 나가면 되겠다.

이미 알고 있는 바와 같이 향료(후추 등)는 적도 부근에 있는 나라들의 더운 기후 아래서 생산되는 것이며 유럽에서는 전혀 생산되지 않는다. 남인도나 실론에서도 조금 나기는 하지만 이들 향료의 대부분은 몰루카즈(Moluccas) 제도에서 생산된다. 그 때문에 이 섬들은 '향료 제도'라고도 일컬어진다. 먼 옛날부터 이 향료에 대해 유럽 방면에서 큰 수요가 있어 해마다 규칙적으로 무역이 행해지곤 했다. 그런데 이 향료가 유럽에 도달할 즈음이면 이것들은 매우 비싼 값이 되었다. 로마 시대에는 향료의 값이 같은 무게의 금과 똑같았을 정도다. 향료가 그토록 귀중한 것이고 서방에서는 그 수요가 그렇게 컸는데도 유럽은 스스로 그것을 손에 넣을 수단을 강구하지는 못했다. 오랫동안 향료 무역은 인도인의 손안에 있었으나 그 뒤 아랍인이 이것을 지배하기도 했다. 포르투갈인과 스페인인을 세계의 서로 다른 방향에서 끌어당겨 마침내 말레이시아에서 만나게 한 것도 이 향료의 매력이었다. 스페인은 동방으로 오는 도중 아메리카에서의 막대한 이익을 취하는 데 바빠 향료의 개발에서는 포르투갈이 앞섰다.

    바스코 다 가마가 희망봉을 돌아 인도에 도착하자 곧이어 많은 포르투갈 배들이 같은 항로를 따라 더욱 동쪽으로 뻗어 나갔다. 마침 그 무렵 향료와 그 밖의 무역을 한 손에 쥐고 있던 것은 말라카 제국이었다. 그래서 포르투갈인은 당장 그 나라 및 아랍 상인과 분쟁을 일으키게 되었다. 그들의 총독 알부케르크는 1511년 말라카를 점령하고 이슬람 교도 무역상을 물리쳤다. 바야흐로 포르투갈인이 유럽 무역을 좌우하기 시작했으며, 그들의 수도 리스본은 향료와 그 밖의 동양 산물을 집산하는 중심지가 되었다.

    알부케르크는 아랍인에 대해서는 잔혹하고 가차없는 적이었는데도 동양의 다른 상업 민족에 대해서는 우호 관계를 맺으려고 노력한 것이 주목된다. 그 중에서도 특히 중국인을 만나면 반드시 각별한 예의로써 그들을 대했다. 그 결과 중국은 포르투갈인에게 유리한 정보를 제공해 주었다. 그러고 보면 아랍인에게 표시된 적의는 아마도 그들이 동방 무역에 우위를 차지하고 있었다는 것 때문이었을 것이다.

    그 동안에도 향료 제도에 대한 탐색은 계속되었으며, 나중에 태평양을 횡단한 마젤란도 이전에 몰루카즈 제도를 발견한 탐험대의 한 대원이었다. 60년 이상 유럽의 향료 무역에는 포르투갈의 경쟁 상대가 없었다. 이어서 1565년 스페인이 필리핀 제도를 점령했으며, 이로써 제2의 유럽 강국이 동방 해상에 나타나게 되었다. 그러나 스페인인은 상업을 본령으로 하는 민족이 아니었기 때문에 포르투갈의 무역에 그다지 장애를 주지는 않았다. 그 동안 포르투갈은 군대나 선교사를 동방으로 보내 한편으로는 위협하고 또 한편으로는 회유하며 향료 무역을 독점했고, 마침내는 페르시아나 이집트까지도 포르투갈인의 손을 거치지 않으면 향료를 입수할 수 없게 만들었다. 그들은 어떤 나라에 대해서도 향료 제도와의 직접 무역을 묵인하려 하지 않았다. 그리하여 포르투갈은 부유하게 되었지만 그러나 식민지를 개발하려는 의도는 조금도 갖고 있지 못했던 것이다. 이런 조그만 나라가 16세기 전체에 걸쳐서 동방에서 얼마만한 업적을 올렸는가를 생각하면 놀라지 않을 수 없다.

한편 스페인은 필리핀을 손아귀에 꼭 틀어쥐고 가능한 한 많은 이익을 빼내려고 했다. 그러나 그들은 공물을 징수한 것 이외에는 별다른 성과를 올리지 못했다. 그들은 전부터 포르투갈인과 동방 해상에서 싸움을 일으키지 않도록 협정을 맺고 있었다. 또한 스페인 정부는 스페인령 아메리카와의 무역을 필리핀에게 허용하려고 하지 않았다. 그것은 멕시코나 페루의 금·은이 동방으로 유출되는 것을 우려했기 때문이다. 그래서 1년에 단 1척의 배가 아메리카와 필리핀을 왕복할 뿐이었다. 그것은 '마닐라선(Manilla Galleon)'이라고 일컬어졌는데, 필리핀의 스페인인들이 얼마나 이 정기선을 학수고대했는지를 상상할 수 있다. 240년 동안 이 '마닐라선'은 태평양을 가로질러 이 섬들과 아메리카 사이를 왕복했다.

스페인과 포르투갈의 성공을 보고 유럽의 다른 여러 나라는 부러워한 나머지 얼굴빛이 달라섰다. 당시는 스페인이 유럽에서 패권을 잡고 있었고 영국은 일급 강국이라고는 할 수 없었다. 네덜란드에서는 스페인의 통치에 대한 반란이 일어났다. 그러자 네덜란드를 동정하고 스페인을 시기하고 있던 영국은 네덜란드에게 비공식적인 원조를 보냈다. 영국 선원들 가운데는 공해상에서 아메리카로부터 재보를 싣고 돌아오는 스페인의 배를 나포하는 등의 해적 행위를 일삼으며 돌아다니던 사람도 있었다. 모험적이기는 하지만 폭리를 취할 수 있는 이 일을 지도한 사람은 프란시스 드레이크(Francis Drake) 경이었다. 그는 그것을 '스페인 임금님의 수염 태우기(singeing the King of Spain's bread)'라고 불렀다.

1577년 드레이크는 5척의 배를 이끌고 드디어 스페인 식민지 약탈에 나서서 기습에 성공했지만 배 4척을 잃었다. 단 1척 — '황금 인도호(Golden Hind)'만이 태평양에 도달했으며 거기서 드레이크는 희망봉을 돌아 영국으로 철수했다. 그리하여 그도 세계를 한 바퀴 돈 셈인데, 그 '황금 인도호'가 마젤란의 빅토리아호에 이어 두 번째로 세계를 일주한 배가 되었다. 세계를 한 바퀴 도는 데에는 3년이 걸렸다.

하지만 스페인 임금님의 수염 태우기는 얼마 가지 않아 분쟁을 야기하게 되었다. 이렇게 해서 얼마 뒤 영국과 스페인 사이에는 전쟁이 시작되었는데, 네덜란드는 그 때 이미 스페인과 전투중이었다. 이에 앞서 몇 년 동안 스페인 왕과 포르투갈 왕을 한 사람이 겸하고 있었던 관계로 포르투갈도 자연히 그 전쟁에 말려들어 갔다. 운도 따랐거니와 과단성 있는 조치가 주효해 영국은 유럽이 눈을 크게 뜨고 지켜보는 가운데 그 전쟁에서 이길 수 있었다. 영국 정벌을 위해 스페인이 보낸 '무적 함대(Invincible Armada)'는 너도 알다시피 허무하게 격침당했다. 그러나 우리의 당면한 화제는 동방에 대한 일이다.

영국인과 네덜란드인은 모두 극동으로 진출해 그 곳에 있는 스페인인과 포르투갈인을 습격했다. 스페인인들은 모두 필리핀에 모여 있었기 때문에 이 습격을 쉽게 막아 낼 수 있었지만 반면 포르투갈인은 큰 타격을 입었다. 그들의 동방 제국은 홍해에서 몰루카즈 — 향료 제도까지 6000마일 사이에 퍼져 있었다. 그들은 아덴(Aden) 부근, 페르시아 만, 실론, 인도 연안 각지, 그리고 물론 동방의 여러 도서 지방 일대 및 말레이에까지 근거지를 가지고 있었다. 그러나 영국의 진출 이후 그들은 점차 동방 식민지를 상실해 갔고, 도시나 거류지가 잇따라 영국이나 네덜란드의 손안에 들어갔다. 1641년에는 말라카도 함락되었으며 남은 것은 인도와 그 밖의 조그만 전진 기지뿐이었다. 서인도의 고아는 이 나라의 중요한 전진 기지로서 지금까지도 포르투갈인이 살고 있으며 몇 년 전에 세워진 포르투갈 공화국에 속해 있다. 당시 악바르 대왕은 고아를 포르투갈인의 손안으로부터 되찾으려고 했지만 성공하지 못했다.

그리하여 포르투갈은 동양사로부터 멀어져 갔다. 이 소국은 놀랄 만큼 크게 입을 벌리고 아시아를 물기는 했지만 그것을 완전히 삼키지는 못하고 입 속에서 우물우물 씹고 있는 동안에 숨이 막혀 버린 것이다. 스페인의 역할도 축소되어 갔다. 엄청난 이익을 보장하는 동방 무역의 지배는 바야흐로 네덜란드와 영국의 손으로 넘어갔다. 이 두 나라는 전부터 상사를 만들어 그 목적을 위해 전력을 다해 왔다. 영국에서는 1600년에 엘리자베스 여왕이 동인도 회사에 특허장을 주었고, 2년 후에는 네덜란드 동인도 회사가 창립되었다. 이들 회사는 모두 오로지 무역만을 목적으로 하는 사기업체에 지나지 않았지만 가끔 국가로부터 원조도 받았다. 그들 회사는 주로 말레이시아의 향료 무역을 다루는 것이었다. 인도는 그 무렵 무굴 왕조 밑에서 강대한 국위를 떨치고 있었기 때문에 함부로 건드릴 수 없는 존재였다.

네덜란드인과 영국인은 자주 사이가 나빠졌으며 결국 영국인은 동방의 여러 섬에서 손을 떼는 한편 오히려 인도에 더욱 주력하게 되었다. 무굴 제국은 시간이 흐를수록 쇠퇴하기 시작했다. 그리고 그것이 외국의 협잡꾼들에게 좋은 기회를 주었다. 우리는 나중에 영국이나 프랑스에서 온 이런 협잡꾼들이 음모와 전쟁으로 해체되어 가고 있던 무굴 제국을 손아귀에 넣기 위해 어떻게 광분했는가를 살펴보도록 하자.

유럽이 동아시아를 점령하기 시작하다

80 *1932년 7월 22일*

중국의 태평성대

너는 그 동안 병이 났구나. 그리고 아직도 자리에 누워 있지나 않는지 걱정이 된다. 감옥 속에까지 소식이 전해지자면 시간이 걸린다. 내가 너를 돌봐 줄 수가 없으니 너는 무슨 일이든지 스스로 해야만 할 것이다. 그건 그렇고, 우리는 왜 이렇게 떨어져서 생활해야만 하는 것일까 ― 너는 멀리 떨어진 푸나에 있고 어머니는 알라하바드에서 건강이 좋지 않아 병석에 누워 계시다. 그리고 그 밖의 가족은 각각 다른 감옥에서 기거하고 있다!

최근 2~3일 동안 나는 너에게 편지를 쓰기가 어려웠다. 너와 이야기를 나누는 듯한 기분을 가지려고 노력했지만 아무리 해도 안 되었다. 나는 푸나에서 앓고 있는 너를 생각하면서 언제쯤이면 너를 만날 수 있을까 하는 생각에 잠기기도 했다. 도대체 다시 우리가 만날 때까지는 얼마만큼의 세월이 필요한 것일까? 그리고 네 얼굴을 보지 못하고 지내는 동안 너는 얼마나 컸을까?

그러나 너무 걱정하는 것도 좋지 않은 일이다. 특히 감옥 속에서는 그렇다. 나는 마음을 돌려서 얼마 동안 오늘이라는 날을 잊고 생각을 어제로 돌려야만 되겠다.

그건 그렇고, 우리는 말레이시아에 있었지? 그리고 어떤 신기한 사건을 본 직후였다. 유럽이 아시아에서 공격하는 위치에 섰던 것 말이다. 포르투갈과 스페인이 왔으며 뒤따라 영국과 네덜란드가 왔다. 그러나 이들 유럽인의 활동은 오랫동안 말레이시아와 도서 방면에 국한되어 있었다. 서쪽에는 무굴 제국을 받드는 강대한 인도가 있고 북쪽에는 중국이 버티고 앉아서 미동도 하지 않았다. 그래서 인도와 중국은 거의 유럽인의 간섭을 받지 않았다.

　　말레이시아에서 중국까지는 아주 가깝다. 이번에는 이 나라를 찾아가 보기로 하자. 몽고인 쿠빌라이가 세운 원 왕조는 쓰러졌고 대중 반란이 계속 일어나 몽고인의 세력은 1368년에 만리장성 밖으로 쫓겨났다. 이 반란을 지도한 홍무제(洪武帝) — 주원장(朱元璋)은 본시 가난한 농민의 아들로서 거의 이렇다 할 학식도 없는 사람이었다. 그러나 그는 삶이라는 더 한층 큰 학교에서 우수한 학생으로 성공을 거두었으며 나중에는 더욱 현명한 황제가 되었다. 그는 황제가 되고 나서도 평생 그가 인민의 아들로 태어났다는 것을 잊지 않았기 때문에 절대로 잘난 체하거나 우쭐해져서 자기 분수를 잊는 일은 없었다. 그의 재위 기간 30년 동안의 치세는 그가 시종 그 자신을 낳은 서민의 생활을 개선하는 데에 힘을 기울였다는 것으로 지금도 기억되고 있다. 죽을 때까지 그는 어릴 때의 소박한 취미를 계속 가지고 있었다.

　　홍무는 새로운 명 왕조의 제1대 황제 태조(太祖)였다. 그의 아들 영락제(永樂帝) 또한 훌륭한 황제였다. 그는 1402년부터 1424년까지 재위했다. 그러나 나는 이와 같은 중국인 이름으로 너를 괴롭히고 싶지는 않다. 그 뒤 몇 사람의 좋은 군주가 제위에 올랐지만 언제나 그렇듯이 점점 질이 나빠졌다. 그러나 우리는 황제에 대한 것은 그만두고 이 시대의 중국 역사에 대해 고찰해 보기로 하자. 당시는 빛나는 시대였으며 보기 드문 광채가 이 시대를 감싸고 있었다. 명(明)이라는 말 자체가 '밝다'는 뜻이 아니냐. 이 시대는 중국 역대 왕조를 통해서 가장 전형적으로 중국적인 시대였으며, 이 왕조의 통치하에 중국인의 천재성은 자유 자재로 발휘되었다. 국내적으로도 대외적으로도 평화의 시대로서, 호전적인 대외 정책이나 제국주의적 모험도 없었다. 이웃 나라와는 친선 관계가 유지되었는데 다만 북쪽에서만은 유목민인 타르타르인 때문에 약간의 위협을 느끼고 있었다. 나머지 동방 세계에 대해서는 중국은 훨씬 나이가 위인 맏형이나 다름없었다. 그것도 영리하고 본바탕이 좋은, 그리고 교양도 있는 형이었으며 마음 속 깊이 자기의 우월함을 확신하면서도 손

아래인 동생들에게 신경을 많이 써서 그들을 지도하며 그들과 함께 자기의 문화와 문명을 나누어 가지려고 하고 있었다. 그래서 아우들 쪽에서는 누구나 그를 경모했다. 얼마 동안은 일본까지도 중국의 종주권을 인정했으며 일본을 지배하고 있던 장군은 스스로를 명 황제의 신하라고 일컬었다. 코리아와 인도네시아 제도 — 자바·수마트라 및 인도지나 등지에서 공물이 바쳐졌다.

제독 정화가 이끄는 대원정 함대가 말레이시아에 파견된 것은 영락제 시대였음은 이미 얘기했다. 정화는 30년 가까이나 동방 해상을 항해하면서 멀리 페르시아 만까지 이르렀다. 이것은 마치 변방의 여러 나라를 복속시키려는 제국주의적 기도처럼 보였지만, 그러나 그것은 분명히 정복이라든가 그 밖의 전리품을 목표로 한 것은 아니었다. 십중팔구는 샴이나 마자파히트의 팽창이 영락제가 원정군을 파견하도록 자초했던 것이다. 그러나 이유야 어쨌든 이 원정군은 중대한 결과를 남겼다. 그것은 마자파히트와 샴을 제압한 동시에 새 이슬람 교도 국가 말라카의 진출을 촉진시켰으며, 또한 중국 문화를 인도네시아와 동방 일대에 침투시켰다.

중국과 이웃 나라 사이에는 평화가 유지되고 있었기 때문에 더욱더 주의를 국내로 돌릴 여유가 생겼다. 정부는 선정을 베풀었으며 농민의 부담은 조세의 경감으로 줄어들었다. 도로·수로·운하·저수지 등도 개량하고 기근 재해에 대비하는 공영 곡식 창고도 세웠다. 정부는 지폐를 발행해 신용을 확대하고 통상 교역의 편의를 꾀했다. 이 지폐는 널리 보급되었으며 조세의 7할까지는 그것으로 지불해도 좋도록 했다.

더욱 주목을 끄는 것은 그 시대의 문화사다. 중국인은 옛날부터 문화와 예술의 국민이었지만 명대의 선정과 예술의 장려는 국민의 천재성을 더욱 찬란히 꽃피웠다. 훌륭한 건축물이 세워지고 위대한 회화가 그려졌으며, 또 명의 자기라고 하면 그 형태의 우아함과 기교의 미로써 세상에 널리 알려져 있다. 회화는 그 무렵 이탈리아가 르네상스의 풍조를 타고 배출한 걸작품에도 결코 뒤지지 않는 것이었다.

15세기 말의 중국은 경제력·산업·문화에서 유럽을 훨씬 능가하고 있었다. 명대를 통해서 유럽이나 그 밖의 어떤 나라도 인민의 복지와 그들의 예술 활동에서 중국과 비교될 수 있을 만한 것은 없었다. 더욱이 그 무렵 유럽은 위대한 르네상스 시대였는데도 말이다.

명대의 예술이 오늘날 널리 칭찬받는 이유의 하나는 볼 만한 작품들이 무수히 전해지고 있기 때문이다. 커다란 기념비가 있는가 하면 목조(木彫), 상아 세공, 경옥 세공 등이 있으며, 또 청동 화병이나 자기류도 있다. 명 말기에는 디자인이 지나치게 세련되어 그것이 오히려 조각이나 회화의 품위를 손상시켰을 정도다.

포르투갈선이 처음으로 중국에 온 것은 그 시대의 일이었다. 그들은 1516년 광동(廣東)에 입항했다. 알부케르크는 중국인에 대해서 만나는 사람마다 공손한 예의로써 대하는 데 신경을 썼다. 그렇기 때문에 중국에는 포르투갈에 호감을 갖는 정보가 먼저 들어와 있었다. 그러나 얼마 지나지 않아 포르투갈인은 온갖 횡포한 행동을 시작했으며 몇 군데에 성을 쌓았다. 중국 정부는 이 만행에 놀란 나머지 너무 성급한 조치를 취할 수는 없었지만 결국 전원을 퇴거시켰다. 그래서 포르투갈인은 그들의 재래식 방법이 중국에서는 쓸 만한 방법이 못 된다는 것을 깨달았다. 그들은 종래보다도 평화적이고 겸손한 태도를 취한 결과 1557년에는 광동 부근에 거류지를 허가받을 수 있었다. 마카오(Macao)는 그 때 그들이 세운 것이다.

포르투갈인과 함께 기독교 선교사가 건너왔다. 그 중에서 가장 유명한 사람은 성 프란시스 사비에르(St. Francis Xavier)였다. 그는 생애의 상당히 긴 기간을 인도에서 지냈다. 인도에 그의 이름을 딴 선교 학교가 많이 있다는 것을 너는 깨닫게 될 것이다. 그는 일본에도 갔지만 중국의 어떤 항구 ― 광동에서 상륙 허가를 기다리는 동안에 죽었다. 기독교의 포교는 중국에서는 장려되지 않았다. 그렇지만 예수회(Jesuits) 성직자로서 불교 학승을 위장해 몇 년 동안 중국어를 배운 사람이 두 사람 있다. 그들은 훌륭한 유학자가 되었으며 또한 과학자로서도 명성을 떨쳤다. 한 사람은 마테오 리치(Matteo Ricci)라는 사람이다. 그는 매우 유능하고 훌륭한 학자였으며 아첨을 잘하는 탓으로 황제의 마음에 들었다. 그는 나중에 위장을 벗어 던졌지만 그의 영향을 받아 기독교는 중국에서 훨씬 좋은 지위를 획득하게 되었다.

네덜란드인은 17세기 초기에 마카오로 와서 무역 허가를 요청했다. 그러나 그들과 포르투갈인은 사이가 좋지 않았다. 그리고 포르투갈인은 나중에 갖은 수단을 써서 중국인에게 그들에 대한 반감을 심어 주려고 했다. 포르투갈인은 중국인에게 네덜란드인은 극악 무도한 해적 민족이라고 선전했다. 그 때문에 중국인은 네덜란드인의 요청에 대해 허가를 거절했다. 몇 년 후 네덜란드인은 자신들이 세운 자바의 바타비아(Batavia)의 수도에서 대함대를 출범시켜 마카오 침략에 나섰다. 그들은 어리석게도 무력으로 마카오를 탈취하려고 했지만, 중국과 포르투갈인은 도저히 그들의 상대가 되지 않을 정도로 강했다.

영국인도 네덜란드인의 전철을 밟아 마카오 점령에 나섰으나 결국 실패로 돌아갔다. 그들이 중국 무역에 참여한 것은 명 왕조가 끝나고도 한참 뒤의 일이었다.

어떤 것이든지 다 그렇지만, 명 왕조는 좋은 면이 있었던 반면에 나쁜 면도 가지고 있었으며 17세기 중엽에 몰락하고 말았다. 타르타르인의 위협이라는 검은 구름이 한 점 북쪽에서 솟아오르더니 점점 커져서 마침내는 중국 전역에 어두운 그림자를 드리웠다. 그 옛날의 금, 다시 말해서 여진족에 대한 것을 너도 기억하고 있으리라 생각한다. 그들은 송 왕조를 중국 남부로 축출하고 새로운 제국을 건설했으나 몽고인에게 그 자리를 넘겨 주고 말았다. 이 금과 친척이 되는 새 부족이 이 무렵에, 지금은 만주라고 일컬어지는 중국 북부 지방에서 세력을 확충하고 있었다. 그들은 스스로를 만주인이라고 일컬었다. 명을 마침내 격파한 것은 이 만주족이었다.

그러나 중국이 서로 적대시하는 파벌로 사분오열되어 있지 않았더라면 만주족도 쉽사리 중국을 정복할 수는 없었을 것이다. 외국의 침략이라는 것은 중국이건 인도이건 기타 어느 나라일지라도 그 나라 자체가 약점을 갖고 있고 국민들 내부에 분쟁이 일어나고 있을 때 성공하는 법이다. 이 경우의 중국도 전국에서 분쟁이 그치지 않았다. 아마도 명 왕조 말기의 황제들은 부패되고 무능해졌으며 경제면에서도 사회 혁명을 초래할 만큼 궁핍한 상태에 있었을 것이다. 또한 만주족과의 끊임없는 분쟁 해결에도 경비가 많이 들어 큰 부담이 되고 있었다. 비적의 두목이 각지에서 머리를 들고일어났으며, 그 중에서도 가장 큰 세력을 가졌던 사람 이자성(李自成)은 스스로 황제를 참칭하고 있을 정도였다. 반만주 항전 부대를 이끄는 장군은 오삼계(吳三桂)였다. 그는 비적 황제와 만주족 틈에 끼여 애를 태우다가, 어리석었기 때문인지 아니면 명을 배반할 의도가 있었기 때문인지는 몰라도 만주족에게 비적 토벌에 협조해줄 것을 호소했다. 만주족은 기회는 왔다 싶어서 이것을 승인했으며 — 그리고 물론 북경에 자리를 잡았다. 이렇게 되자 오삼계는 명에 충성을 바치는 것은 이미 무익하다고 간파했고, 따라서 명과의 관계를 끝장내기로 하고 외래 침략자인 만주족에 합류했다.

이 오삼계라는 인물이 오늘날에도 중국에서 지탄의 대상이 되고 중국 역사에서 최대의 배반자의 표본처럼 취급되는 것도 무리는 아니다. 나라의 방위를 위임받고 있었으면서도 그는 적과 손을 잡았으며 더구나 적을 위해 남부 여러 성(省)의 복속에도 개입했던 것이다. 그는 그 대가로 자신이 적을 위해 획득해 주었던 여러 성의 태수로 임명되었다.

1650년 광동이 만주족의 손안에 들어감으로써 중국 정복은 완료되었다. 추측컨대 그들은 중국인보다 전투력이 훨씬 더 강했기 때문에 성공을 거두었을 것이다. 너무나 길었던 평화와 번영이 군사적인 면에서 중국인을 약하게 만들어 버렸을 것이다. 그러나 만주족이 그토록 쉽사리 중국을 정복할 수 있었던 데에는 이것 말고도 중국인을 회유하는 일에 깊이 마음을 썼다는 점이다. 옛날 티르티르인의 침략에는 왕왕 긴학성과 살육이 뒤따랐었다. 그러나 이번에는 중국인 관리의 협력을 획득하는 데 온갖 노력을 다해 같은 사람이 전의 명 왕조 시대에 있던 부서에 그대로 계속 있도록 했다. 그렇기 때문에 중국인은 매우 높은 관리직을 차지했다. 종래 명의 통치 방식에 있어서도 추호도 변경된 것은 없었다. 제도도 언뜻 보기에 옛날과 다름없었으며, 다만 그 정점에서 모든 것을 조종하는 손이 교체되었을 뿐이다.

그러나 중국인이 외국의 지배 아래 있다는 것을 보여 주는 두 가지의 중요한 사실이 있었다. 만주족의 군대가 국내의 요충지에 주둔했던 것과 변발(屯髮) 또는 돈미(豚尾)를 기르는 만주족의 풍속이 종속의 증거로서 중국인에게 강제되었던 것이다. 세상 사람들은 대부분 중국인이라고 하면 언제나 이 '돈미'를 연상하곤 한다. 그러나 이것은 절대로 중국 고유의 풍속이 아니다. 그것은 예속의 의미를 나타내는 상징이었던 것이다. 오늘날 인도인 가운데는 이것과 똑같은 것을 치욕이라고도 생각하지 않고 태연히 착용하는 사람들이 있다. 중국인은 지금은 이 '돈미'의 풍속을 버렸다.

중국에서의 빛나는 명의 시대는 이렇게 해서 끝났다. 약 300년 동안의 선정 다음에 명이 이렇게도 급속히 몰락하고 만 점에 대해서 사람들은 미심쩍어 하고 있다. 만약 평판대로 그 정부가 좋은 정부였다고 한다면 어째서 내란이나 분쟁이 일어났을까? 어째서 만주로부터의 침략을 막아 내지 못했을까? 십중팔구 말기가 되자 정부는 압제자가 되고 말기 현상을 드러냈을 것이다. 아니면 너무나 자비로운 마음을 가진 정부가 오히려 국민의 힘을 나약하게 만들어 버렸는지도 모른다. 너무 귀여워하는 것은 아이들을 위해서도, 인민을 위해서도 좋지 않은 일이다.

그리고 또 한 가지 이상한 것은 중국이 이렇게 높은 문화를 가지고 있으면서 어찌하여 다른 방면 — 과학상의 발견·발명 등에는 진보를 이룩하지 못했을까 하는 점이다. 유럽의 여러 국민은 그들보다 훨씬 뒤떨어져 있었다. 그러나 우리가 똑똑히 보아 알고 있듯이 르네상스 시대의 유럽은 활력과 모험과 탐구의 정신으로 가득 차 있었던 것이다. 이것은 말하자면 평온한 생활을 좋아하고 자기의 고전이나 예술에 탐닉한 나머지 새로운 위험에 맞서거나 옛날부터 내려오는 관습을 타파한다거나 하는 것을 주저하는 중년층과, 다소 거칠기는 하지만 정력과 지식욕이 넘쳐 흐르고 곳곳에서 모험을 찾는 청년과의 차이 같은 것인지도 모른다. 중국에는 틀림없이 위대한 미가 있었지만, 그러나 그것이 오후나 아니면 황혼기의 잠잠한 아름다움이었다.

81   1932년 7월 23일

일본이 쇄국 정책으로 나오다

중국으로부터 코리아에 잠깐 들렀다가 일본으로 가 보는 것도 좋지 않을까 생각한다. 몽고인은 두말 할 것도 없이 코리아도 복속시켰다. 그들은 내친 김에 일본도 정벌하려고 했지만 실패했다. 쿠빌라이 칸은 몇 번 일본에 원정군을 보냈으나 격퇴당했다. 몽고인이라는 민족은 바다로 나가면 제대로 힘을 쓰지 못했던 듯하다. 그들은 원래 대륙 민족이 아니냐. 그리하여 섬나라인 일본은 그들의 손길을 피할 수 있었던 것이다.

몽고인이 중국에서 쫓겨나자 곧 코리아에 혁명이 일어나서 몽고인에게 복종해 왔던 왕조 — 고려는 무너졌다. 이 반란의 주모자는 코리아의 한 애국자 이성계(李成桂)였다. 그는 새로운 군주가 되었으며, 1392년부터 바로 얼마 전 일본이 코리아를 합병할 때까지 500년 동안 존속한 왕조의 창건자가 되었다. 그 때 서울 — 한양(漢陽)이 수도로 정해져서 오늘에 이르렀다. 우리는 이 500년 동안의 코리아 역사에 깊이 파고들 수는 없다. 코리아 또는 다시 조선이라는 이름을 쓰고 있는 이 나라는 그럭저럭 독립국의 형태를 유지해 왔지만 중국의 영향하에 있어서 계속 공물을 바쳤다. 일본과는 몇 번 교전이 벌어졌으며, 간혹 코리아에 유리하게 낙착된 적도 있었다. 그러나 오늘날에 와서는 이 두 나라는 비교가 되지 않는다. 일본은 제국주의의 온갖 악덕을 겸비한 강력한 대제국이고 불쌍한 코리아는 일본의 통치와 착취를 당하면서 이 제국의 일각을 이루고 있다. 코리아는 자유를 찾아 고립 무원의, 그러나 용감한 싸움을 추진하고 있다. 다만 그것은 최근의 역사에 속하는 일이며, 우리는 아직 먼 과거의 이야기를 하고 있는 중이니 다시 되돌아가자.

일본에서는 이미 너도 알고 있는 바와 같이 12세기 말쯤에 쇼군이 통치의 실권자가 되었다. 황제 — 천황이 거의 인형과 다를 바가 없는 존재가 되고 말았다. 가마쿠라 막부라고 일컬어지는 최초의 쇼군 정치는 150년 가까이 계속되었으며, 유능한 정치력을 발휘해서 평화를 유지했다. 이에 뒤이어 언제나 그렇지만 막부의 쇠퇴가 시작되었고 무능과 사치와 내란이 거듭되었다. 천황 고다이고(後醍醐)가 자기의 권리를 주장하기 시작해서 쇼군 호조 다카도키(北條高時)와 권력 다툼을 벌였다. 천황은 이 권력 투쟁에 실패했으며 종래의 쇼군 집안 호조도 쓰러지고 1338년에 새로운 계통의 쇼군 가문이 권력을 장악했다. 그것이 아시카가(足利) 막부로서 235년 동안 계속되었다. 그러나 이 기간은 혼란과 압제의 시대였다. 그것은 거의 중국의 명 왕조와 시대를 같이한다. 쇼군 가운데 한 사람 아시카가 요시미쓰(足利義滿)[112]는 열심히 명의 환심을 사는 데 힘쓴 끝에 스스로 명 황제의 신하라고 일컬었다. 일본의 역사가들은 이것이 일본을 모욕하는 것이라고 하여 몹시 화를 내고 이 인물을 심하게 비난하고 있다.

중국과의 관계는 당연히 매우 우호적이었으며 명조에 꽃핀 중국 문화에 대해 새로운 관심이 일어났다. 중국의 것이라면 회화 · 문학 · 건축 · 철학에서 전술 병법에 이르기까지 연구하고 숭배했다. 유명한 두 개

---

112) 그는 남북조 이래 한때 두절되었던 명(明) · 일(日) 관계를 재개하기 위해 명나라의 혜제(惠帝)와 국서를 교환하고 무역을 부활시켰다. 그 때 명나라는 일본을 복속국과 같이 대우하고 요시미쓰를 가리켜 일본 국왕이라고 했다. 요시미쓰도 이 방식에 따라 국서에 '일본국왕 신 미나모토노 미치요시(日本國王臣源道義)'라고 서명하는 동시에 명나라의 연호를 사용했다. 그리하여 이와 같은 조공 무역은 양국 정부의 통제(시기, 선박 수효 등)하에 100여 년 동안 계속되었다.

의 건축물, 금각사(金閣寺)와 은각사(銀閣寺)는 이 시대에 세워진 것이다.

　　예술의 발달과 사치의 그늘에는 언제나 농민들의 혹심한 고통이 있었다. 농민이 부담해야 하는 세금은 매우 무거웠고, 내전의 비용은 대부분 그들이 부담했다. 형세는 날로 악화되어 마침내 중앙 정부의 명령이 수도 이외에서는 거의 시행되지 않게까지 되었다.

　　이와 같이 전쟁이 되풀이되고 있는 동안인 1542년에 포르투갈인이 찾아왔다. 화포가 일본에 전해진 것은 그들 손을 통해서였다는 것이 주목되는데, 이것은 매우 우스운 일처럼 생각된다. 왜냐하면 중국은 벌써 오래 전부터 화포를 사용하고 있었으며, 유럽까지도 이미 몽고인을 통해서 알려져 있었기 때문이다.

　　마지막으로 세 명의 인물이 나타나서 일본을 100년 동안의 내전 상태에서 구출했다. 영주, 즉 귀족 출신인 오다 노부나가(織田信長), 농민 출신인 도요토미 히데요시(豊臣秀吉), 대귀족의 한 사람인 도쿠가와 이에야스(德川家康)가 바로 그들이다. 16세기가 끝날 무렵에 일본은 다시 통일되었다. 농부인 히데요시는 일본의 탁월한 정치가 중의 한 사람이었다. 그러나 그는 아주 못생겼으며 키가 작고 원숭이 같은 얼굴을 하고 있었다.

　　일본이 통일되자 이 사람들은 그들의 대군대를 통솔하기가 어려워졌다. 특별한 배출구가 따로 없었던 그들은 코리아를 침략했다. 그러나 그들은 오래 가지 않아 후회해야만 했다. 코리아는 일본을 격파했으며 두 나라 사이에 가로놓인 바다의 제해권을 장악했다. 코리아는 주로 거북 등과 비슷한 지붕이 있고 철판을 깐 신식 배를 사용해 승리를 거두었다. '거북선'이라고 일컬어진 그 배는 전진 후퇴가 모두 자유 자재여서 전투력이 비상했으며, 일본 군함은 그 때문에 격파되었다.

　　위에서 든 세 명 가운데 마지막 인물인 도쿠가와 이에야스는 내란을 거치면서 커다란 이익을 얻었다. 그런 까닭에 그는 엄청나게 부유해졌으며 일본의 7분의 1을 소유하게 되었다. 에도(江戶)에 수도를 세운 것은 그였으며, 그것은 그의 소유지의 복판에 있었다. 그것이 나중에 도쿄

(東京)가 되었던 것이다. 이에야스는 1603년에 쇼군이 되었으며, 그 해부터 250년 이상 계속된 막부로서는 세 번째이자 마지막인 도쿠가와 막부가 시작되었다.

그 사이에 비록 소규모이기는 했지만 포르투갈인과 무역을 계속했다. 50년 이상 유럽의 그 어떤 나라도 포르투갈의 경쟁 상대가 되지 못했다. 스페인인이 찾아온 것은 1592년이었고, 네덜란드인과 이탈리아인은 그보다도 뒤졌기 때문이다. 기독교는 이미 1549년에 성 프란시스 사비에르가 전했던 듯하다. 예수회는 포교를 허가받았을 뿐 아니라 장려되기까지 했다. 그것은 정치적인 이유 때문인데, 다시 말하면 불교 사원을 음모의 온상이라고 보았기 때문이다. 불교 승려는 탄압했으나 기독교 선교사에게는 호의를 보였다. 그러나 얼마 가지 않아서 일본인은 그 선교사들이 위험한 존재라는 것을 깨달았다. 그들은 갑자기 정책을 변경해 선교사를 추방하려고 했다. 1587년에는 반기독교 법령이 발표되어 기독교 선교사는 모두 20일 이내에 일본에서 퇴거하도록 명령받았으며, 법을 어기는 자는 사형에 처한다고 선언했다. 법령은 상인을 목표로 한 것은 아니었다. 상인들은 잔류해서 거래를 계속해도 좋다고 했다. 다만 그들이 상선에 선교사를 싣고 왔을 경우에는 배도 짐도 함께 몰수한다는 조건이 덧붙여졌다. 이 법령은 오로지 정치적 이유로 제정되었다. 히데요시가 기독교의 위험을 알아차린 것이었다. 그는 선교사와 그 신자들이 정치적으로 위험한 존재가 될 수 있다고 느꼈다. 그의 예감은 결코 빗나갔다고는 할 수 없다.

그로부터 얼마 뒤에 히데요시로 하여금 그의 우려가 또한 옳았다는 것을 믿게 했으며 또한 그를 분노시킨 사건이 일어났다. '마닐라선'을 기억하고 있으리라 생각하지만, 1년에 한 번 필리핀과 스페인령 아메리카 사이를 왕복하고 있던 '마닐라선'이 태풍을 만나 일본 해안에 밀려 올라온 적이 있었다. 스페인 선장은 세계 지도를 꺼내 스페인 국왕의 광대한 영토를 지적하면서 일본 지방민을 위협하려고 했다. 선장은 스페인이 이렇게 거대한 제국이 될 수 있었던 까닭을 질문받았다. 그것은 그렇게 간단한 일이 아니라고 그는 대답했다. 우선 선교사가 건너가고 많은 개종자가 생겨나면 그 다음에 병사를 보내며, 그리고는 개종자와 협력해서 그 곳 정부를 타도하는 것이라고 말했다. 이 보고가 히데요시에게 이르자 그는 별로 좋은 얼굴을 하지 않았다. 그리고 더욱 선교사에 대해 심하게 대하게 되었다. 그는 '마닐라선'의 출항을 허용하기는 했지만 선교사와 신자 몇 사람을 사형에 처했다.

이에야스가 장군이 되자 그는 비교적 외국인을 후대했다. 그는 특히 자신의 소유지인 에도에 항구를 가지고 있었으므로 외국 무역에는 각별한 관심이 있었다. 그러나 이에야스가 죽자 다시 기독교에 대한 박해가 시작되었다. 선교사는 강제 퇴거를 명령받았으며 일본인 개종자는 기독교를 버리도록 강요당했다. 상업 정책까지도 변경되었다. 그만큼 일본인은 외국인의 정치적 의도를 무서워했던 것이다. 그들은 어떤 일이 있더라도 외국인을 몰아 내려고 했다.

일본의 이러한 반응은 동정할 만하다. 오히려 그들이 유럽인과 거의 교섭이 없었는데도 종교라는 양의 옷을 입은 제국주의의 이리를 간파하는 혜안을 가지고 있었다는 것이야말로 놀랄 만한 일이다. 나중에 유럽인이 여러 외국에서 자기의 세력을 확장하기 위해 종교를 도구로 이용했다는 것은 널리 알려진 사실이 아니냐.

그리하여 세계사에 진기한 현상이 나타나기 시작했다. 깊이 생각한 끝에 고립과 폐쇄의 정책이 채용되었으며, 그리고 한 번 그것이 채용되자 놀랄 만큼 철저하게 수행되었다. 환영받을 수 없다는 것을 깨달은 영국인은 1623년에 일본으로 건너가기를 단념했다. 이듬해에 일본은 가장 두려워했던 스페인을 추방했다. 외국으로 건너가서 통상을 영위할 수 있는 사람은 비기독교도에 국한하기로 결정했다. 게다가 비기독교도라도 필리핀에는 갈 수가 없었다. 12년 후인 1636년에는 마침내 일본의 모든 대외 창구가 봉인되었다. 모든 일본인은 기독교도와 비기독교도를 불문하고 어떤 이유에서든지 해외 도항이 금지되었다. 그리고 해외에 살고 있는 일본인은 고국으로 돌아오는 것이 금지되었으며 이것을 어기는 자

일본이 쇄국 정책으로 나오다

는 사형에 처해졌다. 소수의 네덜란드인만이 간신히 남았으나 그들도 항구 도시 나가사키(長崎)로부터 단 한 발자국도 나갈 수 없었으며 물론 내지로 들어갈 수도 없었다. 1641년에는 이들 네덜란드인조차도 나가사키 항 밖에 있는 조그만 섬 이즈시마(出島)로 옮겨 거기서 죄수와 같은 취급을 받았다. 그리하여 처음 포르투갈인이 발자취를 남긴 지 꼭 99년 만에 일본은 모든 대외 교섭을 단절하고 국내에만 틀어박히게 되었다.

1640년에 한 척의 포르투갈선이 사절을 싣고 무역의 재개를 요청하러 찾아온 적이 있었으나 도저히 손을 쓸 수가 없었다. 일본인은 그 사절과 승무원 대다수를 처형했으나 몇 사람만은 살려 두었다. 본국에 귀국한 다음 이러한 사실을 보고하게 하기 위해서였다.

200년 이상이나 일본은 이웃 나라인 중국이나 코리아를 포함한 거의 전세계와 교류하기를 단절한 채로 지냈다. 조그만 섬에 남은 소수의 네덜란드인과 이따금 나타나는 중국인이 겨우 외계와의 통로 역할을 했다. 이러한 쇄국 정책은 참으로 이상한 현상으로서 유사 이래 다른 어떤 시대에서도 이웃 나라와의 교류가 단절된 적은 없었다. 홀로 고립된다는 것은 위험한 일이다. 개인이건 민족이건 간에 고립된 상태란 위험한 것일 수밖에 없다. 그러나 일본은 그러한 위험을 잘 극복해 나갔다. 그리고 국내로는 평화를 유지해 장기간에 걸친 내전의 상처를 아물게 했다. 그리하여 1853년을 마지막으로 다시 문호를 개방했던 그 때, 일본은 또 한 가지의 기적을 이루었다. 일본은 약진을 거듭해서 잃었던 시간을 보충하고 유럽 열강을 맹추격한 끝에 거의 그들의 수준까지 따라붙었으며 자신들이 스스로 건 도박을 승리로 이끌었다.

빛 바랜 역사의 줄거리만큼 재미없는 것은 없다. 그리고 역사 속의 인물상은 도무지 실감이 나지 않고 생기가 부족하다. 그러나 지나간 시대에 쓰인 책을 읽으면 갑자기 과거의 시체에 생명이 불어넣어지고, 그것은 우리에게 아주 친근하게 느껴지며, 거기에서 서로 사랑하기도 하고 미워하기도 하는 여러 인간상이 살아 움직이기 시작하는 것을 자주 경험할 수 있게 된다. 나는 조금 전에 대단히 마음에 드는 한 궁녀, 무라

사키 시키부(紫式部)의 기록[113]을 읽었다. 그 여자는 지금 이 편지에서 이야기한 내란이 일어났던 때보다도 훨씬 이전인 몇백 년 전에 살았던 사람이다. 그녀는 일본 천황의 궁정 안에서의 자신의 생활에 대한 기다란 기록을 남겼다. 나는 이 우아한 필치와 심금을 울리는 진실성에 깊은 감명을 받았으며 궁정 같은 장엄함이 섞여 있는 이 책의 발췌를 읽으면서 무라사키 시키부에게 대단한 친근감을 느끼게 되었다. 그리고 고대 일본의 협소하기는 하나 예술적인 고대 일본 궁정 세계의 생생한 상황을 마음 속에 그려 보았다.

82

1932년 8월 4일

동란기의 유럽

나는 여러 날 동안 편지를 쓰지 않고 지냈다. 내가 펜을 놓은 지가 그럭저럭 2주일이나 된 것 같구나. 감옥에 있으면 왠일인지 기분이 우울해질 때가 있다 — 물론 바깥 세상에 있더라도 그런 일은 있는 법이지만 말이다. 그래서 요즈음 나는 아무래도 나 이외에는 아무도 보아 주지 않는 이 편지를 쓸 마음이 내키지 않았다. 이미 쓴 편지는 모두 핀을 꽂아서 앞으로 몇 달 뒤가 될지 또는 몇 년 후가 될지 모르지만 네가 그것들을 볼 수 있을 때까지 선반 위에 따로 건사해 두고 있다. 지금부터 몇 달

---

113) 무라사키 시키부의 생활 기록에는 『무라사키 시키부 일기』가 있지만 영역된 것은 없다. 아마도 『겐지모노가타리(源氏物語)』를 가리키는 것이리라. 『겐지모노가타리』는 말할 것도 없이 일본의 고전을 대표하는 소설이지만, 넓은 의미로 본다면 궁정의 '생활 기록'이라고 해도 무방하다.

이나 또는 몇 해가 지나면 그 때는 우리가 다시 만나게 되고 서로 싫도록 바라볼 수 있을 것이며, 그리고 나는 성장해서 완전히 달라진 너를 보고 깜짝 놀랄 때가 오겠지. 그렇게 되면 우리는 너무나 많은 이야기와 해야 할 일들에 부딪칠 것이고 너는 이따위 편지 같은 것에는 별로 주의를 기울이지 않게 될 것이다. 그 때까지는 편지가 산더미처럼 쌓일 것이고 그 속에는 나의 형무소 생활의 몇백 시간이 포함되어 있을 것이다!

그렇지만 역시 나는 이 편지를 계속 써 나가 이미 산적해 있는 편지 무더기에 새로운 편지들을 더해 가기로 하겠다. 아마 그 편지들은 너의 흥미를 끌지도 모른다. 아무튼 그것들이 내 흥미를 끄는 것만은 틀림없는 사실이다.

우리는 잠시 동안 아시아에 머물러 있었다. 인도에서, 말레이시아에서, 중국에서 또 일본에서 그 나라 역사의 자취를 더듬어 왔다. 우리는 유럽이 잠에서 깨어나 서서히 활동을 시작하는 흥미로운 부분에서 이야기를 중단하고 말았다. 그 무렵에는 '문예 부흥' — 르네상스가 있었고 재생이 있었다. 더 엄밀하게는 새로운 탄생이 있었다고 하는 편이 옳을 것이다. 왜냐하면 우리가 눈앞에 두고 있는 16세기의 유럽의 활동 양식은 과거 어느 시대의 모사(模寫)도 아니었기 때문이다. 그것은 완전히 새로운 것이거나 아니면 설령 낡은 것이라 하더라도 새로운 옷으로 갈아입은 것이었다.

유럽 곳곳에서 혼란과 동요가 있었으며 밀폐된 곳에서는 폭발이 일어났다. 오랫동안 봉건적인 방향을 따라 형성되어 온 사회 경제 구조가 유럽을 덮어 눌러 유럽은 거기에서 헤어나지 못하고 있었다. 얼마 동안은 이러한 단단한 껍질이 성장을 방해했다. 그러나 봉건제의 껍질은 바야흐로 여기저기 터지기 시작하고 있었다. 콜럼버스나 바스코 다 가마를 비롯해 초기의 신 항로를 발견한 사람들은 그 껍질에 큰 구멍을 뚫은 사람들이었다. 스페인과 포르투갈이 갑자기 엄청난 양의 재보를 아메리카나 동방으로부터 빨아들이자 그에 매료된 유럽은 자체 내의 변화를 촉진시켜 나갔다. 유럽은 그 좁은 수역(水域) 건너편을 주목하고 모든 것을 세계적인 관점에서 생각하기 시작했다. 세계 무역과 세계 지배에 대한 커다란 가능성의 문이 열렸다. 부르주아 세력이 증대되었으며, 날이 갈수록 봉건 제도는 서유럽의 앞길에 놓인 장애물이 될 따름이었다.

봉건 제도는 구시대의 유물이 되고 말았다. 그 제도의 핵심은 농민에 대한 몰염치한 착취에 있었다. 농민들은 강제 노동과 무급 노역 및 영주에 대한 온갖 규정 이외의 부역·조세를 부담해야 했으며, 그리고 영주는 그 자신이 재판관을 겸하고 있었다. 농민의 고통은 매우 심각해져서 이미 본 바와 같이 자주 농민 반란과 농민 전쟁이 일어났다. 농민 전쟁은 사방에 널리 퍼졌으며 그 발생이 더욱더 빈번해져 갔다. 그리고 유럽 각지에서 일어난 중간 계급, 즉 부르주아의 국가로 봉건 제도를 바꾸어 놓은 경제 혁명이 뒤따랐다. 이 혁명은 적잖이 이들 농민 반란 내지는 농민 폭동의 결과로서 달성된 것이었다.

그러나 이러한 변화가 빠른 속도로 진행되었다고 생각해서는 안 된다. 변화가 완성되기까지는 많은 시간이 걸렸으며 유럽 도처에서 몇십 년 동안에 걸쳐 내전이 계속되었다. 유럽 대륙의 상당한 지역이 이들 전쟁 때문에 폐허가 되었다. 그것들은 단순한 농민 전쟁이었을 뿐만 아니라 뒤에 이야기하겠지만 프로테스탄트와 가톨릭 사이의 종교 전쟁이기도 하고, 네덜란드의 경우처럼 독립을 요구하는 민족 전쟁이기도 했으며, 또 국왕의 절대 권력에 대한 부르주아의 반항이기도 했다. 이렇게 늘어놓으니까 혼동하기 쉽게 들리는지 모르나 확실히 그것은 혼동하기가 쉽고 복잡한 문제다. 그렇지만 큰 사건이나 운동에 주목한다면 우리는 그것을 어느 정도 명확하게 알 수 있을 것이다.

첫째로 기억해야 하는 것은 농민 전쟁을 불러일으킬 만큼 지독한 농민의 곤궁과 고통이 존재했다는 것이다. 둘째로 우리는 부르주아의 대두와 생산력의 발전에 주목해야만 한다. 더 많은 노동력이 생산에 투입되었으며 따라서 더 많은 교역이 이루어졌다. 셋째로 주의해야만 하는 점은 교회가 최대의 지주를 겸하고 있었다는 것이다. 교회는 하나의 방대한 특권 계급이며 두말 할 것도 없이 봉건 제도의 존속으로 커다란 이익을 취하고 있었다. 따라서 교회는 그 부나 재산을 한꺼번에 박탈당할 우려가 있는 어떠한 경제적 변화도 바라지 않았다. 그러므로 로마에 대한 종교적 반역이 일어났을 때 그것은 경제 혁명과 보조를 같이하는 것이었다.

이 경제 혁명은 모든 방면—사회·정치적인 변혁을 수반했거나 아니면 변화의 소지를 마련해 주었다. 16~17세기의 유럽을 충분한 거리를 두고 개관해 보면 이들 모든 활동과 운동 및 변화가 서로 밀접하게 연관되어 있다는 점을 알 수 있을 것이다. 보통 이 시대의 가장 큰 세 가지 운동으로서 르네상스, 종교 개혁 및 정치 혁명을 강조한다. 그러나 이러한 움직임의 배후에는 모든 변혁 가운데서도 가장 중요한 것이었던 경제 혁명을 초래케 한 경제적인 궁핍과 혼란이 만연되어 있었다는 점을 잊어서는 안 된다.

르네상스란 문예의 재생이며 예술·과학·문학 및 유럽 각국 언어의 발달이었음에 비해, 종교 개혁이란 로마 교회에 대한 반역이었다. 그것은 교회의 부패에 대한 인민의 반항인 동시에 교황의 지배권 주장에 대한 유럽 왕가의 반항이기도 했다. 또한 그것은 교회 내부로부터의 개혁의 시도이기도 했다. 한편 정치 혁명이라는 것은 국왕을 견제해 그들의 권력을 제한하려고 하는 부르주아의 정치 투쟁이었다.

이러한 변화 뒤에는 또 한 가지 다른 요인이 있었다. 그것은 인쇄술의 발달이었다. 아랍인이 중국 사람에게서 제지법을 배우고 그것을 또 유럽인이 배웠다는 것을 기억하고 있으리라 생각한다. 그러나 값싼 종이가 대량으로 공급되기까지에는 오랜 시간을 필요로 했다. 15세기 말쯤에는 유럽 각지—네덜란드·이탈리아·영국·헝가리 등에서 책이 인쇄되기 시작했다. 시험삼아 종이나 인쇄술이 보급되기 전의 세계는 어떤 상태였을까를 상상해 보는 것도 좋겠다. 우리는 그것들이 없는 세계를 도저히 상상할 수 없을 만큼 책과 종이와 인쇄에 완전히 익숙해져 있다. 인쇄된 책이 없으면 많은 사람들에게 읽고 쓰는 것을 가르치는 것까지도 거의 불가능하게 된다. 즉 책은 일일이 손으로 베껴 써야 했고 아주 소수의 사람들만이 그것을 손에 넣을 수 있었을 것이다. 강의는 대부분 구두로 행해졌을 것이고 학생은 그 내용을 암송해야만 했다. 지금도 남아 있는 원시적인 마크타브(Maktabs : 이슬람교의 서당)나 파트샬라(pathshalas : 마을의 학교)에서 볼 수 있는 것과 같은 형태였을 것이다.

　종이와 인쇄의 도입을 통해 헤아릴 수 없이 많은 변화가 일어났다. 인쇄본 — 교과서나 기타 서적이 나타난다. 당장에 읽고 쓸 줄 아는 사람이 많이 생긴다. 사람들은 많이 읽으면 읽을수록 그만큼 많이 생각하게 된다(다만 이것은 내용이 충실한 책을 읽을 경우에만 해당되는 것이며, 요즈음 유행되고 있는 질이 낮은 책 따위에는 적용되지 않는다). 또 더 많이 생각하면 그만큼 현상을 직시하고 그것을 비판할 수 있게 된다. 그리고 그것은 가끔 질서에 대한 도전을 낳는다. 무지는 어느 시대에나 변화를 무서워한다. 무지는 낯선 것을 두려워하고, 아무리 비참한 상태에 있더라도 자기의 습관에 매달리게 한다. 장님이 자신의 불행을 슬퍼하기만 한다면 그는 언제까지나 좌절을 되풀이할 따름이지만 책을 올바로 읽는다면 어느 정도의 지식을 얻게 되고 약간은 사실에 대해 눈을 뜨게 된다.

　우리가 조금 전에 이야기했던 커다란 운동의 모든 부분에 걸쳐서 그것들을 가장 크게 도운 것은 바로 이 종이와 인쇄를 통한 개안(開眼)이었다. 무엇보다도 먼저 인쇄된 책 중에는 『성경』이 있었다. 과거에는 라틴어로 된 『성경』이 있다는 말만 듣고 있었지 그것을 읽을 수도 이해할 수도 없었던 사람들이 지금은 자기 나라 말로 쓰인 성경책을 읽을 수 있게 되었다. 일단 성경을 해독하게 된 사람들은 점차 비판적인 자세를 취하게 되었고 가끔은 성직자들의 독선에 정면으로 도전하기도 했다. 그리고 교과서도 대량으로 출판되었다. 이 시대 이후로 유럽 각국의 언어는 비약적인 발전을 이룩했다. 그 때까지는 라틴어의 위세에 눌려 각국의 언어는 숨을 죽이고 있었던 것이다.

　유럽의 역사는 이 시대를 전후해서 위대한 인물들의 이름에 파묻혀 있다. 우리는 나중에 그들 중 몇 사람을 만나게 될 것이다. 한 나라 또는 한 대륙이 성장을 가로막는 껍질을 깨뜨릴 때는 모든 방면에서 한꺼번에 힘차게 튀어 오르는 법이다. 그 시대의 유럽의 역사는 경제적인 또는 그 밖의 다른 큰 변화를 볼 수 있기 때문에 매우 흥미롭고 또한 교훈도 풍부하다. 이것을 같은 시대의 인도나 중국 또는 또 다른 어떤 나라의 역사와 비교해 보는 것이 좋겠다. 이미 말했듯이 양국, 즉 인도와 중국은 모두 당시 각 방면에 걸쳐서 유럽을 능가하고 있었다. 그러나 이 시대의 유럽 역사의 활기찬 움직임에 비하면 그 두 나라의 역사는 소극적이었다고 할 수밖에 없다. 인도에도 중국에도 위대한 군주나 인물이 부족했던 것은 아니다. 더욱이 고도로 발달한 문화가 있었다. 그런데도, 특히 인도가 그렇지만, 대중은 생각이 부족하고 피동적이었던 듯하다. 그들은 이렇다 할 찬반의 태도를 표명하지도 못하고 왕조가 바뀌는 것을 지켜보고만 있었다. 그들은 완전히 얌전해졌으며 권위에 대해 도전하기에는 너무나 복종이 습관화되어 있었다. 이런 까닭에 그들의 역사는 때로는 흥미를 끄는 일도 있었지만 인민이 살아 움직이는 기록이라기보다는 단순한 사건이나 군주의 기록에 지나지 않았다. 나는 이것이 어느 정도로 중국에 적용될 수 있을는지는 알 수 없지만 적어도 인도에서는 확실히 그랬다는 것을 자신할 수 있다. 그리고 이 시대에 인도가 당한 재액은 모두 우리 국민의 이러한 불행한 상태에 기인하고 있었다.

    인도에 뚜렷했던 또 하나의 경향은 과거를 돌아볼 뿐 미래를 내다보지 못하는 점과 과거에 성취했던 것을 찬탄만 하고 앞으로 성취할 것에 대해 꿈을 꾸지 못한 점에 있었다. 결국 인도인들은 과거에 대해 한숨을 쉬면서, 앞으로 나아가는 대신 명령하는 자에게 그저 복종만을 했다. 요컨대 인민을 지배하는 제국은 모두 그들의 강한 힘이라기보다는 인민의 예속적인 근성에 기반을 두고 있었다고 볼 수 있다.

83 *1932년 8월 5일*

르네상스

유럽 전역에 퍼지는 혼탁과 진통의 괴로움 속에서 르네상스는 아름답게 꽃피었다. 르네상스는 이탈리아 땅에서 싹텄으나 그 영감과 밑거름은 몇 세기의 세월을 거슬러 올라간 고대 그리스에서 얻었다. 비록 그리스에서 미에 대한 사랑과 인식을 물려받기는 했지만 한편 인간의 육체의 모습에서 미를 찾는 일과 그 탐구심에 근원을 둔 정신적인 단편까지도 지닌 것이었다. 그 뒤 이러한 운동이 많은 도회지에서 자라났지만 또한 그 생가는 북이탈리아의 도시인 셈이다.

피렌체는 이미 13~14세기에 이탈리아어로 글을 쓴 위대한 시인 단테와 페트라르카를 낳았다. 중세를 통해 이 도시는 오랫동안 유럽 금융의 대중심지로서 대금업자(貸金業者)가 이 곳으로 모여들었다. 부유하기는 하지만 그다지 신통치 않은 사람들이 공화국을 이루어 때때로 그들 중에서 나온 위대한 사람들을 학대한 적도 있었으므로 '경박한 피렌체(Fickle Florence)'라고 일컬어지기도 했다. 대금업자와 압제자와 엉터리 정치가들이 판을 쳤는데도 이 도시는 주목할 만한 세 인물을 배출했다. 이들은 바로 레오나르도 다 빈치(Leonardo da Vinci)와 미켈란젤로(Michelangelo), 그리고 라파엘로(Raphaelo)였다. 이 세 사람은 모두 위대한 예술가였고 또한 화가였으며, 레오나르도와 미켈란젤로는 다른 방면에서도 뛰어났다. 미켈란젤로는 훌륭한 조각가로서 단단한 대리석으로 힘이 넘치는 조각상을 만들어 냈다.

미켈란젤로는 또 위대한 건축가로서 로마의 성 베드로 성당은 거의 그의 손으로 지어진 것이다. 그는 놀라울 만큼 오래 살아(90세) 죽음에 이르기 직전까지도 성 베드로 성당에서 일을 계속했다. 그는 사물의 근저에 숨어 있는 것을 끊임없이 추구했으며, 끊임없이 생각하고 끊임없이 경탄할 만한 작품 제작을 꾀했던 한 불행한 인간이었다. "화가는 손이 아니라 머리로 그림을 그린다"는 말을 한 적이 있다.

레오나르도는 세 명 중 가장 나이가 많았는데 많은 점에서 가장 경이로운 사람이었다. 진정으로 그는 당시 가장 뛰어난 인물이었다. 잊어서는 안 될 것은 그 시대란 여러 위대한 인물들을 배출한 시대였다는 점이다. 걸출한 화가였고 조각가였던 그는 동시에 사상가였으며 과학자이기도 했던 것이다. 쉴 새 없이 실험하고 쉴 새 없이 음미하고 쉴 새 없이 사물의 이유를 추구했던 그는 현대 과학의 기초를 구축한 위대한 과학자들 중 첫 번째 인물이었다. "친절한 자연은 어느 곳을 보더라도 우리가 배울 것이 있도록 배려해 놓았다"고 그는 말했다. 독학을 한 사람으로 그는 30세 때 혼자서 라틴어와 수학 공부를 시작했다. 그는 또 대기술자가 되었으며 한편 처음으로 인체에 혈액이 순환하고 있다는 것을 발견하기도 했다. 그는 인체의 구조를 다음과 같이 찬탄해 마지 않았다. "너절한 습관과 편협한 판단력밖에 갖지 못하는 비속한 패거리는 인간의 신체처럼 아름다운 도구이며 치밀하기 이를 데 없는 해부학적 장비를 가질 만한 값어치가 없다. 그들은 먹을 것을 취하고, 그것을 다시 방출하는 자루 구실을 하는 것으로도 족하다. 그들은 요컨대 영양물을 섭취하는 통로에 지나지 않으므로!" 그는 자신의 뜻으로 채식주의를 실행했으며, 동물을 매우 사랑했다. 시장에서 조롱에 든 새를 사 가지고 그 자리에서 날려 보내는 것이 그의 습관이었다.

그러나 무엇보다도 놀라운 것은 레오나르도가 항공 실험, 즉 공중 비행을 꾀한 일이다. 그는 그 일에 성공하지는 못했으나 성공에 이르는 과정의 상당한 수준에까지 이르렀다. 다만 그의 이론과 실험을 이어받은 후계자가 없었다. 만약 그를 뒤따른 한두 사람의 레오나르도가 있었다면 현대의 항공기는 이미 200~300년 전에 발명되었을 것이다. 이 이상하고도 경이로운 인물은 1452년부터 1519년까지 살았다. 후세의 사람들은 그의 생애는 '자연과의 대화였다'고 말하고 있다. 그는 끊임없이 질문을 내놓고 실험을 거쳐 그 해답을 이끌어 내려 했고 미래를 포착하려고 끝없는 전진을 계속했던 것으로 생각된다.

나는 이들 피렌체의 세 사람, 그 중에서도 특히 레오나르도에 관해 이야기했다. 그는 내가 좋아하는 인물이기 때문이다. 피렌체 공화국의 역사는 음모와 압제자와 악랄한 정치가가 득실거려 그다지 기분 좋은 것이 못 되었기 때문에 얘기할 만한 가치조차 없다. 그러나 피렌체는 어느 정도 용서받아도 괜찮을 것 같다 ─ 나는 문제의 대금업자들까지도 너그럽게 봐 주기로 했다! 왜냐하면 피렌체는 위대한 사람들을 낳았기 때문이다. 이 도시의 위대한 아들들은 오늘날까지도 뚜렷한 그림자를 남겨 주고 있다. 이 아름다운 도시의 거리를 거닐면서 기분 좋은 아르노(Arno) 강이 중세의 다리를 스쳐 아름다운 물결이 흘러가는 것을 바라보노라면 이상한 매력으로 마음이 조여 오는 느낌을 갖게 된다. 그리하여 지난날의 역사가 눈앞에 되살아 어른거린다. 단테가 지나가고 그의 애인 베아트리체도 은은한 향기를 풍기면서 지나간다. 그리고 레오나르도는 생각에 잠겨 자연과 생명의 신비에 자신을 잊은 채 좁은 오솔길을 걸어가는 것처럼 느껴진다.

이렇게 르네상스는 15세기 이탈리아에서 꽃피었으나 점차 다른 서방 국가로 전파되어 갔다. 대예술가들은 돌이나 캔버스에 생명을 창조하려고 노력했다. 그 결과 유럽 곳곳의 화랑과 박물관은 그들의 그림과 조각으로 가득하게 되었다. 16세기 말에 이르러 이탈리아에서는 예술상의 르네상스는 쇠퇴했다. 대신 17세기가 되면서 네덜란드가 위대한 화가들을 배출했는데, 그 중에서도 가장 유명한 사람이 렘브란트(Rembrandt)[114]다. 같은 무렵 스페인에는 벨라스케스(Velasquez)[115]가

---

114) 네덜란드가 낳은 최대의 화가. 유화 기법의 완성자인 민감함과 그것을 표현하는 색채의 효과에 대한 재질을 칭송받고 있다. 네덜란드의 시민 문화를 반영해서 제재도 극히 자유롭고 풍부하며, 대표작으로 「해부」 「야경원」 「자화상」 등이 있다.
115) 스페인 세비야 태생의 화가. 24세 이후부터 펠리페 4세(Felipe Ⅳ)를 봉공하면서 일생을 마드리드에서 궁정 화가로 보냈다. 그러나 이따금 대사로서 궁정을 방문하는 화가 루벤스

있었다. 이제 이름을 드는 것은 여기서 그만두기로 해야겠다. 하나씩 이름을 들자면 너무나 많기 때문에 만약 회화의 거장들에 대해 흥미가 있다면 화랑으로 가서 그들의 작품을 보면 되겠지. 이름만으로는 흥미를 충족시킬 만큼 설명에 큰 도움을 주지는 못할 것이다. 우리들의 마음을 일깨워 움직이게 하는 것은 그들의 예술이며, 그들이 창조한 아름다움이다.

이 시대 — 15세기와 16세기에는 과학도 차츰 진보해서 궤도에 올랐다. 과학은 교회와 격심하게 충돌했다. 교회는 인민에게 사고와 실험을 허용하려 하지 않았기 때문이다. 교회의 눈으로 본다면 우주의 중심은 지구였고 태양이 그 둘레를 돌며 별은 하늘 속에 고정된 하나의 점이었던 것이다. 이에 대해 이설을 들고 나오는 자는 그가 누구든 이단자였고 종교 재판을 받아야 했다. 그런데도 코페르니쿠스(Copernicus)라는 폴란드인은 용감히 이 신앙에 도전해 지구가 태양의 둘레를 돌고 있다는 것을 주장함으로써 우주에 관한 근대적 관념의 기초를 확립했다. 그는 1473년부터 1543년까지 살았다. 그 자신은 그의 혁명적이고 이단적 견해에 대한 교회의 분노와 수난을 그럭저럭 면할 수 있었으나 그의 후계자들은 그것이 불가능했다. 이탈리아인 조르다노 브루노(Giordano Bruno)는 지구가 태양 둘레를 돌며 별은 그 하나하나가 태양이라는 주장을 굽히지 않다가 1600년에 로마에서 교회로부터 화형을 당했다. 똑같은 시대 사람으로서 망원경을 발명한 갈릴레오(Galileo) 또한 교회의 주장처럼 대지는 우주의 중심이며 태양이 그것을 둘러싸고 돈다는 것을 시인했다. 그랬는데도 그는 속죄를 위해 얼마 동안 감옥에서 지내야 했다.

16세기의 뛰어난 자연 과학자 가운데 하비(Harvey)가 있다. 그는 혈액의 순환 작용을 결정적으로 증명한 사람이다. 17세기가 되면 최대

(Rubens)와의 교류, 두 번에 걸친 이탈리아 여행 등으로 나름대로의 자극을 받아 만년에는 대표작 「베짜는 여인」 「궁녀」 등을 그려 스페인 회화의 절정을 이루었다.

468

의 자연 과학자의 이름이 하나 늘어나게 된다. 대수학자 아이작 뉴턴 (Isaac Newton). 그는 중력의 법칙 — 만유 인력을 발견해 자연 속에 감추어진 비밀을 또 한 꺼풀 벗겨 낸 셈이다.

과학에 관해서는 이 정도로 해 두자. 문학 또한 이 시대에 두드러진 진전을 이룩했다. 당시 활발하게 펼쳐지고 있었던 새로운 정신은 아직 젊은 유럽 여러 나라의 언어에도 커다란 자극을 주었다. 이들 여러 언어는 이미 얼마 전부터 존재했던 것으로서 이탈리아가 위대한 시인인 단테와 페트라르카를 낳은 것은 이미 앞에서 본 바와 같고, 영국에는 초서가 있었다. 이 때에는 라틴어가 전 유럽의 지식층과 교회의 언어로서 모든 분야를 지배하고 있었다. 그 밖에 당시에 사용된 언어란 속어 또는 지방 사투리였는데, 이상하게도 많은 사람들이 인도어를 가리켜 지금까지 이렇게 부르고 있다. 이름이야 어떻든 이런 언어로 글을 쓰는 것은 품위를 떨어뜨리는 것으로 취급되었다. 그러나 새로운 정신 사조와 종이와 인쇄술이 이 언어들을 당당하게 선두에 나서게 했다. 그 중에서도 이탈리아어가 선구적 역할을 했고, 영어·프랑스어 그리고 마지막으로 독일어가 뒤따랐다. 프랑스에서는 16세기에 젊은 작가들이 라틴어가 아닌 자기 나라 말로 글을 썼으며, 그들의 속어를 최고의 문학에 알맞도록 개선하려는 방안을 강구하기로 결의하기도 했다.

이렇게 해서 유럽 여러 나라의 언어는 진보했고, 풍부함과 표현력을 두루 갖추어 오늘날과 같은 훌륭한 언어로 자라났다. 이 언어들을 잘 사용한 작가들의 이름을 모두 드는 것은 생략하고 몇몇으로 국한하자. 영어에는 유명한 셰익스피어가 1564년부터 1616년까지 그의 생애 동안 활약했고, 바로 그 뒤를 이어 『실락원』을 쓴 존 밀턴(John Milton)[116]이

---

116) 크롬웰의 청교도 혁명 때에는 시종 일관 혁명을 지지하고 필진을 펴서 신앙의 자유, 언론 출판의 자유, 인민 주권, 공화 정치를 고창했다. 이 무렵 그는 과로로 인해 실명했다. 왕정이 다시 부활하자 밀턴은 실의 속에 저술 생활로 들어가 영국 문학의 걸작인 『실락원』과 『복락원』을 집필했다. 그의 생애와 예술은 엄격한 청교도주의와 혁신적인 휴머니즘으로 일관하고 있다.

나왔다. 프랑스에서는 철학자 데카르트(Descartes)[117]와 극작가 몰리에르(Moliere)[118]가 다같이 17세기에 활동했다. 몰리에르는 파리에 있는 훌륭한 국립 극장인 코메디 프랑세즈(Comédie Française)를 창립한 사람이다. 스페인에서는 셰익스피어와 같은 시대에 『돈키호테(Don Quixote)』를 지은 세르반테스(Cervantes)가 나왔다.

또 하나의 이름을 들어 두자. 이 사람은 결코 위대하기 때문에 알아 두라는 것은 아니다. 다만 그는 우리들에게 이름이 너무도 잘 알려져 있기 때문이다. 역시 피렌체 사람인 마키아벨리(Machiavelli)다. 그는 15~16세기에 흔히 있었던 정치꾼에 불과했지만, 『군주론(The Prince)』을 펴내면서 사람들에게 널리 알려지게 되었다. 이 책을 읽으면 당시의 정치꾼이나 왕의 마음 속이 환히 들여다보인다. 『군주론』에서 마키아벨리는 종교란 정부에 절대적으로 필요한 것이라고 했다. 그러나 이것은 — 이 점에 주의하도록 해라 — 국민에게 도의를 알게 하기 위해서가 아니라 무지한 국민을 통치하고 복종시키기 위해서였다. 더 나아가서는 사악하다고 믿는 종교를 지지하는 것은 군주의 의무라고 주장했다. 그는 이렇게 말했다. "군주는 어떻게 해서 인간이면서 동시에 야수로서, 또 사자이면서 동시에 여우로서 행동해야 하는가를 분별, 체득해야만 한다. 그는 이익에 상반될 때에는 약속을 지키지 말아야 하며 또 지킬 수도 없다.

---

117) 확실한 탐구를 위해서 모든 사물에 대해 회의를 품은 결과 도달하게 된 그의 제1원리 "나는 생각한다. 고로 존재한다"는 매우 유명하다. 이와 같은 학문상의 태도는 중세 신학의 지배에서 탈피해 근대 과학을 확립시킨 데에 매우 커다란 의의를 지닌다. 물심 이원론(物心二元論)의 철학을 확립한 그는 합리주의의 비조로서, 경험주의의 비조인 프란시스 베이컨과 함께 근대 과학의 아버지로 일컬어진다. 주요 저서에 『방법서설』・『정념론』・『성찰록』 등이 있다.

118) 루이 14세 시대의 프랑스 희극 작가. 수많은 희극을 통해 시대를 지배하는 풍조와 사회 계층에 만연한 위선, 허영, 무지, 어리석음 등을 대담하게 폭로하는 한편, 독특한 인간형을 풍자적으로 묘사해 냈다. 『수전노(L'Avare)』에서는 인색한 사람을, 『타르튀프(Tartuffe)』에서는 위선자를, 그리고 『르 부르주아 장티옴므(Le Bourgeois Gentilhomme)』에서는 졸부를 그렸다. 그는 스스로 무대 위에도 섰는데, 그의 극단은 오늘날 국립 극장인 테아트르 프랑세즈의 전신이 되었다.

…… 나는 감히 말한다. 정직하다는 것은 언제나 불리하다고. 그러나 반대로 자비심이 있고 청렴하며 인도적이고, 거기에다 신앙이 독실하게 보인다면 매우 유익하다. 덕망의 위장처럼 유익한 것은 달리 또 존재하지 않는다."

정말 기막히게 교활하지 않니? 악한일수록 좋은 군주라니! 그 시대의 군주의 정신 상태가 이런 것이었다면 분쟁이 그칠 새가 없었다는 것은 당연한 결과라고 할 수 있겠지. 구태여 이런 옛날로 거슬러 올라가지 않더라도 오늘날의 제국주의 국가들에서 마키아벨리가 주장한 군주의 모습을 그대로 찾아볼 수 있지 않느냐. 덕망으로 위장된 그들 속에는 탐욕과 잔학 무도함이 있으며, 문명이라는 장갑 속에는 야수의 손톱이 날을 세우고 있다.

84 *1932년 8월 8일*

프로테스탄트의 반란과 농민 전쟁

나는 15세기부터 17세기 사이의 유럽에 대해 앞의 편지에서 이미 몇 번인가 이야기했으며, 중세의 종말, 농민의 궁핍, 부르주아의 대두, 아메리카와 동방 항로의 발견, 예술·과학 및 유럽의 각국 언어의 발달 등에 관해서 약간 언급했다. 그러나 이 시대에 대한 소묘를 완전히 정리하기 위해서는 아직도 할 이야기가 많이 남아 있다. 최근에 쓴 두 통의 편지와 새 항로에 대해서 썼던 편지도, 그리고 지금 쓰고 있는 이 편지 및 아마도 이것에 이어서 쓰게 될 한두 번의 편지 또한 모두 같은 시대 유럽의 일을 다루고 있다는 것을 명심해 두기 바란다. 나는 여러 가지 운동이나 업적을 따로따로 구분해서 쓰지만 사실 그것들은 거의 때를 같이해서 서로 영향을 주고받았던 것이다.

이미 르네상스 시대 이전부터 로마 교회의 내부에서는 어떤 변화의 기운이 일고 있었다. 군주들과 인민들은 모두 교회의 압박을 느끼기 시작했으며, 조금씩 불평도 말하면서 의혹을 품기 시작했다. 너도 기억하고 있겠지만, 프리드리히 2세는 공공연하게 교회와 논쟁을 벌였으며 파문을 당하고도 별로 걱정도 하지 않았다. 이 의혹과 반항의 징조를 느낀 교회는 격노해서 새로운 이단을 제압하기로 결정했다. 이 목적을 위해 종교 재판정이 설치되었으며, 전 유럽에서 이단으로 몰린 불행한 남자들과 마녀라고 고발된 여자들이 화형에 처해졌다. 프라하의 요한네스 후스가 속임수에 넘어가 화형당하자, 보헤미아의 그의 신자들은 반란의 깃발을 높이 쳐들었다. 어떤 협박으로도 로마 교회에 대한 반항의 물결을 막을 수는 없었다. 반항은 점차 확대되었으며 더욱이 대지주로서의 교회에 대한 농민들의 반감이 여기에 추가되었다. 그리고 여러 왕후들은 이기적인 동기에서 이것을 선동했다. 그들은 교회의 광대한 소유지를 탐욕스러운 선망의 눈으로 바라보고 있었다. 서적과 성서의 인쇄는 연기가 나기 시작한 불에 기름을 부은 격이 되었다.

16세기 초 독일에서, 로마 교회에 대한 반란의 대지도자가 된 마틴 루터(Martin Luther)가 나타났다. 그는 우연히 로마를 방문해서 교회의 타락과 호사스러움을 보고 교회에 정이 떨어진 한 젊은 성직자였다. 그가 지도한 종교적 항쟁은 확대 일로에 있었으며, 마침내 로마 교회를 양분하고, 다시 서구를 종교면에서도 정치면에서도 두 개의 진영으로 분열시키기에 이르렀다. 러시아의 그리스 정교회와 동유럽은 이 분쟁에 참가하지 않았다. 로마에 관한 한 그 자체가 참된 신앙과는 거리가 너무 멀어졌음이 폭로되고 말았다.

이렇게 해서 프로테스탄트들의 반란이 시작되었다. 이들은 로마 교회의 여러 가지 교조에 항의했기(protested) 때문에 프로테스탄트(Protestant)라고 일컬어진다. 이 때를 기점으로 하여 서구의 기독교는 두 개의 종파 — 로마 가톨릭과 프로테스탄트로 양분되었다. 그리고 프로테스탄트는 다시 많은 분파로 갈라졌다.

이 반로마 교회 운동을 종교 개혁이라고 한다. 그것은 대체로 교회의 부패 및 권위주의에 대한 인민 폭동이었다. 또한 많은 군주들은 그들을 지배하려 드는 교회의 의도를 분쇄하고 싶어했다. 그들은 정부에 대한 교황의 간섭에 심한 분노를 느끼고 있었다. 그리고 또 종교 개혁에는 제3의 측면이 있었다. 그것은 충실한 교회인이 교회의 부패를 내부로부터 수술하려고 한 것이었다.

너는 아마도 로마 교회 내에 프란체스코파와 도미니크파라는 두 개의 교단이 있었던 것을 기억하고 있을 것이다. 마틴 루터가 세력을 확립해 나가고 있을 무렵인 16세기에 스페인 사람 이그나티우스 로욜라(Ignatius Loyola)[119]가 로마 가톨릭에 속하는 또 하나의 새 교단을 세웠다. 그는 그 교단에 '예수회(Society of Jesus)'라는 이름을 붙였으며 단원을 '제주이트(Jesuits)'라고 불렀다. 나는 앞에서 제주이트들이 중국과 동양 방면에 찾아갔다는 것을 언급한 적이 있다. 이 '예수회'는 아주 색다른 단체였다. 그것은 사람들을 교회나 교황을 위한 봉사에 전념하도록 단련하는 것을 목표로 한 교단이었다. 엄격한 훈련의 결과로 상당한 성과를 올려 놀랄 만큼 유능하고 신앙심이 두터운 교회의 종복이 양성되었다. 그들은 교회를 진심으로 믿고 맹목적으로 복종하며 조금도 의문을 품지 않고 자신의 모든 것을 버렸다. 교회의 이익이 되는 일이라면 생명까지도 아낌없이 바친다고 한다. 그들은 교회에 대해 멸사 봉공함으로써 칭찬을 받고 있다. 교회의 선이 모든 것을 합리화하고 모든 것을 변호했다.

---

119) 에스파냐 바스크 지방 출신의 귀족 로욜라는 신성 로마 황제 카를 5세 휘하 장교로서, 북에스파냐 팜펠루나(Pampeluna) 지방의 한 도시에서 싸우다가 상처를 입고 입원중 예수의 생애 및 그 밖의 성인들의 생애에 관해서 독서하다가, 세속 군주의 병사가 아닌 예수의 병사가 되기로 작정했다. 1528년 파리 대학에 입학해서 7년 동안 주로 신학을 공부하고 이탈리아 각지에서 설교와 교육에 종사하다가 그 경험을 토대로 1539년 항구적인 수도회를 결성해서 교황 바오로 3세로부터 공식적인 인가를 얻었다. 이것이 예수회다.

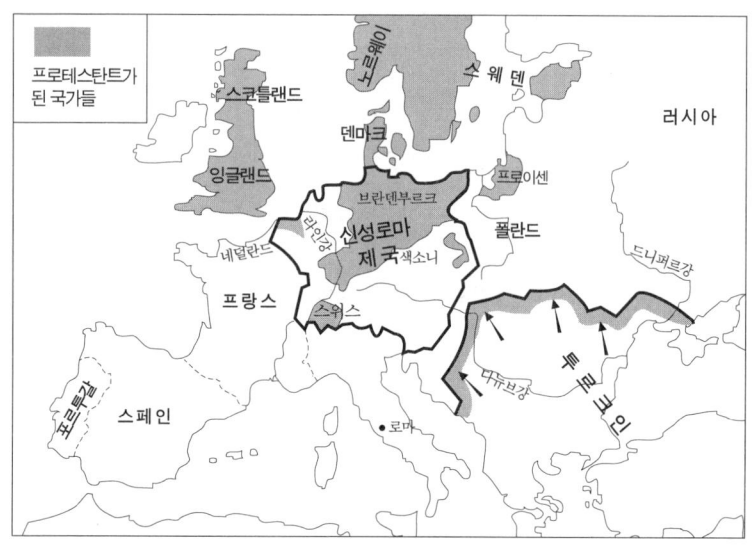

로마에 대한 반란

이 상식을 초월한 사람들의 단체는 로마 교회에게는 최대의 도움이 되었다. 그들은 교회의 이름으로 복음을 받들고 먼 나라로 떠나갔을 뿐만 아니라 유럽에서도 교회의 수준을 높여 나갔다. 어느 점까지는 교회 내부의 재건 시도를 통해, 그리고 대부분은 프로테스탄트의 반발이라는 위협 때문에 로마의 부패는 현저하게 줄어들었다. 이와 같이 종교 개혁은 교회를 양분시킨 동시에 그 내부로부터의 개혁에 어느 정도까지 기여했다.

프로테스탄트 반란이 진전됨에 따라 유럽의 여러 군주들은 종교적 동기와는 거의 무관하게 두 파로 갈렸다. 그것은 주로 정치적인 문제였고 이해 타산 때문이었다. 당시 신성 로마 제국의 황제는 합스부르크가의 카를 5세(Karl V)였다. 아버지와 할아버지의 혼인 관계 덕택으로 우연히 오스트리아·독일(명목상으로만)·스페인·나폴리·스위스·네덜란드 및 스페인령 아메리카를 포함하는 대제국을 상속받았다. 이와 같이 결혼을 통해서 영토를 확장하는 것은 그 무렵의 유럽에서 성행하던 일이었다. 그리하여 카를 5세는 특별히 자기 자신이 세운 것은 아니지만 하룻밤 사이에 유럽의 절반 이상에 군림하게 되었으며 얼마 동안은 거물로 간주되고 있었다. 그는 프로테스탄트에 반대하고 교황 쪽에 가세하기로 결정했다. 종교 개혁의 관념은 제국의 관념과 잘 조화되지는 못했다. 이에 대해 독일의 비교적 작은 왕후들은 대부분이 프로테스탄트에 동조했다. 그리하여 전 독일에서 로마파와 루터파가 대립하기에 이르렀다.

영국에서는 몇 번이나 결혼한 헨리 8세(Henry VIII)가 교황에 반대하고 프로테스탄트에게라고 하기보다는 오히려 자기 자신에게 호의를 보였다. 그는 교회 재산에 눈독을 들이고, 교황과 인연을 끊은 다음 사원·수도원·교회가 가지고 있던 막대한 소유지를 전부 몰수했다. 교황과 인연을 끊은 개인적인 이유는 그가 자기 아내와 이혼하고 다른 여자와 결혼하려고 한 데서부터 비롯되었다.

프랑스는 특수한 정세에 처해 있었다. 당시(루이 13세의 재위 기간)의 재상은 추기경 리슐리외(Richelieu)였으며 사실상 그가 왕국을 통치하고 있었다. 리슐리외는 프랑스를 교황에 동조하도록 하는 한편 신교(Protestantism)를 일소했다. 반면에 리슐리외는 고도의 정치적인 권모술수를 부렸다. 즉 독일에 내란을 일으켜서 세력을 약화시키고, 분열 상태로 두기 위해 독일의 신교를 뒤에서 밀어 주었던 것이다. 프랑스와 독일의 상호 적대 관계는 한 올의 실처럼 유럽 역사의 일면을 이어 가고 있다.

루터는 위대한 프로테스탄트로서 로마의 권위에 반항했다. 그러나 그가 종교상 관대한 마음을 가지고 있었던 것으로 생각해서는 안 된다. 오히려 그는 자기가 상대로 하여 싸우고 있는 교황에 못지 않게 배타적이었다. 그런 까닭에 종교 개혁도 유럽에 종교적 자유를 가져오지는 못했고 오히려 청교도(the puritan)나 칼뱅파(the Calvinist)와 같은 새로운 형의 광신도들을 길러 냈다. 칼뱅은 후기 프로테스탄트 운동의 지도자 가운데 한 사람이었다. 그는 뛰어난 조직가였으며, 얼마 동안은 제네바를 지배하고 있었다. 제네바의 공원에 종교 개혁을 기념하는 커다란 기념비[120]가 서 있었던 것을 기억하고 있느냐? 그리고 칼뱅이나 그 밖의 사람들이 등지고 있던 배경을 이루는 벽의 크기에 대해서도 기억하고 있느냐? 칼뱅은 매우 배타적인 사람으로서 많은 사람들을 오직 그와 의견이 맞지 않는 사상가였다는 이유만으로 화형에 처했을 정도였다.

　　루터나 프로테스탄트들은 인민 대중의 지지에 큰 힘을 얻었다. 그것은 당시 인민 대중이 로마 교회에 대해 강한 반감을 갖고 있었기 때문이다. 또한 이미 말한 바와 같이 농민은 비참하기 짝이 없는 상태에 있었기 때문에 자주 폭동을 일으켰다. 독일에서 일어난 소규모 농민 폭동이 확대되어 본격적인 농민 전쟁으로까지 발전했다. 가난한 농민들은 그들을 짓누르고 있던 나쁜 제도에 대해 들고일어났으며, '농노제의 철폐' '어획 수렵권의 부여'라는 지극히 평범하고 간단한 요구를 내걸었다. 그러나 그것조차도 여지없이 거절당했으며 독일의 군주들은 온갖 야만성을 발휘해 농민 탄압을 시도했다. 그런데 루터, 이 대개혁가는 어떤 태도를 취했던 것일까? 그는 가난한 농민들의 처지에서 그들의 공정한 요구를 지지했던 것일까? 아니다! '농노제의 철폐'라는 농민의 요구를 보고 루터는 다음과 같이 말했다. "이 조항은 만인을 평등하게 만들며, 그리하여 그리스도의 정신적 왕국을 표면적인 현세의 왕국으로 개조하려고 하는 것이다. 그런 것은 불가능한 일이다. 지상의 왕국은 인간의 불평등 없이는 존재할 수 없다. 어떤 사람은 지주이고 나머지 사람은 농노이며, 또 어떤 사람은 군주이고 나머지 사람은 신하가 되어야만 한다." 그는 농민들을 저주하고 그들의 격멸을 호소했다. "그러므로 공공연하게 또는 은밀하게 그들을 죽일 수 있는 사람이면 누구를 막론하고 그것을 하게 하라. 대체로 유해 유독하며 자신이 악마의 화신이라는 점에서 반도들보다 더한 것은 이 세상에 존재하지 않는다는 것을 명심하라. 그대는 농민 반도들을 죽이기를 마치 미친 개를 그렇게 하듯이 해야

---

120) 제네바의 공원 한구석에 있는 커다란 기념비. 올려다보이는 웅장한 석벽을 등지고 캘빈·볼테르·루소 및 산악 연구의 개척자인 소쉬르의 기념상이 나란히 서 있다.

만 한다. 만약 그대가 그들을 공격하지 않으면 그들이 그대를 공격할 것이며 그리고 그대의 토지를 모두 빼앗아 갈 것이다." 이것이 바로 종교 지도자이며 특히 개혁가라는 사람의 입에서 나온 멋들어진 말이다!

그러므로 자유니 자율이니 하는 것들은 모두 상류 계급에게만 관계되는 것이지 일반 대중을 위한 것은 아니었음을 알 수 있다. 대중은 거의 어느 시대에나 동물과 별로 다르지 않은 생활을 해 왔다. 루터의 주장대로 한다면 그들은 하늘로부터 그렇게 정해진 것이기 때문에 언제까지나 그런 생활을 계속해 나가야만 하는 것이었다. 로마 교회에 대한 프로테스탄트의 반란은 주로 인민의 심한 궁핍 때문에 야기된 것이었다. 프로테스탄트는 이것과 박자를 맞추고 이것을 이용했다. 그러나 농노들이 농노제로부터 해방될 조짐이 보이자 — 이것은 굉장히 큰 문제였으므로 — 프로테스탄트의 지도자들은 군주들과 힘을 합쳐 농노 세력의 제거를 꾀했다. 대중의 시대는 아직도 먼 곳에 있었다. 바야흐로 시작되고 있었던 것은 중간 계급, 즉 부르주아의 시대였던 것이다. 16세기의 모든 분쟁이나 전쟁의 틈바구니에서 이 계급이 필연적인 과정을 밟아 한 단계 한 단계 머리를 쳐드는 것을 볼 수 있다.

이 신흥 부르주아의 힘이 상당히 강했던 곳에서는 신교가 득세했다. 같은 프로테스탄트라도 가지각색의 종파가 생겼다. 영국에서는 국왕 스스로가 교회의 수장이 되어 '신앙의 옹호자'임을 천명했다. 이렇게 해서 교회는 서서히 원래의 기능을 잃고 정부의 한 부서에 지나지 않게 되었다.

다른 나라들, 특히 독일이나 스위스·네덜란드에서는 다른 종파가 우세했다. 칼뱅파는 부르주아의 성장과 상응하는 바가 있었기 때문에 세력이 강해졌다. 칼뱅은 종교적인 일에 대해서는 지극히 편협해서 이단자들을 고문하거나 물에 태워 죽이기도 했으며, 신사에게는 엄격하기 이를 데 없는 규율을 강요했다. 그러나 세속의 업무에 관한 그의 설교는 로마의 그것과는 반대로 당시 발달해 가고 있는 상공업에 아주 적합한 것이었다. 업무상의 이윤은 축복되고 신용은 장려되었다. 이리하여 신

프로테스탄트의 반란과 농민 전쟁

흥 부르주아는 이 낡은 신앙의 새로운 해석을 채택했으며, 엉터리 같은 양심으로써 돈벌이에 분주했다. 그들은 봉건 귀족에 대한 자기들의 투쟁에 대중을 이용했다. 귀족과의 싸움에서 개가를 올린 지금 그들은 대중을 무시하고 그들 위에 군림하게 되었다.

그러나 부르주아는 또 다른 많은 장애에 부딪혀야만 했다. 국왕이 아직 앞길을 가로막고 있었다. 국왕은 귀족과 사이의 싸움에서 도시민들과 손을 잡았다. 귀족이 무력해지자 상대적으로 국왕은 종래보다 훨씬 강대해졌으며 국면을 지배하고 있는 것처럼 보였다. 바야흐로 국왕과 중간 계급의 알력이 표면에 노출되기 시작한 것이다.

85 *1932년 8월 26일*

16, 17세기 유럽의 전제 정치

내가 또 세심하게 일을 배려하지 못했구나. 지난번에 보낸 편지 이후로 너무나 오랫동안 펜을 들지 못한 것 같다. 어느 누구도 나에게 왜 그러냐고 물어 보는 사람도 없고, 규칙적으로 일을 하도록 주의를 주는 사람도 없기 때문에 이따금 마음이 해이해져 나도 모르게 쓸데없는 공상에 사로잡히곤 한다. 만약 우리가 함께 있었다면 결코 이런 일은 없었을 텐데. 하기야 우리가 서로 이야기를 주고받을 수 있는 처지라면 구태여 편지 따위를 쓸 필요조차 없겠지.

지난번 편지에서는 커다란 변화의 와중에 처해 있던 유럽에 대해서 이야기했다. 유럽은 16, 17세기의 대변동, 즉 중세가 종말을 고하는 대혼란과 변화 속에 휩쓸렸다. 부르주아를 대두케 한 경제적 변화를 따라 수많은 변화가 있었다. 서유럽의 기독교가 가톨릭과 프로테스탄트의 두 파로 갈렸다. 독일은 양파가 비교적 균형을 유지하고 있었으므로 종교적 상쟁에는 안성맞춤의 무대가 되었다. 그 밖에 서유럽의 다른 나라들도 얼마쯤은 이 상쟁에 휘말려 들었다. 영국은 대륙의 종교 투쟁에 대해서는 초연했다. 국왕 헨리 8세 통치하에 영국은 별다른 국내의 동요 없이 로마와 인연을 끊고 마치 가톨릭과 프로테스탄트의 혼혈아 같은 독자적인 교회를 세웠다. 헨리 8세는 특별히 종교에 관심이 있었던 것은 아니다. 그는 다만 교회의 토지를 욕심 내 그것을 자기 소유로 만들었을 뿐이다. 그리고 그는 재혼하고 싶어했고, 또 그렇게 했다. 이처럼 종교 개혁은 국왕이 교황의 토지 지배로부터 벗어나는 결과를 가져왔다.

이 같은 르네상스나 종교 개혁 운동과 경제적 혼란이 유럽의 상황을 바꿔 놓고 있을 때 정치적 배경은 어떠했을까? 16, 17세기 유럽의 지도는 어떻게 되어 있었을까? 물론 이 200년 동안에 지도의 색깔은 바뀌어 칠해졌다. 자, 그럼 먼저 16세기 초엽의 지도를 살펴보기로 하자.

동남 방면에서는 투르크인이 콘스탄티노플을 장악해서 그들의 제국은 헝가리의 중부까지 뻗쳐 있다. 서남 일각에서는 아랍인 정복자의 후예 이스람 교도 사라센인들이 이미 그라나다에서 쫓겨났고, 스페인은 페르디난트와 이사벨라의 공동 통치하에 놓인 기독교 국가로서의 모습을 드러냈다. 스페인에서 기독교도와 이스람 교도의 몇 세기에 걸친 장기적 대립은 스페인을 열광적인 보수성에 사로잡히게 한 나머지 가톨릭에 귀속시키는 결과를 낳았다. 이로써 스페인은 그야말로 가공할 만한 종교 재판의 원조가 되었다. 한편 아메리카의 발견에 따라 거기서 거둬들인 부를 바탕으로 스페인은 유럽의 정치에 지도적 역할을 담당하려 하고 있었다.

지도를 한번 펼쳐 보자. 영국과 프랑스는 현재의 상태와 상당히 비슷하다. 지도의 중심부에는 신성 로마 제국이 있고, 이것이 여러 독일 국가로 분할되어 그 하나하나가 정도 차이는 있지만 제각기 독립국의 형태를 취하고 있다. 그것은 제후나 공작 · 주교 · 선제후 등등이 다스리는 작은 나라들의 기묘한 집합이었다. 또한 특별한 권리를 가진 많은 도시들도 있었으며, 북부의 상업 도시들은 서로 연합해서 연방을 이루고 있었다. 그리고 사실상 자유를 누리고 있지만 아직 공식적으로는 인정받고 있지 못한 스위스 공화국과 베니스 공화국, 또한 이탈리아 북부의 다른 도시 공화국들, 교황이 다스리는 로마 주변의 지역(이른바 교황 국가), 그리고 그 남쪽의 나폴리와 시칠리아 왕국이 있다. 동쪽으로 러시아와 사이에는 폴란드와 헝가리가 끼여 있고 헝가리에는 이미 오스만 투르트인이 그 그림자를 던지고 있다. 동쪽으로 더 나아가면 '황금의 유목민'인 몽고인을 내쫓고 새로운 강대한 국가로 발전한 러시아가 있다. 그리고 북과 서에도 몇 개의 나라가 있다.

  16세기 초엽의 유럽은 대체로 이런 상태였다. 1520년에는 카를 5세가 신성 로마 제국의 황제로 즉위했다. 그는 합스부르크가 출신인데 스페인과 나폴리 · 시칠리아 · 네덜란드의 여러 왕국을 한 몸에 상속했다. 이상한 것은 어떤 다른 왕실과 왕실이 혼인 관계를 맺었다는 사실로써 유럽의 여러 나라와 민족이 자꾸 그 주인을 바꾼 일이다. 몇백만의 인민과 큰 국토가 송두리째 상속되었고 때로는 그것들이 지참금 대신으로 증여되는 일도 있었다. 봄베이는 이런 식으로 해서 포르투갈의 브라간사(Braganza)에서 온 왕비 캐서린(Catharine)의 지참금으로서 영국 왕 찰스 2세(Charles II)의 손에 들어갔다. 그러므로 합스부르크가는 신중히 결혼 상대를 선택해서 제국을 끌어 모은 뒤, 카를 5세가 그 정상에 앉은 것이었다. 그는 주로 대식가로서 세상에 유명했으며, 아주 범속한 인물이었으나 한때는 유럽에서 그의 대영토 덕택에 거상(巨像)처럼 보인 적도 없지 않았다.

  카를이 즉위한 해에 술레이만이 오스만 제국의 원수가 되었다. 그의 제위중에 제국은 팔방으로 확장되었고 특히 동유럽 쪽으로 많이 진출했다. 투르크인은 비엔나의 성문을 공격, 이 아름다운 도시를 함락하기 일보 직전까지 이르렀다. 그러나 그들이 합스부르크의 황제 카를 5세를 위협하자 마침내 황제는 공물을 조건으로 술레이만을 매수해서 전화를 막는 것이 상책이라고 생각했다. 신성 로마 제국의 당당한 황제가 투르크의 술탄에게 공물을 진상하려 한 것은 생각해 볼 문제다. 술레이만은 '빛나는 술레이만'으로서 세상에 알려져 있다. 그는 동방 비잔틴 황제의 전통을 대표하는 자로 자처했으므로 스스로 황제 칭호를 갖고 있었다.

술레이만 시대의 콘스탄티노플에서는 건축이 성행해서 많은 아름다운 교회가 세워졌다. 이탈리아의 르네상스는 여기에서 동방의 호적수를 발견한 느낌이었다. 예술의 중흥은 콘스탄티노플에서뿐 아니라 페르시아와 중앙 아시아의 호라산에서도 아름다운 회화가 제작되었다.

인도에서는 서북에서 남하한 무굴인 바베르가 새로운 왕조를 수립했다. 이 때는 유럽에서 카를이 재위중이었고, 술레이만이 콘스탄티노플을 통치하고 있던 1526년이었다. 바베르와 그의 빛나는 자손에 관해서는 할 얘기가 많을 것이지만, 여기서 특기해 두어도 좋을 것은 바베르 그 사람이 유럽의 르네상스 군주형의 인물이었다는 점이다. 물론 당시의 유럽형보다는 훨씬 뛰어난 인물이었지만, 그는 모험가였고 또 문학과 예술에 정열을 가진 풍류의 선비였다. 이 시대의 이탈리아에는 역시 모험가와 문예 애호가를 겸한 왕이 있어 그들의 소궁전은 경박한 광채를 띠고 있었다. 피렌체의 메디치가(Medici family)와 보르지아가(Borgias)가 당시 세상에 잘 알려진 명문가였다. 그러나 이들 이탈리아의 왕들, 또 그 시대 유럽의 다른 제후들은 모두 마키아벨리의 무리로서 빈틈이 없는 데다 속이 검었으며, 억지가 강해 적에 대해서 독배를 내리고 암살의 비수를 휘두르는 일이 다반사였다. 이 같은 무리와 바베르를 비교하는 것은 마치 그들의 소궁전을 아그라나 델리의 무굴 황제들 — 악바르, 샤 자한, 그 밖의 기타의 궁전들과 비교하는 것이 잘못이듯 온당치 못하다. 이들 무굴 궁전은 휘황 찬란한 것이었다. 일찍이 존재한 궁전 중에서도 가장 풍요했으며, 가장 장려한 것이었다고 한다.

어쩌다가 얘기가 유럽에서 인도로 흘러 버렸구나. 나는 너에게 유럽의 르네상스 시대에 인도나 그 밖에 다른 나라에서는 어떤 일이 일어났는지 상기해 주기를 바랐던 것이다. 이 무렵 투르크나 페르시아, 중앙 아시아와 인도에는 활발한 예술 활동이 있었다. 중국은 마침 예술상의 발전이 높은 수준에 도달한 평화와 번영의 명 왕조 시대에 이르러 있었다. 그러나 이들 르네상스 시대의 예술은 어떤 것이나 모두 궁전 예술이었다. 중국만을 예로로 하면 그것은 인민의 예술은 아니었다. 이탈리아에서는 앞에서 든 사람이나 이름을 떨친 대예술가가 사라진 후기 르네상스는 범속하고 보잘것없는 것이 되어 버렸다.

그런데 16세기의 유럽에서는 왕들이 가톨릭과 프로테스탄트의 양파로 갈려 있었다. 그 무렵에는 인민은 문제시되지도 않았고 주요한 것은 군주였다. 이탈리아·오스트리아·프랑스 그리고 스페인은 가톨릭이었으며, 독일은 가톨릭과 프로테스탄트가 반반이었고 영국은 다만 왕이 그것을 선택했다는 이유 때문에 프로테스탄트가 되어 있었다. 또한 영국이 프로테스탄트였다는 점은 영국이 때때로 정복과 압박을 꾀해 온 피정복국인 아일랜드가 가톨릭으로 머물 만한 충분한 이유가 되었다. 하지만 인민의 신앙이 문제가 안 됐다는 것도 완전히 옳았다고 할 수는 없다. 마지막에는 그것이 문제가 되어 전쟁이나 혁명이 수없이 일어났기 때문이다. 종교적 측면과 정치·경제적 측면을 분명하게 구분하기는 매우 어렵다. 로마에 대한 프로테스탄트의 반란은 특히 신흥 상인 계급이 그 세력을 확장한 데서 일어났다는 것을 생각한다면 우리들은 종교와 경제 사이에 어떤 관련이 있는 것을 알 수 있다. 많은 군주들은 시민 혁명을 통해 그들의 권위가 타도당할 위험을 두려워해서 종교 개혁에 양다리를 걸쳤다. 만약 어떤 사람이 교황의 종교적 권위에 도전할 뜻이 있다면 그는 또 국왕이나 영주의 정치적 권위에 도전할 수도 있을 것이 아닌가? 이것은 국왕들에게는 위험하기 짝이 없는 일이다. 그들은 그 때까지 옛날 그대로 통치의 신권을 고수하고 있었다. 프로테스탄트 군주라도 이 신권을 내놓고 싶은 생각은 없었던 것이다.

그래서 종교 개혁이 일어난 뒤에도 유럽의 국왕은 여전히 만능이었다. 더구나 그들은 일찍이 그 유례를 찾아볼 수 없을 정도의 전제를 실시했다. 과거에는 대봉건 제후가 그들을 견제하고 때로는 그들의 권위에 맞선 적도 있었다. 상인 부르주아는 봉건 귀족을 좋아하지 않았으며, 국왕 또한 그들을 좋아하지 않았다. 그래서 상인이나 농민의 힘을 빌려 국왕은 귀족을 승복케 함으로써 그 세력을 더욱 굳혔다. 부르주아는 그들의 세력과 함께 중요성을 인정받게는 되었으나 아직 국왕을 누를 만큼 강력하지는 못했다. 그래도 얼마 안 가서 중간 계급은 국왕이 하는 일에 여러 가지로 트집을 잡기 시작했다. 그 중에서도 그들은 쉴 새 없이 거듭되는 무거운 세금과 신앙에 대한 간섭에 반대했다. 국왕은 이것이 매우 못마땅했다. 국왕은 자신이 하는 일을 방해하는 그들의 행동에 화를 내면서 그들을 잡아다 감옥에 가두는 등 여러 가지 형벌을 가했다. 마치 오늘날 영국의 통치에 복종하기를 거부한다는 이유로 우리 인도인들에게 하는 것처럼 멋대로 투옥을 일삼았다. 국왕은 또 상업에도 간섭을 했다. 이런 모든 일이 사태를 더욱 악화시켜 국왕에 대한 저항을 더욱 강력하게 했다. 이 국왕의 전제에 대한 부르주아의 권력 획득 투쟁은 바로 최근까지 몇백 년 간 계속되었다. 그리하여 신권적 관념이 마지막으로 붕괴되고 국왕이 알맞은 지위에 놓이기까지는 수많은 국왕의 목이 잘려 나가야만 했다. 어떤 나라에서는 승리가 빨랐고 어떤 나라에서는 늦어졌다. 다음 편지에서는 이러한 싸움의 행방에 대해 말할 것이다.

그러나 16세기에는 국왕이 유럽의 거의 모든 나라에 군림하고 있었다. '거의' 라는 말은 전부라는 뜻은 아니다. 너는 스위스의 산악에 사는 농민들이 단호히 합스부르크가에 반항해 독립을 쟁취했다는 사실을 알고 있을 것이다. 이렇게 해서 조그만 스위스 농민 공화국은 유럽을 뒤덮은 절대주의와 전제 정치의 바다 한복판에 왕의 존재를 허용치 않는 하나의 섬으로 떠오른 것이다.

그로부터 얼마 안 되어 다른 곳 — 네덜란드에서 인민의 자유와 신잉의 자유를 위한 투쟁이 일어나 승리를 거두었다. 네덜란드는 조그만 나라이기는 했지만 당시의 유럽 최대의 강국 — 스페인에 대해 큰 투쟁을 벌인 것이다. 이리하여 네덜란드는 유럽에서 앞장섰다. 이어서 영국에서도 인민의 자유를 위한 투쟁이 일어나 그 때문에 국왕은 목이 잘리게 되고 승리의 영광은 당시 의회에 돌아갔다. 네덜란드와 영국은 이와 같이 전제 정치에 대한 부르주아의 투쟁에서 선두에 나섰다. 한편 이런 나라들에서 부르주아가 승리를 거둔 사실은 새로운 국면을 이용해 다른 나라에까지 승리를 가져오게 할 수 있었다. 양국은 모두 배후에 강대한 해군을 창설해 먼 나라에까지 무역에 손을 뻗쳤으며 아시아의 식민지 확보에 기초를 다졌다.

우리는 지금까지 영국을 우리 화제의 대상에 그다지 많이 올리지 않았다. 영국은 유럽에서 뛰어난 대국도 아니었으므로 이제까지는 별로 할 얘깃거리도 없었지만, 바야흐로 사태는 변화해 이제부터 보게 되듯이 영국은 급속도로 성장해 갔다. 영국에선 '마그나 카르타'와 의회의 기원, 농민의 곤궁과 왕족간의 내란에서 싹튼 전쟁의 틈바구니에서 국왕에 의한 살인 · 암살 등이 너무도 흔하게 일어났다. 수많은 봉건 귀족 계급이 전쟁에 휩쓸려 세력을 잃었고, 그 중 신 왕조 — 튜더가(the Tudors)가 왕위를 차지했다. 그들은 마음껏 전제 군주 노릇을 했다. 헨리 8세도 이 튜더가의 한 사람이었고 그의 딸 엘리자베스 또한 마찬가지다.

황제 카를 5세 집권 후 신성 로마 제국은 분열되어 스페인과 네덜란드는 그의 아들 펠리페 2세(Felipe II)의 것이 되었다. 스페인은 당시 유럽 최대의 군주국으로서 단연 두각을 나타내고 있었다. 그러나 콜럼버스 · 코르테스 · 피사로 등을 낳은 스페인도 새로운 정세를 멋있게 이용하지는 못했다. 이는 무역에 관심을 갖지 않은 때문이기도 했지만 무엇보다도 편협하고 잔혹한 종교가 존재하고 있기 때문이었다. 국내 곳곳에서 종교 재판이 열리고, 이른바 이단자에게 무서운 고문이 행해졌다. 때로는 공중 축제(public festivals)가 열려 왕과 왕족, 외교 사신 및 몇천 명의 군중 앞에서 남녀 '이단자'를 산 채로 불태워 버리는 화형을 집행하기도 했다. 이것은 '아우토스 다 페(Autos-da-fé)', 즉 '신앙의 행사'라고 일컬어졌다. 그 얼마나 몸서리쳐지는 잔인 무도한 광경이었겠느냐. 이 시대의 유럽 역사는 이와 같이 거의 믿을 수 없을 만큼의 공포와 야만을 수반한 잔학 행위와 종교적 광신으로 충만되어 있다.

스페인 제국은 오래 가지는 못했다. 조그만 네덜란드의 용감한 싸움은 스페인을 밑뿌리부터 파헤쳐 뽑아 버렸다. 그로부터 멀지 않은 1588년에 영국 정복의 기도가 무참한 실패로 끝났으며 스페인 군대를 가득 태운 '무적 함대'는 영국 연안에 이르지도 못한 채 공해상에서 격침당했다. 이것은 함대를 지휘한 인물이 배나 바다에 전혀 지식이 없었던 사람이었으므로 당연한 결과라 하겠다. 사실 그는 국왕 펠리페 앞에 나가서 '황공하게 국왕 전하에게 자신의 임무를 면해 줄 것을' 간청했다. 여기서 그는 자신이 전혀 해전 병법에 관해 아는 바가 없을 뿐만 아니라 항해자로서의 능력도 없다는 이유를 들었다. 그러나 국왕은 "경만이 통솔해야 한다고 답변했다"는 기록이 있다.

이를 계기로 스페인은 점차 국운이 쇠퇴해 갔다. 카를 5세 때에는 '태양이 지지 않는 제국'이라는 말이 있을 정도였는데, 그리고 그것은 현재에 와서 또 하나의 교만하고 압제적인 제국에도 잘 적용되는 말이기도 하다.

86 *1932년 8월 27일*

네덜란드가 자유를 위해 싸우다

지난 편지에서는 16세기에는 거의 유럽 전역에서 국왕이 지고의 지위에 있어 있었다는 얘기를 했다. 영국에는 튜더가가 있고 스페인과 오스트리아에는 합스부르크가가 군림했으며, 러시아·이탈리아, 그리고 독일의 대부분에 걸쳐 전제 군주가 있었다. 전 왕국이 모조리 국왕의 사유 재산이라 생각할 수 있는 이 같은 사적 군주제를 통해 통치하는 국왕을 받드는 나라 가운데서는 프랑스가 대표적이었을 것이다. 지극히 수완이 뛰어난 재상 겸 추기경인 리슐리외가 프랑스와 프랑스 군주제의 강화에 공헌했다. 프랑스의 강점과 안전은 독일의 약세에 기초한 것이라고 프랑스인들은 생각해 왔다. 그러므로 가톨릭 성직자의 거물로서 프랑스의 신교를 무자비하게 짓밟은 리슐리외는 실제로 독일의 신교에게 가톨릭에 반대하는 싸움을 벌이도록 부추겼다. 이 정책은 보기 좋게 성공을 거두었다. 이제부터 이야기하겠지만 독일에서는 최악의 내란이 일어나 나라가 황폐해졌다.

프랑스에서도 17세기 중엽에 내란이 일어났다 — 이것은 프롱드 (Fronde)의 난(1648~53년)이라 일컬어진다. 그러나 국왕은 귀족과 상인 양편을 단번에 질식시켰다. 귀족은 실권을 잃었으나, 국왕은 그들을 자기 편으로 끌어들이기 위해 대단한 특권을 주었다. 그들은 세금마저 내지 않았다. 귀족과 성직자들은 납세가 면제되어 세금의 무거운 짐은 모두 평민, 그 중에도 농민의 어깨 위에 지워졌다. 가난하고 불쌍한 사람들한테서 빨아들인 돈으로 웅장한 대궁전이 잇따라 지어졌고, 국왕은 비단으로 휘감은 신하들에 둘러싸였다. 너는 파리 근처의 베르사유 궁전을 구경한 것을 아직 기억하고 있지? 지금도 그 곳에 가면 볼 수 있는 여러 대궁전은 17세기에 프랑스 농민의 혈세로 지어진 것들이다.

베르사유 궁전은 무책임한 절대 군주제의 상징이었다. 그러므로 동시에 베르사유가 군주제를 근본에서부터 뒤집어 놓은 프랑스 혁명의 전조가 된 것도 이상할 것은 없다. 그러나 이 시대에 혁명이란 아직 창창하게 먼 얘기였다. 국왕 루이 14세(Louis XIV)는 대왕으로 일컬어졌는데, 태양왕(the Roi-Soleil)으로 궁정에서 그를 받드는 행성들에 둘러싸인 태양이었다. 그가 군림한 호화롭고 성대했던 72년 동안, 즉 1643년부터 1715년에 걸쳐 또 하나의 출중한 추기경 마자랭(Mazarin)이 총리로서 그를 보좌했다. 상류층은 함께 영화를 누렸고 왕실은 문학·과학·예술을 비호해 주었으나 영화의 껍질을 한 겹 벗겨 내고 나면 거기에는 빈곤과 궁핍만 있었다. 이것은 한 번도 씻은 적이 없는 먼지와 때로 범벅이 된 몸에 걸친 가발과 레이스의 장식과 아름다운 의상의 거짓 세계일 뿐이었다.

오늘날의 우리들마저도 적잖이 사치와 허식의 포로가 되어 있는 것을 볼 때, 루이 14세의 오랜 치세 동안 유럽이 그의 풍조에 물들었다 해서 놀라울 것은 전혀 없다. 그는 전형적인 국왕이었고 나머지는 자연히 그에 따랐다. 그러면 이 '대왕' 이라는 자는 도대체 어떤 인물이었을까? 저명한 영국의 문인 토머스 칼라일(Thomas Carlyle)은 "루이 14세의 왕의를 벗겨 보자"며 이렇게 말했다. "보이는 것은 머리가 이상하게 생기고 뿌리가 두 갈래 나와 있는 흉칙한 무에 불과하다." 이것은 왕이건 평민이건, 어쩌면 대부분의 사람에게 들어맞는 신랄한 비판일지도 모른다.

루이 14세는 18세기 초인 1715년까지 우리들을 데리고 간다. 이 사이에 다른 나라에서는 여러 가지 일이 있었다. 그리고 그 중의 어떤 것은 우리들의 눈길을 끌게 할 만하다.

나는 앞에서도 스페인에 대한 네덜란드의 항거에 대해 적었다. 그들의 용감한 싸움은 더 상세히 연구해도 좋을 것이다. 미국인 모틀리(John Lothrop Motley)는 이 독립 전쟁에 관한 유명한 책을 펴냈는데, 피를 끓게 하고 살을 떨리게 하는 얘기들로 그 투쟁 내용을 엮었다. 350년 전 유럽 일각에서 일어난 일을 기술한 약동하는 필치가 쉴 새 없이 흥미를 불러일으켜 다른 어떤 소설에게도 자리를 양보하지 않을 것이다. 그 책은 『네덜란드 공화국 성립사(The Rise of the Dutch Republic)』라는 제목으로서, 나는 그것을 감옥에서 읽었다.

네덜란드는 홀란드(Holland)와 벨기에(Belgium)의 총칭이다. 그 이름 자체가 그것들이 낮은 지방이라는 것을 말해 주고 있다. 홀란드란 말은 홀로 린드(Hollow land), 즉 요지(凹地)에서 나왔다. 대부분의 땅이 해수면 아래로 내려앉아 있어서 제방과 담을 쌓아 북해의 파도를 막아야만 한다. 연중 바다와 싸우지 않을 수 없는 조건을 가진 나라는 강건한 해양 국민을 양성했고, 끊임없이 대해를 횡단해야 하는 민족은 대다수가 무역에 종사하게 되는 법이다. 그들은 양모와 그 밖의 물품을 다른 나라에 공급하는 한편, 동방에서는 향료 같은 것들을 입수했다. 그리고 부유하고 번화한 도시 — 브뤼주·겐트 그리고 안트웨르펜이 생겨났다. 특히 안트웨르펜은 16세기에 동방과의 무역이 발달함에 따라 유럽 무역의 대중심지가 되었고, 그 거래소에는 날마다 5000여 명의 상인이 매매를 위해 모여들었다고 한다. 그 항구를 드나드는 배는 500척이나 되었으며, 이들 상인 계급이 시 정부를 장악하고 있었다고 한다.

이것은 실로 종교 개혁을 뒷받침할 새로운 사상의 온실이 되는 상업 사회였다고 할 수 있다. 신교는 계속 전파되어, 특히 북부에서 두드러졌다. 한때는 합스부르크가의 카를 5세와 그 아들 펠리페 2세가 상속을 통해 네덜란드의 주인이 되었다. 그들은 모두 정치·종교적으로 자유를 허용할 뜻을 전혀 갖지 않았다. 펠리페는 도시의 특권과 신 종교의 압살을 꾀해 압제와 전횡으로 유명한 알바 공(Duke of Alva)을 총독에 임명해 파견했다. 또 종교 재판소를 설치해서 몇만 명의 사람들을 화형에 처하거나 교수대 위에서 '피의 평정(Blood Council)'을 열었다.

이것은 매우 긴 이야기니까 여기서 간단히 늘어놓을 수는 없다. 스페인의 압제가 가해지자 이에 항의하는 인민의 압력 또한 커졌고, 이 때에 위대하고 총명한 지도자 한 사람이 그들 사이에 나타났다. 그는 '무뚝뚝한 윌리엄(William the Silent)'이라는 별명이 붙은 오렌지 공 윌리엄(Prince William of Orange)으로, 알바 공의 호적수가 되고도 남는 존재였다. 종교 재판소는 1568년의 판결에서 이름 있는 몇몇을 제외하고는 네덜란드의 전 주민에게 사형을 선고했다. 이것은 사상 유례없는 놀라운 판결이었다 — 겨우 3~4행의 문장이 300만 인민을 단죄하다니!

처음에는 네덜란드의 귀족과 스페인 왕 사이의 싸움으로밖에 보이지 않았으므로 다른 나라에도 흔히 있는 국왕과 귀족의 투쟁과 그다지 다를 바가 없는 것으로 생각되었다. 알바 공은 그들을 궤멸시키려 했기 때문에, 그로 말미암아 수많은 귀족이 브뤼셀의 교수대에서 사라져야 했다.

이렇게 박해를 받은 귀족 중에는 일반적으로 평판이 매우 좋고 잘 알려진 에그몬트(Lamoral Egmont)[121] 백작과 같은 사람도 있었다. 그 뒤 자금이 궁해진 알바 공이 다시 무거운 세금을 물게 하자 상인 계급은 그들의 주머니가 압박당하는 데 대해 반항했다. 거기에다가 가톨릭과 프로테스탄트의 싸움까지 벌어졌다.

스페인은 위세를 자랑하는 대국이었다. 네덜란드 쪽은 상인들과 가난으로 인해 제구실을 못하는 귀족들로 이루어진 몇 개의 주에 불과할 뿐이어서 양자는 전혀 비교가 안 되었다. 그런데도 스페인은 좀처럼 네덜란드를 제압할 수가 없었다. 그래서 몇 번이나 그 곳의 인구를 단번에 멸망시켜 버릴 듯한 대학살이 감행되었다. 알바 공과 그 휘하의 장군들은 인명의 살육에서는 칭기즈 칸이나 티무르에 뒤지지 않았을 뿐 아니라 때로는 더하기조차 했다. 도시는 차례차례 알바 공에게 포위당했고, 그 도시에서 전혀 훈련이 안 된 남자들이나 때로는 여자까지도 바다에서 또 육지에서 기진맥진할 때까지 알바 공의 정병(精兵)을 상대로 싸웠다.

스페인의 압제와 싸우기 위해서는 자신들의 아까운 재산을 모조리 파괴하는 일까지도 불사했던 네덜란드인은 제방을 허물고 북해의 거센 물결을 끌어들여 스페인 군대를 물 속에 빠뜨림으로써 격퇴시켰다. 시일이 흐름에 따라 전쟁은 점점 열기를 띠어 양편이 더욱더 잔혹해질 뿐이었다. 그 중에서도 마지막까지 목숨을 걸고 지켰으나, 마침내 스페인 군대의 학살과 약탈에 희생되어 버린 아름다운 하를렘(Haarlem) 시가의

---

121) 네덜란드 독립 운동 초기의 지도자. 플랑드르의 귀족 출신으로서 여러 차례에 걸쳐 스페인의 국왕을 위해 전공을 세웠지만, 나중에 펠리페 2세의 네덜란드에 대한 압제가 강화되자 오렌지 공 윌리엄 등과 함께 신교를 지도해서 이에 항거했다. 알바 공은 '피의 평정(評定)'으로써 그를 처형했지만, 그의 이름은 네덜란드 독립 운동의 거성으로서 이 나라 국민들에게 무한한 존경과 숭배를 받고 있으며, 괴테가 쓴 같은 이름의 희곡을 통해 세계에 널리 알려져 있다.

네덜란드가 자유를 위해 싸우다

포위전은 참으로 눈부신 것이었다. 그리고 제방을 허물어 가까스로 위험한 마수를 벗어난 알크마르(Alkmaar)의 공방전, 또 적에 포위당해 굶주림과 질병으로 몇만 명의 인명이 쓰러져 간 레이덴(Leyden). 이 레이덴에서는 나무에 잎사귀 하나도 남지 않았다. 나뭇잎이란 잎은 굶주린 사람들이 모조리 먹어 치워 버렸던 것이다. 남녀를 가릴 것 없이 사람들은 쓰레기 더미에서 먹다 버린 찌꺼기를 놓고 굶주린 개들처럼 치열한 쟁탈전을 벌였다. 그러면서도 그들은 끝까지 자신들의 보루(ramparts)에서 적을 향해 함성을 지르며 저항했다. 그것은 쥐나 개, 그리고 다른 무엇으로 주린 배를 채우는 한이 있어도 적의 손에 성을 넘겨 주지 않으려는 비장한 결의였다. "이렇게 해서 우리만 남겨 놓고 모두가 죽어 버리면 우리의 왼손을 잘라먹으면서 오른손으로 우리들의 부녀자와 자유와 신앙을 외적의 압제로부터 지킬 것이다. 신이 노하셔서 우리들로 하여금 멸망케 하며 모든 구원의 손길을 거둔다 할지라도 우리들은 그들의 입성을 끝까지 막아 영원히 굴복하지 않으리라. 운이 다하고, 목숨을 부지할 길 없는 마지막 순간이 다가오면 우리들은 우리 자신의 손으로 불을 질러 우리들의 집을 태워 파괴하고, 우리의 자유의 멸망을 눈앞에 맞을 바에는 차라리 남녀 노소 모두가 불길 속에 뛰어들어 죽으리라."

이것이 레이덴 사람들의 결의였다. 그러나 시간은 흐르고 여러 날이 지나도록 구원의 손길은 뻗치지 않아 절망은 일각을 다투면서 다가올 뿐이었다. 마침내 그들은 성 밖 홀란드 마을에 전갈을 보냈다. 그리하여 여러 마을 사람들은 레이덴을 적의 손에 넘길 바에야 차라리 그들의 사랑하는 땅을 침수시켜 버리는 편이 낫다는 비장한 결의를 굳혔다. "땅을 잃느니 차라리 물 속에 가라앉혀 버리리라"는 생각 끝에 비탄에 잠긴 이웃 동포들은 레이덴에 다음과 같은 회답을 보냈다. "레이덴이여, 우리는 그대들을 버리느니 차라리 우리의 토지와 재산을 모두 파도에 내맡기겠다."

제방이 하나씩 차례로 끊기면서 바람을 탄 바닷물이 도도히 흘러들었다. 물결을 타고 네덜란드의 배는 식료품과 구호 물자를 실은 채 밀어닥쳤고 새로운 적, 즉 바닷물에 겁을 먹은 스페인군은 놀라 허둥대면서 앞을 다투어 도망쳤다. 이리하여 레이덴은 살아 남았다. 이들 주민의 영웅적 공훈을 기념하기 위해 1575년에 유명한 레이덴 대학이 창립되었다. 이 같은 영웅적 행위나 끔찍한 살육에 관한 이야기는 수없이 남아 있단다. 아름다운 안트웨르펜의 시가지에서도 전율할 만한 학살과 약탈이 벌어져 8000명이나 되는 사람들이 죽음을 당했다. 그 뒤 이 사건은 '스페인의 광란(Spanish Fury)'이라 일컬어지게 되었다.

그러나 큰 전쟁은 주로 홀란드에서 벌어졌기 때문에 네덜란드의 남부는 비교적 무사했다. 스페인인 위정자는 뇌물과 협박으로 네덜란드 귀족을 자기 편으로 만들고, 그들을 앞장 세워 같은 동포들을 탄압케 했다. 남부에서는 프로테스탄트보다도 가톨릭 쪽이 훨씬 우세했다는 사정이 그들에게는 구원이 될 수 있었다. 왜냐하면 그들은 가톨릭 교도를 자기네 편으로 만들려고 노력했고, 또 어느 정도까지 성공했기 때문이었다. 이른바 귀족이란 부류는 도대체 한심하기 짝이 없는 존재들이었다. 그들은 자기들의 나라를 위태롭게 하면서까지 스페인 국왕의 총애와 이익을 더 많이 받기 위해 갖은 죄악을 저지르고 온갖 침략과 음모를 꾸미며, 듣기만 해도 우리들로 하여금 몸서리를 치게 한다.

네덜란드인 총회에서 오렌지 공 윌리엄은 말했다. "네덜란드의 패배는 네덜란드 자신이 초래한 것일 뿐이다. 알바 공은 그가 스스로 신뢰할 만한 세력을 어디서 얻으려고 했는가? 그대들 네덜란드의 여러 도시로부터가 아닌가? 그리고 또 그들의 병선·군량·무기·군대는 어떤가? 네덜란드 국민이 준 것이 아닌가?"

이렇게 되어 결국 스페인은 오늘날 벨기에에 해당하는 부분을 그들의 영토로 만드는 데 성공했지만, 홀란드만은 몇 번이나 굴복시키려고 했는데도 끝내 뜻을 이루지 못했다. 그러나 이렇게 오랜 투쟁 기간을 통해 거의 마지막까지도 홀란드가 스페인의 펠리페 2세에 대한 충성의 파기를 선언하지 않은 것은 정말 이상한 일이라 하지 않을 수 없다. 그들은 만약 그가 자신들의 자유를 인정한다면 그를 왕으로 인정할 생각이었으나, 결국에는 그와 결별하지 않을 수 없게 되었고, 대신 자신들의 위대한 지도

네덜란드가 자유를 위해 싸우다

자 윌리엄에게 왕관을 바쳤다. 그러나 그는 그것을 끝내 받으려 하지 않았다. 사정이 이렇게 되자, 그들은 부득이 자기네의 뜻과는 동떨어진 공화국을 탄생시켰다. 이 시대의 군주제 전통은 그처럼 강력한 것이었다.

홀란드의 전쟁은 더욱 오래 계속되어 1609년까지는 아직 독립이 못 된 상태였다. 그리고 홀란드에서의 사실상의 전쟁은 1567년부터 1584년까지 그치지 않고 일어났다. 오렌지 공 윌리엄을 쳐부술 수 없었던 스페인 왕 펠리페 2세는 암살자를 시켜 그를 죽이려 했고, 이 암살에 공공연히 현상금을 걸 만큼 당시 유럽의 도덕 수준은 낮았다. 암살 계획은 몇 번이나 실패를 거듭하다가 1584년 여섯 번째 암살에서야 비로소 목적을 달성했다. 이로써 전 네덜란드가 '아버지 윌리엄(Father William)'으로 부르던 위인이 죽었다. 그러나 그는 자신의 임무를 다해 냈다. 네덜란드 공화국 건설은 희생과 고통을 통해 착착 진행되어 갔고 압제자와 폭군에 대한 저항은 국가와 인민을 단련시켜 더욱 강력하게 하는 좋은 약이 되었다. 그 뒤 네덜란드는 씩씩하게 자신의 힘을 믿으면서 오래지 않아 대해운국이 되어 극동으로 뻗어 나갔다. 홀란드와 분리한 벨기에는 계속 스페인의 통치하에 놓였다.

자, 이제 유럽의 상황을 완전히 이해하기 위해 독일로 눈을 돌리자. 1618년부터 1648년에 걸쳐 이 나라에는 30년 전쟁이라고 일컬어지는 무서운 내란이 계속되었다. 이것은 가톨릭과 프로테스탄트의 싸움으로서, 독일의 소제후들과 선제후[122]가 서로에 대항해, 그리고 황제와 싸웠다. 그래서 당시 가톨릭파였던 프랑스 왕은 분쟁을 확대하기 위해 개입해서 프로테스탄트측에 붙었고 마지막으로 이른바 '북방의 사자(Lion of the North)'인 스웨덴 왕 구스타프 아돌프스(Gustavus Adolphus)가 남하해 황제를 격파하고 신교를 구원했다.

그러나 독일은 전쟁으로 황폐한 나라가 되어 버렸다. 용병들은 비

---

[122] 1356년에 황제 카를 4세가 발표한 『금인 칙서(Golden Bulle)』를 통해 독일의 국왕, 즉 신성 로마 제국 황제의 선거권을 인정받은 7선제후. 황제 선거 제도는 제후의 황제에 대한 견제력을 강화해 독일의 통일을 방해하는 요인의 하나가 되었다.

적과 다름없이 폭행을 일삼고 예사로 약탈을 했다. 군사령부까지도 병졸에게 지불할 돈이나 식량이 없을 때는 약탈의 손을 뻗쳤다. 이런 일이 — 분명히 다시 한 번 생각해 볼 만한 문제가 아니겠는가! — 무려 30년 간이나 계속되었다. 학살과 파괴와 약탈이 해마다 끊이지 않았던 것이다. 상업은 있는 둥 마는 둥이었고 농토의 경작도 제대로 되지 않았다. 식량은 날이 갈수록 줄어들었고 이에 따라 굶주림은 더욱 심각해졌다. 그리고 그것이 비적과 약탈을 더 한층 부채질한 것은 말할 것도 없다. 독일은 마치 직업 군인과 용병의 양성소 같은 꼴이었다.

드디어 이처럼 지긋지긋한 전쟁도 끝났다. 아마도 그것은 더 이상 약탈할 것이 없었기 때문이었는지도 모르겠다. 이런 상태에서 독일이 전쟁의 상처를 회복하고 다시 일어서기까지는 실로 오랜 세월이 필요했다. 1648년의 베스트팔렌 강화 조약(the Peace of Westphalen)을 통해 독일의 내전은 막을 내렸다.

이를 통해 신성 로마 제국 황제는 사실상 실권이 없는 그림자 내지 환영 같은 존재가 되어 버렸다. 프랑스는 커다란 노획물 — 알자스(Alsace)를 한 조각 잘라 가졌다. 200년 간 프랑스는 이것을 영유한 뒤에 새로운 독일에게 어쩔 수 없이 반환했다.[123] 그런 뒤에 1914년부터 1918년까지의 세계 대전에서 다시 그것을 빼앗았다. 프랑스는 이 베스트팔렌 강화 조약을 통해 이득을 본 것이다. 그러나 다시 새로운 강국이 독일에서 일어나 프랑스에게는 실로 눈 위의 혹 같은 존재가 되려 하고 있었다. 이 강력한 존재는 호엔촐레른가(the House of Hohenzollern)가 군림한 프로이센(Preussen)이었다.

베스트팔렌의 강화 조약은 스위스와 네덜란드 공화국을 최종적으로 승인했다.

---

123) 1870년부터 1871년에 걸쳐 일어난 보불 전쟁에서의 승리로 독일은 프랑스로부터 알자스-로렌 지방을 할양받았다(프랑크푸르트 강화 조약). 1871년 1월 파리 입성에 즈음해서 프로이센 국왕은 독일의 제후들로부터 황제로 추대되었으며, 총리 비스마르크의 실현을 보게 되었다. '새로운 독일'이라는 말은 바로 이 비스마르크의 독일 제국을 가리킨다.

네덜란드가 자유를 위해 싸우다

이제까지 나는 그 얼마나 처참한 전쟁과 살육과 약탈과 박해에 대해 이야기를 했는지! 더구나 인간의 생명력의 폭발과 예술과 문학의 활동이 그처럼 활기를 띠었던 르네상스 직후를 이야기했다. 신생아가 태어날 때나 또는 새로운 시대가 탄생할 때는 고통이 따르게 마련이다. 또 사회의 밑바탕이 불안하면 상층 사회나 정치도 동요한다. 유럽에서 새로운 생명이 잉태되고 있는 것은 이미 누구의 눈에나 분명했다. 그러나 그것을 둘러싸고 그 얼마나 끔찍한 야만 행위가 벌어졌던가! '통치의 기술은 거짓말하는 기술'이라는 말이 이 시대의 금언이었다. 현재 우리들의 사회도 허위와 음모와 폭력과 잔학으로 견딜 수 없는 악취를 풍기고 있다. 이런 상황에서 인민이 끈기 있게 견디고 있는 것이 오히려 이상할 정도로 말이다.

87 *1932년 8월 29일*

영국이 왕의 목을 자르다

여기서 영국의 역사에 관해 잠시만 얘기하고 지나가도록 하자. 지금까지 우리들은 영국에 대해선 별로 얘기하지 않았다. 이 나라는 프랑스나 이탈리아에 비해 뒤떨어져 있었다. 그러나 옥스퍼드는 훨씬 이전부터 저명한 학술의 중심이 되었으며, 조금 뒤에는 케임브리지도 그와 같은 위치에 올랐다. 위클리프(Wycliffe : 14세기 종교 개혁의 선구자)는 옥스퍼드에서 나온 인물이다.

초기의 영국사는 주로 의회의 발달에 우리의 흥미를 집중시킨다. 처음에는 귀족이 왕권의 제한을 기도해 1215년에 '마그나 카르타'가 성립되었고, 그로부터 오래지 않아 의회의 맹아가 싹트기 시작한 것이다. 이것은 아직 덜 핀 꽃봉오리에 비유할 수 있는 것으로, 대귀족이나 주교들이 귀족원(상원)을 구성했다. 그러나 마지막에는 기사와 중소 지주에다가 약간의 향시(鄕市) 대표자를 추가해서 이루어진 선거제를 통한 평의회가 한층 큰 세력을 가지게 된다. 이 선거제 평의회가 발달해서 오늘날의 하원이 된 것이다. 그러나 하원의 의석을 차지한 자들도 소수의 부유한 지주와 상인만을 대표하는 데 불과했다.

처음에 하원은 거의 권력이 없었지만, 국왕에 대해 청원하고 고충을 탄원함으로써 점차 과세 제도에 간섭하게 되었다. 그들의 협조를 거치지 않으면 조세를 신설하거나 그것을 징수하는 일이 어려웠기 때문에, 국왕이 과세를 결정할 때는 그들의 의견을 물어 동의를 얻는 것이 관례였다. 어느 시대에나 돈주머니의 힘이란 큰 것이어서 의회 특히 하원은 힘을 확장함에 따라 그 세력과 권한을 강화했고, 이에 따라 국왕과 하원 세력은 때때로 충돌했다. 그러나 아직 의회 세력은 대수로운 것이 아니었고 앞에서도 밝혔듯이 튜더가는 대대로 절대 군주를 배출했다. 그리고 튜더가의 왕들은 영리했으므로 될 수 있는 한 의회와 사이의 분규로 무리하게 맞서는 일을 피했다.

영국은 대륙에서처럼 가열된 종교 분쟁도 없이 그럭저럭 평온하게 지났다. 하지만 미세한 종교상의 분쟁이나 단체 폭동, 박해의 예는 수없이 많았고, 헤아릴 수 없을 정도로 많은 여자들이 마녀라는 낙인이 찍혀 산 채로 화형을 당했다. 그러나 대륙에 비하면 영국은 그런 대로 평온 무사한 편이었다. 헨리 8세와 함께 이 나라는 프로테스탄트로 개종하게 되었다. 물론 국내에는 가톨릭 교도도 많았으며 동시에 극단적인 프로테스탄트의 세력도 컸다.

그런데 영국의 새로운 교회는 자칭 프로테스탄트라고 일컫기는 했지만, 그 성격상 양자의 중간에 위치해서 프로테스탄트라고 하기에는 가톨릭적인 색채가 너무나 강했고, 실제로 국왕을 수장으로 받드는 국가 체제의 일부분이었다. 그러나 로마 교황과의 관계는 완전히 단절되

영국이 왕의 목을 자르다

었고 도처에서 교황에 반대하는 집단 폭동이 일어났다. 엘리자베스 여왕(그녀는 헨리 8세의 딸이었다) 시대에 동양과 아프리카행 새 항로가 개척되면서 새로운 무역의 기회가 생겨나 사람들을 유혹했다. 스페인인이나 포르투갈인의 성공에 매혹되어 치부의 욕심에 불타는 영국은 곧 바다로 진출했다. 프란시스 드레이크 경 등은 처음에는 아메리카에서 돌아온 스페인 해적의 한 패와 어울려 아메리카에서 귀환한 스페인의 배에 뛰어들어 곧잘 약탈을 했으나, 그 뒤 세계 일주의 장도에 올랐다. 한편 월터 롤리 경(Sir Walter Raleigh)은 대서양을 횡단해서 지금은 미합중국으로 일컬어지는 아메리카의 동해안에 식민지를 마련했다. 이 지방은 처녀 여왕(the Virgin Queen) 엘리자베스에게 경의를 표하기 위해 버지니아(Virginia : 처녀의 땅)라고 일컬어졌다. 끽연 습관을 아메리카에서 유럽으로 처음 가져온 것도 롤리 경이었다. 곧이어 스페인 함대가 아메리카에 달려왔지만, 그들의 속셈은 완전히 실패로 끝남으로써 영국은 의기 충천했다. 이런 일들은 모두 민심을 외부 사건에 연관시켜 관심을 돌려 놓았다는 점을 제외한다면 국왕과 의회의 대립은 전혀 관계가 없는 것이었다. 그러나 이미 튜더 왕조 시대부터 두 세력간의 분쟁은 그 깊이를 더해서 표면 밑에서 끓고 있었다.

  엘리자베스 시대는 영국 역사상 가장 융성을 자랑한 시대로 손꼽힌다. 엘리자베스는 위대한 여왕이었으며, 영국은 이 시대에 과감한 실천가들을 낳았다. 하지만 이렇게 위대한 여왕이나 또 모험을 좋아하는 그녀의 기사들보다도 더욱 위대했던 인물들은 이 시대의 시인과 극작가들이며, 이들 가운데 셰익스피어는 커다란 봉우리로 우뚝 솟아 있다. 개인적인 이력은 확실치 않지만, 그의 희곡은 굳이 설명할 필요가 없을 정도로 오늘날 전세계에 널리 알려져 있다. 그는 우리들의 마음을 기쁨으로 채워 주는 무수한 보석으로 영어를 풍성하게 한 뛰어난 인물들 중의 하나였다. 엘리자베스 시대의 문학은 서정시류에 이르기까지 역사상 그 유례를 찾아볼 수 없는 특수한 매력을 지녔다. 그것은 아주 일상적인 내용일지라도 독특한 격조와 간접적인 비유를 사용해서 우리에게 전달하고자 하는 바를 전달해 주면서도, 그 자체는 매우 소박하고 감미롭기 이를 데 없는 말로서 흥겹게 춤추고 있다. 영국의 비평가 리튼 스트래치(Litton Strachey)는 이 시대에 관한 자신의 저서 가운데서 "한 기적의 시대를 통해 그 힘차고 뛰어난 정신으로 일찍이 세계에 알려진 것 중에서 가장 빛나는 극문학의 영광스러운 유산을 영국에 준 엘리자베스 왕조 시대 사람의 격조 높은 사람들"에 관해 말하고 있다.

엘리자베스는 인도의 대제 악바르가 죽기 2년 전인 1603년에 죽고 스코틀랜드 왕이 여왕의 뒤를 이었다. 그가 왕위 계승상 여왕의 다음 서열이었기 때문이다. 그는 제임스 1세(James I)로서, 과거부터 여러 차례 잉글랜드가 폭력으로 정복하려다가 실패한 스코틀랜드와의 합병 문제가 마침내는 평화리에 해결됨으로써 잉글랜드와 스코틀랜드는 한 왕국이 되었다. 제임스 1세는 왕권 신수설의 신봉자로서 의회를 싫어했고, 또한 엘리자베스만큼 현명치 못한 관계로 얼마 안 가서 그와 의회 사이에는 분쟁이 일어났다. 끝끝내 완강하기만 했던 프로테스탄트가 1620년 메이플라워호(the Mayflower)를 타고 영원히 조국을 버린 채 아메리카로 건너간 것도 이 때의 일이었다. 그들은 제임스 1세의 전제 정치에 반대했고, 또 일찍부터 영국 교회에 불만을 느끼고 있었다. 그들은 영국 교회가 아직 충분히 프로테스탄트적이라고 생각지 않았으므로 집을 버리고 사랑하는 조국을 뒤로 하고서 미지의 신천지를 목표로 대서양에 배를 띄운 것이었다. 그들은 아메리카 북부 해안의 어떤 곳에 상륙해 그곳을 뉴 플리머스(New Plymouth)라고 이름지었다. 그 뒤에도 많은 개척자들이 줄지어 건너감으로써 식민지의 수효는 점차 늘어나 13개를 헤아리게 되었으며, 이것들은 모두 동해안을 따라 퍼져 있었다. 이들 식민지가 발달해서 마침내 합중국이 되었는데, 지금 이야기하고 있는 시대보다 훨씬 뒤의 이야기다.

제임스 1세의 아들은 찰스 1세(Charles I)였는데, 1625년에 그가 국왕이 되면서 곧 기억해야 할 사건이 발생했다. 다름이 아니라 1628년 의회가 영국사에서 유명한 문서가 된「권리 청원서(Petition of Rights)」를 왕에게 제출한 것이다. 이 '청원'에는 국왕은 절대 군주가 아니라는 것과 그가 해서는 안 될 많은 사항이 명확하게 기록되어 있다. 즉 그는 불법으로 인민에게 과세하거나 인민을 투옥해서는 안 되며, 20세기에 영국의 인도 총독이 하고 있는 것과 같이 칙령을 내려 이를 근거로 인민을 체포해서도 안 된다는 사항 등이 포함되어 있다. 해도 괜찮은 일과 해서는 안 되는 일에 제한을 받게 된 국왕은 격노해서 의회를 해산하고 얼마 동안 의회 없는 통치를 했다. 그런데 몇 년이 지나자 그는 자금이 궁해져 할 수 없이 특별 의회를 소집했다. 그러자 그 때까지 찰스가 의회 없이 통치한 행위에 대해 국민들은 계속 분노와 불만을 품고 있던 참이었으므로 의회는 만반의 태세를 갖추고 그와의 일전을 기다렸다. 그로부터 2년도 지나지 않은 1642년에 드디어 내전이 일어나 한편에는 많은 귀족과 대군대에 호위된 국왕이 서고, 다른 한편에는 부유한 상인과 런던시의 지지를 받고 있는 의회가 맞섰다. 전쟁이 오래 계속되어 몇 년이 지났을 때 의회측에 한 위대한 지도자 — 올리버 크롬웰(Oliver Cromwell)이 나타났다. 그는 훌륭한 조직가였으며 엄격한 규율가였고 정의를 목숨보다 중시하는 종교적 정열에 불타는 사람이었다. "전황이 위급해서 그를 바라보는 모든 사람들에게서 희망의 등불이 꺼져 버렸을 때에도 전장의 진두에 선 그에게는 불기둥 같은 희망이 빛나고 있었다"고 칼라일은 말했다. 크롬웰은 '철기대(鐵騎隊)'라 일컬어지는 새로운 군대를 조직해서 그들의 가슴 속에 자신이 가지고 있는 규율 있는 정열을 불어넣었다. 의회군인 '청교도파(Puritans)'와 찰스의 '왕당파(Cavaliers)'는 계속 대전해서 마침내 크롬웰은 승리를 얻었고 찰스는 의회에 의해 사로잡히게 되었다.

  많은 수의 의원들은 아직도 국왕과의 화해를 원했던 반면, 크롬웰의 새 군대는 완강히 그것을 거부했으며, 드디어 군의 한 장교인 프라이드(Pride) 대령은 의사당에 난입해 화해파 의원들을 모조리 내쫓았다. 이것을 '프라이드 추방(Pride's Purge)'이라고 한다. 이 일은 전격적인 사건이었으나 아무래도 폭력적이었던 만큼 의회에 예의를 갖춘 것이라고 할 수는 없었다. 의회는 국왕의 전제 정치에 반대했는데도 나름대로 하나의 권력 — 그들의 군대가 있었다. 그런데 문제는 이 군대가 의회의 법적인 말장난 같은 것에 개의치 않았다는 것이다. 혁명이란 이런 것이었다.

'잔당 의회(the Rump Parliament)' 라 일컬어지던 하원의 잔류 의원들은 상원의 반대를 물리치고 찰스를 심문키로 결의한 뒤 찰스에게 '폭군, 매국노, 살인범, 조국의 원수' 로서 사형을 선고했다. 그리하여 1649년 지난날 그들의 국왕으로서 자신의 통치권에 신성을 내세운 이 인물을 드디어는 런던의 화이트 홀(White Hall)에서 목을 베었다.

국왕도 여느 사람이나 마찬가지로 죽는다. 실로 역사상 수많은 국왕이 비명에 죽음을 당했다. 전제 정치와 군주제는 암살과 살인을 초래한다. 영국 왕실도 과거 몇 차례나 암살 사건을 겪었다. 그러나 선거를 거쳐 성립한 의회가 자진해서 법정에 나선 국왕을 심문하고 사형을 선고했으며, 거기에다 처형까지 했다는 것은 놀라운 일이 아닐 수 없다. 언제나 상당히 보수적이며 급격한 변화를 좋아하지 않는 영국 국민이 이렇게 해서 압제적이며 매국적인 국왕을 본보기 삼아 처리해 버렸던 것은 보기 드문 일이었다. 이러한 처사는 영국인 전체의 행위가 아니라 크롬웰이 이끄는 새로운 군대인 철기대가 한 일이었다.

이 사건으로 유럽의 국왕 · 황제 · 제후 · 소영주를 비롯한 여러 부류는 크나큰 충격을 받았다. 만약 평민들이 이처럼 분수를 모르고 영국의 규범을 좇는다면 그들은 어떻게 될 것인가? 그들 중에는 가능하다면 영국을 정복해서 격파하고 싶어하는 자도 많았을 것이다.

그러나 그 때 영국은 일개 무능한 군주에게 그 운명을 맡기고 있지 않았다. 영국은 역사상 처음으로 공화국이 되어 크롬웰과 그 군대가 그 나라를 지키게 되었다. 크롬웰은 사실상 독재자였고 그는 '호국경(護國卿 : Lord Protector)' 이라 일컬어졌다. 그의 엄격하고 유능한 통치 아래 영국의 국력은 계속 자라나, 그 함대는 네덜란드 · 프랑스 · 스페인의 함대를 쳐부수었고 이로써 영국은 비로소 유럽 제일의 해군국으로 군림하게 되었다.

하지만 영국의 공화제는 생명이 무척 짧았다. 찰스 1세의 처형 후 11년도 채 안 된 1658년에 크롬웰이 죽자, 2년 후에는 공화국도 무너졌다. 이 때 외국에 도망가 있던 찰스 1세의 아들이 영국으로 돌아옴으로써, 그는 대환영 속에 왕관을 쓰고 찰스 2세가 되었다. 이 두 번째의 찰스는 비열하고 세평이 신통치 못한 인물이었다. 그가 국왕의 임무라고 생각한 것은 재미있게 세월을 보내는 것에 지나지 않았다. 다만 그는 의회와는 심한 마찰을 일으키지 않으려고 교묘하게 피하곤 했다. 그는 프랑스 왕에게서 비밀리에 돈을 받아 쓰고 있었다. 이렇게 되자 영국은 크롬웰 시대에 획득한 유럽 최고의 지위를 잃어버렸고 네덜란드 함대가 템스 강까지 거슬러 올라와 영국 함대를 불질러 버릴 정도로 몰락했다. 그 뒤 찰스의 동생 제임스 2세가 그의 형에 이어 왕좌를 물려받자 곧 의회와 사이에 분쟁이 일어났다. 제임스는 열성파 가톨릭 신자로서 교황의 지배를 다시 영국에 받아들여 확립하려고 했기 때문이다. 그러나 영국 국민은 그들의 종교적 견해가 어떤 것이었든 — 그것은 확실히 막연한 것이었다 — 대다수가 격정적으로 교황과 '가톨릭(Popery)'을 증오하고 있었다. 제임스 2세는 이 광범한 감정을 수습할 도리가 도무지 없었고 게다가 의회의 태도에 격분해서 프랑스로 망명하지 않을 수 없게 되었다.

이렇게 해서 의회는 또다시 국왕을 이겼다. 더구나 이번에는 평화 속에서 내란도 없이 끝났다. 국내에는 국왕은 없었지만 영국은 이제 또 공화국을 세우려 하지는 않았다. 영국 국민은 군주를 좋아한다는 말이 있다. 또한 그들은 임금에게 으레 따르게 마련인 위엄 있는 형식까지도 좋아한다. 그래서 의회는 새로운 국왕을 물색하던 끝에 100년 전 스페인에 대해 네덜란드의 위대한 투쟁을 지도한 '무뚝뚝한 윌리엄'을 배출한 오렌지가에서 적임자를 발견해 냈다. 이 사람 또한 오렌지 공 윌리엄이라는 사람으로서, 그는 영국 왕가의 메리(Mary)와 결혼한 사이였다. 1688년 윌리엄과 메리는 공동 통치자가 되었다. 바야흐로 의회는 최고의 지위에 서게 되었고 의회로 대표되는 인민에게 권리를 넘겨 주려 한 영국 혁명은 이로써 완성되었다. 이 날부터 영국의 국왕이나 여왕 중 어느 쪽도 감히 의회의 권위에 도전하려는 사람은 없었다. 그러나 결정적인 대립이나 도전은 하지 않았다 해도 책모를 쓴다든지 압력을 가하는 방법은 여러 가지여서 이 같은 방법을 행사한 국왕도 몇 사람 있었다.

의회는 최고의 지위에 올랐다. 그러나 이 의회란 도대체 어떤 모임이었을까? 그것이 영국 인민을 대표하고 있었다고 속단해서는 안 된다. 그것은 극히 적은 일부를 대표한 것에 지나지 않았다. 귀족원(상원)은 그 이름이 말해 주듯 영토 소유자, 즉 대지주와 성직자를 대표하는 것이었고, 하원조차도 부유층 — 지주나 상인의 집합체였다. 투표권을 가진 사람이 소수로 한정되어 있었던 100년 전까지의 영국에는 이른바 '주머니 선거구(pocket boroughs)' 라는 것이 있었는데, 이는 사실상 누군가의 주머니 속에 있는 선거구라는 의미를 가지는 것이다. 한 사람의 의원을 선출하는 선거구 전체가 단 한 사람이나 또는 두 사람의 유권자로 이루어질 수도 있었다는 것은 참으로 놀라운 일이다. 1793년에는 하원 306명의 의원이 전 유권자(투표권이 있는 사람) 160명에 의해 선출되었다고 한다. 올드 사룸(Old Sarum)이라는 어느 오랜 마을에서는 2명의 의원을 의회로 보냈다. 이렇게 볼 때 인민의 대다수가 투표권을 갖지 못했고 의회를 통해 대표되지 못했다는 것을 알 수 있다. 하원은 도저히 인민의 집회라고 부를 수 없는 것이며, 도시마다 대두되기 시작한 신흥 중간 계급을 대표하는 것조차도 못 되었다. 그것은 다만 대지주 계급과 얼마 안 되는 부유한 상인을 대표하는 데 불과했다. 의회의 의석은 매매되었으며 뇌물 거래가 성행했다. 더구나 이것은 100년 전 시끄러운 여론이 들끓어 개혁 법안이 통과된 뒤 비교적 많은 사람들이 선거권을 갖게 된 1832년 무렵까지 일어났던 일들이었다.[124]

---

124) 1832년의 선거 개정법. 영국에서는 산업 혁명 이후 사회 관계가 크게 변함에 따라 산업 자본가를 비롯한 새로운 여러 계급이 등장하게 되었는데, 이들 계층은 선거 제도의 불합리한 점을 지적하고 그 개정을 강력히 요구했다. 1830년 휘그당(Whigs)이 정권을 잡게 되자 찰스 그레이(Charles Gray)의 휘그당 내각은 여론을 배경으로 하여 선거법 개정에 착수했지

이렇게 되고 보면 국왕에 대한 의회의 승리는 극소수 부유한 사람들의 승리에 지나지 않았다. 당시의 영국은 소수의 지주 집단과 얼마 안 되는 상인들이 통치하고 있는 것과 다름없었다. 그 밖의 다른 모든 계급들은 사실상 전 국민을 포함하고 있으면서도 아무런 발언권도 없었던 것이다.

마찬가지로 스페인과 벌인 전쟁 끝에 수립된 네덜란드 공화국 또한 부유층의 공화국이었다는 점도 여기서 상기하기 바란다.

윌리엄과 메리에 이어 메리의 여동생 앤(Ann)이 영국 여왕이 되었다. 1714년 그녀가 죽자 다음 국왕을 선정하기까지 약간의 분규가 있었다. 의회는 결국 독일에서 하노버(Hanover)라는 독일인을 데려다가 영국 국왕 조지 1세(George I)로 추대했다. 아마도 의회는 그가 얼빠진 인물로서 조금도 총명한 곳이 없고, 의회에 간섭할 만한 영리한 사람보다는 우둔한 국왕 쪽이 편리하다고 생각해서 그렇게 선정했을 것이다. 조지 1세는 전혀 영어를 할 줄 몰랐다. 영국 국왕이 영어를 몰랐다니 어떻게 했을지 뻔한 이야기 아니겠느냐. 조지 2세를 선언한 그의 아들마저 또한 거의 영어를 해독하지 못했다. 이렇게 해서 영국에 하노버가 또는 하노버 왕조의 기반이 잡히게 되었고 그것이 지금껏 계승되고 있다. 그것은 거의 군림한다고 표현할 수도 없을 것이다. 실제적인 통치를 모두 의회가 하고 있기 때문이다.

만 귀족과 지주 계급이 지지하는 토리당(Tories)의 강경한 반대에 부딪혀 할 수 없이 의회를 해산시켜야 했으며, 또한 하원에서의 패배 후에도 계속적인 상원에서의 방해로 영국은 내란의 위기에 직면했다. 그 뒤 토리당과의 타협으로 제2차 그레이 내각에 의해 성립된 것이 1832년의 선거 개정법이다. 새로운 선거법은, 인구에 비례해서 선거구를 개편하고 일정한 임대 가격에 이르는 토지나 가옥의 소유자 또는 차용자에게 일률적으로 선거권을 부여했다. 그 결과 종전에 비해 유권자는 비약적으로 증가하고 산업 시민층이 정치에 참여하게 되었지만, 도시와 농촌의 노동자 대중은 여전히 소외되었다. 따라서 전 인민의 관점에서 보면 '토리당에 대한 휘그당의 승리'도 마찬가지로 '극소수 부유한 사람들의 승리'에 지나지 않았다. 또한 영국의 선거법이 오늘날과 같은 보통 선거를 실현하기까지는 1867, 1884, 1918, 1921년의 4차에 걸친 개혁을 거쳤다.

16~17세기에는 영국과 아일랜드 사이에 커다란 마찰이 있었다. 아일랜드 정복이 기도되어 엘리자베스와 제임스 1세의 치세를 통해 많은 반란과 학살이 거듭되었다. 제임스는 북부 아일랜드의 얼스터(Ulster)의 영지를 많이 몰수한 뒤 스코틀랜드에서 프로테스탄트를 데려다가 이 곳에 정주케 했다. 그 때부터 이 프로테스탄트 식민지가 계속 남아 아일랜드는 아일랜드 원주민과 스코틀랜드 이주민, 그리고 종교면에서는 로마 가톨릭 교도와 프로테스탄트의 둘로 갈라지게 되었다. 이 양자는 격심한 증오로 맞서 그 중간에서 어부지리를 얻은 것은 물론 영국이었다. 언제나 그렇듯 통치자들은 '분할해서 통치하라!' 는 정책을 신봉한다. 지금까지도 얼스터 문제는 아일랜드 최대의 난제가 되어 있다.

영국의 내란중에 아일랜드에서 영국인 학살 사건이 일어났다. 이에 대해 크롬웰은 잔혹하게 아일랜드인을 학살함으로써 보복했는데, 오늘날까지도 이것은 아일랜드의 쓰라린 기억으로 남아 있다. 항쟁은 다시 계속되어 마침내 협정이 체결되었다. 그러나 영국은 이 협정들을 지키지 않았다. 아일랜드의 고민에 찬 역사, 그것은 오랜 고통으로 가득 얼룩진 역사라고 할 수 있을 것이다.

『걸리버 여행기(Gulliver's Travels)』의 작자 조너선 스위프트(Jonathan Swift)가 이 무렵, 즉 1667년부터 1745년까지 살았다는 사실이 너에게 흥밋거리가 될지 모르겠다. 이 책은 어린이를 위한 유명한 고전이지만, 그것은 사실상 그 시대의 영국에 대한 신랄한 풍자였다. 또한 『로빈슨 크루소(Robinson Crusoe)』를 쓴 다니엘 디포(Daniel Defoe)도 스위프트와 같은 시대의 사람이었다.

88 1932년 9월 3일

무굴 제국의 창립자 바베르

　인도로 다시 화제를 돌려 보자. 우리는 상당히 많은 편지를 통해 16~17세기에 유럽에서 일어난 사건을 이해하려고 해 왔다. 이 시대의 유럽에 대해서 네가 어떤 인상을 받았는지 모르겠다. 어떤 인상을 받았든 간에 그것은 매우 무질서한 것임에 틀림없다. 그러나 놀랄 필요는 없다. 사실 이 무렵의 유럽은 실제로 무질서하고 비정상적인 상태에 있었으니까. 끊임없는 야만적인 전쟁, 어느 역사에서도 찾아보기 어려울 만큼 혹독한 종교적 편견과 잔학, 전제 정치와 국왕의 '신권', 부패한 과두 정치, 인민에 대한 몰염치한 착취 등이 이 시대의 가장 큰 특징이었다. 이에 비해 같은 시대의 중국은 모든 점에서 이보다는 몇 세기가 앞선 듯이 보였다. 중국은 문화가 발달하고 예술적이었으며 관대하고 평화스러운 나라였다. 인도는 분열되고 퇴보하고 있었으나 여러 가지 점에서 아직은 유럽보다 사정이 좋았다.

　그런데 유럽은 이와는 달리 좀더 밝은 일면을 가지고 있었다. 근대 과학은 진보의 걸음마를 시작했으며, 인민의 자유에 대한 자각이 점차 높아져 국왕들의 권좌를 위협하기 시작하고 있었다. 이런 현상들의 저변에는 서유럽 및 북유럽에서의 상공업 발달이 원인으로 자리잡고 있었다. 먼 나라들과 거래하는 상인들로 붐비고 직공들의 활동으로 바쁜 대도시가 생겨나게 되었다. 서구 곳곳에 길드, 즉 직공들의 동업 조합이 발생했다. 이들 상인이나 산업에 종사하는 계급이 부르주아 ― 신흥 중간 계급을 형성했다. 이 계급은 날로 세력을 확대하고 있었지만 여러 가지 정치·사회·종교적인 장애에 부딪혔다. 정치나 사회 조직 속에는 아직도 봉건 제도의 잔재가 남아 있다. 이 제도는 이미 지나간 시대의 유물로서 새로운 상황에는 적합하지 않아 상공업의 발달에 방해가 되었다. 봉건 영주는 온갖 종류의 세금과 수수료라는 명목으로 상인 계급의 얼굴을 찡그리게 했다. 그래서 부르주아는 이 영주들을 권력의 자리에서 쫓아 내려는 태도를 보이게 되었다. 국왕 또한 봉건 영주가 자기의 권력을 자주 침해하기 때문에 그들을 좋아하지 않았다. 국왕과 부르주아는 봉건 영주에 대해 공동 전선을 펴서 그들의 실권을 빼앗았다. 그 결과로서 국왕은 더욱 강대해지고 전제적으로 되었다.

마찬가지로 당시 서구의 여러 종교적 제도와 '노동'에 관한 일반적인 종교적 관념과 일반 개념이 상공업의 발달에 장애가 되어 있다는 것을 느끼기 시작했다. 종교 자체가 여러 가지 점에서 봉건 제도와 통하는 바가 있었으며, 그리고 교회는 앞에서 말한 것처럼 최대의 봉건 영주였다. 이전부터 많은 개인이나 집단들이 일어나 로마 교회를 비난하기도 하고 도전하기도 했다. 그러나 이런 것들은 별로 효과가 없었다. 그런데 바야흐로 모든 신흥 부르주아가 변화의 필요성을 뼈저리게 느끼게 되어 개혁 운동은 더욱 강력하게 전개되었다.

이런 모든 변화와, 그리고 또 우리가 이미 함께 보아 온 그 밖의 변화는 모두 부르주아를 정치 권력의 정점에 등장시킨 혁명의 다른 얼굴들이었다. 그 과정은 서구의 여러 나라에서 비슷하게 나타나지만 나라에 따라 나타나는 시기가 달랐다. 이에 비해 동유럽은 공업의 발달이 뒤져 그러한 변화는 일어나지 않았다.

중국이나 인도에도 직공 길드가 있었으며 직공들과 장인들이 많이 있었다. 그리고 서구와 버금가거나 능가하는 공업 발달을 보였다. 그러나 이 단계에서 인도나 중국에서는 서구에서와 같은 정도의 과학의 성장도, 인민의 자유에 대한 같은 정도의 충동도 볼 수 없었다. 이 두 나라에는 종교적 자유와 지방의 정치적 자유라는 선동이 오랫동안 유지되어 왔으며, 따라서 안정적인 사회 조직이 갖추어져 있었다. 인민은 국왕의 권력이나 전제 정치에 대해서 지방의 문제에 개입하지 않는 이상 거의 관심을 기울이지 않았다. 두 나라는 모두 오랫동안 국권을 유지했으며,

무굴 제국의 창립자 바베르

유럽에서는 찾아보기 어려울 만큼 안정된 사회 조직을 갖추고 있었다. 그러나 한편 이러한 사회 제도들의 안정과 엄격성이야말로 틀림없이 양국의 발전을 방해한 원인이 되었을 것이다. 인도에서는 무굴 사람 바베르가 북부를 정복함으로써 인도가 다시 통일될 때까지 분열과 해체의 과정이 계속되었음을 보았다. 인민은 옛날의 아리안적 자유의 관념을 완전히 잊고 어떤 위정자에게도 굴종하는 노예 근성에 젖어 버렸다. 이 나라에 새로운 이념을 가지고 들어온 이슬람 교도들조차 또한 위축되고 노예화된 점에서는 다를 것이 없었다.

이러한 동양의 옛 문명에서는 볼 수 없는 신선함과 생명력을 갖추고 있던 유럽은 어느덧 동양을 앞지르고 있었다. 유럽의 아들들은 먼 세계의 끝까지 진출했으며, 통상과 재보에 대한 유혹이 항해자들을 아메리카나 아시아로 몰리게 했다. 동남 아시아에는 이미 보아 온 바와 같이 포르투갈인이 말라카의 아랍인 제국을 쓰러뜨렸다. 그들은 인도 연안부터 동남 아시아 해상에 걸쳐서 전진 기지를 만들었다. 그러나 머지 않아 그들의 향료 무역 지배권은 두 개의 신흥 해군국, 다시 말해서 네덜란드와 영국에게서 도전받게 되었다. 포르투갈인은 동방에서 쫓겨났으며 그들의 동남 아시아 제국과 사이의 무역 관계도 청산되었다. 네덜란드인이 포르투갈인의 지위를 어느 정도 계승했으며 동남 아시아의 여러 섬은 그들의 점령하에 들어갔다. 1600년 엘리자베스 여왕은 동인도 회사에게 인도 무역의 특허장을 주었다. 2년 후에는 네덜란드에도 동인도 회사가 설립되었다. 이렇게 해서 유럽의 아시아 약탈 시대가 시작된다. 이것은 상당히 오랫동안 말레이 반도와 동남 아시아의 여러 섬에 국한되어 있었다. 명나라와 17세기 중엽에 나타난 만주인 지배하에 있었던 중국은 너무 강해서 유럽인의 손으로는 어찌할 수 없었다. 일본은 외국인은 한 사람도 남기지 않고 쫓아 냈으며 1641년에는 쇄국 정책을 쓰기 시작했다. 그러면 인도는 어떻게 되었는가? 우리는 인도에 대해서 이야기하기를 너무 게을리하고 있었기 때문에 좀 서둘러서 그 공백을 메워야만 하겠다. 앞으로 보아 나갈 것이지만, 인도는 신흥 무굴(Mughal) 왕조 밑에서 강대한 국가로 발전했다. 그러므로 거기에는 유럽의 침략을 받을 우려도 없었거니와 그럴 만한 기회도 주지 않았다. 그러나 유럽은 이미 제해권을 장악하고 있었다.

그래서 우리는 다시 인도로 돌아왔다. 유럽과 중국과 일본과 말레이시아에서 우리는 벌써 17세기 후반에 이르렀으며 18세기의 문을 두드리려 하고 있다. 그렇지만 인도는 아직 바베르가 찾아온 16세기 초에 머무르고 있다.

1526년 델리에서 이미 극도로 쇠약해진 아프간인 술탄에 대해 바베르가 승리함으로써 인도에 새로운 시대와 새 제국 — 무굴 제국의 기초를 세웠다. 중간에 잠깐 중단되기는 했지만, 그것은 1526년부터 1707년까지 181년 동안 존속했다. 이 왕조는 6명의 대군주가 번갈아 가면서 왕위에 오른 다음 멸망되었으며, 그 뒤를 이어 마라타족, 시크족, 그 밖의 부족들이 나라를 세웠다. 그리고 그들 뒤를 이어 영국이 와서 중앙 권력의 붕괴와 농촌의 혼란을 틈타 점점 그 지배를 확고히 해 나갔던 것이다.

바베르에 대해서는 전에 조금 이야기한 적도 있다. 칭기즈 칸과 티무르의 피를 이어받은 그는 그들의 위대함과 군사적 재능도 어느 정도 이어받고 있었다. 더구나 몽고인은 칭기즈 칸 시대에 비해 훨씬 개화되어 있었으며, 바베르는 또한 교양도 있고 아주 쾌활한 인물이었다. 그에게는 족벌주의라든가 종교적 편견 같은 것은 전혀 없었으며, 그의 조상들이 다반사로 여겼던 파괴 행위에는 손을 대지 않았다. 그는 예술과 문학을 숭상했으며 스스로 페르시아어로 시를 쓰기도 했다. 꽃과 정원도 그가 애호하는 것들이었다. 인도의 더위 속에서 그는 가끔 중앙 아시아의 고향을 생각했다. "페르가나(Ferghana)의 제비꽃의 아름다움이여, 장미와 튤립이 떼지어 피었는가 하고 잘못 볼 정도로다."

바베르는 자기 아버지가 죽었을 때 겨우 11세의 소년이었으나, 당장에 사마르칸트의 군주가 되었다. 이것은 쉬운 일이 아니었으며 그의 신변은 적에게 둘러싸여 있었다. 그렇기 때문에 보통 아이라면 학교에나 다닐 나이에 칼을 들고 싸움터로 달렸다. 그는 한 번 왕위를 잃었으나

무굴 제국의 창립자 바베르

다시 되찾는 등 폭풍우 같은 생애를 통해 몇 번이고 무서운 위험을 이겨 나갔다. 그러면서도 그는 시문과 예술의 수양을 게을리하지 않았다. 야심으로 가득 찬 그는 인더스 강을 넘어서 인도로 건너왔다. 그가 이끌고 있던 병력은 얼마 되지 않았지만, 그는 당시 유럽이나 서아시아에서 쓰이고 있던 신식 화포를 가지고 있었다. 그에게 대항한 아프간인의 대군은 이 정예 부대와 화포 앞에 전멸했고 승리는 바베르에게 돌아갔다. 그러나 그의 재난은 이것으로 그치지 않았으며 그의 운명은 몇 번인가 아주 어려운 위기를 맞이했다. 전에 그가 어떤 중대한 사태에 직면했을 때, 그의 휘하에 있는 장군들은 그에게 북쪽으로 퇴각할 것을 권한 적이 있었다. 그러나 성품이 과격한 그는 죽음을 당할지언정 퇴각은 하지 않는다고 단언했다. 그는 술을 좋아했다. 그러나 그는 이 때 술을 끊을 것을 맹세하고 자기의 술잔을 모조리 깨뜨렸다. 그는 천우신조로 승리를 거둘 수 있었지만 금주의 맹세는 지켰다.

바베르는 인도에 온 지 겨우 4년 만에 죽었다. 이 4년은 전쟁의 연속이었으며 거의 쉴 사이도 없었다. 그는 인도에 대해서는 이방인으로 그쳤으며 인도에 대해 아는 바도 적었다. 그는 멀리 콘스탄티노플에서 건축사를 초빙해 아그라에 웅장한 수도를 건설했다. 이것은 '빛나는 술레이만'이 콘스탄티노플에서 건축에 열중하고 있을 때와 같은 무렵이었다. 시난(Sinan)은 유명한 오스만의 건축가였는데 유수프(Yusuf)라는 총애하는 제자를 인도에 보냈다.

바베르는 회고록을 썼는데 이 재미있는 책은 그의 인물 됨됨이를 잘 엿볼 수 있게 해 준다. 그는 힌두스탄에 대해서 이야기하고 꽃·나무·과실 및 동물을 이야기했다. 그리고 개구리까지도 적는 것을 잊지 않았다! 그는 고국의 멜론·포도·화초를 그리워했다. 그러나 인민에 대해서는 극도의 실망감을 표현했다. 그에 따르면 인도의 인민들은 단 하나의 장점도 가지고 있지 않았다. 아마도 그는 전쟁에 너무 바빠 자기가 살아 있었던 4년 동안에 그들을 알 수 있는 기회가 없었을 것이다. 그리고 십중팔구 지식층은 새 정복의 손이 미치지 않는 곳으로 도망쳤을 것이다. 또 그는 인도에 온 지 얼마 되지 않아서 이 곳 백성의 생활이나 문화에 쉽게 동화될 수가 없었을 것이다. 어쨌든 그는 과거 얼마 동안 지배 계급을 이루고 있던 아프간인 속에서도 또 대다수 인민 속에서도 아무런 칭찬할 만한 것을 찾아 내지 못했던 것이다. 그는 뛰어난 관찰자였다. 그리고 이방인의 편견을 고려에 넣는다 해도 그의 기술을 통해 북부 인도가 그 당시 기운이 없고 신통치 못했음을 엿볼 수 있다. 그는 남인도에는 전혀 발을 들여 놓지 않았다. 그는 인도에 대해 다음과 같이 썼다.

"힌두스탄의 제국은 광대하고 인구가 조밀하며 또한 풍요하다. 동쪽과 남쪽뿐만 아니라 서쪽에 이르기까지 삼면이 바다와 경계를 이루고 있다. 북쪽에는 카불·가즈니 및 칸다하르가 있다. 모든 힌두스탄의 수도는 델리다."

인도가 수많은 왕국으로 분열되어 있을 때 그가 인도에 막 도착했는데도 당시 인도 전체가 바베르에 의한 하나의 통일체로 간주되고 있었다는 것은 주목할 만한 일이다. 이 인도의 통일성은 사실 역사를 일관해서 지속되어 온 것이었다.

바베르는 다음과 같이 계속 인도를 묘사하고 있다.

인도는 아주 멋진 나라다. 우리 나라에 비하면 모든 것이 다른 세계를 이루고 있다. 그 구름과 하천, 삼림과 평원, 동물과 식물, 주민과 언어, 바람과 비, 모두가 다른 특성을 가지고 있다. 신드를 통과해서 이 나라에 한 걸음 들여 놓자마자 수목과 바위는 물론, 정처 없이 떠돌아다니는 부족과 주민의 풍속 습관에 이르기까지 그 모두 것이 홀연히 힌두스탄적 취향을 나타내는 것을 본다. 뱀이나 도마뱀류에 이르기까지 모든 것이 그렇다. 힌두스탄의 개구리는 특기할 만하다. 그 겉모양은 우리 나라 것과 같지만, 물위를 6~7가즈(gaz : 1가즈는 1야드)나 뛰어오른다.

이어서 그는 힌두스탄의 동물·화초·수목·과실을 열거했다. 그리고 그 다음에는 사람들에 관한 것을 썼다.

힌두스탄의 나라에는 권할 만한 오락이 거의 없다. 사람들은 잘생기지도 못했다. 그들은 우정 있는 모임, 격의 없는 교제 내지는 진실한 마음에서 우러나는 친목의 매력을 알지 못한다. 천재성도 없으며 이성을 이해하지도 못하고, 생활 태도에서 품격이란 찾아볼 수 없고 친절하지도 않다. 공예품의 제작에서 창조력과 정교함도 보이지 않고, 건축에 대해서는 거의 아는 바가 없어 세련미를 갖추지 못했다. 그들의 시장에는 좋은 말도, 좋은 고기도, 포도와 머스크 멜론도, 독특한 풍미가 있는 과일도, 얼음이나 찬물도, 정선된 요리도 없으며, 또한 목욕탕도, 대학도, 양초도, 램프도 없으며 촛대조차도 없다.

무의식중에 그들이 가진 것이 도대체 무엇이냐고 물어 보고 싶어진다! 바베르도 없다는 타령에는 쓰다가 지쳤을 것이 틀림없다. 그래서 다음과 같이 기록했다.

힌두스탄의 가장 큰 아름다움(이라고 바베르는 말한다)은 그것이 광대한 나라이고 금은이 풍부하게 나온다는 사실이다. 또 한 가지 힌두스탄에서 편리하다고 생각되는 것은 모든 업종의 상인과 직인이 있으며 그 수가 아주 많다는 점이다. 어떤 용건, 어떤 일에서도 안성맞춤 격인 직인을 구할 수 있다. 그들은 조상 대대로 같은 직업을 이어받아 왔다.

나는 바베르의 회고록에서 문장을 인용했지만, 이런 종류의 책은 때때로 다른 사람의 묘사로는 나타낼 수 없는 그 인물의 특징을 뚜렷이 드러내 주는 법이다.

바베르는 1530년 49세로 죽었다. 그의 죽음에 대해서는 잘 알려진 이야기가 있다. 그의 아들 후마윤(Humayun)이 병에 걸렸다. 그를 너무 사랑한 나머지 그의 병이 다 나으면 자기의 목숨을 내놓겠다고 말했다. 그러자 후마윤의 병이 낫고 며칠 뒤에 바베르가 죽었다는 것이다.

바베르의 시신은 카불로 운구되어 생전에 그가 사랑했던 정원에 매장되었다. 그는 마침내 자기가 그리워하던 화초 곁으로 돌아간 것이다.

89 *1932년 9월 4일*

악바르 대제

바베르는 용병술을 잘 발휘해서 북인도의 대부분을 정복했다. 그는 델리의 아프간인 술탄에게 이겼으며, 그 뒤 치토르의 용맹한 라나 상가(Rana Sanga) 지배하에 있던 라지푸트족을 무찔렀다. 라나 상가는 라지푸트족의 역사에 크게 이름을 떨친 영웅으로서 바베르와 벌인 싸움은 매우 치열한 것이었다. 바베르의 죽음으로 모든 어려운 일은 아들인 후마윤에게 인계되었다. 그러나 후마윤은 학문과 교양이 있는 사람이었으나, 다만 자기 아버지와 같은 군인은 아니었다. 그의 제국 도처에서 그로서는 감당하기 어려운 사건이 잇따라 일어났으며, 드디어 바베르가 죽은 지 10년째인 1540년 비하르의 한 아프간족 족장인 셰르 칸 수르(Sher Khan Sur)라는 사람이 그를 무찔러 인도 밖으로 몰아 내고 밀었다. 이리하여 무굴 제국의 2대 황제는 온갖 고생을 하면서 떠돌아다니는 초라한 보통 사람으로 전락했다. 1542년 10월 그의 아내는 아들을 낳았는데, 그것은 후마윤이 라지푸타나의 사막을 떠돌아다니고 있을 때의 일이었다.

이 사막 속에서 태어난 아이가 나중에 악바르 대제가 된 것이다.

후마윤은 페르시아로 달아나서 그 곳 지배자 샤 타마스프(Shah Tamasp)의 보호를 받았다. 그 동안에 셰르 칸 수르는 북인도에서 세력을 얻어 5년 동안 셰르 샤(Sher Shah)라고 일컬어지면서 정권을 잡고 있었다. 이 짧은 기간에도 불구하고 그는 그가 매우 유능한 인물이었음을 입증했다. 그는 훌륭한 조직가이며 그의 정부는 활동적이고 유능했다. 그는 한창 전쟁을 하고 있는 중에도 농민으로부터 조세를 징수하는 데 가장 효과적인 새로운 재정 조직을 연구하고 있었다. 성미가 까다롭고 냉혹한 사람이기는 했지만 인도의 아프간족 지배자들 중에서는 가장 유능한 최대의 걸물이었다. 어쩌면 다른 종족의 지배자들과 비교해 보아도 또한 그랬을지 모른다. 그러나 뛰어난 독재자에게 흔히 있듯이, 그는 그의 정부의 전부였기 때문에 그의 죽음과 함께 그 전체가 산산조각으로 붕괴되고 말았다.

후마윤은 이 혼란을 틈타 1556년에 군대를 이끌고 페르시아에서 돌아왔다. 그는 싸움에 이겼으며 16년 간의 공백에 이어 다시 델리의 왕좌에 올랐다. 그러나 그것도 오래 가지는 못했다. 왕좌에 오른 지 6개월 후 그는 층계에서 떨어져 죽었다.

셰르 샤와 후마윤의 분묘와 영묘를 비교해 보면 재미있는 현상을 발견할 수 있다. 셰르 샤의 분묘는 비하르의 사하스람(Sahasram)에 있는데, 그의 인간성과 마찬가지로 성질이 까다롭고 강해 보이며 거만하게 높이 솟아 있다. 그러나 델리에 있는 후마윤의 영묘는 번쩍번쩍하게 닦은 사치스러운 건물이다. 이 돌을 조립하는 건축 양식에서 16세기의 무굴 제국을 다툰 두 호적수의 성질을 잘 엿볼 수 있다.

후마윤이 사망할 때 악바르는 아직 13세의 소년이었다. 그는 자기 할아버지와 마찬가지로 일찍부터 왕위에 오를 운명에 놓였다. 그에게는 보호자 내지 후견인이 있었다. 그는 바이람 칸(Bairam Khan), 또는 칸 바바(Khan Baba)라고도 일컬어지는 사람이었다. 그러나 악바르는 4년도 지나기 전에 다른 사람의 보살핌과 지시가 싫어졌으며, 그 뒤부터는 자신이 직접 정부를 장악했다.

　악바르는 1556년 초부터 1605년 말까지 50년 가까이 인도를 통치했다. 이것은 유럽으로 말하자면 네덜란드의 독립 전쟁과 영국 셰익스피어 시대에 해당된다. 악바르의 이름은 인도의 역사 위에 우뚝 솟아 있다. 어떤 점에서 그는 아소카의 이름을 연상케 한다. 기원전 3세기의 불교 황제와 16세기의 이슬람 교도 황제가 거의 똑같은 몸짓과 똑같은 목소리로 말을 걸어온다는 것은 이상한 일이다. 어떤 사람은 이것을 아마 같은 어머니인 인도의 목소리가 그녀의 위대한 두 아들을 통해 호소해 오는 것이 아닐까 하고 생각할 것이다. 아소카에 대해서는 우리는 그가 스스로 돌에 새겨 놓은 것 이외에는 거의 알지 못한다. 악바르에 대해서는 훨씬 많은 것이 알려져 있다. 그의 궁정에 있었던 두 사람의 역사가나 그를 방문한 외국인이 상세한 기록을 남겨 놓고 있으며, 특히 그를 기독교로 개종시키기 위해 열심히 노력했던 예수회 수도사들이 아주 자세한 기록을 남겼던 것이다.

　악바르는 바베르부터 세어서 3대째였다. 그러나 원래 무굴인 자체가 이 나라에서는 아직도 낯선 존재였기 때문에 그들의 조직은 군대식이었다. 무굴 제국을 확립하고 그 뿌리를 땅에 내리게 하여 외관상 완전히 인도적으로 만든 것은 악바르의 치세 때였던 것이다. 또 무굴 제국이라는 이름이 유럽에서 쓰이게 된 것도 그의 시대였다. 그는 무섭게 전제적이었으며 무제한의 권력을 가지고 있었다. 당시 이 지배자의 권력에 간섭을 한다던가 험담을 한다던가 하는 일은 생각조차 할 수 없었던 듯하다. 다만 다행히도 악바르는 현명한 전제 군주였으며, 인도 인민의 행복을 위해 열심히 일했다. 어느 의미에서 그는 인도 민족주의의 아버지라고도 생각할 수 있다. 국내에서 민족이 단결을 이루지 못하고 종교가 분열의 요인이 되고 있을 때 그는 이런 종류의 온갖 주장 위에 조심스럽게 인도 민족 공통의 이상을 높이 쳐들었다. 그가 이 시도에서 완전한 성공을 거두었다고는 할 수 없다. 그렇지만 그가 어디까지 도달했으며, 또한 얼마만큼 큰 성공을 거두었던가 하는 점에서는 놀랄 만하다.

더욱이 악바르의 그와 같은 업적은 사실상 누구의 도움도 받지 않고 그 자신의 힘만으로 이루어진 것은 아니다. 시대가 성숙되고 풍조가 그것을 돕지 않는 이상 아무도 그렇게 대규모적인 사업에 성공할 수는 없다. 오히려 영웅 자신이 시대와 그것을 지배하는 풍조의 산물인 것이다. 그러므로 악바르 또한 인도에서 그 시대의 산물이라고 할 수 있다.

언젠가 편지 속에서 나는 인도라는 나라에 함께 던져진 두 개의 문화와 종교의 통합을 위해 어떤 무언의 힘이 작용하고 있다는 것을 이야기했다. 나는 건축의 새로운 양식에 대해서, 또 인도 언어의 성장, 그 중에서도 우르두어와 힌두스탄어에 대해서 말했다. 그리고 나는 라마난다, 카비르 그리고 구루 나나크와 같은 개혁자나 종교 지도자에 대해서도 이야기했다. 이들은 공통된 특징을 강조하고 의식이나 제례를 부인함으로써 힌두교와 이슬람교를 접근시키려고 노력한 사람들이었다. 통합의 정신은 널리 퍼져 나갔다. 그리고 악바르는 민감한 마음을 가지고 있었으므로 그러한 통합의 기류를 가슴 가득히 빨아들이고 방향을 제시하는 데 인색하지 않았다. 실지로 그는 통합 정신의 최대의 대표자가 되었던 것이다.

그뿐만 아니라 정치가로서도 악바르는 그의 세력과 민족의 힘은 이 통합 속에서 나온다는 결론에 도달했음에 틀림없다. 그는 용감한 군인이었고 또 유능한 장군이었다. 그는 아소카와 같은 전쟁 반대자는 절대로 아니었다. 그러나 그는 애정으로 얻는 것을 칼로 얻는 것보다 더 존중했으며, 그것이 더 한층 영속적인 것임을 알고 있었다. 그렇기 때문에 그는 의식적으로 힌두 귀족이나 힌두 대중의 호의를 얻으려고 노력했다. 그는 비이슬람 교도들에게 부과되는 지즈야 인두세와 힌두 순례에 대한 과세를 철폐했다. 그는 스스로 라지푸트에 속하는 귀족의 가문에서 아내를 맞이했으며, 또 그와 같은 차별 없는 결혼을 장려했다. 또 그는 라지푸트 귀족을 제국의 최고의 관직에 임명한 적도 있었다. 그의 가장 용감한 장군들이나 가장 유능한 각료·총독 중의 몇 사람은 힌두 교도였다. 자이푸르(Jaipur)의 라자 만 싱(Raja Man Singh)은 얼마 동안 총독으로서 카불에 파견되었던 일까지도 있었다. 실지로 악바르는 라지푸트와 힌두 대중의 융화에 너무나 열심이어서 때로는 그의 이슬람 교도 신하들에 대해 공평을 잃는 일마저 있었다.

그러나 어쨌든 악바르는 힌두 교도의 호의를 얻는 데 성공했다. 라지푸트들은 그를 섬기고 그에게 충성을 바치기 위해 구름처럼 모여들었다. 거의 모든 힌두 귀족도 그렇게 했다고 말하는 것은, 오직 한 사람의 예외로서 메와르(Mewar)의 라나 프라타프 싱(Rana Pratap Singh)이라는 인물이 있었기 때문이다. 라나 프라타프는 악바르의 주권을 그저 명목상으로 승인하는 것조차도 딱 잘라 거절했다. 전투에서 진 그는 악바르의 신하로서 안일을 즐길 바에는 차라리 정글 속에서 언제나 쫓겨다니는 생활을 하는 편이 더 낫다고 생각했다. 지기를 싫어하는 이 라지푸트인은 델리의 황제와 평생을 싸웠으며, 그에게 머리 숙이기를 거부했다. 라나 프라타프는 생애가 끝나 갈 무렵 약간의 승리감을 맛보기까지 했다. 이 용감한 라지푸트인의 기억은 라지푸타인들 사이에서는 귀중한 보물처럼 소중히 여겨졌으며, 그에 관한 수많은 전설들이 생겨났다.

그건 그렇고, 악바르는 이렇게 해서 라지푸트인들의 마음을 사로잡았으며 대중들 사이에서 많은 명망을 얻었다. 그는 파르시인(Parsees)에 대해서도, 또 그의 궁정을 찾아온 예수회 수도사에 대해서도 관용을 베풀었다. 반면, 이 관용과 이슬람 교도의 관습에 대한 어떤 종류의 경시는 이슬람 교도들 사이에서 그의 인기를 떨어지게 했으며, 이로 인해 몇 번인가 그에 대한 반란이 일어났다.

나는 악바르를 아소카와 비교했지만 이 비교에 혼동을 일으켜서는 안 된다. 그는 굉장한 야심가이며, 그의 생애가 끝나는 날까지 그의 제국을 확대시키기에 열중한 정복자였다. 예수회 수도사들은 그에 대해서 다음과 같이 쓰고 있다.

> 그는 민감하고 통찰력을 가진 정신의 소유자이며, 사려가 깊고 일에 부딪치면 침착하며, 그리고 특히 정이 깊고 친숙해지기 쉬

운 대범한 성품의 소유자였다. …… 그에게는 이런 성질과 더불어 위대한 사업을 계획하고 달성하는 인물에게 필요한 용기가 결합되어 있었다. 그는 가지각색의 사물에 대한 학습에 흥미와 호기심을 가졌으며, 군사·정치적인 일뿐만 아니라 온갖 기계에 이르기까지 치밀한 지식을 가지고 있었다. …… 윗사람으로서의 온후한 품격이 이 군주로부터 자연스럽게 배어 나와 그의 인격에 반감을 품고 있는 사람까지도 포용했다. 그가 기분이 언짢아지는 일이란 좀처럼 없었다. 그러나 한번 기분이 언짢아지면 그는 불 같은 분노에 사로잡혔다. 그러나 그의 노여움은 절대로 오래 계속되지는 않았다.

 이 서술이 신하의 손을 통해 쓰인 것이 아니라, 악바르와 자주 접할 기회를 가졌던 이국인이 남긴 것이라는 것을 잊어서는 안 된다.
 악바르는 육체적으로도 보통 이상으로 건장하고 활동적이었으며, 무엇보다도 맹수 사냥을 좋아했다. 군인으로서 그의 용감성은 저돌적이라고 할 수 있을 정도였다. 그의 놀랄 만한 정력은 아그라에서 아마다바드를 9일 동안에 정복한 저 유명한 진군으로도 충분히 짐작할 수 있다. 구자라트에서 내란이 일어났다는 말을 듣자 악바르는 자기가 직접 거느리고 있던 약간의 병력을 이끌고 라지푸타나의 사막을 횡단해 450마일의 노정을 단숨에 돌진했던 것이다. 그것은 보통 사람으로서는 도저히 할 수 없는 대담하고 기발한 행동이었다. 그 무렵은 철도나 자동차 따위가 없었다는 것은 새삼스럽게 말할 필요도 없는 일이다.
 그러나 위대한 인물들은 이런 재간 이외에도 또 다른 무엇인가를 가지고 있는 법이다. 그들은 사람들을 자기에게 끄는 자력을 갖고 있다고 흔히들 말한다. 악바르는 이 인격적 자력과 매력을 풍부하게 갖추고 있었다. 어떤 예수회 수도사의 글 중에 "그의 눈동자는 마치 햇빛이 비치는 바다처럼 조금 흔들리고 있었다"고 쓰여 있다. 이 인물은 아직까지도 우리들을 매혹하는 힘을 가지고 있으며, 그저 왕이었다는 것밖에는

악바르 제국

아무런 장점도 갖지 못했던 사람들 속에 유달리 높이 우뚝 솟아 있다고 해서 조금도 이상할 것은 없다.

    정복자로서 북인도를 석권한 악바르의 위세는 남쪽에까지 미쳤다. 그는 구자라트·카슈미르·뱅골 및 신드를 자신의 제국에 첨가시켰다. 그는 중부 및 남부에서도 승리를 거두었으며 공물을 징수했다. 중부 여러 주의 통치자인 라니 두르가바티(Rani Durgavati)에게 패한 것은 다소 그의 위신을 손상시켰다. 라니는 용감하고 선량한 군주였으며, 그녀는 그에게 해롭게 하지는 않았다. 그러나 어쨌든 제국에 대한 야심과 욕망 앞에 이 정도의 장애는 문제가 되지 않았다. 남부 인도에서 그는 또 한 사람의 여성 군주와 싸웠다. 그녀는 유명한 아마드나가르(Ahmadnagar) 의 섭정 찬드 비비(Chand Bibi)였다. 이 여성은 용기와 재능을 갖추고 있었으며, 그녀의 항전은 무굴군으로 하여금 많은 점에서 그녀에게 유리한 화약(和約)을 맺게끔 했다. 불행히도 그녀는 자기 부하인 불만 분자의 손에 살해되었다.

악바르는 또한 치토르를 포위했다 — 이것은 라나 프라타프와 벌인 전투에 앞서 일어난 일이었다. 치토르는 자이말(Jaimal)의 지휘하에 용감하게 싸웠다. 그가 죽은 뒤 무서운 '자우하르 의식' 이 다시 행해지게 되었으며 치토르는 함락되었다.

악바르의 주변에는 그에게 생명을 바치는 수많은 유능한 장수들이 모여 있었다. 그 중에서도 파이지(Faizi) 및 아불 파즐(Abul-Fazl) 형제와 비르발(Birbal)이 뛰어난 사람이었으며, 그들에 관한 무수한 설화가 지금까지도 전해지고 있다. 토다르 말(Todar Mal)은 악바르 행정부의 재무대신이었으며, 재정 제도의 전면적인 개혁을 이룩한 사람도 그였다. 이 당시는 아마 너에게도 흥미 있는 일이라고 생각되지만, '자민다르' 제도라는 것은 존재하지 않았으며, 따라서 자민다르라든가 탈루크다르 같은 것도 없었다. 국가는 직접 농민이나 농가에 대해 개별적으로 교섭을 벌이고 있다. 그것이 오늘날 '라이야트 와리(Raiyat-wari) 제도' [125]라고 일컬어지는 것이다. 오늘날 볼 수 있는 자민다르는 영국인의 발명품인 것이다.

자이푸르의 라자 만 싱은 악바르 휘하의 가장 유능한 장군 중의 한 사람이었다. 악바르의 조정에서 또 한 사람의 유명한 인물로는 탄센(Tansen)을 들 수 있다. 그는 위대한 가인(歌人)이며, 인도의 모든 가인을 수호하는 가성(歌聖)으로 추앙받고 있다.

---

125) 무굴 제국의 유산을 이어받은 영국이 당면한 중대 문제 가운데 지조의 확보 문제가 있었다. 근대적인 조세 제도의 관념으로써는 인도의 토지 제도에 대한 종래의 관습을 쉽게 파악할 수가 없었다. 그래서 북인도에서는 자민다르라고 하는 징세 청부인 제도가 이용되고, 자민다르에게 근대적인 지주의 지위를 부여함으로써 징세의 통로가 열리게 되었다. 자민다르라는 제도는 무굴 제국의 악바르 황제 시대에 발생된 것이지만, 오늘날 농촌에 군림하고 있는 대지주라는 의미의 자민다르는 영국 통치 후의 소산이다. 그러나 자민다르의 관행이 일반화되지 않은 지방에서는 이 제도가 성공을 거두지 못해, 정부가 중개자의 손을 거치지 않고 각 경지 소유자로부터 직접 지조를 징수하는 라이야트 와리 제도가 채용되었다. 또 그 밖에도 촌락 전체에 지조를 부과해서 촌민에게 연대적인 납세 책임을 지우는 마하르 와리(Mahar-wari) 방식도 있다.

악바르의 도읍지는 처음에 아그라에 정해졌으며, 그는 거기에 성루를 쌓았다. 그 뒤 그는 아그라에서 15마일쯤 떨어진 곳에 파테푸르시크리(Fatehpursikri)라는 새로운 도읍을 열었다. 그가 이 곳을 택한 것은 거기에 성자 샤이크 살림 치슈티(Shaikh Salim Chishti)가 살고 있었기 때문이었다. 그는 여기에 훌륭한 도시를 건설했다. 당시의 영국인 여행자에 따르면 그것은 '런던보다도 훨씬 컸다'고 한다. 15년 이상에 걸쳐서 이 곳이 제국의 수도였다. 라호르를 수도로 한 것은 그 뒤의 일이다. 악바르의 친구이자 대신이었던 아불 파즐의 말에 따르면 "폐하는 경탄할 만한 대도시를 계획하고 노심초사하시던 중 그 결과를 돌과 찰흙의 의상으로 꾸미셨다"는 것이다. 파테푸르시크리라는 도시는 그 아름다운 예배당, 거대한 개선문 및 그 밖의 수많은 훌륭한 건축물과 함께 지금도 남아 있다. 그것은 황폐한 도시이며 거기에는 한 조각의 생명조차도 남아 있지 않으며, 그 거리를 벗어나 텅 빈 궁전 사이를 죽은 제국의 망령이 왔다갔다하고 있는 것처럼 느껴진다.

지금도 볼 수 있는 알라하바드 또한 악바르가 세운 곳이다. 물론 이 곳은 먼 옛날부터 알려져 있던 곳이며, 『라마야나』의 시대부터 프라야그라는 도시가 같은 곳에 번영하고 있었다. 그러나 알라하바드성의 요새는 악바르의 것이다.

거기에는 대제국의 정복과 통일로 점철된 바쁜 생활이 있었을 것이 틀림없다. 그런데 거리를 벗어나 오른쪽에 있는 또 하나의 악바르의 유적이 사람들의 눈을 끈다. 이것이야말로 그의 학문과 진리 탐구에 대한 끝없는 욕망을 나타내는 것이다. 악바르는 어떤 문제에 대해서든지 지식의 빛을 줄 수 있는 사람이면 누구든지 가리지 않고 사절을 보내서 그 사람의 자문을 구했다. 여러 종교에 속하는 사람들이 이바다트 카나(Ibadat Khana)에 있는 그에게로 모여들었다. 이들은 누구든지 위세를 떨치고 있는 이 군주를 개종시키려는 뜻을 품고 있었다. 그들은 가끔 서로 논쟁을 벌이곤 했지만, 악바르는 다만 옆에 앉아 각자의 주장에 귀를 기울이면서, 여러 가지 질문을 던져 그들을 시험해 보았다. 그는 진리는 어떤 종교나 종파의 전매품이 아니라고 믿고 있었던 듯하다. 그의 신조는 종교에서의 보편적인 관용이라고 공언하고 있었다.

악바르 시대의 역사가 바다우니(Badauni)는 틀림없이 이런 집회에 참가했을 것이며, 악바르에 대해서 흥미 있는 기술을 남기고 있다. 그것을 여기에 인용해 보기로 한다. 그 자신은 정통파 이슬람 교도로서 악바르의 이와 같은 집회에 대해 강경히 반대하고 있었다. 그는 악바르에 대해서 다음과 같이 썼다.

폐하는 모든 사람의, 특히 이슬람 교도 이외의 사람들의 견해에 귀를 기울이셨다. 그러나 폐하의 뜻에 맞는 것은 무엇이든지 유의해 두시고, 폐하의 뜻에 반대되고 바라시는 것과 맞지 않는 것은 모두 버리셨다. 폐하는 어리실 때부터 성년이 되시기까지, 또 장년기부터 만년에 이르시기까지 정말로 온갖 경우를 다 겪으셨으며, 따라서 온갖 종류의 종교 행태와 모든 종파의 신앙을 경험하셨다. 그러므로 폐하는 특별히 풍부한 천부의 재능을 지니셨고, 또한 이슬람교의 근본 원리와는 전혀 상반되는 탐구의 정신으로써 사람들이 서적 속에서 찾아 낼 수 있는 모든 것을 수집하셨던 것이다. 이렇게 해서 어떤 종류의 기본적인 여러 가지 원리에 바탕을 둔 신념이 성려(聖慮)의 거울 속에 비치고 폐하의 심중에 남아 있게 되었다. 마치 돌에 윤곽을 새기듯이 지혜 있는 사람들은 종교 속에 있으며, 절제 있는 사상가 또는 신비력을 가지고 있는 사람들을 모든 민족 속에서 찾아 낼 수 있다고 하는 신념이 폐하의 가슴 속에서 굳어지기에 이르렀다. 만약 어떤 진리가 이렇게 온갖 장소에서 발견될 수 있다고 한다면, 무엇 때문에 진리를 유일한 종교에서만 찾아야 할 필요가 있겠는가?

틀림없이 기억하고 있으리라 생각하지만, 마침 이 시대에 유럽에서는 종교 문제에 있어 정상을 벗어난 독선이 행해지고 있었던 것이다.

스페인과 네덜란드 및 도처에서 종교 재판이 성행되었으며, 가톨릭파도 칼뱅파도 서로가 모두 상대편을 용서한다는 것은 무서운 죄악이라고 생각하고 있었다.

해마다 싫증도 내지 않고 악바르는 온갖 신앙을 가진 종교인들과 의논과 토론을 되풀이했으며, 마침내는 종교인들 쪽에서 지쳐 버려 그를 특정한 신앙에 귀의시키려고 하는 희망을 포기해 버릴 때까지 그만두지 않았다. 제각기 신앙이 모두 다소의 진리를 포함하고 있을 경우에는, 그는 절대로 한쪽을 편드는 따위의 일은 하지 않았다. "여하간에 이국인들은 그들의 법칙이 옳다고 주장한다. 기독교도도 사라센인도 똑같은 말을 한다. 그럼 우리는 어떤 것을 믿어야 좋다는 것인가"라고 그가 자신의 소견을 말했다는 것을 예수회 수도사들은 보고하고 있다(이국인이라는 것은 힌두 교도를 말하고, 사라센인이란 물론 이슬람 교도를 가리킨다. 예수회의 신부들은 스페인에 거주하는 사라센인에 대해서 알고 있었기 때문에 인도의 이슬람 교도도 같은 이름으로 불렀던 것이다). 악바르의 질문은 참으로 적절한 것이었지만, 어떤 예수회 수도사는 그것에 화를 내고 다음과 같이 말했다. "이런 까닭으로 나는 이 군주 속에 있는 열등한 근원에서 비롯된 정신이 그 깊은 곳을 밝힐 수 없다는 것을 알았다. 즉 아무것도 참된 것으로 받아들이지 않음으로써 이성을 신앙에 종속시키기를 거부하고, 인간 오성의 최고 한도를 넘는 일들을 자신의 불완전한 판단에 따르도록 하는 것에 만족하는 무신론자의 공통된 결함을 보이는 것이다." 만약 이것이 무신론자의 정의라면 우리는 무신론자일수록 좋다.

도대체 악바르가 무엇을 바라고 있었는지는 분명하지가 않다. 그는 문제를 순수하게 정치적인 것으로 보고 있었던 것일까? 공통의 민족 정신을 전개시키려고 하는 그의 열망 속에 그는 여러 가지 종교를 하나의 통로로 흘러들어가도록 하고 싶었던 것이 아닐까? 아니면 그의 동기와 그의 의문은 오로지 종교적인 것이었을까? 그것은 나도 모른다. 그러나 나에게 그는 어쩐지 종교 개혁가였다기보다는 오히려 정치가였던 것처럼 생각된다. 그가 어떤 목적을 가지고 있었던지 현실적으로 그는 하나의 새로운 종교를 일으켰다. 그것은 딘 이라히(Din Ilahi : 신의 가르침)라고 일컬어졌으며 그 자신이 수장이 되었던 것이다. 종교에 있어서도 다른 일과 마찬가지로 그의 전제주의는 흔들리지 않았다. 거기에는 굴종을 나타내기 위해 엎드린다든가 또는 그와 비슷한 것이 많이 있었다. 새 종교의 성과는 시원치 않았다. 성과라고 한다면 이슬람 교도를 초조하게 만들었던 것뿐이었다.

악바르야말로 권위주의의 화신이었다. 그런데 그가 정치적 자유주의 사상에 대해 어떤 반응을 나타냈을까 하는 것을 생각해 보는 것은 흥미 있는 일이다. 거기에 양심의 자유가 있을 수 있었다고 한다면 어째서 더 많은 인민을 위한 정치적인 자유가 없었을까? 그는 틀림없이 과학에 대해서도 커다란 매력을 느끼고 있었던 듯하다. 다만 불행하게도 이미 유럽에서는 어떤 사람들의 두뇌를 괴롭히기 시작하고 있던 이들 여러 가지 관념이 인도에서는 아직도 요원한 상태였다. 인쇄된 신문이 발간되었던 흔적은 없다. 더구나 교육은 극히 한정된 것이었다. 만약 네가 악바르가 문맹, 다시 말해서 그는 읽지도 못했고 쓰지도 못했다는 사실을 알게 되면 깜짝 놀라고 말 것이다! 그러나 그래도 그는 높은 교양을 가지고 있었으며, 자신을 위해 책이 읽히는 것을 매우 좋아했던 것이다. 그의 명령으로 많은 산스크리트어 책이 페르시아어로 번역되었다.

악바르가 힌두 교도 과부의 사티(Sati) 관습과 전쟁 포로를 노예로 삼는 것에 관한 금지령을 내린 것도 기억해 두는 것이 좋겠다.

악바르는 재위 거의 50년 만인 1605년 10월에 64세로 죽었다. 그는 아그라 부근에 있는 시칸드라(Sikandra)의 아름다운 영묘에 매장되었다. 그러나 한 가지만 더 첨가해 두기로 하자. 악바르의 치세 때 북인도 —— 주로 베나레스 지방에서 연합주의 사람이라면 어떤 마을 사람이라도 알고 있는 한 사나이가 활약하고 있었다. 그는 그 지방에서는 악바르나 그 밖의 어떤 왕보다도 더 잘 알려져 있었으며 인기도 좋았다. 내가 말하고 있는 이는 『라마차리트마나스(Ramacharitmanas)』, 즉 『라마야나』를 힌디어로 새로 쓴 툴시 다스(Tulsi Das)다.

90 _1932년 9월 9일_

인도에서 무굴 제국의 쇠잔과 멸망

나는 악바르에 대한 이야기를 좀더 하고 싶지만 이 정도로 해 두어야 할 것 같다. 그렇지만 나는 그에 대한 포르투갈인 선교사의 글에서 조금 더 덧붙여 인용하고 싶은 마음을 참을 수 없구나. 그들의 의견은 조신(朝臣)들의 의견 따위보다는 훨씬 귀기울일 가치가 있는 것이다. 게다가 그들이 악바르가 기독교도가 되지 않았다는 것에 커다란 실망을 느끼고 있었다는 것도 잊어서는 안 된다. 그런데도 그들은 다음과 같이 말했다. "정말로 그는 위대한 왕이였다. 그는 좋은 통치자는 동시에 신민의 복종과 신망·존경·두려움을 받게 된다는 것을 잘 알고 있었다. 그는 만인이 우러러 바라보는 사람이였다. 권세 있는 사람을 접할 때는 엄격하고, 신분이 낮은 사람을 대할 때는 인정이 깊었다. 귀천과 친소를 가리지 않았으며, 기독교도나 사라센인에게도 또 이교도에 대해서도 공경을 잃지 않았다." 예수회 수도사는 다시 설명을 계속한다. "어떤 때는 그는 국무에 전념하고 신하들을 접견했다. 그러나 바로 다음 순간에는 낙타의 털을 깎고 돌을 나르고 나무를 자르고 쇠를 단련하는 등의 육체 노동이 천직이나 되는 것처럼 서슴없이 달려들었다." 그는 권세가 비할 데 없는 전제 군주이기는 했지만 어떤 사람들처럼 육체 노동이 자신의 위엄을 손상시킨다고 하는 따위의 생각은 절대로 갖고 있지 않았다.

또 다음과 같은 것도 기술되어 있다. "그는 절식가였으며 고기는 해마다 3~4개월 동안만 먹었다. …… 하루에 불과 3시간만을 수면 시간으로 할애했는데 이것도 그에게는 아주 어려운 일이었다. 그는 눈코 뜰 새 없이 바빴던 것이다. 그는 경탄할 만한 기억력을 가지고 있었다. 그는 몇천 마리의 코끼리를 가지고 있었는데 일일이 그 이름을 기억하고 있었다. 마찬가지로 그의 말·사슴·비둘기에 이르기까지 그 이름을 잊지 않았다." 이 가공할 만한 기억력은 거의 믿을 수 없다. 기록에 약간의 과장이 섞여 있는 것이겠지. 그렇다 하더라도 그가 기가 막힌 두뇌를 가지고 있었다는 것은 의심할 여지가 없다. "그는 전혀 읽고 쓰기를 못 했는데도 왕국 안의 모든 사건을 다 알고 있었다. 그리고 그의 강렬한 지식욕은 마치 굶주린 사람이 음식물을 한입에 삼키듯이 모든 것을 그 자리에서 습득했다."

악바르란 그런 사람이었다. 그러나 그는 완전한 전제 군주였으며 인민의 생활을 상당히 안정시키고 농민의 조세 부담을 경감시키기는 했지만, 교육이나 훈련을 통해 대중의 일반적 수준을 향상시키려고 하는 데까지는 생각이 미치지 못했다. 이 무렵은 어디에 가더라도 전제 정치가 행해지고 있던 시대였다. 그러나 다른 전제 군주와 비교한다면 그는 국왕으로서도 또 한 인간으로서도 찬연히 빛나는 존재였다.

바베르로부터 3대가 지나기는 했지만, 악바르는 무굴 제국의 진짜 창립자였다. 마치 쿠빌라이 칸의 원 왕조와 마찬가지로 악바르 이래 무굴은 인도의 왕조가 되었다. 그리고 악바르가 그 제국의 기초를 튼튼하게 만드는 데 위대한 업적을 남긴 덕분에 그의 왕조는 그가 죽은 뒤에도 100년 이상 존속했다.

악바르 이후 세 명의 유능한 군주가 왕위에 올랐으나 그들에 대해서는 특별히 말할 만한 것이 없다. 한 사람의 황제가 죽으면 황제 자리를 둘러싸고 그 자식들 사이에 암투가 있었다. 궁정 음모나 계승 전쟁이 있고, 아들은 아버지를 배반하고, 형제는 서로 다투고 육친의 살해를 꾀하거나 장님을 만드는 일들이 자주 있었다. 요컨대 전제 정치나 절대 정치에 붙어 다니는 구역질나는 일들은 모두 일어났다. 또 어디에도 비할 수 없을 만큼 요란한 광경이 펼쳐졌다. 이 무렵은 이미 알고 있는 바처럼 태양왕 루이 14세가 프랑스에서 번영을 누리며 베르사유를 세웠던 시대와 같다. 그러나 태양왕의 영화도 무굴 왕조의 영화와 비교하면 아무것도 아니다. 아마도 이들 무굴 황제들이야말로 그 시대의 가장 부유한 군주였을 것이다. 더구나 몇 번인가의 기근이 있었고 전염병이 돌아 무수한 인명이 죽어 갔지만 황제의 궁정은 사치에 열중했다.

악바르 시대의 종교적 관용의 기풍은 아들인 자한기르(Jahangir)시대(1615~27년)에도 전해졌다. 그러나 이후 이러한 미덕도 차차 자취를 감추고 기독교도나 힌두 교도에 대해 박해가 가해지기 시작했다. 아우랑제브(Aurangzeb)의 치세 때 힌두 교도는 혹심한 박해를 받았으며 그 사원이 파괴되고 원망의 대상이었던 지즈야 인두세가 부활되었다. 이렇게 해서 악바르가 애써 쌓아올린 제국의 기초는 하나씩 무너지게 되었으며 제국은 퇴조의 길을 걷기 시작했다.

악바르의 뒤를 이은 것은 그와 라지푸트족 출신인 왕비 사이에 난 아들 자한기르였다. 그는 어느 정도 아버지의 기풍을 답습했지만 아마도 정치보다는 예술이나 그림, 또는 정원이나 화초에 더 흥미를 가지고 있었던 것 같다. 그는 훌륭한 화랑을 가지고 있었다. 스리나가르 부근의 유명한 정원 샬리마르(Shalimar) 정원이나 니샤트 바그(Nishat Baghs) 정원은 틀림없이 그가 만들게 한 것이라고 기억된다. 자한기르의 수많은 왕비들 중에 누르 자한(Nur Jahan)이라는 미녀가 있었는데, 그녀가 베갯머리 송사를 통해 실권을 쥐고 있었다. 이트마드 웃 다울라(Itmad-ud-Daula)의 분묘를 포함한 아름다운 건축물은 모두 자한기르의 시대에 세워진 것이다. 나는 아그라에 갈 때는 반드시 이 아름다운 건축물을 찾아가서 그 아름다움을 즐기곤 했다.

자한기르 다음에는 그의 아들 샤 자한(Shah Jahan)이 왕위에 올랐으며, 30년 동안(1628~58년) 재위했다. 그의 재위기 — 그는 프랑스의 루이 14세와 동시대인이었다 — 동안 무굴 제국의 영화는 절정에 이르렀으며, 동시에 쇠퇴의 징조도 분명히 나타나기 시작했다. 호사스러운 보석을 박은 유명한 의자인 '공작의 옥좌(Peacock Throne)'가 황제를 위해 만들어졌으며, 뒤이어 아그라의 줌나 강변에는 아름다운 몽상을 형상화한 타지 마할이 세워졌다. 이것은 그의 사랑하는 아내 뭄타즈 마할의 무덤이다. 샤 자한은 자신에게 자랑도 명예도 되지 않는 여러 가지 일을 했다. 그는 종교에 대해 관용을 보이지 않았으며 또 데칸이나 구자라트가 무서운 한발을 당했을 때도 거의 아무런 구제 조치도 취하지 않았다. 그의 사치와 호사는 인민의 빈곤이나 궁핍과 대조해 볼 때 오히려 심한 혐오감을 일으키게 한다. 그렇지만 그가 돌이나 대리석으로 만든 보기 드문 걸작을 후세에 남김으로써 그의 죄는 상당히 상쇄되어도 좋을 것이다. 무굴 건축이 절정을 이룬 것은 바로 그의 치세 때였던 것이다. 타지 마할 외에도 그는 아그라의 모티 마스지드(Moti Masjid) ― '진주 모스크(Pearl Mosque)'와 델리의 자미 마스지드(Jami Masjid), 또 델리의 궁전에 있는 디완 이 암(Diwan-i-am), 디완 이 카스(Diwan-i-khas)[126] 등을 세웠다. 앞에서 열거한 것들은 모두가 숭고한 단순성을 띤 건물이다. 어떤 것은 거대하지만 우아해서 마치 동화에 나오는 건물들 같다.

그러나 이것들의 청초한 미의 그늘에는, 대개는 흙으로 만든 움막조차 갖지 못했으면서도 이들 궁전의 경비를 지불해야만 했던 인민이 있었다. 무굴에 있었던 것은 끝이 없는 전제 정치였고 가끔 황제나 그의 태수·총독의 기분을 상하게 한 사람에게는 흉포한 징벌이 가해졌다. 마키아벨리의 원칙은 이 궁전의 음모까지도 지배하고 있었다. 악바르의 관용·인자·선정은 과거의 것이 되었다. 사태는 바야흐로 혼란기에 접어들고 있었다.

다음에 왕좌에 오른 사람은 대무굴 제국의 마지막 황제인 아우랑제브였다. 그는 그 치세를 자신의 늙은 아버지를 체포, 투옥하는 것에서 시작했다. 1659년부터 1707년까지 48년 동안 그는 재위했다. 그는 할아버지 자한기르 같은 문학과 예술의 애호가도 아니었으며, 또 아버지 샤 자한과 같이 건축에 대한 취미도 없었다. 그는 엄격하기 짝이 없는 청교도적인 사람이었으며 광신자였고, 그 자신의 종교 이외에는 어떤 종교

---

126) 둘 다 마찬가지로 델리 궁전 안의 알현소. 전자는 황제가 서민의 배알을 받는 장소로서 일반 대중은 여기까지 출입이 허용되었다. 후자는 내전에 있는 특별 접견소로서, 예컨대 외국의 사신 등은 이 곳에서 접견했다.

도 용납하려 하지 않았다. 궁정은 여전히 눈부시게 아름다웠으나 그의 사생활은 검소하다기보다는 거의 금욕 생활에 가까웠다. 그는 착착 힌두교 신자를 탄압하는 정책의 포석을 폈다. 그리고 악바르의 통일과 통합의 정책을 뜯어 고쳤으며, 이리하여 종래 제국을 받치고 있던 기반이 완전히 무너지고 말았다. 그는 힌두교에 대한 지즈야 인두세를 부활시키고, 또 가능한 한 힌두 교도를 모든 관직에서 추방했다. 그는 또 악바르 시대 이래로 왕조를 줄곧 지지해 온 라지푸트 귀족을 핍박해서 라지푸트 전쟁을 일으켰다. 몇 천이나 되는 힌두 사원을 불태웠으며 그 때문에 아름다운 옛 건축물이 대부분 모두 타 버리고 말았다. 그의 제국은 남부로 확장되었으며 비자푸르와 골콘타가 그에게 함락되었다. 멀리 남쪽으로부터 조공을 받고 있는 동안에 제국은 뿌리째 썩기 시작했으며, 시간이 흐름에 따라 약해지고 사방 팔방에서 적이 들고일어났다. 지즈야 인두세에 반대해서 그에게 제출된 어떤 힌두 교도의 항의서는 인두세의 징수는 "공정을 잃고 또한 나라를 가난하게 만들기 때문에 좋은 정책이라고는 말하기 어려우며 동시에 힌두스탄의 법을 위반하고 침해하는 것"임을 밝혔다. 제국 전체에 일반화되고 있는 상황에 대해서 그 항의서는 다음과 같이 말하고 있다. "폐하의 시대에 들어오자 가렴주구를 하지 않는 곳이 없고, 제국은 날로 인심을 잃어 바야흐로 영토를 상실할 수밖에 없는 지경에 반드시 이를 것입니다. 폐하의 신민은 유린당해 흙투성이가 되었고, 폐하의 제국의 여러 주는 궁핍을 호소하지 않는 곳이 없으며, 여러 곳이 황폐해졌고 곤란은 쌓여 가고 있습니다."

그 뒤 50년 동안 인도에 닥친 대변동의 전주곡은 바로 이 일반적인 궁핍이었던 것이다. 아우랑제브가 죽은 다음 이 변동이 한창 기세를 떨치고 있을 때 무굴 제국은 갑자기 뿌리째 무너져 버리고 말았다. 커다란 변화나 운동은 거의 모든 경우에 경제적 원인을 그 배경에 낄고 있다. 우리는 유럽이나 중국의 대제국의 몰락에서도 그것을 보았다. 인도도 여기에서 예외는 아니었다.

무굴 제국은 거의 모든 제국처럼 내부의 약점 때문에 쓰러졌다.

그것은 문자 그대로 연기처럼 사라져 버렸지만 이 과정은 아우랑제브의 정책으로 힌두 교도들 사이에 표면화되기 시작한 바 있는 반항 의식을 통해 크게 촉진되었다. 그러나 힌두 교도들의 이러한 종교적 민족주의는 이미 아우랑제브의 치세보다 훨씬 이전부터 존재하고 있었던 것이며, 어떤 점에서는 아우랑제브로 하여금 그렇게까지 가차없는 배타적 정책을 고수하게 했던 원인이 되었는지도 모른다. 마라타족과 시크족이 이 힌두교 부흥에 앞장섰으며, 무굴 제국은 다음 편지에서 보는 것처럼 마침내 그들에게 타도되었다. 그러나 그들은 이 풍부한 유산을 자기 몫으로 차지할 수가 없었다. 몰래, 그러나 빈틈없이 영국인이 들어왔으며 그들은 다른 사람이 서로 다투고 있는 틈을 타서 전리품을 손에 넣었다.

원정에 나선 군대와 함께 무굴 황제가 천막을 치고 기거하는 장면이 너의 흥미를 끌지도 모르겠다. 이것은 참으로 대규모적인 것으로서 주위는 30마일이나 되고 인구는 50만이나 되었다! 이 인구는 황제의 근위대를 포함한 것이지만 더욱이 이 움직이는 대도시에는 수많은 인원과 몇백 개나 되는 시장이 따르고 있었다. 우르두(Urdu : 임시로 세운 조그만 집이라는 뜻)는 이 이동하는 진영 속에서 발달한 것이었다.

무굴 제국의 초상화 중에 지금까지 남아 있는 것이 많다. 모두 세밀하고 뛰어난 그림이며 황제의 초상화를 진열한 상설 화랑도 있었다. 이런 것들을 보면 바베르로부터 아우랑제브까지 황제들의 성격 · 기풍 등을 가만히 앉아서도 엿볼 수 있을 것 같은 느낌이 든다.

무굴의 황제들은 하루에 두 번씩 발코니에 나와서 인민의 진정을 듣기로 되어 있었다. 1911년에 영국 왕 조지 5세가 대관식의 하례를 받으러 델리에 왔을 때도 똑같은 거동을 보였다. 영국인은 스스로 인도 영토에 대해 무굴인의 후계자로 자처하고 그것을 증명이나 하려는 듯 무굴인의 흉내를 내려고 했다. 앞에서도 말한 바와 같이 인도 총독의 신변은 아마도 세상 어디에서도 볼 수 없을 만큼 요란스럽고 과장된 겉치레를 하고 있다.

그런데 나는 아직 무굴인의 대외 관계에 대해서는 언급하지 않았다. 악바르의 궁정에서는 포르투갈인 선교사들이 대단한 총애를 받았으며, 악바르가 유럽과 접촉한 것은 주로 이들 포르투갈인을 통해서 이루어졌다. 그에게는 그들이야말로 유럽 최고의 민족인 것처럼 보였으며, 또한 그들은 해상을 지배하고 있었다. 영국인은 아직 두드러진 활동을 보이고 있지 않았다. 악바르는 고아를 손에 넣으려고 공격을 가한 적도 있으나 성공하지 못했다. 무굴인은 바다에는 천성이 맞지 않았으며 해군력 앞에서는 무력했다. 그것은 당시 벵골 동부에서 조선이 성행하고 있었던 것을 생각하면 납득이 가지 않겠지만 이 배들은 대부분이 상품 운반을 목적으로 하고 있었던 것이다. 무굴 제국이 쓰러진 이유 중의 하나로 해전에 무력했던 점을 들기도 한다. 바야흐로 바다를 지배하는 국가가 세계를 지배하는 시대가 다가오고 있었던 것이다.

영국인이 무굴 제국과 관계 정상화를 노리고 제국에 들어오려고 하자 포르투갈인은 그것을 시기해서 열심히 자한기르의 머리에 영국인에게 불리한 선입견을 불어넣으려고 했다. 그러나 영국 왕 제임스 1세의 대사 토머스 로 경(Sir Thomas Roe)은 1615년 가장 좋은 시기에 자한기르의 궁정에 도착해 황제의 재가를 받아 동인도 회사 무역의 기초를 닦았다. 이 사이에 영국 함대는 인도 해상에서 포르투갈 함대를 격파했다. 영국의 별은 조금씩 지평선 위에 반짝이기 시작했으며 포르투갈은 서쪽에서 쇠퇴해 가고 있었다. 네덜란드인과 영국인은 점차 포르투갈인을 동방 수역으로 쫓아 냈으며, 아마 생각나겠지만 1641년에는 대항구 도시 말라카가 네덜란드인의 손에 들어갔다. 1629년 샤 자한과 포르투갈인이 후글리(Hugli)에서 맞붙었다. 당시 포르투갈인은 정규적인 노예 무역을 하고 있었으며, 기독교와 강력한 대화 통로를 갖고 있었다. 포르투갈은 용감하게 대항했으나 후글리는 마침내 무굴인에게 점령되었다. 원래 포르투갈은 작은 나라였고, 겹치는 전쟁 때문에 힘을 소모해 버렸다. 포르투갈은 무굴 제국을 획득하기 위한 경쟁에서 탈락되었다. 그러나 고아를 비롯한 몇 군데를 고수해서 오늘에 이르고 있다.

인도에서 무굴 제국의 쇠잔과 멸망

이렇게 각국이 동방 진출에 각축을 벌이고 있는 동안 영국인은 인도의 마드라스 및 수라트 부근의 해안에 출장소(factory : 재외 상관)를 두었다. 마드라스 자체도 1639년 그들이 세운 것이다. 1662년 영국은 찰스 2세가 포르투갈 브라간사의 캐서린과 결혼해 지참금 대신에 봄베이 섬을 손에 넣었다. 그리고 얼마 뒤에 그는 이것을 매우 싼값으로 동인도 회사에 불하했다. 이것은 아우랑제브 시대의 일이다. 포르투갈인을 쫓아내는 데 성공하자 기분이 좋아진 동인도 회사는 무굴 제국이 약체화되었음을 알아차리고 1685년 무력으로 인도 내에 영유지를 확장하려고 했다. 그러나 이것은 보기 좋게 실패했다. 군함은 먼 영국에서 파견되었으며, 동쪽은 벵골, 서쪽은 수라트로부터 아우랑제브의 영토를 공격했으나, 무굴인은 아직도 강했으며 영국인은 처참한 패배를 당하고 말았다. 영국인은 여기서 교훈을 얻어 그 다음부터는 훨씬 신중해졌다. 무굴 제국이 분명히 사분오열 상태에 있었으며 아우랑제브의 죽음이 가까웠던 무렵에도 그들은 여전히 몇 해 동안 대사업을 결행하기를 주저했다. 1690년에 그들 중의 한 사람인 좁 차녹(Job Charnock)이 캘커타시를 건설했다. 이렇게 해서 마드라스·봄베이 및 캘커타의 세 도시는 영국인이 건설했으며, 처음에는 주로 영국인의 계획에 따라 성장했던 것이다.

이 무렵 프랑스도 인도에 그 모습을 나타냈다. 프랑스의 상사가 창립되어 1668년 수라트에 출장소를 개설하고 다시 그 뒤 몇 군데에 그것을 설치했다. 몇 년 후 그들은 퐁디셰리(Pondicherry)시를 사들였으며, 이것이 인도 동해안에 있는 프랑스 최대의 상업항이 되었다.

1707년 아우랑제브는 90세에 가까운 고령으로 죽었다. 엄청난 상품 — 인도를 건 싸움이 개시되기 위한 준비가 완료되었다. 이 싸움터에는 아우랑제브의 무능한 아들들과 또 그의 지방 총독이 몇 명 있고, 마라타족과 시크 교도가 있고, 또 서북 국경을 통해 탐욕스러운 눈을 번쩍이고 있는 사람들이 있고, 바다를 건너 찾아온 두 민족 — 영국인과 프랑스인이 있었다. 그러면 불쌍한 인도 인민들은 어떻게 되는 것일까?

91   *1932년 9월 12일*

시크족과 마라타족

아우랑제브의 죽음 이후 100년 동안의 인도는 언제나 변화하는, 그러나 보기에 별로 아름답지 않은 만화경이었다. 이런 시대는 모험가나 기회를 포착하는 데 수단과 방법을 가리지 않는 뻔뻔스럽고 약삭빠른 사람들에게는 안성맞춤인 것이다. 그래서 인도 전역에서 모험가들이 떼를 지어 일어났다. 그 중에는 인도에서 자란 사람도 있고, 서북 국경을 넘어서 내려온 사람도 있고, 영국인이나 프랑스인처럼 바다를 건너온 사람도 있었다. 각자가 또는 개개의 그룹이 각기 제멋대로 행동했으며, 서로 상대를 가리지 않고 악마의 손에 넘겨 주는 것도 사양하지 않았다. 때로는 두 사람 또는 세 사람이 손을 잡고 제3자를 쓰러뜨리려 하는가 하면 곧 자기네끼리 갈라져서 싸우곤 했다. 왕국을 참칭하거나 일확천금, 약탈 등이 대개는 공공연하게 부끄러움도 없이 자행되었으며, 때로는 장사라는 명목을 빌려 그렇게 하는 등 한 마디로 광란의 시대였다. 그리고 이런 광란 뒤에는 무굴 제국이 순식간에 멸망해 가고 있는 중이었으며, 얼마 전까지만 해도 황제였던 사람이 이제는 다른 나라의 보호를 받는 사실상의 포로가 되고 말았다.

그러나 이러한 모든 동요와 혼란과 전환과 착잡함은 밑바닥에서 진행되고 있는 혁명의 외면적 징후에 지나지 않는 것이었다. 낡은 경제 질서는 파탄 나고, 봉건 제도는 나이를 먹어 죽어 가고 있었다. 그것들은 이 나라의 새로운 여러 가지 조건에 적합하지 못했다. 우리는 유럽에서도 이 과정을 보았다. 거기서는 상인 계급이 대두했으나 이윽고 절대 군주 때문에 앞길이 가로막히고 말았다. 영국에서 또 어느 정도는 네덜란드에서도 절대 군주 쪽이 굴복했다. 아우랑제브가 제위에 올랐을 때 영국은 찰스 1세를 처형하고 집권한 단명한 공화국의 지배하에 있었다. 또 제임스 1세의 도망과 1688년 의회의 승리를 통해 영국의 혁명이 완성된 것도 아우랑제브 치세 때의 일이었다. 영국 의회와 같은 준인민 회의(semi-popular council)를 가지고 있었다는 것은 사태의 추진에 매우 큰 도움이 되었다. 이 두 나라는 어쨌든 봉건 귀족과 나중에는 국왕을 대체할 수 있는 무엇인가가 있었기 때문이다.

그러나 대부분의 유럽 여러 나라에서는 사정이 달랐다. 프랑스에는 오랜 치세를 통해 아우랑제브와 같은 시대를 살았으며 그보다도 8년이나 더 오래 산 '대왕' 루이 14세가 버티고 있었다. 이 나라의 절대 왕정은 누구나 다 알고 있는 거대한 대폭발 — 프랑스 대혁명이 일어날 때까지 여전히 그 지배를 계속하고 있었다. 독일의 17세기는 앞에서 본 것처럼 끔찍스러운 시대였다. 이 나라를 갈기갈기 찢고 황폐하게 만든 30년 전쟁이 일어났던 것도 이 세기의 일이 아니냐.

18세기 인도의 정세는 어느 정도 독일의 30년 전쟁이 일어났던 시기와 비슷한 점이 있었다. 두 나라에는 모두 경제적인 파탄이 있었으며 구봉건 계급은 밀려났다. 인도의 봉건 계급은 붕괴되어 가고 있었지만, 그러나 그 뒤까지 그것은 완전히 소멸된 것은 아니다. 그리고 실제로 그것이 소멸되었을 때도 여전히 그 원형만은 존재했다. 실로 오늘날에 이르기까지 인도나 유럽의 어떤 나라들에서는 아직도 봉건 제도의 잔재가 많이 남아 있다.

무굴 제국은 이와 같은 경제적 변화 때문에 쓰러졌다. 그러나 인도에는 이 파탄을 이용해 권력을 장악할 준비를 하고 있던 중간 계급이 존재하지 않았다. 또 영국에 존재하고 있던 것과 같은 이들 계급을 대표하는 조직 또는 평의회도 없었다. 너무나 극단적인 전제 정치가 인민을 일반적으로 노예 상태에 가깝게 만들었으며, 고래의 자유에 대한 관념은 망각되어 버렸다. 그러나 이 편지의 뒷부분에서 말하게 되겠지만, 인도에서도 때로는 봉건적인 세력이 또는 부르주아가, 아니면 농민들이 권력을 장악하고자 하는 시도가 있었으며, 그 중의 어떤 것은 다소 성공이라고 할 수 있는 데까지 발전했다. 그렇다 하더라도 특기할 만한 것은 역시 봉건 제도의 와해와 권력을 확보하기 위해 충분한 준비를 갖추었던 중간 계급의 대두의 사이에 어떤 갭이 있었다는 것이다. 이러한 갭이 존재하는 곳에서는 독일의 경우처럼 혼란이 오고 갈등이 일어난다. 인도에서 또한 그랬다. 나약한 국왕이나 영주들이 나라의 패권을 둘러싸고 서로 다투었다. 그러나 그들은 몰락하고 있는 구질서의 대표자에 불과해 확실한 기초 위에 서 있는 것이 아니었다. 그들은 머지 않아 새로운 유형의 사람들, 즉 최근 본국에서 승리를 거둔 영국 부르주아의 대표자와 만나게 된다. 이 영국의 중간 계급은 봉건적인 질서에 비해서 더 높은 사회 질서를 대표하는 것이다. 그것은 세계 도처에서 전개되고 있는 새로운 여러 가지 조건에 대한 적합성을 가지고 있다. 그것은 더 조직적이고 능률적이다. 그것은 더 좋은 도구와 무기를 가지고 있으며, 따라서 더 효과적으로 전쟁을 수행할 수 있다. 그리고 그것은 바다를 지배한다. 인도의 봉건 제후는 이 새 세력에 대항할 수 없다. 차례차례로 그들은 그 앞에 타도된다.

여기까지가 약간 길기는 하지만 이 편지의 전주곡인 셈이다. 여기서 우리는 조금 뒤로 돌아가야만 한다. 나는 지난번 편지와 오늘 편지에서 아우랑제브 시대의 인민 봉기와 종교적인 힌두 민족주의 부흥 운동에 대해서 언급했다. 우리는 이것에 대해서 좀더 이야기하기로 하자. 무굴 제국의 여러 곳에서 매우 많은 반(半)종교적인 인민 운동이 타오르기 시작했다. 이런 운동들은 어느 기간 동안은 정치와 관계없는 온건한 운동이다. 가요나 힌두 찬가가 국어 — 힌디어·마라티어·펀자브어 등으로 쓰이고 이것이 유행했다. 이들 가요나 찬가는 대중의 의식을 고양시킨다. 종교적 분파가 설교자들 주위에 결성된다. 경제적 환경의 압력은 어느 틈엔가 이들 여러 종파를 정치 문제로 쏠리게 한다. 통치 권력 — 무굴 제국과 마찰이 생겨 통치 권력은 그 종파를 탄압하기 시작한다. 이 탄압은 온건한 종교적 분파를 전투적 조직으로 급변시킨다. 시크 교도와 수많은 종파의 발달이 바로 이런 경로를 밟은 것이다. 마라타인은 더 복잡한 내력을 가지고 있지만, 그래도 역시 종교와 무굴 왕조에 대해 무기를 들고 일어나는 민족주의자와 결부된 것이라고 할 수 있다. 무굴 제국은 영국인에게 타도된 것이 아니라 이들 종교적 민족주의자, 특히 마라타인에게 타도된 것이다. 이러한 운동은 당연히 아우랑제브의 박해 정책을 통해 더욱 강화되었다. 동시에 아우랑제브가 그의 지배에 반항하는 종교 의식에 대해서 더욱 편협해지고 배타적으로 되었다는 것도 충분히 있을 수 있는 일이다.

1669년에는 이미 마투라의 자트(Jat) 농민들[127]이 반란을 일으켰다. 그들은 몇 차례에 걸쳐 탄압을 받았지만 아우랑제브가 죽을 때까지 30년 동안 몇 번이고 봉기했다. 마투라가 아그라와 매우 가까운 거리에 있다는 것에 주의할 필요가 있다. 따라서 이 반란은 수도 바로 옆에서 일어난 것이다. 또 하나의 반란은 주로 서민들로 구성된 힌두교의 한 종파인 사트나미(Satnamis)에 의해 일어났다. 당시 무굴의 한 귀족은 그들에 대해 불쾌한 듯이 '피에 굶주린 경멸할 만한 난민 · 목수 · 대장장이 · 청소부 · 피혁업자 및 그 밖의 무지한 도배'라고 적고 있다. 그의 의견에 따르면 이와 같은 '무지한 도배'들이 그들의 윗사람들에게 반항하는 것은 당치도 않은 불경 행위였던 것이다.

다음은 시크 교도인데, 여기서 우리는 초기 시대부터의 그들의 역사를 더듬어 보아야만 한다. 너는 내가 구루 나나크에 대해 이야기한 것을 기억하고 있을 것이다. 그는 바베르가 인도로 들어온 뒤 곧 사망했다. 그는 힌두교와 이슬람교의 공통적인 지반을 탐구한 사람들 중의 하나였다. 세 사람의 구루가 그의 뒤를 이었지만 그들은 그와 마찬가지로 아주 온건하고 종교 문제밖에는 관심을 갖지 않는 사람들이었다. 악바르는 네 번째 구루에게 암리차르(Amritsar)에서 연못과 사원을 위한 부지를 기증했다. 이 때 이래 암리차르는 시크교의 총본산이 되었다.

---

127) 북인도 · 펀자브 · 라지푸타나 및 연합주 지방에 거주하는 라지푸트계의 종족. 주로 농업과 목축업에 종사하며 시크교를 신봉하는 사람이 많다.

이어서 5대째 구루로 전설과 찬가를 수집해서 시크교의 성전인 『그란트(Granth)』를 편집한 아르잔 데브(Arjan Dev)가 자리에 올랐다. 자한기르는 그에게 정치적 압박을 가하고 고문으로 죽게 했다. 이것이 시크교 성격의 전환점이 되었다. 그들의 구루에 대해 취해진 도리에 어긋나고 잔혹한 처사는 그들을 분노시켰으며, 그들의 마음에 무장 봉기의 결심을 굳히게 만들었다. 그들은 6대째 구루인 하르고빈드(Hargovind) 밑에서 전투적인 동족 조직을 만들었으며 가끔 지배 권력과 충돌하기에 이르렀다. 구루 하르고빈드도 자한기르에 의해 10년 동안 투옥되었다. 9대째 구루는 아우랑제브의 치세에 활동한 테그 바하두르(Tegh Bahadur)였다. 그는 아우랑제브로부터 이슬람교로 귀의할 것을 명령받았으나 거부했기 때문에 처형당했다. 10대째이자 마지막 구루가 고빈드 싱(Govind Singh)이었다. 그는 델리의 황제에 대항하기 위해 시크교를 강력한 군사 단체로 조직했다. 그는 아우랑제브보다 1년 늦게 죽었다. 그 이후 구루는 없어졌다. 구루의 권력은 칼사(Khlsa), 다시 말해 '선택받은 사람'이라는 이름으로 전체 시크교 사회에 남아 있다고 한다.

아우랑제브가 죽자 곧 시크교 반란이 일어났다. 이 반란은 진압되었지만 시크 교도들은 여전히 세력을 확대해 펀자브에 뿌리박았다. 같은 세기가 끝날 무렵에는 란지트 싱(Ranjit Singh) 밑에 시크교 국가가 펀자브에 출현했다.

이들 여러 반란이 말썽거리는 되었지만 무굴 제국에 대한 직접적인 위협은 서남 지방에 있는 마라타의 신흥 세력으로부터 다가왔다. 이미 샤 자한의 치세 때에 마라타의 족장 샤지 본슬라(Shahji Bhonsla)가 소요를 일으킨 적이 있었다. 그는 아마드나가르국의 한 관리였으며 또 나중에는 비자푸르의 관리이기도 했다. 그러나 마라타의 영광으로 추앙받고 무굴을 두려움에 떨게 한 자는 1627년에 태어난 그의 아들 시바지(Sivaji)였다. 겨우 19세의 소년기에 그는 정복의 생애를 개시했으며, 푸나 부근에 최초의 성채를 확보했다. 그는 용감한 지휘자였으며 이상적인 게릴

라전 지도자였다. 그는 자기에게 목숨을 바칠 것을 맹세한 용맹한 산사람(mountaineer)의 일단을 조직했다. 그들의 도움을 얻어 그는 수많은 성채를 점령하고 아우랑제브의 장군들을 궁지에 몰아넣었다. 1665년, 그는 느닷없이 수라트에 나타나서 영국인 출장소가 있던 이 도시를 포위했다. 그는 초청을 받아 아우랑제브의 궁정을 방문했으나 독립된 군주로서 대접을 받지 못한 데 불만을 품고 모욕을 느꼈다. 그는 체포되었으나 탈옥했다. 그 뒤에 아우랑제브는 그에게 라자의 칭호를 주고 자기편으로 끌어들이려고 한 적이 있었다.

그러나 곧 시바지는 다시 전장에 나타났으며, 남부의 무굴 관리들은 그 앞에 굴복해서 돈을 바치고 보호를 요청했을 정도였다. 이것이 마라타군이 가는 곳마다 청구했던 정부 수입의 4분의 1을 의미하는 유명한 차우트(Chauth)[128]였다. 이리하여 마라타 세력은 확대 일로를 걸었으며 델리 제국은 약해지기만 했다. 1674년 시바지는 라이가르(Raigarh)에서 성대한 의식을 올리고 스스로 왕관을 썼다. 그의 승리는 1680년 그가 죽을 때까지 계속되었다.

너는 마라타국의 한복판인 푸나에 살고 있으므로 시바지가 얼마나 그 지방 인민들에게 사랑과 존경을 받고 있는가를 잘 알고 있을 것이다. 그는 내가 이미 말한 종류의 종교적 민족주의 부흥 운동을 대표하는 사람이었다. 우선 경제적인 파국과 인민의 일반적 궁핍이 운동의 조건이 되었다. 그 다음 마라타어의 대시인 람다스(Ramdas)와 투카람(Tukaram)이 그 땅을 그들의 시와 찬가로써 일구었다. 마라타 인민은 이렇게 해서 민족 의식을 획득하고 통일의 걸음을 시작했다. 그리고 바로 거기에 빛나는 지도자가 나타나 그들을 승리로 이끌었다.

시바지의 아들 삼바지(Sambhaji)는 무굴 정부에 의해 고문을 받던 중 살해되었다. 마라타인은 잠시 동안 후퇴한 다음 또다시 세력을 확대

---

128) 마라타족은 정복한 지방의 통치 조직을 그대로 존속시키고 그들에게 종래 지조의 4분의 1을 추가 징수케 하여 이것을 공납시키는 방책을 취했는데, 이 방식을 차우트라고 한다.

해 나갔다. 아우랑제브의 죽음과 함께 그의 제국은 연기처럼 사라지기 시작했다. 많은 지방 장관들이 중앙 정부로부터 독립했다. 벵골이 이탈했으며 오우드와 로힐칸드(Rohilkhand)도 떨어져 나갔다. 남쪽에서는 바지르 아사프 자(Vazir Asaf Jah)가 왕국을 세웠는데 지금의 하이데라바드국이 그것이다. 지금의 니잠(Nizam)[129]은 그의 후예다. 아우랑제브가 죽은 지 17년이 지나지 않아 제국은 거의 흔적을 찾아볼 수 없게 되었다. 다만 델리 또는 아그라에서는 이름뿐인 황제가 계승되고 있었다.

제국이 약해짐에 따라 마라타족은 강해졌다. 페슈와(Peshwa)라고 일컬어지는 재상이 실권을 쥐고 라자는 뒤로 물러났다. 약화될 대로 약화된 델리의 황제는 마라타족에게 데칸 지방 전체에서 그들의 차우트 세를 징수하는 것을 인정했다. 페슈와는 이것만으로는 만족하지 않고 구자라트·말와 및 중부 인도를 차례로 정복했다. 그의 군대는 1737년에는 바야흐로 델리의 성문에 육박했다. 마라타족은 인도를 통치할 운명을 짊어지고 있는 것처럼 보였다. 그들은 지역의 패권을 잡았다. 그러나 갑자기 1739년 북서쪽에서 침략해 오는 세력이 있었다. 그리고 이것이 인도의 세력 관계를 교란하고 북인도의 정세를 변화시켰다.

92　1932년 9월 13일

영국이 인도를 제패하다

우리는 델리 제국이 완전히 궁지에 빠진 것을 살펴보았다. 분명히

---

[129] 하이데라바드의 왕에 대한 특유한 칭호. 바지르 아사프 자가 초대 니잠이었다.

그것은 제국으로서의 면모를 갖추고 있지 못했다고 해도 과언이 아닐 정도였다. 이렇듯 델리와 북인도는 말할 수 없는 비참한 처지로 깊숙이 빠져들고 있었다. 내가 전에 얘기했듯이, 인도에서는 그 때가 가장 커다란 시련의 시대였다. 갑자기 서북쪽에서 한 부족의 무리가 침략해 왔다. 그들은 살육과 약탈을 실컷 일삼았으며 막대한 재화와 보물을 노략질해 갔다. 전부터 페르시아 제국의 군주가 되고 싶어하던 나디르 샤(Nadir Shah)가 이끄는 무리였다. 그는 샤 자한이 만든 유명한 '공작의 옥좌'를 가지고 돌아갔다. 이러한 일련의 공포가 1739년 내내 쉴 새 없이 계속되었으며, 북부 인도는 이 불청객의 방문에 그저 엎드려 머리를 조아렸을 뿐이었다. 결국 나디르 샤는 영토를 인더스 강까지 넓혔고, 이로 인해 아프가니스탄은 인도에서 분리되었다. 돌이켜볼 때 『마하바라타』나 간다라의 시대로부터 인도의 역사 속에 깊숙이 연결되었다. 그러나 이제 아프가니스탄은 인도와 떨어지게 되었다.

그 뒤 17년 내에 델리 제국은 다시 또 한 차례 침략자를 맞이하게 되었다. 그 침략자는 다름 아닌 나디르 샤를 아프가니스탄에서 계승한 아마드 샤 두라니(Ahmad Shah Durrani)였다. 이처럼 침략이 되풀이되었는데도 마라타족은 여전히 세력을 넓혀서 1758년에는 펀자브 지방이 그들의 지배하에 들어갔다. 그들은 이 지방 전역에 걸쳐서 하나의 정부를 조직하려고는 하지 않았다. 잘 알려진 차우트 세를 징수하고 통치는 지방인에게 맡겼다. 이리하여 사실상 그들은 델리 제국의 계승자가 되었다. 그러나 커다란 방해자가 끼여들었다. 두라니가 또다시 서부에서 남하해서 다른 여러 세력과 동맹을 맺고 1761년, 옛 전쟁터인 파니파트(Panipat)에서 마라타족의 대군을 격파한 것이다. 두라니는 이리하여 북부의 주인이 되었으며, 그를 가로막는 세력은 아무것도 없었다. 그러나 그는 승리한 그 순간, 자신의 부하들 사이의 분쟁과 반란에 직면해 본국으로 철수했다.

두라니가 철수한 뒤에 마라타족의 시대는 이미 끝난 것처럼 보였으며 별다른 발전이 없는 듯했다. 그러나 끈질긴 그들은 점차 세력을 회복해서 또다시 인도 국내에서 가장 강한 세력이 될 수 있었다. 그러나 얼마 있지 않아 다른 더 강대한 한 세력이 접근해 왔다. 그로부터 인도는 오랜 세월, 여러 세대에 걸쳐서 그 운명이 결정되어 버렸다. 이 무렵 페슈와의 부하로 간주되고 있던 몇 사람의 마라타 족장이 궐기했다. 그 중에서도 가장 용맹했던 사람은 괄리오르의 신디아(Scindia)였다. 그 밖에 바로다(Baroda)의 가이크와르(Gaikwar)와 인도르(Indore)의 홀카르(Holkar) 등이 있었다.

여기서 잠시 앞에서 말한 것 중의 다른 사건으로 눈을 돌려 보자. 같은 시대에 남부 인도에서 일어난 중요한 사건은 영국인과 프랑스인의 각축이었다. 18세기를 통해서 양국은 유럽에서 자주 전쟁을 했다. 본국에서 공식적으로 평화 관계에 있을 때에도 인도에서는 자주 싸움이 계속되었다. 양쪽의 세력은 막상 막하로서 부와 권력의 획득에 저돌적이고 뻔뻔스러운 모험가가 많았기 때문에 대립은 격렬하기 짝이 없었다. 프랑스측에서 이 시대에 가장 두각을 나타내고 있던 인물은 뒤플렉스(Dupleix)였고, 영국측에서는 로버트 클라이브(Robert Clive)였다. 뒤플렉스는 어느 두 부족 국가 사이의 싸움에 개입해 훈련을 쌓은 자신의 군대를 어느 한쪽에 빌려 주고, 이에 대한 대가로 지방민을 무자비하게 착취해 많은 이익을 얻는 도박을 서슴지 않았다. 이리하여 프랑스의 세력이 꽤 커졌지만 영국이 곧 그 수법을 모방해서 한술 더 뜨고 나왔다. 마치 굶주린 이리처럼 양편은 모두 사건을 찾아 헤매었고 그 먹이는 도처에서 발견되었다. 남부 인도에서 후계자 계승과 관련된 싸움 같은 것이 있으면 반드시 프랑스가 한쪽 편을 들고 영국이 상대방을 후원하는 실정이었다.

영국은 15년 간(1746~61년)의 주도권 싸움에서 드디어 프랑스를 압도했다. 인도에 있는 영국 모험가들은 본국으로부터 충분한 후원을 받고 있었지만, 뒤플렉스나 그 동료들은 프랑스로부터 조금도 그런 원조를 받지 못했다. 알고 보면 그리 이상할 것도 없다. 인도 주재 영국인의 배후에는 동인도 회사의 주주로 있는 영국 상인들이 후원자가 되어

영국이 인도를 제패하다

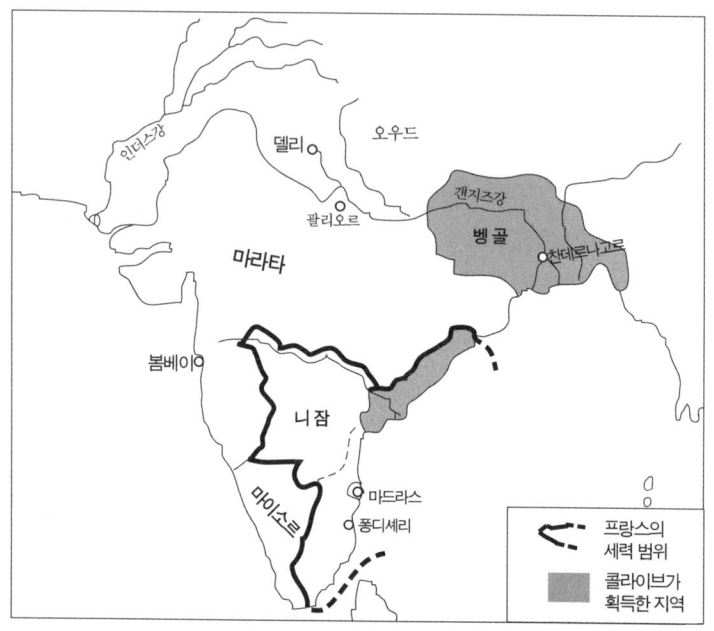

인도를 둘러싼 영국과 프랑스의 싸움

막강한 그들의 힘이 의회와 정부를 움직이는 적극성을 보였다. 이에 반해 프랑스인의 배후에서는 파국이 다가오는 것도 아랑곳없이 그날 그날의 즐거움에 도취된 루이 15세(루이 14세의 증손이며 그의 후계자)의 허약함이 대조를 이루었다. 더욱이 영국이 해양을 지배했다는 것도 영국의 제패에 크게 기여했다. 그리고 영국인도 프랑스인도 '세포이(sepoy)'라고 일컬어지는 인도인 군대를 양성했다. 세포이는 시파히(sipahi : 병사)에서 온 말이다. 그들은 지방 군대에 비해 장비도 훈련도 잘 되어 있었으므로 많이 고용되었던 것이다.

영국인은 인도에서 프랑스인을 격파하고 프랑스인 도시 찬데르나고르(Chandernagore)와 퐁디셰리를 철저하게 파괴해 버렸다. 그 파괴가 얼마나 격심했느냐 하는 것은 두 도시 전체의 지붕이 하나도 남지 않았다는 것으로 충분히 짐작할 수 있다. 그 뒤로 인도 무대에서 프랑스인의 세력은 약해졌으며, 그들은 나중에 퐁디셰리와 찬데르나고르를 되찾아 오늘에 이르기까지 그것을 유지하고 있지만 그다지 중요한 의미를 가지고 있지는 않다.

이 시기에 영국인과 프랑스인의 각축장이 된 곳은 비단 인도만이 아니었다. 유럽은 말할 것도 없고 캐나다나 그 밖의 여러 곳에서 그들은 싸웠다. 캐나다에서도 영국인이 이겼다. 그 뒤 머지 않아 그들은 아메리카 식민지를 잃었는데, 이 때 프랑스인은 이들 식민지를 도움으로써 영국인에게 보복했다. 그에 대한 경위는 또 다른 편지에서 더 상세하게 이야기하기로 하자.

인도에서 프랑스를 구축한 영국인의 앞길에는 그 밖에 어떤 장애가 남아 있었을까? 두말 할 것도 없이 서부와 중부 그리고 북부의 일원에 걸쳐 마라타족이 도사리고 있었다. 하이데라바드의 니잠도 있었지만 이들은 특별히 이야기할 만한 세력이 못 되었다. 그리고 남쪽에는 새로운 강적 하이데르 알리(Haider Ali)가 득세해서 지금의 마이소르주에 해당하는 비자야나가르 제국의 자리에 군림하고 있었다. 북쪽에서는 벵골이 시라지웃다울라(Siraj-ud-Daula)라는 완전히 무능력한 인물에게 지배되고 있었다. 이와 같이 여러 세력이 난립해 있어 델리 제국은 먼저 얘기한 것과 같이 이미 관념상의 존재에 지나지 않았다. 그런데 이상하게도 영국인은 1756년까지, 다시 말해 나디르 샤의 습격을 받아 중앙 정부가 쓰러진 그 훨씬 뒤까지 델리 제국에 최대의 예우를 표하면서 선물을 바치고 있었다. 아우랑제브 시대에 영국인이 벵골에서 공세를 취했다가 참패한 것을 기억하고 있겠지. 그 때 그들은 그 패배에 넌더리가 났던지 북쪽의 정세는 약간의 용기만 가졌더라도 공공연히 쉽게 쳐들어갈 수 있는 상태에 있었는데도 오랫동안 한 발자국 내딛는 것도 망설이고 있었다.

위대한 제국 건설자로서 같은 영국인으로부터도 아낌없는 칭찬을 받고 있는 클라이브는 바로 그런 용기 있는 사람이었다. 그의 인품과 업적을 통해서 제국이라는 것이 어떻게 해서 만들어지는 것인가를 정말로 잘 알 수가 있다. 그는 씩씩하고 과단성이 있는 데다 지독하게 탐욕스러운 인물이었다. 또한 그는 간교한 책략과 거짓된 계략을 써서 모든 것을 태연하게 해치웠다. 영국인의 여러 가지 처사에 참다 못한 벵골의 태수 시라지웃다울라는 수도 무르시다바드(Murshidabad)를 벗어나 남하해서 캘커타를 점령했다(1756). 이른바 '암굴 사건(Black Hole)'의 비극이 일어난 것은 이 때였다고 한다. 이야기의 줄거리는 태수의 한 관리가 사로잡은 수많은 영국인을 좁고 무더운 방 하나에 하룻밤 동안 감금했더니, 그들의 대다수가 질식해 죽어 버리고 말았다는 것이다. 물론 그런 처사는 야만스럽고 무서운 짓이라고 할 수밖에 없다. 그러나 그런 이야기는 그다지 신뢰할 수 없는 어떤 사람의 담화에 근거를 둔 것이다. 그러므로 이것은 대체로 사실이 아닌 것이 많으며 적어도 여기에는 어떤 과장이 섞인 것이라고 많은 사람들은 생각하고 있다.

클라이브는 나중에 태수의 군대를 격파하고 캘커타를 탈취했다. 그는 나름대로의 방법으로 태수의 부하인 미르 자파르(Mir Jafar)에게 뇌물을 주고 내통했다. 우선 문서를 위조시키는 일부터 착수해서 음모와 배신 행위로 기초 작업을 해 놓고 나서 1757년 클라이브는 플라시(Plassey)에서 태수를 격파했다. 그것은 전투로서는 보잘것없는 것이었지만 사실상 클라이브는 미리 꾸며진 음모로 처음부터 이기기로 결정된 것이나 다름없이 되어 있었다. 그러나 플라시의 이 보잘것없는 전투는 나중에 커다란 결과를 낳았다. 그것은 벵골의 운명을 결정지었기 때문이다. 그리고 흔히들 인도에서 영국의 제패는 플라시에서 시작된다고 전해진다. 이와 같은 추악한 음모와 속임수를 통해 인도에 영국의 제국이 세워졌던 것이다. 그러나 이런 것은 정도의 차이는 있지만 모든 제국, 또는 모든 제국 건설자의 공통적인 수법이기도 했다.

이렇듯 갑작스럽게 일어난 운명의 수레바퀴는 벵골에 주재하고 있던 모험심이 강하고 욕심 많은 영국인들을 이롭게 했다. 그들을 방해하는 사람은 아무도 없었다. 클라이브를 두목으로 한 그들은 주의 공금을 마치 물 쓰듯이 한푼도 남기지 않고 바닥을 내고 말았다. 클라이브는 대략 250만 루피(rupee : 인도의 화폐 단위)의 현금을 자기 호주머니 속에 넣었으며, 그것에 만족하지 않고 다시 1년에 몇 라크(lakh : 1라크는 10루피)나 수확할 수 있는 좋은 자기르(jagir), 즉 '땅'을 자기의 것으로 만들었다. 다른 영국인도 모두 똑같은 방법으로 전쟁중에 입은 자기의 손해를 보상받았다. 동인도 회사 직원들의 재물을 빼앗기 위한 지극히 뻔뻔스러운 싸움, 그 탐욕과 두꺼운 얼굴은 그야말로 후안무치 그대로였다. 영국인은 벵골 태수의 제조자가 되어 제멋대로 태수를 갈아치웠다. 그래서 태수가 바뀔 때마다 뇌물이나 거액의 선물이 오갔다. 몇 년 후인 1764년, 영국인은 다시 한 번 북사르(Buxar)에서 싸워 승리를 얻었다. 그 결과 델리에 명목상으로만 남아 있던 황제마저도 그들에게 굴복해 포로가 되었다. 벵골 및 비하르에 대한 영국의 지배는 이렇게 해서 움직일 수 없는 사실로 고정되었다. 이 지방에서 착취하고 있던 막대한 전리품에도 불구하고 아직도 만족하지 못한 그들은 새로운 돈벌이 방법을 고안하는 데 착수했다. 그들은 처음에는 인도의 국내 상업에는 손을 대지 않고 있었다. 그러나 샤일록 같은 그들은 인도의 국산품을 취급하는 상인들은 모두 내야 하는 화물 통과세를 내지 않고 강압적으로 국내 상업을 경영하기 시작했다. 이것은 인도의 제조업 및 상업에 대해 영국인이 처음으로 가한 큰 타격이었다.

　　북부 인도에서의 영국인의 지위는 이렇게 해서 부와 권력의 상징적인 존재가 되었던 것이다. 동인도 회사의 투기 상인들은 건전한 거래나 부정한 거래나 순수한 약탈이나 가리지 않고 돈벌이라면 마구 해댔다. 이 때가, 넘치는 인도의 돈을 가지고 본국으로 돌아간 영국인들이 '태수(Nabods : 18~19세기쯤 인도에서 돈을 벌고 돌아온 큰 부자)'라고 일컬어진 바로 그 시대였다. 만약 네가 새커리(Thackeray)의 『허영의 시장(Vanity Fair)』을 읽은 적이 있다면, 거기서 이와 같이 돈으로 허영심이 가득한 사람을 만나 보았을 것이다.

　　정치적 불안과 난맥, 강우량의 부족, 영국인의 약탈 정책, 이런 것들 모두가 하나로 결부되어 1770년 벵골과 비하르에 몸서리치는 무서운 기근의 참상을 불러일으켰다. 이들 지역 주민의 3분의 1 이상은 굶어 죽었다고 전해지고 있다. 이 같은 무서운 참상의 숫자를 한번 생각해 보아라! 전 지역에 걸쳐서 사람의 그림자가 사라졌으며, 일구어진 논밭이나 마을들은 무성한 정글에 파묻혀 버렸다. 누구 하나 굶주려 죽어 가는 사람들에게 구제의 손을 뻗치는 사람이라고는 없었다. 태수(nawab)는 그렇게 할 만한 힘도 권위도 없고 또한 의지도 없었다. 동인도 회사는 그러한 힘과 권위는 갖고 있었지만, 그들은 조금도 구제의 책임과 의욕을 느끼지 않았다. 그들의 임무는 단지 돈을 모으는 것과 수입을 도모하는 것뿐이었다. 정말로 불가사의한 일이지만 엄청난 대기근이 있었는데도, 또 인구의 3분의 1이 소멸되었는데도 영국인들은 놀랄 만한 수완을 발휘해서 생존자들로부터 예정된 수입액의 징발을 완수해 충분히 사복을 채웠다. 그들은 오히려 수입액을 초과시키기까지 했던 것이다. 대재액이 한창일 때 불쌍하게 굶주리고 있는 생존자로부터 폭력과 강제를 통해 착취하는 비인도성은 상상조차 할 수 없을 만큼 잔인 무도한 것이었다.

  영국인은 벵골을 지배해서 프랑스인을 압도하기는 했지만, 남부에서는 큰 곤란에 봉착해야만 했다. 그들이 최후의 승리를 얻기까지에는 아직도 많은 패배와 굴욕이 가로놓여 있었다. 마이소르의 하이데르 알리는 그들에게 힘에 벅찬 강적이었다. 그는 우수하고도 용감한 지휘관이었으며 몇 번이나 영국군을 격파하기도 했다. 1769년 그는 마드라스 성까지 다가가서 자신에게 유리한 강화 조건을 성사시켰다. 10년 후 그는 또다시 대승을 거두었으며, 그가 죽은 다음에는 그의 아들인 티푸(Tippu) 술탄이 그 뒤를 이어 영국인의 눈엣가시가 되었다. 영국이 티푸를 끝내 패배시키기 위해서는 두 번의 마이소르 전쟁과 많은 시일을 필요로 했다. 그 뒤 현재 마이소르에 있는 마하라자(Maharaja)의 선조가 영국의 보호하에 영주의 지위에 앉혀졌다.

  마라타족 또한 남쪽에서 1782년 영국인을 격파했다. 북쪽에서는 괄리오르의 신디아가 패권을 잡고 델리의 불쌍하고 불운한 황제를 조종하고 있었다.

그러는 사이에 워런 헤이스팅스(Warren Hastings)가 영국으로부터 파견되었으며, 그가 초대 벵골 총독이 되었다. 이 무렵 영국 의회는 드디어 인도에 관심을 나타내기 시작했다. 헤이스팅스가 인도의 최고 영국인 통치자로 일컬어지고 있을 때 영국 정부는 부패하고 오직으로 가득 차 있었다. 헤이스팅스도 그 당시 인도에서 거액의 돈을 불법으로 징수한 두세 가지의 실례가 있었고 그것이 널리 알려져 있었다. 그는 영국으로 귀국한 뒤 의회에서 인도 통치시의 비행으로 고발당했으며 장기간의 재판 끝에 방면되었다. 이보다 앞서 클라이브 또한 의회로부터 견책당했으며 이로 인해 스스로 목숨까지 끊어 버렸다. 이와 같이 영국은 이런 사람들을 규탄하고 재판함으로써 겨우 양심을 달랬지만, 그러나 속으로는 그들을 존경하고 그들의 정책을 통해서 착취를 계속하려는 야심을 버리지 못하고 있었다. 클라이브나 헤이스팅스는 확실히 비난을 받아야 마땅하다. 그러나 그들은 전형적인 제국 건설자인 것이며, 종속 국민은 강제로 제국에게 어쩔 수 없이 착취되어야 하는 이상, 어차피 이런 종류의 사람들이 얼마의 시간이 지나면 언젠가는 존경을 받게 되기 마련인 것이다. 착취 방법은 시대에 따라 다르더라도 그 정신은 같은 것이다. 영국 의회는 클라이브를 맹렬히 규탄했지만, 아이러니컬하게도 런던 화이트 홀의 인도성(India Office) 현관 앞에 그의 동상을 세웠다. 그리고 그의 정신이 영국의 인도 정책을 규정하고 있다.

영국 제국이 인도에서 세력을 확대함에 따라 마라타족과 아프간인과 시크 교도나 버마 왕조 등과의 사이에 차례차례로 전쟁이 일어났다. 그러나 이들 전쟁은 모두 영국의 이익을 위해 수행된 것이었는데도, 영국이 그 비용을 충당한 적은 거의 없었다. 영국 또는 영국인은 아무런 부담도 지지 않고 오직 이익을 따먹었을 뿐이었다.

일개 상사인 동인도 회사가 인도를 통지하고 있었다는 것에 주의해야만 한다. 영국 의회의 통제력은 차차 증대되어 가고 있기는 했지만 대체로 인도의 운명은 일단의 투기 상인들 손에 장악되고 있었던 것이다. 그리고 통치란 주로 무역이었으며, 무역이란 주로 약탈이었고, 그 차이는 그야말로 종이 한 장 차이였다. 그리고 인도의 영국인들은 그 밖에도 이미 본 바와 같이 이것저것으로 상당한 금액을 긁어모았다. 뿐만 아니라 회사 직원들까지도 갖은 방법을 동원해 잠깐 사이에 거액의 재산을 모았다. 이것이 바로 동인도 회사의 실태였다.

93 *1932년 9월 15일*

중국을 지배한 위대한 만주족 통치자

나는 몹시 놀라운 소식에 접해 아무것도 손에 잡히지 않는구나. 바푸(마하트마 간디)가 단식을 해서 죽을 것을 결심했다고 한다.[130] 그의 영상(picture)이 그렇게도 큰 자리를 차지하고 있던 나의 조그마한 세계는 뒤흔들리고 중심을 잃고 말았다. 자꾸만 암흑과 깊은 심연 속으로 빠져 들어가는 듯한 기분이 들고 그의 모습이 몇 번이고 내 마음 속에 떠오르

---

130) 1932년도의 인도 민족 운동은 확실히 영국 정부의 공세 때문에 한때나마 후퇴했다. 그들은 국민회의파의 비합법화, 간부들의 일괄 체포, 모든 집회와 행진 등의 금지, 재산의 몰수 등에 대해서 좀더 강력하고 유효한 운동으로써 대처하지 못했으며, 4월의 델리 대회(즉시 해산), 암리차르 학살 기념 주간, 5월의 전 인도 스와데시 데이(Swadeshi Day), 7월의 전 인도 구금자의 날 등이 개최되기는 했으나 일반적으로 침체 분위기가 지배했다. 이 때 감옥에서 복역하고 있던 간디는, 영국 정부가 발표한 하리잔(Harijan) ― 불가촉 천민(Untouchable) 에 대한 분리 선거 방침에 반대해서 갑자기 '죽음을 각오하고' 단식에 들어갔다. 이 투쟁이 저자에게는 인도의 독립이라는 국가적 대목표에서 이탈하는 부차적인 목적 때문에 인도로서는 다시없이 귀중한 지도자를 잃을지도 모른다는 깊은 우려와 함께 충격적인 사건으로 받아들여졌으며, 간디에 대한 경모와 신뢰의 감정, 그리고 세계관의 근본적인 차이에 대한 반성 등으로 저자는 말할 수 없는 당혹감에 사로잡혔다(『자서전』 제36장 「종교란 무엇인가?」).

는구나. 내가 마지막으로 그의 모습을 본 것은 1년도 더 전에 그를 싣고 서쪽으로 출범하려던 배의 갑판 위에서였다. 나는 다시는 그를 만날 수 없을 것인가! 내가 갈피를 잡지 못하거나, 현명한 조언이 필요하거나, 사랑의 위로를 바라거나 할 때 도대체 누구를 찾아가면 된단 말이냐! 우리에게 용기를 불어넣어 주는, 사랑하는 지도자가 가 버린다면 우리는 도대체 어떻게 해야 좋단 말인가? 아아! 자기들의 위대한 지도자가 죽음 앞에 있음을 알면서도 그냥 가만히 보고만 있어야 하다니! 저주받을 나라 인도여! 인도인은 노예이고 노예 근성을 다분히 가지고 있는 민족이다. 사소한 일에 서로 으르렁거리고 싸우면서도 자유, 그것 자체를 잊어버리고 있는 것이다.

나는 도무지 더 이상 쓰고 싶은 기분이 나지 않아서 이젠 이 편지도 여기서 중단하려고까지 생각했다. 그러나 이것은 아마도 어리석은 일인 것 같다. 고독한 감방에 가만히 앉아 있는 내가 쓰고 읽고 생각하는 것 이외에 무엇을 할 수 있단 말이냐. 비애와 눈물은 이 세상에서는 믿을 수 없는 길동무다. "우리가 흘린 눈물의 양은 대해의 물에는 역시 미치지 못한다"고 불타는 말했다. 이 불행한 세계가 올바른 지위에 놓일 때까지는 더욱더 많은 눈물을 흘리게 될 것이다. 우리의 일은 이제 시작이나 다름없다. 위대한 사업은 우리가 전진하는 곳에 있고, 손짓을 하며 우리를 부르고 있다. 우리도 또 우리를 뒤따라올 후손들도 우물쭈물하고 있을 수는 없다. 이런 생각으로 나는 내 일과를 꾸준히 계속해 나가기로 결심했다. 나는 지금까지와 마찬가지로 너에게 보내는 편지를 계속 써 나갈 것을 약속한다.

최근 얼마 동안의 편지는 인도 문제를 다룬 것이었다. 그것도 끝쪽은 그다지 재미없는 이야기였다. 인도는 자빠진 채 잇따라 오는 도둑놈들과 사기꾼들의 먹이가 되었다. 인도의 위대한 사매국인 중국의 경우는 훨씬 더 나은 상태에 있었다. 그래서 이번에는 중국으로 가 보기로 하자. 나는 언젠가의 편지에서 명 왕조 시대의 이야기를 했다. 말기에는 부패와 분열이 일어났으며, 중국의 동북쪽 이웃인 만주족이 남하해서

중국을 지배한 위대한 만주족 통치자

정복해 버렸다는 것도 이야기했다.

너는 지금도 그것을 기억하고 있겠지(여든 번째 편지). 1650년 이래 만주족은 중국 대륙에 견고한 지위를 쌓아올렸다. 그리고 이 준(準)외래 민족 밑에서 중국은 강대해졌으며 호전적이 되었다. 만주족은 새로운 에너지를 불어넣었으며 국내에서는 될 수 있는 대로 한족에게 간섭하는 것을 삼가는 한편, 그들의 남아 돌아가는 에너지를 북쪽 또는 동쪽으로 제국 확대에 소비했다.

새롭게 나타난 왕조는 처음에는 걸출한 군주를 배출하는 것이 보통이지만 대개는 용두사미로 끝나는 법이다. 만주족도 그 예에서 벗어나지 않았으며, 처음에는 능하고 뛰어난 군주나 정치가를 낳았으나 나중에는 그렇지 못했다. 건국 후 2대째가 강희(康熙)였는데 그는 8세에 즉위했다. 그 뒤 61년 동안 전세계의 어떤 나라보다도 광대하며 인구도 제일 많은 한 제국의 군주로 군림했다. 그러나 이러한 사실과 그의 무용(military prowess) 때문만으로 역사상에 그의 이름이 남아 있는 것은 아니다. 그는 정치가로서의 재능과 눈부신 문화적 활동을 통해 후대에까지 널리 알려져 있는 것이다. 그는 1661년부터 1722년에 걸쳐 황제의 자리에 있었으므로, 54년 동안은 프랑스의 대왕 루이 14세와 시대를 같이 하고 있었던 셈이다. 두 사람 모두 오랫동안 통치하고 있었다는 점에서는 기록적이지만 재위 경쟁에서는 72년이라는 기록을 세운 루이 14세 쪽이 앞서고 있다. 이 두 황제를 비교하는 것은 흥미가 있는데, 비교 결과는 모든 점에서 루이 14세 쪽이 열세다. 그는 자기 나라를 황폐화시키고 당치도 않은 빚더미 위에 올려놓았다. 종교에 있어서도 관대하지 못했다. 강희는 열성적인 유교도였지만 다른 종교에 대해서도 관용적인 태도를 취했다. 명 왕조 시대의 문화도 그대로 보존되고 계승되었을 뿐만 아니라 어떤 점에서는 더 진보하기도 했다. 산업 · 문예 · 교육에서도 명 왕조 시대의 전통을 이어받아 볼 만한 것이 많았다. 여전히 훌륭한 도기가 제작되었으며 원색 인쇄가 발명되고, 동판화가 예수회 수도사로부터 전해지기도 했다.

만주족 위정자의 정치적 기량과 성공의 비결은 그들이 완전히 중국 문화에 동화된 점에 있었다. 중국의 사상과 문화를 전면적으로 흡수하면서도 그들은 그들 자신의 생동감과 활동성을 잃지 않았다. 이런 까닭에 강희는 좀처럼 볼 수 없는 진기한 합성물, 즉 부지런한 철학도와 문학도, 문화 활동 심취가, 정복을 좋아하는 유능한 군사 지도자였다. 그는 문학과 예술의 단순한 애호자 내지는 맹목적인 심취자는 아니었다. 문예 방면에서 그가 보여 준 활동 중에서도 다음에 말하는 세 가지 사업은 모두 그의 창안으로 이룩되었으며, 때로는 자신이 직접 감독한 것도 있어 그의 열성과 학식의 풍부함을 엿볼 수 있고도 남는다.

알고 있겠지만 중국어는 표음 문자로 적은 것이 아니라 의미를 가지는 문자, 즉 표의 문자로 쓰이는 것이다. 강희는 이 말의 사서(辭書), 즉 대사전—『강희대자전(康熙大字典)』을 만들게 했다. 이것은 4만 어 이상을 수록하고 더욱이 많은 예문으로 설명을 붙인 방대한 것으로서 오늘날에도 이에 필적할 만한 것은 없다고 한다.

또 한 가지 강희의 호학심 덕분에 생긴 것으로 서책의 해설이 가장 많이 들어 있는 백과 사전—『흠정고금도서집성(欽定古今圖書集成)』이 있다. 이것은 몇백 권이나 되는 훌륭한 대역작이다. 그것 자체가 대도서관이며, 온갖 것이 다루어지고 또 논술되어 있다. 이 책은 강희가 죽은 뒤 동판으로 인쇄되었다.

다음에 이야기하는 세 번째 대사업은 중국의 모든 문헌의 총색인이다. 다시 말해서 말이나 문장을 수집하고 정리한 일종의 사전이다. 이것은 문학 전체에 대한 상세한 연구를 포함하고 있는 것으로서 또한 엄청난 규모의 대사업이었다. 시인·역사가 그리고 평론가의 글에서 인용한 무척 많은 문장과 글귀가 수록되어 있다.

강희의 학예상의 업적은 그 밖에도 허다하나. 그러니 이 세 가지 사업만 보고도 놀라지 않는 사람은 아마 없을 것이다. 현대의 업적 가운데서도 50년 이상의 시일을 소비하고, 수많은 학자를 동원해서 몇 해 전에 겨우 완성했다고 하는 『옥스퍼드 영어 사전(Oxford English Dictionary)』

이외에 여기에 필적할 만한 것은 쉽게 생각이 나질 않는다.

강희는 기독교와 그 선교사들에게 호의적이었다. 그는 외국 무역을 장려했으며 그것을 위해 중국의 모든 항구를 개방했다. 그러나 얼마 가지 않아 유럽인의 행동에 바람직하지 못한 점이 발견되어 무역에 제한을 가해야만 했다. 그는 전도사들이 본국 정부와 결탁해서 정부 전복을 획책하고 있다는 점에 의심을 품었던 것인데, 이것은 결코 근거가 없는 것은 아니었다. 이 때문에 그는 기독교도에 대한 관대한 태도를 버리게 되었다. 그의 의심은 그 뒤 광동에 있는 중국 무관으로부터 받은 보고서로 뒷받침되었다. 이 보고서는 필리핀이나 인도에서 유럽 여러 나라의 정부와 전도사가 서로 매우 긴밀한 연락을 취하고 있다는 것을 지적하고 있었다. 그 관리의 의견은 제국을 침략으로부터 지키기 위해 외국 무역을 단속하고 기독교의 포교를 저지해야 한다는 것이었다.

이것은 1717년에 제출되었는데, 동양 여러 나라에서의 외국인의 음모와 그들 나라 가운데 어떤 나라가 왜 외국 무역과 기독교의 포교를 억압하기에 이르렀던가에 대한 동기를 똑똑히 보여 주는 자료였다. 중국인이나 그 밖에 여러 나라 사람들의 사고 방식이 낡고 무지하기 때문에 외국인을 증오하고 무역을 저해하고 있다는 말을 흔히들 하고 있다. 그러나 사실은 세계사에서 분명히 볼 수 있는 바와 같이 중국과 인도, 그 밖의 여러 나라들 사이에서는 옛날부터 자주 수교가 행해지고 있었다. 외국인이나 외국 무역을 배척하는 일 따위는 있을 리가 없었다. 오히려 오랫동안 인도는 많은 외국 시장을 지배하고 있는 실정이었다. 동방으로 나가 있던 인도 상인들이 나쁜 평판을 받게 된 것은 그들이 공공연히 서구 열강의 제국주의적 팽창의 도구로 쓰이게 된 데서 비롯했다.

앞에서 말한 광동 관리의 보고서는 중국의 대국무원(내각)에서 정식으로 채택되었다. 그래서 강희 황제는 이에 근거해서 대외 정책을 수립했으며, 외국 무역 및 포교 활동을 엄중히 제한하는 천자의 명을 반포했다.

여기서 나는 잠깐 중국 본토를 떠나 북아시아 — 시베리아로 너를 데리고 가 거기서 일어난 사건을 이야기하기로 하겠다. 광막한 시베리아는 극동의 중국과 서쪽의 러시아를 연결하고 있다. 조금 전에 이야기한 바와 같이 중국의 만주족 제국은 공격적인 제국이었다. 만주는 말할 것도 없이 그 제국의 영토에 포함되어 있었고 몽고를 넘어서 더욱 팽창해 갔다. '황금의 유목민'인 몽고인을 쫓아 낸 러시아인 또한 강력한 통일 제국이 되었기 때문에 이 두 제국은 시베리아에서 만나게 되었다.

아시아에서 몽고인의 급속한 쇠퇴와 몰락은 역사상 불가해한 사실의 하나다. 아시아부터 유럽에 걸쳐서 위세가 당당했던 칭기즈 칸이나 그 후예들이 세계의 대부분을 석권한 바 있었으나 그들은 이미 망각의 연못 속으로 가라앉아 버렸다. 한때는 티무르가 궐기했지만 그러나 몽고 제국은 그의 죽음과 함께 사라져 버렸던 것이다. 그 뒤 티무리드(Timurid)라고 일컬어지는 그의 자손 몇 사람이 중앙 아시아에 군림했으며, 유명한 한 화파(school of painting)가 그들의 궁전에서 활약했다는 것이 알려져 있을 뿐이다. 티무리드 같은 존재도 나오기는 했지만, 러시아부터 아시아에 걸쳐 있던 몽고 인종은 쇠퇴하고 끝내는 완전히 세력을 잃고 말았다. 어째서 그렇게 되었는지는 아무도 아는 사람이 없는 것 같다. 기후의 변화가 이것과 관계가 있다고 주장하는 사람도 있다. 그 옛날의 위세 당당했던 정복자, 침략자는 이번에는 좌우로부터 침략을 당하는 처지가 되었다.

몽고 제국이 붕괴된 뒤 아시아의 횡단로는 200년 동안 닫혀 있었다. 그러나 16세기 후반에는 러시아인이 육로로 중국에 사절을 보냈다. 그들은 명 왕조와 사이에 외교 관계를 확립하려고 했지만 목적을 이루지 못했다. 그 뒤 머지 않아 예르마크(Yermak)라는 러시아인 도적 두목이 코사크인(Cossacks)의 대부대를 이끌고 우랄 산맥을 넘어 시비르(Sibir)라는 소국을 정복했다. 시베리아라는 명칭은 이 나라 이름에서 유래하는 것이다.

이것은 1581년의 일이지만, 이후 러시아인은 날이 갈수록 동쪽으로 계속 진출해 50년 이내에 태평양 연안에 도달했다. 이윽고 그들은 아무르(Amur) 계곡에서 중국인과 싸움을 벌였는데 패배했다. 1689년 양국간에 조약 ― 네르친스크 조약(the Treaty of Nerchinsk)이 체결되고 이에 따라 국경이 확정되었으며, 이것은 중국이 유럽 여러 나라와 맺은 조약으로서는 최초의 것이었다. 이 조약은 러시아의 전진을 억제했고 그 뒤의 대상 무역(caravan trade)의 발달에 대단한 기여를 했다. 그 무렵 러시아 차르는 표트르(Pëtr) 대제로서 중국과 사이의 긴밀한 교류에 힘을 기울였다. 그는 강희에게 두 사람의 외교 사절을 파견했으며, 그 이후 중국 궁전에는 사절이 상주하기로 되었다.

옛날부터 중국에는 외국 사절을 받아들이는 관례가 있었다. 나는 언젠가의 편지에서 로마 황제 마르쿠스 아우렐리우스 안토니우스가 2세기에 사절을 파견했다는 것을 이야기한 사실이 있는 것으로 기억한다. 1656년 네덜란드와 러시아 사절이 중국에 가서 대무굴 제국의 사절들과 만났다는 것도 재미있는 일이다. 이들 사절은 샤 자한이 보낸 것임에 틀림없다.

94 *1932년 9월 16일*

중국 황제가 영국 왕에게 편지를 보내다

만주족 황제는 대체로 상당히 장수를 누린 것 같다. 강희의 손자는 제4대 황제 건륭(乾隆)이었는데, 그 또한 1736년부터 1796년에 이르는 매우 오랜 기간에 걸쳐 재위했다. 그는 다른 점에서도 그의 할아버지를 많이 닮았으며, 그가 가장 관심을 가졌던 것은 문화적 활동과 제국의 팽창이었다. 그는 보존할 가치가 있는 모든 문헌의 대규모적인 조사를 했다.

552

이들 문헌은 모두 수집되었고, 그 분류는 상세하기 이를 데 없으며 황실 도서관의 방대한 분류 사전, 즉 사고전서(四庫全書)는 네 가지 항목 — 고전, 즉 유교(經)·역사(史)·철학(子) 및 일반 문학(集)으로 정리되어 있다. 이런 종류의 것으로 이것과 비할 수 있는 것은 전세계 어느 곳에도 없다고 한다.

대체로 이 무렵에 중국의 장편, 단편 소설과 희곡도 고도의 수준에 이르러 있었다. 영국에서도 때를 같이해서 소설이 발달하고 있었다는 것은 우리들의 흥미를 끈다.[131] 중국의 자기와 그 밖의 미술품은 유럽에서도 진귀하고 소중한 상품으로 수출이 끊어진 적이 없었다. 더욱 흥미가 있는 것은 차(茶) 무역으로, 이것은 제1대 만주족 황제 시대부터 시작되었다. 차는 찰스 2세 시대에 처음으로 영국에 수출된 것 같다. 영국의 저명한 일기 작가인 사무엘 페피스(Samuel Pepys)는 1660년에 비로소 그의 일기에 '차(Tea)'를 마셨다는 것을 적고 있다. 이러한 차 무역은 놀랄 만큼 발달되었으며, 200년 뒤인 1860년에는 중국의 복주(福州)라는 한 항구에서만 3개월 동안에 수출 규모가 1억 파운드에 이르렀다. 나중에 차는 다른 나라에서도 심게 되었으며 지금은 인도나 실론에서 널리 재배되고 있다.

건륭은 중앙 아시아의 투르키스탄(Turkistan)을 정복하고 티베트를 점령해 제국의 영토를 넓혔다. 그로부터 몇 년 뒤인 1790년 네팔의 구르카족(Gurkhas)이 티베트를 침입하자 그는 티베트로부터 구르카족을 일시에 구축했다. 이에 그치지 않고 히말라야를 넘어 네팔까지 그들을 추격했으며, 네팔은 불가항력으로 중국 제국의 속국이 되었다. 네팔 정복은 주목할 만한 대사업이었다. 중국 군대가 히말라야 산맥을 넘고, 더구나 구르카족 같은 호전적인 민족을 그 향토에서 격파했다는 것은 사람

---

131) 중국 문학은 청대에 들어와서 희곡에 『장생전(長生殿)』(洪昇)·『도화선(桃花扇)』(弘尙仁), 소설에 『홍루몽(紅樓夢)』(曹雪芹) 『유림외사(儒林外史)』(吳敬梓)를 비롯해 많은 걸작을 낳았다. 연대상으로는 대략 영국 문학의 엘리자베스 여왕 시대에 해당한다.

중국 황제가 영국 왕에게 편지를 보내다

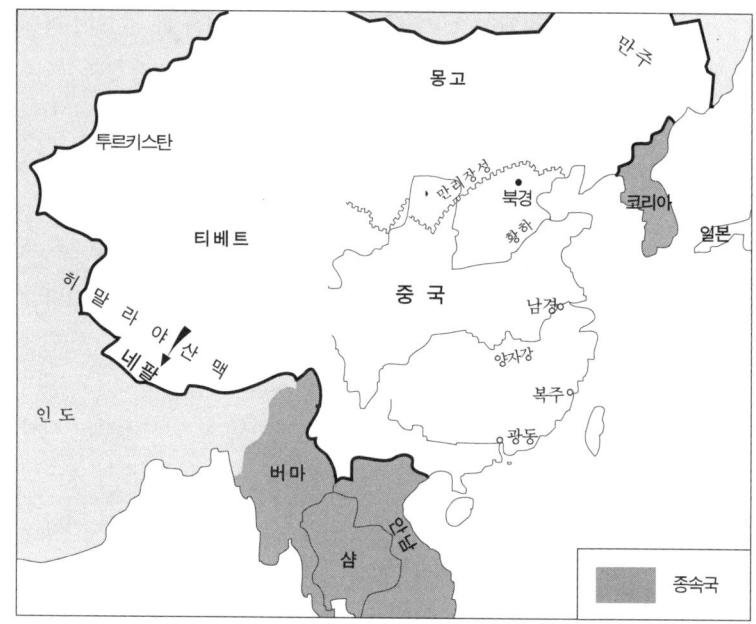

건륭 황제의 제국

들의 눈을 휘둥그렇게 만들기에 충분했다. 그 뒤 22년밖에 지나지 않은 1814년에 인도 주재 영국인들은 네팔과 시비가 붙어 군대를 파견했는데, 히말라야 산맥을 넘을 필요도 없었는데 크게 혼이 난 적도 있다.

　건륭의 치세 말기인 1796년 그의 직접 통치하에 두었던 제국은 만주·몽고·티베트 및 투르키스탄 등이었다. 그의 종주권을 인정하는 속국에는 코리아(조선)·안남·샴(타이)·버마가 있었다. 그런데 정복과 군사적 공적의 추구를 좋아하면 거액의 지출을 수반하며 국민들의 조세 부담은 증대하게 마련이다. 이러한 부담은 어느 때나 마찬가지로 그 때도 최하층의 빈민이 짊어졌다. 극도의 경제적 궁핍이 불평 불만을 자아냈고 이로 인해 비밀 결사가 전국에 조직되었다. 중국은 이탈리아와 함께 비밀 결사의 본고장이라고 말할 수 있다. 결사의 이름들이 재미있는데 흰 백합의 모임(白蓮會), 하늘의 도 모임(天理會), 흰 날개의 모임(白羽

會), 하늘과 땅의 모임(天地會) 등이 그것이다.

한편 온갖 억제 수단을 썼는데도 외국 무역은 중대 일로에 있었다. 이 제한 조치는 외국 상인들 사이에 커다란 불만을 낳게 했다. 광동에까지 손을 뻗친 동인도 회사는 이 무역의 가장 큰 부분만을 쥐고 있었으며, 따라서 이 제한의 가장 큰 피해자였다. 이 무렵은 나중에 쓰는 편지에서 말하지만 이른바 산업 혁명이 시작되고 영국이 그 선두를 달리고 있던 시대에 해당된다. 증기 기관이 만들어지고 새로운 경영 방법과 기계의 사용은 작업을 쉽게 했으며, 필연적으로 생산(특히 면사 · 면포)을 급격히 증대시켰다. 이들 제품의 잉여분은 팔아야만 했으며, 따라서 시장이 필요했다. 영국은 다행히도 바로 이 시대에 인도를 지배했으며, 거기서 그 제품의 판매를 강행하는 조치를 취할 수가 있었고, 실제로 이것을 실행했다. 이에 그치지 않고 제국주의 영국은 중국과 무역을 하고 싶어했다.

그래서 영국 정부는 1792년 매카트니 경(Load Macartney)을 단장으로 하는 사절단을 북경에 파견했다. 조지 3세가 당시의 영국 왕이었다. 건륭은 그들을 접견했으며 증답품이 교환되었다. 그러나 황제는 종래의 외국 무역에 대한 방침을 변경하기를 거부했다. 건륭이 조지 3세에게 보낸 편지는 매우 흥미 있는 기록이므로 여기에 길게 인용해 보기로 하자.

오호! 그대 국왕이여. 그대는 멀리 7대양을 사이에 둔 먼 나라에 살면서 우리 문명의 은혜를 받으려고 하는 기특한 마음으로 공손하게 사절을 파견해서 그대의 외교 문서를 지참케 했다. …… 그대는 짐에게 경의를 표하기 위해 그대 나라에서 생산하는 공물을 바쳤다. 짐은 그대의 문서를 열람건내 그대의 가상할 만한 공순의 성의가 문사(文辭) 속에도 자연히 스며 나오고 있다. …… 짐이 광대무변한 세계를 통어하는 것은, 첫째로 치안을 완전히 하고 국무를 틀림없이 수행하기 위해서다. 이국의 진보(珍

중국 황제가 영국 왕에게 편지를 보내다

寶) 따위에 이르러서는 조금도 짐이 바라는 바가 아니다. 짐은
...... 그대 나라의 토산품을 필요로 하지 않는다. 짐은 그대를 타
이르려고 한다. 국왕이여, 그대는 짐의 뜻을 마음에 잘 새겨 장래
더욱더 충성에 힘쓸 것이며 오래도록 우리 제위에 대해 공경을
다하고, 그럼으로써 그대 나라의 평화와 번영을 지켜 나가는 것
이 좋을 것이다.
두려워하면서 복종하고 경거망동하지 말지어다!

조지 3세와 그 대신들은 이 회답을 보고 아연실색했을 것임에 틀림 없을 것이다. 그러나 이 회답이 나타내고 있는 중국 문화의 우월성과 권력의 장엄함은 사실 튼튼한 기반을 가진 것이 아니었다. 건륭 치하에서만 만주 정부는 강력하게 보였으며 사실 강력하기도 했다. 그러나 그 뿌리는 이미 경제적인 여러 가지 조건의 변화로 썩어들어 가고 있었다. 조금 전에 이야기한 비밀 결사는 국민 대중들의 불평 불만이 표현된 것이었다. 이에 반해 서양은 새 질서를 선창하면서 급속하게 전진하며 날이 갈수록 강력해져 갔다. 건륭이 조지 3세에 대해서 매우 오만한 회답을 보낸 지 70년도 되지 않아서 중국은 영국과 프랑스로부터 말할 수 없는 모욕을 당했으며 그 자만은 하루 아침에 땅에 떨어지고 말았다.

나는 그 이야기를 중국에 관해서 쓸 다음 편지까지 미루어 두어야겠다. 건륭이 죽은 것은 1796년의 일이었으므로 우리들의 이야기는 그럭저럭 18세기 말에 도달한 셈이다. 그런데 이 세기가 끝나기에 앞서 큰 사건이 아메리카와 유럽에서 계속 일어났다. 실제로 중국에 대한 서양의 압력이 약 4반세기 동안 경감된 것도 바로 유럽의 동란과 상극 때문이었다. 그러므로 다음 편지에서는 유럽으로 넘어가서 18세기 초 이래의 이야기 줄거리를 찾아 인도나 중국의 사태 발전과 보조를 맞추기로 하자.

이 편지가 끝나기 전에 잠깐 러시아의 동진에 대해서 언급해 두고자 한다. 러시아와 중국 사이에 맺어진 1689년의 네르친스크 조약 이후

1세기 반에 걸쳐서 러시아의 동방에 대한 영향력은 계속 증대했다. 1728년 러시아의 관리였던 덴마크 태생의 비투스 베링(Vitus Bering)이라는 사람이 아시아와 아메리카 사이의 해협을 탐험했다. 이 해협은 너도 알고 있겠지만, 오늘날까지도 그의 이름을 따서 베링 해협이라고 한다. 베링은 해협을 건너 알래스카로 가서 여기를 러시아 영토로 선언했다. 알래스카는 모피의 대량 산출지인데다, 중국에서는 모피의 수요가 급증해서 러시아와 중국 사이에는 특히 모피 무역이 발달했다.

18세기 말쯤 모피의 수요가 매우 컸다는 것은 러시아가 그것을 멀리 캐나다 허드슨(Hudson) 만으로부터 영국을 거쳐 수입하고, 다시 그것을 시베리아의 바이칼 호 부근에 있는 캬크타(Kiakhta)의 대모피 시장에 보낸 사실로도 알 수 있다. 이 모피들은 얼마나 먼 여행을 했단 말인가!

이 편지는 기분 전환을 위해 종전의 편지보다 좀 짧게 썼다. 너도 나의 이 기분 전환을 기뻐해 주기 바란다.

중국 황제가 영국 왕에게 편지를 보내다

| 찾아보기 1 |

[ㄱ]

가우타마(Gautama) 150
간디(Gandhi) 20, 546
갈릴레오(Galileo) 468
강희(康熙) 548
거란족(Khitans) 286
건륭(乾隆) 552
고조 황제 201
고트족(Goths) 164
공자 76
국민 평의회(National council) 339
국민회의(The Indian National Congress) 55
굽타 왕조 183
귀족원(House of Lords) 339
그라나다(Granada) 321
그레고리우스 7세(Gregorius VII) 300, 333
그리스 40, 44, 81
기독교(Christianity) 152, 155, 194, 241
기번(Gibbon, Edward) 160
기사(knight) 278
기자 조선 65

[ㄴ]

나나크(Nanak, Guru) 420
나이니 형무소(Naini Prison) 17
네덜란드 346, 485
네루(Nehru, Pandit Motiral) 26
노르만(Norman) 274
노르망디(Normandy) 275
노예왕 356
노자 76
노트르담(Notre Dame) 344
뉴턴(Newton, Isaac) 469
니네베(Nineveh) 38

[ㄷ]

다두(Dadu) 26
다르마(Dharma) 120
다마스커스(Damascus) 253
다이묘 287
단테(Dante, Alighieri) 347
당 왕조 201
대상 무역(caravan trade) 552
대승 불교 151

[ㄷ]

데카르트(Descartes) 470
델리(Delhi) 69, 413, 536
도요토미 히데요시 455
도쿠가와 이에야스 455
돈미 452
동방 견문록(Travels of Marco Polo) 381
동인도 회사 445, 530
드라비다인(Dravidian) 33
드레이크(Drake, Francis) 444

[ㄹ]

라마누자(Ramanuja) 419
라야(Raya, Krishna Deva) 433
라파엘로(Raphaelo) 465
랭커스터가(the House of Lancaster) 393
레드 인디언(Red Indian) 404
레오나르도 다 빈치(Leonardo da Vinci) 465
렘브란트(Rembrandt) 467
로마 132, 137, 158, 236
로욜라(Loyola, Ignatius) 473
롤리(Raleigh, Walter) 496
루돌프 황제 337
루이 14세(Louis XIV) 486
루이 9세(Louis IX) 331
르네상스(Renaissance) 399, 432, 462, 466
리디아(Lydia) 50

[ㅁ]

마그나 카르타(Magna Charta) 338
마라타족 531
마라톤(Marathon) 83
마르코 폴로(Marco polo) 210, 376, 381
마멜루크 부대(corps of Mamelukes) 398
마야 문명 309
마우리아 제국 97
마젤란(Magellan, Ferdinand) 405
마카오(Macao) 450
마케도니아(Macedonia) 92
마키아벨리(Machiavelli) 153
마테를링크(Maurice Maeterlinck) 28
마테오 리치(Matteo Ricci) 450
마호메트(Mahomet) 35, 156, 201, 245, 256
마흐무드(Mahmud) 265
만주족 546, 552
말레이시아 434
메가스테네스(Megasthenes) 119
메로빙거(Merovinger) 왕조 269
메소포타미아 50
메이플라워호(Mayflower) 497
메카(Mecca) 35
면죄부 341
명 왕조 382
모슬렘(Moslem) 175
모헨조다로(Mohen-jo Daro) 33, 314
몰리에르(Moliere) 470
몽고인 34
몽골(Mongol) 261

몽케칸(Mönke Khan) 371
무굴 왕조 506
무어인(Moors) 319
무적 함대(Invincible Armada) 444
무제 130
미켈란젤로(Michelangelo) 465
밀턴(Milton, John) 469

[ㅂ]

바가바타(Bhagavata) 79
바그다드(Baghdad) 38, 257
바나르 세나(Vanar Senas) 32
바르톨로뮤 디아즈(Bartholomew Diaz) 403
바바르(Babar) 377
바베르 504
바빌로니아(Babylonia) 38
바스코 다 가마(Vasco da Gama) 403
바완(Bhawan, Anand) 30
바이샤(Vaishyas) 59
바푸지(Bapuji) 20
바흐마니 왕국 428
반달족(Vandals) 164
발(Bal) 32
발리카 사바(Balika Sabhas) 32
버마(Burma) 35, 438
법현(法顯) 123, 186
베다(Veda) 54
베드로(Peter the Hermit) 302
베드로(Petros) 167
베스트팔렌 강화 조약(the Peace of Westphalen) 493

베이컨(Bacon, Roger) 348
벨기에(Belgium) 487
벨라스케스(Velasquez) 467
변발 452
보르네오 179, 233
보리달마(Bodhidharma) 201
볼테르(Voltaire) 73
봄베이(Bombay) 51
봉건 제도 275, 300, 461, 532
불교(Buddhism) 78, 121, 131, 143, 189
브라만(Brahmans) 59, 77, 150
브라만교 143
브루노(Giordano Bruno) 468
비자야나가르(Vijayanagar) 424, 430
빌헬름 텔(Willhelm Tell) 396

[ㅅ]

사라센인(Saracens) 252, 323
사라스바티(Sarasvati) 52
사무드라굽타(Samudragupta) 184
사산 왕조(Sassanids) 174
살라미스(Salamis) 전투 87
삼부회(Council of the Three Estates) 339
삼위 일체설(the Trinity) 157
상 왕조 63
상가(Sangha) 78, 223
상카르아차리아(Shankararcharya) 222
샤르키 왕조 426
샤를 7세(Charles VII) 395
샤를마뉴 273

샤머니즘(Shamanism) 368
샤하부딘 구르(Shahab-ud-din-Ghur) 349
서민원(House of Commons) 339
세르반테스(Cervantes) 470
세포이(sepoy) 540
셀레우코스 장군 96
셀주크 투르크인(Seljuk Truks) 260
소승 불교 151
소크라테스(Socrates) 90
송 왕조 284
쇼군 288
수드라(Shudras) 59
술탄(Sultan) 349
스리 비자야 232
스키타이인(Scythians) 34
스파르타쿠스(Spartacus) 137
스페인 322, 402
스페인계 아랍인(Spanish Arabs) 319
시크교(Sikhism) 78
시크족 531
시황제 128
신성 로마 제국(Holy Roman Empire) 168, 270
십자군 325
싯다르타(Siddhartha) 76
싱(Singh, Guru Govind) 420
싱가포르(Singapore) 233

[ㅇ]

아돌프스(Adolphus, Gustavus) 492
아라베스크(Arabesques) 321
아랍인 34, 249
아르데시르 1세(Ardeshir I) 174
아르메니아(Armenia) 250
아리스토텔레스(Aristoteles) 92
아리아인(Aryan) 33
아바스(Abbas) 256
아비시니아(Abyssinia) 242
아소카(Ashoka) 70, 102, 118, 124, 144, 183
아스텍인(Aztecs) 310
아시리아(Assyria) 38
아우랑제브(Aurangzeb) 525
아잔타 동굴 151
아프간인 348
악바르 511
안드라(Andhra) 143
안토니우스(Antonius, Marcus Aurelius) 139, 172, 193
알라하바드(Allahabad) 23
알람브라(Alhambra) 궁전 321
알렉산더 대왕 46, 88, 92, 116
알렉산드리아(Alexandria) 93, 96, 126
앙코르 와트(Ankor Wat) 231
앤(Ann) 502
에그몬트(Lamoral Egmont) 489
엘리자베스 496
여진족(the Golden Tartars) 286
영구 동맹(Everlasting League) 396
영락제 447
예라바다 형무소 26
예루살렘(Jerusalem) 152, 302, 325
예수 152
예수회(Society of Jesus) 473

오고타이(Ogotai) 370
오다 노부나가 455
오를레앙의 처녀(the Maid of Orleans) 394
오삼계(吳三桂) 451
오스만 투르크인 165
오스만(Osman) 397
옥타비아누스(Octavianus) 139
왕안석 285
요(堯) 63
요크가(the House of York) 393
우파니샤드 54
위클리프(Wycliffe, John) 387, 494
유스티니아누스(Justinianus) 238
유프라테스 강 244
은 왕조 63
이성계 453
이슬람 교도(Mohommedan) 266
이슬람교 243
이집트(Egypt) 37, 127, 373
일본 207, 287, 453

[ㅈ]

자마(Zama) 전투 136
자이나교(Jain religion) 76
자크리(Jacqurie) 394, 401
잔 다르크(Jeanne d'Arc) 19, 394
잔당 의회 499
잘랄룻딘(Jalaluddin) 367
정교회(Orthodox Church) 166
정복자 윌리엄(William the Conqueror) 298

정화 440
제노비아(Zenobia) 176
제임스 1세(James I) 497
조광윤 284
조로아스터교(Zoroastrianism) 35, 75, 174
조선 65, 205, 206, 454
조지 1세(George I) 502
조지 3세(George III) 555
주 왕조 65
주원장 447
줌나 강 25
지브롤터(Gibraltar) 42
진(秦) 왕조 128

[ㅊ]

차나키야(Chanakya) 97
차이탄야(Chaitanya) 420
찬드라굽타(Chandragupra) 97, 184
찰루키아(Chalukya) 190
찰스 1세(Charles I) 497
찰스 2세(Charles II) 480
천황 287, 454
청교도(the puritan) 475
체코슬로바키아(Czechoslovakia) 388
촐라(Chola) 제국 220
칭기즈 칸(Chingiz Khan) 261, 363

[ㅋ]

카라코룸(Karakorum) 367
카레(Carrhae) 전투 138
카롤링거(Carolinger) 273
카르타고(Carthago) 127, 132
카를 5세(Karl V) 474
카말라(Kamala) 22
카비르(Kabir) 419
카스트 229
카이사르(Caesar, Julius) 139
칸나에(Cannae) 전투 135
칼데아(Chaldea) 38
칼리다사(Kalidasa) 185
칼뱅파(the Calvinist) 475
캄보자(Kamboja) 181
캘커타(Calcuta) 51
케말 파샤(Kemal Pasha) 165, 255
코란(Koran) 391
코르도바(Cordoba) 259
코르테스(Cortes, Hernan) 312
코리아(Korea) 65, 130, 205, 295, 411
코메디 프랑세즈(Comédie Française) 470
코페르니쿠스(Copernicus) 468
콘스탄티노플(Constantinople) 156, 163, 166, 187, 241, 271, 298, 326, 333
콜럼버스(Columbus, Christopher) 403
콜로세움(Colosseum) 162
쾨르 드 리옹(Coeur de Lion) 338
쿠마라굽타(Kumaragupta) 187
쿠샨 제국 148

크노소스(Knossos) 37
크로이소스(Croesus) 50
크롬웰(Cromwellol, Oliver) 498
크리슈나(Krishna) 35
크샤트리아(Kshattriyas) 59, 76, 184
크세르크세스(Xerxes) 84
클라이브(Clive, Robert) 539
클레멘트 5세(Clement V) 387
클레오파트라(Cleopatra) 140

[ㅌ]

타르타르인(Tartar) 362
타지 마할(Taj Mahal) 429
테노치티틀란(Tenochtitlan) 311
통상 연맹(commercial leagues) 346
투르 전투 251
투르크 제국 166
투르크인(Turks) 34
투르키스탄 203, 553
튜더가(the Tudors) 484
특사중 341
티그리스 강 244
티무르(Timur) 412

[ㅍ]

파르다(Pardah) 32
파르티아(Parthia) 138, 174
파비우스(Fabius) 136
판디아 왕국 220
판차야트(Panchayat) 46, 60, 101, 196

팔라바(Palava) 181
팔레스타인(Palestine) 325
페르가몬 126
페르디난트(Ferdinand, Franz) 338
페르시아 81
페이디아스(Pheidias) 88
페이비언(Fabian) 136
펠리페 2세(Felipe II) 484
포(Poe, Edgar Allan) 103
포르투갈 402
포에니 전쟁(Poeni Wars) 135
폼페이우스(Pompeius) 140
표트르(Pëtr) 552
풀라케신 2세(Pulakesin II) 352
프란체스코(Francesco) 384
프로테스탄트(Protestant) 472
프롱드의 난 486
프리드리히 2세(Friedrich II) 330, 336
프리드리히(Friedrich) 329
프리야다르시니(Priyadarshini) 30
프톨레마이오스(Ptolemaios) 96
플라톤(Platon) 92
피루즈 샤(Firuz Shah) 424
피르다우시(Firdausi) 94
피사로(Pizarro) 313
필립포스(Philippos) 93

하룬 알 라쉬드(Harun al Rashid) 258
하르샤 바르다나 211, 262
하인리히 4세(Heinrich IV) 300
한 왕조 130
한니발(Hannibal) 135
헤로도투스(Herodotus) 50
헤브루인(Hebrews) 67
헤지라(Hejrat) 246
헨리 8세(Henry VIII) 475
헬레네인(Hellenes) 42
현장 18, 211
호라즘(Khwarazm) 365
호메로스(Homeros) 43
호엔슈타우펜(Hohenstaufen) 왕조 334
홀란드(Holland) 487, 492
홍무제 447
후스(Huss, Johannes) 388
훈족(Huns) 34, 164, 188
훌라구(Khulagu) 372
흑사병 393
희망봉(the Cape of Good Hope) 403
힌두교 418

[ㅎ]

하 왕조 63
하라파(Harappa) 69, 315
하렘(Harem) 제도 254